A EDUCAÇÃO DE UMA IDEALISTA

SAMANTHA POWER

A educação de uma idealista

Memórias

Tradução
Pedro Maia Soares

COMPANHIA DAS LETRAS

Grafia atualizada segundo o Acordo Ortográfico da Língua Portuguesa de 1990,
que entrou em vigor no Brasil em 2009.

Título original
The Education of an Idealist

Capa
Ale Kalko, inspirada no design de capa de Ploy Siripant/ HarperCollins

Foto de capa
© Geoffrey W. King

Preparação
Laura Folgueira

Revisão
Huendel Viana
Valquíria Della Pozza
Márcia Moura

Índice remissivo
Marco Mariutti

Dados Internacionais de Catalogação na Publicação (CIP)
(Câmara Brasileira do Livro, SP, Brasil)

Power, Samantha
  A educação de uma idealista : Memórias / Samantha Power ;
tradução Pedro Maia Soares. — 1ª ed. — São Paulo : Companhia das
Letras, 2021.

  Título original : The Education of an Idealist.
  ISBN 978-65-5921-018-3

  1. Embaixadores – Estados Unidos – Biografia 2. Estados
Unidos – Relações exteriores – 2009-2017 3. Irlandeses –
Estados Unidos – Biografia 4. Jornalistas – Biografia 5. Obama,
Barack – Amigos e associados 6. Power, Samantha I. Título.

20-52614   CDD-327.730092

Índice para catálogo sistemático:
1. Estados Unidos : Embaixadoras : Biografia   327.730092

Cibele Maria Dias – Bibliotecária – CRB-8/9427

[2021]
Todos os direitos desta edição reservados à
EDITORA SCHWARCZ S.A.
Rua Bandeira Paulista, 702, cj. 32
04532-002 — São Paulo — SP
Telefone: (11) 3707-3500
www.companhiadasletras.com.br
www.blogdacompanhia.com.br
facebook.com/companhiadasletras
instagram.com/companhiadasletras
twitter.com/cialetras

As fotografias são cortesia da autora, exceto quando houver observação em contrário.

Primeiro caderno: p. 6, no alto: Família Cuny; p. 10, no alto, Geoffrey W. King; p. 12, no alto à esquerda, Jason Maloney; p. 12, centro: Hiroko Masuike/ *New York Times*/Redux; p. 12, embaixo: *Des Moines Register*/USA Today Network; p. 13, no alto: Peter Yang; p. 14, no alto e embaixo: Pete Souza/The Obama White House; p. 15, embaixo: Cortesia Barack Obama Presidential Library; p. 16, no alto: AP Photo/Carolyn Kaster; p. 16, embaixo: Pete Souza/The Obama White House.

Segundo caderno: p. 1, no alto: Pete Souza/The Obama White House; p. 1, centro: Elliot Thomson; p. 1, embaixo: AP Photo/Cliff Owen; p. 2, no alto: Presidential Materials Division, National Archives and Records Administration; p. 2, centro: UN Photo/Evan Schneider; p. 2, embaixo: Pete Souza/The Obama White House; p. 3, no alto: Michelle Nichols/Reuters; p. 3, centro: Emmanuel Dunand/AFP; p. 3, embaixo: AP Photo/Sergei Chuzavkov; p. 4, no alto: United States Mission to the United Nations; p. 4, no meio: Michelle Nichols/Reuters; p. 4, embaixo: AP Photo/Abbas Dulleh; p. 5, no alto: Cortesia Barack Obama

Presidential Library; p. 5, embaixo à esq.: Stephanie Sinclair; p. 6, embaixo: Elliot Thomson; p. 7, no alto e embaixo: United States Mission to the United Nations; p. 8, no alto: United States Mission to the United Nations; p. 8, embaixo: AP Photo/Julie Jacobson; p. 9, no alto: AP Photo/Rukmal Gamage; p. 9, centro: AP Photo/Andrew Harnik; p. 9, embaixo: United States Mission to the United Nations; p. 10, centro: Brian Harkin/ *New York Times*/Redux; p. 10, embaixo: Randy Haniel/AFP/; p. 11: United States Mission to the United Nations; p. 12, no alto: AP Photo/Bryan R. Smith; p. 12, embaixo: Chip Somodevilla/Getty Images; p. 13, no alto: Jim Watson/AFP; p. 13, embaixo: Andrew Harrer/picture--alliance/dpa/ AP Images; p. 14, no alto: UN Photo/Isaac Billy; p. 14, embaixo: Charles Atiki Lomodong/ AFP; p. 15, no alto: AP Photo/Seth Wenig; p. 15, embaixo: United States Mission to the United Nations; p. 16, no alto: Gilbert King.

Para Cass, Declan e Rían

Sumário

Prefácio

Em um sábado ensolarado de setembro de 2013, eu estava sentada num restaurante lotado no centro de Manhattan com meu marido, Cass, e nossos filhos, Declan, de quatro anos, e Rían, de um. Meu celular tocou. A central telefônica da Casa Branca estava na linha: "Embaixadora Power, por favor, aguarde que o presidente dos Estados Unidos vai falar".

Tomei dois longos goles de água e deixei o barulho do restaurante para trás, caminhando em direção à esquina da rua 50 com a Lexington.

Eu havia me encontrado pela primeira vez com Barack Obama oito anos antes, quando ele era um senador recém-eleito. Embora já fosse considerado um jovem e brilhante astro da política americana, eu não teria previsto naquela época que, em poucos anos, ele se tornaria presidente. E teria achado inacreditável que eu — uma imigrante irlandesa solteira, fã obsessiva de esportes, jornalista e ativista de direitos humanos que nunca trabalhara no governo — viesse a ganhar, nesse mesmo período, um marido, dois filhos e uma indicação para o cargo de embaixadora dos Estados Unidos nas Nações Unidas.

E, contudo, lá estava eu, com um pequeno destacamento de segurança ao meu redor, prestes a conversar com o presidente enquanto minha família esperava ali perto.

Obama não me telefonara para um papo de sábado à tarde. O presidente sírio Bashar al-Assad havia recentemente lançado armas químicas contra seus próprios cidadãos, matando 1400 pessoas, entre elas mais de quatrocentas crianças. Essa atrocidade cruzava a "linha vermelha" que o presidente havia traçado ao ameaçar o regime de Assad com "enormes consequências" caso usasse armas químicas. Em reação, Obama havia inicialmente decidido ordenar ataques aéreos à Síria, mas o Congresso — e a maior parte do público americano — não o apoiara.

Então aconteceu o imprevisto: o presidente russo Vladímir Pútin, aliado de Assad, ofereceu-se para trabalhar junto aos Estados Unidos com o objetivo de destruir o grande arsenal de armas químicas da Síria.

Coube a mim e a meu colega russo na ONU cuidar dos detalhes disso. Caso não fôssemos capazes de negociar uma resolução do Conselho de Segurança, o presidente Obama não tinha um plano B.

"Oi!", disse Obama quando entrou na linha. Apesar da gravidade da situação, ele usou a mesma inflexão despreocupada de quando nos conhecemos, em 2005.

Fazia apenas um mês que eu assumira o cargo de embaixadora na ONU, e Obama entendia que eu estava enfrentando uma tarefa diplomática de alta pressão. Ele estava fazendo contato para ter certeza de que estávamos em sintonia.

"Só quero que saiba que tenho total confiança em você", disse ele.

Eu comecei a agradecer.

"Mas…", ele interrompeu.

Naquele momento eu não precisava de um "mas".

"Nessas negociações com os russos", continuou ele, "quero ter certeza de que você não vai ultrapassar o limite."

O governo sírio era conhecido por atos indescritíveis de selvageria contra seu próprio povo, e Obama sabia que eu duvidava que Assad renunciaria a suas armas químicas. A preocupação dele era que eu exigisse demais dos russos e fizesse com que eles abandonassem a negociação.

"Mas também não fique muito aquém do limite", acrescentou rapidamente.

"Sim, senhor presidente", respondi.

Desligamos, e eu comecei a andar de volta para o restaurante, agentes de segurança a reboque.

Não ultrapasse o limite. Não fique aquém. Olhando para o céu sem nuvens, me vi pensando em algo mais fundamental: "Que diabo de limite é esse?".

12

* * *

Eu passara décadas pensando em situações como aquela, momentos críticos da política externa dos Estados Unidos em que vidas estavam em jogo. Estudar o manual, no entanto, não é o mesmo que voar.

Em 2002, publiquei meu primeiro livro, *Genocídio: A retórica americana em questão*. Nele, eu criticava as autoridades americanas por fazerem muito pouco para impedir os grandes genocídios do século xx. Agora, eu me encontrava no gabinete do presidente, enquanto o regime sírio assassinava centenas de milhares de pessoas de seu próprio povo.

"O que a antiga Samantha Power diria à atual?", perguntavam com frequência os repórteres. "Como a autora de um livro sobre atrocidades defende a inação do governo americano diante dos assassinatos em massa na Síria?"

Minha resposta-padrão rejeitava a insinuação de que meu eu do passado estava em conflito com meu eu do presente. "A velha Samantha e a nova Samantha se conhecem muito bem", eu respondia. "Elas conversam o tempo todo. E elas concordam…"

A resposta completa, evidentemente, era mais complicada.

Eu deixara de ser alguém de fora para virar alguém de dentro — antes crítica da política externa dos Estados Unidos, eu agora era uma importante representante do país no cenário mundial. De dentro do governo, era capaz de estimular ações que melhorassem a vida das pessoas. E, ainda assim, não estávamos conseguindo deter a carnificina na Síria. Eu corria o risco de sucumbir ao mesmo modo de racionalização que havia atacado quando era ativista.

Em janeiro de 2017, concluí oito anos no governo Obama e me tornei alguém de fora de novo. Enquanto tentava me situar, o sucessor do presidente Obama começou a virar o país numa direção radicalmente diversa. Como muitos americanos, vacilei entre sentimentos de descrença, indignação e ansiedade em relação ao futuro. Havia muito tempo eu dava por certa a importância da dignidade individual, a riqueza da diversidade americana e a necessidade prática da cooperação global. De repente, esses valores centrais estavam sob ataque e se mostravam muito mais vulneráveis do que eu tinha reconhecido.

Comecei a escrever um livro que explorasse o que havia aprendido até então em minha vida e carreira. Voltei à minha infância na Irlanda, às circunstâncias que me trouxeram para os Estados Unidos, aos meus anos na escola secundária em Atlanta, Geórgia, e a meu período como jornalista na Bósnia. Mergulhei em experiências que me comoveram e até me alteraram — como defensora dos direitos humanos, numa campanha presidencial, na Casa Branca e na ONU. E examinei perdas e reveses dolorosos, tanto na minha vida privada quanto sob o olhar do público.

Entendemos nossa vida através de histórias. Independente de nossas diferentes origens e perspectivas, elas têm o poder de nos unir. Em minha família irlandesa, ser capaz de contar uma história animada sempre foi um meio de se integrar, de aproximar as pessoas. Como correspondente de guerra, contar histórias era a ferramenta mais eficaz que eu tinha para estabelecer uma ponte sobre o vasto espaço existente entre aqueles que sofrem as feridas de conflitos distantes e meus leitores americanos. Como diplomata, quando as autoridades estrangeiras se recusavam a ceder nas negociações, eu tentava sacudir debates estagnados com narrativas autênticas, em primeira mão, sobre as muitas pessoas que estavam sendo afetadas (para o bem e para o mal) por nossas decisões. E como mulher atuando na segurança nacional e mãe de dois filhos pequenos, usei histórias para tornar suportáveis as tensões inerentes à busca de equilíbrio entre uma carreira exigente e uma vida familiar gratificante.

Esta é uma história de tristeza, resiliência, raiva, solidariedade, determinação e riso, às vezes misturados. É também uma história de idealismo — de onde ele vem, como é contestado e por que deve perdurar.

Alguns acharão que o título deste livro sugere que comecei com sonhos elevados a respeito de como se pode fazer a diferença no mundo e acabei sendo "educada" pelas forças brutais que encontrei. Essa não é a história que se segue.

PRIMEIRA PARTE

1. Irlanda

"Que direito tem essa mulher de ser tão instruída?"

Minha mãe, Vera Delaney, não infringira nenhuma lei, mas parecia estar sob julgamento. Enquanto apresentava os motivos pelos quais deveria ter permissão para levar meu irmão e eu para os Estados Unidos, seu destino parecia depender dos caprichos do juiz irlandês que fizera essa pergunta.

Eu tinha oito anos; meu irmão, Stephen, quatro. Não estávamos presentes naquele dia no tribunal de Dublin. Mas a história do que aconteceu lá está tão marcada em minha psique que posso ver o rosto do juiz, em forma de mapa da Irlanda, sua pele manchada com o que parecia ser o blush da minha avó. Posso visualizar o painel de mogno atrás da cadeira que ele ocupava. Posso sentir o cheiro de presunto cozido emanando de suas vestes negras. Posso até imaginar os intrincados fios brancos de sua peruca jurídica.

Muitas vezes me perguntei como minha mãe canalizou sua raiva: será que começou a responder à provocação do juiz e recebeu um cutucão do advogado por baixo da mesa? Sentiu suas bochechas queimarem — como as minhas tendem a fazer — apesar do frio do tribunal? Imaginei a voz dentro de sua cabeça: "Mantenha a calma, Vera. Ele quer que você reaja. Não lhe dê uma desculpa para negar sua guarda".

Estava longe de ser inevitável que minha mãe, a pessoa que eu sempre admirei mais que tudo neste mundo, acabasse "tão instruída". Ela atingiu a maioridade numa época em que menos de 10% das mulheres casadas na Irlanda faziam parte da força de trabalho. Seu pai, um policial de Cork City, era um jogador incurável que apostava seu salário em cavalos e corridas de cães. Minha mãe, suas quatro irmãs e seu irmão caçula cresceram sob a constante ameaça de execução hipotecária. Nenhuma de suas três irmãs mais velhas foi para a faculdade, mas minha mãe decidiu desde cedo que seria a primeira Delaney a fazê-lo — com efeito, ela se tornaria médica.

Como a escola para meninas católicas que minha mãe frequentava não oferecia cursos de ciências, ela tinha um problema. Quando tentou se inscrever no programa de medicina da University College de Cork, a secretária lhe disse que ela não tinha formação para suportar o currículo. Resoluta, minha mãe se matriculou de qualquer maneira. Quando chegou em casa, uma de suas irmãs caiu de pau em cima dela por causa do custo do longo programa. Minha mãe reagiu despejando seu prato de bacon, repolho e purê de batatas no colo da irmã. Ela voltou à faculdade e, lívida e envergonhada, mudou sua matrícula para um programa mais curto, o bacharelado em ciências. Depois de obter esse diploma, fez doutorado em bioquímica em Londres. Mas cuidar de pacientes era o que minha mãe sempre quis e nunca deixaria de querer; enquanto escrevia sua dissertação, ela finalmente decidiu se candidatar à faculdade de medicina. Treze anos depois da primeira tentativa de se matricular, ela realizou seu sonho de se tornar médica.

No entanto, anos mais tarde, naquele tribunal, minha mãe foi forçada a responder por sua carreira — por ser "tão instruída" — porque estava tentando se mudar com seus filhos para os Estados Unidos, um país que nunca visitara, a fim de obter treinamento avançado em sua área de especialização, transplante renal.

Ela também esperava fugir com o homem que amava — esse homem não era meu pai.

Meu pai, Jim Power, era uma figura épica — brilhante, arrojado e carismático, mas intimidante e dono de uma língua afiada e fulminante. Com seu 1,95 metro, ele sobressaía entre seus contemporâneos irlandeses. Mesmo criança, eu podia ver que ele era o homem na sala a quem as pessoas mais queriam agradar.

Meus pais se conheceram em Londres, onde minha mãe estava estudando medicina e meu pai era dentista. Mamãe o viu pela primeira vez liderando um coral de exilados irlandeses no pub Bunch of Grapes, em Knightsbridge. Ele tinha evitado namoradas por muito tempo, então a perseguiu avidamente.

Mamãe era uma jovem esbelta e elegante, divertida e que sabia jogar — era capaz de cravar um saque de tênis ou acertar um *forehand* de squash melhor do que quase todos os seus colegas do sexo masculino. Ela gostava da provocação constante de meu pai, que volta e meia lhe tirava o fôlego. E se impressionava com o talento dele para o piano e sua habilidade de tocar qualquer música que os clientes do bar pedissem.

De início, meu pai incentivou e ajudou a custear os estudos de medicina de mamãe. Ele jogava golfe e aplaudiu a rapidez com que ela aprendeu seu esporte, e torceu quando ela galgou as fileiras do atletismo britânico em squash. Na adolescência, ela jogara tênis competitivo e hóquei de campo — primeiro por sua província natal de Munster e depois pela Irlanda. No squash, era incansável: veloz para chegar na frente da quadra e ágil ao correr de uma lateral para a outra. Enquanto mamãe estava na biblioteca ou na quadra de squash, papai estava no pub, gabando-se para seus amigos dos últimos feitos dela. Depois de um namoro apaixonado, eles se casaram em setembro de 1968.

"Esta é a terceira de minhas filhas que se casa este ano", o pai dela disse à mãe dele, "e eu não poria meu dinheiro nesta." Para um homem que apostava em qualquer coisa e em tudo, era uma declaração e tanto.

Embora meu avô adorasse a filha, sua visão tradicional sobre os papéis de gênero fazia com que temesse que mamãe viesse a priorizar a carreira em detrimento do casamento. Meu avô percebeu que seu novo genro era um homem que precisava ser cuidado. Meu pai tinha sido idolatrado e protegido por sua própria mãe, mas, apesar dessa criação mimada, sentia profunda atração por mulheres com opiniões e ambições próprias.

De início, o casal deu certo, mas seus interesses logo começaram a divergir. Mamãe estudava o tempo todo, em parte para compensar tudo o que achava que não sabia. E, tendo crescido com medo de que qualquer batida na porta pudesse ser um credor disposto a tomar a casa da família para pagar as dívidas de jogo de seu pai, estava decidida a assumir o controle de sua vida. Em contraste, as conquistas de papai sempre vinham sem esforço. Sua memória fotográfica permitia que ele olhasse para uma parede em branco e visualizasse as palavras como as havia lido anteriormente na página. Ele nunca sentira por sua carreira a paixão que mamãe tinha pela dela, então carecia de foco. Apesar de ser um dentista bem estabelecido, aos 35 anos decidiu dar o passo incomum de voltar à escola para obter seu próprio diploma de médico.

Nasci em setembro de 1970, quando mamãe ainda estudava medicina em Londres. Pouco depois, quando meu pai iniciou seu curso de seis anos na University College de Dublin, nós voltamos para a capital irlandesa, onde minha mãe se formaria médica. Embora meu pai tenha passado sem dificuldades pelo curso, quando finalmente se tornou o "dr. Jim Power", não mostrou interesse em praticar a profissão — uma atitude que mamãe não conseguia entender. A irmã mais velha dele veio a se referir a ele como "o eterno estudante".

Meu pai sempre foi um bom copo, mas depois que mamãe mergulhou em sua carreira médica, a bebida se tornou uma espécie de vocação. Sua segunda casa era o Hartigan's, um pub a dez minutos de onde morávamos. Conhecido por seus debates políticos sofisticados, pelo decoro sem frescuras e pelo gosto e pela quantidade de suas cervejas, o Hartigan's parecia um pub de vilarejo no meio da movimentada capital irlandesa. Meu pai era um dos frequentadores assíduos.

A Guinness — a cerveja marrom escura e sedosa, com espuma espessa e rechonchuda — não era apenas sua bebida: era seu ofício. Conhecida como "leite materno", ela adotara o slogan GUINNESS IS GOOD FOR YOU [A Guinness faz bem para você] nos anos 1920, e a maioria de nós acreditava nisso. Durante décadas, davam Guinness às mães irlandesas após o parto devido ao seu conteúdo de ferro e aos supostos benefícios à saúde.

Como muitos de seus contemporâneos, meu pai saudava a delicadeza da experiência de beber, enfatizando o modo adequado de servir a bebida em "duas etapas": primeiro, inclinar o copo de vidro em forma de tulipa num ângulo de 45 graus, enchendo-o até a metade; depois, fazer uma pausa para a cerveja assentar; e então — e só então — servir o resto da bebida. Para se "tirar um chope" corretamente, insistia meu pai, deve-se levar pelo menos dois minutos. "Coisas boas vêm para aqueles que esperam", dizia, imitando os clientes satisfeitos nos anúncios de televisão da Guinness. Depois que a cerveja estava servida, meu pai, que costumava ser um homem impaciente, esperava com calma expectativa que o *barman* alisasse a espuma cremosa com uma faca de manteiga.

Ele saboreava o primeiro gole de cada *pint*,* dando outra pausa antes de limpar do lábio superior o resíduo espumoso típico da Guinness.

Quando meu irmão Stephen nasceu, em 1974, as rachaduras no relacionamento de nossos pais estavam se ampliando. O pub se tornaria ao mesmo tempo um santuário para meu pai e um acelerador do fim de seu casamento.

Mamãe e papai incluíam a mim — e, quando ficou mais velho, Stephen — no que estavam fazendo, arranjando tempo para ficar a sós com cada um de nós. Eu costumava passar grande parte de minhas tardes e finais de semana acompanhando minha mãe até a quadra de squash, observando-a bater na minúscula bola preta com uma raquete de madeira Slazenger. Ela era sempre graciosa na quadra, mas também ferozmente competitiva. Sentada na arquibancada de madeira e assistindo a seus jogos, que pareciam intermináveis, eu comemorava quando ela exauria seus oponentes com sua característica determinação.

Nadando juntas no mar da Irlanda, na praia de Blackrock, ríamos quando ficávamos roxas na água gelada, os dentes batendo de frio. Com frequência, ela me levava em viagens a Cork, sua cidade natal, para visitar seus pais e minhas muitas tias, tios e primos. Ela dirigia seu pequeno Mini pelas estradas sinuosas da Irlanda enquanto cantávamos alegremente canções tradicionais de minha escolha: "It's a Long Way to Tipperary", "Molly Malone" e "She'll Be Coming 'Round the Mountain". Às vezes, quando tomávamos o trem em Dublin para a viagem de três horas, ela abria duas Jacob's Cream Crackers recheadas com queijo cheddar e manteiga que trazia embrulhadas em papel-alumínio, seguidas por uma barra de chocolate Cadbury Flake ou biscoitos Kimberley. Eu adorava a sensação de me enrolar ao lado dela enquanto ela devorava suas revistas de medicina; a partir dos seis anos, mais ou menos, eu também mergulhava em um livro.

Mamãe dava às pessoas que encontrava um tipo de atenção que eu viria a associar aos políticos mais talentosos. Ao fazer um novo conhecido, ela inclinava a cabeça para o lado e olhava a outra pessoa, séria, procurando detalhes e estabelecendo conexões através do tempo e do espaço. Ela ria com todo o seu corpo ou

* Medida líquida equivalente a 568 ml, e o copo com essa capacidade. (N. T.)

— se a história que alguém contava era triste — vergava com o peso da aflição alheia. Eu nunca achei que minha mãe tivesse um motivo oculto enquanto ouvia; ela apenas era curiosa e muitíssimo empática. Não era afetada e evitava o sentimentalismo, e transmitia seu amor não através de palavras expressivas, que para ela teriam soado piegas, mas de um foco intenso e carinhoso.

Muito cedo percebi que minha mãe tinha um dom para comprimir o máximo de vida possível em um dia. Ela se levantava antes do amanhecer, muitas vezes completando sua corrida matinal de dez quilômetros antes de eu começar a servir meu cereal. A única vez que a via sentada e quieta era ao assistir a jogos de tênis profissional. Quando a cobertura de Wimbledon começava, ela ficava diante de nossa televisão por horas, assistindo com satisfação aos juniores, aos menos cotados, às duplas e, seu preferido, a Björn Borg.

Mamãe dormia mal. Ela se preocupava com seus pacientes, com quem criava laços profundos. Mas, acima de tudo, temia por meu irmão mais moço, que passara as primeiras seis semanas de vida no hospital. Quando nasceu, Stephen sofreu um colapso do pulmão e logo contraiu meningite. Quando ele não conseguiu tolerar a alimentação, os médicos perceberam que tinha um bloqueio intestinal grave que exigia cirurgia. Ele se recuperou da operação, mas não falou nos primeiros dois anos. Enquanto meu pai achava que ele falaria quando tivesse vontade, mamãe acreditava que a meningite poderia tê-lo deixado surdo.

Papai tinha razão. Stephen tornou-se um encrenqueiro adoravelmente loquaz que provocava grandes risadas ao colocar intrincadas armadilhas em toda a casa para seus pais e sua irmã mais velha. Na escola, porém, sofria e raramente demonstrava interesse. Minha mãe passou muitas noites em claro, perguntando-se algum dia ele iria se esforçar.

Meu pai parecia sempre despreocupado. Sua prática odontológica era inconstante: dava a impressão de que só trabalhava quando tinha vontade. Nós jogávamos tênis no beco onde ficava nossa casa, ou eu o acompanhava até a área onde ele treinava tacadas de golfe. Ele era próximo de seus pais, que costumávamos visitar na vila de Athlone, a duas horas de distância. Sua mãe era uma força da natureza; quando jovem, vivendo na Inglaterra, construíra uma escola do zero e, mais tarde, viveu de forma confortável investindo no mercado de ações. Seu pai, a quem eu e todos os netos chamavam de "Bam Bam", era um ex-soldado irlandês com uma visão ensolarada da vida e que costumava proclamar: "Nunca incomode incômodos a não ser que incômodos te incomodem". Tendo se reformado do Exército anos antes, Bam Bam parecia não ter prioridade maior do que chutar uma bola de futebol com Stephen e comigo ou nos levar para tomar sorvete.

As quintas-feiras eram especialmente preciosas para mim, pois eram reservadas ao meu "dia de folga" semanal em Dublin com meu pai. Ele me pegava na Mount Anville, a escola católica que eu frequentava, me levava para comer um hambúrguer e depois me ajudava a me abastecer de doces antes de aterrissar no Hartigan's. Nossa chegada ao pub era em geral uma fuga bem-vinda da chuva ou, nas tardes curtas de inverno, da escuridão úmida. Tão logo avistado, meu pai era recebido com saudações de "Jimbo!", "Jimmy!" ou "ora se não é o bom médico em pessoa!". Meu pai era um freguês tão habitual que tinha um lugar marcado no balcão, conhecido como o "Assento do Poder".

Desde mais ou menos cinco anos, eu via o Hartigan's como uma espécie de oásis. Sem reclamar, eu descia meio lance de escadas da sala principal do pub e me sentava num balcão raramente usado, que emulava o de cima, bem mais movimentado. Meu pai me trazia uma garrafa de 7 Up — se Stephen estivesse comigo, ele pegava uma Coca-Cola —, e eu mergulhava satisfeita em qualquer romance de mistério que estivesse lendo. Nunca ia longe sem um livro de Enid Blyton (*Os Cinco* ou *Os Sete*), de Nancy Drew ou dos Hardy Boys debaixo do braço.

Ao longo das muitas horas que passei no porão do Hartigan's, eu desaparecia em aventuras distantes com detetives infantis intrépidos, combatendo ladrões e sequestradores. No fim de semana, quando terminava um livro que levara para o pub, eu subia as escadas e meu pai corria até o carro para pegar meus livros de colorir e pincéis atômicos para a próxima fase da tarde. Quando os amigos de meu pai traziam os filhos, nós brincávamos com jogos de tabuleiro ou inventávamos nosso próprio entretenimento enquanto nossos pais faziam prognósticos esportivos na sala de cima.

Quando estava sozinha, eu jogava conversa fora com os frequentadores do pub que se aventuravam no andar de baixo para pôr moedas na máquina de cigarros ou usar o banheiro. Às vezes, eu ficava do lado de fora do banheiro dos "Cavalheiros", cantando canções. Eu dizia a Stephen que fazia essas performances para que meus talentos musicais (que eu ainda não havia percebido que me faltavam) fossem "descobertos", mas eu provavelmente só estava pedindo atenção. Por um tempo, o pub manteve uma máquina caça-níqueis no andar de baixo, da qual eu gostava porque atraía clientes ocasionais. Em dias sem movimento, eu costumava ficar ao lado da tela do aparelho para ter mais luz de leitura.

O Hartigan's não era limpo; o andar de baixo, onde eu lia, brincava e cantava, tinha um cheiro que misturava urina, desinfetante de cloro e a fusão de cevada, malte e lúpulo. Não havia como gostar desses cheiros ou de brincar perto dos banheiros de um pub, mas eu nunca reclamei. Anos mais tarde, quando mencionei a um diplomata irlandês que passara grande parte da minha infância no Hartigan's, ele alegou que, certa vez, quando estava bebendo por lá, aproximou-se da porta do banheiro e viu o que achava ser um saco atravessado na soleira. "Eu fui entrar", ele me disse, "e então, de repente, para meu horror, o saco se mexeu. Era uma pessoa!"

Congelei, pensando por um segundo — absurdamente — que poderia ter sido eu, antes que ele revelasse que se tratava, na verdade, de um homem baixo que havia desmaiado. Não sei se a história é verdadeira, mas ela revela o que muitos dos que visitavam o Hartigan's pensavam sobre o lugar que chamei de minha segunda casa quando garota.

Embora eu deva ocasionalmente ter sentido tédio ou solidão no porão, quando penso naquela época, só me lembro de meu pai, o primeiro homem que amei, me amando também. Enquanto muitos frequentadores habituais do Hartigan's pareciam esquecer de suas famílias quando entravam no casulo do pub, meu pai me levava com ele. Eu era sua parceira. Podia encontrá-lo sempre que precisasse dele, ao lado de uma longa fileira de copos de cerveja vazios. Em vez de se livrar de mim quando eu subia as escadas, ele muitas vezes me pegava e me sentava ao lado dele. Fiquei estranhamente acostumada a conversar com adultos e pessoas de diferentes origens, em particular sobre esportes.

Embora devesse estar bem acima do limite alcoólico legal quando nos levava para casa, meu pai parecia estar no controle completo do nosso pequeno universo. Nas noites de escola, quando chegava em casa tarde do pub, mesmo depois da meia-noite, ele vinha ao meu quarto e me acordava. Em geral, só queria conversar sobre o meu dia, mas às vezes levava a Stephen e a mim para dar uma volta pela vizinhança em seu Mazda branco — cujo banco traseiro era coberto de maços de partituras de piano desbotadas, pinos de golfe quebrados, moedas soltas, embalagens gordurosas da loja local de peixe e batatas fritas e jornais velhos de meses.

O Hartigan's era uma parte tão importante da nossa rotina familiar que quando minha tia me comprou uma elegante capa de chuva azul e observou: "Vai ficar adorável quando você for à missa no domingo", respondi: "Não — vai ficar adorável quando eu for ao pub com o papai no domingo".

Meus pais amavam a vida e o conhecimento, amavam esportes e me amavam. Só que achavam difícil amar um ao outro.

Eu ansiava por harmonia entre eles. Em uma das férias de família, interrompi o almoço para mostrar-lhes uma moeda de cinquenta centavos que eu estava guardando. "Aquele de vocês que não discutir com o outro vai ganhar isso", declarei. "Vou ficar de olho, mantendo controle cuidadoso." Mas meus primeiros esforços de diplomacia não tiveram sucesso. Embora minha mãe tivesse se apaixonado por meu pai vendo-o tocar piano nos pubs de Londres, não escondia sua desaprovação por ele beber ou dedicar tempo demais ao lazer. Mas quando ela reclamou que o Hartigan's não era lugar para crianças, meu pai argumentou que, se estava tão preocupada com o nosso bem-estar, devia encontrar um jeito de trabalhar menos e ficar mais em casa.

Ele começou a reclamar dela e até a insultá-la. "Por onde andou?", dizia quando ela chegava tarde em casa, cutucando-a fisicamente com o dedo indicador.

"Não é da sua conta", ela respondia, antes de se fechar numa sala onde ele não podia atrapalhar seus estudos.

Uma noite, quando a encontrou na mesa da cozinha estudando para uma prova, ele pegou as anotações médicas e os livros dela e, embora caísse uma chuva torrencial, foi para o quintal e os jogou no poço de caldeira, de onde ela seria incapaz de retirá-los.

Sóbrio, talvez meu pai pudesse recuar de um confronto, mas, depois de ter emborcado uma dúzia de copos de cerveja, ele levantava a voz para ela, e ela devolvia na mesma moeda. Deitada na minha cama acima da sala de estar, eu ficava ouvindo enquanto as discussões pioravam e os pratos da cozinha voavam. Quando saía da cama para espiar do patamar no topo da escada, eu alternava entre o esforço para decidir quem era culpado e tapar os ouvidos com as mãos para não ouvir nada além do som do meu coração batendo forte — um som tão ensurdecedor que eu tinha certeza de que meus pais podiam ouvi-lo lá embaixo.

Às vezes, eu me ajoelhava ao lado da cama, fazia um sinal da cruz apressado e tentava abafar o barulho, rezando ave-marias e pais-nossos até que o barulho diminuísse.

Quando eu tinha sete anos, mamãe partiu por um ano para ajudar a montar a primeira unidade de transplante e diálise de rim no Kuwait, deixando-nos, eu e Stephen, aos cuidados de nosso pai e da maravilhosa empregada e babá Eilish Hartnett. Como um ano era muito tempo para ficarmos separados, durante o verão, mamãe levou os dois filhos para uma visita de seis semanas ao Kuwait.

Lá, experimentamos um calor do tipo literalmente inimaginável para duas crianças de Dublin. Usávamos pequenos *dishdashas* (túnicas) que nos mantinham relativamente frescos, e nos lambuzávamos de protetor solar antes de passar longas horas na praia nadando ao lado de meninos beduínos e kuwaitianos — mas sem meninas do lugar. Eu estava fascinada pelos minaretes que pontilhavam o horizonte e pelas roupas variadas das mulheres, algumas com trajes ocidentais, outras com *abayas* ou *hijabs*. O álcool era ilegal, mas os expatriados irlandeses driblavam as regras em suas festas. Embora minha mãe nunca tenha sido grande bebedora, ela gostava de participar e até contribuía com cerveja que preparava em casa num barril de plástico verde usando um kit que havia trazido de Dublin.

A impressão mais profunda que nossa estada deixou foi menos a das imagens e sons do Kuwait e mais a do homem com quem mamãe se envolveu romanticamente: um irlandês de bigode largo, cabelo grosso e prematuramente grisalho. O dr. Edmund Bourke, ou "Eddie", era um pioneiro na ciência e prática da nefrologia (o ramo da medicina que cuida dos rins) e havia sido supervisor de mamãe no Hospital Meath, em Dublin, durante sua residência médica. Embora Eddie tivesse esposa e quatro filhos em Dublin, ele e minha mãe estavam vivendo juntos num apartamento de arranha-céu, agindo como se fossem casados.

Antes de levar-nos, eu e Stephen, de volta para a Irlanda, mamãe pediu que não contássemos ao nosso pai sobre Eddie. Se precisássemos mencionar que havia um "Eddie" no Kuwait, ela nos disse para identificá-lo como "Eddie McGrath", um médico irlandês que aparentemente também trabalhava na capital do Kuwait.

Para uma criança de sete anos, isso parecia uma travessura de alto risco. Eu estava animada por ter entrado em um clube exclusivo de adultos que agora me confiavam um segredo. Eu conseguia ver que o que estava acontecendo entre mamãe e Eddie a estava deixando mais feliz do que eu me lembrava de tê-la visto com meu pai.

Infelizmente, pouco depois de voltarmos para a Irlanda, meu pai me perguntou à queima-roupa se minha mãe estivera com Eddie Bourke no Kuwait. Respondi sinceramente que sim, presumindo que mamãe não ia querer que eu mentisse em resposta a uma pergunta direta. Ela me assegurou mais tarde que eu fizera a coisa certa. Mas quando ela retornou do Kuwait para Dublin, embora tenha voltado a morar conosco em nossa casa, passou a dormir no quarto de hóspedes. Ela e meu pai começaram a levar vidas separadas.

O fato é que meu pai, então com 36 anos, envolvera-se com Susan Doody, uma professora de 25 anos de uma escola primária de Dublin, outra presença bem-vinda na vida de meu irmão e na minha. Embora mostrasse mais tolerância à vida no pub do que minha mãe, Susan preferia atrair papai para longe do Hartigan's e levá-lo a ver o último filme de Bergman ou de Fassbinder, um jogo de rúgbi ou um torneio de golfe. "Ele era capaz de passar horas observando qualquer bola se movendo sobre qualquer superfície", maravilhava-se ela.

Na Irlanda católica, Susan manteve silêncio sobre seu relacionamento com meu pai, acreditando que as freiras que dirigiam a escola onde ela ensinava sofreriam pressão para dispensá-la se descobrissem que ela estava namorando um homem casado. Ainda assim, nos anos seguintes, ela desempenharia um papel importante ao estimular meu pai a mudar seu estilo de vida, incentivando-o a encontrar um emprego mais gratificante do que sua prática odontológica em tempo parcial. "Vamos tomar uma bebida e conversar sobre isso", ele dizia cordialmente, mudando de assunto.

Mesmo quando Eddie entrou em cena e meu pai e Susan se envolveram mais, nunca me ocorreu que o casamento de meus pais pudesse terminar. Para ser justa, os fatos estavam do meu lado: os casamentos na Irlanda não tinham *permissão* para terminar. A Igreja católica era extremamente influente e os padres asseguravam que a lei irlandesa proibisse não apenas a contracepção e o aborto, mas também o divórcio. E se os casamentos começassem a terminar por causa da "bebida" — conhecida em todo o país como "o defeito do homem bom" —, parecia-me que poucas famílias permaneceriam intactas.

Apesar da turbulência ao meu redor, eu achava que a vida era boa. Meu pai projetava uma sensação de que não lhe faltava nada. Ele bebia demais e claramente não trabalhava muito, mas tinha um tempo infinito para mim — a única medida verdadeira de um pai para uma criança. Minha mãe trabalhava febrilmente, mas, quando estávamos juntas, ela conseguia me fazer sentir como se o tempo estivesse parado.

No entanto, pouco depois de voltar do Kuwait, mamãe disse a Stephen e a mim que queria se mudar conosco para os Estados Unidos. Antes de fazer isso, ela conversou com meu pai sobre essa possibilidade, ressaltando que não tomaria a decisão se ele conseguisse ajuda para seu problema com a bebida. Ele recusou.

Meu pai lutou com mamãe num tribunal irlandês, tentando obter nossa guarda exclusiva. Cada um deles representava o outro como inadequado para criar os filhos: meu pai porque bebia demais; minha mãe porque trabalhava demais e estava tendo um caso. Meu pai não ajudou sua causa quando apareceu certa vez no tribunal depois de um "almoço líquido", dando à minha mãe mais munição para sua alegação de que ele era incapaz de cuidar de dois filhos.

Quando meu pai perdeu na primeira instância, apelou e o caso acabou chegando à Suprema Corte. Mais uma vez, o tribunal decidiu em favor dela. Meu pai não se preparou adequadamente e sua carreira itinerante o tornou incapaz de demonstrar que tinha meios financeiros para sustentar a família. Em 1979, apesar da arrogância do juiz em relação à instrução de mamãe, o tribunal concedeu-lhe permissão para deixar a Irlanda com meu irmão e comigo.

Tendo em vista a tradição irlandesa e o estigma associado à separação, é notável que ela tenha recebido a guarda. Mas o Estado anexou três condições, caso mamãe quisesse nos levar para os Estados Unidos. Primeiro, meu irmão e eu seríamos criados como católicos. Deveríamos continuar a frequentar a missa e a estudar religião para recebermos os sacramentos (comunhão e confirmação para meu irmão mais novo, confirmação para mim e confissão periódica para ambos). Em segundo lugar, minha mãe nos educaria em casa em irlandês. E, por fim, teríamos de voltar à Irlanda para ficar com meu pai durante os verões e feriados, como Natal e Páscoa.

Não recebi a notícia de me mudar para a América como um anúncio bombástico. Mamãe deve ter apresentado a ideia casualmente: nem ela própria esperava que a mudança fosse permanente.

Embarcamos em um avião com destino aos Estados Unidos em setembro de 1979. Com apenas nove anos, eu tinha a impressão clara de que minha mãe faria um trabalho médico importante e depois nos levaria de volta a Dublin, nosso lar.

Só anos depois eu entenderia que havíamos imigrado para os Estados Unidos.

2. América

Quando mamãe, Stephen e eu desembarcamos em Pittsburgh, Pensilvâ-nia, eu estava vestida para a ocasião com uma camiseta estampada com a bandeira americana. Mamãe, então com apenas 36 anos, estava vestida com calça de veludo marrom e uma blusa de gola rulê. Depois de todos esses anos, ainda lembro de seu rosto no aeroporto enquanto esperávamos nossa bagagem: ela estava exausta. Mesmo assim, começaria sua carreira médica nos Estados Unidos no dia seguinte.

O que ela deve ter sentido quando pousamos? Alívio por ter de alguma forma conseguido o que queria? Temor diante de uma nova vida? Imagino que provavelmente estivesse pensando apenas: "Pelo amor de Deus, onde estão as malas? Sam e Steve precisam dormir".

De minha parte, eu sabia que minha mãe deixara meu pai na Irlanda. Mas que ela o deixara para sempre — que nunca mais discutiriam durante o jantar — não entrara em minha consciência de nove anos de idade. E não entraria por muito tempo.

Vasculhei a esteira rolante em busca de nossas malas, abarrotadas com tudo o que conseguimos enfiar de nossas vidas na Irlanda: as peças do meu uniforme escolar irlandês; os tênis que eu chamava de "*runners*" e que se tornariam "*sneakers*"; um estoque de romances de mistério; e "Teddy", meu ursinho de pelúcia sofredor. Mamãe havia despachado várias raquetes de tênis Dunlop, sua raquete de squash, seus livros de referência médica mais importantes e minha bicicleta Raleigh bordô. Ela se esforçaria muito para remontar a bicicleta — à toa, pois logo eu a rejeitaria por estar fora de moda, num bairro onde a onda eram as mountain bikes.

Quando saímos da área de bagagem, reconheci o homem de meia-idade, estatura média e cabelos grisalhos que nos saudou: era Eddie Bourke, com quem mamãe nos dissera que moraríamos. Àquela altura, havia cinco anos que eles estavam tendo um caso e Eddie se separara de sua esposa.

Durante o tempo que passamos no Kuwait, Eddie tinha sido um companheiro brincalhão, levando-nos, Stephen e eu, à praia e me ensinando o básico do xadrez, bem como algumas frases em árabe. Mas o que mais se destacava era sua capacidade de animar nossos dias com versos ridículos. Ele recitava:

> There was an old lady from Clyde
> Who once ate an apple and died.
> Inside the lamented,
> The apple fermented,
> To cider inside her inside.*

Ou nos provocava a participar:

> Way up on the mountain,
> Green grows the grass,
> Down came the elephant,
> Tumbling on his...

No momento em que eu estava prestes a gritar o palavrão "*ass*" [cu], Eddie continuava com muita animação:

> Don't misunderstand me.
> Don't you be misled.

* Tradução literal: "Havia uma velha senhora de Clyde/ Que uma vez comeu uma maçã e morreu./ Dentro da pranteada,/ A maçã fermentou e virou/ Cidra dentro de suas entranhas". (N. T.)

Down came the elephant,
Tumbling on his head. *

Enquanto meu pai era rápido e cortante, e alardeava uma memória enciclopédica, Eddie tinha um tipo de humor mais caloroso e inclusivo, e uma inteligência que se estendia muito além do campo da medicina. Ele ficava sentado por horas com um lápis, marcando densos livros de história sobre tudo, da China da dinastia Qing até as origens do universo.

Eddie também era um contador de histórias inigualável. Enquanto as bebidas fluíam entre os amigos, ele fazia o papel de velho *seanchaí* irlandês, contando piadas e histórias inverossímeis. Com gestos teatrais, interpretava cada um dos personagens de suas histórias, e os ouvintes fascinados gargalhavam bem antes do final da piada. O humor estava na maneira de contar, e Eddie se deliciava com o deleite dos outros. Às vezes, eu tinha a sensação de que, durante o dia, ele pensava menos sobre o que estava acontecendo ao seu redor do que sobre como mais tarde faria suas recriações cômicas.

Eddie fazia mamãe rir — e o riso sempre pareceu a parte mais importante da vida deles juntos. Durante minha infância, eu via o rosto dela brilhar em duas circunstâncias previsíveis: quando meu pai tocava piano e quando Eddie contava uma piada ou história. Ela amou os dois em diferentes momentos, e ambos a deixavam louca.

Eddie fora criado num lar estrita e devotamente nacionalista e frequentara uma escola irlandesa onde até cálculo era ensinado em língua gaélica. O nacionalismo irlandês ao seu redor era tão intenso que, se um menino em sua escola sem querer usasse a cabeça no campo de futebol gaélico (como se faz no futebol "inglês"), a partida era suspensa e a bola, confiscada. Rúgbi e futebol eram vistos como esportes para protestantes e anglófilos. Apesar de seu trabalho cerebral diário, Eddie era capaz de se emocionar cantando canções rebeldes irlandesas ou recitando as últimas palavras do insurgente irlandês Robert Emmet antes de ser enforcado pelos britânicos, em 1803.

Anos mais tarde, eu ouviria o romancista irlandês Colm Tóibín falar que,

---

* Tradução literal: "Lá em cima da montanha,/ Verde cresce a relva,/ Abaixo veio o elefante,/ Caindo sobre seu..."; "Não me entenda mal./ Não se deixe enganar./ Abaixo veio o elefante,/ Caindo de ponta-cabeça". (N. T.)

quando era criança na Irlanda, não havia nada pior do que "ser chato". "Você podia ser fedorento, podia ser feio, podia ser burro", disse ele, alegremente, "mas não podia ser chato." Essa havia sido a sensibilidade em nossa casa na Irlanda, e também veio a ser nos Estados Unidos. Eddie estava tão longe de ser chato quanto Pittsburgh era longe de Dublin.

Quando passamos pela alfândega, dei em Eddie um enorme abraço — o que ele chamou de "Squasheroni" — e gritei em meu árabe rudimentar: *"Ahlan wa Sahlan!"*. Ao que ele respondeu: *"Ahlan bik, Alhamdulillah!"*, me dando as boas-vindas.

Como muitos intelectuais, Eddie frequentemente tinha dificuldade em se concentrar nas tarefas do mundo real. Mas havia morado em Pittsburgh por quase um ano antes de nossa chegada, então havia feito preparativos impressionantes com a ajuda dos amigos irlandeses que viviam na região. Eddie havia encontrado um sobrado para morarmos juntos e comprado um Renault Le Car amarelo para mamãe — para combinar com seu próprio Le Car cinza-escuro.

Na Irlanda, eu tivera pouco contato com a América. Os três canais da nossa televisão de Dublin passavam programas irlandeses e britânicos em sua maioria, então o pouco que eu sabia sobre os Estados Unidos vinha principalmente de produções oriundas do país como *O incrível Hulk* e *As Panteras*. Os poucos americanos que encontrei na vida real eram turistas na Irlanda, em suas férias de golfe, a maioria dos quais parecia ser homens bronzeados, com dentes alinhados e opiniões fortes.

Ao chegar aos Estados Unidos, o ano letivo do ensino fundamental público já havia começado. Quando minha mãe entrou comigo e me apresentou à minha nova professora, eu estava com a roupa que usava em minha escola católica na Irlanda: uma saia verde e azul-marinho, meias de renda até os joelhos, sapatos pretos de couro e uma blusa branca de golfe. Imediatamente, me senti deslocada ao lado dos meus colegas de turma que usavam jeans e sapatênis. Dentro de algumas semanas, mamãe me levou às compras na Kaufman's Department Store, e escolhi o que via ao meu redor: uma camiseta dos Pittsburgh Pirates, uma camiseta nº 12 de Terry Bradshaw dos Steelers, um moletom dos Steelers, uma camiseta polo verde da Izod, calças verdes da Izod e uma calça de veludo cotelê castanho-claro. Essa seleção me socorreria até a nossa próxima excursão de compras muitos meses depois — embora eu logo tenha aprendido com meus colegas de classe que, se usasse minha roupa Izod toda verde às quintas-feiras, isso indicava obviamente que eu estava "com tesão". Eu não fazia ideia do que isso significava, mas sabia que, para passar despercebida em meu ambiente, era preciso evitar o verde às quintas.

Relativamente confiante em Dublin, eu agora me sentia inibida em Pittsburgh. Tinha um forte sotaque dublinense, longos cabelos ruivos presos num rabo de cavalo e a pele pálida. De repente, minhas sardas pareciam se destacar contra o pano de fundo de uma pele que tinha visto mais chuva do que sol. Sem poder fazer muita coisa a respeito de meu guarda-roupa ou minha aparência irlandesa, me dediquei a mudar o sotaque, ensaiando uma nova maneira americana de falar no espelho.

Também adquiri um novo vocabulário. Meu café da manhã de domingo, o *"brekkie"* de *rashers, black* e *white pudding** e linguiças queimadas tornou-se um *"breakfast"* americano de bacon e ovos. Minhas *"wellies"* (galochas) deram lugar às *"snow boots"* (botas de neve). Os garotos mais velhos não fumavam *"fags"* atrás da escola, apenas escondiam *"cigarettes"*. E se precisássemos de remédios, não os comprávamos mais no "químico" local, mas na "farmácia".

Procurando dominar rapidamente as profanidades preferidas dos habitantes locais, notei que um colega de classe combativo e chato não era mais um *"right pain in the arse"*, mas um *"royal pain in the ass"*. Fiz questão de usar palavras e expressões que me disseram ser exclusivas do dialeto de Pittsburgh, como *"yinz"* (todos vocês), *"pop"* (refrigerante) e *"jagoff"* (babaca).

Claro, havia muitas outras diferenças. Depois de anos de flocos de milho insípidos, eu tinha infinitas opções de cereais, embora em geral ficasse com Cocoa Krispies ou Lucky Charms. O ônibus que me levava para a escola não era mais verde-irlandês, mas amarelo-mostarda. Na Irlanda, quando me comportava mal (escondendo-me no banheiro das meninas, por exemplo, para evitar a aula de balé, que detestava), me pediam para mostrar a mão e me batiam com um cinto ou uma régua. Nos Estados Unidos, no entanto, logo vi que a punição se resumia a ficar sentada num canto, afastada dos colegas de classe.

Havia meninos em quase todas as casas da minha rua. Para uma moleca como eu, que amava esportes, o bairro era um sonho. Na Irlanda, mamãe me ensinara a jogar tênis, futebol e um pouco de hóquei de campo. Mas os garotos

---

* *Rashers*: fatias finas de bacon; *black pudding*: espécie de morcela; *white pudding*: linguiça branca que leva aveia ou cevada. (N. T.)

da Hidden Pond Drive jogavam — e só falavam de — beisebol. O jogo parecia lento, como é a impressão inicial dos estrangeiros. Mas, depois que dominei as regras e as principais estatísticas, como o aproveitamento no bastão, a corrida impulsionada (RBI) e média de corridas merecidas (ERA), cada arremesso em cada turno ao bastão parecia uma parte vital do meu dia.

Mamãe adaptou-se à nova vida, não demonstrando saudade perceptível do país que deixara para trás. Apesar de sua profunda empatia pelos outros, ela se concentrava muito menos em explorar seus próprios sentimentos. Mais tarde, quando eu apontava essa inconsistência, ela mudava de assunto ou acabava a conversa com uma expressão de desdém: "Arrah, claro, isso não me importa".

Apesar de ter completado sua residência médica em Dublin, mamãe foi obrigada a refazer sua formação nos Estados Unidos, uma provação de três anos. No entanto, durante esse mesmo período, conseguiu dominar o novo esporte americano de raquetebol (ganhando rapidamente o campeonato do clube local). Ela também costumava levar-nos, Steve e eu, ao estádio Three Rivers para ver os jogos de beisebol do time de nossa nova cidade, o Pittsburgh Pirates. Ao contrário da maioria dos pais de meus novos amigos, ela nunca pensou em sair antes do final do jogo. E o mais notável: comparecia à maioria dos meus eventos escolares e esportivos.

Mas não havia dúvidas quanto à origem irlandesa de nossa família. Enquanto nossos vizinhos comiam pizza e salsichas grelhadas, nós raramente passávamos uma noite sem "spuds" (batatas), e carne enlatada e repolho eram alimentos básicos. A versão de Eddie de um encontro com mamãe era uma noite no The Blarney Stone, um pub local de propriedade de um jogador de futebol irlandês do condado de Kerry. Quando podiam, sentavam-se entre outros imigrantes, comiam cozidos irlandeses ou salsichas com purê e cantavam juntos canções tradicionais, curtindo o "craic" (programa divertido).

A principal continuidade entre a Irlanda e os Estados Unidos estava em Deus. Em Dublin, embora algumas das freiras na escola me aterrorizassem, ser católica era uma fonte de conforto e, suponho, uma afirmação da minha natureza irlandesa. Tendo em vista a imprevisibilidade de minha vida em casa, eu ficava aliviada com quanto as orações e os hinos eram familiares. Quando a televisão e o rádio irlandeses faziam uma pausa três vezes por dia (às seis da manhã, ao meio-dia e às seis da tarde) para transmitir os sons lentos e constantes do sino do Ângelus, eu me sentia calma — nada diferente do efeito da chamada à oração que ouvira cinco vezes por dia no Kuwait. Os Estados Unidos foram o primeiro lugar em que estive que não parecia querer que as pessoas parassem e refletissem durante o dia.

Mamãe cumpriu sua promessa ao juiz, levando-nos, meu irmão e eu, à escola dominical e à missa católica. Mas minha principal prática religiosa era (e ainda é) a oração privada, o apelo a Deus para cuidar das pessoas de quem eu gostava e — mesmo sem a lembrança dos sinos do Ângelus — as orações de gratidão. Eu rezava quando estava amarrando meus sapatos, tomando uma tigela de sopa ou indo de ônibus para a escola. Percorria longas listas de todas as pessoas e ocorrências pelas quais eu era grata. Rezava para que "meu pai e todas as minhas tias e tios e avós e primos sejam felizes". E dedicava um tempo excessivo às orações em que pedia boa sorte ao time de beisebol de minha nova cidade.

Meu interesse pelo Pittsburgh Pirates logo se tornou fanático. Durante o *playoff* mágico da equipe em 1979, que começou logo após nossa chegada aos Estados Unidos, mamãe, Eddie e eu nos sentávamos no novo sofá em nossa sala e assistíamos ao capitão Willie "Pops" Stargell iluminar o campo com seu sorriso e seu bastão confiável. Fiquei perturbada quando, durante a World Series, os Pirates perderam três dos seus quatro primeiros jogos para o Baltimore Orioles. Enquanto meu novo time enfrentava a eliminação em cada um dos três jogos seguintes, eu me enfiava no banheiro durante os momentos tensos, ajoelhava-me e rezava por uma mudança da sorte.

Lembro-me de dizer a Deus que eu soubera pela televisão que os jogadores do Pirates faziam todo tipo de trabalho comunitário com pessoas vulneráveis. Tentei negociar com Ele, prometendo tratar melhor meu irmão de cinco anos em troca de um *double off the wall* de última hora, a cada vez completando minhas orações com o hino nacional irlandês. Não sei bem por que eu considerava essa música relevante para o Pirates no momento, mas, quando eles ganharam a série por quatro jogos a três, eu me convenci de que minhas negociações bem influentes e o canto patriótico tinham sido fatores decisivos para convencer Deus a virar a competição.

Comecei a gastar meu dinheirinho de bolso semanal — que agora se chama "mesada" — nas figurinhas de beisebol da Topps. Eu era uma negociante habilidosa e fazia acordos complexos com vários de meus vizinhos, de tal forma que acabei com a coleção inteira de 1980, menos duas figurinhas difíceis. Como médica residente, mamãe estava ganhando pouco e, uma vez que Eddie comprara a casa e os carros, hesitava em impor a ele as despesas de seus filhos. Assim, quando eu insistia com ela para me comprar figurinhas de beisebol para que eu pudesse ter a sorte de conseguir um dos dois jogadores que me faltavam — para mim, o equivalente aos "bilhetes dourados" de *A fantástica fábrica de chocolate* —, ela normalmente negava.

Sempre que eu economizava minha mesada, descia de bicicleta a ladeira íngreme da Hidden Pond Drive, entrava numa rua movimentada e ia até a loja de conveniência a quase dois quilômetros de distância. Comprava tantos pacotinhos quanto meu dinheiro permitia e rasgava o papel ceroso bem ali na caixa registradora, inalando o cheiro do chiclete rosa e checando para ver se havia conseguido um vencedor.

Na minha cabeça, a Irlanda ainda era meu lar. Mas aquele novo lugar parecia um pouco com o país das maravilhas. E embora estivesse ansiosa por minha primeira viagem de volta a Dublin, que faria em dezembro de 1979, eu devoraria todas as coisas americanas enquanto pudesse.

3. Perda

Poucas lembranças estão mais cravadas em minha psique do que o momento em que meu pai me disse que não permitiria que minha mãe levasse a mim e a Stephen de volta para a América.

De volta a Dublin pela primeira vez desde que tínhamos nos mudado em setembro, Stephen e eu estávamos passando o feriado de Natal de 1979 em nossa antiga casa. Mamãe viajara conosco e estava hospedada por perto com uma amiga próxima, Geraldine. Eu estava deitada de pijama ao lado de meu pai, na cama king size que outrora ele compartilhara com minha mãe. Ele estava tirando sarro de mim por "falar como uma ianque" e por adotar um corte de cabelo de menino, que eu tinha feito para ficar o mais parecida possível com minhas amigas de Pittsburgh. Stephen estava dormindo no quarto ao lado.

Eu estava chupando uma bala de hortelã que pegara de um esconderijo em sua mesa de cabeceira quando ele me informou — com naturalidade, como se estivesse me oferecendo seu pino de golfe — que planejava ficar com Stephen e comigo em Dublin.

Papai explicou que nos queria por perto e achava que era uma grave injustiça os tribunais permitirem que minha mãe nos levasse para tão longe. Ele esperou alguns minutos e depois telefonou para ela, a fim de informá-la de sua decisão. Nesse curto período de calma, antes de eu ouvir a reação de mamãe, senti-me completamente valorizada pela disposição de meu pai de desafiar a decisão do juiz. Todas as crianças cobiçam sinais do amor dos pais, e eu gostei de saber que Stephen e eu valíamos uma briga.

Assim que mamãe atendeu, ele me entregou o telefone para que eu pudesse dizer "alô" primeiro. Quase na mesma hora vomitei a notícia. "Papai vai ficar conosco!", exclamei, meu coração batendo loucamente ao me ver no epicentro de um grande drama.

"O quê?", mamãe perguntou. Quando repeti, ela disse que viria nos buscar imediatamente e me mandou passar o telefone para papai. Ela mal continha sua fúria.

"Mamãe está vindo", anunciei, ao passar o telefone para ele.

"Não, não está, querida", disse meu pai.

Nos minutos seguintes, pude ouvir a voz de mamãe subindo de tom bruscamente pelo fone. Contudo, imaginei que eles teriam outra discussão — talvez até a mais feroz de todas as suas discussões — e depois as coisas se resolveriam.

Quando mamãe não apareceu naquele dia, nem no dia seguinte, voltei a me contentar com a rotina do Hartigan's de meu pai, tendo meu irmão ao meu lado. Adorei estar em casa de novo. Apesar de toda a novidade que a América oferecia, eu sentia falta até da chuva da Irlanda.

Na véspera do Natal, Stephen e eu vimos *A noviça rebelde* numa pequena televisão em preto e branco na sala onde meu pai e Susan haviam enfeitado uma árvore de Natal e pendurado nossas meias (na Irlanda usamos nossas meias de verdade, em vez das enormes meias americanas vermelhas e brancas, do tamanho das botas de Papai Noel). Meu pai havia alugado um barril do Hartigan's, e seus amigos do pub estavam com um humor jovial.

Stephen e eu ignoramos a festança, alegremente puxando os *Christmas crackers** irlandeses até que eles se partissem em dois e revelassem o pequeno brinquedo de plástico. Meu pai nos fez bifes numa frigideira — sua especialidade — e ocupou seu lugar ao piano, tocando canções de Hoagy Carmichael e nossas músicas natalinas preferidas.

---

* Tradição natalina de países de língua inglesa que consiste em pequenos tubos de papelão embrulhados em papel colorido que se abrem puxando-se simultaneamente pelas duas pontas, o que provoca um estalido, e que contêm brindes natalinos. (N. T.)

Por volta das dez da noite, a campainha tocou. Ao seguir meu pai até a porta e espiar ao lado dele, vi mamãe e sua amiga Geraldine. Ela não permitiria que Steve e eu ficássemos num antro de bebida, disse ao meu pai. Tinha vindo nos buscar.

Eu estava no umbral da porta, aconchegada à perna de meu pai. Meu irmão e eu observamos as duas pessoas que mais amávamos falarem uma com a outra em tom contido, mas a raiva deles era evidente.

"Olhe para isso", minha mãe disse, apontando para a cena lá dentro. "Você acha realmente que esse é um ambiente para crianças?"

Quando mamãe insistiu para que fôssemos embora, dei alguns passos na direção dela. Meu pai me disse para voltar e eu congelei. Stephen, que me seguira até a porta, arrastou-se para o abraço de mamãe. Mas eu fiquei entre meus pais, paralisada pela escolha impossível.

A voz de minha mãe ficou mais firme quando ela me disse para entrar em seu carro, que estava perto e com o motor ligado. Eu obedeci. E antes de eu ter me dado plenamente conta do que estava acontecendo, fomos embora.

Virei-me para olhar pela janela traseira — uma cena que mais tarde eu veria reprisada em filmes de Hollywood — e lá estava meu pai na porta, desalentado, observando nosso carro partir. Ele foi ficando menor e menor até que viramos a esquina e ele desapareceu de vista.

Naquela noite, fomos de carro de Dublin para Cork, cidade natal de mamãe, onde ficamos com sua irmã Anne. Nos dias que se seguiram, meu pai e um amigo do Hartigan's, membro do Parlamento irlandês, começaram a telefonar para minha mãe, ameaçando obter uma liminar para nos impedir de sair do país. À medida que as advertências se tornavam mais convincentes, mamãe começou a temer que outra batalha legal pudesse atrasar nosso retorno aos Estados Unidos, onde ela era esperada na semana seguinte para retornar ao trabalho. Em pânico, pediu ao meu tio Garry, seu cunhado e faz-tudo da família, que nos levasse ao aeroporto de Shannon.

A viagem noturna foi angustiante. Tio Garry atravessou semáforos vermelhos e dirigiu tão acima do limite de velocidade que achei que estávamos numa perseguição de carros. Mamãe checava constantemente o espelho retrovisor do lado do passageiro, sinal de que os adultos estavam preocupados. Só agora, quarenta anos depois, me dou conta do significado daquela corrida frenética: embora ela estivesse certa, minha mãe não devia acreditar que os tribunais irlandeses veriam a situação da mesma forma. Se meu pai aparecesse sóbrio diante de um juiz enquanto ainda estávamos no país, ela poderia ter nos perdido.

Quando chegamos ao aeroporto, enquanto o relógio avançava lentamente para a hora da nossa partida, tio Garry comprou para mim e para Stephen imensos desjejuns irlandeses. Mas minha mãe não comeu nem respirou com calma até que nosso voo estivesse no ar.

Depois que estávamos de volta à nossa casa suburbana de Pittsburgh, mamãe telefonou a papai para lhe dizer que não era possível confiar que ele poria o nosso bem-estar em primeiro lugar. Não só ele estava bebendo demais, disse ela, como havia ameaçado nos sequestrar. Ela não podia deixar o trabalho para supervisionar o tempo em que estivéssemos juntos, então, se ele quisesse nos ver, teria de pegar um avião para os Estados Unidos.

Durante os anos que se seguiram, mergulhei na minha nova vida americana e comecei a prosperar na escola. Meu beisebol melhorou e comecei a aprender o básico do basquete. Deixei de ser a garota desajeitada com sotaque de Dublin e saias plissadas e fiz um novo grupo de amigos. Suas famílias me levaram a churrascos no verão e para esquiar e patinar no gelo no inverno. Embora mamãe trabalhasse muitas horas no hospital, ela chegava em casa na maioria das noites de verão a tempo de nos grelhar milho em espiga quando os jogos do Pirates eram transmitidos pelo rádio. Aos poucos, à medida que conseguia tirar férias, ela e Eddie nos levavam para andar de caiaque em corredeiras e a locais históricos americanos como Gettysburg.

Embora dissesse que meu pai havia abdicado do acordo de guarda, minha mãe cumpriu o resto de seus termos, levando-me à missa e continuando a me ensinar irlandês. Nada era pior do que ser convocada num dia ensolarado para melhorar meu gaélico. "Mamãe", dizia eu, "isso não faz sentido. Mesmo que eu morasse na Irlanda, não falaria essa língua. E na América é ainda mais inútil." Essa lógica não a comovia. Ela me forçava a rever cartões de memória e a escrever frases como se eu fosse voltar logo para Mount Anville e prestar um exame.

Embora meu pai e eu trocássemos cartas e eu lhe enviasse meu desinteressante trabalho artístico de colorir com números, ele não vinha nos visitar. Quando Susan o cutucava, ele tinha uma resposta pronta: "Eu só preciso me organizar". Mas ele nunca foi capaz de admitir que precisava de ajuda para superar a bebida. E nunca se organizou.

Não tenho lembranças conscientes de ansiar por meu pai, mas mesmo enquanto sorvia com avidez a experiência americana, uma grande parte de mim estava esperando. Eu esperava a notícia de que ele viria me visitar, que me telefonasse (o que ele fez, mas pouquíssimas vezes, pois sempre extraviava nosso número) e que fosse novamente meu companheiro. Mamãe nunca falava mal dele e, em vez disso, descrevia seu "brilho" e seus dons atléticos; mas deixava claro que ele era um alcoólatra, veredicto que aceitei. Classificar meu pai nessa categoria organizou as coisas. A designação me permitiu pôr a culpa da separação em algo que não ele próprio. E, no entanto, como não conseguia compreender a verdadeira natureza do vício, eu achava que, se meu pai simplesmente tentasse com mais afinco, ele poderia se recuperar.

Eu acreditava que o vínculo magnético entre nós o motivaria a tomar jeito — que *eu* o motivaria. Mas, enquanto esperava, não sentia raiva dele por estar longe. Em vez disso, comecei a repetir mentalmente a cena da véspera de Natal nos degraus da nossa casa em Dublin. Não foi meu pai que quis me deixar, raciocinei. Ele estava disposto a infringir a lei para estar comigo. Fui eu quem foi embora. Eu fizera uma escolha naquela noite quando acatei a ordem de minha mãe.

Mesmo com um sentimento de pesar e vergonha começando a me atormentar, eu tinha certeza de que teria a chance de acertar as coisas entre nós. Tantos alcoólatras irlandeses viviam bem até a velhice que nunca associei o ato de beber com problemas de saúde. Quatro anos logo se passaram e meu pai ainda não viera nos visitar, mas eu ainda estava otimista de que nos reconciliaríamos. Meu pai garantiria isso.

Em 1983, mamãe e Eddie nos levaram de Pittsburgh para Atlanta, na Geórgia. Depois que minha mãe teve seu diploma de nefrologista reconhecido, eles passaram a trabalhar na Faculdade de Medicina da Universidade Emory. Fizemos as malas e nos mudamos para o sul, chegando à nossa nova casa alguns dias antes de eu começar a oitava série — que então marcava o início do ensino médio.

Certa tarde, mais de um ano depois de nossa mudança, eu estava esparramada no carpete cinza do meu quarto, fazendo minha lição de história. Minhas paredes estavam cobertas de fotos de meus ídolos — de Mike Easler, do Pittsburgh Pirates, a Jack Wagner, o ator bonitão que fazia o papel de Frisco na série *General Hospital*. Pelo som de passos no quarto deles, percebi que mamãe e Eddie haviam chegado em casa mais cedo do que de costume. Atrás de portas fechadas, mamãe falava baixinho ao telefone e mantinha um diálogo abafado com Eddie. Apenas a família estava presente — Eddie, mamãe, Steve e eu —, mas a casa parecia cheia de tensão. Pressenti que algo ruim havia acontecido.

Por fim, mamãe bateu na porta do meu quarto e se sentou ao meu lado no chão. Com a voz tensa e os olhos vermelhos, ela disse: "Tenho más notícias". Eu não tinha ideia do que poderia estar vindo, mas não precisei esperar muito. "Seu pai morreu."

Não reagi. Olhei para ela sem expressão, recusando, com todo o meu ser, processar o que ela dissera.

"O funeral é segunda-feira", continuou ela. "Não acho que você deveria ir."

Perguntei-lhe como meu pai poderia ter morrido tão repentinamente, tão inexplicavelmente, com apenas 47 anos.

"A bebida", disse ela.

"Mas eu não sabia", falei devagar.

"Nenhum de nós sabia a extensão disso", disse ela.

Nos últimos anos, meu pai havia claramente aumentado muito a quantidade de álcool que consumia, chegando ao Hartigan's assim que o pub abria, ainda pela manhã. No final, acumulara dívidas tamanhas de bebida que os donos se recusavam a servi-lo. O álcool devastara seu corpo de tal forma que ele tinha parado de comer. Ele e Susan haviam terminado a relação, mas minha mãe me disse que foi ela quem encontrou o corpo dele.

Eu precisava ficar sozinha. Mamãe saiu, fechando a porta atrás de si. Quando ela entrou na sala ao lado para contar ao meu irmão, sentei-me só, entorpecida pelo choque, incapaz até de chorar. Arrastei-me para a cama e rezei para que o que ela acabara de me dizer não fosse verdade. Se fosse, eu disse a Deus, eu precisava ver meu pai novamente no céu, onde eles com certeza teriam pubs.

Agora, além de repassar mentalmente a última vez que tinha visto meu pai, eu era trespassada por uma nova percepção: por cinco anos, eu esperara por ele, mas ele também esperara por mim. "Ele queria que eu fosse visitá-lo", pensei. "E eu nunca fui."

Eu não conseguia entender por que uma menina inquisitiva de catorze anos como eu não havia feito perguntas suficientes para saber que a saúde de seu pai estava esvaindo-se. Por que eu estupidamente havia suposto que os adultos fariam a coisa certa? Por que não insisti em tomar um avião para vê-lo? Por que não mostrei a ele que, apesar de ter entrado no carro com minha mãe naquela véspera de Natal, eu ainda era sua menina? Por que não encontrei uma maneira de ajudá-lo? Parecia que eu havia sido completamente passiva enquanto meu pai se perdia sozinho do outro lado do Atlântico.

Enterrei-me debaixo das cobertas — o edredom do meu antigo quarto em Dublin — e estremeci com uma sensação de frio tão profunda que era como se meus ossos estivessem gelados por dentro.

Mais tarde, eu soube que Susan procurara meu pai depois de não ter notícias dele por mais de um mês. Quando ela abriu a porta da frente, que estava destrancada, sentiu um cheiro forte: era o corpo dele em decomposição, em meio ao cheiro de vômito e dejetos humanos. Na casa abandonada e imunda — minha antiga casa — só havia restado as camas no andar de cima e o piano na sala de estar. O resto dos pertences da família tinha sido roubado ou penhorado — até os talheres da cozinha e nossos brinquedos.

Susan subiu corajosamente as escadas e encontrou meu pai morto, vestido de terno, como se estivesse pronto para sair pela cidade.

Ele estava deitado não em sua cama, mas na minha.

Não fui à Irlanda para o funeral de meu pai em dezembro de 1984. Mamãe temia que seus amigos e familiares pusessem a culpa nela — e em mim — pela espiral descendente que terminou em sua morte. Ela foi sozinha, pensando que, se não comparecesse, eu seria poupada. Era uma suposição razoável: de fato, a irmã mais nova do meu pai a atacou verbalmente logo depois da cerimônia fúnebre, gritando: "A culpa é sua!".

Ao voltar à escola um dia depois de ficar sabendo que meu pai havia morrido, porém, eu não honrei a dor que estava me dilacerando. Por não ter ido à Irlanda, assumi outro motivo de arrependimento. "Você não vai mesmo ao enterro de seu pai?", perguntou-me um de meus colegas. De pé diante de meu armário, segurando um livro de geometria e um caderno espiral, percebi o erro. Mas minha mãe já havia partido.

Meu cérebro adolescente havia estabelecido rápido uma sequência clara e causal. Nada que um membro da família enlutada gritasse em minha cara poderia ter sido pior do que aquilo em que eu já acreditava. Quando saí da Irlanda, deixei meu pai; não o visitei; e, *portanto*, ele morreu. Se eu não tivesse ido embora, ou se tivesse, pelo menos, retornado periodicamente a Dublin, ele ainda estaria vivo.

Na minha cadeia de lógica — ou responsabilidade —, minha mãe não aparecia. Até hoje, apesar da insistência de vários terapeutas de que devo estar reprimindo a raiva em relação a ela, não culpo mamãe pelo que aconteceu. Li muito sobre como as crianças preferem culpar-se a reconhecer os defeitos e as más decisões de seus pais. Mas, olhando em retrospecto, sempre que refleti sobre as ações de mamãe, senti que várias coisas eram verdadeiras ao mesmo tempo. Sim, ela deveria ter procurado ativamente informações sobre a saúde de papai, e deveria ter levado a mim e a meu irmão à Irlanda para vê-lo. Mas, por outro lado, ela tomou suas decisões tendo nosso bem-estar em mente. Só depois de ter minha própria família é que comecei a reconhecer quanto Stephen e eu éramos *pequenos* quando zanzávamos no Hartigan's, e como aquele ambiente devia parecer perigoso para minha mãe.

Mamãe conhecia nosso pai — suas virtudes e seus vícios — como só alguém que o amara profundamente podia conhecer. Demorara anos para que chegasse ao ponto de conseguir desvencilhar-se dele e do casamento. Ela sabia que as crianças quase nunca desistem de seus pais e não queria que a imagem de Jim Power que Stephen e eu tínhamos — grande e luminoso — fosse substituída por algo menor. Anos depois, Susan me contaria sobre o estado emaciado de meu pai nos últimos dois anos de sua vida. "Jim não estava mais olhando para o abismo", relembrou ela. "Ele estava no abismo."

Carregar a dor da morte do meu pai me fez agradecer mais pelo fato de minha mãe ser saudável. Posso ter sofrido uma perda terrível de uma maneira terrível, mas dei graças a Deus pela minha sorte: embora temesse agora perdê-la também, eu ainda tinha uma mãe que adorava.

Durante o verão seguinte à morte do meu pai, voltei à Irlanda pela primeira vez desde o Natal de 1979. Visitei meu avô paterno "Bam Bam", que estava morando com minha tia. Bam Bam acabara de completar noventa anos, mas ainda era mental e fisicamente ágil, dirigia e acompanhava de perto os esportes e a política.

Não querendo perturbá-lo, pouco mencionei a ausência de meu pai de nossa vida. Mas ao longo dos anos que se seguiram, sem qualquer decisão consciente da minha parte, construí com meu avô a relação que desejara ter com meu pai. Eu o visitava fielmente por várias semanas a cada verão; assistíamos ao futebol irlandês e xíngávamos juntos a TV. E uma vez que ele me deu o presente de viver até aos 101 anos, compartilhei os altos e baixos de minha vida com ele numa correspondência que durou onze anos.

No entanto, na mesma visita em que estabeleci esse novo alicerce com meu avô, levei um tranco de minha prima de dezessete anos, que idolatrava meu pai. Ela descreveu quão solitário estava nas últimas vezes que fora visitar a mãe dela. "Ele só falava de você e de Stephen", disse ela. "Os médicos nunca vão dizer isso, mas ele morreu por um coração partido."

Não ocorreu à menina de catorze anos que eu era perguntar a minha prima por que, se sentia tanto a falta de meu irmão e de mim, meu pai raramente telefonava, ou por que nunca havia entrado em um avião para nos visitar.

Ele pretendia fazê-lo. Eu tinha certeza disso.

4. Dignidade

Comecei na Lakeside High School, em Atlanta, Geórgia, em 1983, cerca de um ano antes de meu pai morrer. Mais uma vez, eu ia para uma nova escola numa nova cidade onde as pessoas falavam diferente de mim — desta vez, com sotaque sulista. Porém, quando minha mãe me deixou na escola, logo percebi que eu não era a única criança nova chegando naquele dia.

Havia repórteres pela vizinhança, esperando para ver se pais brancos irados tentariam impedir a chegada de centenas de novos estudantes afro-americanos. Ao me aproximar da entrada principal, esses alunos — que tinham entre doze e dezessete anos — estavam desembarcando de uma longa fileira de ônibus escolares.

Alguns entraram na escola aparentemente decididos a ignorar o tumulto que a chegada deles à Lakeside estava causando. Uns poucos usavam fones de ouvido e balançavam ao som da música enquanto desembarcavam, talvez protegendo-se da comoção. Outros, menos ousados ou blindados, passavam a impressão de que gostariam de voltar para os ônibus.

Quando se mudaram para Atlanta, mamãe e Eddie escolheram nosso bairro com base na renomada qualidade daquela escola secundária de dois andares, conhecida por ser uma das melhores da Geórgia, tanto do ponto de vista acadêmico quanto do esportivo. Eles não perceberam, no entanto, que Lakeside estava no meio de uma velha briga entre negros e brancos a respeito do sistema de educação pública da região. No exato momento em que fizemos da Geórgia nossa casa, esse conflito entrou numa erupção racial.

Embora a Suprema Corte houvesse decidido em 1954, no caso Brown versus Conselho de Educação, que a segregação racial nas escolas públicas era inconstitucional, o Sistema Escolar do Condado de DeKalb, assim como muitos distritos escolares do Sul, havia, na prática, permanecido basicamente segregado. Depois de uma ação judicial em 1972 que contestava as práticas do distrito, o DeKalb iniciou o que chamou de programa de transferência de "maioria-para-minoria" (M-to-M, na abreviação em inglês). O programa permitia que os afro-americanos que fossem maioria racial em suas escolas locais fossem transferidos para escolas fora de seus bairros, onde seriam minoria. Como de início os diretores das instituições pouco fizeram para incentivar os estudantes negros a aderir ao programa, os participantes eram poucos e o corpo estudantil de Lakeside permanecera mais de 80% branco.

Não muito antes de nos mudarmos para a Geórgia, no entanto, o tribunal distrital ordenou que as escolas de DeKalb começassem a fornecer transporte gratuito no condado. Isso tornou a participação no programa M-to-M mais viável, e centenas de estudantes afro-americanos se candidataram para ser transferidos de escolas de baixo desempenho. Pais negros procuraram Lakeside pela mesma razão que minha mãe: queriam que seus filhos tivessem a oportunidade de prosperar numa escola com excelente reputação.

Em 1983, quando mais de trezentas famílias afro-americanas se inscreveram para enviar seus filhos para a Lakeside, o distrito escolar recusou a maioria deles. O raciocínio do distrito — apoiado por pais brancos ativos e exaltados — era que a Lakeside precisava manter sua proporção aluno/professor em 26/1. Para nossa família recém-chegada, no entanto, parecia claro que os oponentes queriam impedir que a Lakeside fosse mais racialmente integrada.

Várias centenas de pais brancos se mobilizaram para criar um grupo que chamaram de Parents Demand Quality [Pais Exigem Qualidade], que apoiava a decisão do distrito de rejeitar um número substancial de transferências de alunos negros para a Lakeside. Por sua vez, os pais destes entraram com uma ação junto ao tribunal distrital, alegando que bloquear a transferência de seus filhos "baseava-se em raça, não em espaço". A NAACP* de DeKalb levou o caso à Divisão de Direitos Civis do Departamento de Justiça, que concordou em investigá-lo. No final, a apelação dos pais afro-americanos foi aceita: minha turma, a de 1988 da Lakeside High School, tornou-se a primeira da história da escola em que o número de alunos negros superava o de brancos. A Lakeside oferecia aos meus colegas afro-americanos professores mais experientes e instalações mais bem cuidadas, mas conhecer os estudantes no programa M-to-M oferecia uma lição sobre negação e afirmação de dignidade. Eu tinha ouvido padres falarem sobre dignidade na missa: o catecismo ressaltava que a "dignidade da pessoa humana está enraizada em sua criação à imagem e semelhança de Deus". E meus anos na Irlanda, complementados pelas lições de história de Eddie, ensinaram-me muito sobre as tentativas dos ocupantes britânicos de atropelar a dignidade irlandesa.

O programa M-to-M dava grandes oportunidades aos meus colegas negros, mas também impunha um fardo pesado à dignidade deles. Quando eu chegava à escola de manhã, depois de sair da cama por volta das 7h30 e dar uma rápida caminhada de dez minutos até a escola, a maioria dos meus colegas negros já estava acordada havia várias horas — primeiro esperando por um ônibus do bairro que os levava para um centro de trânsito, depois pegando um segundo ônibus que os levava para Lakeside. Eu jogava no time de basquete da escola e fazia corrida de pista e rústica. Devido ao treino vespertino, eu começava o dever de casa "tarde" — depois das seis, quando chegava em casa. Mas os alunos afro-americanos de minhas equipes tinham de esperar por um "ônibus de atividades" que só saía da Lakeside às sete da noite, o que fazia com que raramente estivessem em casa e pudessem começar a estudar antes das nove. O mais maluco era que os estudantes que procuravam ajuda extra de um professor ou ficavam na escola depois das aulas para usar a biblioteca não tinham permissão para pegar o ônibus de atividades e precisavam encontrar um jeito de ir para casa por conta própria, o que significava navegar pelo complexo sistema de transporte público de Atlanta, o que assustaria a maioria dos adolescentes.

Até hoje, quando ouço as pessoas julgarem os alunos com base em suas notas nos exames, penso em meus colegas afro-americanos privados de sono, enquanto nos preparávamos para fazer testes de inglês ou de matemática jun-

* Associação Nacional para o Progresso de Pessoas de Cor, fundada em 1909. (N. T.)

tos. Podíamos ser iguais perante Deus, mas eu tinha três horas a mais de sono, bem mais tempo para me preparar e muito mais recursos à minha disposição do que aqueles que faziam parte do programa de transporte escolar.

Durante a oitava série, quando ocorreu a mudança enorme na demografia da Lakeside, eu ouvia de vez em quando meus colegas brancos reclamarem sobre a "graxa" que afirmavam ter encontrado em suas mesas — uma alfinetada nos estudantes afro-americanos que usavam *Jheri curls*.* Um amigo meu entreouviu um grupo de professores fazendo piadas grosseiras — por exemplo, dizendo que o Departamento de Inglês deveria começar a ensinar Ebonics,** "para que possamos nos comunicar adequadamente na língua *deles*".

À medida que a população negra da escola aumentava, o tribunal ordenou que mais professores negros fossem contratados, decisão que levou vários pais brancos a reclamar que não queriam que seus filhos fossem ensinados por afro-americanos. Outros chegaram ao ponto de tirar seus filhos da Lakeside, transferindo-os para as escolas católicas particulares da região, em larga medida brancas. Alguns membros do corpo docente aceitaram as mudanças; aqueles entrincheirados em suas opiniões não arredaram pé. Alguém ouviu uma professora branca, que tinha sido franca a respeito de sua oposição ao grande número de alunos afro-americanos, dizer na sala dos professores que era impossível se comunicar com seus alunos negros. "Dizem que preconceito se aprende", ela se queixou para seus colegas. "Bem, tentando ensinar os negros aqui, eu certamente aprendi."

Mamãe e Eddie viram uma intolerância semelhante na Universidade Emory, onde haviam assumido seus cargos de nefrologistas. Quando Eddie tentou recrutar um talentoso médico haitiano-americano que se formara na Escola de Medicina de Harvard, um de seus colegas expressou sua oposição: "Aqui, eles estacionam carros". Na unidade de diálise renal, o mesmo médico veterano substituiu uma fotografia de Martin Luther King Jr. pela de um líder da Ku Klux Klan. Meu irmão fez amizade com um garoto afro-americano cha-

* Penteado permanente que produz longos cachos com aparência de molhado, na moda entre afro-americanos na década de 1980. (N. T.)
** Na origem, o termo designava a língua de todos os descendentes de negros africanos escravizados na América do Norte e no Caribe. Depois, passou a se referir ao inglês falado pelos afro-americanos. (N. T.)

mado Dorian, que frequentemente vinha para nossa casa depois da escola. Em uma ocasião, uma vizinha ligou para minha mãe no trabalho para avisá-la que havia visto um "crioulo" em nossa casa. Mamãe e Eddie deixaram claro para Stephen e para mim que estavam horrorizados com o preconceito que encontraram e nos encorajaram a dar nossa opinião quando ouvíssemos esses comentários racistas.

Eu não discutia com meus amigos negros os símbolos mais enraizados do racismo que havia ao nosso redor. Alguns estudantes de Lakeside não viam nada de mais em colar adesivos da bandeira confederada em seus carros. As excursões escolares iam a Stone Mountain, o gigantesco granito de quase quinhentos metros de altura no qual imagens dos líderes confederados Jefferson Davis, Robert E. Lee e Stonewall Jackson haviam sido esculpidas. Só décadas mais tarde fiquei sabendo que o monumento fora encomendado por segregacionistas e havia sido palco de numerosos encontros da Klan ao longo dos anos. A história de linchamentos e racismo violento da Geórgia era rotineiramente ignorada ou minimizada em nossas aulas de história.

Durante todo o ensino médio, sentei-me ao lado de Preston Price na sala de aula. Preston, que se tornou um bom amigo, era negro e gay, combinação dura numa escola conservadora de um bairro branco, evangélico e de classe média. No nosso primeiro ano, minha melhor amiga, Sally Brooks, e outro amigo querido, Nathan Taylor, também haviam saído do armário, o que significava que três dos meus amigos mais próximos da escola eram gays. Do ponto de vista mais progressista de hoje, é difícil explicar como essas revelações pareciam incomuns na época — e como meus amigos eram corajosos. Eu vi quanto cada um deles se angustiou tentando descobrir a melhor forma de contar sobre sua homossexualidade para seus familiares e colegas de classe. E vi a excitação e a mágoa de suas paixões e fraquezas românticas enquanto as viviam, da mesma maneira que eles testemunharam e me ajudaram a atravessar as minhas.

Essas revelações iniciais não diminuíram minha admiração pelos Estados Unidos, mas abriram meus olhos para a luta do meu novo país para administrar a diferença.

Quaisquer que fossem os choques de identidade que ocorriam ao meu redor, eu fazia geralmente o que minha vida me ensinara a fazer até aquele momento: seguia em frente e dava o meu melhor para me adaptar aos aconteci-mentos. Eu era uma aluna conscienciosa, fazia os deveres de casa na hora certa e me saía razoavelmente bem nos exames. Sabia que, para entrar numa univer-sidade de primeira linha, precisaria ter altas pontuações em testes padroniza-dos. Então me esforcei para expandir meu vocabulário, preparando *flash cards* (cartões de memória) com "palavras do SAT"* desconhecidas, a fim de obter uma pontuação alta o suficiente para ter uma chance nos processos seletivos de admissão. Embora mais tarde eu tenha me tornado uma ótima estudante, mi-nha energia era então mais evidente quando praticava esportes. Lakeside era uma potência no atletismo, que enviava jogadores para times da primeira divi-são universitária e, às vezes, até para os profissionais. Como ala armadora principiante do time de basquete, eu passava tardes inteiras e finais de semana arremessando milhares de bolas ao cesto.

Eu fazia um verdadeiro malabarismo para equilibrar minha imersão na escola e nos esportes com os empregos de meio período — comecei na cadeia de fast-food Del Taco, depois passei períodos na Sizzler e na loja de iogurtes Frëshens. Lakeside também tinha uma cena movimentada de festas. Algumas companheiras do basquete me introduziram aos copões Big Gulp de Fanta do 7-Eleven batizados com vodca, que eu consumia com entusiasmo, embora não deixasse que nada prejudicasse minha performance no jogo.

Por sorte, minhas extravagâncias do ensino médio nunca me causaram problemas duradouros. Mamãe, no entanto, lembrava incessantemente, a mim e a Stephen, que o alcoolismo estava "em nossos genes". E, embora eu nunca tenha chegado perto de ter um problema com a bebida, o consumo excessivo de meu pai tinha distorcido tanto meu quadro de referência que eu me considera-va abstêmia em comparação a ele.

Ser alcoólatra também deixou de ser uma condição definida exclusiva-mente pelo hábito destrutivo de meu pai. Eddie sofria com a mesma "maldição do homem bom". Em Pittsburgh, minha mãe tentara racionalizar e achar que o hábito de beber dele era muito diferente do de meu pai. "Ele só tem uma tole-rância pateticamente baixa", dizia ela. Enquanto meu pai bebia quantidades muito maiores, a embriaguez de Eddie era mais ostensiva. Ele recitava poesia

* Exame escolar utilizado para admissão nas universidades americanas (mais ou menos equiva-lente ao Enem). (N. T.)

irlandesa em voz muito alta e, às vezes, desmaiava depois de poucas taças de vinho ("Ah, não", murmurava minha mãe, "a cabeça está caindo!"). O pior cheiro de minha infância — que até hoje associo à pungência de minha decepção com suas recaídas — era o hálito de Eddie nas noites em que ele tentava encobrir o cheiro do álcool com Listerine.

Meu pai nunca admitiu que tivesse um problema, mas Eddie reconhecia o dele. Fez repetidos esforços para deixar de beber. Durante anos, parou e voltou várias vezes. Depois da morte de meu pai, e devido às tentativas de Eddie de permanecer sóbrio durante aqueles anos, tornei-me extremamente vigilante quanto a sinais de que "a bebida" pudesse estar adquirindo poder sobre mim também.

Embora Stephen tivesse passado apenas cinco anos em Dublin, havia herdado muitos dos traços e hábitos de nosso pai. Ele viria a ser incrivelmente bonito, com olhos azul-celeste, cabelos escuros, uma constituição esbelta e atlética e um sorriso largo — e seletivo — que derretia corações. Em 1988, depois que me formei no ensino médio, mamãe e Eddie se mudaram com meu irmão para o Brooklyn, onde haviam encontrado novos empregos. Lá, Stephen era às vezes parado na rua e lhe perguntavam se havia pensado em ser modelo.

Ainda que só tenha começado a beber e a usar drogas depois de eu ir para a faculdade, Stephen se afastou de mim e de mamãe enquanto eu ainda estava na Lakeside. Eu era sociável como minha mãe, abraçando novos desafios e pessoas, enquanto Stephen tinha apenas duas grandes paixões: cães, que dizia serem mais confiáveis do que seres humanos, e pescar, o que fazia por horas sozinho. Ele já tinha declarado a mim, havia tempos: "Eu não sou como você". E, apesar de sua mente questionadora, nunca estudou muito. Não obstante, ele me aplaudia nos meus jogos de basquete e nunca parecia se ressentir por mamãe e Eddie celebrarem meus sucessos acadêmicos.

Um dia, durante meu último ano de colégio, cheguei em casa depois do treino de basquete e encontrei Stephen, então com treze anos, sorrindo para a mesa da nossa sala de jantar. Ele havia espalhado a meia dúzia de cartas de resposta das faculdades às quais eu me havia candidatado. Num instante, percebi que as cartas de Stanford e Princeton eram finas, mas me concentrei no envelope muito mais grosso, cor de marfim, com o "Y" azul-marinho e um endereço de retorno em New Haven. Eu havia inesperadamente entrado na Universidade

Yale, um destino de sonho. "Parabéns, mana!", disse Stephen com um sorriso, enquanto eu pulava e roubava um abraço raro, ainda que desajeitado.

Apesar de ter custado caro, a decisão de mamãe de se mudar para os Estados Unidos abriu um novo mundo para mim. Eu sabia que estudar em Yale faria o mesmo. Mas, assim que abri o envelope e confirmei minha aceitação, comecei a imaginar tudo o que poderia dar errado. Embora eu pudesse me adaptar a qualquer ambiente novo, fazia isso com a convicção latente de que nada de bom podia durar.

5. O homem do tanque

No verão de 1989, voltei a Atlanta depois de meu primeiro ano em Yale para estagiar no departamento de esportes da afiliada local da CBS. Depois de cobrir basquete e vôlei feminino para o jornal da faculdade, eu decidira seguir a carreira de jornalista esportiva.

Meus despachos impressos demonstravam pouco talento natural. Meu primeiro artigo publicado no *Yale Daily News*, em setembro de 1988, começava assim: "Nesta semana, as bolas de vôlei não são as únicas coisas em alta para a equipe feminina de vôlei; assim estão também as expectativas e o ânimo". Outro artigo narrava que o grupo de canto a capela do campus, Something Extra, havia entoado o hino nacional antes do jogo de basquete feminino de Yale contra Cornell. Eu então completava que "os Azuis estavam bem cientes de que seria necessário 'algo extra', ou melhor, 'algo extraordinário' para vencer".

Pensei então que o jornalismo radiofônico poderia ser uma pedida melhor. Nos anos seguintes, fiz narração lance a lance e comentários para os times de basquete masculino e feminino de Yale, e participei de um grupo rotativo de alunos num programa radiofônico noturno de debates chamado *Sports Spotlight*.

No dia 3 de junho, fui instruída por meu supervisor na rádio WAGA de Atlanta a fazer anotações sobre um jogo de beisebol do Braves contra o San

Francisco Giants. Eu tinha de marcar na minha prancheta a hora exata em que os eventos memoráveis ocorriam — um *home run*, um erro, uma briga no campo, uma dança engraçada nas arquibancadas — para ajudar a montar os destaques esportivos do noticiário da noite. Sentada dentro de uma cabine de vidro, eu estava rodeada por outras telas que mostravam transmissões de vídeos da cbs de todo o mundo.

Na transmissão de Pequim, onde já era o começo da manhã de 4 de junho, vi o desenrolar de uma cena surpreendente. Os estudantes da praça da Paz Celestial (Tiananmen) protestavam havia mais de um mês, exigindo que o Partido Comunista Chinês fizesse reformas democráticas. Os manifestantes tinham usado isopor e gesso para construir uma escultura de nove metros de altura chamada Deusa da Democracia, muito parecida com a Estátua da Liberdade. Eles a haviam colocado bem em frente ao retrato de Mao Tsé-tung, fazendo parecer que ela estava olhando para o fundador do repressor Estado chinês. Mas no dia em que, por acaso, eu estava trabalhando na cabine de vídeo, o governo chinês caiu em cima dos estudantes. Vi quando a equipe de filmagem da cbs em campo filmou soldados com fuzis de assalto destruindo os refúgios dos estudantes. Enquanto os tanques rolavam em direção aos manifestantes chineses, os jovens usavam suas bicicletas para tentar fugir do local e transportar os feridos.

Nas cenas cruas e não filtradas que se desenrolavam diante de mim — muitas das quais não seriam transmitidas —, pude ouvir o câmera da cbs discutindo com as autoridades enquanto era empurrado. Em determinado momento, o monitor ficou preto; a transmissão da China havia sido cortada. Sentei-me na cabine, horrorizada com o que vira. Perguntei-me o que o governo americano faria em reação — pergunta que nunca me ocorrera antes.

Naquela semana, as primeiras páginas de todos os principais jornais americanos publicaram a foto de um homem em Pequim que ficou conhecido como "Homem do Tanque". Ele usava camisa branca e calça escura e carregava um par de sacolas plásticas de compras. Foi fotografado em pé, no meio de uma avenida chinesa de dez pistas, diante do primeiro tanque de uma coluna com dezenas deles.

A imagem forte prendeu minha atenção. *Aquilo* é que era uma afirmação de dignidade, pensei comigo. O homem estava se recusando a curvar-se diante do poder gigantesco dos soldados chineses. Sua resistência silenciosa, mas poderosa, me fez lembrar as imagens dos trabalhadores da área de saneamento em

Memphis, cuja greve Martin Luther King Jr. endossara pouco antes de ser assassinado, em 1968. Eles carregavam placas que diziam simplesmente EU SOU UM HOMEM.

Embora as ações subsequentes do Homem do Tanque tenham recebido menos atenção, imagens de vídeo mostravam-no assumindo um risco ainda mais notável: ele subiu na torre do tanque e falou com os soldados lá dentro. Depois que desceu e o tanque tentou passar por ele, o homem acompanhou o movimento do veículo, desafiando os soldados a atropelá-lo. Poucos minutos depois dessa dança sombria, homens em trajes civis entraram correndo na avenida e empurraram o Homem do Tanque para longe. O comboio seguiu em frente; o homem desapareceu. Ele nunca foi identificado. Um número nunca revelado de estudantes chineses — provavelmente milhares — foi morto naquele verão pela repressão governamental.

Eu não reagi a esses eventos proclamando de repente uma intenção recém-descoberta de aprender mandarim e me tornar defensora dos direitos humanos. Mas, embora eu pouco soubesse sobre os protestos antes de começarem, ou mesmo a respeito da própria China, eu não conseguia me livrar do desconforto de ter ficado satisfeita em fazer anotações sobre um jogo do Braves enquanto estudantes da minha idade estavam sendo abatidos por tanques.

Pela primeira vez, reagi como se os acontecimentos atuais tivessem algo a ver comigo. Senti, de uma maneira que não poderia ter explicado no momento, que eu tinha a ver com o que acontecia com o homem solitário e suas sacolas de compras.

De onde vinha essa reação? Seria apenas o despertar natural de uma consciência política — uma progressão inevitável depois de passar um ano em um campus universitário socialmente consciente? Talvez, mas nunca antes eu havia pensado em envolver-me nas causas que empolgavam alguns de meus colegas. Se meus pontos de vista políticos estavam se desenvolvendo por osmose, eu não estava ciente da transformação.

Miro Weinberger, meu melhor amigo da faculdade, por acaso estava me visitando em Atlanta naquela semana. Desde que mamãe e Eddie tinham se mudado para Nova York no outono anterior e nossa casa em Atlanta fora posta à venda, eu alugara um quarto num apartamento compartilhado. Bebendo cervejas nos degraus da entrada do edifício, contei ao meu amigo sobre as imagens da China. Miro — que hoje está em seu terceiro mandato como prefeito de

Burlington, Vermont — era filho de ativistas contra a Guerra do Vietnã. Ele e eu tínhamos nos ligado graças ao nosso amor comum pelo beisebol, mas, ao contrário de mim, ele sempre se interessara pelo mundo ao seu redor. "O que estou fazendo com a minha vida?", perguntei. Diante da expressão intrigada de Miro, expliquei: "Sinto que deveria estar fazendo algo mais útil do que pensar em esportes o tempo todo".

Quando retornei a Yale naquele outono, optei por especializar-me em história, mergulhando no trabalho escolar e estudando com muito mais intensidade do que durante o primeiro ano na faculdade.

Dois meses depois de retornar ao campus, o Muro de Berlim caiu, dando início ao colapso dos regimes comunistas em toda a Europa Oriental. Eu antes assinava o USA Today, praticando o que chamava de método "recortar e jogar": recortava a seção esportiva vermelha e jogava o resto do jornal na lixeira reciclável. Agora, eu mudara minha assinatura para o New York Times, ansiosa para entender os monumentais acontecimentos no exterior.

Os nomes, lugares e acontecimentos descritos no Times eram tão obscuros para mim que eu sublinhava os principais fatos e números, questionando-me depois de terminar um artigo. Com a queda da Cortina de Ferro, os comentaristas estavam reavaliando as Nações Unidas e se perguntando se o sonho da cooperação internacional poderia finalmente se realizar. Peguei o trem de New Haven a Manhattan para uma visita guiada em grupo à sede da ONU. Gostei do conceito: um único lugar para onde todos os países do mundo enviavam representantes a fim de tentar resolver suas diferenças sem lutar.

Em Yale, eu ainda praticava esportes mais do que qualquer outra coisa. Depois de ser cortada do time de basquete da universidade, experimentei todos os esportes intramuros conhecidos pela humanidade (de polo aquático e futebol ao Ultimate Frisbee e touch football).* Talvez inspirada por todas as horas que gastei assistindo a minha mãe jogar, também comecei a jogar squash e acabei por entrar na equipe da universidade. Numa cerimônia de fim de ano, enquanto outros estudantes recebiam prêmios por serem o "mais social" ou

* Touch football é uma variante do futebol americano em que, em vez de derrubar, basta tocar no adversário para interromper seu avanço. (N. T.)

aquele com "mais probabilidade de ter sucesso", eu era uma competidora tão feroz que meus colegas de turma criaram uma nova categoria para mim: "mais propensa a voltar dos campos intramuros com os joelhos sangrando".

Não obstante, no fim de meu segundo ano, a leitura das notícias internacionais e os cursos de ciências políticas e de história que fiz haviam ampliado significativamente meus interesses. Combinando um presente de mamãe e Eddie com o dinheiro que economizara trabalhando em vários restaurantes, consegui financiar uma viagem de verão para a Europa.

John Schumann, que comecei a namorar no final do meu primeiro ano, seria meu parceiro de viagem. Conhecido como Schu, ele tinha uma espessa cabeleira castanho-escura e uma personalidade aberta e calorosa que fazia dele uma figura amada no campus. Um ano à frente de mim, Schu fizera o ensino médio em Cleveland e compartilhava minha preocupação com os esportes. Mas, ao contrário de mim, era também um leitor voraz de história, o que o tornava imbatível no jogo Trivial Pursuit e um companheiro fascinante. Nós nos tornamos tão próximos que nossas identidades pareciam se fundir em uma única entidade que nossos amigos chamavam de "Sam e Schu".

O destino principal de nossa viagem seria a recém-democratizada Europa Oriental, onde protestos em massa e transições políticas estavam provocando manchetes diárias nos Estados Unidos. Nós adoramos a ideia de explorar uma parte do mundo que ainda não fora invadida por turistas ocidentais e onde a história estava sendo feita todos os dias.

Antes de partirmos, o sempre bem informado Eddie colocou em minhas mãos um artigo de uma publicação pouco conhecida chamada *The National Interest*. De autoria de Francis Fukuyama e intitulado "O fim da história?", o artigo argumentava que, como o fascismo e o comunismo estavam destinados a acabar logo na lata do lixo da história, o liberalismo econômico e político havia vencido a batalha ideológica do século XX. "O Ocidente", concluía Fukuyama, havia triunfado.

Embora eu me lembre vagamente de sentir meu sangue irlandês ferver diante do tom que ele usava em relação aos pequenos países,* a afirmação cen-

---

* Ao reler de novo o artigo recentemente, acho que a frase que me desanimou foi: "Para nossos propósitos, importa muito pouco que ideias estranhas ocorram a pessoas na Albânia ou em Burkina Faso".

tral de Fukuyama — de que a democracia liberal se mostrara ser o melhor modelo — parecia convincente. Os comentaristas de política externa que eu havia começado a ler não davam a menor pista de que questões de tribo, classe, religião e raça voltariam com toda a força — começando nos Bálcãs, mas se espalhando, décadas depois, para o coração das democracias liberais, que até então pareciam imunes.

Em junho de 1990, Schu e eu partimos para ver, em primeira mão, a região onde a demanda por responsabilização democrática ajudara a pôr fim ao regime comunista. Mas antes de nos aventurarmos a leste, viajamos para Amsterdam, onde visitamos a Casa de Anne Frank. Eu havia lido sobre o Holocausto no ensino médio, mas foi durante minhas viagens naquele verão que o horror dos crimes de Hitler me atingiu profundamente. Assim como observar o Homem do Tanque — um único manifestante — me ajudou a enxergar a luta chinesa mais ampla pelos direitos humanos, o mesmo ocorreu com a visita ao esconderijo de Anne Frank, que deu vida à enormidade do massacre nazista. Aprendi uma lição que ficou comigo: experiências concretas e vividas se gravavam em minha psique muito mais do que eventos históricos abstratos.

Quando li a história de Anne Frank pela primeira vez, não me concentrei no fato de que ela e sua família haviam sido deportadas no último trem da Holanda para Auschwitz. Tampouco estava ciente da mesquinhez das cotas de refugiados dos Estados Unidos, que impediram que o pai de Anne conseguisse levar a família Frank para a América. Impressionada por esses detalhes em Amsterdam, comecei a fazer uma lista dos livros que leria em nosso retorno aos Estados Unidos — especificamente, livros que focassem na questão do que as autoridades do país sabiam sobre o Holocausto e o que poderiam ter feito para salvar mais judeus.

Em seguida, Schu e eu viajamos para a Alemanha e visitamos o campo de concentração de Dachau, onde os nazistas haviam matado mais de 28 mil judeus e prisioneiros políticos. O ar ao nosso redor parecia pesado, como se o mal que tornara possível o assassinato em massa ainda estivesse à espreita nas proximidades. Ver os barracões, os quartos de dormir abarrotados e o crematório nos reduziu ao silêncio pela primeira vez em nossa relação.

Embora a exposição do museu no campo de concentração tenha resultado num dia de turismo extremamente sombrio, ficamos mais tempo na seção que contava a história da libertação de Dachau pelas tropas americanas em abril de

1945. Apesar de todas as críticas sobre o que os Estados Unidos podem ter deixado de fazer pelos judeus europeus, Schu e eu nos perguntávamos em voz alta como seria o mundo moderno se o presidente Roosevelt não tivesse finalmente entrado na guerra.

Quando tomamos o trem para o que era então a Tchecoslováquia, chegamos apenas alguns dias antes de o país realizar sua primeira eleição livre. Um colega de faculdade nos apresentou a uma mulher de meia-idade chamada Tatjana, que entrara para o movimento dissidente em 1968, depois que as forças lideradas pelos soviéticos esmagaram a Primavera de Praga. Tatjana nos convidou para tomar chá e nos mostrou um tesouro: folhetos de oposição que ela havia feito circular quando era membro do movimento clandestino. Depois, nos levou para acompanhá-la até o local de votação do bairro. Nós assistimos quando ela pediu que sua jovem filha colocasse seu primeiro voto democrático na urna. Tatjana se emocionou ao falar sobre a animação que sentia em relação ao futuro político de seu país. Mais uma vez, fiquei impressionada com a importância da dignidade como força histórica. "O que era horrível no regime comunista", Tatjana nos disse, "era que o homem à sua frente, que lhe dava ordens, era muito estúpido, e você tinha que lhe dar ouvidos." Mesmo em meio às prisões e torturas, essas humilhações menores desalentavam as pessoas.

Schu e eu viajamos depois para a Polônia, que havia passado por sua primeira eleição livre no mesmo dia de junho de 1989 em que houve a repressão chinesa na praça da Paz Celestial — uma coincidência que faria com que a histórica eleição polonesa passasse quase despercebida na mídia americana (uma competição fria entre os eventos mundiais sobre a qual eu aprenderia mais tarde). Nossa visita mais inspiradora do verão foi ao Estaleiro de Gdansk, onde, em 1980, Lech Walesa comandara os trabalhadores numa greve que lançaria o sindicato Solidariedade. O Solidariedade se transformou num movimento de oposição que acabou contando com quase um terço dos 35 milhões de habitantes do país entre seus membros.

A Iugoslávia, um país no sudeste da Europa na fronteira com o mar Adriático, foi o único lugar que não nos entusiasmou naquele verão. Embora tivéssemos sido abençoados em criar amizades novas nos outros países que visitamos, na Iugoslávia tivemos de nos esforçar para estabelecer conexões. Os trens e ônibus eram lotados e quentes, e o alfabeto cirílico na Sérvia e na Macedônia tornou mais difícil encontrar nosso caminho. "Parece que não há muita alegria aqui", escrevi em meu diário.

Antes de nossa visita, Schu e eu pensávamos na Iugoslávia como uma entidade única. Mas na Croácia, uma de suas seis repúblicas, as pessoas que conhecemos manifestaram pouca fidelidade à confederação. Uma vez que o ditador Josip Broz Tito havia morrido uma década antes e que o comunismo tinha entrado em colapso, não ficou claro o que ou quem uniria os diversificados habitantes do país. "Eu me pergunto se o Estado terá uma razão para existir", escrevi para mim mesma na época. Embora as fissuras fossem evidentes mesmo para uma turista mal informada como eu, jamais poderia imaginar que os balneários onde Schu e eu nadávamos seriam em breve submetidos a intensos bombardeios pelos remanescentes do Exército iugoslavo, liderados pelos sérvios. De fato, a queda da Cortina de Ferro nos deixara com a impressão de que o mundo estava a caminho de se tornar mais democrático, humano e pacífico.

A viagem que Schu e eu fizemos à Europa consolidou nosso relacionamento. Mas quanto mais próximos ficávamos, mais eu me preocupava com ele. Nos oito anos desde a morte do meu pai, eu era perseguida por um medo mórbido de que meus entes queridos morressem de repente. Se Schu se atrasasse, nem que só por uma hora, para chegar ao nosso dormitório, eu geralmente estava num completo estado de pânico quando ele chegava.

Comecei também a sofrer ataques do que Schu chamava de "pulmonite". Fosse no campus ou em nossas viagens, a cada poucas semanas eu me via lutando para respirar de modo adequado. Não conseguia identificar nada de tangivelmente errado, nunca me esganiçava nem sentia sintomas físicos como os da asma. Eu sentia apenas, de um momento para o outro, como se meus pulmões tivessem se contraído e eu simplesmente não conseguisse inspirar o suficiente.

Como nunca senti pulmonite quando estava em uma situação tensa — jogando pelo campeonato nacional universitário de squash ou fazendo exames finais, por exemplo —, descartei a gentil sugestão de Schu de que meus problemas respiratórios pudessem estar relacionados à ansiedade. Depois de alguns dias em que eu quase não conseguia pensar em outra coisa, a sensação em geral passava. Em vez de procurar auxílio profissional e investigar mais profundamente as raízes desse fenômeno ocasional, comecei a afastar a pessoa mais próxima de mim.

No verão posterior ao terceiro ano de faculdade, morei com Schu em Washington, DC, fazendo um estágio no Arquivo de Segurança Nacional, cujo anúncio encontrei no escritório de serviços de carreira de Yale. Quando li sobre o Arquivo, achei por um momento que se tratava de um disfarce quase governamental, pois tinha as mesmas iniciais da Agência de Segurança Nacional. Mas, longe de ser uma misteriosa instituição de inteligência, o Arquivo de Segurança Nacional era, de fato, uma organização não governamental progressista cujos especialistas e ativistas passavam os dias apresentando pedidos baseados na Lei de Liberdade de Informação para obter a desclassificação de documentos do governo americano. Depois, usavam as informações previamente classificadas que desencavavam para entender melhor o envolvimento do país em acontecimentos como o golpe de 1973 contra Salvador Allende no Chile.

Os pesquisadores seniores do Arquivo eram céticos a respeito da conduta dos Estados Unidos no exterior e estavam decididos a responsabilizar as autoridades do país, revelando suas deliberações. Achei fascinante percorrer pilhas de transcrições desclassificadas de reuniões e telefonemas do governo e estudar memorandos de decisão e tópicos nos quais as autoridades haviam se baseado para executar suas funções. Muito do que eu lia era intensamente burocrático. Mas reconheci que aquelas páginas estéreis eram os veículos pelos quais os formuladores de políticas americanos tomavam decisões que, em alguns casos, afetavam a vida de milhões de pessoas.

Enquanto eu me interessava cada vez mais pela política externa americana, Schu começava a pensar numa carreira na medicina. Tendo se especializado em história em Yale, ele retornou depois de formado para sua cidade natal, Cleveland, a fim de fazer cursos preparatórios de ciências, de que precisava para se candidatar à faculdade de medicina. Depois de três anos juntos, decidimos seguir caminhos separados, embora na época eu tivesse certeza de que encontraríamos o caminho de volta um para o outro.

Ao olhar para a frente, invejei a clareza do plano profissional de Schu. Ele teria de dar duro fazendo cursos tediosos de ciências, mas sabia os passos necessários para um dia ser capaz de tratar pacientes. Eu estava interessada em tentar encontrar uma carreira que me permitisse trabalhar em questões relacionadas à política externa dos Estados Unidos. Embora não ousasse expressar minhas esperanças em voz alta, queria acabar numa posição em que pudesse "fazer alguma coisa" quando as pessoas se levantassem contra seus governos repressivos ou quando crianças como Anne Frank se vissem à mercê das ações de estrangeiros.

Mas eu não via um caminho claro pela frente.

6. Fazedores

Mort Abramowitz e Fred Cuny formavam, sob alguns aspectos, um par improvável. Quando o conheci, em dezembro de 1992, Mort era um diplomata aposentado de 59 anos que passara mais de três décadas obedecendo às restrições do governo americano em funções como embaixador na Tailândia e na Turquia e secretário adjunto de Estado para Inteligência e Pesquisa. Filho de imigrantes lituanos, ele crescera em Nova Jersey e tinha diplomas de Stanford e Harvard. Mort vivia em sua mente e, às vezes, perdia de vista detalhes práticos — por exemplo, chegando ao escritório com sapatos descombinados ou um casaco de mulher que havia confundido com o seu depois de uma reunião no café da manhã.

Fred era um texano de quase um metro e noventa e 48 anos que fora despedido da Texas A&M e, quando jovem, incluíra na lista de seus objetivos de vida atravessar o Pacífico velejando num junco chinês. Formado finalmente em engenharia, Fred ficou conhecido como o Senhor do Desastre por seu trabalho de socorro em mais de trinta zonas de crise. Usando suas botas de caubói, ele havia reagido à fome na Etiópia, a um terremoto na Armênia e a guerras em lugares como Biafra, Sri Lanka, Guatemala e Somália.[1]

Mort era embaixador na Turquia quando ele e Fred trabalharam juntos pela primeira vez numa tentativa de ajudar os curdos iraquianos que haviam sido atacados por Saddam Hussein e estavam se refugiando na fronteira entre Iraque e Turquia.* Os métodos de Fred não eram ortodoxos — Mort se lembrava de telefonemas de comandantes militares americanos na área perguntando: "Você sabe o que esse maldito Fred Cuny está fazendo?" —, mas a operação liderada pelos Estados Unidos ajudou a salvar cerca de 400 mil pessoas. A partir de então, Mort propiciou a Fred credibilidade entre as autoridades de Washington, enquanto Fred inspirava Mort com sua desenvoltura e ousadia.

Tive a sorte de conhecer esses dois homens quando, recém-formada, fiz um estágio no Carnegie Endowment for International Peace, uma fundação de Washington. Eu ficara sabendo do Carnegie através de um amigo de Yale e me inscrevi porque vários estagiários foram assistentes editoriais da *Foreign Policy*, o periódico trimestral da instituição. Parecia a maneira perfeita de combinar minha experiência num tipo diferente de jornalismo (esportes) com meu crescente interesse por política externa. Recém-saída da faculdade, não conseguia pensar em um primeiro emprego melhor.

Eu havia melhorado minhas notas em Yale e escrito um ensaio sobre política externa premiado pelo Departamento de História. Preparei ensaios para a inscrição e fui convidada para uma entrevista com um dos associados seniores do Carnegie. Algumas semanas depois, disseram-me que eu estava entre os dez estudantes de último ano admitidos no programa e fora designada para a *Foreign Policy*. Fiquei entusiasmada.

Infelizmente, logo depois, a chefe do programa telefonou para dizer que o presidente do Carnegie Endowment, Mort Abramowitz, havia me transferido para o escritório dele. Imaginando um estágio administrativo com o qual aprenderia pouco, implorei à chefe do programa para que voltasse ao plano original. Ela foi firme. "Samantha", disse ela com um forte sotaque sulista, "você não pode dizer não ao presidente." O que parecia uma virada infeliz do destino acabaria sendo um tremendo golpe de sorte.

Em dezembro de 1992, seis meses depois de me formar na faculdade, mu-

---

* Em 1991, quando era embaixador dos Estados Unidos na Turquia, Mort ajudara a convencer o presidente George H. W. Bush a usar as Forças Armadas para impor uma zona de exclusão aérea que protegia os curdos deslocados para o norte do Iraque dos ataques de Saddam Hussein. Após a Guerra Fria, Estados Unidos e Rússia aumentaram as esperanças de poder trabalhar juntos em novas iniciativas ambiciosas, votando em parceria no Conselho de Segurança da ONU quando o órgão decidiu por unanimidade autorizar a missão.

dei-me para Washington, DC, transferindo a mobília do meu dormitório para um quarto e sala perto de Dupont Circle. Havia muito tempo que eu emoldurara a capa da revista *Time* com o "Homem do Tanque", então a coloquei na estante de livros, junto com fotos de mamãe, Eddie, Stephen, Bam Bam e meu ex-namorado Schu.

Mort foi a primeira pessoa que eu conheceria bem a ter ajudado a fazer política externa em níveis tão rarefeitos. Com o tempo, ele enfiaria em minha cabeça uma verdade simples: os governos podem causar mal ou bem. "O que fazemos", dizia ele, "depende de uma coisa: indivíduos." As instituições, grandes e pequenas, eram constituídas por pessoas. Pessoas é que tinham valores e faziam escolhas.

Fiquei sabendo mais tarde que Mort era famoso no corpo diplomático por ignorar a hierarquia e ir atrás dos funcionários mais bem informados em suas embaixadas, a despeito de sua posição. Ele também cuidava de "sua gente" — fazendo telefonemas em favor de empregados mais novos cujo trabalho admirava. Mas nada disso ficou aparente para mim nos primeiros dois meses em que fui sua estagiária. Quando eu fazia alterações nos rascunhos de seus discursos e artigos, ele dizia: "Muito útil, Susan", e depois ignorava quase tudo o que eu havia proposto.

No início, minhas tarefas eram tão administrativas quanto eu temera: fazer com que o material público do Carnegie não tivesse erros de digitação e ajudar a acomodar os convidados VIP que compareciam aos eventos da instituição — desde o ex-secretário de Defesa Caspar Weinberger e o lendário jornalista Bob Woodward até Tom Lantos, defensor dos direitos humanos e único sobrevivente do Holocausto no Congresso. Embora eu ainda não trabalhasse em estreita colaboração com meu chefe, as pessoas cujos nomes eu havia sublinhado no jornal durante a faculdade de repente me entregavam seus paletós — às vezes, até me olhavam nos olhos.

Fiquei intrigada sobretudo com a visitante do Carnegie Jeane Kirkpatrick, a primeira embaixadora do presidente Ronald Reagan na ONU e primeira mulher nos Estados Unidos a ocupar uma posição no Gabinete de Segurança Nacional. Por mais estranho que pareça, Kirkpatrick havia chamado minha atenção pela primeira vez quando eu ainda era criança em Pittsburgh, no início dos anos 1980 — de alguma forma, eu notara uma foto da equipe principal do presidente Reagan no exemplar de Eddie do *New York Times*. Em meio a todos os ternos, a diminuta Kirkpatrick estava radiante no centro da foto — era a única mulher entre Reagan, o vice-presidente Bush e os outros dezessete membros do gabinete. Eu era jovem demais para acompanhar sua carreira na ONU, mas no momento em que a vi no Carnegie, agora cidadã comum, lembrei-me na hora da imagem que havia visto mais de uma década antes.

Durante as visitas de Kirkpatrick, ela fazia comentários ácidos sobre a política externa do presidente Bill Clinton, que acabara de assumir o cargo. Ao observá-la do fundo da sala, fiquei impressionada com sua franqueza, que parecia perfurar a atmosfera de resto educada e amistosa. Os homens geralmente dominavam os procedimentos, mas ela era uma exceção notável.

Mort parecia respeitar pessoas como Kirkpatrick, que haviam trabalhado no governo e podiam oferecer opiniões fundamentadas. Mas ele estava impaciente com os "gargantas" que circulavam no mundo dos *think tanks*. "Essas pessoas falam muito", disse Mort sobre a proliferação de especialistas independentes em Washington, "e mesmo assim conseguem dizer tão pouco."

Ele era ainda mais duro consigo mesmo. Depois que presidia uma reunião ou publicava um artigo que eu achava persuasivo, às vezes eu cometia o erro de elogiá-lo. "Que monte de besteira", reagia ele. Eu nunca tinha certeza se ele se referia ao seu trabalho ou ao meu elogio. Quando certa vez lhe agradeci por contestar publicamente um chefe de Estado visitante, Mort olhou para mim sem expressão e disse: "Você sabe que não tenho ideia do que estou falando, não é?". Sua humildade costumava se manifestar como autocrítica, o que parecia uma característica extremamente incomum — mas, aos meus olhos, muito atraente — para uma pessoa tão respeitada em Washington.

A frieza de Mort não me intimidava, e seus comentários cortantes eram-me familiares depois de tantos anos assistindo a meu pai em ação no Hartigan's. Mas me perguntava se eu tinha o que era necessário para conquistar sua confiança. Via nele alguém que poderia me ajudar a entender como o mundo funcionava *de verdade*. Ele parecia ser guiado por um critério apenas, traduzido na pergunta que fazia toda vez que eu o abordava com uma ideia (como eu faria com frequência nas décadas seguintes): "Será que isso fará algum bem?".

Percebi que Mort sempre reorganizava sua agenda para ver Fred quando ele estava na cidade. "Ele é um homem prático", disse Mort sobre o texano. "Não nos diz apenas que 'é preciso fazer alguma coisa'. Ele nos diz o que deve ser feito e como devemos fazê-lo. Nunca conheci alguém como ele."

Fred era útil. E Mort valorizava a utilidade.

No início de 1993, os dois homens estavam trabalhando para melhorar as condições na Bósnia, onde uma guerra selvagem havia começado no mês de abril anterior.

O núcleo do conflito surgiu do colapso da Iugoslávia, cujas seis repúblicas continham várias etnias e religiões: sérvios, croatas, eslovenos, albaneses étnicos, macedônios, muçulmanos da Bósnia e outras. Tito, que governara o país por décadas, tentara forjar uma identidade eslava meridional única entre o povo e impedira expressões étnicas e religiosas de diferença.* Porém, após a morte de Tito, em 1980, o nacionalismo — do tipo que Schu e eu havíamos testemunhado em nossa viagem à Croácia — explodira entre as várias etnias do país. Depois que o Muro de Berlim caiu e com a própria União Soviética rumo ao colapso, quatro das seis repúblicas iugoslavas tomaram medidas para se separar.

Embora as lutas que se iniciavam tivessem muitas causas, o presidente sérvio Slobodan Milosevic era o maior responsável. Sendo a maior nacionalidade da Iugoslávia, os sérvios desfrutavam de empregos melhores e privilégios. Mas quando os governos croata e esloveno procuraram declarar independência da Iugoslávia dominada pelos sérvios, Milosevic usou a mídia estatal para estimular o medo do que ele retratava como a próxima luta pela existência.** Ele advertiu que, se passassem a ser minoria étnica na Croácia ou na Bósnia independentes, os sérvios se tornariam cidadãos de segunda classe.

Em 1989, Milosevic fizera uma declaração infame — "Ninguém jamais ousará derrotar vocês de novo!" — diante de uma multidão de sérvios na província de Kosovo, de etnia predominantemente albanesa, explorando com astúcia o medo do grupo outrora dominante de que se tornaria perdedor se pessoas de outras etnias ganhassem mais poder. Usando táticas comuns aos homens fortes do passado e do presente, Milosevic disse aos sérvios que seus "inimigos

---

* O termo servo-croata "*Iugo*" significa "meridional", enquanto "*slavija*" pode ser traduzido livremente como "terra dos eslavos".

** A Eslovênia, onde quase não havia sérvios, garantiu sua independência em 1991 sem muita luta. A Croácia, que era 12% sérvia, também conquistou a independência em 1991, mas os servo-croatas armados, apoiados por Milosevic, assumiram o controle de um quarto do país, mantendo uma república autônoma por vários anos.

de fora do país [estavam] conspirando contra [eles], junto com aqueles de dentro do país". Ele capitalizou o nervosismo de seus seguidores quanto ao lugar deles num mundo em rápida mudança.

Em 1992, a Bósnia era a república mais etnicamente mista de todas as que compunham a Iugoslávia. Depois de seguir o exemplo da Eslovênia e da Croácia e declarar independência, o novo país mergulhou no conflito mais mortal e horrível da Europa desde a Segunda Guerra Mundial. Milosevic canalizou soldados e armas da Sérvia para apoiar os militantes sérvios da Bósnia, que tomaram com rapidez cerca de 70% do país, que então chamaram de "Republika Srpska", sua própria república etnicamente "pura". Sarajevo, capital da Bósnia, sediara os Jogos Olímpicos de Inverno apenas oito anos antes, mas em abril de 1992 os rebeldes sérvios da Bósnia, apoiados pelos remanescentes do poderoso Exército Nacional da Iugoslávia, começaram a bombardear a cidade. Em todo o país, franco-atiradores e armas pesadas do Exército sérvio da Bósnia começaram a disparar contra muçulmanos, croatas e outros bósnios.

Pouco antes de eu entrar no Carnegie, um grupo de jornalistas intrépidos havia descoberto uma rede de campos de concentração onde guardas sérvios matavam de fome e espancavam homens até a morte, e depois jogavam seus corpos em valas comuns. A milícia sérvia da Bósnia também montou campos de estupro, onde sequestrava mulheres muçulmanas e croatas e as seviciava brutalmente. Para o povo da Bósnia, a história não havia "terminado" e a "Nova Ordem Mundial" trouxera terror e desgraça.

Em campanha para presidente, Bill Clinton comparara as atrocidades na Bósnia ao Holocausto, prometendo que "deteria o massacre de civis" se eleito. A principal prioridade de Mort era usar sua plataforma no Carnegie para pressionar o governo Clinton a traduzir essas palavras em ação. Ele transformou o prédio de tijolos vermelhos na esquina das ruas 24 e N em um centro onde as vozes mais influentes da antiga Iugoslávia compartilhavam suas perspectivas com altas autoridades e jornalistas de Washington.

Naquela altura, Fred estava fazendo trabalho humanitário em nome da fundação do filantropo George Soros, com o objetivo, como disse modestamente, de "romper o cerco a Sarajevo". Mas fazia questão de visitar Washington a cada poucos meses, e Mort convidava influenciadores importantes para ouvir suas ideias sobre as situações humanitárias e o que poderia ser feito para melhorá-las. A sensação perene de Mort de que não sabia o suficiente alimentava sua curiosidade e o levava a fazer perguntas fundamentais que poucos estavam fazendo. Ele nunca tinha medo de parecer desinformado, o que, para mim, parecia ser a mais alta forma de confiança.

Enquanto eu devorava as notícias e escutava o que os visitantes da região diziam, a guerra começou a parecer mais próxima. Quanto mais eu ouvia o representante da Bósnia na ONU ou os advogados de direitos humanos da Sérvia, mais ficava irritada com as atrocidades cometidas.

Essa reação marcou uma mudança para mim. Entre minha graduação na faculdade e meu estágio no Carnegie, eu havia lecionado inglês em Berlim por seis meses. Tinha visto os rostos macilentos das famílias bósnias quando chegavam aos terminais de ônibus e trem alemães, mas não fora levada à ação pelo sofrimento deles. Nunca me ocorrera que eu pudesse fazer algo por eles. Embora tivesse me horrorizado com o massacre da praça da Paz Celestial vários anos antes, em Berlim eu cuidara da minha vida, lecionando e explorando a cidade, apesar de encontrar sobreviventes da guerra.

Agora, poucos meses depois, no Carnegie, eu devorava os despachos dos correspondentes de guerra dos Bálcãs. Estava trabalhando para alguém que acreditava que podia fazer a diferença; se eu pudesse ajudá-lo, talvez conseguisse dar uma modesta contribuição.

Conforme eu ficava a par de mais coisas, Mort começou a me pedir para checar os fatos em seus artigos para o *Washington Post* e outras publicações. Comecei lentamente a desenvolver opiniões e tentei escrever editoriais. No início, tudo o que fiz foi ler os rascunhos para mamãe e Eddie por telefone. Quando finalmente tive coragem de mostrar um para Mort, ele estripou o que eu havia escrito, censurou minha "prosa rebuscada" e me disse para "diminuir o tom" da linguagem. Abatida, refleti sobre a rejeição em meu diário. "Acho que o que Mort detesta — e não posso dizer que o culpo — é a minha voz. Sou jovem demais, sem conhecimento e experiência, para assumir esses ares."

Mesmo que eu ainda não tivesse talento para escrever, Mort estava me expondo a uma mentalidade diferente. Passei a compartilhar sua impaciência com comentários que detalhavam os contornos de um problema sem oferecer ideias realistas e concretas de como os Estados Unidos e outros atores poderiam melhorar as coisas. E entendia agora por que Mort tinha todo o tempo do mundo para Fred, alguém que era uma fonte de ideias construtivas sobre como reagir ao cerco devastador de Sarajevo pelo Exército sérvio da Bósnia.

Além de aterrorizar e matar civis, os soldados sérvios da Bósnia haviam cortado o fornecimento de gás e água à cidade, minando a vontade de seus habitantes de resistir. Fred e sua equipe de engenheiros humanitários ressuscitaram uma linha de gás natural, permitindo assim que cerca de 20 mil moradores da cidade restaurassem o aquecimento de suas casas durante o inverno gelado. Mas os sérvios também haviam cortado a energia das bombas que levavam água para a capital, uma tática que teve efeitos ainda mais terríveis. Para obter água, milhares de pessoas levavam grandes recipientes de plástico de suas casas até o rio principal da cidade ou outras fontes de água. O rio era poluído e muito exposto ao fogo de franco-atiradores. Uma vez que as filas nos pontos de distribuição de água costumavam se estender por quarteirões inteiros da cidade, as multidões que aguardavam passavam horas vulneráveis a bombardeios.

"Qual é a arma mais poderosa dos extremistas sérvios da Bósnia?" — Fred perguntou a mim e aos outros estagiários num dia em que estava de visita a Washington. "Seu cerco", respondeu. E explicou: "Se conseguirmos encontrar uma maneira de restaurar a água, eles ainda podem atirar nas pessoas, mas a cidade não se renderá. Vamos frustrar seus planos e dar aos bósnios tempo para reunir os meios de lutar".

O plano de Fred era audacioso ao extremo. Ele planejava contrabandear bombas de água e outras grandes máquinas através das linhas de artilheiros dos sérvios da Bósnia e, depois, montar com agilidade uma grande usina de purificação de água dentro de um túnel de Sarajevo, onde estaria protegida do fogo sérvio. Se o plano funcionasse, segundo Fred, produziria 120 mil galões de água que abasteceriam um terço dos moradores da cidade o tempo todo.

Fred era apenas uma pessoa com uma equipe pequena. Sua ideia parecia incrivelmente arriscada. "Se isso é possível", perguntei, "por que as Nações Unidas não o fazem?"

Fred descartou a pergunta, dizendo-me: "Se a onu existisse em 1939, estaríamos todos falando alemão". Ele estava irritado com a neutralidade das forças de paz da onu diante do que lhe parecia uma agressão clara.

Enquanto Mort aprofundava sua defesa e Fred começava a pôr em prática seu ousado plano de restaurar a água, conheci também Jonathan Moore, um ex-funcionário americano de sessenta anos que estava no Carnegie e havia sido colega de Mort no Departamento de Estado do presidente Richard Nixon. Jonathan tinha uma aparência amarrotada. Quando o conheci, ele estava usando calças de veludo cotelê marrom e uma camisa Oxford verde-clara sob um suéter bordô de gola em V — traje do qual raramente o vi se desviar. Por muitos meses, remendou seus sapatos Rockport com fita adesiva prateada.

Republicano durante a maior parte de sua vida, Jonathan fora assessor do Senado e consultor de campanha presidencial. Tendo trabalhado durante os mandatos de seis presidentes, também ocupara cargos em várias agências governamentais, entre elas os Departamentos de Estado, Defesa, Justiça e Saúde, Educação e Previdência.* O que mais me impressionou na época foi que ele havia coordenado a resposta americana à questão dos refugiados durante o governo Reagan e passara a trabalhar como um dos principais funcionários de George H. W. Bush na Missão dos Estados Unidos na ONU, ajudando a criar a posição de coordenador da ONU em tempo integral para emergências humanitárias.

Quando fiquei maravilhada com a variedade e o significado de tudo o que Jonathan havia feito, ele minimizou suas realizações. Ressaltou que devia sua carreira "espasmódica" ao fato de estar no "lugar certo na hora certa", enfatizando quanto cada emprego lhe dera, e não sua própria contribuição. Ele foi a primeira pessoa que conheci que falou sobre o serviço público com um deleite infinito — como uma fonte de camaradagem e diversão. Para ele, até os funcionários do governo que se metiam em encrenca eram objeto mais de fascinação do que de julgamento. "Ele era muito desonesto, era legal de assistir!", exclamava. Jonathan ponderava com perspicácia sobre a ambiguidade moral inerente à tomada de decisões de alto nível.

Minha primeira conversa substancial com ele ocorreu quando sua figura surgiu do nada em meu escritório para discutir a Guerra da Bósnia. "Você acha que o que está acontecendo na Bósnia é por causa da ausência do bem ou da presença do mal?", perguntou ele.

Eu estava acompanhando com atenção os eventos nos Bálcãs, mas não tinha uma resposta adequada à pergunta. Isso não o impediu de continuar a aparecer de repente em meu escritório, recomendando leituras da Bíblia ou deixando na minha cadeira um artigo que havia recortado. Jonathan lembrava-me de Eddie: tinha uma curiosidade insaciável.

---

* Em 1979, o Congresso dividiu este último em Departamento de Educação e Departamento de Saúde e Serviços Humanos.

Dei-me conta de que com Mort, Fred e agora Jonathan, eu estava cercada por pessoas com quem podia aprender muito. Mas me perguntava o que uma simples estagiária poderia fazer para apoiá-los. Eu fazia incursões à Kramerbooks, em Dupont Circle, mergulhando na história e na literatura dos Bálcãs. Comprei fitas servo-croatas e as ouvia no meu walkman Sony amarelo enquanto ia e voltava a pé da academia. E no final do dia, quando o escritório começava a se esvaziar, eu permanecia estudando os relatórios sobre os campos de concentração bósnios e tentando entender como essa depravação se abatera sobre o lugar que Schu e eu havíamos visitado apenas dois verões antes.

Ao sair do escritório todas as noites, em geral eu estava tão abalada com o que havia lido que não me sentia firme o suficiente para ir de bicicleta para casa, preferindo caminhar com ela ao meu lado.

Ao ler as edições do início dos anos 1980 de fontes de notícias públicas, como o resumo da Rádio Free Europe, o *Washington Post* e o *New York Times*, comecei a compilar uma cronologia detalhada do caminho para a destruição da Iugoslávia. Minha linha do tempo era uma coleção simples de datas e acontecimentos que, não obstante, mostrava a espiral descendente da Iugoslávia. Eu a havia iniciado para poder manter a sequência em minha mente e ajudar Mort em seus artigos de opinião e discursos. Mas uma noite me ocorreu que essa cronologia poderia encontrar um público mais amplo. Assim como Mort tentava fazer um estudo rápido sobre o conflito, o mesmo se dava com muitos jornalistas, defensores de ONGs, membros do Congresso e funcionários do governo Clinton.

Com cinco meses de estágio, fui até Mort com uma longa cópia impressa de minha linha do tempo, presa por um grande clipe de papel preto, e perguntei se ele achava que valeria a pena publicar aquilo. Ele estava concentrado em outra coisa e me deu a impressão de não ter processado minha pergunta, mas concordou. Nas semanas seguintes, trabalhando todas as noites e finais de semana, tentei melhorar a qualidade do material. Em junho de 1993, raciocinando que a velocidade era tão importante quanto a substância, levei meu disquete a uma impressora e pedi que fizessem mil cópias.

Quando fui buscar a encomenda uma semana depois, fiquei espantada ao ver meia dúzia de grandes caixas marrons que quase encheriam meu pequeno escritório. Minha criação amadora havia sido habilmente comprimida num pequeno livro de capa cinza com o meu nome e o título que eu havia escolhido: *Breakdown in the Balkans* [Ruptura nos Bálcãs]. Quando se espalhou a notícia de que essa cronologia estava disponível, as comunidades de *think tanks* diplomática, política e midiática de Washington rapidamente esvaziaram o estoque do Carnegie. Em breve tive notícias de Fred, que ligou por um telefone via satélite de Sarajevo para me parabenizar pela publicação "imensamente útil", que disse estar distribuindo aos funcionários do governo e trabalhadores humanitários.

Senti uma imensa satisfação — de um tipo que nunca havia experimentado antes, pessoal ou profissionalmente. Mas agora que as pessoas estavam de fato lendo o que fiz, comecei a ficar obcecada por tudo o que deixara de fora. "As lacunas, as lacunas", eu dizia, evitando os elogios que vinham em minha direção. Ao mesmo tempo, repreendi-me por ansiar pelo reconhecimento que estava começando a ter. "Claro, estou em busca, como sempre, de mim mesma", escrevi em meu diário. "Antes de mais nada, preciso realmente lembrar por que o livro surgiu." Eu sabia que as condições na Bósnia estavam se deteriorando com rapidez e que, se minha cronologia caísse nas mãos dos vizinhos sitiados de Fred em Sarajevo, era provável que a queimassem junto com outros livros para se aquecer.

A guerra seguia incessante. Quatro diplomatas americanos — George Kenney, Marshall Harris, Jon Western e Stephen Walker — já haviam renunciado, em protesto contra o que viam como uma fraca reação dos Estados Unidos à Guerra da Bósnia, na maior onda de renúncias causadas pela política externa americana da história do Departamento de Estado. Li sobre esses homens num longo perfil publicado pelo *Washington Post* e fiquei fascinada por seus testemunhos. Jon Western, um analista de inteligência de trinta anos, havia vasculhado centenas de fotos e vídeos do que relembrava como "seres humanos que parecem ter passado por moedores de carne". Ele contou ao *Post* que as informações de inteligência que precisava consumir para seu trabalho descreviam garotas pré-adolescentes estupradas na frente de seus pais, um homem de 65 anos e seu filho de 35 sendo forçados, sob a mira de um cano de arma, a castrar oralmente um ao outro, e torturadores sérvios que faziam prisioneiros muçulmanos entalhar cruzes nos crânios uns dos outros.

As autoridades ocidentais e os outros funcionários americanos que renunciaram haviam de início tentado mudar a política interna a partir de dentro, mas não conseguiram e acabaram se demitindo. Eles julgavam não ser mais possível participar de um governo americano que não fazia o que podia para ajudar; e concluíram que, demitindo-se, ao menos chamariam a atenção da mídia para o que consideravam uma abdicação moral dos Estados Unidos.

Depois de ler o perfil do *Post*, escrevi em tom grandioso em meu diário: "Lamento somente não trabalhar no Departamento de Estado e não poder me demitir em protesto contra a política. Em vez disso, sinto-me impotente e incapaz".

Depois de meu verão na CBS em Atlanta, quando as pessoas me perguntavam o que eu desejava fazer de minha vida, comecei a responder que "queria fazer a diferença". Mas no Carnegie vi que isso era uma abstração. Agora, eu tinha um foco — um grupo específico de pessoas em um lugar específico que estava sendo pulverizado, e queria fazer alguma coisa para ajudá-las.

Como alguém formada em ciências humanas que não tinha nenhum talento para línguas estrangeiras, eu ainda me preocupava por ter pouco a contribuir. Mas conseguira montar a cronologia e estava vendo de perto a grande variedade de maneiras como pesquisadores, colunistas, jornalistas, funcionários do governo e agentes humanitários estavam envolvidos na política externa dos Estados Unidos. Todos pareciam estar lutando para definir o papel dos Estados Unidos no mundo agora que a Guerra Fria havia terminado, e também para administrar uma súbita enxurrada de movimentos nacionalistas e de independência.

Eu estava muito consciente de tudo o que me faltava: não era engenheira como Fred, diplomata experiente como Mort ou médica como mamãe e Eddie. Eu estava focada, mas não sabia como canalizar meus interesses. Uma anotação de diário frustrada daquela época terminava simplesmente assim: "... Agir, Poder".

7. Risco

O jornalista e ativista britânico Ben Cohen foi quem me deu a ideia de viajar para os Bálcãs. "Você deve ver a guerra de perto", disse-me. "E deve escrever alguma coisa."

Depois que conheci Ben em um evento no Carnegie, logo ficamos amigos. Judeu sefardita cujos antepassados fugiram para a Bósnia durante a Inquisição Espanhola, ele sabia mais sobre a política, a história e a literatura daquele país do que qualquer pessoa que eu conhecia em Washington. Embora estivesse arrasado com tudo o que havia acontecido, ele trazia um humor ácido para as nossas discussões.

Ben arranjou um convite para mim — a "autora" de *Breakdown in the Balkans* — para uma conferência a ser realizada na pacífica Eslovênia, a ex-república iugoslava recém-independente. Após a conferência, insistiu, devíamos ir de carro à Bósnia.

Tendo em vista minha expectativa crônica de que algo terrível aconteceria sempre que a vida estivesse indo bem, eu temia entrar no que parecia ser o inferno ardente de uma zona de guerra. Também não vi o que eu poderia acrescentar à cobertura que estava sendo feita da guerra, pois repórteres experientes estavam fazendo um trabalho fenomenal na região. Mas Ben continuou insistindo. E com o meu estágio chegando ao fim, eu começara a pensar em quais empregos me permitiriam continuar trabalhando em questões relacionadas ao conflito.

Graças a Ben, eu já tinha um artigo publicado. Pouco depois de nos conhecermos, ele havia proposto escrevermos em colaboração um artigo criticando a posição da diplomacia internacional na Bósnia. Junto com George Stamkoski, um amigo macedônio dele que se tornou nosso terceiro coautor, produzimos o que, em retrospecto, parece um ensaio bastante simplório, e começamos a tentar "vendê-lo" para vários jornais.

Tentamos todas as publicações populares nos Estados Unidos e, quando todas recusaram o artigo, enviamos para as publicações do Reino Unido, Canadá e Austrália cujos números de fax pudemos encontrar. Um dia, Ben me ligou com "boas notícias e notícias não tão boas". Nosso artigo fora finalmente aceito, disse. "Mas talvez seja difícil de encontrar." O ensaio seria publicado no *Daily Jang* do Paquistão, mas ele ainda não tinha certeza se seria na edição em urdu ou em inglês.

Não me importei: enviei por fax uma cópia ilegível do artigo publicado (em inglês!) para o escritório de mamãe e o enfiei na caixa de correio de Mort.

Quando liguei para Fred Cuny em Sarajevo para pedir seu conselho sobre viajar para a Bósnia, ele concordou com Ben: eu devia experimentar pessoalmente o que estava acontecendo. Também me convidou para acompanhar sua equipe na Croácia se preparando para a missão de restauração da água que planejava realizar em Sarajevo.

"Explicarei mais quando a encontrar", disse ele enigmaticamente, sem querer revelar por telefone como pretendia fazer passar as máquinas necessárias pelos soldados sérvios da Bósnia, que estariam mais do que felizes em atirar.

O incentivo de Fred era toda a motivação de que eu precisava. Eu trabalhava num *think tank*. Tinha sido publicada num jornal amplamente lido. Quer dizer: *estagiava* num *think tank* e o jornal era lido amplamente em Karachi. Como eu já estaria na região, decidi acrescentar duas paradas após a conferência na Eslovênia: Bósnia, onde Ben prometeu que visitaríamos algum lugar seguro, e a vizinha Croácia, para ver Fred em ação.

Por acaso, os escritórios do Carnegie estavam localizados no mesmo prédio da *U.S. News & World Report*, uma revista semanal com circulação de mais de 2 milhões de leitores. Pedi a um amigo jornalista que me apresentasse a Carey English, chefe dos correspondentes da revista. Três dias depois, me vi entrando na pequena cabine que era seu escritório com um exemplar de minha cronologia dos Bálcãs na mão. Enquanto ele folheava, demonstrando pouco interesse, perguntei se a *U.S. News* consideraria publicar um artigo meu quando eu chegasse à região.

Carey era duro, mas paciente — muito mais do que eu teria sido no lugar dele. Perguntou-me sobre minha experiência jornalística, e eu mostrei o artigo de opinião do *Daily Jang* e vários clipes de esportes do *Yale Daily News*. Ele balançou a cabeça. "Você está indo para uma zona de guerra, sabe." Assegurei a ele que entendia isso e não correria riscos estúpidos.

"Defina um risco inteligente", disse ele.

Eu empalideci, mas ele continuou. "Olhe, eu sou cético", disse, enquanto me entregava seu cartão de visita. "Mas veja o que você consegue quando estiver lá e me ligue a cobrar nesse número se tiver uma matéria."

Agradeci-lhe e apertei discretamente sua mão. Mas quando saí do escritório da *U.S. News* e as portas do elevador se fecharam atrás de mim, soltei um grito de alegria.

"Uhu, vou ser correspondente estrangeira!"

Ben ficou exultante com a notícia e começou imediatamente a me informar sobre os aspectos práticos, inclusive que eu precisaria de um crachá da ONU para passar pelos postos de controle e entrar na Bósnia. Isso significava que uma organização de notícias tinha de me patrocinar. Ele sugeriu que eu voltasse à *U.S. News* para obter uma carta que declarasse que eu estaria trabalhando para eles.

Mas isso era impossível. Carey havia dito que atenderia minha ligação se eu tivesse uma matéria a propor; isso estava muito longe de significar apoio da *U.S. News* para minha aventura de correspondente. A revista já tinha um colaborador freelance na região e Carey não estava disposto a prejudicá-lo acrescentando outro não testado.

Desanimada pela percepção de que nosso plano incipiente já estava desmoronando, sentei-me à minha mesa olhando para o teto, sem saber o que fazer a seguir. Mas, quando dois de meus colegas estagiários que trabalhavam na revista *Foreign Policy* passaram por lá, surgiu uma ideia na minha cabeça. Naquela época, a *Foreign Policy* publicava principalmente textos para acadêmicos e estudiosos de política externa.* Seu conteúdo não era nada parecido com o de revistas como *Time*, *U.S. News* ou *Newsweek* — e com certeza o veículo não empregava correspondentes estrangeiros. Mas eu duvidava que a ONU soubesse disso.

Esperei até que a equipe editorial da *Foreign Policy* fosse para casa e as faxineiras concluíssem suas rondas noturnas no andar. Depois que o conjunto ficou completamente deserto, entrei no escritório de Charles William Maynes, o editor da revista, peguei várias folhas de papel timbrado e voltei correndo para a minha escrivaninha.

Com as mãos trêmulas, comecei a digitar uma carta em nome de Maynes. Eu estava cometendo um delito passível de demissão, mas para mim parecia realmente um crime. Passados todos esses anos, ainda me sinto péssima por ter violado a confiança de um programa que me estava dando tanto. Mas decidida a ir à Bósnia, escrevi ao chefe do Gabinete de Imprensa da ONU pedindo que a organização fornecesse a Samantha Power, "correspondente nos Bálcãs" da *Foreign Policy*, "todo o acesso necessário".

Eu estava com a consciência culpada, mas também tinha o necessário para obter meu passe de imprensa.

Em agosto de 1993, Ben, seu amigo George e eu nos encontramos na pacífica Eslovênia. Após participar da conferência, fomos até a agência de aluguel de carros Avis. Sabendo que a Avis nos proibiria de levar um de seus veículos para uma zona de combate, Ben disse ao vendedor que ele e eu estávamos planejando uma escapada romântica à vizinha Veneza, na Itália. Ele entrou no papel, descrevendo nosso namoro e amor pela costa.

Nossa rota para a Bósnia nos levou através da Croácia e, quando chegamos à capital, Zagreb, fomos à embaixada da Bósnia para obter nossos vistos. Encontramos um cenário lúgubre. Dezenas de famílias de refugiados bósnios se amontoavam numa longa fila ao redor do quarteirão. Vários homens e mulhe-

---

* Foi somente em 2000 que a *Foreign Policy* deixou de ser um periódico trimestral para virar uma revista bimestral para um público mais amplo. Em 2008, a Washington Post Company comprou a revista do Carnegie Endowment e expandiu ainda mais seu alcance para a publicação on-line e impressa que é hoje.

res que esperavam tinham a cabeça raspada e cruzes marcadas em seus rostos. Um deles nos disse que eram muçulmanos que os sérvios haviam torturado e marcado.

Nenhuma das minhas leituras realistas de fim de noite no Carnegie me preparara para ver cicatrizes cortadas na carne humana. Perguntei a um homem cuja perna direita havia sido amputada acima do joelho o que ele pensava do atual plano de paz da ONU e ele baixou o polegar para sinalizar sua desaprovação. E, para deixar bem claro, dirigiu aos negociadores ocidentais as únicas palavras em inglês que parecia conhecer: *FUCK OFF* [Vão se foder].

Um jornalista decente teria pedido a ele e aos outros bósnios que relatassem o que haviam passado, mas não tive forças para me aprofundar em detalhes. Forçá-los a repetir o que havia acontecido pareceu-me cruelmente voyeurista. Em vez disso, depois que George (que falava servo-croata) traduziu alguma conversa fiada, nós entramos para obter os vistos de que precisávamos para atravessar a Bósnia.

Nossa próxima parada foi na sede local da ONU, onde o assessor de imprensa nos disse não ter os passes que solicitamos. Minha imaginação começou a correr solta. Visualizei uma enorme equipe de peritos forenses realizando um processo exaustivo de verificação — inclusive uma ligação para a *Foreign Policy* pedindo a Maynes que confirmasse o conteúdo de sua "carta". Na realidade, o funcionário da ONU responsável pela plastificação dos crachás havia simplesmente tirado uma pausa mais longa para o almoço.

Com nossos vistos e documentos finalmente em mãos, dirigimos nosso carro alugado por várias horas na direção de Bihać, um pequeno enclave muçulmano no canto noroeste da Bósnia, cercado de militantes sérvios por todos os lados. Ben havia me convencido sobre esse destino ao lembrar-me que Bihać era a única das seis "áreas seguras" declaradas pela ONU realmente digna desse nome. Mas, embora Bihać não estivesse vivendo os confrontos brutais de outros lugares, os riscos da visita eram reais. O assessor de imprensa da ONU nos advertira explicitamente para não fazer aquela viagem e alertara que muitas das estradas ao longo do caminho estavam minadas.

Colocamos um cartaz escrito à mão onde se lia IMPRENSA na janela do carro como precaução, mas ele oferecia uma proteção duvidosa. Muitos rebeldes sérvios acreditavam que estavam sendo injustamente vilificados pelos jornalistas ocidentais; tudo o que seria necessário para a nossa viagem se tornar mortal era um soldado renegado que decidisse se vingar. Eu temia por minha segurança física e sabia que a viagem estava causando grande estresse em mamãe e Eddie.

Depois de passar pelos postos de controle do Exército croata e dos rebeldes servo-croatas, vimos a bandeira azul-real, branca e dourada da Bósnia. Um minuto depois, um grupo de soldados bósnios muito magros nos recebeu com sorrisos e cumprimentos com a mão espalmada. A maioria deles não parecia ter mais de vinte anos. Avançamos com nosso carro ainda mais, numa paisagem de bucólicas colinas verdes. Até então, a Bósnia não se parecia em nada com as ruínas bombardeadas para as quais eu me preparara. Em cada curva, eu meio que esperava que a alegria do verão fosse despedaçada por tiros, mas os únicos sons de guerra que ouvimos estavam a uma distância confortável.

Ao longo de nossa estadia de três dias na área de Bihać, descobrimos que a calma relativa tinha muito a ver com um rico empresário muçulmano bósnio chamado Fikret Abdić. Ele tinha uma empresa de processamento de alimentos que era a principal empregadora da região, o que lhe dava um poder de barganha com os sérvios que cercavam Bihać. Se eles deixassem os suprimentos e não atacassem, Abdić concordava em fornecer acesso contínuo aos alimentos que sua empresa produzia.

Como o foco principal de Abdić era seu lucro, e uma vez que as forças sérvias da Bósnia estavam matando muçulmanos e croatas em outras partes do país, o governo bósnio o acusou de traição. Ele também era procurado na Áustria por supostamente roubar dinheiro destinado a refugiados. Mas os civis que conhecemos, que podiam continuar a trabalhar e mandar seus filhos para a escola, chamavam Abdić de herói. Entrevistei uma jovem estudante de farmacologia chamada Nedzara Midzic que havia perdido dez quilos quando morava na Sarajevo sitiada no início da guerra. Em Bihać, ela não estava mais mendigando por comida. "Ele pode lucrar", disse ela sobre Abdić, "mas pelo menos nós lucramos também."

Ouvir os bósnios expressarem sua gratidão a Abdić foi um lembrete de como eu sabia muito pouco sobre a complexa dinâmica do país. Eu não tinha certeza de como poderia chegar ao fundo do que estava realmente acontecendo.

Mas, no mínimo, sabia que precisaria passar muito mais tempo na região e correr riscos maiores.

Quando deixamos a Bósnia e voltamos ao território croata, fiquei imensamente aliviada. Não fomos atacados *e* consegui entrevistar civis, soldados e oficiais do governo como se eu fosse uma repórter de verdade. De volta ao nosso hotel em Zagreb, telefonei para mamãe no hospital do Brooklyn para avisá-la de que tudo havia dado certo.

Ben e George levaram-me então à casa em Zagreb de Richard Carruthers, um correspondente da BBC que eles conheciam. O apartamento cheio de fumaça de Richard era tudo o que eu já havia associado à vida romântica de um correspondente estrangeiro. Vários repórteres de aparência rústica, vestindo calças cargo, estavam bebendo uísque e jogando pôquer numa mesa de café. O próprio Carruthers folheava uma vasta coleção de LPs em busca do disco de jazz certo para a tarde úmida. E Laura Pitter, a namorada de Richard, uma americana de Laguna Beach, Califórnia, cuja assinatura eu conhecia da revista *Time* e do *Christian Science Monitor*, estava na varanda de biquíni vermelho, refrescando-se numa piscina infantil e tomando uma margarita.

Sentada entre aqueles jornalistas, fiquei fascinada com o animado debate deles sobre a política dos Bálcãs. Depois de inquiri-los sobre as ambições territoriais dos sérvios, perguntei em quais agências de notícias trabalhavam. Disseram-me que todos enviavam matérias para várias publicações e redes americanas e britânicas. Uma vez que a maioria não tinha correspondentes permanentes na região, elas costumavam confiar em "*stringers*", colaboradores habituais que não recebiam salário, mas eram pagos por artigo publicado ou programa transmitido.

Quando perguntei se uma recém-chegada como eu conseguiria encontrar trabalho, eles logo me cortaram. "Os lugares estão todos tomados", disse um deles, em tom definitivo.

Laura, a única mulher do grupo, não contradisse seus colegas no momento, mas me puxou de lado antes de eu sair. "Não sei do que esses caras estão falando", disse ela. "Há muito trabalho por aqui. Você deveria se mudar para cá e fazer uma tentativa." Olhando ao redor, ela pegou um descanso de copo de papelão debaixo de uma cerveja e anotou seu e-mail e número de telefone.

"Você pode fazer isso com certeza", disse ela quando me entregou o descanso de copo. "Escreva-me se voltar. Posso te mostrar o lugar."

***

Minha última parada antes de voltar aos Estados Unidos era para ver Fred. Peguei um táxi para o aeroporto de Zagreb, onde ele e sua equipe de engenheiros estavam fazendo exercícios práticos para preparar a próxima missão em Sarajevo. O plano previa aterrissar os aviões de transporte C-130 na cidade sitiada, descarregar rapidamente os gigantescos módulos de purificação de água dos compartimentos de carga e depois levá-los para a cidade antes que os sérvios percebessem o que estava acontecendo.

A vida da equipe de Fred — e a sobrevivência do equipamento — dependia da capacidade de pôr a carga em caminhões com velocidade relâmpago no aeroporto de Sarajevo. Uma vez que os soldados sérvios que operavam a artilharia ao redor do aeroporto estavam usando o cerco — e o corte da água — para tentar forçar o governo bósnio a se render, esperava-se que tentassem impedir que o equipamento de água fosse entregue, inclusive com fogo de artilharia.

Ao observar Fred em ação, fiquei impressionada não com a grandeza do empreendimento, mas com o tédio e as minúcias necessárias para coordenar os pilotos, os tripulantes, os operadores de empilhadeiras, os engenheiros e os motoristas. A orquestração de todos os movimentos o consumia — qualquer lapso na linha de montagem poderia significar um desastre.

"Se não acertarmos os detalhes", ele me disse enquanto uma confusão interrompia o exercício, "as pessoas vão morrer."

Nos testes a que assisti, o descarregamento não foi bem. Fred calculara que os contratados precisariam pousar o avião e descarregar em dez minutos ou menos, mas a primeira tentativa que testemunhei durou 35 minutos. A temperatura no asfalto de Zagreb estava escaldante; os ânimos pareciam ardentes. Fiquei preocupada. Fred insistiu que estava tranquilo.

Ele planejava viajar a Sarajevo no dia seguinte. "Você deveria vir comigo", disse sem rodeios. Meu coração saltou. Eu tinha ido a Bihać e voltado, ou seja, tinha cruzado o Rubicão e visitado uma zona de guerra. Agora, embora fosse irracional, eu estava com menos medo. Se eu acompanhasse Fred, pensei, poderia contar em primeira mão aos leitores em casa a história do "MacGyver" humanitário americano. Eu teria acesso total. E, ao mostrar do que uma pessoa só era capaz, deixaria claro como os Estados Unidos poderiam estar fazendo bem mais.

Telefonei entusiasmada para Mort, mas ele não quis saber daquilo. "Você vai voltar para casa", disse ele. "Você trabalha para mim." Eu tinha 23 anos de idade e estava longe de ser indispensável no Carnegie, por isso sua intransigência me surpreendeu. Só quando voltei fiquei sabendo pela devotada secretária de Mort por que ele tinha sido tão firme. "Ele estava preocupado demais com você", disse ela. Meu chefe me apresentara a um caubói humanitário, mas não queria que eu me tornasse um deles.

Propus à *U.S. News* uma reportagem sobre Bihać — a complexidade moral de Fikret Abdić e "por que uma área segura da Bósnia é realmente segura". Carey me disse que o editor internacional estava intrigado. "Tente", disse, pedindo seiscentas palavras.

De volta a Washington, li meus cadernos de anotações dezenas de vezes, marcando e remarcando as citações mais fortes de minha reportagem. Durante dias, olhei para a tela do meu computador, sem conseguir achar o começo certo para a matéria. Brinquei com Eddie que me sentia como o personagem Grand de *A peste*, de Albert Camus, que, durante todo o romance, tenta obsessivamente elaborar a frase "perfeita" enquanto a peste mata seus vizinhos.

Depois de experimentar centenas de alternativas, finalmente decidi: "O som mais perturbador de Bihać, um enclave muçulmano de 300 mil habitantes no canto noroeste da Bósnia, não é o da reverberação do fogo de metralhadoras, mas o barulho e a tagarelice de crianças brincando nas águas do rio Uma".

Duas semanas depois, enquanto estava no torneio de tênis US Open com minha mãe, liguei para a *U.S. News* de um telefone público em horário pré-combinado. O editor internacional me disse que planejava publicar o artigo. Dei um soco no ar e ergui o polegar para mamãe. Durante a ligação, sua expressão estava tensa como quando ela assistia a um *tiebreaker* no último set de seus tenistas favoritos. A ver meu sinal, sua postura relaxou.

Porém, quando a *U.S. News* me mandou por fax o rascunho editado, fiquei horrorizada com as mudanças, que achei que enganavam os leitores. "Eles simplificaram demais o que eu já tinha simplificado demais!", reclamei para mamãe e Eddie naquela noite. No dia seguinte, fiz uma longa exposição contestando o que o editor havia "feito" à minha prosa. Fiquei surpresa ao descobrir que ele não era intransigente com suas edições.

"Eu só não tinha espaço para o que você me deu", ele disse secamente. "Acerte a coisa. Mas preciso disso rápido." No final, a revista publicou meu artigo de 478 palavras num box ao lado de um artigo muito mais longo do *stringer* habitual deles.

Ver meu nome impresso numa revista importante parecia o maior triunfo da minha vida. A experiência também me encheu de confiança. Eu tinha provado a mim mesma que podia aprender sobre uma crise externa e ser paga para escrever sobre ela. Enviei meus recortes — o artigo do *Daily Jang* e a reportagem recém-publicada na *U.S. News* — para Bam Bam, então com 98 anos e ainda um prolífico correspondente. "Meu futuro é muito incerto. Adoro trabalhar no Carnegie e adoro meu chefe, Morton Abramowitz. Mas sinto que já deu meu tempo aqui", escrevi numa carta que acompanhava os clipes.

Embora eu não tenha dito isso para Bam Bam, também percebi que tinha adotado alguns hábitos desagradáveis. Nunca fui uma pessoa sem opiniões, mas antes minha certeza tinha a ver com questões aparentemente triviais, como o erro de um árbitro num jogo de beisebol. Agora, quando pesquisava e refletia sobre eventos do mundo real, eu parecia incapaz de conter minhas emoções ou modular meus julgamentos. Se o tema Bósnia surgisse e alguém inocentemente descrevesse o conflito como uma guerra civil, eu entrava em erupção: "É genocídio!".

Enquanto me esforçava para me desfazer da santimônia — um dos atributos de que eu menos gostava nos outros —, tentei ver o lado positivo: em menos de um ano eu deixara de ser alguém que praticamente não pensava em servir aos outros e passara a pensar constantemente no que poderia fazer para ser "útil" — o atributo que Mort, Fred e minha mãe mais valorizavam.

Desde o verão, eu também começara a marcar a página onde parara em qualquer coisa que estivesse lendo com um novo marcador de livros: o descanso de copo no qual Laura Pitter, a correspondente de guerra, havia escrito seu número de telefone.

8. Corações das trevas

Minha mãe apoiava tudo o que eu fazia — até o dia em que decidi ser correspondente de guerra.

"Jornalismo é um negócio extremamente competitivo", ela me disse no final de 1993, quando lhe telefonei para informá-la que planejava me mudar para a Croácia. "Pouquíssimas pessoas que tentam realmente conseguem."

Seu conselho conservador não combinava com alguém cujas principais escolhas na vida — de ser médica a fugir com Eddie para a América — haviam desafiado as probabilidades. "Mãe, desde quando você decide se deve ou não fazer algo baseada na suposição de que vai fracassar?", perguntei. "Se eu achar que todo mundo será melhor do que eu, então você tem razão, é melhor não tentar. Mas, se essa for a minha perspectiva, talvez eu deva admitir antecipadamente a derrota e me aposentar agora."

A discussão tornou-se acalorada e desagradável, e a conversa terminou finalmente quando uma de nós bateu o telefone na cara da outra.

Eu sabia que a verdadeira fonte de sua preocupação era a minha segurança. Mas achei que poderia convencê-la se ela visse meu interesse crescente pela política externa americana como algo parecido com a paixão que ela tinha pela medicina. Ela tinha trinta anos de carreira e suas horas de trabalho continuavam estafantes, mas mamãe parecia quase saltitar para ir ao trabalho, tamanho era seu amor por cuidar de pacientes. Sempre desejei encontrar um emprego que, de maneira semelhante, me permitisse encontrar alegria na própria tarefa. Antes de trabalhar para Mort, eu não tinha certeza de ser capaz de tanta dedicação. Mas agora eu começava a me sentir diferente.

Dentro de poucas semanas, me vi ao lado dela numa loja de produtos eletrônicos de Manhattan, enquanto ela entregava seu cartão de crédito ao atendente para comprar meu primeiro laptop. "Não acredito que estou facilitando isso", ela murmurou.

Parte da minha estratégia de vencer mamãe pelo cansaço havia sido projetar um ar de inevitabilidade em torno do projeto todo. Mas, ao sair da loja carregando meu novo laptop Toshiba, fui atormentada por dúvidas. Será que ela estava certa? Eu cairia de cara no chão, ficaria sem dinheiro e voltaria para casa derrotada? Pior: eu me deixaria ser tragada por uma vida como correspondente de guerra e acabaria sendo morta?

De início, Mort não acreditou muito na minha decisão, mas, sabendo que não tinha um emprego para me oferecer após o término do meu estágio, acabou se convencendo e até dedicou uma tarde inteira a telefonar para todos os editores de jornais que conhecia para lhes dizer que eu estava partindo. Ele também me pôs em contato com a editora internacional da Rádio Pública Nacional (NPR), que me falou, tal como a *U.S. News*, que atenderia minhas ligações se eu tivesse uma ideia de matéria.

Trabalhar para Mort me fez perceber como eu me tornara americana. Além do meu sotaque, que não tinha mais traços da entonação irlandesa, agora eu pensava como americana, reagindo a problemas do mundo — como a Guerra da Bósnia — com a pergunta: "O que *nós*, os Estados Unidos, podemos fazer a respeito, se é que podemos fazer alguma coisa?". Eu também queria votar, pois, como ainda era cidadã irlandesa, não conseguira fazê-lo nas eleições presidenciais de 1992.

Durante o ensino médio, eu havia fracassado no exame de motorista várias vezes (batendo em vários cones), e ainda sentia uma pontada da humilhação ao admitir aos meus colegas o que havia acontecido. Estava decidida a evitar constrangimento semelhante no meu teste de cidadania e me preparei demais, usando o guia de cidadania de Barron para criar cartões de memória com todas as perguntas possíveis que me pudessem ser feitas sobre o governo e a cidadania americana. Ao contrário de muitos dos candidatos, o inglês era minha primeira língua e eu tivera a vantagem de estudar a história dos Estados Unidos na escola. Ainda assim, fiquei aliviada quando, no outono de 1993, soube que havia passado.

Mamãe e Eddie haviam prestado juramento como americanos no ano anterior e, como não fizeram alarde de sua cerimônia de naturalização, não pensei em convidá-los para o tribunal no Brooklyn para ver a minha. No entanto, os outros novos americanos que participaram dela trataram o dia como o evento significativo que era, trajando seus melhores ternos e vestidos e cercando-se de familiares.

Durante nosso Juramento de Lealdade coletivo, prometemos: "Apoiarei e defenderei a Constituição e as leis dos Estados Unidos da América contra todos os inimigos, estrangeiros e internos". Olhando ao redor da sala do tribunal, vendo a emoção percorrer o rosto daqueles cujas mãos estavam erguidas, dei-me conta do que os Estados Unidos significavam como refúgio e como ideia. Todos nós reunidos naquela manhã havíamos alcançado a moderna Terra Prometida. Não estávamos desistindo de quem éramos ou de onde vínhamos; estávamos tornando isso americano. Abracei uma mulher idosa da América Central à minha esquerda e um homem alto da Rússia à minha direita. Agora, éramos todos americanos.

Como ainda estava com dúvidas a respeito da possibilidade de ir para os Bálcãs, propus a mim mesma um teste que usei várias vezes desde então. O teste, como eu o formulei à época, era o seguinte: *Se eu não vencer como jornalista, haverá alguma coisa que aprenderei no processo que faça valer a pena tentar?* Eu chamava isso de teste "na tentativa de Y, o máximo que consigo é X" ou "teste X". Era um tipo de exercício de autoproteção, projetado para minimizar minha sensação de risco, estabelecendo antecipadamente uma visão positiva, mesmo num resultado potencial desprezível.

Uma vez que era fascinada pela história dos Bálcãs, eu tinha minha resposta. Se o máximo que conseguisse ao me mudar para a ex-Iugoslávia fosse aprender a história e o idioma da região, pensei, já valeria a pena (desde que eu não morresse).

O povo irlandês é famoso por ser emotivo, mas tende a evitar demonstrações de sentimentalismo. Frank McCourt, que passou a infância na Irlanda, escreveu em seu magnífico livro de memórias *Angela's Ashes* [As cinzas de Angela]:

Se eu estivesse na América, poderia dizer: eu te amo, papai, do jeito que fazem nos filmes, mas você não pode dizer isso em Limerick, por medo de que possam rir de você. Você pode dizer que ama Deus, os bebês e cavalos vencedores, mas qualquer outra coisa é moleza da cabeça.

Quando li esse trecho, alguns anos depois de me mudar para os Bálcãs, marquei a página, pois senti que ele desvendava um dos mistérios da minha infância, em que o amor era tacitamente comunicado, mas quase nunca diretamente expresso.

Não obstante, no aeroporto com mamãe e Eddie, antes de embarcar no meu voo para a Europa, todos choramos ao nos despedirmos. No fundo, sabíamos que a relativamente pacífica Zagreb não me deteria por muito tempo. As perdas humanas da guerra na Bósnia — e a possibilidade de poder fazer algo para chamar mais atenção sobre isso — exerceriam sobre mim uma atração gravitacional grande demais.

Em vez de mergulhar de cabeça na carreira de jornalista freelance desde o início, decidi me inscrever em um programa intensivo de cultura e idioma croatas. Eu pagaria uma pequena taxa para morar com uma família anfitriã em Zagreb, em vez de ter de encontrar um apartamento próprio de imediato. Se conseguisse entender o idioma, pensei, precisaria gastar menos com intérpretes caros quando começasse a fazer reportagens.

Minha chegada a Zagreb não foi diferente da de um estudante universitário americano em um programa de intercâmbio. Minha família anfitriã croata me recebeu no aeroporto. Eles me incentivaram a testar meu croata rudimentar,* e saí para beber com a filha deles, uma estudante universitária animada que me deu dicas de como explorar a cidade. Em pouco tempo, porém, desanimei com o nacionalismo da família e com a maneira como os pais depreciavam os sérvios. Não era a primeira vez que eu via como a bondade em relação a um

---

* O servo-croata era a língua principal na Iugoslávia, mas quando o país se dividiu, croatas, bósnios e montenegrinos reivindicaram suas próprias línguas, expurgando certas palavras (croatas e bósnios adotaram ainda o alfabeto romano, em vez do cirílico). Hoje, apesar das variações linguísticas, as quatro línguas são versões mutuamente inteligíveis do que foi o servo-croata.

"grupo exclusivo" favorecido (eu era católica como eles) podia coexistir com a intolerância em relação aos que não estavam incluídos. A situação me lembrou minha experiência de aluna nova da Lakeside quando os pais de alguns dos meus colegas brancos me receberam generosamente enquanto menosprezavam os outros recém-chegados, os negros que iam de ônibus para a escola.

Logo percebi que expressões de animosidade contra os sérvios eram bastante comuns na Croácia. Os croatas se sentiam subjugados pelos sérvios na antiga Iugoslávia e haviam sofrido muito recentemente bombardeios implacáveis do Exército iugoslavo. Quando tentei argumentar que não se podia culpar todo o grupo étnico, vários disseram em voz alta: "O único sérvio bom é um sérvio morto". Acabei desistindo das aulas de croata porque meu professor se recusava a usar palavras de origem sérvia e retomei minha prática familiar de construir minha própria biblioteca de cartões de memória. Felizmente, eu encontraria mais tarde um professor maravilhoso na Bósnia.

Laura Pitter foi a pessoa que mais facilitou minha transição. Ela se mostrou tão generosa quanto parecia ser quando nos conhecemos no verão anterior. Convidou-me na mesma hora para acompanhá-la em entrevistas. "Você vai se dar muito bem aqui", disse ela, como se adivinhasse minhas dúvidas. "Lembre-se, você conhece a história."

Depois de passar duas semanas na Croácia, telefonei para a NPR, usando o número que a editora internacional me dera antes de eu sair de Washington. Perguntei de forma hesitante à pessoa que atendeu se ela estaria interessada em "alguma coisa" sobre um cessar-fogo entre os muçulmanos e os croatas da Bósnia que acabara de ser intermediado por diplomatas americanos. A voz do outro lado parecia ter experiência em atender chamadas de estranhos. "Claro", ela disse, para o meu choque. "Que tal um *spot* de 45 segundos? Ligaremos de volta do estúdio dentro de uma hora."

Antes que eu tivesse a chance de perguntar sobre detalhes, ouvi o tom de discagem. Virei-me para Laura, que estava sentada de pernas cruzadas no sofá, escrevendo sua matéria num laptop. "O que é um *spot*?", perguntei.

Quando a NPR ligasse de volta, disse Laura, eles fariam um teste de som e então esperariam que eu desse conta de três coisas: captar a atenção dos ouvintes com minha abertura, descrever minha pequena notícia e concluir com eficiência.

Eu pratiquei e pratiquei, enfiada no banheiro para que Laura não ouvisse minhas inflexões afetadas. Achei que a frase de despedida era o mais difícil:

"Para a NPR, esta é Samantha Power falando de Zagreb". Eu simplesmente não conseguia acreditar que a NPR iria querer que eu dissesse isso: eles mal me conheciam! Mas Laura insistiu que era o padrão. Quando o telefone tocou, tentei não mostrar meu nervosismo e consegui transmitir o *spot* com sucesso na minha terceira tentativa.

Telefonei para minha mãe mais tarde naquela noite, mas ela foi mais rápida que eu na notícia. "Quase bati meu carro a caminho de casa!", contou, claramente muito feliz e espantada com a velocidade com que eu parecia ter me acertado. Quaisquer que fossem seus receios, ela nunca deixou de estar ao meu lado. Nesse meio-tempo, Eddie já havia contatado a NPR para obter uma cópia da fita. "Eles disseram seu nome duas vezes!", declarou ele.

Não muito tempo depois, Fred Cuny passou por Zagreb e me acolheu na região, convidando-me para jantar com alguns de seus amigos. Ele nos contou que sua equipe havia completado a operação perigosa no aeroporto de Sarajevo. "Baixamos nosso tempo para sete minutos!", gabou-se, explicando que o equipamento especialmente projetado que haviam levado para a cidade já estava filtrando e clorando a água antes imbebível do rio. Quando ele e sua equipe abriram os canos pela primeira vez, lembrou, foram acidentalmente ensopados por quinhentos galões de água. Ele descreveu a cena eufórica de engenheiros encharcados, de braços dados com o pessoal bósnio, que ria alegre ao imaginar o que a água corrente significaria para suas famílias e vizinhos.

Eu estava impressionada com o que Fred havia feito. Ao improvisar um sistema de água, ele ajudara a atenuar o impacto de uma das táticas mais cruéis do cerco servo-bósnio. Também realçara sua importância em Washington, ganhando mais influência no debate em curso sobre se os Estados Unidos deveriam usar força militar para tentar acabar com a carnificina. Devido às táticas terroristas do Exército servo-bósnio e ao que ele considerava um risco mínimo para as forças americanas, Fred era a favor do uso da força. Ele parecia saber mais do que a maioria das autoridades dos Estados Unidos sobre a localização e as capacidades das armas pesadas servo-bósnias. Enquanto outros humanitários evitavam o contato com o governo americano para mostrar sua independência e neutralidade, ele adorava compartilhar tudo o que sabia.

No dia seguinte ao nosso jantar em Zagreb, Fred retornou a Sarajevo. Ele estava de carro com Peter Jennings, âncora da ABC News, quando ouviram uma bomba cair no mercado principal, a duas quadras de distância: 68 pessoas foram mortas naquele que foi o massacre mais mortal da guerra. Fred ficou exasperado. Ele se enfureceu contra o governo americano, dizendo a Jennings, diante da câmera, que dois aviões de combate americanos estavam sobrevoando a região quando o Exército servo-bósnio atacou. "Eles estavam fazendo acrobacias, apenas voando em círculos e brincando", disse ele. "Poderiam ter feito alguma coisa."

Eu estava tendo uma complicada introdução ao poder americano. Desde abril de 1993, os Estados Unidos e seus aliados da Otan (Organização do Tratado do Atlântico Norte) patrulhavam uma zona de exclusão aérea que impedia os caças sérvios de realizar bombardeios aéreos em território bósnio. F-16s pilotados por americanos eram vistos com frequência no céu, e suas passagens acima das cabeças — com estrondos sônicos como aqueles ouvidos em um jogo de beisebol no 4 de julho — eram demonstrações impressionantes de poder.

Contudo, a resolução do Conselho de Segurança da onu que autorizava a zona de exclusão aérea só permitia que a Otan abatesse aviões que lançavam bombas do ar; seus pilotos não tinham permissão para atacar aqueles que estavam usando artilharia e morteiros para abater gente.

Fred me ligou na noite do massacre do mercado, e sua voz ainda tremia enquanto ele falava: "Isso é um fracasso da humanidade", disse ele. "Eles não vão parar até que sejam parados."

Sentada em meu apartamento em Zagreb e vendo as filmagens que a cnn fizera dos vendedores do mercado carregando os restos ensanguentados de seus amigos mutilados, eu me vi torcendo pela primeira vez na minha vida para que os Estados Unidos usassem a força militar.

Apesar de o presidente Clinton ter prometido, na campanha presidencial de 1992, que deteria a matança, a morte de dezoito soldados americanos na Somália durante o primeiro ano de seu mandato o deixou profundamente preocupado com a possibilidade de as forças dos Estados Unidos se envolverem em conflitos periféricos ao redor do mundo. Ele temia que mesmo uma ação limitada na Bósnia pudesse levar a "outra Somália" ou, pior, a "outro Vietnã". Isso me lembrou do perigo de aplicar analogias na geopolítica, resumido na famosa frase de Mark Twain: "Um gato que se senta num fogão quente nunca mais se sentará num fogão quente. Mas tampouco se sentará num fogão frio". Os conflitos na Somália, no Vietnã e na Bósnia tinham pouco em comum uns com os outros. Além disso, o Conselho de Segurança da onu havia imposto um embargo de armas à Bósnia, que causou um impacto desproporcional sobre os muçulmanos do país, que não tinham acesso às armas do vasto arsenal do Exército nacional da Iugoslávia. Eles não podiam resgatar seus irmãos ou se defender. Aviões americanos já estavam sobrevoando a região. Eu não achava que Clinton devesse enviar forças terrestres para a Bósnia, mas sim que ele devia dizer aos soldados servo-bósnios que deixassem suas posições e ordenar que os aviões americanos destruíssem suas armas, para que não pudessem matar civis impunemente.

Liguei para Mort e o acordei às quatro da manhã em Washington. Pedi-lhe que contatasse todas as pessoas que conhecia na administração Clinton — mas, acima de tudo, eu só precisava ouvir sua voz.

"Quanto vai demorar?", implorei.

"Não sei", disse ele. "Mas isso talvez os faça finalmente agir." Ele se referia a Clinton e sua equipe de segurança nacional. Ele fez uma pausa. "Por outro lado, talvez não os faça."

O fato de Fred estar tão perto do mercado quando o massacre ocorreu era um lembrete desconfortável de onde eu estava me metendo. Embora os ocidentais não fossem alvo com tanta frequência quanto viriam a ser em outros lugares, como o Afeganistão e o Iraque, jornalistas, trabalhadores humanitários e diplomatas ainda enfrentavam sérios riscos e podiam ser facilmente atingidos em incidentes do tipo "lugar errado na hora errada". Ainda que dissesse a mim mesma que Fred conhecia o caminho das pedras e que eu estaria segura com ele, qualquer sentimento de segurança na Bósnia era enganador. Quem vivia ou quem morria na guerra era uma decisão cruelmente aleatória.

Em minha primeira primavera na região, viajei com dois colegas homens até as cidades de Prijedor e Banja Luka, na assim chamada Republika Srpska. As autoridades sérvias locais fizeram com que os que não eram sérvios entregassem suas propriedades e negócios antes que homens armados obrigassem muitos a fugir e levassem milhares para campos de concentração, onde foram torturados, passaram fome e foram mortos. Os paramilitares haviam instruído os moradores sérvios a marcar suas casas para indicar a "pureza" étnica dos que estavam dentro. Tantos muçulmanos e croatas foram expulsos ou assassinados que nos referíamos à área como o "coração das trevas".

Enquanto nós três absorvíamos a visão desolada e quase apocalíptica de estradas ladeadas por casas bombardeadas e destruídas que outrora haviam pertencido a muçulmanos e croatas, permanecíamos em silêncio. As casas que restavam tinham bandeiras brancas ou símbolos nacionalistas sérvios pintados com spray perto das portas da frente. Essas residências marcadas e iluminadas — cheias de vida, mas muitas vezes encravadas entre as carcaças do que haviam sido as casas de seus vizinhos — emitiam um brilho sinistro.

Hospedamo-nos num hotel lúgubre e praticamente vazio perto da estrada principal. Chegamos e subimos para nossos quartos separados. Quando eu estava adormecendo, ouvi uma batida repentina na porta. Antes que eu tivesse a chance de responder, vários homens armados entraram gritando para eu me levantar e ir com eles.

Eles fediam a álcool, e minhas mãos tremiam tanto que tive dificuldade em fazer as malas. Um dos mais assustadores e dominantes do grupo me levou para o banco de trás de um carro, onde, para meu grande alívio, meus colegas já estavam sentados. Enquanto tentava acalmar meus nervos, observei com o canto dos olhos quando o soldado sérvio que me levara até o carro começou a folhear meu passaporte.

"Sa-man-tha", ele disse num tom de admiração fingida. Desviei o olhar, temendo que o contato visual aumentasse o risco de contato físico.

"Sa-man-tha", disse novamente. "Você é virgem?" Minha cabeça começou a girar. Pensei em tentar sair correndo do carro.

"Eu disse, você é virgem?", ele repetiu. Olhei pela janela, decidida a fingir que não estava ouvindo o que ouvia.

"Sa-man-tha, responda", disse ele rispidamente. "Você é virgem?" Sem outro recurso, respondi com rispidez: "Não é da sua conta. Deixe-me em paz."

Ele perguntou de novo. "Pare", falei com toda a convicção que pude reunir.

Ele chegou mais perto e pude ver que ele parecia intrigado — e ligeiramente magoado. Ele levantou meu passaporte e disse: "Você nasceu no dia 21 de setembro. Pensei que você fosse Virgem".

Senti-me subitamente tonta. "Não, não, não", eu disse, "você quer dizer do signo de virgem. Você quer dizer: 'Você é de virgem?'. Sim! Meu aniversário é 21 de setembro. Eu sou de virgem."

Fomos liberados em breve, sem dano físico. Mulheres e meninas bósnias não tiveram tanta sorte. Estima-se que cerca de 20 mil delas tenham sido violadas durante o conflito.

Ser uma mulher cobrindo a guerra afetou minha experiência de outras maneiras. A cultura que as repórteres enfrentavam nos Bálcãs era tradicional e patriarcal, com um machismo profundamente arraigado. Dito isso, aqueles com poder talvez vissem as mulheres como menos ameaçadoras do que os homens, nos oferecendo às vezes um acesso melhor às pessoas e eventos que desejávamos cobrir. Não consigo precisar a diferença que o gênero fazia, e outras mulheres correspondentes podem não concordar, mas descobri que algumas de minhas fontes me subestimavam e, desse modo, talvez tenham sido mais acessíveis do que com os repórteres masculinos.

Certa noite, saí com minha amiga Stacy Sullivan, correspondente freelance da *Newsweek*, numa excursão por Sarajevo para tentar encontrar água para um banho havia muito atrasado. Fomos detidas, presas por infringir o toque de recolher e confinadas em uma cela de prisão na cidade. Quando recebi permissão para telefonar, em vez de ligar para o embaixador dos Estados Unidos, liguei para o primeiro-ministro da Bósnia, a quem muitas vezes entrevistei e que era um notório paquerador. Parece que ele gostou de mostrar seu poder e obter nossa liberação, e voltamos para casa depois de algumas horas. Alguns meses depois, concordei em me encontrar com o primeiro-ministro para uma entrevista num hotel em Zagreb, por onde ele estava passando a caminho de Washington, onde ia fazer lobby junto ao governo Clinton. Quando cheguei ao quarto de hotel para o qual o assessor do primeiro-ministro me direcionara, esperava ser recebida por sua comitiva. Em vez disso, o próprio primeiro-ministro me encontrou na porta — com pouca roupa.

Fiquei tão chocada que, em vez de fugir imediatamente como deveria, entrei na sua suíte como se estivesse no piloto automático — e passei os quinze minutos seguintes esquivando-me de seus repetidos esforços para me abraçar enquanto eu o instava sem sucesso para que começasse nossa entrevista agendada. Por fim, quando ele deixou claro que tinha pouco interesse em ser questionado sobre a guerra que afligia seu povo, fui embora.

Não conheço nenhuma mulher correspondente que não tenha sido pega de surpresa pela agressiva paquera sexual de uma fonte. Uma vez que nós, mulheres, nos tornávamos amigas próximas, muitas vezes trocávamos histórias e alertávamos umas às outras a respeito de determinadas pessoas. "Ecaaaaaaa…"

era o título do assunto que destacávamos nos e-mails que enviávamos umas às outras contando nossas experiências mais recentes com uma atenção masculina indesejada. Às vezes, até nos víamos expressando gratidão aos funcionários locais e internacionais que *não* faziam comentários indecentes ou avanços diretos.

Agora, no entanto, me espanta que não tenhamos divulgado esses incidentes. O motivo disso talvez seja que esses atos agressivos eram tão comuns que não pareciam dignos de nota. Quem sabe tenhamos também comparado nossas experiências com as das mulheres bósnias que entrevistamos e que haviam sido estupradas e brutalizadas. Mas, sobretudo, acho que acreditávamos que cabia a nós o fardo de evitar os danos.

9. "Conte a Clinton"

Logo depois que diplomatas americanos ajudaram a intermediar um cessar-
-fogo entre combatentes muçulmanos bósnios e croatas no centro da Bósnia, a
revista *Time* pediu a Laura uma matéria sobre a paz nascente, e ela me convidou
para ajudá-la. Laura e eu passamos várias semanas viajando pela área devastada,
que antes da guerra era habitada principalmente por muçulmanos e croatas. Os
paramilitares sérvios da Bósnia introduziram o arrepiante termo "limpeza étnica"
em lugares como Banja Luka para descrever o modo como procuravam "purificar" a terra que controlavam de seus residentes muçulmanos e croatas. Mas não
demorou muito tempo para que as milícias muçulmanas e croatas adotassem a
mesma estratégia sinistra de expurgar o "outro" do território que controlavam.

Ao percorrer as áreas em que o cessar-fogo mediado pelos Estados Unidos
estava em vigor, muitas vezes só conseguíamos saber qual grupo étnico detinha
um enclave observando quem era insultado pelos grafites rabiscados nas paredes dos prédios de apartamentos. Às vezes, nossa melhor pista sobre quem havia sido vitimado era a cruz de uma igreja ou o minarete de uma mesquita so-
bressaindo em uma grande pilha de escombros. As cenas me lembraram do
brilhante resumo que um satirista macedônio fez da lógica por trás do assassinato: "Por que eu deveria ser uma minoria no seu Estado quando você pode ser
uma minoria no meu?".

Após dez meses de combates ferozes, os civis que encontramos estavam em estado de choque, piscando sob o sol de uma tarde de inverno como pessoas que haviam acabado de emergir à luz do dia depois de assistir a um filme de terror num cinema escuro. Uma mulher estava no jardim olhando para sua casa, que estivera em mãos inimigas por mais de um ano, tremendo ao ver o pouco que restava. Perguntei a um grupo de soldados como haviam mudado tão rápido de atitude, uma hora disparando granadas na linha de frente e logo arremessando maços de cigarros aos rivais. "Nossos comandantes nos disseram para lutar", disse um soldado simplesmente. "Agora estão nos dizendo para parar."

Meu período na Bósnia central aprofundou minha compreensão do poder americano, que, agora eu podia ver, abrangia muito mais do que caças. Os Estados Unidos haviam mediado o cessar-fogo sem recorrer à ação militar, mas exercendo uma pressão diplomática incessante sobre ambos os lados. Embora quase todo mundo que encontramos tivesse perdido um ente querido na luta, o novo acordo permitiu que as pessoas ao menos ousassem esperar que a guerra — ou pelo menos sua experiência da guerra — terminasse. A superpotência havia melhorado muito uma situação horrível.

Eu me senti imensamente privilegiada por poder narrar a experiência de homens e mulheres que se reencontraram com seus pais idosos, doentes demais para fugir. E fiquei emocionada com a alegria das crianças que desfrutavam de novo do simples prazer de brincar na rua. Com a pausa nos combates, uma equipe heterogênea de jornalistas do Reino Unido, dos Estados Unidos e da França correu para a região a fim de cobrir essa notícia de última hora — uma rara notícia boa. Nós nos esforçávamos bastante durante o dia, entrevistando dezenas de pessoas e cruzando linhas de batalha que não eram atravessadas havia meses. Como o serviço telefônico para o mundo exterior estava interrompido na Bósnia, nos enfiávamos nas bases da ONU para mandar nossas matérias — um exercício que raramente não apresentava problemas técnicos. Primeiro, tínhamos de conectar nossos computadores a uma tomada telefônica comum e, em seguida, discar um número da Áustria que, num dia bom e depois de algum suspense, emitia um longo bipe indicando que havia ocorrido um "aperto de mão" virtual. Depois que nossas matérias eram enviadas, saíamos para beber.

Percebi que me destacava como novata entre os veteranos. Emma Daly, do britânico *Independent*, acompanhou Laura e eu em nossas entrevistas. Embora Emma também estivesse fazendo sua primeira viagem ao centro da Bósnia, eu parecia perpetuamente encharcada e com frio, enquanto ela estava de alguma forma preparada para todas as contingências climáticas, tirando o traje necessário de sua mala compacta — fosse um suéter de lã, uma jaqueta forrada de penas ou uma capa de chuva. Numa pochete sob a blusa, ela também guardava rolos de notas de pequeno valor, essenciais em cidades cujos bancos haviam sido destruídos. "Como você soube que precisava trazer tudo isso?", perguntei com inveja.

No início, usei um colete e um capacete de camuflagem que me foram dados por George Kenney, o primeiro dos funcionários americanos a pedir demissão do Departamento de Estado em protesto contra a política do governo para a Bósnia. Achei que isso me protegeria de balas perdidas e estilhaços; mas, quando vi o que os jornalistas endurecidos pela batalha usavam, percebi que o colete de Kenney não tinha as placas de cerâmica de um colete à prova de balas padrão. Ele seria praticamente inútil diante do disparo de uma arma ou de um morteiro.

Felizmente, meus colegas estavam tão concentrados em reunir material para suas próprias matérias que, de início, me deram pouca atenção. No momento em que começaram a tirar sarro de mim pela idiotice do meu colete frágil e pela inadequação de minhas botas do Nine West (imprestáveis para a lama invernal daquela zona de guerra), corei mais pelo sentimento de pertencer ao grupo do que de vergonha. Regozijei-me com a camaradagem; a turma da imprensa oferecia uma solidariedade que eu só sentira antes em minhas equipes esportivas. Aquele era um clube ao qual eu queria muito pertencer.

Boa parte de minha vida durante os quase dois anos que passei nos Bálcãs consistiu em vender ideias de matérias a editores das principais cidades dos Estados Unidos, como Boston, Washington e San Francisco. Eu acabaria com mais de uma dúzia de clientes diferentes, do serviço de notícias da UPI a jornais regionais como o *Dallas Morning News* e o *Baltimore Sun*. Mas minhas relações principais eram com o *Boston Globe*, a *U.S. News & World Report* e, mais tarde, a *Economist*, a *New Republic* e o *Washington Post*. Sempre que publicavam uma matéria minha, o jornal ou a revista mandava gentilmente o recorte para a casa de mamãe e Eddie no Brooklyn, meu único endereço americano. Depois que comecei a fazer viagens frequentes entre a relativamente pacífica Croácia e a Bósnia, Eddie se dedicou a interceptar a correspondência quando incluía artigos datados desta última, para que mamãe não se desse conta de minha localização.

Mort me convencera de que a única maneira de o presidente Clinton intervir para romper o cerco a Sarajevo seria se ele sentisse pressão interna para fazê-lo. Como jornalista, portanto, eu acreditava ter um papel fundamental a desempenhar. Eu queria não apenas informar os membros do Congresso e outras autoridades responsáveis por tomar decisões, mas tentar fazer com que os leitores comuns se importassem com o que estava acontecendo com pessoas a milhares de quilômetros de distância.

Muitos jornalistas que estavam na Bósnia deram um foco semelhante ao seu trabalho. Por mais idealista que isto soe, queríamos que nossos artigos fossem importantes e que as ações de nossos governos mudassem. Eu sabia que essa aspiração lembrava mais a ambição de um redator de editorial do que a de uma repórter tradicional, cuja função era documentar o que via. Mas, quando escrevia um artigo — por mais obscura que fosse a publicação em que sairia —, eu esperava que o presidente Clinton o visse. Eu queria que ele fizesse mais do que estava fazendo para ajudar as pessoas que eu vinha encontrando, a maioria das quais estava desesperada e acreditava que só os Estados Unidos poderiam salvá-las.

Quando punha o coração nas matérias e meus editores não se interessavam, eu ficava arrasada. Culpava-me por não descobrir como superar a distância. Os editores faziam o possível para me lembrar do contexto americano, para que eu pudesse manter meus leitores em mente. E meteram na minha cabeça um dos truísmos básicos da reportagem: se eu não deixasse claro e de forma convincente o que estava em jogo, a maioria das pessoas não passaria do primeiro parágrafo.

Embora eu desprezasse a ideia de tentar "vender" o sofrimento à minha volta, a experiência me ajudou a refinar — de uma maneira que se mostraria valiosa mais tarde — meu senso do que motivava os americanos ou do que provavelmente faria com que seus olhos ficassem vidrados. À medida que os meses passavam e me tornava uma repórter mais capaz, eu me perguntava com frequência se deveria seguir o jornalismo como carreira permanente. Uma vez que nada do que escrevíamos conseguira até então influenciar os tomadores de decisão ocidentais, pensei em encontrar um caminho diverso, menos para descrever acontecimentos e mais para tentar moldá-los diretamente. Certa vez, ao relatar uma reunião diplomática da qual participaram ministros de Relações Exteriores da Europa e o secretário de Estado americano Warren Christopher, observei em meu diário: "Eu gostaria de ser um deles". Em outra ocasião, depois de cobrir um massacre de crianças que foram atingidas por um obus quando pulavam corda num playground de Sarajevo, escrevi para mim mesma que queria "estar do outro lado do microfone", em posição de fazer ou mudar a política americana.

Voltei brevemente a Washington em setembro de 1994. Estava com 23 anos e havia morado na ex-Iugoslávia por menos de dez meses. Encorajada por Mort, que muitas vezes parecia cego à hierarquia e ao decoro, entrei em contato com duas pessoas que ainda não consigo acreditar que tive a coragem de procurar.

Primeiro, liguei para Strobe Talbott em sua casa. Strobe era um velho correspondente da revista *Time* que se tornara vice-secretário de Estado no governo Clinton — o segundo da fila no Departamento de Estado. Eu só tinha o número dele porque o conheci através de Mort antes de ele entrar no governo. A conversa foi, na época — e continua sendo agora —, constrangedora ao extremo.

"Alô, Strobe, você talvez não se lembre de mim. Sou Samantha Power."

"Sim, claro, como vai?", ele disse calorosamente.

"Estou bem, mas na verdade passei o ano passado na Bósnia e estava pensando se você gostaria de conversar comigo."

Houve uma longa pausa.

"Suponho que você gostaria de fazer recomendações", disse ele secamente, preenchendo o silêncio.

"Eu posso ser presunçosa o suficiente para te ligar em casa às nove horas da noite, mas não sou tão presunçosa a ponto de pensar que poderia fazer recomendações informadas. Eu só sei o que vejo... mas pode ser útil nos encontrarmos", propus.

"Eu gostaria, mas estou meio ocupado com o Haiti agora", respondeu Strobe.

Pus as mãos na cabeça e murmurei para mim mesma: "Haiti! Claro que ele está ocupado com o Haiti!". Os jornais estavam então cheios de relatos de que a equipe de segurança nacional de Clinton estava se reunindo sem parar, preparando uma grande mobilização militar para ajudar o presidente democraticamente eleito a retomar o poder.

Strobe desligou rápido o telefone. Mas eu ainda não havia terminado de fazer papel de idiota em minha visita a Washington.

Graças mais uma vez a uma apresentação de Mort, encontrei-me no dia seguinte com Steve Rosenfeld em seu escritório no *Washington Post*, onde ele era o responsável pela página editorial. Ele compreensivelmente supôs que eu estava interessada em receber conselhos de carreira. "Então você quer ser jornalista?", perguntou ele. "Não", respondi. "Ou talvez", continuei, não querendo ofendê-lo. Mas mudei de assunto. "Ouvi dizer que você é uma espécie de pacifista em relação à Bósnia", comecei.

Enquanto Rosenfeld olhava por cima de meu ombro para a cobertura da CNN no Haiti numa televisão próxima, tentei ser persuasiva em minha argumentação de que ele deveria escrever editoriais pedindo que Clinton fizesse mais para impedir as atrocidades bósnias. Ele foi surpreendentemente polido, mas também firme na posição de que os Estados Unidos deveriam ficar fora do conflito.

Depois de meia hora, quando ele tentou terminar nosso encontro e voltar ao trabalho, persisti.

"Eu sei que você precisa ir", eu disse. "Apenas dois ou três últimos pontos, se me permite." Quinze minutos depois, eu ainda estava falando.

Embora estivesse me tornando uma repórter decente, era uma advogada totalmente ineficaz.

Em 1994 e 1995, viajei periodicamente a Sarajevo. Fazer isso era ser transportada para outra galáxia: a paisagem distópica estava queimada e destruída, mas as pessoas continuavam vivendo como se não mais notassem as chapas de plástico em suas janelas ou os carros carbonizados que se transformavam em barreiras para protegê-las enquanto atravessavam a rua. Partes da cidade pareciam instantaneamente familiares — mamãe e eu vimos os Jogos Olímpicos de Inverno que ali ocorreram em 1984 juntas em Atlanta, torcendo por "Wild Bill" Johnson, o ousado esquiador americano, enquanto ele conquistava suas medalhas de ouro pelas colinas agora repletas de armas pesadas sérvias. Scott Hamilton ganhara o ouro patinando no Zetra Stadium, que agora estava destruído e cercado por túmulos.

Dentro da cidade, somente uma vez pude sentir quanto os agressores sérvios estavam próximos, e quão claustrofóbicos os habitantes cercados deviam sentir-se. As montanhas pareciam nascer do rio que dividia a cidade ao meio.

Ao manter o domínio do alto do terreno, o Exército servo-bósnio podia escolher seus alvos à vontade. Eu achava difícil acreditar que homens que chamavam a si mesmos de soldados estivessem mirando seus fuzis nas mulheres que carregavam jarros de água para casa. Mas quando o cerco foi finalmente encerrado, os militantes servo-bósnios já haviam matado cerca de 10 mil pessoas na cidade.

Em 1994, os cemitérios de Sarajevo já estavam tão sobrecarregados que os maiores parques e campos de futebol da cidade haviam sido convertidos em cemitérios. Como poucas famílias que perderam seus entes queridos podiam pagar por uma placa de cimento adequada, elas usavam placas simples de madeira, muitas vezes retiradas de uma mesa ou uma estante de livros. Senti-me mal quando vi, no Cemitério dos Leões, as datas de nascimento relativamente recentes nos túmulos — crianças, adolescentes e jovens de vinte e poucos anos pareciam responder pela maioria das mortes. E, junto com a determinação dos líderes servo-bósnios de matar os moradores da cidade, havia o desejo de humilhar e atormentar aqueles que sobreviveram. Eles bombardearam bibliotecas, salas de concerto e universidades. Como as empresas fecharam ou foram destruídas, o desemprego disparou.

Para pagar pela comida, os professores de inglês procuraram emprego de intérprete na ONU. Engenheiros passaram a vasculhar carros destruídos em busca de baterias carregadas. Poetas e estudantes de medicina que jamais haviam sonhado em empunhar uma arma se uniram ao Exército para defender sua cidade e tudo o que ela representava.

Em 1992, nos primeiros meses da guerra, os moradores de Sarajevo tiveram a oportunidade de ser evacuados e se tornar refugiados. Mas muitos ficaram porque esperavam que a guerra, a qual eles nunca acreditaram que aconteceria, terminasse rápido. Outros permaneceram porque, independente de ser muçulmanos, croatas, sérvios ou judeus, sabiam que o principal objetivo dos extremistas sérvios era destruir o espírito de tolerância e pluralismo encarnado no caráter multiétnico da cidade. "Se sairmos, eles vencerão", diziam em tom de desafio. Infelizmente, depois que perderam a oportunidade, não tiveram outra.

Por mais perigosa que fosse a capital da Bósnia, eu sabia que estava numa posição privilegiada em comparação com os moradores que buscavam segurança ao meu redor. Eu tinha um crachá de imprensa da ONU e, portanto, permissão para sair e entrar; quase ninguém tinha essa sorte.

Embora algumas autoridades ocidentais falassem sobre o conflito como se fosse historicamente predestinado — "eles se matam há séculos" —, a vida dos jovens antes da guerra não era diferente da dos jovens americanos comuns. Eles se encontravam para tomar um café expresso ou uma cerveja depois do trabalho e dançavam em *raves* ou ao som de bandas populares como o U2. Os valores que aprenderam eram os mesmos que nos foram ensinados. Mesquitas, igrejas católicas, igrejas ortodoxas e uma sinagoga pontilhavam o centro da cidade. Um em cada cinco casamentos na Bósnia (e um em cada três em Sarajevo) tinha sido entre etnias diferentes.

Minha infância na Irlanda coincidira com o período de tensões sectárias e terrorismo conhecido como "The Troubles" [Os Conflitos], que teve início pouco antes de eu nascer. O povo da Irlanda do Norte acabaria por suportar trinta anos de conflito em que cerca de 3600 vidas foram perdidas. O ataque mais mortal da história da República da Irlanda ocorreu em 1974, alguns meses antes do nascimento de meu irmão, quando paramilitares fiéis à Grã-Bretanha detonaram uma série de bombas na hora do rush em Dublin, matando 26 pessoas, inclusive uma mulher grávida. À medida que o conflito aumentava, um número crescente de refugiados do norte — mais de 10 mil no total — atravessava a fronteira.

Esses acontecimentos não afetaram minha vida de maneira imediata. Mesmo depois de incidentes violentos em Dublin, não me lembro de temer que minha mãe não chegasse em casa do hospital ou meu pai do pub. Ao mesmo tempo, ter passado meus primeiros anos em Dublin queria dizer que eu nunca vira conflitos civis como algo que acontecia "lá" ou com "aquelas pessoas".

Quando conversava com meus amigos e familiares nos Estados Unidos e na Irlanda, eu tentava traduzir o que os bósnios estavam vivenciando, mas devo ter parecido uma beata quando instei meus amigos a se colocarem na posição dos outros:

Imaginem se vocês estivessem em casa e de repente descobrissem que sua linha telefônica havia sido cortada. Vocês nem poderiam ligar aos seus pais para dizer que estavam bem. Imaginem ter de dormir com todas as roupas que possuíssem para sobreviver sem aquecimento. Imaginem não poder mandar seus filhos para a escola porque era mais seguro mantê-los em seu porão escuro do que eles darem uma pequena caminhada pelo quarteirão. Imaginem ouvir a barriga do seu filho roncar e não poder ajudar porque a próxima entrega de comida da ONU demoraria mais uma semana. Imaginem ser baleados por pessoas a cujo casamento você compareceu. Isso é o que está acontecendo agora com gente como nós.

Quando fui para lá pela primeira vez, embora a guerra já estivesse em andamento havia quase dois anos, falei com muitos bósnios que ainda tinham esperança de que os Estados Unidos os resgatassem. Seu conhecimento da dinâmica política em Washington era impressionante. Os textos de colunistas americanos (particularmente Anthony Lewis e William Safire do *New York Times*) eram traduzidos e, apesar da falta de papel e tinta, circulavam amplamente. A eletricidade era intermitente e baterias contrabandeadas para rádios de ondas curtas eram vendidas a preços exorbitantes. Não obstante, muitos moradores sabiam quais membros do Senado americano estavam pressionando por ataques aéreos, enquanto alguns até identificavam quando esses políticos seriam candidatos à reeleição. Com frequência, meus vizinhos bósnios me informavam sobre acontecimentos obscuros do governo Clinton. "Você já ficou sabendo que Steve Oxman caiu fora e entrou Richard Holbrooke?", perguntou-me um garçom de um café em 1994, me alertando sobre a notícia de que Clinton havia substituído seu secretário adjunto de Estado para assuntos europeus e canadenses.

Alguns dias, quando o presidente Clinton parecia prestes a usar a força militar, e o Exército servo-bósnio estava com medo de provocá-lo, a atmosfera era tão calma que eu saía para correr. Outros períodos eram extremamente perigosos, e eu podia fazer pouco mais do que rezar para que os obuses não me achassem. Às vezes, quando parecia que os morteiros estavam chegando cada vez mais perto, eu tinha tanto medo que me limitava a procurar abrigo na banheira do hotel ou apartamento onde estava hospedada. Os dias mais letais começavam pacíficos e viravam mortais: ousando confiar na quietude inicial, as pessoas se aventuravam a sair de casa, e as forças sérvias da Bósnia atacavam as longas filas de pão e água, os mercados e os pátios escolares.

Apesar desses horrores, nos primeiros anos da guerra, os habitantes de Sarajevo tratavam os visitantes ocidentais com imensa magnanimidade. Mesmo depois de perder entes queridos — naquele mesmo dia —, eles insistiam em abrir o coração para alertar o mundo sobre o sofrimento deles. Compartilhavam suas lembranças mais íntimas.

"Conte a Clinton", disse-me um pai enlutado quando me conduziu até a porta depois de descrever a perda de seu filho. Foi uma frase que ouvi muitas vezes.

Em meio à escuridão, a resiliência do povo da Bósnia era inspiradora. Eles afirmavam sua dignidade em grandes e pequenos gestos. As pessoas juntavam recursos para organizar casamentos vistosos. Continuavam a ter filhos, talvez ajudadas pelo fato de que era difícil encontrar pílulas anticoncepcionais na cidade sitiada. As mulheres que iam a pé para o trabalho o faziam de salto alto, embora esse tipo de calçado impedisse a fuga quando as balas começavam a voar. Como esperavam horas na fila da bomba de água, os bósnios impuseram regras e criaram penalidades para aqueles que furavam a fila ou pegavam mais do que a sua parte. Poetas, romancistas e músicos continuavam escrevendo. Embora os principais teatros estivessem reduzidos a escombros, os artistas encontravam lugares para apresentar peças e músicas.

E ainda que houvesse muito pelo que chorar, os habitantes de Sarajevo não perdiam seu senso de humor. No início da guerra, os militantes sérvios grafitavam frequentemente áreas que alegavam ser deles com as palavras *"Ovo je Srbija!"* — "Aqui é a Sérvia!". Quando fizeram isso numa agência dos correios em Sarajevo, alguém respondeu em tinta spray: *"Budalo, ovo je pošta"* — "Idiota, isto é uma agência dos correios". E quando o cerco de Sarajevo superou oficialmente a duração do cerco de Leningrado, tornando-se o mais longo da história moderna, uma estação de rádio pirata tocou a canção do Queen "We Are the Champions". "O coração do país recusava-se a parar de bater.

10. O segredo de uma vida longa

Em maio de 1995, enquanto eu viajava para Sarajevo com Roger Cohen, chefe da sucursal do *New York Times* nos Bálcãs, quase perdi a vida. Militantes sérvios haviam fechado o aeroporto, então não tivemos escolha senão entrar por uma estrada de chão do monte Igman, único trecho de terra em torno de Sarajevo que permanecia em mãos bósnias. O que antes da guerra era pouco mais do que uma trilha íngreme de cabras na montanha se tornara a única rota terrestre pela qual pessoas, alimentos e armas ainda podiam chegar à capital da Bósnia.

Os sérvios haviam tentado conquistar o monte Igman, e o Exército bósnio sofrera baixas significativas ao defender a estreita estrada de pouco menos de trinta quilômetros que serpenteava pela montanha. A passagem inteira continuava vulnerável à artilharia sérvia e os últimos 24 quilômetros estavam na linha de visão de metralhadoras e pesados canhões sérvios. As pessoas que usavam a estrada muitas vezes dirigiam a uma velocidade alucinante em curvas acentuadas, sem nenhuma ideia do que poderia estar vindo na direção oposta. Não era boa ideia buzinar num ponto cego, porque isso atrairia a atenção de atiradores sérvios. No entanto, se um carro saísse trinta centímetros para fora da trilha, não havia guarda-corpo para impedir que ele escorregasse para fora do acostamento. A queda era íngreme, e o Exército bósnio havia minado o lado da montanha para impedir que soldados sérvios montassem um ataque furtivo a pé.

Muitas pessoas morreram no monte Igman, inclusive vários agentes da paz e, mais adiante naquele verão, três autoridades americanas: o enviado especial do presidente Clinton à Bósnia Robert Frasure, o assessor do Conselho Nacional de Segurança Nelson Drew e Joseph Kruzel, do Departamento de Defesa. O soldado francês que transportava os diplomatas americanos para Sarajevo vinha em ritmo acelerado quando desviou acidentalmente para fora da estrada ao tentar evitar um comboio que se aproximava. O blindado dos diplomatas despencou por quase trezentos metros montanha abaixo, fazendo explodir foguetes antitanque que estavam no veículo.

No relativo abrigo de um posto de controle do governo da Bósnia no topo da estrada montanhosa, Roger e eu nos preparamos para a perigosa jornada. Quando partimos, vimos as carcaças de veículos atingidos por fogo sérvio ou destruídos depois que os motoristas entraram depressa demais nas curvas fechadas. Dirigindo o pesado carro blindado fornecido pelo *Times*, Roger visava a inatingível combinação de velocidade e manobrabilidade ao mesmo tempo. Sempre que raspávamos a beira da estrada, eu virava meu corpo na direção da alavanca do câmbio, como se pudesse evitar pessoalmente as minas terrestres que a parte externa do veículo poderia acidentalmente disparar.

Enquanto descíamos a montanha a uma velocidade que, assim esperávamos, despistaria os artilheiros sérvios que poderiam nos ter na mira, Roger começou a perder o controle do veículo. O embalo descendente causado pelo declive fez com que o volante girasse descontrolado. Suando muito, tudo o que pude fazer enquanto íamos da direita para a esquerda foi pressionar minha mão contra o teto do veículo de cinco toneladas, enquanto Roger tentava segurar o volante que tremia violentamente e forçar o carro na direção do meio da estrada. A certa altura, tive certeza de que estávamos prestes a mergulhar montanha abaixo quando o carro deslizou fora de controle em direção à borda — mas, de alguma forma, num mistério que nenhum de nós entende até hoje, Roger conseguiu nos trazer de volta para o caminho.

Na época, eu passava a maior parte do tempo em Sarajevo, o epicentro da guerra. A situação estava se deteriorando muito. Enquanto eu estava lá, em junho e julho de 1995, uma média de trezentos obuses por dia chovia sobre a cidade. Sem um fim para o conflito em vista, eu começava a me sentir mais e mais como um abutre, predando a desgraça bósnia para escrever minhas matérias.

Mesmo quando minhas reportagens ganhavam lugar proeminente num jornal ou revista, potencialmente alcançando milhões de pessoas, eu tinha uma sensação incômoda de que não estava fazendo o suficiente. Eu me tornei hábil em entrevistar sobreviventes da violência, mas ainda não conseguia afastar a sensação de que, ao fazer perguntas elaboradas para extrair detalhes aterradores, estava explorando o trauma pessoal de alguém para a "minha matéria".

A cada entrevista, chegava sempre um momento em que tinha aquela súbita certeza — "eu tenho o que preciso" — e então tratava de apressar a conversa a fim de chegar a uma fonte de energia para o meu laptop e poder escrever. Eu começava então a me sentir culpada por ter invadido a casa de alguém, tomado (por insistência deles) o café ou chá escasso e ido embora.

Certa vez, depois de me levantar para encerrar uma entrevista com uma mulher muçulmana idosa em território dominado pelos sérvios, ela me deu um abraço de despedida. Ao escrever naquela noite em meu diário, observei: "Ela me apertou como se eu fosse uma delas. Fiquei com vergonha". Agora não sei se estava com vergonha porque estava praticando meu novo ofício enquanto ela chorava de dor pela perda de seus filhos ou porque achava que os Estados Unidos não estavam fazendo o suficiente para evitar aquela devastação, ou alguma combinação de ambos os motivos.

Quando ia de carro com Stacy Sullivan, da *Newsweek*, ao quartel-general da ONU para a coletiva de imprensa diária em Sarajevo, costumávamos passar por um grupo de fotógrafos numa confusão montada na entrada da rua principal, conhecida como "beco dos franco-atiradores". Os fotógrafos e cinegrafistas tinham suas câmeras prontas, pois alguém podia ser baleado por um atirador servo-bósnio enquanto dava uma corrida louca para atravessar essa parte da rua. Elizabeth Rubin, escritora da *Harper's* que se tornaria minha amiga íntima, viu certa vez uma mulher que conseguiu sobreviver à travessia gritar de volta para um dos fotógrafos empoleirados: "Sem trabalho para você hoje, idiota. Atravessei viva".

Até aquele verão, eu acreditava que, se meus colegas e eu transmitíssemos o sofrimento que víamos ao nosso redor para as autoridades em Washington, nosso jornalismo poderia levar o presidente Clinton a organizar uma missão de resgate. Isso não aconteceu. As palavras, as fotografias, os vídeos — nada mudava a opinião do presidente. Se antes os habitantes de Sarajevo consideravam os jornalistas ocidentais mensageiros em nome deles, agora começavam a nos ver como embaixadores de nações ociosas. Por mais massacres que cobríssemos, os governos ocidentais pareciam decididos a evitar o conflito.

Mesmo que Clinton e seus assessores não achassem razoável se envolver na guerra para evitar as atrocidades, eu pensava que eles deveriam ao menos ter percebido que não apoiar uma parte da Europa em vias de fragmentação teria impacto sobre os interesses tradicionais de segurança dos Estados Unidos. A ocorrência de um conflito daqueles no coração da Europa fazia com que a Otan parecesse ineficaz, e o Estado falido dava a elementos criminosos repulsivos — como traficantes de armas e terroristas — uma base na Europa. Eu sabia que milhares de combatentes estrangeiros estavam indo para o país, inclusive *mujahidin* endurecidos pelas batalhas do Afeganistão. Mas só depois fiquei sabendo que um grupo terrorista ainda jovem conhecido como al-Qaeda estava ativo por lá, e que dois dos sequestradores do Onze de Setembro, bem como o arquiteto do ataque, Khalid Sheikh Mohammed, acabaram lutando na Bósnia.[2]

Durante o longo verão de 1995, em várias das ocasiões em que fui à casa de alguém que perdera um ente querido na capital, acabei sendo enxotada. "Por que deveríamos conversar com você?", gritou uma mulher para mim antes de bater a porta. "O mundo sabe, seu governo sabe e vocês não fazem nada."

Assim como a guerra se tornara normal, o mesmo aconteceu com a ideia de que ninguém a deteria.

Ao mesmo tempo, notei que havia gradualmente perdido meu medo. Antes, eu tremia durante horas depois de fugir dos bombardeios sérvios ou do fogo de franco-atiradores; agora, não me preocupava mais com o estalar dos tiros ou com a queda de um obus explodindo nos arredores. Depois de três anos mergulhados na agonia, os habitantes de Sarajevo brincavam: "Se você corre, acerta a bala; se você anda, a bala te acerta". Eu começara a sentir um fatalismo semelhante, desistindo aos poucos das superstições às quais havia me agarrado pela minha segurança — meu boné de beisebol dos Pirates, minha rota por ruas paralelas para as coletivas de imprensa e minha cerveja ritual enquanto batucava no meu laptop depois de um longo dia de trabalho.

Eu sabia que tivera sorte; todos os repórteres haviam escapado por um triz em algum momento, e eu nem de perto estivera numa situação de arrepiar tanto os cabelos quanto os outros. Mas elas começavam a se acumular. Enquanto eu estava dirigindo em território sérvio ao longo de uma estrada congelada, meu carro girou 180 graus e entrou numa vala que estava cercada por minas. Certa vez, em Sarajevo, estilhaços de bomba atravessaram a janela e caíram na mesa onde Stacy e eu costumávamos trabalhar lado a lado. No mesmo mês, um grande ataque de morteiro derrubou uma casa a poucos metros de onde eu estava carregando meu computador. Um dia, quando Stacy, Emma e eu saímos do carro perto do escritório do presidente bósnio, atiradores sérvios dispararam contra nós várias vezes, forçando-nos a correr em pânico pelo estacionamento em busca de cobertura. Nossos agressores estavam a apenas algumas centenas de metros de distância e certamente poderiam ter nos atingido se esse fosse o objetivo deles. Em vez disso, pareciam mais interessados em se divertir.

A escalada da violência pesou muito sobre mamãe, Eddie e Stephen, que acompanhavam as notícias de Nova York. Quando liguei para casa, meu irmão, que estava de volta para o verão após o primeiro ano de faculdade, agarrou o telefone. Stephen e minha mãe tinham uma relação tensa: ela se esforçava para fazer com que ele se concentrasse na escola e largasse as drogas e o álcool, enquanto ele insistia que não precisava dos conselhos dela, dizendo que havia puxado ao pai, exatamente o que a deixava preocupada. Ao mesmo tempo, ele era o protetor dela. Se um dos pacientes de mamãe estava prestes a morrer, ele era terno, assegurando-lhe que ela havia feito tudo o que podia e fritando para ela um peixe que havia pescado para o jantar.

Stephen e eu não éramos especialmente próximos, mas seguíamos calorosos um com o outro. Por isso, ele me chocou ao me confrontar a respeito dos riscos que eu estava correndo.

"O que você está fazendo é tão egoísta, mana", disse ele ao telefone, e perguntou: "Você nunca pensa na mamãe?".

Meu irmão estava certo. Apesar de todo o tempo que passei tentando transmitir aos outros o que era ser um bósnio sob cerco, nunca parei para imaginar como devia se sentir um pai ou mãe de alguém que escolheu viver numa zona de guerra.

A conversa com Stephen me reorientou. "Talvez seja a hora", pensei, e as palavras da cantora e compositora Michelle Shocked surgiram em minha mente: "O segredo para uma vida longa é saber quando é hora de ir embora". Comecei a pensar seriamente em uma estratégia de saída.

Como muitos dos meus contemporâneos que terminaram a formação universitária básica, mas não tinham certeza do que queriam fazer em suas carreiras, eu havia pensado em me candidatar à faculdade de direito e tinha feito o LSAT* durante o meu ano trabalhando com Mort no Carnegie. A perspectiva de ser advogada não me atraía muito na época, e nunca dei seguimento ao processo de inscrição. Porém, depois de alguns meses de trabalho nos Bálcãs, a ideia ressurgiu.

A única área em que a dita comunidade internacional parecia estar progredindo era a criação de novas instituições para promover a justiça criminal. Um tribunal estava sendo montado em Haia para punir crimes de guerra, crimes contra a humanidade e genocídio. Constrangida por apenas registrar o que acontecia ao meu redor, eu me perguntei se, caso me tornasse advogada, poderia fazer algo mais concreto para apoiar as vítimas de atrocidades ou punir os malfeitores. Mergulhar em lições sobre o estado de direito parecia um antídoto para a violência e a impunidade ao meu redor.

Depois de um ano na região, eu enviara um pedido de inscrição à Faculdade de Direito de Harvard junto com vários dos meus recortes de imprensa. Achei que o prestígio de Harvard poderia acrescentar credibilidade aos meus escritos e recomendações políticas, e o folheto da Faculdade de Direito descrevia uma ampla gama de ofertas na área de direito internacional. Agradava-me também a perspectiva de estar a apenas uma viagem de trem de distância de mamãe e Eddie. Na primavera de 1995, fui notificada de que havia sido aceita.

Ainda sem saber se realmente queria fazer o curso, procurei Mort para pedir conselhos. Ele se opôs com veemência. "Por que você deixaria de fazer algo valioso para sentar numa sala de aula por três anos?", perguntou ele.

Em seguida, telefonou para seu amigo Richard Holbrooke, o secretário adjunto de Estado a quem o presidente Clinton pedira havia pouco para comandar o esforço americano de intermediar a paz na Bósnia, e pediu a ele que usasse sua capacidade de negociação para evitar que eu fosse para a faculdade de direito. Quando atendi o telefone e ouvi a voz anasalada de Holbrooke, que eu conhecia somente da televisão, fiquei surpresa. Ele me contou que conhecia muitas mulheres que, por engano, haviam cursado direito porque achavam que precisavam de uma credencial para serem levadas a sério. "Você não precisa de

* Exame de Admissão às Faculdades de Direito. (N. T.)

um pedaço de papel para se legitimar", disse ele, antes de acrescentar, para meu espanto: "Mort diz que eu deveria contratá-la".

A perspectiva de trabalhar como auxiliar júnior de Holbrooke enquanto ele tentava acabar com a guerra era extremamente tentadora. Eu lhe agradeci por me ligar e disse que consideraria com seriedade o que ele havia dito. Depois que desligamos, liguei para Eddie e contei sobre a conversa. "Se eu trabalhar para Holbrooke", exclamei, "posso eliminar todos os intermediários!" O que eu queria dizer era que, para influenciar a política americana, não precisaria mais convencer os editores a aceitar minhas matérias. Eu poderia apresentar meus argumentos diretamente aos principais tomadores de decisão do governo.

Eddie adorou a ideia e, numa explosão espontânea de lirismo, recitou imediatamente um dos monólogos mais conhecidos de Shakespeare, dito por Bruto em *Júlio César*:

> *Existe uma maré na sorte humana:*
> *Tomada a preamar, leva à fortuna;*
> *Porém, se o homem perde a maré cheia,*
> *A jornada total de sua vida*
> *Naufraga nos recifes da miséria.*
> *Agora flutuamos no mar pleno,*
> *E é necessário aproveitar o fluxo*
> *Ou perdemos a viagem.**

Sabendo que eu nem sempre entendia exatamente o que ele estava querendo dizer, depois que terminou sua declamação, ele disse: "Vá em frente!".

Mas algo me impediu de aceitar aquele trabalho fantástico com Holbrooke. Eu começara a me fixar na ideia de que, na faculdade de direito, poderia adquirir habilidades técnicas e tangíveis que acabariam me capacitando para fazer uma diferença maior do que se ficasse pondo palavras no papel, mesmo como auxiliar do enviado americano. Decidi enviar uma carta de aceitação a Harvard a fim de segurar minha vaga, mas continuei a debater internamente se deveria ir, envergonhada do luxo da indecisão privilegiada.

* William Shakespeare, *Júlio César*. Trad. de José Francisco Botelho. São Paulo: Penguin-Companhia das Letras, 2018. (N. T.)

Em julho de 1995, porém, tudo isso desapareceu da minha mente quando o comandante militar servo-bósnio Ratko Mladić lançou um ataque total contra a declarada "área segura" da ONU em Srebrenica, e nos dias seguintes comandou o maior massacre ocorrido na Europa desde a Segunda Guerra Mundial.

No dia anterior à queda de Srebrenica, peguei emprestado um telefone via satélite de colegas em Sarajevo e liguei para Ed Cody, editor internacional do *Washington Post*, para propor uma matéria sobre a marcha dos servo-bósnios em direção à cidade. Cody disse que não considerava digna de notícia mais uma incursão do Exército servo-bósnio, especialmente porque os leitores haviam visto muito material nos últimos meses sobre ataques a áreas seguras da ONU.

Discuti com ele, destacando que cerca de 30 mil muçulmanos em Srebrenica não tinham proteção. Mas eu sabia que os leitores americanos estavam fatigados e que deveria me esforçar bem mais para publicar uma matéria na imprensa ocidental do que nos primeiros dias do que já era um conflito com três anos de duração.

Enquanto eu divagava, esperando convencê-lo de que essa crise era diferente, Cody me interrompeu. "Bem", ele disse, "parece que amanhã, *quando* Srebrenica cair, teremos uma matéria." Fiquei espantada com o cinismo de suas palavras, mas não consegui mudar sua opinião.

Vinte e quatro horas depois, as forças servo-bósnias invadiram a cidade de Srebrenica; em 12 de julho, meu artigo foi publicado na primeira página do *Post* sob a manchete: SERVO-BÓSNIOS TOMAM "ÁREA SEGURA". Quando telefonei para Mort, ele ficou desolado. "Isso é o inferno, o momento mais baixo até agora", disse.

Repórteres ocidentais como eu não conseguiram ter acesso a Srebrenica nos dias seguintes. O melhor que pudemos fazer foi falar com alarmados funcionários da ONU e fontes do governo da Bósnia e relatar o que estava sendo transmitido na TV sérvia — principalmente imagens de Mladić na cidade, levando homens e meninos muçulmanos bósnios para longe em ônibus enquanto lhes garantiam: "Ninguém vai machucar vocês". Ainda em Sarajevo, comecei a noticiar alegações não verificáveis de que prisioneiros muçulmanos como os que víamos na TV estavam, na verdade, sendo executados. Em 14 de julho, escrevi um artigo no *Boston Globe* intitulado MASSACRES RELATADOS PERTO DE

SREBRENICA, que repassava as alegações do governo bósnio de que centenas de prisioneiros já haviam sido assassinados. Também citei uma testemunha ocular, que disse: "Enquanto as câmeras de TV estavam lá, os sérvios foram bons. Então a mídia desapareceu e os soldados começaram a tirar as pessoas dos ônibus". O paradeiro de cerca de 10 mil pessoas era desconhecido.

Dez dias depois da queda de Srebrenica, ouvi relatos cada vez mais aterrorizantes sobre o que estava acontecendo fora de vista. O ministro das Relações Exteriores da Bósnia, Muhammed Sacirbey, afirmou que 1600 homens e meninos bósnios detidos em um estádio perto de Srebrenica haviam sido fuzilados. Enquanto isso, a rádio servo-bósnia informava abertamente que, dos combatentes muçulmanos que haviam fugido de Srebrenica, "a maioria foi liquidada". Estremeci diante do que estava ouvindo. Impedidos por forças sérvias da Bósnia de chegar a Srebrenica, porém, nem eu nem meus colegas tínhamos nenhuma forma de corroborar as alegações. Eu esperava que fossem exageradas ou falsas. Também já havia começado a relatar o ataque sérvio a uma segunda "área segura" da ONU na cidade de Žepa. Lá, cerca de 20 mil civis estavam presos, protegidos por apenas 79 soldados de paz da ONU.*

Em 10 de agosto, na ONU, em Nova York, a embaixadora dos Estados Unidos Madeleine Albright apresentou ao Conselho de Segurança provas de que soldados servo-bósnios haviam executado até 2700 pessoas, enterrando-as em rasas valas comuns. Albright fez circular um conjunto de imagens de um satélite americano que mostravam uma pequena aldeia agrícola a 22 quilômetros a oeste de Srebrenica. As fotos de "antes", embora granuladas, expunham claramente os prisioneiros amontoados num campo de futebol, ao lado de imaculadas pradarias ali perto. As fotos de "depois" foram tiradas alguns dias mais tarde; os prisioneiros tinham sumido e a terra nos campos vizinhos havia sido remexida em três áreas, criando o que pareciam sepulturas em massa.

Albright relacionou as fotos ao testemunho em primeira mão de um muçulmano de 55 anos que disse ter feito parte de um grupo de homens que foram metralhados naquele lugar. O homem sobrevivera milagrosamente, escondendo-se entre os cadáveres de seus amigos e parentes. Ao anoitecer, ele fugira para

* Forças sérvias tomaram Žepa no final de julho e queimaram grande parte da cidade. A maioria dos civis fugiu ou foi evacuada para Sarajevo, mas os soldados servo-bósnios mataram centenas de pessoas que não conseguiram escapar.

o território bósnio antes que os corpos ao seu redor fossem jogados em uma das grandes sepulturas à espera.

Meu amigo David Rohde, correspondente na Europa Oriental do *Christian Science Monitor*, estava de férias na Austrália visitando sua namorada quando os sérvios tomaram Srebrenica. Nas semanas que se seguiram, ele leu testemunhos horríveis de sobreviventes como o que Albright citara disseminados na mídia. Sem permissão das autoridades servo-bósnias, ele conseguiu enganar os militares e a polícia e passar dois dias em torno de Srebrenica em busca de provas das alegadas execuções.

No primeiro dia, ele entrou em um prédio abandonado no terreno de um estádio de futebol da região — o mesmo local a que o ministro das Relações Exteriores Sacirbey se referira em seu alarmante discurso sobre execuções em massa. David encontrou fezes humanas, sangue seco e várias dúzias de buracos de balas nas paredes.

No segundo dia, usando uma cópia enviada por fax de uma das fotos desfocadas dos satélites americanos, ele encontrou os campos que Albright havia mencionado. Lá, descobriu caixas de munição vazias, contas de oração muçulmanas, fotografias e vários itens pessoais. Por fim, e mais revelador de tudo, como escreveria no *Christian Science Monitor*, viu "o que parecia ser uma perna humana em decomposição projetando-se para fora da terra recém-revirada". Além disso, em uma dúzia de entrevistas com soldados e civis sérvios na área, não encontrou ninguém que relatasse ter visto ou ouvido falar de prisioneiros muçulmanos. Milhares de homens e meninos muçulmanos bósnios pareciam ter simplesmente desaparecido.

Depois de escrever uma matéria sobre os túmulos, David voltou ao território controlado pelos bósnios, onde encontrou nove muçulmanos que disseram ter se fingido de morto nos campos de Srebrenica onde ocorreram as execuções em massa. Quando mostrou aos sobreviventes as coisas que encontrara nos campos, um homem suspirou ao ver o diploma da escola primária de seu irmão, de quem havia sido separado. Ele perguntou a David onde encontrara o documento, e David disse que o pegara a quinze metros de uma vala comum. O homem, escreveu David no *Monitor*, "deu um olhar inexpressivo e depois desapareceu silenciosamente numa multidão de soldados".

David me enviou um e-mail depois de seu encontro com os sobreviventes, no qual escreveu:

Não consigo articular a combinação de tristeza com descrença que se apoderou de mim quando esses homens descreveram com precisão o campo de futebol que visitei [...] e depois falaram de mil pessoas sendo fuziladas. Eu fazia a eles perguntas mais e mais detalhadas, esperando que cometessem algum erro, mas não. [...] Essas pessoas não estão mentindo.

Os acontecimentos perversos de Srebrenica, que David fez mais do que qualquer outro repórter para denunciar, ajudaram-me a decidir o que fazer a seguir. Eu poderia continuar a escrever artigos sobre a carnificina na Bósnia, numa tentativa de comover o presidente Clinton. Poderia aceitar um possível emprego com Holbrooke e trabalhar dentro do governo americano para pressionar pelo mesmo resultado. Ou poderia cursar direito em Harvard e, embora demorasse alguns anos, tentar ser uma promotora que pudesse levar os assassinos à Justiça. Trabalhar no tribunal de crimes de guerra em Haia parecia agora o objetivo mais digno e que acabaria tendo o maior impacto. Não traríamos de volta os homens e meninos que haviam sido executados, mas poderíamos garantir que o general servo-bósnio Ratko Mladić e outros como ele enfrentassem a Justiça.

Jonathan Moore, o ex-diplomata americano e especialista em refugiados que conheci trabalhando no Carnegie, tornara-se alguém a quem eu recorria em momentos críticos. Como a faculdade começava no início de setembro, eu precisava tomar uma decisão final e telefonei-lhe para perguntar o que deveria fazer.

Jonathan não hesitou. "Dê o fora daí", ele me instou. "Você precisa escapar da compulsão por poder, glória, ego, relevância, contribuição. Saia. Saia antes que isso te pegue e você esqueça o que te levou até aí."

Eu não pensava conscientemente em poder, glória e ego, mas Jonathan sabia que eu não me importava de ver meu nome impresso. Ele também sabia que eu estava inclinada a entrar para a equipe da Bósnia no governo americano porque não suportava me afastar do centro da ação.

"Mas Holbrooke...", tentei.

"Esqueça Holbrooke", disse ele. "Haverá outros empregos. Ler livros vai lhe fazer bem."

* * *

Das pessoas que eu conhecia, quem eu sabia que estaria do lado oposto da discussão — repetindo a convicção de Mort de que eu deveria ficar — era evidentemente Fred Cuny. Mas depois de conseguir retomar o abastecimento de água correr em Sarajevo, ele fora em busca de seu próximo projeto ambicioso. Alguns meses mais tarde, ele acabou na Chechênia, onde avaliava como poderia ajudar as pessoas submetidas a uma abrangente e minuciosa campanha russa de bombardeios. Mas não consegui saber o ponto de vista de Fred porque ele estava desaparecido.

No início de 1995, eu estava visitando mamãe e Eddie quando Fred passou por Nova York depois de sua primeira visita à Chechênia. Quando entrou no bar esportivo que escolhera para nosso ponto de encontro, ele exclamou "Sammie!" e me deu um grande abraço texano. Mas, quando falamos sobre o que ele havia visto, Fred mostrou um desalento que não lhe era característico.

"As forças sérvias na Bósnia são cruéis", disse ele, "mas estão sempre tentando descobrir como conseguir o que querem sem provocar a intervenção americana. Elas bombardeiam, sondam, observam, fazem uma pausa e bombardeiam novamente. As forças da Rússia na Chechênia sabem que são livres para fazer o que quiserem. Sabem que ninguém vai detê-las. Não há linhas que eles não cruzem. Nunca vi nada assim."

Enquanto Sarajevo havia registrado até 3500 detonações pesadas por dia, disse ele, a capital da Chechênia contava esse número a cada hora. Ele disse que cerca de 40 mil chechenos haviam sido desalojados em três meses de combates, e cerca de 15 mil civis russos e chechenos tinham sido mortos.

No entanto, em vez de ser dissuadido, Fred via um problema a ser enfrentado. No que me pareceu um completo non sequitur de suas descrições da carnificina, ele concluiu: "Acho que podemos ajudar a intermediar um cessar-fogo".

Meus olhos se arregalaram. "Por 'nós', quer dizer você?", perguntei, esperando ter ouvido mal. Ele sorriu timidamente. "Sim, acho que sim."

Fred também achava que, indo ao local do conflito, estaria numa posição melhor para conseguir com que o governo Clinton aumentasse a pressão para fazer a Rússia desistir. Havia muito tempo que ele inculcara em mim uma de suas principais crenças sobre influência: "A única maneira de comover o pessoal de Washington é dizer-lhes coisas que eles ainda não sabem, e isso exige ver as coisas por si mesmo".

Até mesmo para Fred Cuny, que conseguira muitas vezes arrancar o que governos inteiros e agências humanitárias julgavam inconcebível, fazer com que os russos parassem o ataque à Chechênia parecia ilusório. Mas ele era o especialista, e, embora eu caçoasse de sua confiança excessiva, senti que não sabia o suficiente para contestá-lo.

Durante o mês seguinte, Fred criticou publicamente o governo russo por suas ações, testemunhou perante o Congresso e escreveu um longo ensaio crítico sobre a conduta da Rússia na *New York Review of Books*. Ele denunciou que os esforços russos iam muito mal e que cerca de 5 mil soldados do país já haviam sido mortos. Também incentivou um maior escrutínio das atrocidades das Forças Armadas russas. Ao divulgar suas críticas à guerra da Rússia, no entanto, Fred fez de si mesmo um alvo. Para sua segurança, seus colegas de trabalho imploraram a ele que não voltasse à Chechênia, mas ninguém podia dizer não a Fred Cuny.

Em março de 1995, Fred retornou à Chechênia com dois médicos da Cruz Vermelha russa, um tradutor russo e um motorista local. Quando entrou no território mantido por separatistas chechenos, a delegação de Fred foi presa. Fred enviou um bilhete calmo para a Fundação Soros, sua financiadora, dizendo que seu grupo fora retardado. Seu tradutor russo acrescentou um pós-escrito com uma mensagem completamente diferente: "Nós, como sempre, estamos na merda profunda. [...] Se não voltarmos em três dias, agitem todo mundo".

Então, a delegação desapareceu.

O filho de Fred, Craig, de 28 anos, e seu irmão Chris foram rapidamente para a região e começaram a busca. Eles foram baleados, bombardeados e roubados enquanto passavam grande parte do verão de 1995 tentando encontrá-lo. Um dia, Mort me ligou animadamente em Sarajevo com a notícia de que Fred havia sido encontrado — e fiquei eufórica. Mas o relato estava incorreto: era mais um dos vários indícios falsos. Contudo, agarrei-me à crença de que Fred apareceria.

Em meados de agosto, Craig e Chris anunciaram que Fred havia sido executado por rebeldes chechenos pouco depois de ser preso. Chris disse que, embora fossem chechenos os que haviam puxado o gatilho, era o governo russo que havia carregado a arma, espalhando informações falsas de que Fred era um agente russo antichecheno. "Que seja conhecido por todas as nações e organizações humanitárias", declarou Chris numa entrevista coletiva, "que a Rússia foi responsável pela morte de um dos grandes humanitários do mundo."

Fiquei arrasada, tanto pela perda de alguém que tinha sido tão excepcionalmente gentil comigo quanto pela morte de um herói humanitário, cuja expertise e disposição para fazer o que fosse preciso pareciam tão necessárias em um mundo cada vez mais atormentado por conflitos étnicos e religiosos.

Por mais que eu tivesse visto crueldades na Bósnia, uma parte teimosamente ingênua de mim não conseguia aceitar a verdade. Durante semanas, sonhei que Fred aparecia na minha porta com um grande sorriso e um pacote de cervejas. "Você não achava realmente que eu poderia morrer, não é?", ele me dizia. Fiz tudo o que pude para afastar pensamentos sobre suas últimas horas. E recorri à minha abordagem testada pelo tempo para diminuir a dor que sentia ao perder alguém importante para mim: continuei em movimento.

A morte de Fred consolidou minha decisão de abandonar o "mundo real" e relaxar. No final de agosto, arrumei meus pertences e reservei meu voo de volta aos Estados Unidos para começar a faculdade de direito.

De volta aos Estados Unidos, vi que as reportagens de David sobre Srebrenica haviam caído como uma bomba em Washington, produzindo exatamente o tipo de impacto que eu esperava conseguir com meus próprios escritos. De repente, líderes do Congresso passaram a pressionar o presidente Clinton a intervir militarmente para acabar com a guerra e impedir "futuras Srebrenicas".

A gota d'água para Clinton chegou no final de agosto. Enquanto eu me recompunha na casa de mamãe e Eddie no Brooklyn, ouvi a notícia de que artilheiros servo-bósnios em torno de Sarajevo haviam atacado de novo, atingindo o mesmo mercado que haviam bombardeado em fevereiro de 1994, desta vez matando 43 pessoas. Depois que me certifiquei de que ninguém que eu conhecia havia sido morto, fui tomada pela fúria porque os Estados Unidos continuavam permitindo o assassinato de inocentes. Na verdade, eu gostaria de estar lá para cobrir uma história que estava virando manchete no mundo todo.

Na véspera do início das aulas de direito, carreguei uma van alugada na Ryder do Brooklyn com duas malas, uma bicicleta e meu laptop e dirigi até Boston. Assim que cheguei à minha nova cidade, a NPR interrompeu seu programa de rádio com um boletim de notícias de última hora: "Ação aérea da Otan em torno de Sarajevo está em andamento". Derramei lágrimas de alívio.

Na minha segunda semana de faculdade de direito, os ataques aéreos americanos romperam o cerco a Sarajevo e acabaram com a guerra na Bósnia.

Fred e Mort tinham razão sobre o que uma operação de resgate dos Estados Unidos poderia conseguir, mas dezenas de milhares de vidas haviam sido perdidas.

11. "Vai, Lembre"

Desde o momento em que cheguei à Faculdade de Direito de Harvard, temi não ficar por muito tempo. Enquanto estava na Bósnia, imaginei como seria satisfatório aprender direito e, por fim, sair à caça dos criminosos de guerra dos Bálcãs como promotora em Haia. Mas, enquanto lutava para me adaptar à minha nova vida nos Estados Unidos, eu só conseguia pensar no lugar que havia deixado para trás. Continuava pensando que, se tivesse ficado só algumas semanas a mais, teria testemunhado a história.

Enquanto eu começava as aulas, a campanha de bombardeio da Otan liderada pelos Estados Unidos aniquilou rapidamente as armas pesadas e as comunicações do Exército sérvio da Bósnia, impedindo que as forças sérvias conseguissem defender muitas das cidades que haviam etnicamente limpado nos três anos e meio anteriores. Soldados muçulmanos e croatas exultantes aproveitaram os aviões de guerra amistosos no céu e recuperaram o território perdido. Pela primeira vez desde 1992, meus amigos bósnios em Sarajevo puderam entrar em seus carros e visitar entes queridos com quem não conseguiam falar nem por telefone.

Meu novo apartamento compartilhado ficava em Somerville, cidade próxima de Cambridge. Acumulei uma conta telefônica imensa por ligar freneticamente para meus amigos repórteres na Bósnia e fazer com que eles segurassem seus telefones no ar para que eu pudesse ouvir os sons das buzinas e da música comemorativa. Cerquei-me de lembranças do que havia deixado para trás: pendurei na parede do meu quarto um mapa de Sarajevo que mostrava as posições da artilharia ao redor da cidade e coloquei na prateleira da sala de estar um obus de 40 milímetros que tinha sido gravado e transformado em escultura decorativa.

Meus instintos continuavam refletindo o fato de que eu havia passado a melhor parte do verão vivendo numa cidade sob fogo de artilharia: o barulho alto de uma mesa sendo arrastada ou um carrinho de biblioteca sendo empurrado me fazia buscar abrigo. Ao mesmo tempo, confortos simples como um interruptor de luz de repente me encantavam. Quando visitei o supermercado local, fiquei paralisada diante de tantas opções. Em Sarajevo, sentia-me sortuda quando encontrava uma caixa de suco pelo preço de uma garrafa de Bordeaux, mas em Cambridge tinha diante de mim mais de uma dúzia de sabores só de Snapple. Por dois anos, as reflexões de meu diário haviam sido decididamente sombrias, mas as descobertas triviais passaram a ser uma grande notícia: "Temos Snapple de melão!", anotei maravilhada logo após o início das aulas.

Minha readaptação à América aconteceu de forma lenta, e não ajudou em nada o fato de eu falar com Mort diariamente para discutir os eventos na Bósnia.

"Gostaria que Fred estivesse aqui para ver isso", disse-lhe alguns dias depois que a Otan encerrara a guerra.

"Ele perguntaria por que diabos você está na faculdade de direito", respondeu Mort.

Eu me perguntava a mesma coisa.

Não me faltava capacidade de concentração — eu era capaz de me afundar na biblioteca por horas sem perceber que o sol se punha. Mas, embora admirasse a postura de meus colegas de classe que se lançavam em debates socráticos com seus amigos e professores, eu simplesmente não conseguia me importar com os temas que estávamos estudando. Em *O primeiro ano*, livro em que Scott Turow narra as memórias de seu primeiro ano na Faculdade de Direito de Harvard, ele compara o estudo de jurisprudência ao ato de misturar concreto com os cílios; essa descrição parecia um perfeito resumo de como eu me sentia lendo casos do Processo Civil até altas horas da noite.

Eu também não estudava muito rápido. Ficava perturbada quando era chamada para falar em sala de aula e gaguejava respostas que outros alunos tinham na ponta da língua, enquanto cem pares de olhos perfuravam minhas costas. Quando os professores me interrogavam, eu tentava manter a compostura fazendo uma anotação mental insistente: "Esse professor não é Ratko Mladić, ele não é Ratko Mladić, ele não é...". Mas horas após o término da aula, minhas bochechas muitas vezes ainda estavam vermelhas de vergonha.

Em 29 de outubro de 1995, com quase dois meses de faculdade de direito, peguei o *New York Times* de domingo na escada do meu prédio em Somerville. Ali, no canto superior esquerdo, havia uma enorme manchete: SREBRENICA: OS DIAS DO MASSACRE.[3] Uma equipe de reportagem passara semanas preparando uma investigação especial que continha detalhes inéditos do assassinato sistemático dos homens e meninos de Srebrenica.

Enquanto lia — retesada no que parecia uma careta de corpo inteiro —, compreendi o que os escritores que refletiam sobre o Holocausto queriam dizer quando falavam da capacidade humana de "saber sem saber". Eu havia feito a cobertura da queda de Srebrenica e lido todos os artigos de meu amigo David Rohde sobre o assunto. Laura, que tinha deixado o jornalismo para fazer pós-graduação, passara o verão trabalhando na Human Rights Watch, reunindo testemunhos de pessoas que sobreviveram aos massacres. No entanto, minha reação ao informe do *Times* confirmava como pode ser enorme o abismo entre esperar que algo não seja verdadeiro e absorver fatos devastadores em todo o seu caráter definitivo. Eu havia experimentado a brutalidade da guerra de perto. No entanto, antes de ler a matéria do *Times*, de alguma forma eu acreditava que os homens e meninos desaparecidos de Srebrenica não estavam mais vivos, mas ainda não acreditava necessariamente que estavam mortos.*

Refleti sobre minhas próprias ações e me perguntei por que não havia feito

---

* Estou parafraseando o historiador do Holocausto Walter Laqueur, que, ao descrever a Alemanha no final de 1942, escreveu: "De fato, é bem provável que, embora muitos alemães pensassem que os judeus não estavam mais vivos, eles não acreditassem necessariamente que estavam mortos". Outra analogia adequada ao meu estado mental foi a resposta do juiz da Suprema Corte Felix Frankfurter, em 1942, ao relato da testemunha ocular Jan Karski sobre um dos campos de concentração de Hitler: "Não posso acreditar em você". Quando lhe disseram que Karski estava contando a verdade, Frankfurter, que era judeu, acrescentou: "Eu não disse que esse jovem está mentindo. Eu disse que não posso acreditar nele. Há uma diferença".

mais. "Não sei como isso pode ter acontecido comigo lá", escrevi em meu diário. "Eu era a correspondente em Munique enquanto os corpos queimavam em Dachau. […] Tinha poder e falhei em usá-lo." Ao me criticar, eu estava claramente exagerando meu poder real em Sarajevo. Eu era jornalista freelance, usando meu laptop ligado numa bateria de carro. O presidente Clinton liderava a superpotência mais formidável da história do mundo. Tinha um vasto aparato de inteligência à sua disposição. E com certeza sabia mais imediatamente do que eu sobre os crimes que Mladić e seus carrascos estavam praticando em Srebrenica. O presidente dos Estados Unidos não precisava da minha ajuda para ser estimulado a agir.

No entanto, eu me sentia à deriva. Meus colegas de turma na Faculdade de Direto e eu éramos parte de uma geração que, sem dúvida, adotara o slogan "nunca mais". No entanto, eu tinha certeza de que poucos colegas meus estavam de fato cientes da investigação do *Times* que me fez entrar em parafuso, e mesmo aqueles que a tinham visto achariam a reportagem provavelmente "deprimente demais" para ler. Impotente para influir no destino de homens já mortos, decidi que podia pelo menos conscientizar o campus sobre o que havia acontecido.

Numa atitude que na época me pareceu tão ousada quanto escolher viver sitiada em Sarajevo, pedi permissão ao professor de Contratos para fazer um anúncio antes da aula. "Peço desculpas por usar este fórum", falei nervosamente depois de tomar a palavra. "Mas só queria chamar atenção para uma coisa que estará na caixa de correio de vocês mais tarde." Dei uma prévia do artigo, que documentava "o maior massacre na Europa em cinquenta anos". Meus lábios tremeram quando acelerei para tentar terminar. "Então, por favor, leiam. Obrigada."

Depois da aula, encontrei-me com minha nova amiga Sharon Dolovich, que fizera seu doutorado em teoria política na Universidade de Cambridge e aparentemente era curiosa sobre todos os assuntos. Enquanto a maioria de nossos colegas de classe se esquivava de discutir os acontecimentos perturbadores da ex-Iugoslávia, Sharon me procurou para pedir detalhes sobre minhas experiências recentes e pareceu genuinamente comovida com as revelações sobre Srebrenica. Ela e eu passamos pela sala de xerox da faculdade para recolher as quinhentas reproduções que eu havia pedido no início do dia. Juntas, enfiamos solenemente uma cópia grampeada do artigo na caixa de correio de cada aluno de direito do primeiro ano. Eu sabia o suficiente para não ficar parada e assistir a nossos colegas de classe revirarem suas correspondências, que também incluíam avisos sobre um futuro sorvete social, várias reuniões de periódicos jurídicos e descontos em livros na Harvard Coop. Eu não queria ver se o artigo sobre Srebrenica seria jogado no próximo barril de reciclagem azul. Alguns de meus colegas de classe me abordaram mais tarde para me agradecer por alertá-los sobre o que havia acontecido. Mas tive a sensação de que a maioria me achou desagradavelmente tensa.

Depois de me despedir de Sharon, fui até a biblioteca de direito. Eu já estava atrasada em minha leitura de Propriedade e precisava me preparar para a aula do dia seguinte. Depois de uma hora inquieta numa mesa privada de leitura, fui até o telefone mais próximo para escutar as mensagens de minha secretária eletrônica. Ouvi a voz da minha amiga Elizabeth Rubin, que acabara de voltar de Sarajevo para Nova York.

"Power, não sei se você já ficou sabendo", disse ela. Houve uma pausa, e então o que parecia um choro abafado. "É o David."

Outra pausa. "Hum… ele foi sequestrado."

Lembrei-me de tudo o que meu amigo David Rohde havia escrito, fazendo mais do que qualquer repórter para revelar as execuções sumárias de Ratko Mladić. Minha mente saltou para Fred Cuny e seus últimos dias. "Não! Não! Não!", eu disse, segurando as lágrimas enquanto corria para o bicicletário e começava a mexer desajeitada no cadeado para poder ir logo para casa.

Quando cheguei ao apartamento, fiquei na cozinha sem ideia de como agir. O que mais eu poderia tentar para encontrar David que o governo americano, a ONU e a imprensa já não estivessem fazendo? Caí no que costumava fazer quando estava em apuros: liguei para Mort.

Ele foi construtivo e, como sempre, específico. Disse-me para ligar para Rich Holbrooke — que, por uma feliz coincidência, acabara de chegar a Dayton, Ohio, para conversas de paz com as facções em guerra. Sugeriu-me também que ligasse para Strobe Talbott e Steve Rosenfeld — junto a quem eu havia feito lobby inutilmente no ano anterior. "Faça o *Post* escrever algo", aconselhou Mort.

Sem conseguir falar diretamente com Holbrooke, eu (de maneira um tanto absurda) pedi à recepcionista do hotel em Dayton para repassar uma mensagem que dizia literalmente: "David Rohde foi sequestrado em território sérvio. Por favor, faça dele o item principal das negociações de paz".

Consegui entrar em contato com Strobe, que iniciou nossa conversa com a cortesia de sempre. Ele me disse que o secretário de Estado Warren Christopher havia levado naquele dia o caso de David ao presidente sérvio Milosevic em Dayton. Mas em vez de expressar gratidão, respondi, brusca: "Isso não é suficiente".

Strobe continuou: "Milosevic compreende que sofrerá as consequências se algo acontecer com David".

"As consequências!", eu disse sarcasticamente. "Que consequências?!" Strobe deve ter se perguntado por que atendia meus telefonemas.

"Bem, se você vai assumir esse ponto de vista, não há mais nada que eu possa dizer", respondeu ele, e a ligação terminou rapidamente.

Quando entrei em contato com Rosenfeld, implorei-lhe que escrevesse um editorial exigindo que o governo americano garantisse a libertação de David antes de prosseguir com as negociações de Dayton. "Ele é a única testemunha ocular ocidental das valas comuns", implorei. "E está em tremendo perigo."

Rosenfeld explicou que o jornal do dia seguinte já fora para a gráfica. "Bem, se não fizermos algo rapidamente, será tarde demais", adverti. "Você precisa entender: as pessoas não desaparecem simplesmente na Bósnia. Temos pouco tempo para impedir que os captores de David façam mal a ele, mas o prazo está acabando."

Rosenfeld me deu uma abertura. "Se você quiser escrever alguma coisa", ele ofereceu, "nós publicaremos."

Menos de 36 horas depois que ouvi a mensagem de Elizabeth, o *Washington Post* publicou meu texto, o primeiro artigo de opinião que escrevia desde o *Daily Jang*. O ensaio, impresso em 3 de novembro de 1995, concluía: "Conto a odisseia de David porque ele é meu colega e meu querido amigo. As autoridades americanas afirmam que não podem fazer nada além de 'fazer a questão chegar aos níveis mais altos'. David fez mais do que isso. Por que elas não podem?".

Fui à aula e tentei não pensar no tratamento bárbaro que meu amigo provavelmente estava sofrendo — se é que ainda estava vivo. Quando voltei para casa, algumas horas depois, vi que a fita da minha secretária eletrônica estava cheia. Estranhos — autoridades de nível inferior do Departamento de Estado, funcionários do Capitólio, jornalistas e leitores do *Post* de todas as classes sociais — localizaram meu número de telefone por meio da lista e deixaram mensagens em que perguntavam como podiam ajudar. Um homem me comoveu imensamente com suas simples palavras de apoio: "Olá, meu nome é Bill. Sou motorista de caminhão. Só quero saber o que posso fazer por David".

O mais importante é que, ao cair da noite, as autoridades sérvias reconheceram que David estava sob sua custódia. Se tivessem planejado matá-lo, nunca teriam admitido a detenção. Agora eu acreditava que sua família, que havia realizado um protesto diante da base aérea de Dayton, onde as negociações de paz na Bósnia estavam ocorrendo, o teria de volta.

David foi libertado dez dias depois de ser sequestrado. Uma vez livre, revelou que uma fonte havia lhe dado um mapa com a localização exata de outras quatro valas comuns perto de Srebrenica. Na lista negra de entrada no território sérvio da Bósnia em decorrência de suas reportagens em agosto, ele adulterou a data em seu passe de imprensa expirado e foi de carro para o território sérvio, onde encontrou o primeiro dos túmulos e evidências de assassinato: pilhas de casacos, sapatos abandonados, documentos de identidade muçulmanos, até bengalas e óculos quebrados.

Mas, como era seu costume, David abusou da sorte, tentando encontrar ainda mais. Foi preso sob a mira de rifle no segundo túmulo, no momento em que se preparava para fotografar dois fêmures humanos que havia descoberto. Por estar carregando uma câmera, um mapa com locais suspeitos de sepultura marcados e filmes enfiados nas meias, os sérvios da Bósnia o rotularam de espião.

"Sr. David", seu interrogador perguntou-lhe várias vezes na delegacia remota onde estava preso, "qual é o seu posto? Quem é o seu comandante na CIA? E qual é a sua missão?"

Seus captores o forçaram a ficar a noite toda sem dormir. Ameaçaram-no com uma longa estadia em um campo de prisioneiros sérvios da Bósnia e até com execução. Após três dias de ameaças, com medo de ser fuzilado se continuasse a resistir, David pensou em contar aos interrogadores o que eles quisessem. Mas um guarda amistoso sussurrou em seu ouvido que sabia que David era jornalista e pediu-lhe para permanecer firme. Isso deu tempo para que a diplomacia americana e a pressão pública tivessem sucesso.

Fiquei emocionada com a libertação de David e corri ao aeroporto internacional de Boston para fazer parte da multidão que o recebeu. Após as tristes descobertas dos meses anteriores, a visão dele se reencontrando com a família pareceu uma súbita explosão de luz.

Perto da meia-noite, ouvi uma batida na porta da frente do meu apartamento em Sommerville e vi David lá fora. Ficamos acordados até o amanhecer, conversando sobre o que ele havia visto e passado. Também iniciamos um debate, que continuamos até hoje, sobre quando o jornalismo é mais eficaz em promover mudanças.

As provas que David reuniu ajudaram a convencer o governo Clinton a iniciar os bombardeios que tão rapidamente terminaram a guerra. E embora eu estivesse agora presa na faculdade de direito, disse-lhe que ele, sozinho, me dera um novo apreço pelo poder da caneta. Mais tarde, ele pensou em fazer faculdade de direito porque, apesar de ser um dos repórteres mais condecorados do ramo, tendo ganhado dois prêmios Pulitzer, muitas vezes desejava poder pessoalmente fazer mais a respeito das injustiças que denunciava.

A libertação de David também mostrou o impacto da pressão pública concentrada. Ele se beneficiou do chamado efeito da vítima identificável — a tendência humana de ajudar mais aqueles com nome e rosto do que as vítimas anônimas. Como disse Madre Teresa: "Se eu olhar para a massa, nunca vou agir. Se eu olhar para alguém, agirei".[4]

Mas eu sabia que David tinha outro fator a seu favor: era americano. A foto que o *Washington Post* usou com meu ensaio retratava um jovem de óculos e suéter. Apesar de todas as minhas reportagens e artigos sinceros escritos quando morava nos Bálcãs, eu conseguira gerar uma efusão muito mais intensa para meu amigo do que para as milhares de vítimas da Bósnia. Os leitores podiam identificar-se com ele. Podiam *vê-lo*. E uma vez que ele era uma única pessoa, podiam imaginar que suas ações seriam capazes de ajudá-lo. O mesmo não acontecia com as pessoas de Srebrenica. Uma vida americana identificável seria quase sempre mais motivadora do que milhares de estrangeiros sem rosto em um país distante.

Eu esperava que a boa notícia da libertação de David ajudasse a me curar do foco desmedido na Bósnia. Quando morava nos Bálcãs, costumava pensar que tinha muita sorte em comparação com as pessoas ao meu redor. Mas, depois que voltei aos Estados Unidos, às vezes agia como se tivesse sofrido pessoalmente as perdas da guerra. Mudar isso levaria tempo.

Jonathan Moore havia voltado de Washington para sua casa em Massachusetts e agora estava na Kennedy School de Harvard. Com frequência, eu lhe confiava minha luta para me reajustar à vida de estudante na plácida Cambridge. Às vezes, meu constante egocentrismo se transformava em autopiedade, e Jonathan me cortava no ato. "Ah, me desculpe", dizia ele, provocadoramente, mas com firmeza. "Foi você que sofreu uma limpeza étnica?"

A primeira vez que me lembro de poder tirar sarro de mim mesma curiosamente ocorreu durante a Maratona de Nova York de 1995, dias depois da libertação de David. Antes de morar na Bósnia, nunca gostei de correr, preferindo sempre o que chamava de "esportes de verdade" — jogos como beisebol ou basquete, que exigiam estratégia e habilidade com uma bola. Morar na Sarajevo sitiada havia mudado minha atitude, fazendo-me apreciar a liberdade oferecida pela corrida. Depois de voltar para os Estados Unidos, treinei para a maratona por dez semanas, com "Born to Run", de Bruce Springsteen, e o tema brega do filme de John Barry, "Born Free", rodando no meu walkman. Fazer treinos de corrida de dezesseis quilômetros não era exatamente divertido, mas eu gostava de sentir que não estava mais enjaulada.

Na noite anterior à corrida, jantei um monte de macarrão com dois amigos da faculdade que também participariam da corrida. Depois, decoramos camisetas brancas simples com palavras desenhadas para atrair gritos de apoio moral da multidão. Miro, que estivera comigo em Atlanta na época do massacre da praça da Paz Celestial, escreveu MO em grandes letras maiúsculas, como uma espécie de apelido estimulante.

Em vez de SAM ou mesmo POWER, rabisquei LEMBRE SREBRENICA.

Então, para não deixar dúvida, acrescentei nas costas: 8 MIL HOMENS E MENINOS MUÇULMANOS BÓSNIOS ASSASSINADOS em 12-13 DE JULHO DE 1995.

Quando partimos no dia seguinte, ao atravessar a ponte Verrazano, ouvi a multidão gritando: "Vai, Mo!". Vendo a energia que os aplausos davam a Miro, imediatamente me arrependi da decisão de espalhar um mórbido anúncio de utilidade pública no peito. Muitas pessoas, ao longo do caminho, fizeram um esforço solidário para torcer por mim apesar de mim mesma, embora sofressem para pronunciar "Srebrenica".

"Lembre Srebedididi!", eu ouvia, ou "lembre Srebre-ah-tanto faz."

Faltando três quilômetros, um grupo de espectadores turbulentos, vendo que meu ritmo diminuía, tentou me animar, gritando: "Vai, Lembre! Vai, vai, Lembre!". Com minha mão pesada, eu conseguira me transformar em alguém chamado "Lembre", o que me fez sorrir até cruzar a linha de chegada. O nome parecia apropriado.

***

Voltei a Sarajevo duas vezes durante meu primeiro ano na faculdade de direito, uma vez no Natal, outra nas férias de verão. Mort havia sido a força motriz por trás da criação do International Crisis Group, uma nova organização não governamental dedicada à prevenção de conflitos, e ele me pediu para ajudar a abrir seu primeiro escritório de campo na Bósnia. O objetivo era monitorar a implementação do acordo de paz que Holbrooke negociara em Dayton. Adorei estar de novo com meus amigos, ver as universidades reabrirem e observar os mercados e cafés cheios de vida. Testemunhar uma paz, mesmo que imperfeita, me deu a sensação de encerramento pela qual eu ansiara.

Infelizmente, logo depois que voltei a Cambridge para o segundo ano de faculdade de direito, me vi lutando para respirar adequadamente. A doença que meu namorado Schu chamava de "pulmonite" estava de volta com tudo. Antes, esses surtos de respiração restrita eram um incômodo, uma ocorrência inconveniente que nunca interferia em minha vida. Mas agora eu não conseguia me concentrar em mais nada além de pensar se seria capaz de respirar direito.

A conselho de amigos, tentei fazer ioga; mas, como uma criança que acaba de perceber que pisca e de repente começa a piscar de propósito, essa atividade só me fez focar ainda mais na minha respiração, o que se tornou um imenso impedimento para regularizá-la. Pela primeira vez, fiquei tão abalada com essa doença misteriosa que não conseguia dormir. Mesmo quando conseguia cochilar por algumas horas, ao acordar experimentava, por uma fração de segundo, a respiração profunda e regular — mas logo lembrava a constrição debilitante dos meus pulmões, que retornava imediatamente.

Depois de várias semanas de tormento crescente, fiz uma longa corrida ao longo do rio Charles, na esperança de que fosse necessário inalar grandes quantidades de ar. Ainda correndo depois de uma hora, manobrei pelas estradas pavimentadas perto do MIT para voltar ao meu apartamento, tentando respirar mais fundo. Estava tão concentrada na respiração que não olhei por onde estava correndo e tropecei numa laje irregular da calçada. Tive sorte de não cair no meio da rua, mas aterrissei numa pilha de vidro quebrado. Meus dois joelhos ficaram dilacerados e começaram a sangrar em profusão.

Andei mancando o mais rápido possível, com bastante dor, até os Serviços de Saúde da Universidade. Quando o médico perguntou o que havia acontecido, contei que estava lutando para respirar e não havia prestado a devida atenção ao lugar onde estava pisando. Ele perguntou se eu estava sentindo ansiedade.

"Não", respondi, "o contrário total. Eu era jornalista na Bósnia e acho muito difícil me acostumar *com a falta* de estresse aqui no campus."

Ele perguntou se eu gostaria que me receitasse algo para acalmar os nervos. Eu disse que estava bem e que não precisava de nada além de uma boa limpeza do joelho para evitar uma infecção. Enquanto falava, olhei para baixo e vi que meus joelhos tinham cacos de cascalho e vidro, e minhas meias brancas estavam vermelhas de sangue.

"Pensando bem", falei timidamente, "aceito o que você recomendar."

Dentro de 48 horas, o medicamento contra a ansiedade funcionou às mil maravilhas; depois que comecei a respirar com normalidade e a me concentrar no trabalho da faculdade, empurrei o incidente — e meus pulmões — para o fundo da minha mente. Demoraria anos para eu começar a explorar a fonte deles.

12. "Um problema infernal"

Quando eu estava na faculdade de direito, deparei-me com a transcrição de uma entrevista coletiva do governo americano ocorrida enquanto eu trabalhava como jornalista na Bósnia. Em 8 de abril de 1994, uma diplomata americana de nível médio chamada Prudence Bushnell falou no briefing diário do Departamento de Estado para a imprensa. Ela descreveu os horríveis assassinatos que haviam acabado de acontecer em Ruanda, numa onda genocida que em cem dias resultaria na morte de 800 mil pessoas.

Quando Bushnell saiu do pódio, o porta-voz do Departamento de Estado, Michael McCurry, passou para o próximo item da pauta: criticar os governos estrangeiros que estavam impedindo a exibição de *A lista de Schindler*, o filme de Steven Spielberg sobre um empresário alemão que salvou 1200 judeus durante o Holocausto.

"Esse filme mostra que, mesmo em meio ao genocídio, um indivíduo pode fazer a diferença", disse McCurry, e continuou: "A maneira mais eficaz de evitar a recorrência da tragédia genocida é garantir que atos passados de genocídio nunca sejam esquecidos".

O que me chamou atenção foi que, na coletiva, nem as autoridades americanas nem os jornalistas estabeleceram uma conexão entre o massacre que estava ocorrendo em Ruanda e o apelo de McCurry para agir diante do genocídio.

Essa desconexão parecia ilustrar a coexistência desconcertante da suposta profunda determinação dos americanos de impedir o genocídio e nossa recorrente dificuldade para reconhecê-lo quando está acontecendo em nosso meio.

Como muitos americanos, li na adolescência o *Diário de Anne Frank* e *A noite*, de Elie Wiesel. Mas foi só depois de visitar a casa de Anne Frank e o campo de concentração de Dachau com Schu que me preocupei com a questão do que os Estados Unidos poderiam ter feito a mais quando Hitler se propôs a exterminar os judeus da Europa.

Em busca de respostas, eu recorrera a livros bem conhecidos que examinavam a reação do governo Roosevelt — *The Abandonment of the Jews: America and the Holocaust, 1941-1945* [O abandono dos judeus: América e o Holocausto, 1941-1945], de David Wyman, e *While Six Million Died: A Chronicle of American Apathy* [Enquanto 6 milhões morriam: uma crônica da apatia americana], de Arthur Morse. Eu admirava o presidente Roosevelt, mas não conseguia entender por que seu governo não havia admitido mais refugiados judeus ou pelo menos bombardeado os trilhos dos trens que iam até os campos da morte para interromper as redes de extermínio de Hitler. Essas medidas não teriam acabado com os esforços nazistas para destruir o povo judeu — seria preciso vencer a Segunda Guerra Mundial para isso —, mas pelo menos os Estados Unidos poderiam ter salvado milhares de vidas.

Minhas experiências na Bósnia aprofundaram meu interesse original pelo Holocausto.* Enquanto cursava direito, eu esquadrinhava os boletins semanais de eventos do campus em busca de palestras sobre o assunto. Pouco tempo depois das revelações de Srebrenica, vi pela primeira vez *Shoah*, o devastador documentário de nove horas e meia de Claude Lanzmann. Percorri as estantes da Biblioteca Widener de Harvard, retirando tantos livros sobre os crimes de

* Para deixar claro: o que aconteceu na Bósnia não foi "como" o Holocausto, no sentido de que militantes sérvios da Bósnia não se propuseram a assassinar todos os muçulmanos ou croatas da Bósnia, da forma como Hitler havia tentado acabar com todos os judeus da Europa. O objetivo dos nacionalistas sérvios era o que chamavam de "limpeza étnica": matar milhares de civis por causa de sua etnia e expulsar o resto. Mas o que aconteceu na Bósnia foi, de fato, genocídio. A Convenção sobre Genocídio da ONU definiu deliberadamente genocídio como *destruição*, em vez de extermínio, pois seus autores acreditavam que exigir uma demonstração de intenção de exterminar um grupo inteiro faria com que as ações para deter o genocídio chegassem invariavelmente tarde demais.

Hitler que dediquei toda a minha estante ao tema. Viajei ao exterior e visitei o antigo campo de extermínio de Treblinka, na Polônia, e também o Yad Vashem, o museu do Holocausto em Israel. Embora na época eu não fosse capaz de verbalizar a conexão, acho que estava procurando maneiras de pôr o que aconteceu na Bósnia num contexto histórico. Também aproveitei as amplas ofertas de Harvard e me inscrevi em cursos em toda a universidade, entre eles um seminário sobre literatura e cinema relacionados ao Holocausto e outro mais amplo chamado "O uso da força: critérios políticos e morais", ministrado pelo professor Stanley Hoffmann, lendário estudioso de relações internacionais, e por J. Bryan Hehir, padre e teólogo católico. Depois que lemos os escritos de São Tomás de Aquino, Santo Agostinho, Reinhold Niebuhr e Michael Walzer, pediram-nos que aplicássemos as ideias desses autores à Guerra do Vietnã, à guerra do golfo Pérsico e à intervenção americana de 1992-3 na Somália.

O curso me provocou uma série de perguntas que eu não havia considerado antes, mas que ajudariam a moldar meu pensamento nos anos seguintes. Por exemplo, quando se justifica a força militar? Como as tradições morais e religiosas de não violência coexistem com o imperativo moral de não permanecer inativo diante do sofrimento? Como alguém (em particular alguém que não possui informações suficientes) avalia os riscos da ação e da inação antes de decidir o que fazer? O que significaria se algum país pudesse tomar a decisão de usar a força sem quaisquer regras? Quem deveria escrever essas regras?

Pela primeira vez, uma pergunta que eu havia considerado inicialmente em termos de preto e branco — deveriam os Estados Unidos intervir militarmente para impedir atrocidades na Bósnia? — assumiu um matiz bem mais complexo. E também comecei a pôr em dúvida o poder simples e inflexível do slogan "nunca mais".

Meu pensamento foi fortemente influenciado por Philip Gourevitch, escritor americano que viajou para Ruanda em 1995 e depois publicou uma série de artigos perturbadores sobre o genocídio na *New Yorker*.[5] O primeiro texto de Gourevitch sobre Ruanda, que li durante o curso de Hoffmann e Hehir, tinha um começo inesquecível:

> Dizimação significa matar uma a cada dez pessoas numa população. Na primavera e no início do verão de 1994, um programa de massacres dizimou a República de Ruanda. Embora tenha sido de baixa tecnologia — realizada em grande

parte com facões —, a matança foi levada a cabo a uma velocidade impressionante [...] o derramamento de sangue na ex-Iugoslávia, em comparação, não passa de pouco mais que um tumulto de bairro. Os mortos de Ruanda acumularam-se numa velocidade quase três vezes maior do que a taxa de mortos judeus durante o Holocausto.

Era impossível para mim compreender que o ritmo de matança em Ruanda fosse mais rápido do que a aniquilação mecanizada dos judeus por Hitler. Tampouco podia entender que as atrocidades da Bósnia, tão marcadas em minha consciência, pudessem constituir, em comparação, "pouco mais que um tumulto de bairro".

Eu tinha uma clara lembrança de estar em Sarajevo em abril e maio de 1994, ouvir sobre os massacres em Ruanda e supor — como muitos estavam fazendo na época a respeito da Bósnia — que eram parte de um longo e recorrente ciclo de violência "tribal". Foi somente quando li o trabalho de Gourevitch que comecei a apreciar a natureza organizada e vertical dos assassinatos.

Espantou-me o fato de que, cinquenta anos após o Holocausto, o mundo permanecesse inerte diante dos genocídios da Bósnia e de Ruanda.

Decidi escrever, para a aula sobre uso da força, um artigo que me permitisse examinar esses e casos anteriores de genocídio — como o genocídio armênio, o massacre de Pol Pot no Camboja e a campanha de Saddam Hussein para destruir os curdos do norte do Iraque.

No decorrer de minha pesquisa, descobri uma lacuna que me surpreendeu. Os livros escritos por jornalistas e acadêmicos cobriam as atrocidades, mas, em geral, não investigavam o que os *formuladores de políticas* americanos estavam pensando quando reagiram a esses genocídios. Em ampla medida, as decisões (e a falta de decisões) americanas deixaram de ser analisadas. Os livros de referência que procurei para minha pesquisa simplesmente não existiam.

Em janeiro de 1997, quando entreguei meu trabalho, ele havia engordado das vinte páginas obrigatórias para mais de setenta. E, no entanto, eu achava que ele mal arranhava a superfície do problema. Eu havia feito pouco mais do que esboçar, nos termos mais gerais, as respostas do governo dos Estados Unidos ao genocídio no século XX. Não examinara com profundidade a questão de por que — apesar de raramente fazer muito — os americanos continuavam com tanta empolgação a abraçar a promessa do "nunca mais". Quando meus professores elogiaram o trabalho por apresentar uma tensão em que eles não haviam pensado antes, me perguntei se deveria tentar expandir o trabalho e transformá-lo numa monografia ou num pequeno livro.

Quando discuti com um amigo da faculdade de direito o padrão de ausência de respostas que havia descoberto, ele disse: "Estou surpreso com a sua surpresa". E olhando em retrospecto, fica claro — talvez porque eu carregasse o otimismo de uma imigrante — que uma inconfundível inocência ou credulidade ajudou a alimentar minha investigação. Era como se eu tivesse acreditado em nossa determinação e depois me sentisse quase pessoalmente traída ao ver a promessa sendo quebrada.

O sentimento que eu tinha podia parecer ingênuo a alguns, mas o fato de o "nunca mais" ainda ter tanta força em nossa cultura sugeria que eu não estava sozinha. Essa contradição me intrigou. Ao contrário de como me sentia em relação às minhas tarefas nos principais cursos da faculdade de direito, fui tomada por uma necessidade aparentemente inesgotável de aprender tudo o que pudesse sobre meu novo tema.

Como tinha desenvolvido instintos de repórter, decidi entender os acontecimentos passados conversando diretamente com funcionários do governo. Fiz uma lista de dezenas de ex-formuladores de políticas e comecei a contatá-los um a um, para perguntar-lhes como haviam vivido os eventos no Camboja, no Iraque, na Bósnia e em Ruanda de dentro da burocracia governamental. Surpreendentemente, bem poucos ex-funcionários se recusaram a falar comigo, e a maioria me forneceu os nomes de outras pessoas com quem eu devia entrar em contato. Eu sabia que as pessoas costumavam se lembrar dos mesmos acontecimentos de forma diferente e reconhecia que precisaria falar com uma grande variedade de funcionários se quisesse juntar de forma convincente as peças do que havia acontecido.

Tirei um ano de licença da faculdade para me concentrar no projeto, e Elizabeth Rubin fez a gentileza de me pôr em contato com sua agente literária, Sarah Chalfant. Eu nunca havia escrito um livro, e Sarah costumava representar escritores conhecidos. Mas meu tema a interessava e por isso ela concordou em me aceitar como cliente. Tornou-se uma defensora entusiástica, arranjou encontros com várias editoras de Nova York e, no final, assinei um contrato com a

Random House para escrever um livro baseado em meu trabalho de faculdade. Ao mesmo tempo, o professor Graham Allison, da Kennedy School de Harvard, entrou em contato comigo depois de ficar sabendo de uma palestra que eu dera no campus sobre a guerra na Bósnia. Allison estava procurando contratar alguém para gerir um novo programa de direitos humanos e me ofereceu um emprego para administrar a então chamada Iniciativa de Direitos Humanos. Ansiosa por um salário que me ajudasse a pagar a faculdade e atraída pelo campo dos direitos humanos (que na época não conhecia bem), aceitei o convite. Juntos, com o financiamento do empresário de tecnologia americano Greg Carr, construímos o Carr Center for Human Rights Policy, que se tornou a força motriz por trás de grande parte da programação de direitos humanos da Kennedy School.*

Depois desse ano produtivo longe das salas de aula, voltei à faculdade de direito e me formei em 1999. Muitos de meus colegas de classe se tornaram assistentes jurídicos ou associados de escritórios de advocacia. Mas eu planejava ficar onde estava, dividindo meu tempo entre trabalhar no novo centro de direitos humanos e fazer pesquisas para o meu novo projeto de livro.

Para distanciar-me de Harvard, usei meu modesto adiantamento para dar entrada num apartamento a meia hora de carro, em Winthrop, uma cidade operária litorânea. Minha nova casa me permitia uma relativa reclusão, bem como proximidade ao Aeroporto Logan, minha porta de entrada para os vários países que planejava incluir no livro.

Nos anos seguintes, comecei a ministrar cursos sobre política externa americana e direitos humanos na Kennedy School. No início, lecionar foi estressante, porque muitos dos alunos tinham mais ou menos a minha idade ou tinham experiência trabalhando para governos ou para a ONU. Mas logo vi que a preparação de meus cursos me ajudava a formular um conjunto mais amplo de ideias sobre política externa. E fiquei satisfeita ao perceber os alunos estimulados (como eu havia sido) pelo que aprendiam sobre a Guerra da Bósnia, o genocídio de Ruanda e outras crises recentes.

Meu foco principal, no entanto, eram minhas reportagens e a escrita. Passei noites e fins de semana trabalhando no livro, deixando meu apartamento apenas para pegar o *New York Times* na varanda ou dar uma corrida à beira-mar.

* Fui sua diretora-executiva até 2002.

Nunca fui tão disciplinada quanto queria, mas desde cedo aprendi a me perdoar. Compreendi que escrever um livro exigiria milhares de horas ao telefone, na estrada e no computador. Percebi que não havia problema em ler a *Sports Illustrated*, assistir a um jogo de beisebol ou passar algumas horas conversando por telefone com meus pais, Mort, Jonathan, Laura ou outros amigos.

Embora ainda adorasse o Pittsburgh Pirates, eles jogavam na Liga Nacional, e eu agora seguia de perto o Boston Red Sox, ouvindo todos os arremessos ao vivo ou em replay. Quando voltava para casa pela Storrow Drive depois de um dia na Kennedy School, era atraída pelas luzes brilhantes do estádio Fenway Park. Quando eu entrava na Commonwealth Avenue e encontrava lugar para estacionar na rua, dava uma passada no estádio para algumas *innings**, preparando-me para a longa noite de escrita que tinha pela frente.

Era um período de entusiasmo para o Red Sox e, em particular, para o futuro arremessador do Hall da Fama Pedro Martinez, que dominava os batedores de uma maneira que eu nunca tinha visto. Infelizmente, eu estava tão tomada por meu projeto que, quando tive a chance de conhecer Martinez em um evento beneficente, em vez de falar de beisebol, fiz-lhe um longo relato do livro sobre genocídio que estava escrevendo.

Quando os organizadores me enviaram as fotos do evento, lá estava eu, de vestido de gala preto, gesticulando descontroladamente enquanto um atordoado vencedor do prêmio Cy Young olhava volta e meia por cima de meu ombro como se procurasse por um substituto no banco dos reservas. Não era diferente com os poucos amigos que eu conseguia ver com regularidade. Com um pouco de exagero, eles riam de mim dizendo que eu me tornara "só genocídio o tempo todo".

A verdade é que eu estava sozinha. Ansiava por encontrar o tipo de companhia que Eddie era para mamãe. Eles tinham seus altos e baixos, mas ele havia feito um progresso significativo no combate ao alcoolismo e frequentava o AA. E continuava a desafiá-la e a fazê-la rir até a barriga doer. Mas eu tendia a me apaixonar por homens mais velhos e realizados, que tinham o hábito de fugir da verdadeira intimidade. E continuava solteira.

Minhas amigas íntimas eram uma dádiva de Deus. Compartilhávamos

---

* Entradas são as divisões de uma partida de beisebol. (N. T.)

muitos dos mesmos maus instintos de namoro. A certa altura, Elizabeth Rubin começou a chamar os homens com os quais nos envolvíamos de "lagartos", dada sua previsível tendência de parecer disponíveis, apenas para fugir assim que nos tornávamos vulneráveis a eles. Quando uma de nós terminava um relacionamento com um lagarto, o homem sempre voltava, prometendo mudar. Todas sabíamos, de forma racional, que uma transformação verdadeira era inerentemente complicada, se não impossível. "Vejam como é difícil para qualquer uma de *nós* mudar!", eu exclamava. Mas desistir de uma causa não era fácil, então teimávamos, desperdiçando meses preciosos ou até anos entrando e saindo de relacionamentos fadados ao fracasso. Quando tínhamos uma recaída com um de nossos pretendentes reptilianos, mandávamos às outras um e-mail cheio de culpa com uma confissão codificada: "Lagarteei ontem". A solidariedade entre minhas amigas solteiras era ferrenha e a experiência de correspondente de guerra não era necessária para associar-se ao grupo. Quando apresentei Amy Bach, uma amiga advogada e escritora, à gangue da Bósnia, todas a acolheram. Amy se juntou a nós na elaboração de histórias criadas a partir de nossas desventuras, o que — através da narrativa — reduzia o sofrimento. Certa vez, ela telefonou para me contar sobre um surto de bloqueio da escrita causado por um rompimento amoroso. "Estou deitada no chão, Power", disse ela. Eu respondi alegremente: "Amo o chão!".

Nem todos os homens que namorei tinham um irreparável sangue-frio. Mas quando me envolvia com alguém que queria se aproximar de mim — alguém que começava a falar de forma sonhadora sobre o que poderíamos fazer juntos no futuro —, eu sofria ataques imediatos de "pulmonite". Em vez de simplesmente encerrar os relacionamentos de maneira honesta, eu ia para Ruanda ou outro país devastado pela guerra a fim de fazer entrevistas para o meu livro, esperando que, quando voltasse, a pessoa que eu começara a namorar tivesse ido embora.

Meu amigo Miro me incentivou a tentar terapia. Ridicularizei a sugestão, dizendo: "Posso adivinhar? Minha vida fodida de namoro tem a ver com meu pai".

Miro apenas olhou para mim por um longo tempo, deixando minhas palavras pairarem no ar. Por fim, depois de um minuto, disse: "Você estava disposta a viver numa zona de guerra. É estranho que não dê nem uma chance a um terapeuta".

Nos meses seguintes, meus argumentos para evitar a recomendação de Miro

mudaram. A terapia tomaria muito do tempo de escrita de meu livro sobre genocídio, que já estava bastante atrasado. Custaria uma quantia absurda de dinheiro.
E, acima de tudo, seria, como eu dizia, um "palavrório psicológico previsível".
Mas, por fim, depois que reatei pela terceira vez com um homem que eu sabia
tratar-se de uma fria, desisti e pedi a uma amiga o nome de sua terapeuta.

Alguns dias depois, peguei o trem para a Davis Square e subi uma pequena
colina até a casa da terapeuta, onde ela recebia os pacientes num estúdio lateral.
Apertei a mão dela e me sentei no divã.

"Conte-me sobre seu pai", ela começou, e no mesmo instante caí em lágrimas e chorei por pelo menos cinco minutos; só parei para deixar claro que,
apesar das aparências, eu estava no controle da situação: "Estou chorando pelas
três razões a seguir...", expliquei, não aceitando a caixa de lenços de papel que
ela me oferecia.

Nos cinco anos seguintes, a terapia me abriu um pouco. Descobri que me
sentia profundamente responsável pela morte de meu pai e percebi que estava
com medo de me tornar vulnerável a uma perda tão grande de novo. Mas mesmo depois de entender melhor minhas ações, continuei atraída por homens
que se pareciam com meu pai — personagens malandros, exuberantes, que
muitas vezes lutavam de algum modo contra o vício. Nenhuma quantidade de
terapia parecia livrar-me de minha tendência a ignorar as luzes vermelhas nos
relacionamentos.

Quando minha primeira terapeuta se mudou, encontrei outro — dessa
vez, um médico austero. Eu sempre mantivera meu condicionamento físico e
ele me instou a tornar meu bem-estar emocional também uma prioridade.
Com o passar dos meses, porém, minha paciência para um diálogo que parecia
não ter muito efeito sobre meu comportamento foi diminuindo. Comecei a esquecer as sessões que havia agendado e — não querendo me afastar da escrita
— passei a agendá-las com menos frequência.

Um dia, depois de ter esquecido novamente uma consulta, liguei para o
médico no último minuto para ver se ele poderia realizar a sessão por telefone,
e ele concordou. Sentei-me no meu sofá em Winthrop e comecei a contar sobre
minha última recaída com um ex-namorado que estava separado de sua esposa,
mas não fazia nada para se libertar de vez. Enquanto eu falava, ouvi de repente
um "bip-bip-bip" no fundo. Pensei ter reconhecido o barulho, mas não consegui acreditar até ouvi-lo de novo.

"Que som é esse?", perguntei.

O terapeuta não respondeu.

"Você está na porra de um caixa eletrônico?", perguntei indignada.

A partir do momento em que ele admitiu que estava, de fato, fazendo diversas coisas no banco, renunciei à terapia e resolvi que me "descobriria" depois de terminar meu livro. Embora eu tenha me ofendido na época, o terapeuta estava claramente refletindo minha própria ambivalência em explorar minhas profundezas.

O projeto do livro se arrastava. Eu me perguntava se algum dia acharia que estava pronto. A combinação do assunto pesado com minha solidão sem fim poderia ter me jogado num lamaçal. No entanto, graças às volumosas solicitações baseadas na Lei de Liberdade de Informação solicitadas pelo Arquivo de Segurança Nacional, a ONG com sede em Washington na qual eu estagiara na faculdade, pude recorrer a documentos recém-desclassificados e bastante reveladores, que detalhavam o que estava acontecendo atrás de portas fechadas no governo americano quando o genocídio ocorreu. Senti-me privilegiada por poder lançar luz sobre a vívida — às vezes a ponto de cair o queixo — trilha de papéis do governo sobre Iraque, Ruanda e Bósnia.

Toda vez que via um telegrama liberado que demonstrava a lógica fria da tomada de decisões nos Estados Unidos, um turbilhão de emoções conflitantes me tomava. Eu ficava ao mesmo tempo horrorizada e revigorada com a nova compreensão do modo como os formuladores de políticas racionalizavam suas decisões em tempo real. A resposta para o enigma de como prometemos "nunca mais" e depois desviamos o olhar do genocídio parecia consagrada naqueles registros estéreis.

Alguém do birô regional de Assuntos do Oriente Próximo do Departamento de Estado havia escrito sobre o Iraque: "*Afora direitos humanos e uso de armas químicas*, em muitos aspectos, nossos interesses políticos e econômicos correm paralelos aos do Iraque" [grifo meu]. Em relação a Ruanda, um documento de discussão do Gabinete do Secretário de Defesa alertava contra a caracterização do assassinato em massa como "genocídio", aconselhando: "Cuidado. O setor jurídico do Departamento de Estado ficou preocupado com isso ontem — a descoberta de genocídio poderia obrigar [o governo americano] a realmente 'fazer alguma coisa'".

Contudo, para cada telegrama que revolvia o estômago que eu lia nas pastas do Arquivo, encontrava um americano que havia arriscado sua carreira — ou, às vezes, sua vida — para fazer lobby a favor de uma ação concreta. Henry Morgenthau, Sr., embaixador dos Estados Unidos em Constantinopla durante o genocídio armênio, enviara telegramas pungentes a Washington, implorando que seus superiores fizessem mais em reação ao massacre. Raphael Lemkin, um advogado judeu polonês que fugiu para os Estados Unidos em 1941, havia inventado a palavra "genocídio", convencido de que, se esse crime tivesse sido entendido e proibido antes, o mundo poderia ter impedido o Holocausto — que matou seus pais e outros 47 membros de sua família. William Proxmire, um senador idiossincrático de Wisconsin, tomou a palavra no plenário do Senado americano 3211 vezes, durante um período de dezenove anos, para apelar a sucessivos presidentes e congressos que ratificassem a Convenção para a Prevenção e a Repressão do Crime de Genocídio da ONU, que Lemkin ajudara a redigir.

Até histórias que eu pensava conhecer ganharam outro matiz quando me aprofundei nelas. Eu encontrara Peter Galbraith pela primeira vez na Croácia, onde ele era embaixador dos Estados Unidos. Mas, antes disso, na década de 1980, ele havia participado do Comitê de Relações Exteriores do Senado. Ao ouvir relatos de que Saddam Hussein (na época, beneficiário da ajuda americana) jogara gás sobre os curdos iraquianos, Galbraith viajou corajosamente ao norte do Iraque para coletar testemunhos de sobreviventes, na esperança de usar o que encontrara como prova para convencer o Congresso a suspender a ajuda ao governo iraquiano.

A primeira pessoa a se demitir do Departamento de Estado em protesto contra a inação dos Estados Unidos diante das atrocidades sérvias foi George Kenney, que me deu sua jaqueta e seu capacete antes de eu ir para a Bósnia. Mas até conversar com os ex-funcionários americanos que se demitiram, eu não tinha ideia de que lhes fora doloroso deixar seus empregos dos sonhos. As cicatrizes emocionais do que haviam visto — e do que o governo não quis inicialmente enfrentar — ainda eram evidentes anos depois. Eu acreditava na nobreza de suas ações, mas eles estavam focados apenas no impacto delas, que consideraram marginal.

Após cinco longos anos de investigação obsessiva e mais de trezentas entrevistas, entreguei o que achava ser um bom rascunho do livro. No entanto, logo soube que a Random House não queria saber dele.

Meu editor original havia saído da empresa e, assim, o livro (na verdade, uma grossa pilha de papel presa com um elástico) estava disponível para quem quisesse. O manuscrito tinha três defeitos: não tinha defensor na editora, tinha seiscentas páginas e tratava do tema lúgubre do genocídio. Ele passou de mão em mão até que a Random House informou minha agente Sarah de que seria uma boa ideia oferecê-lo em outro lugar.

Sarah tentou vender o manuscrito para várias editoras de Nova York, mas recebeu uma série de rejeições que tive muita dificuldade de aceitar. Durante três meses, várias vezes por semana, eu corria para atender o telefone toda vez que o número de Sarah em Nova York aparecia em meu identificador de chamadas. Mas as respostas eram todas iguais: Houghton Mifflin? "Declinou", disse Sarah. Picador? "Declinou." Farrar, Straus? "Declinou." Simon & Schuster? "Sinto muito", disse Sarah, "também não está interessada." As rejeições continuaram sem parar.

Eu me desesperei com a ideia de que um livro em que tinha trabalhado por meia década talvez não visse a luz do dia.

A certa altura, recebi a notícia de que meu editor original havia decidido retornar à Random House. Ele me telefonou e exclamou: "Quero você de volta!". Fiquei muito entusiasmada. Mas algumas semanas depois, tendo revisado o livro, ele mudou de ideia. "Sinto muito", me informou. "O livro foi rejeitado por tantas pessoas aqui que simplesmente não há entusiasmo por ele. E se publicarmos, não faremos justiça ao seu trabalho."

Falei que, se a preocupação dele era com os colegas e o entusiasmo deles, eu encontraria uma maneira de promover o livro pessoalmente. Eu só precisava que imprimissem alguns exemplares. "Eu faço o resto", disse. "Sinto muito", ele respondeu. "Não posso." Quando desliguei, sabia que ele queria dizer "não vou".

Como sempre, Jonathan Moore me trouxe de volta ao chão, dizendo que eu estava delirando ao pensar que seria fácil publicar um livro como aquele. "O milagre é você um dia ter tido uma editora!", disse ele alegremente. "E como pensou que de fato tinha uma, você escreveu o livro!"

Eu ainda tinha uma esperança. Escrevera para a *The New Republic* quando estava na ex-Iugoslávia e Marty Peretz, dono da revista, também supervisionava sua pequena subsidiária de publicação de livros. Marty havia lido meu trabalho da faculdade de direito vários anos antes e ficara decepcionado comigo quando assinei com a Random House em vez de com a New Republic Books. Telefonei-

-lhe em sua casa e expliquei, nervosa, que o livro que ele vira pela última vez ainda nos estágios iniciais havia "se tornado disponível novamente".

Marty fez uma longa pausa, mas depois disse que não usaria meu lapso passado no julgamento contra mim. Ele ficaria "encantado" em publicar o livro.

O secretário de Estado Warren Christopher tentara certa vez explicar a relutância do governo Clinton em fazer mais para impedir as atrocidades na Bósnia, alegando que o "ódio" entre os grupos em guerra tinha "séculos de idade", dizendo, de modo memorável: "Esse é de fato um problema dos infernos". Isso refletia de forma tão apropriada a mentalidade de muitos dos formuladores de políticas veteranos dos Estados Unidos que escolhi intitular o livro "A Problem from Hell": America and the Age of Genocide ["Um problema infernal": os Estados Unidos e a era do genocídio].*

Quando ele enfim chegou às lojas, em março de 2002, contei muitas vezes ao público todas as rejeições que recebera. Não que eu tivesse pena de mim mesma. Ao contrário. Sentia-me imensamente abençoada por o livro ter encontrado um lar, o que muitos autores nunca conseguiam.

Eu só achava que era essencial transmitir (principalmente aos jovens) que apenas porque alguém alcança um certo grau de sucesso não significa que estava destinado a alcançá-lo. Eu havia passado por ataques de desesperança nos quais me perguntava se era louca de acreditar que alguém algum dia leria o que eu estava escrevendo. Queria enfatizar que o caminho quase sempre seria sinuoso, mas que era preciso seguir em frente e agir *como se tivéssemos* fé de que as coisas dariam certo. Não se podia desistir diante da rejeição. E por mais indigno que isso parecesse, era preciso advogar ferozmente em seu próprio nome.

O que eu não sabia na época era como minha recusa em não aceitar um não como resposta — e a decisão de Marty de apostar em mim — seria importante para a trajetória da minha vida.

* Em português, o livro ganhou o título de *Genocídio: A retórica americana em questão*, publicado pela Companhia das Letras em 2004. (N. T.)

13. *Upstanders*

Eu já tinha ouvido o ditado "você não lê um livro, o livro lê você", mas só assimilei a verdade dessas palavras quando viajei pelos Estados Unidos e comecei a conhecer pessoas que haviam lido *Genocídio*.

Muitos o haviam sublinhado com marcadores amarelos ou colado post-its para ter acesso rápido às partes que consideravam mais importantes. Ativistas me disseram que estavam lendo o livro para pensar em como poderiam influenciar melhor os tomadores de decisão de Washington em várias questões diferentes. Congregações de sinagogas tiveram dificuldades com a invocação do livro da falsa promessa do "nunca mais".

Pessoas que não haviam acompanhado o genocídio de Ruanda quando aconteceu me disseram, com grande sinceridade: "Eu devia pelo menos ter telefonado para meu deputado". O livro citava a deputada do Colorado Pat Schroeder descrevendo a reação ao genocídio de Ruanda em seu distrito. "Alguns grupos estão muito preocupados com os gorilas", dissera ela em 1994, observando que uma organização de pesquisa do Colorado estudava os primatas ameaçados de extinção em Ruanda. "Mas — isso soa péssimo — a maioria simplesmente não sabe o que pode ser feito em relação às pessoas." A falta de consciência política e de pressão foram as principais razões pelas quais nem as medidas americanas de baixo custo político foram testadas.

A reação que eu menos previra veio daqueles que não tinham conexão com os países específicos sobre os quais escrevi, mas que foram atraídos por questões sobre a natureza da responsabilidade individual diante da injustiça. Descobri que leitores de todas as classes sociais se identificavam com as missões de Lemkin, Proxmire, Galbraith e com os funcionários que se demitiram do Departamento de Estado. Professores escolheram trechos do livro para cursos amplos de pesquisa sobre liderança e ética. Recebi inúmeros e-mails e cartas de pessoas que disseram que aquelas histórias as haviam inspirado a procurar ser mais ativas em causas sociais.

Em algum lugar ao longo do caminho, comecei a chamar os protagonistas do livro — aqueles que tentavam impedir ou "se opor" ao genocídio — de "*up-standers*", contrastando-os com os *bystanders*.* Observei que pouquíssimos de nós provavelmente seríamos vítimas ou perpetradores de genocídio. Mas todo dia, a maioria de nós nos perguntamos se podemos ou devemos fazer algo para ajudar os outros. Decidimos, em questões grandes e pequenas, se seremos espectadores ou *upstanders*.

Graças de início aos professores que começaram a usar a ideia de *upstan-der* para engajar seus alunos, o termo começou a pegar. Muitos anos depois, quando eu era embaixadora na ONU, fiquei espantada — e profundamente satisfeita — ao ser informada por um repórter que o *Oxford English Diccionary* havia incorporado o termo *upstander* e explicava que fora "cunhado em 2002 pela diplomata irlando-americana Samantha Power". É claro, foi muito mais fácil cunhar o termo do que saber bem como ser uma *upstander* em minha própria vida.

Além do interesse dos movimentos populares despertado pelos temas do livro, os acontecimentos do mundo real expandiram seu público. Eu estava editando as provas do livro seis meses antes de sua publicação quando terroristas da al-Qaeda mataram quase 3 mil americanos em 11 de setembro de 2001. Esses ataques, e a reorientação política que eles causaram, mudaram todo o contexto em que a maioria dos americanos pensava na política externa dos Estados Unidos. A sensação de isolamento das ameaças globais de que o país desfrutara por tanto tempo foi destruída, e as pessoas começaram

---

* *Upstander*: alguém que não é um simples espectador (*bystander*), mas que procura agir em defesa do que julga certo e contra o que julga errado. (N. T.)

a discutir as responsabilidades de nossa nação em todo o mundo de novas maneiras.

A devastação do Onze de Setembro foi seguida por um intenso debate interno sobre se os Estados Unidos deveriam ou não entrar em guerra com o Iraque. Embora o ponto crucial do argumento do presidente George W. Bush em favor de remover Saddam Hussein do poder fosse a ameaça à segurança nacional representada por suas supostas armas de destruição em massa, Bush e outros membros de seu governo se apegavam muitas vezes ao fato de que Saddam havia "atacado seu próprio povo com gás" como prova das perigosas tendências do regime iraquiano.

Os artigos no *New York Times* e na *New Yorker* que avaliavam os méritos de uma invasão citavam meu livro *Genocídio* em suas descrições da campanha iraquiana de genocídio contra os curdos. Fiquei incomodada ao ver meus escritos sobre atrocidades usados de uma maneira que poderia ajudar a justificar uma guerra. Em minhas entrevistas, tentei lembrar às pessoas o que eu havia de fato escrito.

Eu apresentara vários argumentos. Primeiro, observei que, ao elaborar a política externa, as autoridades americanas pensam naturalmente nas possíveis consequências econômicas e de segurança de suas escolhas, mas que precisavam fazer muito mais para levar também em consideração as consequências humanas de suas deliberações.

Em segundo lugar, enfatizei que os Estados Unidos têm uma grande caixa de ferramentas quando se trata de impedir um genocídio. Descrevi as muitas opções (que não envolviam ações militares) à disposição de um país poderoso como os Estados Unidos: diplomacia pública e privada, envergonhamento público, negociações, uso de inteligência e recursos técnicos, manutenção da paz internacional, embargos de armas, congelamento de ativos e muito mais. Embora tenha ouvido as pessoas algumas vezes descrevendo o livro como um argumento ampliado em favor da ação militar dos Estados Unidos em reação a atrocidades em massa, eu na verdade escrevi que o país "não deveria restringir suas opções políticas a, de um lado, nada fazer ou, de outro, enviar unilateralmente os fuzileiros navais".

Como observou o *New York Times* um mês antes da invasão do Iraque: "Power ficou indignada com os críticos que interpretam o livro como um apelo simplista à intervenção militar em casos de crises humanitárias. Seu argumento, disse ela, não é que os Estados Unidos falharam ao não intervir no Camboja, no Iraque ou em Ruanda, mas que falharam ao não fazer nada".

Embora Saddam fosse um ditador impiedoso, eu não via nisso razão suficiente para uma ação militar. Não acreditava que os curdos ou o povo americano enfrentassem uma ameaça iminente do tipo que justificasse o uso da força. Alguns de nossos aliados mais próximos se opuseram à invasão, e eu também estava preocupada com as repercussões de os Estados Unidos irem à guerra sozinhos. Esses países dificilmente estariam ansiosos para ajudar a reconstruir o Iraque após a invasão americana.

Ainda que eu detestasse a ideia de Saddam permanecer no poder, acabei me posicionando contra a Guerra do Iraque em várias ocasiões. Como disse à *Newsweek* no início de março de 2003, aproximadamente duas semanas antes do início da guerra: "[A invasão] ratificará e alimentará o ressentimento borbulhante contra os Estados Unidos, e esse antiamericanismo é o terreno em que os terroristas prosperam".

No entanto, a coincidência da proximidade entre a data de publicação do livro e o início da guerra fez com que *Genocídio* fosse suscetível a erros de interpretação. Um ano após o início da guerra, registrei novamente minha frustração numa entrevista ao *Financial Times*, comentando: "O livro é a coisa mais distante de um apelo à intervenção militar americana [...] [ou] à intervenção militar unilateral por capricho ou por um conjunto subjetivo de desculpas e justificativas". Até hoje, no entanto, ainda sou abordada por pessoas que perguntam como pude apoiar a Guerra do Iraque.

Um mês depois da invasão, minha editora telefonou para me informar que eu havia vencido o prêmio Pulitzer de não ficção.

"Você tem certeza?", perguntei, com os joelhos tremendo.

Deixei uma mensagem pedindo para mamãe me ligar e consegui falar com Eddie. Minha voz fraquejou quando eu disse baixinho: "Acabei de ganhar o prêmio Pulitzer". Eddie havia fomentado meu amor pela história. Havia lido e editado com facilidade uma dúzia de rascunhos do longo livro. Após sua publicação, ele passeava pela cidade de Nova York toda semana, parando em várias lojas da Barnes & Noble para tirar seus exemplares da seção de história, menos visível, e pôr nas vitrines na frente da loja, correndo para o seu próximo local de ação sempre que era pego por um atendente.

"O quê?", disse ele. Quando repeti a notícia, ele falou: "Jesus, Maria e José". Então, claramente em estado de choque, perguntou: "Pelo quê?".

"Por que merda você acha que foi?", perguntei, rindo. Ele me falou para ligar de volta para a editora: "Eles precisam colocar o adesivo Pulitzer na brochura!", exclamou.

Quando mamãe ligou do hospital alguns minutos depois, fiz uma pausa antes de atender, apenas para prolongar o momento. Quando lhe contei a notícia, ela disse: "Ahhh, isso não é maravilhoso, Sam? Maravilhoso. E pensar que você estava tendo tanta dificuldade com aquela droga de reportagem...".

Eu conversara com ela na noite anterior sobre minha batalha com uma matéria de revista que estava escrevendo. Para minha mãe, uma grande vantagem de ganhar o Pulitzer era que isso me animaria. Mas depois soube que ela ficou tão empolgada com a notícia que contou a todas as enfermeiras do hospital com quem trabalhava, bem como a seus pacientes preferidos.

Na verdade, eu sentia uma profunda desconexão entre minha boa sorte pessoal e o estado do mundo. Na época em que a ocupação americana do Iraque começou a sair de controle, a mídia ocidental passou a noticiar as atrocidades em massa em um lugar chamado Darfur.

Destacou-se nessa tarefa o colunista do *New York Times* Nicholas Kristof, que viajou para a fronteira entre o Chade e o Sudão e escreveu dez colunas veementes em menos de um ano para chamar atenção aos massacres perpetrados pelo governo sudanês, comandado por árabes, contra grupos étnicos africanos. Quanto mais eu lia as reportagens de Kristof, mais suspeitava que os militares e as milícias afiliadas sudanesas estavam cometendo genocídio. O governo sudanês, presidido por Omar al-Bashir, parecia decidido não somente a esmagar uma rebelião nascente em Darfur, como também a destruir a vida de muitos africanos da região. Senti-me compelida a investigar o que estava acontecendo.

Os artigos sobre as atrocidades no Sudão citavam frequentemente um ex--funcionário americano chamado John Prendergast. John havia sido consultor do presidente Clinton para a África e era agora analista do International Crisis Group, a organização não governamental que Mort havia ajudado a criar em

1995 (e na qual eu havia trabalhado brevemente durante a faculdade de direito). Embora a principal atividade da organização fosse fazer recomendações aos formuladores de políticas, John parecia mais voltado a convencer os eleitores americanos a pressionar as autoridades eleitas a tomar medidas para impedir as atrocidades. Ele argumentava, assim como eu no meu livro, que, já que raramente o genocídio implicava interesses "tradicionais" de segurança nacional, os cidadãos precisariam produzir barulho político se quisessem que Washington fizesse mais.

Quando, enfim, tive a chance de ouvir John falar num evento em Nova York, abordei-o após a sessão de perguntas e respostas e quis saber se ele estaria disposto a me dar um tutorial sobre o Sudão. Ele visitara o país pela primeira vez em 1987 e lá estivera em várias ocasiões, muitas vezes por meses seguidos. Depois de descobrir que éramos amantes do beisebol, concordamos em nos encontrar em maio de 2004, num jogo entre o Kansas City Royals e o Boston Red Sox. Nossa ida ao estádio deu início ao que seria uma das colaborações profissionais — e das amizades — mais importantes de minha vida.

Sentados lado a lado ao longo da terceira linha de base do Fenway, conversamos sobre como nosso desejo de nos encaixar quando crianças ajudara a despertar nosso amor pelo beisebol. Também discutimos o papel da tenacidade — e do feliz acaso — em nossas respectivas carreiras. Filho de um vendedor de alimentos congelados, John é um ex-jogador de basquete de 1,84 metro de altura com a barba sempre por fazer e cabelos na altura dos ombros que começaram a ficar grisalhos aos vinte anos. Ele se mudou muitas vezes quando criança e frequentou cinco faculdades antes de se formar na Universidade Temple. Em 1984, quando viu imagens na televisão que mostravam a fome na Etiópia, decidiu ir para a África. Viajando pelo continente, John começou a escrever relatórios para o Unicef e a Human Rights Watch sobre abusos de governos e milícias contra civis.

Ao longo dos anos, enquanto documentava crimes que seus poderosos perpetradores não queriam divulgar, John foi feito refém no Congo, sobreviveu ao fogo de morteiros na Somália e foi preso no Sudão. Mas era otimista quando falava sobre a África e seu potencial. Ele previa que estávamos entrando num período em que os americanos — especialmente os jovens nos campus universitários — se revoltariam, exigindo um tipo diferente de política externa de Washington. "Tudo tem a ver com pressão", disse ele. "Os governos farão a coisa certa, ou menos da coisa errada, se as pessoas deixarem claro que se importam."

Também mergulhamos de imediato numa conversa sobre nossa vida pessoal, cada um de nós rapidamente avaliando o outro como incuravelmente solteiro. John tinha uma personalidade magnética, e eu fora avisada de que as mulheres afluíam em bandos para ele. Ele me contou que havia terminado um casamento curto e agora estava namorando várias ao mesmo tempo. Meu relacionamento mais duradouro ainda era aquele que eu tivera com Schu na faculdade, e eu não via nada no horizonte que pudesse mudar isso. Naquele dia, não verbalizamos o que mais tarde percebemos que havíamos decidido: aquilo era uma amizade que duraria para sempre. Não a colocaríamos em risco com um romance que nenhum de nós seria capaz de sustentar.

No entanto, começamos quase de imediato a discutir como poderíamos colaborar. Lancei a ideia de viajarmos juntos para Darfur e contei-lhe sobre o "teste X".

"Se o máximo que pudermos fazer for testemunhar e usar o que virmos para convencer mais americanos a se importarem, a viagem valerá a pena, certo?"

John não precisava ser convencido. Enquanto o jogo chegava ao fim, já havíamos decidido uma data para a viagem.

A forma mais fácil de chegar a Darfur não era pela capital sudanesa, Cartum, mas atravessando a fronteira a partir do vizinho Chade. John e eu viajamos para lá no verão de 2004 e conversamos com dezenas de refugiados de Darfur sobre os horrores que haviam sofrido. A mulher que nos causou a impressão mais profunda foi Amina Abaker Mohammed, uma muçulmana de 26 anos e mãe de seis filhos que era membro de um dos três grupos étnicos alvos do governo sudanês. John e eu nos sentamos de pernas cruzadas na areia, sob a sombra de uma árvore, e Amina relatou estoicamente o que havia sofrido. O que ela contou era inacreditável.

Amina morava numa aldeia agrícola de Darfur, perto de uma cidade chamada Furawiyah. No ano anterior, ela ouvira que o governo sudanês e bandidos nômades árabes conhecidos como *janjaweed** estavam atacando grupos étnicos não árabes, inclusive o dela.

Ela relatou que, seis meses antes, uma aeronave militar sudanesa havia

* Em tradução aproximada: "cavaleiro do mal".

disparado quatro foguetes perto de sua casa. Embora um foguete não tenha explodido, os outros deixaram grandes crateras no chão. Ela e o marido se recusaram a abandonar suas terras, mas mandaram cinco de seus seis filhos para as montanhas próximas em busca de abrigo. Seu filho mais velho, Mohammed Haroun, de dez anos, permaneceu com ela para ajudar a cuidar do precioso gado da família.

Pouco depois do amanhecer de 31 de janeiro de 2004, Amina disse que ela e Mohammed chegaram aos poços para pegar água para seus animais, ouviram o som de aeronaves se aproximando e, quinze minutos depois, aviões sudaneses começaram a bombardear a área. Ela e o filho se separaram. Amina viu soldados sudaneses saltarem de caminhões e Land Cruisers, seguidos por centenas de ameaçadores *janjaweed* montados em camelos e cavalos: a maioria deles usava turbantes em volta da cabeça e da boca, de modo que apenas seus olhos eram visíveis. No ataque inicial, ela viu dezenas de vizinhos e centenas de animais serem mortos.

Amina subiu com vários burros para uma colina de rocha vermelha a trezentos metros de distância. Embora ela pensasse que Mohammed havia escapado, quando olhou para trás, viu que ele havia permanecido nos poços para tentar arrebanhar as ovelhas em pânico da família. Quando um círculo de várias centenas de *janjaweed* se apertou ao redor do filho, Amina se escondeu atrás do morro para orar.

Ao cair da noite, os sons de tiros e gritos diminuíram, e Amina voltou ao local onde vira Mohammed pela última vez. Encontrou uma cena horrenda. Vasculhando freneticamente os poços ao luar, viu os corpos desmembrados de dezenas de pessoas que conhecia, mas não conseguiu encontrar seu primogênito.

De repente, ela viu seu rosto — mas apenas o rosto. Mohammed havia sido decapitado. "Eu queria encontrar o resto do corpo dele", ela me contou. Mas tinha medo dos *janjaweed*, que continuavam por perto, comemorando sua conquista com um assado de gado roubado. Ela levou o que encontrou do filho para a montanha onde seus outros filhos estavam escondidos. "Peguei a cabeça do meu filho e o enterrei", ela disse a John e a mim, enxugando as lágrimas com a ponta do lenço em sua cabeça. Uma semana depois, Amina e seus cinco filhos restantes fizeram a jornada de sete dias até o Chade, onde os encontramos.

Havia bem pouco tempo que nos conhecíamos, mas John e eu mal tivemos que discutir o próximo passo. Contratamos um motorista de Darfur para atravessar a fronteira entre o Chade e o Sudão e nos levar a Furawiyah, onde faríamos o possível para confirmar o que Amina havia nos dito e reunir provas dos crimes do governo sudanês.

Andamos de carro a menos de vinte quilômetros por hora, sob um calor de 54 graus, pelo terreno inóspito do oeste do Sudão, onde praticamente toda a vida humana parecia ter sido forçada a se exilar ou se esconder. Sentimo-nos totalmente sozinhos.

Ao avançarmos mais em Darfur, em direção à cidade natal de Amina, passamos pela aldeia de Hangala, onde encontramos restos carbonizados de cabanas incendiadas. Todas haviam sido reduzidas a paredes de pedra e montes de cinzas. Em meio aos escombros, encontramos os restos de uma caixa de joias, uma bicicleta e chinelos femininos. Fomos informados depois que, das 480 pessoas que moravam em Hangala antes do ataque, 46 foram assassinadas. As outras estavam agora ao desabrigo, espalhadas por todo o Sudão e o Chade.

Na vila saqueada ao lado de Hangala, achamos a mochila de uma criança e seus cadernos "Duckzilla", que continham exercícios de matemática, de árabe e estudos islâmicos. Em outra casa, encontramos pequenos pacotes de feijão e nozes, sinal de que os moradores haviam fugido às pressas. Ao sairmos de uma cabana onde panelas haviam sido derrubadas e objetos de valor, saqueados, avistamos três escovas de dente enfiadas na palha no telhado. Aninhada ao lado delas, havia uma folha de papel dobrada várias vezes num quadrado. Ao abri-la, encontramos algumas linhas manuscritas em árabe. Nosso tradutor nos disse que era uma oração do Alcorão, pedindo a Alá que vigiasse a casa da família.

Quando finalmente chegamos a Furawiyah, pedimos para ir aos poços. Enquanto um morador local nos guiava, passamos por um grande foguete cinza parcialmente enfiado na areia; era o material bélico não detonado da Força Aérea Sudanesa que Amina havia descrito. Passamos também por uma enorme cratera, com mais de sete metros de diâmetro e um metro e meio de profundidade, onde outra bomba explodira.

"Aqui estão os poços", disse nosso guia quando paramos na área que Amina havia marcado num mapa que desenhara para nós. Vi apenas mais areia do Saara.

"Que poços?", perguntei.

O guia continuou apontando para o mesmo ponto do deserto e, frustrados, nos aproximamos. Ali estavam, pouco visíveis sob a areia amarelo-pálida, os vagos contornos das bordas de um grande poço de pedra e dois menores. Era ali que Amina e seu filho haviam dado água a seus animais e que ela tinha encontrado mais tarde a cabeça decepada de Mohammed.

Os *janjaweed* haviam enchido os poços com cadáveres e enterrado suas vítimas sob montes de areia. Ao fazer isso, destruíram fontes de água vitais para a sobrevivência das pessoas da região. Ficamos sabendo que dos 25 poços em torno de Furawiyah, apenas três ainda funcionavam — e certamente secariam em breve devido ao uso excessivo.

O jovem que nos mostrou os poços levou-nos então, numa curta viagem de carro pelos arredores de Furawiyah, até o sopé de uma ladeira. Descemos de nosso Land Cruiser e começamos a subir a pé. O fedor de carne em decomposição nos atingiu antes que os corpos apodrecidos, em valas dos dois lados da colina, finalmente aparecessem.

Catorze homens, vestidos com djelabas brancas tradicionais ensanguentadas ou com camisas e calças, jaziam mortos na areia. Contei dezessete cartuchos de balas espalhados ao redor deles. Parecia que os homens haviam sido divididos em dois grupos e alinhados em frente às valas. Todos foram baleados pelas costas, exceto um. Seu corpo estava não numa vala, mas no centro da encosta. Uma de suas mãos estava estendida, como se estivesse implorando por misericórdia.

Quando John e eu voltamos para os Estados Unidos, divulgamos o que descobrimos o mais amplamente possível. Ele escreveu um artigo de opinião no *New York Times* e, várias semanas depois, publiquei um longo artigo na *New Yorker* intitulado "Morrer em Darfur", que começava com a história de Amina. Juntos, também fizemos um segmento de TV que foi ao ar no programa *60 Minutes*. Nós dois tínhamos empregos de período integral — eu ainda lecionava na Kennedy School e John escrevia relatórios para o International Crisis Group sobre uma ampla gama de conflitos africanos. Mas nos juntamos a outros na tentativa de pressionar o governo Bush a tomar medidas significativas e fazer mais pelo povo de Darfur.

Graças em parte ao ativismo incansável de John, que o levou a campi universitários, igrejas e sinagogas de todo o país, uma coalizão incomum de estudantes e grupos religiosos começou a se formar. O Museu Memorial do

Holocausto dos Estados Unidos se empenhava para ser um "memorial vivo", que usaria a história do Holocausto para educar — e motivar — as gerações futuras. O museu já havia recebido a mim, John, Nick Kristof e outros palestrantes para falar sobre Darfur. Em julho, ele emitiu oficialmente um aviso de "emergência de genocídio" sobre a cidade, a primeira vez que usou essa designação. No mesmo mês, o museu e o Serviço Mundial Judaico Americano se uniram para criar uma ampla rede de organizações religiosas, de defesa e de direitos humanos que acabou por incluir 190 grupos e operar sob o estandarte de "Salvem Darfur".

John e eu doamos os livros escolares e a mochila das crianças, as escovas de dente e a oração amassada ao museu do Holocausto. Não tínhamos certeza de que as pessoas donas desses objetos ainda estavam vivas e, se estivessem, presumimos que não voltariam para suas casas arrasadas tão cedo. A equipe do museu transformou nossas fotos e artefatos numa exibição emocionante, o que gerou ainda mais interesse público.

Os cristãos evangélicos, que tinham um histórico de protestos contra atrocidades em massa no sul do Sudão (que abrigava uma população cristã substancial), passaram a arrecadar dinheiro para os sobreviventes muçulmanos em Darfur. Em agosto de 2004, 35 líderes evangélicos, representando 51 confissões e 45 mil igrejas, pediram uma "ação rápida" do presidente Bush para "impedir mais matanças e mortes". Quando procurei um líder evangélico proeminente para entender melhor o que estava motivando a comunidade, recebi uma resposta direta e revitalizadora. "Matar é errado, esteja você matando um judeu, um cristão ou um muçulmano", disse ele. "Deus criou as pessoas de Darfur. Ignorá-las seria um pecado."

Cidadãos e estudantes de todo o país se lançaram na campanha de Darfur. Uma professora de piano de Salt Lake City doou duas semanas de seus ganhos. O pastor de uma igreja metodista de Ohio pediu aos congregados que usassem apenas metade do que costumavam gastar com presentes de Natal e contribuíssem com o resto, levantando 327 mil dólares para os esforços de auxílio. No Swarthmore College, na Pensilvânia, um grupo de estudantes ouviu relatos de que uma minúscula missão de monitoramento da União Africana em Darfur não tinha dinheiro para comprar coletes à prova de balas. Eles arrecadaram 300 mil dólares para ajudar a equipar o pessoal da União Africana. Outros estudantes criaram uma organização chamada Students Take Action Now for Darfur

(STAND) [Estudantes tomam uma atitude agora por Darfur], que, em três anos, criou comitês em seiscentas universidades e escolas secundárias em todos os Estados Unidos.

Em 2001, eu escrevera um artigo na revista *Atlantic* descrevendo a inação do governo Clinton durante o genocídio em Ruanda. Mais tarde, ouvi de uma autoridade dos Estados Unidos que o presidente Bush havia rabiscado "*not on my watch*" [não enquanto eu estiver no comando] num memorando que resumia o artigo. Sempre esperando alcançar os formuladores de políticas mais poderosos com meus textos, fiquei emocionada ao saber disso, ainda que me perguntasse o que isso significaria na prática. Inspirado pelas pulseiras anticâncer Livestrong, um grupo de ativistas criou pulseiras verdes com a inscrição "*Not On Our Watch*", que John e eu, junto com milhares de pessoas, passamos a usar numa tentativa de conscientizar a respeito de Darfur. O ano de 2004 era também o do aniversário de dez anos do massacre de Ruanda e, quando o filme *Hotel Ruanda* chegou aos cinemas, contando a história de Paul Rusesabagina, o hoteleiro que abrigou milhares de pessoas durante o genocídio, muitos espectadores procuraram aplicar as lições de Ruanda à crise em andamento em Darfur.

Em setembro de 2004, enquanto essa pressão aumentava e a matança em Darfur continuava, o secretário de Estado Colin Powell testemunhou perante o Senado que as ações do governo sudanês equivaliam a um "genocídio".[6] Era a primeira vez que o governo americano admitia esse tipo de constatação. No entanto, longe de satisfazer os ativistas, a declaração de genocídio de Powell os inspirou a pressionar ainda mais.

O governo Bush reagiu e nomeou um enviado especial, além de impor novas sanções ao governo sudanês. Também aumentou bastante a ajuda aos habitantes de Darfur deslocados e o apoio às forças de manutenção da paz mobilizadas pela União Africana e pelas Nações Unidas. Infelizmente, como a guerra no Iraque estava indo muito mal, o governo perdera uma influência substancial no exterior, enfraquecendo sua capacidade de mobilizar uma coalizão global unida para pressionar Cartum a acabar com suas atrocidades.[7]

Darfur expôs os limites do que um país podia fazer, mesmo que fosse tão poderoso quanto os Estados Unidos. Os perpetradores do genocídio sabiam que ainda podiam contar com atores poderosos da comunidade internacional, como a China, para defendê-los. Não obstante, a efusão mundial de atenção forçou o governo sudanês a permitir a entrada de ajuda alimentar e de soldados da paz estrangeiros em seu país. O movimento também manteve os habitantes de Darfur nutridos e protegidos com os fundos doados. Essa rede extraordinária de estudantes, grupos religiosos e outros, na qual tive apenas um pequeno papel, ajudou a salvar vidas.

Em novembro de 2004, quando George W. Bush foi reeleito, fiquei desanimada. O resultado parecia confirmar sua decisão de invadir o Iraque, sua adesão à tortura e o uso da prisão da baía de Guantánamo para a detenção indefinida de prisioneiros de guerra, entre outras políticas profundamente problemáticas e danosas. Alguns dias depois da eleição, tomei café com Peter Galbraith, que eu havia perfilado em meu livro. Ele me instou a não me deprimir, e sim a fazer alguma coisa construtiva.

"O que você gostaria que fizesse?", perguntei, agarrando-me a uma das poucas histórias nacionais positivas que resultaram da eleição. "Que fosse trabalhar para Barack Obama?"

Eu nunca tinha ouvido falar de Obama antes de seu discurso na Convenção Nacional Democrata de julho de 2004. Antes de ele subir ao palco, eu estava zapeando entre um jogo noturno do Red Sox e os vários discursos dos democratas criticando o presidente Bush. Assim que Obama começou sua oração, porém, eu fiquei impressionada com sua mensagem elevada e abrangente.

Peter ficou animado quando me ouviu mencionar o senador eleito de Illinois. "Você faria isso?", perguntou.

"Faria o quê?", respondi, sem saber o que tinha acabado de dizer.

"Conheço um bom amigo de Obama. Vamos mandar seu livro para ele", respondeu Peter.

"Por que Obama iria querer um livro de seiscentas páginas sobre genocídio?", perguntei.

Peter me lançou um olhar exasperado. "Você quer que eu fale com o cara ou não?", perguntou.

Naquela semana, escrevi uma dedicatória e mandei um exemplar de *Genocídio* para o endereço que Peter havia me dado. Eu não esperava uma resposta.

Porém, quase cinco meses depois, em março de 2005, recebi um e-mail do agendador de Obama dizendo que o senador estava interessado em me encontrar para jantar na próxima vez que eu estivesse em Washington, DC.

159

14. Em Washington

Quando nos encontramos para jantar numa churrascaria de Washington, na primavera de 2005, o senador Barack Obama se apresentou com um aperto de mão distraído e pediu desculpas antecipadas por quaisquer interrupções de lobistas que pudessem ocorrer durante o jantar. O restaurante inteiro parecia estar olhando para o senador de 43 anos em seu primeiro mandato quando nos sentamos, refletindo a atenção sem precedentes que ele atraíra desde seu discurso de abertura na convenção democrata de 2004 que o lançou no cenário nacional. Antes de tomar posse no Senado, ele assinara um contrato de 1 milhão de dólares para publicar um livro e aparecera na capa da *Newsweek*.

Como Peter Galbraith havia feito a conexão com Obama e seus assessores com o objetivo de me conseguir um emprego em seu gabinete no Senado, fui ao jantar esperando que isso fosse o principal tópico de conversa. Mas Obama não deu nenhuma indicação de que sequer estivesse ciente da possibilidade.

Ele começou deixando claro que não poderia ficar muito tempo, mas com muito tato me garantiu que teríamos outras oportunidades de nos falar. "Eu realmente espero que nos próximos 45 minutos possamos começar o que será uma conversa maior ao longo do tempo", disse ele.

Fiz uma anotação mental para não pedir uma entrada e falar rapidamente.

Mas, depois que Obama entabulou a conversa, suas várias curiosidades pareceram anular seu plano de saída rápida.

"De onde você é?", perguntou ele, dando início à conversa. Contei-lhe minha história: Irlanda, Pittsburgh, Geórgia, Bósnia, Winthrop. Aos 34 anos, eu já tinha um resumo de minha vida que sabia que funcionava.

"Como não havia divórcio na Irlanda, minha mãe decidiu se mudar para a América."

"Depois que vi imagens de homens macilentos atrás de arame farpado na Europa, virei correspondente de guerra nos Bálcãs."

Obama se recusou a seguir meu roteiro. "Que diabos tem a ver 'não haver divórcio na Irlanda' com acabar na Geórgia?", perguntou, interrompendo-me enquanto eu tentava acelerar a cronologia. Ou: "Como assim, você simplesmente foi e virou correspondente de guerra?".

Suas interrupções me pegaram de surpresa. Eu pensava que uma vida como a minha lhe seria familiar, tendo em conta sua própria criação itinerante. Eu sabia que ele morara na Indonésia quando criança e se mudara para Chicago depois da faculdade sem conhecer ninguém de fato. "Você sabe como é quando vai para algum lugar novo", eu disse. "Você se vira."

Obama parecia cético. "Bem, você é mais empreendedora do que eu", ele me desarmou. "Chicago não é Sarajevo."

Ele publicara um livro de memórias aos 33 anos, mas parecia quase entediado em falar de si mesmo e ansioso para se concentrar em outra pessoa por um tempo. Seus modos eram ao mesmo tempo nobres e descontraídos.

Eu havia levado uma longa lista de perguntas, mas ele continuou examinando minhas experiências, pedindo-me para detalhar quase tudo o que eu me acostumara a discutir em termos taquigráficos. Mort ("O que você mais admira nele?"). Basquete ("Você era boa?"). Faculdade de Direito de Harvard ("Depois da Bósnia, não era loucura estar num lugar onde as pessoas estavam preocupadas com notas e pequenas coisas?"). O ofício de contar histórias ("Quando você começa, pensa mais sobre o personagem ou o enredo?"). O único tema que não abordamos foi aquele em que eu provavelmente estava mais interessada, devido ao meu passado: o pai dele.

Eu sabia pela leitura de *A origem dos meus sonhos*, seu livro de memórias, que Barack Obama, Sr., conheceu a mãe de Obama, Ann Dunham, e com ela se casou quando foi do Quênia para a Universidade do Havaí com uma bolsa de estudos. Sabia que, quando Obama tinha três anos, seu pai voltou para o Quênia e retornou para visitar seu filho apenas uma vez, sete anos depois. Eu também sabia que, quando perdeu seu cargo no governo do Quênia, Obama Sr. começou a beber muito e acabou morrendo num acidente de automóvel quando Barack tinha 21 anos. Sondar ainda mais esse tema seria presunçoso, considerando-se em especial tudo o que Obama já havia tornado público, e hesitei em mencionar meu próprio pai alcoólatra. Em vez disso, quando paramos no assunto da infância dele, eu simplesmente disse: "Sua mãe foi uma mulher corajosa".

Ele sorriu e comentou: "Sob muitos aspectos, o livro que escrevi sobre meu pai é sobre minha mãe".

Obama acabou levando a conversa para a política externa americana, mas sob uma óptica pessoal. Contei-lhe sobre quando estava a caminho da faculdade de direito em agosto de 1995 e chorei ao ouvir no rádio o anúncio de que os Estados Unidos haviam finalmente intervindo para tentar acabar com os assassinatos na Bósnia.

"Por que as lágrimas?", ele perguntou, de modo um pouco frio.

"Acho que de alívio pelo país ter salvo todas aquelas pessoas", respondi.

"Hum", reagiu ele, revelando pouco sobre seu ponto de vista.

Ele me perguntou sobre o massacre em Srebrenica. Queria entender o que havia acontecido, mas também o que o episódio poderia ensinar aos americanos sobre como melhorar a capacidade de reação rápida do governo e da ONU diante de futuras crises daquele tipo. Uma vez que os Estados Unidos haviam acabado com o conflito na Bósnia sem incorrer em baixas de combate, era difícil, em retrospecto, criticar o uso de força militar pelo presidente Clinton. Mas Obama expressou simpatia pelos tomadores de decisão, observando como deve ser difícil prever com antecedência exatamente como os atores locais reagirão ao envolvimento americano num conflito.

Eu conhecia o discurso que ele havia feito em Chicago num comício contra as guerras. "Não me oponho a todas as guerras", ele dissera em outubro de 2002, quando o governo Bush se aproximava da invasão do Iraque. "Eu me oponho é a uma guerra idiota." Perguntei-lhe sobre isso, observando que ele havia assumido essa posição num momento em que a maioria dos americanos apoiava a guerra. Fiquei pensando se ele havia considerado a possibilidade de estar cometendo um suicídio político. Ao mesmo tempo, ele não bajulara a multidão progressista, deixando claro que não era um pacifista e que valia a pena travar algumas guerras.

Afastando-se do discurso, Obama disse que achava loucura que os funcionários do governo Bush tivessem simplesmente presumido que nossos soldados seriam bem-vindos como libertadores no Iraque. Para ele, parecia uma negligência julgar as perspectivas de alguém por suas intenções, em vez de fazer um esforço árduo para prever e sopesar as consequências possíveis.

Durante o jantar, Obama fez perguntas que eu nunca havia considerado, questionando-se em voz alta se a controversa teoria de policiamento das "janelas quebradas" poderia ser aplicada estrategicamente para sustentar Estados falidos como o Sudão.[8] "Posso dizer honestamente que nunca pensei sobre isso", falei, resolvendo fazer minha lição de casa e lhe dar um retorno.

Quando expliquei como me sentira inútil ao relatar o derramamento de sangue na Bósnia, enquanto esperava que outras pessoas fizessem alguma coisa para impedi-lo, ele reconheceu ter experimentado um sentimento semelhante de inutilidade como líder comunitário em Chicago. Essa frustração de tentar resolver os sintomas e não as causas o convencera a entrar na política, onde poderia buscar mudanças sistêmicas. "Agora, tenho frustrações diferentes", observou secamente.

Quando finalmente consegui afastar a conversa de mim mesma, perguntei-lhe como estava lidando com sua mudança meteórica de sorte, tendo passado de uma derrota feia em sua primeira candidatura ao Congresso em 2000 à conquista de um assento no Senado quatro anos depois.

Ele reconheceu que muita coisa havia acontecido a seu favor nos últimos anos. Sim, ganhara seu assento no Senado por 43 pontos percentuais. Mas ressaltou que seu oponente, Alan Keyes, nunca morara em Illinois e só entrara na disputa depois que o vencedor da primária republicana desistiu em meio a um escândalo sexual. E mesmo antes disso, Obama lembrou, ele estava atrás nas primárias democratas até que o candidato favorito enfrentasse seu próprio escândalo envolvendo uma alegação de violência doméstica.

Obama concluiu que a parte mais difícil de sua nova vida era ficar longe de suas duas filhas pequenas, então com três e seis anos. Em geral, sua rotina permitia colocá-las na cama em Chicago nas noites de segunda-feira, voar para Washington e voltar a tempo para dar boa-noite na quinta — mas admitiu: "Minha esposa está nos carregando... Eu simplesmente não posso perder esses voos".

Quando indaguei como evitava que o sucesso lhe subisse à cabeça diante de tanta atenção da mídia, ele deu uma resposta que eu o ouviria repetir nos próximos anos: "Nunca senti como se isso me dissesse respeito pessoalmente. Eu me tornei um veículo. As pessoas anseiam por algo que não estão conseguindo: autenticidade, vontade de expressar suas próprias convicções, aspirações que transcendem a afiliação partidária. Acho que estou preenchendo algum tipo de vazio".

Obama falou com precisão incomum sobre seus pontos fortes e fracos. "Não sou um grande pensador original", disse ele. "Mas sou um bom ouvinte, sintetizo ideias e em geral consigo descobrir como comunicar o que precisamos fazer."

Discutimos o fato de as pessoas já estarem pedindo que ele se candidatasse à presidência em 2008. Sobre isso, Obama foi inflexível: apesar do burburinho gerado por sua chegada a Washington, ele não entraria na disputa.

"Se eu me candidatasse à presidência, teria de começar a arrecadar fundos e montar uma campanha dois anos depois de me tornar senador. Quão presunçoso seria isso? Seria preciso muita cara de pau. Vou ficar na minha."

Após a derrota contundente de John Kerry nas eleições de 2004, Obama disse que queria ajudar a criar uma nova visão afirmativa para o Partido Democrata. Disse que estava procurando pensadores de política externa como eu e ex-diplomatas americanos porque queria discutir com pessoas de diferentes formações o papel dos Estados Unidos no mundo. Estava fazendo o mesmo com especialistas em saúde, ambientalistas e economistas, para estimular seu pensamento sobre políticas públicas.

"Não tenho poder sendo o 99º senador", ressaltou, referindo-se à sua falta de senioridade no Senado. "Mas me encontro nessa posição surreal em que quase ninguém nesta cidade tem uma plataforma maior. Não sei quanto tempo isso vai durar, mas vou tentar usar minha influência enquanto puder." Ele pensava que Kerry havia perdido a eleição porque os eleitores não tinham certeza do que ele defendia. E concluiu: "Aprendi que, se você é honesto, as pessoas respondem, mesmo que não concordem com você. Temos que encontrar nossa verdade e não ter medo de ser sinceros com as pessoas".

Depois de quatro horas, nosso jantar de "45 minutos" começou a esfriar. Obama mencionou que Mark Lippert, reservista da Marinha e experiente funcionário do Capitólio, era seu assessor sênior de política externa. Eu sabia de antemão que ele já tinha um auxiliar em tempo integral, mas esperava poder ajudá-lo a desenvolver uma estratégia ampla. No entanto, mesmo que o jantar estivesse indo bem, ele parecia pensar em mim como uma acadêmica com quem ocasionalmente compartilharia suas ideias, e não como alguém que poderia entrar para sua equipe. Comecei a me preocupar que a conversa que estávamos encerrando acabasse sendo um evento único.

Eu queria mais do que isso. Embora os republicanos controlassem o Senado e a Câmara, eu ainda tinha esperanças de que o Congresso pudesse forçar o governo Bush a abandonar suas políticas desastrosas para o Iraque e o contraterrorismo. Embora tivesse entrevistado centenas de formuladores de políticas americanos para o meu livro sobre genocídio, achava que seria uma professora melhor na Kennedy School se estivesse mais familiarizada com o papel do Congresso na política externa. E, acima de tudo, eu agora estava inspirada não apenas pelo tipo de liderança que Obama adotara publicamente, mas também pelo tipo de pessoa que ele parecia ser.

Enquanto Obama pedia ao garçom que trouxesse a conta, repassei em minha mente a velha questão do "teste X". Naquele contexto, a questão parecia resumir-se a: "Se o máximo que eu puder fazer for aprender mais sobre como o Congresso funciona, uma mudança para Washington valeria a pena?". Mas, neste caso, a verdade era que Obama tinha uma formação, um otimismo e uma visão que eu não havia encontrado em outra figura pública. Sim, eu aprenderia. Mas também fiquei animada com a perspectiva de participar de qualquer coisa que ele fizesse.

Apesar dessa convicção, senti-me constrangida em levantar a questão do meu futuro com ele. E como ele não dava nenhum sinal de que me recrutaria, eu teria de me forçar a fazer uma pergunta que estava em minha mente, mas não parecia estar na dele: poderia haver um lugar para mim em sua equipe?

Depois que pagou a conta, Obama se levantou e eu rapidamente o segui. Continuamos conversando enquanto caminhávamos devagar em direção à porta do restaurante, já quase vazio. No início, ele parecia estar com muita pressa, mas agora conversava com tranquilidade, como se a pressão do tempo tivesse desaparecido.

No futuro, eu não ia querer olhar para trás e sentir que havia perdido a ocasião, então decidi me arriscar a ser rejeitada e fui em frente. "Sabe, se você achar que eu seria útil, eu poderia vir para Washington e trabalhar com você", sugeri.

Ele me perguntou o que eu queria dizer e expliquei que, como ele desejava desenvolver uma plataforma mais ampla de política externa, eu poderia tirar uma licença de Harvard e ajudá-lo a fazer isso. Ele perguntou se eu tinha certeza de que isso faria sentido para mim. "Você tem livros para escrever e cursos para dar", disse ele.

Fui firme e disse: "Mesmo que você não mude o mundo da noite para o dia, vou aprender alguma coisa, certo?".

Às 23h15, quando estávamos na rua deserta, com o motor do seu carro em ponto morto, Obama anotou seu e-mail e número de telefone celular. Ele ia resolver os detalhes com seu chefe de gabinete, mas adoraria me trazer "a bordo".

Aluguei um pequeno apartamento numa antiga cocheira, a uma curta caminhada de Capitol Hill. Se Washington, DC, se considerava o centro do universo, a cúpula de quase noventa metros de altura do edifício do Capitólio parecia ser — e de fato era nos mapas das ruas — o centro do centro. Em 1993, quando eu trabalhava para Mort no Carnegie, fazia longas corridas no Mall, dando uma volta pelo Lincoln Memorial e subindo a colina em direção à cúpula do Capitólio, sempre iluminada na noite úmida. Eu já o vira com tanta frequência em filmes e cartões-postais que, visto do lado de fora, parecia mais um recorte de papelão do que um prédio onde as pessoas trabalhavam de verdade. Mas como assessora de Barack Obama, eu realmente achava que teria a chance de influenciar a direção da política externa americana. Imaginei-me redigindo leis em recantos do século XVIII, enquanto, dos murais da cúpula, George Washington e Thomas Jefferson me olhavam com aprovação.

A primeira indicação de que eu não seria uma encarnação de James Madison no século XXI ocorreu assim que apareci para o trabalho. O gabinete de Obama não estava localizado no edifício do Capitólio, reservado para os líderes da Câmara e do Senado, mas no Hart Senate Office Building, um prédio de mármore cinza-branco adjacente. Inaugurado em 1982, o Hart tinha um grande átrio que dava a impressão de ser uma pista de patinação no gelo, enquanto as câmaras desinteressantes do Senado que o circundavam se assemelhavam a consultórios de dentistas.

O único sinal de que o gabinete de Obama no Senado abrigava uma estrela em ascensão era a visão de grupos escolares esperando por horas na pequena área de recepção, na esperança de poder avistá-lo. Afro-americanos vinham de todo o país para ter esse privilégio, como se precisassem de provas de que um senador negro (apenas o terceiro desde a Reconstrução) realmente existia. Tive pena de Obama. Da noite para o dia, milhões de pessoas haviam investido suas esperanças nele.

Meu papel não estava bem definido. Eu receberia um pequeno estipêndio (não de seu gabinete, mas do Conselho de Relações Exteriores) para ser "assistente de política externa" em sua equipe do Senado.* Recebi um cubículo, um crachá e uma chave do escritório para poder trabalhar aos finais de semana.

Não demorei muito para descobrir por que Obama não era louco por seu trabalho. O CIX Congresso, já em andamento quando cheguei, acabaria por se reunir em menos dias do que qualquer outro em mais de cinquenta anos. Foram ainda menos reuniões do que no Congresso de 1948, que ficou famoso por ser chamado pelo presidente Harry Truman de "o Congresso que não faz nada" — e ainda assim conseguiu aprovar o Plano Marshall de reconstrução da Europa. "É pior que a ONU!", desabafou Obama enquanto conversávamos ao telefone uma noite.

Enquanto eu seguia Obama e seu assessor Mark Lippert nas audiências de comitês no Capitólio, os debates que eu observava no Congresso pareciam desconectados da vida humana real. Muitos membros pareciam estar menos motivados pelo chamamento de John F. Kennedy ao serviço do que por uma paródia egoísta daquela famosa exortação: "Não pergunte o que seu representante pode fazer pela questão, mas o que a questão pode fazer pelo seu representante". Não surpreendia, então, que o Poder Legislativo estivesse sofrendo uma grande queda de popularidade. No início dos novos mandatos, em janeiro de 2005, o Congresso tinha 43% de aprovação dos americanos. Em dezembro de 2006, esse número havia caído para 21%.[9]

Obama havia chegado a Washington depois de ter sido por oito anos legislador no Senado do estado de Illinois, onde ajudara a aprovar leis sobre a refor-

---

* No ano de 2000, o Conselho de Relações Exteriores me concedera uma bolsa, que eu havia adiado por vários anos, mas que ajudou a sustentar uma temporada de um ano no gabinete do senador Obama.

ma do financiamento de campanhas, um crédito de imposto de renda para trabalhadores pobres e a exigência de que interrogatórios policiais fossem filmados. No entanto, no Senado dos Estados Unidos, muito mais grandioso, sentia-se frustrado. Em política externa, ele se inspirara no programa montado pelo senador republicano de Indiana Richard Lugar e pelo senador democrata da Geórgia Sam Nunn, que durante duas décadas ajudara a controlar e eliminar mais armas nucleares do que as dos arsenais combinados de China, França e Reino Unido. Obama e Lugar continuariam trabalhando juntos para aprovar um projeto de lei que ampliava o financiamento para iniciativas de não proliferação, mas o espírito de bipartidarismo que mobilizava a parceria Nunn-Lugar — e que atraía Obama — estava desaparecendo rápido. Com a surpreendente transparência com que muitas vezes expressava seu pensamento, Obama disse a um entrevistador após seu primeiro ano: "Acho muito possível ter uma carreira no Senado que não seja particularmente útil".

Às vezes, ele tentava zombar da desconexão entre seu poder estelar e suas limitações na obtenção de resultados concretos. Num discurso feito no jantar anual do Gridiron Club, brincou: "Fui muito abençoado. Orador principal da convenção democrata. Capa da *Newsweek*. Meu livro entrou na lista dos mais vendidos. Acabei de ganhar um Grammy por narrá-lo em fita... Realmente, o que mais há para fazer?", perguntou, e fez uma pausa para obter efeito. "Bem, acho que eu poderia aprovar uma lei ou algo assim."

Quando o vi no gabinete, Obama parecia ressentir-se de muitas das novas demandas que ocupavam seu tempo. Em sua vida anterior, desfrutara de grande liberdade, alternando entre representar seu distrito e lecionar direito constitucional na Universidade de Chicago. Agora, irritava-se com o grande número de pessoas que tinham acesso à sua agenda e com todas as obrigações que invadiam sua independência. Antes de eu me mudar para Washington, Obama me disse que planejava me forçar a caminhar com ele, para escapar do controle da equipe e discutir as ideias que estava explorando para seu próximo livro. Mas acrescentou: "Talvez eu só ponha meus fones de ouvido e relaxe enquanto caminhamos".

Seu temperamento definitivamente não se encaixava no perfil das lendas do Senado, como Lyndon Johnson, que, quando chegou a Washington como auxiliar júnior, conseguiu um quarto no mesmo hotel de seus colegas de trabalho e tomava quatro banhos por dia, só para esbarrar em pessoas no banheiro compartilhado. Obama, em comparação, era recluso.

Ele simplesmente não parecia ter a necessidade de afirmação pela qual ansiavam Johnson, Bill Clinton e tantos outros políticos de sucesso. Muitas vezes parecia que parte dele estava flutuando acima dos conflitos, julgando o que ele e seus colegas estavam fazendo lá embaixo.

Às vezes, eu me sentava atrás de Obama nas audiências do Comitê de Relações Exteriores do Senado, numa fila de cadeiras separadas para assessores do Senado a fim de que pudessem responder às perguntas de seus legisladores. Quando ouviam testemunhas, os senadores pareciam menos interessados em fazê-las mudar de ideia do que em ganhar pontos com a mídia, com grupos de interesses especiais (os quais, fiquei chocada ao saber, escreviam muitas das perguntas dos senadores) e, num bom dia, com seus eleitores em casa.

"Lá vamos nós de novo", disse-me Obama ao entrar numa audiência na qual a secretária de Estado Condoleezza Rice estava testemunhando. "Vamos fingir fielmente que estamos fazendo perguntas, mas, em vez disso, vamos dar declarações. Ela vai fingir fielmente que responde às nossas perguntas, mas, em vez disso, vai responder a perguntas que não fizemos para repetir coisas que já ouvimos antes. A audiência terminará e sairemos daqui chamando-a de 'prestação de contas democrática.'"

Certa vez, quando uma das audiências se prolongava penosamente, Obama se recostou na cadeira e fez um sinal para eu me aproximar. Inclinei-me logo para a frente, pensando que ele estava querendo um conselho. Ele levantou o fichário, para proteger a boca e seus colegas não poderem ouvi-lo, e disse: "Sinto muito por você ter de testemunhar isso". Com os republicanos em maioria, o Congresso parecia ter pouco apetite para influenciar a atuação do governo Bush.

A questão de política externa mais importante na época era a direção da guerra no Iraque, onde as tropas americanas enfrentavam insegurança cada vez maior e a perspectiva de uma ocupação militar aberta. Quando cheguei a Washington, mais de 1500 membros das Forças Armadas dos Estados Unidos haviam sido mortos e outros 11 mil, feridos. Quase dois anos depois de o presidente Bush declarar o fim de grandes operações de combate, o público americano questionava cada vez mais a continuação da presença militar no Iraque. Desde que assumira o Senado, Obama tinha visitado o Iraque para ouvir as tropas e realizado reuniões preocupantes com homens e mulheres que sofreram ferimentos graves no campo de batalha. Numa decisão que decepcionou seus apoiadores que eram contra a guerra, ele votou contra uma proposta que exigia que as tropas americanas deixassem o Iraque dentro de um ano. Em vez disso, apoiou uma emenda que obrigava o presidente Bush a iniciar uma retirada gradual de tropas — nenhuma dessas medidas foi aprovada.

Apesar de seu desejo de trazer para casa nossos 140 mil soldados, Obama não acreditava que o Congresso estivesse equipado para microgerir a guerra. Também estava frustrado com o modo binário pelo qual especialistas, funcionários do governo e membros do Congresso optavam por discutir o Iraque, como se as únicas opções disponíveis fossem "manter o rumo" ou "sair correndo".

Obama costumava formular seus pontos de vista sobre questões políticas importantes reunindo pessoas com perspectivas díspares e escutando enquanto elas debatiam o que fazer. Fez isso em várias ocasiões em relação ao Iraque, reunindo Lippert, o diretor de comunicações Robert Gibbs, o chefe de gabinete Pete Rouse, além de mim e outros. Eu ficava animada toda vez que ele nos lembrava que queria determinar a abordagem correta "pelos méritos", e só depois "se preocupar com a política". Mas, mesmo com suas intenções dignas, não era fácil saber o que recomendar. Enquanto deliberávamos, lembrei-me da famosa observação do presidente Johnson de que o problema de um líder não era "fazer o que é certo, mas *saber* o que é certo".

Como parecia apropriado, tive minha primeira amostra da natureza política da própria política enquanto trabalhava no Senado. Embora, no início, Lippert parecesse acolhedor, ele não estava entusiasmado com minha presença contínua. Tentei me colocar em seu lugar. Ele era o principal conselheiro de política externa de Obama e, de repente, eu aparecera num escritório surpreendentemente pequeno. Compreendi que, no início, poderia ser complicado. Mas, em vez de se aproximar e dar as boas-vindas a um par extra de mãos, ele parecia principalmente ressentir-se da intrusão em seu território. Eu propunha discursos, artigos de opinião e resoluções do Senado sobre tópicos que havia discutido com Obama, mas Lippert em geral reagia dizendo que outros senadores já haviam monopolizado o mercado sobre a questão ou questionando como as contribuições de Obama "agregariam valor". Desanimada, comecei a diminuir meu tempo no escritório, apenas tentando fazer um bom trabalho sempre que Obama ou Lippert me pediam para executar alguma tarefa.

Um dia, quando estava no escritório, meu computador travou no momento em que eu tentava imprimir um artigo de jornal para Obama. Sentei-me então na área de trabalho de um colega e abri a matéria para imprimi-la. Foi quando um alerta de mensagem do Outlook apareceu no canto inferior direito da tela do computador, mostrando que ele havia recebido um e-mail de um dos principais consultores de Obama. A notificação da mensagem foi seguida por várias outras — todas aparecendo rápido e depois desaparecendo, de modo que peguei apenas a essência. Não conheço o contexto completo até hoje. Ainda assim, mesmo que só pelas mensagens parciais que apareceram momentaneamente na tela, pude ver, para meu horror, que a troca de e-mails entre dois colegas mais velhos que eu respeitava era sobre mim.

"Você vai ADORAR isso", dizia o primeiro, sugerindo que eu estava explorando o genocídio em Darfur para me promover. Os que se seguiam continuavam na mesma linha.

À medida que cada notificação aparecia e depois sumia, senti-me culpada por ver inadvertidamente partes das mensagens pessoais de um colega de trabalho, mas também sem noção por não ter percebido o tamanho do ressentimento de meus colegas. Pelo tom familiar e amistoso da troca, ficou claro que eu tinha topado com um vaivém de mensagens em andamento no qual eu era um assunto habitual.

Em vez de ficar com raiva, senti-me magoada. Eu também não sabia o que estava fazendo para passar a impressão descrita naquelas mensagens.

Fui dar um passeio para me recompor e depois liguei para minha amiga Debbie Fine a fim de obter algum apoio. Debbie, uma advogada de Washington que eu conhecera recentemente, fez um grande esforço para me tranquilizar. Pediu-me para imaginar um cenário em que os homens mais velhos do escritório atacassem um *homem* que o senador Obama havia convidado pessoalmente para trabalhar com ele.

"Eles odeiam que você tenha seu próprio canal junto a ele", disse ela. "E como você é uma mulher, acham que não há problema em arrasá-la."

Trabalhando sozinha durante anos como jornalista e professora, eu havia sido poupada da dinâmica mesquinha de firma com a qual muitas pessoas lidam todos os dias. Também nunca tinha estado tão próxima do "poder", que parecia merecer sua reputação de força corrosiva. Ainda não sei se estava sendo boicotada porque minha relação com Obama existia independente da hierarquia normal do escritório, porque era mulher, ou alguma combinação de fatores. De qualquer modo, dei-me conta de que compartilhar as mesmas lealdades políticas gerais não significa que as pessoas sejam almas gêmeas.

E agora eu sabia que precisaria me manter em guarda.

15. Batcaverna

Como não me sentia segura em meu novo ambiente de trabalho, percebi que me distraía mais no emprego do que antes. Quando falei a John Prendergast sobre como estava me sentindo, ele se apropriou do conceito de Batcaverna de Bruce Wayne, dando-lhe uma nova vida.

John me explicou que a Batcaverna está dentro da cabeça de cada um de nós: um lugar de grande quietude ou, em outras ocasiões, um lugar onde morcegos voam, batendo as asas de maneira às vezes frenética. Estar "na Batcaverna" tornou-se assim nosso código para os momentos em que a dúvida em relação a si mesmo se intrometia.

Os morcegos voejavam loucamente em minha cabeça quando eu trabalhava no gabinete do Senado de Obama. E, embora eu tentasse matá-los, lembrando a mim mesma que "não é você; são eles", esse mantra quase nunca funcionava. Eleanor Roosevelt escreveu de modo comovente sobre ter seu próprio equivalente a uma Batcaverna, mas, no final, encontrou consolo dizendo a si mesma: "Grandes mentes discutem ideias; mentes médias discutem acontecimentos; mentes pequenas discutem pessoas". Eu concordava com isso. Mas, ainda assim, não conseguia tirar as pequenas coisas ou pessoas da minha cabeça.

Os acontecimentos em minha vida pessoal exigiam que eu entendesse melhor de onde vinham meus "morcegos". Além de meus problemas respiratórios, desde a publicação de *Genocídio* comecei a ter episódios periódicos de uma dor aguda e debilitante nas costas. A cada poucos meses, eu me contorcia no chão com espasmos e passava o dia enrolada numa bolsa de água quente.

De início, atribuí a dor às excessivas viagens apertadas em aviões e às sessões exageradas de treinamento de squash e maratona. Mas os episódios continuaram mesmo depois que diminuí as viagens internacionais e os esportes competitivos. Depois, achei que estava machucando minhas costas ao passar muito tempo curvada sobre o computador, então pedi uma mesa para ficar de pé e um teclado ergonômico, o que tampouco ajudou.

Por fim, embora eu detestasse ficar parada para os tratamentos, tentei massoterapeutas, quiropraxistas e acupunturistas. Também consultei ortopedistas, que me radiografaram de todos os ângulos possíveis, sem nunca encontrar o dano estrutural que eu insistia estar lá. Embora eu conseguisse em geral diminuir a inflamação das costas depois de alguns dias, nada parecia resolver o problema subjacente. E depois que comecei a trabalhar no Senado, meus espasmos nas costas se tornaram ainda mais frequentes.

Embora estivesse convencida de haver deslocado alguma coisa na região lombar, logo percebi que a dor poderia ter outra fonte. Alguns meses antes de me mudar para Washington, algo inesperado e maravilhoso acontecera: eu me apaixonei.

O homem em questão era um ator de 38 anos, da região central da Irlanda, que conheci quando ele estava atuando na Broadway. Um amigo em comum nos apresentou depois de saber que eu admirava sua atuação e que ele adorava beisebol e lera *Genocídio*. Nosso primeiro encontro foi em um jogo dos Mets em Nova York, onde iniciamos uma conversa que parecia destinada a nunca terminar. Com uma semana de relação, nos pegamos conversando sobre casamento, e parecia que eu havia encontrado a pessoa com quem queria compartilhar minha vida. "Sinto-me como eu mesma, só que ainda mais", escrevi no meu diário.

Meu novo grande amor era um alcoólatra em recuperação e profundamente envolvido no "Programa", ou Alcoólicos Anônimos. Eddie e meu irmão Stephen também eram ativos no AA e, dada a incapacidade de meu pai de obter ajuda, eu tinha grande admiração por pessoas que investiam na tentativa de ficar longe do demônio do vício. Compareci a várias reuniões abertas com ele e vi o poder daquela comunidade em aprofundar sua determinação de não voltar aos velhos hábitos. Sua vulnerabilidade era tão atraente para mim quanto sua força. Eu examinara meus relacionamentos anteriores em excesso, avaliando e reavaliando seus prós e contras. Mas pela primeira vez eu estava louca e empolgada com tamanha alegria. Não conseguia imaginar o fim do relacionamento.

Mas foi o que aconteceu. O ritmo e a intensidade do nosso namoro, que eu achava emocionantes, deixaram-no desequilibrado. Homem de rotina em Nova York, ele se viu de repente fazendo viagens para me visitar e, quando estávamos separados, ficava acordado até tarde para conversar comigo ao telefone, afastando-se dos rituais que usava como bengala para ficar sóbrio.

Para mim, o único aspecto negativo do nosso romance foi que eu logo comecei a imaginar a série de contratempos terríveis que poderiam acontecer com ele. Quando soube de um acidente de construção em Nova York, liguei para ele em pânico, praticamente certa de que estava enterrado sob o andaime. Quando ele decidiu comprar uma motocicleta, fiquei histérica, implorando-lhe que não fizesse isso.

Para ele, no entanto, à medida que nos aprofundávamos em nosso relacionamento, os aspectos negativos começavam a se acumular. Sua recuperação era sua prioridade. Ele precisava controlar seu ambiente e as emoções. O primeiro sinal de que estávamos indo numa direção ruim foi um e-mail que ele enviou, dizendo: "Nunca me senti assim antes. Não sei o que fazer". Dias depois de introduzir dúvidas no relacionamento, ele me afirmou que não podia mais me ver e se recusou até a atender minhas ligações.

Fui pega de surpresa e fiquei arrasada. Fosse porque ele era um alcoólatra irlandês que me deixara, ou porque se tratava de uma pessoa que eu amava e que estava terminando comigo, a separação trouxe à tona uma tristeza que eu não tinha consciência de carregar. Durante semanas fiquei incapaz de trabalhar, comer ou dormir. John, que morava no meu bairro de Capitol Hill, ficou perto de mim, ligava várias vezes ao dia e me levava para brincar de basquete na ACM local. Ele me incentivou a ficar de luto e aceitar o fim do relacionamento, mas também me pediu que usasse o que havia acontecido para tentar entender o papel que a morte de meu pai estava desempenhando no meu tormento — assim como nos meus pulmões e na dor nas costas.

John também era filho de alcoólatra. E também estava passando por um rompimento difícil e sugeriu que tentássemos comparecer às reuniões da Al-

-Anon, que são para familiares de alcoólatras. Nessas sessões, ouvíamos outras pessoas contarem suas histórias, as maneiras como procuravam compensar o alcoolismo de seus entes queridos e o resíduo corrosivo de suas experiências. John e eu fomos tocados por essas histórias e tentamos entender o sentimento de rejeição e o desejo de controle que ambos havíamos desenvolvido. Nós nos permitimos ficar indefesos um com o outro e nos esforçamos para ir mais fundo.

Uma vez que eu não estava contribuindo significativamente no escritório do Senado, decidi que, pela primeira vez na minha vida, faria de minha saúde emocional a principal prioridade. Em vez de tentar reprimir meus medos, precisava identificá-los e falar sobre eles.

Encontrei um novo terapeuta e me envolvi de uma maneira que nunca havia feito antes, marcando duas sessões por semana. Com meu coração partido tão à flor da pele, o sentimento de perda que eu experimentara quando criança ficou mais fácil de alcançar. O terapeuta questionou a razão de eu ter ido morar numa zona de guerra e por que era tão atraída pelo sofrimento alheio, especulando que esse foco me permitia continuar a minimizar minha própria dor, que naturalmente "não era nada em comparação" com o genocídio.

Resisti à análise dele. Embora reconhecesse que minha perda pudesse ter ampliado minha capacidade de empatia, eu disse que conhecia muitas pessoas que não haviam perdido um ente querido e, ainda assim, dedicavam-se a melhorar a vida dos outros. Eu achava que era levada a escrever sobre atrocidades não devido a um trauma na infância, mas porque entender e prevenir assassinatos em massa tinha uma importância intrínseca. Porém, admiti — para ele e a mim mesma — que a separação de meus pais e a morte de meu pai continuavam a me afligir. Embora fosse claro que esses acontecimentos formativos não se comparavam ao sofrimento dos ruandeses, eles deixavam suas próprias cicatrizes.

Na época, eu também estava escrevendo meu próximo livro — uma biografia do falecido diplomata da ONU Sérgio Vieira de Mello, que eu conhecera na Bósnia e que fora assassinado por um homem-bomba no Iraque. Esse projeto também se relacionava de forma estranha com questões de abandono. Quando não estava no meu cubículo, no gabinete do Senado de Obama, eu estava no meu apartamento realizando entrevistas por telefone com soldados americanos que tentaram resgatar Sérgio dos destroços da sede da ONU. Devido à falta de planejamento por parte do governo Bush e aos saques dos quartéis de bombeiros do Iraque, os socorristas não detinham os equipamentos que, acreditavam, teriam-no salvado. Quanto mais eu sabia, mais claro ficava que a morte de Sérgio, um dos grandes humanitários do mundo, era evitável. Desenterrar esses fatos despertou visões imaginadas das últimas horas de meu pai.

Na terapia, tomei consciência de uma certeza profundamente interiorizada e equivocada de que, se meu irmão e eu tivéssemos ficado em Dublin, nosso pai não teria morrido. Durante anos, parecia que eu estivera me culpando de forma subconsciente pela morte dele. Uma vez que eu aceitara havia muito tempo que o alcoolismo era uma "doença" sobre a qual meu pai não tinha poder, eu acreditava que fora minha a tarefa de salvá-lo. Mas agora, com a ajuda de John, da Al-Anon e da terapia, eu via que meu eu infantil não tinha sido um agente capaz num mundo adulto; reconheci, enfim, que tinha sido impotente. Pela primeira vez na vida — aos 35 anos —, comecei a lamentar pela perda e pela ruptura monumentais que havia experimentado. E comecei a parar de ver essa perda como sendo culpa minha.

Também cheguei a compreender que estava involuntariamente decidida a nunca mais ser vulnerável a esse tipo de perda. E a única maneira de evitar essa dor havia sido escolher homens que resistissem à proximidade contínua.

Enquanto John e eu continuávamos o esforço para explorar nosso passado, a centelha original de nossa amizade — nosso trabalho em reação ao genocídio em Darfur — fazia parte agora de algo maior do que poderíamos ter imaginado. O movimento contra o genocídio, iniciado em 2004, continuava crescendo.

As principais universidades — entre elas Yale, Harvard e todos os campi da Universidade da Califórnia — desfizeram-se de seus portfólios de ações pertencentes a empresas que faziam negócios com o Sudão. Don Cheadle (ator principal de *Hotel Ruanda*) e George Clooney haviam viajado a Darfur com John e resolveram usar sua fama para divulgar as atrocidades. Cheadle e John escreveram juntos um best-seller que mostrava como os cidadãos poderiam se envolver na questão, enquanto Clooney e Elie Wiesel pressionavam o Conselho de Segurança da ONU para dedicar mais recursos ao enfrentamento da crise. E após intensa pressão de ativistas que criticavam o apoio da China ao Sudão, Steven Spielberg renunciou ao posto de consultor artístico da cerimônia de abertura dos Jogos Olímpicos de Verão de Pequim. John reconhecia que boa parte do ativismo das celebridades era superficial, mas também percebia que, quando agiam com seriedade em relação a um problema por um longo período de tempo, os famosos ajudavam a divulgar a causa para um grande número de pessoas. Acabaria sendo o caso de Cheadle e Clooney, cujo ativismo parecia colocar Darfur na consciência pública e no radar dos formuladores de políticas de uma maneira mais direta do que muitos especialistas conseguiram alcançar por conta própria.

Para capitalizar essa onda de atenção, a Coalizão Salvem Darfur planejou uma manifestação no National Mall para abril de 2006. Por causa da sacrossanta regra de que o fim de semana de Obama era reservado para a família, seus assessores recusaram o convite para ele aparecer. No entanto, alguns dias antes da manifestação, Obama me disse que queria abrir uma exceção. "Eu tenho de ir, não tenho?", perguntou ele. "Quer dizer, eu me preocupo com essa questão. Não posso deixar de ir, certo?"

Obama tinha sido franco em relação a Darfur desde que ingressou no Senado. Ele e o senador do Kansas, Sam Brownback, publicaram um artigo importante no *Washington Post* alertando sobre o fato de que a situação em Darfur provavelmente ficaria "fora de controle" sem uma mudança significativa na política externa americana. Sua parceria com Brownback, um republicano conservador, ajudou a demonstrar que o movimento tinha apoio bipartidário, e sua presença no comício seria um grande atrativo.

Para atrair o máximo de atenção possível ao evento, Obama, Brownback e Clooney deram uma coletiva de imprensa conjunta no National Press Club. Lá, defenderam transformar os poucos milhares de soldados da paz em Darfur numa missão muito maior e mais bem equipada, liderada pela onu. Tendo incentivado mais países a assumir a responsabilidade de estabilizar pontos de conflito em todo o mundo, Obama instou que essa nova força da onu fosse composta de tropas de países ocidentais. Também fez uma referência ao meu trabalho sobre a questão: "Tenho de fazer um reconhecimento especial à pessoa que está tecnicamente na minha equipe agora [...] porque ela realmente pensou que eu poderia fazer algo sobre questões com as quais ela se importava. [...] É uma amiga maravilhosa e escreveu um livro que recomendo a todos". Fiquei surpresa ao descobrir quanto eu precisava de um pouco de reconhecimento depois de um período tão difícil.

John e eu tínhamos passado horas ao telefone preparando o comício. Compartilhamos os rascunhos de nossos respectivos comentários e planejamos fazê-los lado a lado no palco. Contudo, mantivemos nossas expectativas sob controle. "Você acha realmente que vão aparecer 10 mil pessoas para isso?", perguntei, citando o número otimista fornecido pelos organizadores ao Serviço Nacional de Parques. "Não tenho ideia", disse John. "Mas, se não, teremos de ser mais gratos ainda a quem vier."

Na véspera do comício, os ônibus começaram a chegar — grupos de estudantes, frequentadores de igrejas, pessoas com hijabs e quipás. O presidente Bush, cortez, reuniu-se com líderes ativistas no Salão Oval e disse: "Para aqueles que marcham pela justiça, vocês representam o melhor de nosso país".

Os palestrantes eram uma mistura de celebridades e autoridades públicas, como Clooney, Wiesel, Nancy Pelosi, Al Sharpton, o patinador olímpico Joey Cheek (que havia doado os 40 mil dólares ganhos em medalhas nos Jogos de Inverno de 2006 para ajudar Darfur) e Paul Rusesabaina, o hoteleiro ruandês interpretado por Cheadle em *Hotel Ruanda*. No fim, compareceram mais de 50 mil pessoas, entre elas mamãe, Eddie e Laura.

Os aplausos mais altos do dia foram para Obama. Enviei a ele um e-mail com algumas ideias para seu discurso. Mas, depois de olhar para a multidão crescente — uma visão estimulante para um ex-líder comunitário —, ele começou com as Escrituras:

O livro dos Provérbios, capítulo 24, versículos 11 e 12, diz o seguinte:

Livra os que foram entregues à morte,
Salva os que são arrastados ao suplício.
Se disseres: "Mas não o sabia!"
Aquele que pesa o coração não o verá?
Aquele que vigia tua alma não o saberá?
E não retribuirá a cada qual segundo seu procedimento?

Obama continuou, observando como é tentador desviar o olhar e como os desafios modernos podem parecer complexos:

Existem problemas no mundo que às vezes parecem avassaladores. Há tanto sofrimento, tanta carência, tanto conflito e crueldade, tanta violência. E às vezes há falta de clareza moral.

Observamos o mundo inteiro e nem sempre podemos dizer quem são os bons e quem são os maus. Nem sempre sabemos qual é a linha de ação adequada. E, portanto, às vezes ficamos tentados a nos retirar para nossa própria vida privada, nossas próprias lutas e ambições privadas, nossos próprios jardins privados.

Mas este não é um desses momentos.

Hoje sabemos o que é certo e o que é errado. O massacre de inocentes é errado. Dois milhões de pessoas expulsas de suas casas é errado. Mulheres estupradas por gangues ao recolher lenha é errado. Silêncio, aquiescência, paralisia em face do genocídio é errado.

A plateia inteira parecia estar atenta a cada palavra de Obama. Apesar de suas alegações a respeito de ser apenas "um veículo" para os americanos que queriam transcender a política estagnada da época, ele estava cativando pessoas de todas as raças e religiões, jovens e velhos. Até seu apelo final à liderança americana soou diferente das banalidades normais que se ouvem dos políticos.

"Eu sei que se *nós* nos importarmos, o mundo se importará. Se *nós* dermos testemunho, o mundo saberá. Se *nós* agirmos, o mundo seguirá!", disse ele. "E em todos os cantos do mundo, tiranos e terroristas, potências e principados saberão que um novo dia está nascendo e um espírito justo está em movimento, e que todos nós nos unimos para garantir que *nunca mais* esses tipos de atrocidades acontecerão."

A multidão foi à loucura. Eu estava comovida e exausta. A solidariedade que eu preconizara por tantos anos encontrara um defensor poderoso e solidário.

Naquela noite, enquanto aplicava calor nas minhas costas, Obama ligou depois de desembarcar em Chicago.

"Aquilo foi demais", disse ele. "Você deveria se sentir muito bem com o que aconteceu lá."

"Eu me sinto", comecei. "Mas agora…"

"Eu sei, eu sei", disse ele. "O genocídio em Darfur continua. Mas quer saber? Às vezes, é preciso dar um tempo para apreciar uma coisa boa, mesmo que não traga exatamente o que você deseja. Se você não saborear momentos como o de hoje, não terá o combustível necessário para continuar. Vá por mim."

Eu disse a ele quanto seu envolvimento significava e, depois de desligar, dormi por doze horas.

* * *

Deixei Washington com pouco alarde no verão de 2006. Embora nunca houvesse me considerado uma pessoa particularmente partidária, saí imensamente frustrada com a maneira como os republicanos costumavam empurrar os debates sobre a política externa americana para uma falsa dicotomia entre uma dependência excessiva de força militar, de um lado, e o que eles chamavam de "apaziguamento", de outro. Também fiquei espantada com a falta de preparo de nossas instituições de segurança nacional para reagir a ameaças não convencionais, como a mudança climática. Para lidar com os desafios transnacionais, precisávamos construir coalizões, uma perspectiva que exigia credibilidade junto aos públicos estrangeiros — e a Guerra do Iraque nos custara muito nesse sentido.

Ver tudo isso de perto foi desanimador. Mas não considerei o ano uma perda. Meus altos e baixos pessoais em Washington haviam por fim me forçado a lidar com minhas forças inconscientes — forças que podiam muito bem estar me impedindo de encontrar um relacionamento romântico duradouro. E apesar das dificuldades que experimentei enquanto trabalhava para ele, senti que havia de fato conhecido o senador Obama.

Durante o período em que morei em Washington, Obama passou noites e fins de semana escrevendo seu segundo livro, que estava chamando de *A audácia da esperança*. Ele me mandava um rascunho por e-mail, em geral tarde da noite, depois de assistir ao *Sports Center* da ESPN, a que eu geralmente assistia também. Eu marcava imediatamente seus rascunhos com alterações e sugestões antes de devolvê-los. Percebi que esse intercâmbio era mais valioso do que qualquer coisa que eu estivesse fazendo para ele no Senado.

Quando liguei para Obama a fim de lhe dizer que ia voltar para Massachusetts, ele me interrompeu. "Sim, eu nunca esperei que você fosse útil para mim aqui." Depois de passar um ano da minha vida frequentando o prédio Hart do Senado, fiquei perplexa.

"Não quero magoá-la", disse ele. "Deixe-me reformular: não tenho o poder de aproveitá-la adequadamente. Na verdade, eu estava me perguntando por que você demorou tanto para sair correndo."

Olhei para o telefone incrédula. Ele sabia o tempo todo como fora inútil o ano em seu gabinete?

Embora eu não tenha compartilhado isso com ele naquele momento, minhas experiências no Senado me deixaram com uma convicção: Obama precisava sair de lá. Ainda que os democratas tivessem conquistado a Câmara e o Senado nas eleições de meio de mandato de 2006, eu não achava que o Congresso fosse lugar para ele.

Como milhões de outras pessoas, eu acreditava que ele deveria concorrer à presidência.

Durante os meses em que voltei para Winthrop e retomei o ensino em Harvard, conversei com Obama com frequência.

"Como vai o seu livro sobre Sérgio?", perguntou-me numa ligação. Dei-lhe mais detalhes do que o necessário, como sempre, e depois, supondo que ele queria ajuda com alguma coisa, perguntei: "E então, o que posso fazer por você?".

Sua resposta me surpreendeu. "O que você quer dizer? Só estou ligando para ver como seu livro está indo e como você está. Eu sei como é difícil."

Perguntei a ele sobre sua recente viagem ao Quênia, a primeira desde que se tornara uma figura conhecida internacionalmente. Ele me contou sobre a intensidade das multidões que ladeavam as ruas aonde quer que fosse.

"Meu Deus", eu disse. "Como você se sentiu?"

"O quê?", ele respondeu.

"Como você se *sentiu*?", repeti.

"Como assim?", ele perguntou.

"Barack!", exclamei. "Sentimentos! Lembra-se deles?"

"Não sei", disse ele. "Acho que me senti do jeito que me sinto a respeito de tudo isso. As pessoas anseiam por alguma coisa e veem essa coisa em mim. Não posso levar isso muito a sério."

Em outubro de 2006, *A audácia da esperança* foi publicado e teve uma recepção histórica. Apoiadores que usavam todo tipo de objeto com a inscrição "Obama para presidente" lotaram seus eventos, e ingressos para leituras gratuitas do livro eram vendidos por cambistas on-line. Como a multidão invadia as livrarias, a equipe de publicidade de Obama estabeleceu regras: sem fotos, sem conversas pessoais e não mais do que três livros para assinar por pessoa.

Obama me disse que havia começado a pensar seriamente sobre a disputa presidencial, mas estava preocupado com o tempo que passaria longe das filhas e de Michelle. Ele sabia que teria de sacrificar sua privacidade e que a campanha eleitoral seria extenuante. "Só não sei se quero a exasperação", ele me disse.

Instei-o a aceitar. "Não há mais ninguém que possa abrir caminho. E mesmo que não seja divertido e você não precise disso, as questões com as quais você se importa precisam de você."

"Sim, sim", ele disse, "eu entendo os argumentos nesse sentido. Só preciso saber se podemos administrar isso enquanto família. E preciso saber que posso ganhar."

Eu tinha plena consciência de que sabia muito pouco sobre campanhas políticas ou sobre as perspectivas dele contra a jamanta financeira que parecia pronta para apoiar Hillary Clinton, provável favorita da disputa democrata em 2008. Eu também não conseguia imaginar como seria comparar a busca do mais alto cargo do país com sentir a falta da mulher e das filhas pequenas. Não mencionei o assunto de novo. Em vez disso, examinei suas declarações públicas, assim como o resto do país. Tudo que eu sabia era que, se ele decidisse concorrer, eu queria estar lá com ele.

Enquanto eu esperava, espreitava-me o medo de cometer um erro que de alguma forma frustraria sua ascensão. Agora que minha terapia intensiva me ajudara a reconhecer o sentimento de responsabilidade equivocado que tinha pela morte de meu pai, eu começara a ter a experiência de contar meus sonhos.

Em um deles, eu levava Obama ao ensolarado Yankee Stadium para o dia da abertura da temporada profissional de beisebol. Enquanto assistíamos aos Red Sox derrotarem os Yankees, ele me dizia que, se arrecadasse o dinheiro que esperava conseguir durante uma angariação de fundos naquela noite, anunciaria no dia seguinte sua candidatura à presidência.

Durante essa conversa onírica, seu diretor de comunicações não parava de ligar, lembrando que Obama precisava voltar a Manhattan para o que a campanha estava chamando de "mãe de todos os angariadores de fundos". Obama colocou a mão sobre o telefone e disse: "Você me levará até lá em tempo, certo?". Fiz um sinal de positivo com o polegar.

Quando o jogo terminou, subimos as escadas para embarcar no metrô de volta à cidade. Assim que começamos a nos mover, percebi que o levara acidentalmente a um trem que ia para o norte, o lado oposto de Manhattan. Corri para o condutor.

"Senhor", eu disse. "Estou aqui com o senador Obama, o próximo presidente dos Estados Unidos. Poderia me dizer qual é a parada a seguir?"

"Sim", disse o condutor. "É Albany, Nova York, em três horas."

No meu subconsciente, o fato de Obama confiar em mim lhe custara a presidência.

É claro que guardei esse drama interior para mim e continuei na esperança de ele anunciar que estava no páreo. Em novembro de 2006, eu acabara de voltar de uma corrida quando o telefone tocou.

"Tenho ótimas notícias", disse Obama quando atendi. Prendi a respiração. "Eu quis ligar para compartilhar com você", continuou ele.

"Sim?" consegui responder.

"Minha notícia é... VENCEMOS JOHN GRISHAM!", exclamou ele. "*A audácia da esperança* está em primeiro lugar na lista de best-sellers do *New York Times*!"

Senti um vazio na barriga. Ele estava claramente emocionado por ter desbancado o escritor imensamente popular do primeiro lugar. Mas eu não tinha certeza se ele tinha mais prazer com sua notícia sobre o livro ou com zoar com minha cabeça.

"Parabéns, Barack", eu disse calmamente.

Várias semanas depois, em 12 de dezembro de 2006, recebi finalmente o telefonema de verdade. "Estamos puxando o gatilho nesse negócio", ele me disse. "Você não pode contar a ninguém. Anunciaremos provavelmente em meados de janeiro. Vai ser divertido."

16. *Yes, we can*

Na primavera de 2007, enquanto trabalhava em meu computador em Winthrop, recebi um e-mail que obviamente não era para mim. Cass Sunstein, professor de direito da Universidade de Chicago e consultor de campanha de Obama, escrevera: "Martha — esse grupo de advogados não é um desastre? Tipo, pior do que, digamos, qualquer coisa?".

Eu estivera com Cass uma única vez, numa conferência acadêmica. Tivemos uma conversa animada e fiquei sabendo que, como eu, ele era um entusiástico jogador de squash. Mas não mantivemos contato.

Cass me parecera quase incuravelmente alegre durante nossa breve interação, então o tom azedo de seu e-mail me surpreendeu. Mas, como estava dirigido à professora da Faculdade de Direito de Harvard Martha Minow, apaguei a mensagem e fui cuidar dos meus afazeres. Porém, logo percebi que eu não era a única destinatária acidental do lamento particular de Cass.

Cass e eu não éramos conselheiros de campanha em período integral e tampouco recebíamos remuneração por isso. Éramos professores que contribuíam com ideias políticas por telefone e e-mail para a campanha do candidato Obama e que falavam publicamente em seu favor. A equipe de Obama reunira um grupo de trabalho formado por juristas para ajudá-lo a fundamentar seus pontos de vista sobre uma série de questões prementes, entre elas, como fechar a prisão de Guantánamo e reverter a licença para tortura do presidente Bush. Obama e Cass haviam sido colegas na Universidade de Chicago, onde ambos tinham dado aulas de direito constitucional. Aproximava-se o momento de um possível discurso de Obama sobre o estado de direito e o grupo não produzira nada.

Ao expressar sua frustração a Minow por e-mail, Cass mandara indevidamente a mensagem para toda a equipe sênior da campanha de Obama. Suas críticas ao grupo de advogados ofenderam a todos. Danielle Gray, a advogada responsável pela política interna, imensamente capaz, considerou aquilo um insulto à liderança dela e encaminhou o e-mail para mim, dizendo: "Dá para acreditar nesse babaca?". Uma amiga dela converteu parte do e-mail de Cass num grande cartaz e o pendurou na parede do quartel-general da campanha: DANIELLE GRAY... PIOR DO QUE, DIGAMOS, QUALQUER COISA?

Senti por Cass. Como a maioria dos mortais, eu também tivera meus próprios contratempos com e-mails. Não muito tempo antes, Tom Keenan, amigo e colega professor que eu viera a conhecer através de sua pesquisa sobre atrocidades em massa, me havia arranjado um encontro às cegas. O encontro não havia corrido bem. Escrevi para Tom fazendo um resumo de tudo o que eu não gostara no amigo dele e perguntando como pudera imaginar que nos daríamos bem. Enfatizei que as incompatibilidades eram profundas, e terminei o e-mail dizendo: "Acho que, como diz o velho ditado, a única coisa que você pode fazer é convencê-lo a se vestir melhor!".

Assim que apertei enviar, ouvi um ping na minha caixa de entrada: era a mensagem que eu acabara de enviar, voltando como e-mail para mim.

Alguns segundos depois do primeiro ping, ouvi um segundo. Era um bilhete de Tom que dizia simplesmente: "Você não fez isso!?".

Pus as mãos na cabeça e digitei lentamente: "Fiz".

Tom e eu fazíamos parte de uma lista de e-mails de milhares de ativistas, estudiosos e sobreviventes do genocídio, e eu havia acidentalmente enviado para todo o grupo a mensagem que falava muito mal de meu encontro às cegas. Anos mais tarde, quando eu era embaixadora dos Estados Unidos na ONU, as pessoas que haviam recebido meu e-mail ainda me citavam animadamente minhas próprias palavras: "A única coisa que você pode fazer é convencê-lo a se vestir melhor!".

Depois de verificar três vezes os campos "Para", "Cc" e "Cco", escrevi a Cass dizendo-lhe para não se culpar, pois quase todo mundo havia cometido um escorregão tecnológico semelhante ou logo o faria. Quando ele esteve em Cambridge, nos encontramos para tomar um café e discutirmos sobre o que Obama deveria de fato propor para reverter as políticas problemáticas de Bush. Fiquei sabendo também que, como eu, ele era um fã compulsivo do Red Sox.

Nas semanas seguintes, Cass me fez comentários úteis sobre um rascunho de minha biografia de Sérgio Vieira de Mello, e lhe dei um feedback sobre seu próximo livro, *Nudge: O empurrão para a escolha certa*. À medida que nos conhecíamos, passei a me perguntar como ele reagiria a um artigo que eu estava lendo ou a uma palestra a que comparecia.

Quando o Red Sox começou sua campanha triunfante nos *playoffs* de 2007, começamos a enviar conselhos gerenciais um para o outro durante os jogos: "Este arremessador não está com nada — deixe-o no banco!"; ou, se um corredor chegasse à base, "mande-o, AGORA". No começo, não atribuí um significado especial ao fato de estar gastando um tempo excessivo para escrever essas mensagens.

Eu adorava fazer campanha para Obama, então me dediquei às tarefas que sua equipe de Chicago me atribuía. Falei para angariadores de fundos. Viajei para estados onde ocorriam as primeiras primárias fundamentais e para estados onde havia *caucus*,* como Iowa, New Hampshire e Nevada, para estimular os voluntários. E fui à televisão debater com representantes de Hillary Clinton, a favorita entre os oito candidatos que concorriam à indicação democrata. Não apenas meus valores se alinhavam fortemente aos de Obama, como eu achara a comunidade colegiada que esperara encontrar quando trabalhei no gabinete do Senado. Apesar do e-mail divulgado por Cass, os voluntários da campanha de Obama estavam unidos por um profundo sentimento de afinidade.

Nos primeiros meses da disputa das primárias democratas, Obama era um candidato azarão. Ele ainda iniciava muitos de seus comícios de campanha reconhecendo que os eleitores às vezes confundiam seu nome com "Yo Mama" e "Alabama". Mas o primeiro sinal de que a campanha poderia ser mais do que apenas uma jornada agradável aconteceu em abril de 2007, durante a primeira das chamadas "miniprimárias", momentos em que os candidatos anunciam

* Reunião em que moradores de determinado lugar decidem quem apoiarão numa eleição. (N. T.)

quanto dinheiro arrecadaram. David Plouffe, o superdisciplinado gerente de campanha, não dera nenhuma indicação pública de como estávamos indo, esperando com falsa modéstia que Clinton divulgasse seus números — 19,1 milhões de dólares arrecadados no primeiro trimestre — para então liberar o total de Obama. Nossa campanha havia amealhado 24,8 milhões de dólares, quebrando todos os recordes anteriores do primeiro trimestre. OBAMA LE-VANTA US$25 MILHÕES, DESAFIA A POSIÇÃO DE LÍDER DE HILLARY, dizia a manchete da CNN. "Nada mau para um novato", Obama me escreveu por e-mail.

Um dos momentos mais importantes das primárias democratas — e que seria um prenúncio da eventual política externa de Obama como presidente — ocorreu durante um dos primeiros debates, em julho de 2007. Um eleitor, cuja pergunta chegara pelo YouTube, queria saber se Obama estaria disposto a se reunir sem precondições com líderes de nações adversárias dos Estados Unidos, como Irã e Cuba.

"Estaria", respondeu Obama. "A noção de que de algum modo não falar com países é uma punição para eles [...] é ridícula." Clinton discordou de Obama na mesma hora e, no dia seguinte, atacou sua posição como "irresponsável e francamente ingênua". A imprensa e os chamados especialistas se uniram à campanha de Clinton para ridicularizar o candidato novato por sua "gafe".

"Como você está aguentando?", perguntei a Obama quando nos falamos na noite após o debate. Meu tom era o de alguém conversando cautelosamente com um amigo depois de uma tragédia pessoal.

"Nunca estive melhor", disse ele. "Toda essa controvérsia é absurda. Mas é orientadora. Essas pessoas acreditam mesmo que podem continuar seguindo a mesma mentalidade de rebanho e que obterão resultados diferentes. O que é que dizem sobre a definição de insanidade? Não podemos tentar a diplomacia só *depois* que os países fizerem o que queremos."

Em vez de recuar, Obama fez da diplomacia e do envolvimento com os adversários uma peça central de sua candidatura voltada para o futuro. E se tornou mais franco a respeito da diferença de suas opiniões em relação à sabedoria convencional em política externa. Na semana seguinte ao debate de julho de 2007, descartou publicamente o uso de armas nucleares contra terroristas, postura que os comentaristas ridicularizaram e chamaram de "branda". Também prometeu perseguir Osama bin Laden no Paquistão — se necessário, sem a permissão do governo paquistanês. Clinton e outros adversários de Obama nas primárias chamaram essa posição de imprudente.

Com as idas e vindas da política externa esquentando, a campanha de Obama procurou "validadores" que defendessem suas posições em público. Quase não havia quem fizesse isso. Inclusive, quando Obama quis defender a negociação diplomática com o Irã num discurso sobre terrorismo, até membros do nosso grupo interno de política externa se eriçaram.

Recebi um telefonema de Ben Rhodes, o redator de 29 anos a cargo dos discursos sobre política externa de Obama, que não sabia ao certo o que fazer para mobilizar apoio às posições do chefe. Ben era um aspirante a escritor de ficção, mas os ataques de 11 de setembro o haviam convencido a levar seus talentos de escritor para o campo da política externa americana. Antes da campanha de Obama, ele havia passado cinco anos trabalhando para Lee Hamilton, ex-congressista de Indiana, e ajudado a redigir um relatório para o Congresso sobre como consertar a política dos Estados Unidos no Iraque. Ele achava que os democratas careciam de criatividade em política externa e, como eu, apreciava Obama por sua disposição de desafiar a ortodoxia de Washington.

"Preciso da sua ajuda numa coisa", disse ele quando conversamos, no início de agosto de 2007. "Temos de ter uma argumentação clara, reunindo todos os aspectos, sobre o motivo pelo qual precisamos de um pensamento novo."

No dia seguinte, Ben e eu passamos e repassamos um memorando ambicioso que a campanha enviaria em meu nome aos meios de comunicação, apoiadores e listas de doadores. Intitulado "Washington convencional versus a mudança de que precisamos", o memorando opunha-se ao governo Bush, à campanha de Clinton, às páginas editoriais dos principais jornais e às maiorias das duas Casas do Congresso — todos que haviam apoiado a guerra no Iraque.

"Foi a sabedoria convencional de Washington que nos levou ao pior erro estratégico da história da política externa americana" — assim comecei. Os que atacavam as ideias de política externa de Obama, escrevi, usavam os mesmos rótulos — "fraco, inexperiente e até ingênuo" — que haviam empregado contra aqueles que tiveram o bom senso de se opor à invasão do Iraque.

"A política externa americana está arruinada", argumentei. "E o foi pelas pessoas que apoiaram a guerra no Iraque, que se opuseram a conversar com nossos adversários, não conseguiram terminar o trabalho contra a al-Qaeda e alienaram o mundo com nossa beligerância."

A reação ao memorando foi decididamente controversa. Apesar de ter recusado a oferta de emprego de Richard Holbrooke durante a Guerra da Bósnia, eu mantivera o contato com ele. Holbrooke havia defendido meu livro sobre genocídio e até se tornara meu amigo. E era também um firme apoiador de Hillary Clinton. "Sam, Sam, Sam", disse ele quando ligou para me dar sua opinião sobre o memorando. "Você achou mesmo que era necessário insultar *todo mundo* em Washington?"

Enquanto Obama ficava cada vez mais seguro de si na política externa, sua campanha como um todo parecia estar enfraquecida. Nem mesmo sua maior exposição nacional durante os debates conseguia diminuir a vantagem de quase trinta pontos de Clinton nas pesquisas nacionais. No outono de 2007, os principais doadores de Obama já se perguntavam para onde seu dinheiro estava indo. Obama tentou acalmar seus partidários, lembrando-os de que ele era o insurgente concorrendo contra a favorita do Partido Democrata: "Eu era o improvável, lembram? Presume-se que isso não vai ser fácil".

Em 2004, eu acompanhara as primárias à moda antiga — assistindo a debates e lendo pesquisas nacionais para descobrir quem estava "liderando". Mas agora que estava imersa numa campanha, percebi que a vitória teria pouco a ver com essas métricas.

A estratégia de campanha de Obama se resumia a um mantra simples: "Iowa, Iowa, Iowa". Para ganhar a indicação democrata, ele tinha de vencer o *caucus* de Iowa em janeiro de 2008, a primeira disputa da primária, e usar o ímpeto dessa vitória para saltar para a contenda nacional. Plouffe julgava todos os pedidos que chegavam à campanha por um padrão simples: isso nos ajudará a vencer em Iowa?

"Estamos concorrendo à presidência de Iowa", expliquei a Cass, com quem agora conversava várias vezes ao dia.

Obama mudou-se para o estado durante grande parte de 2007, encontrando pessoalmente seus habitantes e tentando convencer quem nunca havia participado de um *caucus* democrata a se envolver. De minha parte, eu não sabia se era possível vencer em Iowa, mas concordava que esse era o único caminho viável para a presidência. Faltando três meses para o *caucus*, a pesquisa do *Des Moines Register* — a que realmente importava — mostrava Obama sete pontos atrás de Clinton. Comecei a me preocupar com a possibilidade de que sua candidatura improvável pudesse fracassar. Se não vencêssemos em Iowa, não havia plano B.

Embora nunca tenha ouvido Obama expressar dúvidas sobre sua estratégia de campanha, eu de fato passei a ouvi-lo entreter a perspectiva de uma derrota. Em um telefonema, parecendo exausto, ele me disse que estava cansado de estar longe da esposa e das filhas.

"Esta campanha é um jogo de ganhar ou ganhar", disse Obama. "Ou nós vencemos, e isso é ótimo, ou então perdemos e eu recupero minha vida." Algumas semanas depois, logo depois de uma entrevista que eu dera à televisão, fiquei surpresa ao ver um e-mail dele. "Seu candidato precisa se sair melhor nas pesquisas, para que você não precise ser tão defensiva", escreveu.

Eu não suportava a ideia de um Obama derrotado voltando ao Senado. E, se fosse honesta comigo mesma, também não suportaria a ideia de deixar a equipe de Obama e voltar à rotina da vida acadêmica.

Felizmente, algumas coisas mudaram em Obama nos dias que antecederam o *caucus* democrata de Iowa: pela primeira vez, ele parecia estar se divertindo.

Tendo sobrevivido ao que chamou de "colonoscopia pública" de quase um ano de campanha, ele finalmente pôde se concentrar nas duas dimensões da disputa para as quais tinha um grande talento: organização de base — e ganhar.

A campanha in loco em Iowa foi incrivelmente abrangente. Ao ver os esforços incansáveis da jovem equipe de campanha durante uma viagem àquele estado, comentei em meu diário: "Algo está sendo construindo, algo imbatível, algo profundamente afirmativo". Plouffe e o chefe estadual de campanha Paul Tewes haviam mobilizado 159 organizadores de campo para todos os 99 condados de Iowa, uma estratégia até então inédita. Essa equipe remunerada contava com o apoio de 10 mil voluntários — tudo isso num estado em que apenas 124 mil eleitores haviam participado do *caucus* democrata anterior. Tewes e sua equipe foram tão meticulosos que a campanha contatou um eleitor indeciso — pessoalmente, por telefone e através de correspondências — 103 vezes.[10]

Quando conheci os jovens voluntários de Obama, afora raras exceções, tive a sensação de que eles não estavam envolvidos para conseguir empregos em Washington ou nem sequer para acrescentar uma experiência aos seus currículos. Os organizadores de campo de Iowa viravam a noite em seu genuíno desejo de ver Obama vencer. E a paixão deles começou a passar para a própria atitude de Obama.

Nos comícios, Obama era o único dos candidatos às primárias que chamava seus jovens organizadores ao palco para agradecer-lhes. Ele se tornou uma versão mais determinada e inspiradora de si mesmo. Como ele disse mais tarde, "Iowa realmente pertencia àquela moçada [...] você simplesmente não queria estragar tudo. Queria ter certeza de que era digno daqueles esforços".[11]

Não fazia muito tempo que eu conhecia Obama, mas minha experiência em propor alterações para A audácia da esperança havia demonstrado que ele era capaz de aumentar sua energia quando enfrentava a pressão de um prazo. David Axelrod, principal estrategista de Obama, comparou-o a Michael Jordan, que certa vez disse: "Quando a partida se aproxima e algo grande está em jogo, tudo desacelera e vejo as coisas melhor".

Obama havia sido prolixo demais nos primeiros debates das primárias. Em privado, descrevera o debate — com sua ênfase em esculachos e frases de efeito prontos para a câmera — como um "número de foca treinada". Mas, depois que ele começou a se conectar com os próprios habitantes de Iowa, parecia mais sucinto e menos professoral. Ele também ficou mais motivado e enfureceu-se ao ver que a campanha de Clinton não reprimira os funcionários que haviam circulado e-mails lançando dúvidas sobre a fé cristã dele.

Quando lhe enviei um feedback positivo após o debate final antes do caucus de Iowa, ele escreveu: "Só me dê a bola". Pela primeira vez desde que o conheci em 2005, ele parecia estar exatamente onde queria.

À medida que o dia do caucus se aproximava, toda a rede de Obama parecia tomar o estado. Conselheiros seniores em políticas e doadores poderosos foram vistos ajudando a tirar a neve das calçadas e se comprometendo a tomar conta de crianças para que os pais pudessem participar do caucus à noite. Sentei-me em um cubículo, tirando o pó do meu servo-croata enquanto fazia ligações para aqueles que tinham nomes eslavos na lista de telefones da campanha, na esperança de apresentar um argumento muito específico de por que Obama era o candidato certo para lidar com as divisões atuais nos Bálcãs.

O assessor econômico Austan Goolsbee, Cass e eu recebemos uma lista de pessoas que provavelmente participariam do caucus e moravam a mais ou menos uma hora de Des Moines, e nos disseram para ir até lá "arrancar o voto". No início, estávamos orgulhosos do fato de que, juntos, poderíamos responder a perguntas dos eleitores até sobre obscuras questões econômicas, legais e de política externa. Mas a maioria das pessoas de nossa lista já havia sido contata-

Minha mãe (ajoelhada ao centro) aos dezesseis anos, com seu time de hóquei no campo da escola secundária.

Meus pais Jim Power, aos 31 anos, e Vera Delaney, aos 24, em Cork City, Irlanda, no dia de seu casamento, em 1968. Ao lado deles, Patricia Delaney, irmã de minha mãe, e Vincent Pippet, cunhado de meu pai.

Meus primeiros anos em Dublin, com mamãe e papai.

Com meu irmão mais novo, Stephen, em 1978, um ano antes de irmos da Irlanda para os Estados Unidos.

Mamãe e Eddie no final dos anos 1970.

Depois de chegar a Pittsburgh em 1979, cortei meu cabelo ruivo, pratiquei um sotaque americano e mergulhei rapidamente nesse esporte estrangeiro, o beisebol.

19· TRADER ·83

Em 1983, pouco tempo depois que mamãe e Eddie levaram Stephen e eu para Atlanta, Geórgia.

Com Eddie, que era cheio de malícia e me fez apreciar o poder e a magia da contação de histórias.

Como ala armadora iniciante do time de basquete da Lakeside High School, passei incontáveis tardes e finais de semana sozinha treinando arremessos.

Com Schu, meu namorado da faculdade, durante nossa viagem pela Europa no verão de 1990.

Mamãe, Stephen e Eddie na minha formatura da faculdade, em 1992.

Fred Cuny, conhecido como o "Mestre do Desastre" por seu trabalho de socorro em mais de trinta zonas de crise. Ele planejou com sucesso uma operação perigosa para restaurar o fornecimento de água aos habitantes sitiados de Sarajevo.

Jonathan Moore, ex-funcionário que trabalhou sob as ordens de seis presidentes, e Mort Abramowitz, diplomata aposentado que se tornou meu primeiro chefe quando estagiei no Carnegie Endowment. Eles se tornaram dois dos meus mentores e minhas influências mais importantes.

Em agosto de 1993, a caminho da Bósnia pela primeira vez, com o jornalista George Stamkoski e meu amigo Ben Cohen (ausente da foto). O letreiro IMPRENSA feito à mão colado na janela do nosso carro alugado pretendia ser uma precaução de segurança.

Participei com George e Ben de uma entrevista com um grupo de oficiais da Bósnia em Bihać, um pequeno enclave muçulmano no canto noroeste da Bósnia, cercado por forças sérvias por todos os lados.

Em uma viagem de reportagem ao centro da Bósnia com Laura Pitter, que me ajudou a mudar para os Bálcãs para me tornar correspondente estrangeira.

Viajando com o jornalista croata Hrvoje Hranjski em um voo da ONU de Zagreb, Croácia, para Sarajevo, Bósnia, em abril de 1994.

Entrevistando o comandante da Força das Nações Unidas Michael Rose, em Sarajevo, em 1994.

Escrevendo uma matéria em Sarajevo, em 1995.

Minhas amigas mais próximas na Bósnia eram um pequeno grupo de repórteres, composto por (da esq. para a dir.) Laura Pitter, Elizabeth Rubin, Emma Daly e Stacy Sullivan.

O jornalista David Rohde e eu entrevistando um sobrevivente do massacre de Srebrenica, em 1995.

Cruzando a linha de chegada da Maratona de Nova York de 1995. Minha decisão de escrever o mórbido anúncio de serviço público "Lembrem Srebrenica" em meu peito criou alguma confusão ao longo do percurso.

Encurralando Pedro Martinez, o arremessador do Red Sox eleito para o Hall da Fama, num evento de caridade, onde não consegui não lhe fazer um longo relato do livro sobre genocídio que eu estava escrevendo.

Com o diplomata americano Richard Holbrooke. Apesar de eu recusar sua oferta de emprego durante a guerra da Bósnia, ele acabou se tornando um amigo e conselheiro de confiança.

Eddie e mamãe, que editaram dezenas de rascunhos de cada um dos meus livros, ao lado de pilhas de capítulos marcados por eles.

Uma de minhas colaborações profissionais mais importantes — e uma das maiores amizades que
tive — foi com John Prendergast. Em 2004, cruzamos a fronteira do Chade para Darfur, no Sudão
(esq.), a fim de investigar o genocídio no local e, em seguida, junto com Gayle Smith, nos envolvemos na campanha "Salvem Darfur".

Falando em um evento da
Mulheres por Obama nos
primeiros meses de sua campanha presidencial.

Liderando com o as-
sessor da campanha de
Obama Austan Gools-
bee a comemoração da
vitória de Obama no
caucus de Iowa, em ja-
neiro de 2008.

Cass e eu começamos a na-
morar no início de 2008, passando um tempo escrevendo
lado a lado no meu apartamento em Winthrop, Massa-
chusetts. Casamo-nos em 4 de
julho de 2008, em Waterville,
Irlanda.

Depois de passar a noite toda trabalhando em seu discurso de aceitação do Prêmio Nobel da Paz, o presidente Obama convocou a mim e a seus redatores Jon Favreau e Ben Rhodes para discutir seu novo rascunho manuscrito.

Declan Power Sunstein nasceu em abril de 2009 e, dois meses depois, encontrou-se com o presidente Obama pela primeira vez.

Mamãe e Eddie visitando a Casa Branca no início de 2009.

O presidente Obama e membros de sua equipe de segurança nacional discutem o Sudão em setembro de 2010.

No funeral de Richard Holbrooke, que morreu de ataque cardíaco em 2010. Nos anos seguintes, eu me veria constantemente desejando pegar o telefone para pedir o conselho de Holbrooke.

Com o presidente Obama, o assessor sênior David Plouffe, o conselheiro de segurança nacional Tom Donilon e o conselheiro adjunto de segurança nacional Ben Rhodes, discutindo a viagem de Obama à Assembleia Geral da ONU de 2011.

da dezenas de vezes pela campanha e queria ser deixada em paz. Quando de fato chegavam à porta, geralmente perguntavam pelo endereço do *caucus* local — a única pergunta que nos fez procurar respostas no quartel-general da campanha.

Embora fôssemos cabos eleitorais ineficazes, Cass e eu ainda conseguíamos nos divertir. Ele era exatamente dezesseis anos mais velho que eu — nascemos no mesmo dia do mês. Já fora casado (com sua namorada de faculdade) e tinha uma filha chamada Ellyn, que estava no final da adolescência. Assim que Cass soube que estava interessado em mim, ligou para Ellyn, com quem compartilhava tudo. Depois que começamos a namorar, ela pediu para falar comigo para dizer que estava muito feliz por seu pai.

Cass era único. Sua sede de descobertas, tão evidente nas dezenas de livros que havia escrito, era uma característica presente em todos os momentos do dia. Ele era tão novo no mundo quanto o mundo o era para ele. Eu nunca o ouvi repetir-se. Ele escrevia sobre coisas sérias, mas seu rosto parecia sempre pronto para rir. Vi-me respondendo a perguntas sobre mim que ele não havia feito. Eu queria que ele soubesse de tudo.

Minha dor nas costas estava pior do que nunca naquele ano — tão ruim que parecia que eu estava passando mais tempo no quiropraxista do que em qualquer outro lugar. Elliot Thomson, um amigo próximo da faculdade de direito, acreditava havia muito tempo que minha dor nas costas era decorrente de doenças psicológicas e não físicas. Quando contei que estava péssima, ele me enviou um exemplar de *Healing Back Pain* [Curando a dor nas costas], de John Sarno, que li de cabo a rabo. Para Sarno, uma dor assim podia resultar de um fracasso em lidar com um profundo sofrimento, o que acabava "sendo somatizado" — alojado ou manifestado — pelo corpo como dor física.

Já que nenhuma das minhas ressonâncias magnéticas revelara algum dano real na coluna ou nos nervos, pensei ser possível que a teoria de Sarno se aplicasse a mim. Discuti a possibilidade com Cass e, em seguida, botei para fora o máximo do que podia acessar e que estava represado em mim, ficando mais exposta do que em qualquer relacionamento anterior.

No nosso primeiro fim de semana juntos, tomei Advil e tentei esticar as costas no chão do nosso quarto de hotel. Mas, ao mesmo tempo, contei a Cass sobre a "Batcaverna", explicando que, nos primeiros dias de um relacionamento, eu costumava fazer uma "caça ao defeito fatal" da pessoa com quem estava namorando. Meu irmão Stephen gostava de me provocar por ter terminado certa vez com um cara porque ele não tinha um Sem Parar. E relatei os aprendizados da terapia, revelando a preocupação persistente de que eu tentaria afastar até mesmo um parceiro ideal. Apesar de ter uma compreensão racional do meu comportamento, eu continuava inconscientemente aterrorizada com a possibilidade de deixar alguém se aproximar demais, por medo de que me abandonasse ou morresse.

Em vez de fugir das minhas bandeiras vermelhas, Cass me disse: "Estou ouvindo. Mas você precisa saber que não vou deixar você estragar isso".

Sua confiança era revigorante. Após aquela primeira viagem juntos, minha dor nas costas desapareceu, depois de seis anos me incapacitando de tempos em tempos. Alguma coisa havia deixado de pesar sobre mim.

"Eis um homem que está completamente do meu lado", escrevi em meu diário. "Sinto uma calma assustadora." Também ajudava o fato de eu, com a campanha esquentando, não ter tanto tempo quanto o habitual para desaparecer dentro da minha cabeça.

Ainda assim, para garantir, eu disse a Cass que ligasse para John (que ele ainda não conhecia) se eu começasse a me afastar. Eu tinha visto meu irmão e Eddie usarem seus amigos da AA para ajudar a mantê-los sóbrios; estava pedindo a John para mediar as coisas entre mim e Cass e tentar persuadi-lo a não me pressionar cedo demais, mas também para não desistir de mim.

Como Obama conhecia os dois, escrevi para lhe contar que tinha "notícias românticas". Embora estivesse no último período de sua campanha em Iowa, ele me telefonou logo depois que enviei o e-mail.

"É melhor que seja bom", disse ele.

"É Cass", eu revelei.

"Cass?! Cass Sunstein? Ele é um desleixado total", disse Obama, e a linha telefônica caiu.

Eu sabia que ele era muito bagunceiro. Seu escritório na Universidade de Chicago estava tão atulhado que fora fotografado para várias publicações do campus. Amontoados sobre a mesa — e em pilhas de trinta centímetros do chão — havia livros azuis de provas de estudantes, revistas de direito, edições antigas de *Baseball Prospectus*, caixas de Milk Duds, latas de Coca Diet encrostadas, raquetes de squash, gravatas, brinquedos de cachorro barulhentos, meias e muito mais. Fiquei horrorizada quando o visitei, mas racionalizei que talvez esse distúrbio, assim como vestir-se melhor, fosse algo que pudesse ser consertado.

Agora Obama estava me dando uma opinião mais negativa, e sua reação imediata me abalou. Ao sentir velhos reflexos emergindo de súbito, soube que não precisava da ajuda de ninguém para me convencer a sair de uma relação. Sentei no meu apartamento em Winthrop e disquei furiosamente para Obama, mas caía sempre na caixa postal. Gostaria de saber se Obama, que conhecia Cass havia pelo menos uma década, sabia alguma coisa que eu não sabia.

Enfim, depois de quinze minutos, ele ligou de volta, desculpando-se profusamente por ter me deixado pendurada num assunto tão importante. Explicou que estava na zona rural de Iowa e havia perdido o sinal do celular.

"O que eu deveria ter dito é: que notícia maravilhosa! Cass é uma das pessoas mais brilhantes, criativas e gentis que já conheci. Parabéns."

Antes de desligar, Obama também deu um conselho de despedida: "Não estrague tudo".

No dia do *caucus*, um dos mais frios do ano em Iowa, Cass chegou à sede da campanha em Des Moines com um presente: um chapéu de lã fora de moda do Chicago White Sox que ele pegara no aeroporto de O'Hare. "Eu não queria que você ficasse com frio", disse ele simplesmente. Naquele instante, percebi quanto tempo fazia desde que eu deixara alguém cuidar de mim da maneira que Cass estava cuidando.

Enquanto andávamos juntos de carro e incentivávamos os habitantes de Iowa a participar, conhecemos jovens frequentadores do *caucus* que pareciam recém-saídos do colégio e muitos outros que estavam lá pela primeira vez — inclusive republicanos e independentes.

Por volta das sete e meia da noite, estávamos no banco de trás do carro de um amigo a caminho do Iowa Events Center, onde esperávamos assistir aos resultados aparecerem no telão no decorrer de uma longa noite. Para nossa surpresa, ouvimos no rádio que a MSNBC já havia projetado a vitória de Barack Obama. Cerca de 240 mil pessoas haviam comparecido ao *caucus*, quase o dobro de 2004. Cass e eu mal podíamos digerir o que estávamos ouvindo, mas nos abraçamos e corremos para dentro a fim de esperar Obama aparecer. Enviei um e-mail a ele do meu BlackBerry: "Bom, parabéns por mudar tudo para sempre".

Muitos especialistas em política — e certamente milhões de eleitores — não acreditavam que um afro-americano pudesse ser eleito presidente num país majoritariamente branco e com profundas clivagens raciais. Em uma única noite, os americanos de um dos estados mais brancos do país mudaram nossa compreensão do que era possível. O triunfo retumbante também havia ressaltado a grande diferença que os jovens fazem quando saem para votar.

Muitos anos depois, Obama diria sobre sua vitória no *caucus* de Iowa: "É minha noite preferida de toda a minha carreira política [...] uma noite mais poderosa do que aquela em que fui eleito presidente".[12]

Cass e eu nos sentamos, junto com Austan Goolsbee, nas arquibancadas atrás do pódio onde Obama eventualmente faria seu discurso. Abrigados entre nativos de Iowa, voluntários de campanha e doadores, Austan e eu começamos a liderar nossa seção em uma série de cânticos nada sofisticados.

"Me dá um o!", gritei. Austan colocou os braços acima da cabeça em forma de O. A arquibancada rugiu: "oooooooooo!". Na manhã seguinte, uma foto nossa fazendo o grande sinal de O e gritando a plenos pulmões estava estampada nas páginas do *Des Moines Register*. Parecíamos membros bêbados de uma fraternidade e não conselheiros seniores de um presidente em potencial, mas a imagem captava a exaltação da noite.

Eu não conseguia me lembrar de um momento em que tanta coisa boa estivesse acontecendo ao mesmo tempo em minha vida. Meus entes queridos estavam saudáveis. Eu fazia parte de uma equipe de pessoas que estimava. Havia trabalhado por três anos com quem poderia muito bem se tornar o próximo líder do mundo livre. E estava me apaixonando por um homem notável que também parecia me amar.

Quando Obama subiu ao palco, parecia incandescente de prazer. Em vez de se deliciar com o rugido da multidão, começou aplaudindo seus apoiadores, a equipe de campanha e os voluntários.

Depois, enquanto se preparava para subir ao pódio e fazer o discurso da vitória que quase ninguém fora de Iowa havia previsto, ele examinou a multidão. A maioria dos políticos — ou oradores públicos, aliás — olha para a plateia sem observar de fato os rostos de cada um. Para minha surpresa, no entanto, quando olhou para as arquibancadas atrás dele, ele me viu e depois olhou para Cass.

Ele apontou para mim e então para Cass e de novo para mim, como se dissesse: "Vejam, *esta* é a verdadeira notícia!". Deu um sorriso largo e malicioso, virou-se para o pódio e, alguns segundos depois, começou: "Eles disseram que este dia nunca chegaria...".

17. Monstro

Eu estava em Dublin, Irlanda — o lugar onde, para parafrasear Yeats, todas as minhas escadas começavam —, quando a política da política me alcançou.

Em 6 de março de 2008, dois meses após a vitória surpreendente de Obama em Iowa, eu estava na fase internacional da turnê de publicidade do meu livro sobre Sérgio Vieira de Mello. Depois de alguns dias em Londres, cheguei à Irlanda e passei uma noite gloriosa na University College de Dublin, onde dei uma palestra. Um grupo de meus antigos amigos de escola, que eu não via desde quando éramos crianças na Mount Anville, apareceu de repente diante da mesa onde eu autografava livros. Lembrei de imediato da maioria de seus nomes e, embora trinta anos tivessem se passado, fui transportada de volta aos dias de escola juntos.

A família e os amigos de meu falecido pai, inclusive seus parceiros do Hartigan's Pub, apareceram em massa, assim como os parentes de mamãe. A amargura da ruptura de muito tempo atrás foi abafada pelo orgulho que sentiam da "filha de Jim e Vera". A noite inteira foi emocionante.

Para acrescentar uma dimensão surreal ao dia, Bono, do U2, ao ouvir que eu estava na cidade, me convidou para tomar um drinque com ele e o músico Brian Eno no hotel Shelbourne. Bono tinha acabado de sair quando meu celular tocou. Ouvi a voz de Denis McDonough, coordenador de política externa da campanha de Obama.

"Você viu o *Drudge*?", perguntou ele, referindo-se ao site de notícias da direita que tinha um grande número de leitores.

"O *Drudge*? Não, por quê?", perguntei.

"Eles dizem que você falou todo tipo de merda maluca sobre Hillary para o *Scotsman*", respondeu Denis laconicamente.

Senti meu rosto corar. Denis leu em voz alta o que o *Scotsman* pôs na minha boca: "Nós cagamos em Ohio. […] Em Ohio, eles são obcecados e Hillary vai com tudo porque sabe que Ohio é o único lugar em que ela pode ganhar. Ela também é um monstro — isso é em *off* —, ela se rebaixa para qualquer coisa".

Denis fez uma pausa para ouvir minha reação.

Garanti a ele que tinha havido um erro. "De jeito nenhum eu disse isso. Eu nem estive na Escócia nesta viagem."

Denis continuou. "Fica pior", disse ele. "Eles citam você dizendo: 'Você só olha para ela e pensa, *argh*'".

Eu não conseguia me imaginar aviltando a aparência da primeira candidata presidencial competitiva da história. Assediadores em New Hampshire gritaram para Clinton que fosse passar as camisas deles. Tucker Carlson, na época apresentador da MSNBC, havia comentado: "Quando ela aparece na televisão, eu involuntariamente cruzo as pernas". Clinton era a única concorrente cujos adversários criticavam seu guarda-roupa e o tom de voz. Eu queria que Obama vencesse, mas admirava Clinton e via que muitos dos ataques contra ela eram machistas e injustos.

"Eu não disse essas coisas", garanti a Denis.

"Ótimo", disse ele. "Isso está ganhando muita atenção aqui. Então, vamos acabar com a coisa. A campanha vai exigir uma retratação."

"Obrigada", falei antes de desligar, ansiosa para sair das notícias o mais rápido possível.

Minha mão tremia quando larguei o telefone. Depois que contei a Eno o que estava sendo noticiado pela mídia dos Estados Unidos, ele perguntou se eu tinha certeza de que havia sido citada erroneamente. "Eu não poderia ter dito aquelas coisas", insisti, "porque não é o que penso."

Mas, ao refletir sobre os quatro dias que passara no Reino Unido durante minha turnê, me dei conta de que tinha pouca lembrança de tudo o que havia dito. Eu estivera em programas de notícias matinais e noturnos de rádio e televisão. Havia falado para estudantes da Universidade de Oxford e dado um monte de entrevistas consecutivas e indistinguíveis para a impressa escrita. Dessas, lembrava apenas de estar presa numa suíte de hotel sem janelas e conseguir ficar acordada alternando Cocas Diet com café antes de cada entrevista.

Tentei recordar as diferentes paradas no giro da imprensa britânica. De repente, lembrei-me de um telefonema de Austan Goolsbee que interrompera uma das muitas entrevistas.

Austan telefonara pedindo conselhos sobre "como lidar com a mídia" — um pedido que em breve pareceria dolorosamente irônico. A imprensa noticiara que ele havia dito às autoridades canadenses durante uma reunião privada que a promessa de campanha de Obama de renegociar o Nafta era apenas "posicionamento político". A campanha de Clinton agarrou a chance para chamar Obama de duas caras e apelidou o episódio de "Nafta-gate". Clinton disse que ele estava enganando os eleitores americanos, enquanto Austan dava "o velho piscar de olhos" para o Canadá.

Naqueles meses críticos das primárias democratas, havia uma animosidade significativa entre nossas duas campanhas. Obama conquistara status de favorito em fevereiro, depois de dez vitórias consecutivas num período de duas semanas. Infelizmente, Clinton começara a fazer declarações que pareciam favorecer o provável candidato republicano John McCain sobre seu rival democrata. "Tenho uma vida inteira de experiência que levarei para a Casa Branca", disse ela a repórteres a certa altura. "Eu sei que o senador McCain tem uma vida inteira de experiência que levará para a Casa Branca. E o senador Obama tem um discurso que fez em 2002."

Numa entrevista ao programa *60 Minutes*, quando questionada se havia alguma verdade no boato de que Obama era muçulmano, Clinton respondera: "Eu o tomo com base no que ele diz", e depois, quando pressionada, habilmente acrescentou: "Não, até onde sei, não há nada em que basear essa afirmação". Clinton também havia divulgado recentemente sua propaganda mais memorável, que mostrava crianças dormindo em segurança enquanto um telefone de emergência tocava na Casa Branca às três da manhã. "Quem você quer que atenda o telefone?", perguntava o locutor, deixando implícito que Obama não tinha a experiência necessária para lidar com uma crise de segurança nacional. Ele revidara. "Tivemos um momento de telefone vermelho", disse ele numa reunião da Legião Americana. "Foi a decisão de invadir o Iraque" — uma decisão, lembrou ele à plateia, que Clinton havia apoiado. Contudo, eu temia que os eleitores indecisos pudessem ser influenciados pela representação negativa de Obama feita por Clinton se ele chegasse à eleição geral.

Com efeito, a estratégia de Clinton de introduzir dúvidas sobre a prontidão de Obama para o trabalho até parecia estar valendo a pena em relação aos democratas. Dois dias antes de eu chegar à Irlanda, ela interrompeu a série de vitórias de Obama ao vencer as primárias em Rhode Island, Texas e Ohio, chamando aquilo de ponto de inflexão na disputa.

Minhas dúvidas começaram a me perturbar. Com qual repórter eu estava quando Austan ligou? Ele ou ela havia escutado nossa conversa ou enfeitado algo que eu dissera? Então, lembrei-me de repente do rosto e da conduta da pessoa. Jovem e ansiosa, ela havia passado uns bons dez minutos antes da nossa entrevista pedindo-me conselhos sobre como poderia se tornar uma correspondente estrangeira. Liguei rápido para Denis e pedi a ele que segurasse a divulgação de um desmentido até que eu estivesse absolutamente certa de que era justificado. Despedi-me de Eno e corri para o meu quarto, envolta numa súbita sensação de pavor.

Vasculhei minha bolsa e peguei uma cópia de minha agenda da turnê pelo Reino Unido. Lá, no primeiro dia, depois do meu voo noturno, havia uma entrevista marcada com uma repórter chamada Gerri Peev. Era a mulher com quem eu estava quando Austan telefonou — e, para meu horror, embora ela não fosse escocesa, a publicação para a qual trabalhava era o *Scotsman*.

O número de telefone de Peev estava na agenda, então, embora fosse depois da meia-noite, liguei para ela. Deixei de lado as gentilezas quando ela respondeu.

"Olá, aqui é Samantha Power, e você pôs em minha boca coisas que eu não falei."

"Eu não faria isso", disse ela.

"Mas você fez, Gerri", retruquei, praticamente gritando. "Você fez. Eu jamais chamaria Hillary Clinton de monstro."

Então ela explicou o que aconteceu. "Escrevi uma matéria sobre você, sua carreira e seu livro sobre Sérgio, mas voltei para a redação e eles disseram: 'Está terrivelmente seco, você não tem nada melhor?'. Voltei a escutar toda a gravação e havia aquela coisa. E pensei: 'Ei, isso é bem vivo.'"

"Mas eu não poderia ter dito as coisas que você me faz dizer", repeti, enquanto um frio subia pela minha espinha.

Eu supunha que ela havia inventado frases baseada no que havia escrito em seu caderno, então perguntei se ela tinha uma fita. Ela se atrapalhou do outro lado do telefone com o gravador e, aí, ouvi minha voz.

Os próximos minutos foram horríveis. Pelo que eu lembrava, ela e eu havíamos quase terminado nossa entrevista quando Austan ligou. Assim que me enfiei no corredor para falar com ele, ele me disse que a campanha de Clinton estava publicando anúncios tendo ele como peça central. Quando desligamos, em vez de tirar alguns minutos para me acalmar, voltei agitada para o sofá onde Peev e eu estávamos sentadas.

Ao explicar por que eu interrompera a entrevista, desabafei, usando hipérboles e palavrões que normalmente guardava para os árbitros do Fenway Park. Ingenuamente, presumi que essa parte da minha conversa com Peev não seria para publicação, uma vez que não tinha nada a ver com o assunto da nossa entrevista, que era o meu novo livro.

Eu havia mesmo chamado Clinton de "monstro"? A gravação confirmou que sim. Mas, ouvindo a conversa, percebi que fora, na verdade, Peev quem havia dito: "Você só olha para ela e pensa 'argh'".

Eu, então, repeti o que ela disse, expondo meu argumento. "*Você* simplesmente olha para ela e pensa 'argh', mas…", e acrescentei que, independente da visão que Peev tinha da candidata, muitos eleitores em Ohio acreditavam nas advertências de Clinton sobre as políticas comerciais de Obama.

A inclusão de Peev do meu uso das palavras dela fez parecer que eu estava depreciando a aparência física de Clinton. Porém, além de falar "monstro", eu fizera outro comentário crítico, afirmando que "a quantidade de mentiras que ela diz é mesmo pouco atraente".

Falei a Peev que, graças ao que ela havia publicado, eu teria de abandonar a campanha de Obama. "Não vai, não", disse ela, aparentemente alheia à controvérsia que rolava no outro lado do Atlântico. "Ninguém lê o *Scotsman*."

Liguei de novo para Denis, desanimada, e expliquei o que havia acontecido e o apuro em que me encontrava.

"Caramba, Sammy", disse ele. "Isso é ruim."

Eu estava aflita com a ideia de ter prejudicado Obama e enviei-lhe um e-mail em que detalhava, ponto por ponto, o que acontecera e terminava dizendo:

Sinto muito, muito mesmo. Não tenho como lhe dizer quanto me sinto mal ou quanto fui tonta. Por favor, esteja à vontade, a qualquer momento deste terrível processo, para me sacrificar, se isso de algum modo ajudar a protegê-lo desse dano.

Espero que você esteja aguentando firme. E, novamente, minhas mais profundas desculpas.

Obama respondeu uma hora depois, dizendo-me para ter mais cuidado, mas para não me preocupar com aquilo.

"Você está absolvida", escreveu. "Regra básica: nada é em *off* quando você faz parte de uma campanha presidencial. A propósito, achei que você foi ótima no [programa do] Charlie Rose." Meu passo em falso provavelmente parecia brincadeira de criança, considerando-se tudo o que ele estava enfrentando na campanha.

Na época da minha malfadada viagem ao exterior, eu estava namorando Cass havia dois meses — mais ou menos o tempo que meus anticorpos contra o compromisso geralmente levavam para começar a agir. John estava me incentivando a ficar de fora da Batcaverna e a evitar pensar demais no relacionamento. Eu estava tentando, mas minha ansiedade ressurgiu quando, mais uma vez, comecei a despertar com "pulmonite".

Frustrado com uma semana de telefonemas em que eu estava ficando cada vez mais distante, Cass decidiu reservar um voo de Chicago para Dublin para que pudéssemos passar o fim de semana juntos. Quando eu soube do artigo no *Scotsman*, Cass já estava no ar. Era tarde demais para mandá-lo de volta, o que eu queria desesperadamente fazer. Quando enfrentava problemas, eu os enfrentava sozinha. E era provável que aquele problema piorasse antes de melhorar.

Fiquei acordada a noite toda, atualizando uma pesquisa no Google sobre meu nome. Isso me deu a experiência de vida incomum de ver o que eu esperava que fosse uma pequena mancada transformar-se num grande escândalo global.

Cass, que não sabia de nada disso enquanto sobrevoava o Atlântico, recebeu um e-mail meu desesperado em seu BlackBerry ao desembarcar:

Oi, querido,

São quatro da manhã na Irlanda e ainda estou de pé porque cometi o maior erro da minha carreira de recruta. Veja o *Scotsman* de hoje para a pior cagada de SP de todos os tempos. Me sinto muito mal.

Espero vê-lo mais tarde. Eu serei a que ficou acordada a noite toda.

XO SP*

Ao ler minha mensagem, Cass pensou que eu estava exagerando. "Sinto muito, querida — espero que a coisa seja menor do que você pensa", escreveu do aeroporto.

Ele me contou mais tarde que, quando recebeu meu e-mail, abriu algumas páginas em seu BlackBerry e presumiu que a controvérsia seria um incidente passageiro. Quando chegou ao meu hotel, eu havia saído para o meu dia de eventos do lançamento do livro na Irlanda. Ele abriu o laptop e fez uma busca mais abrangente. Mal pôde acreditar no que viu. Como ele descreveu mais tarde: "Você estava em todo lugar".

Os sites das publicações americanas exibiam minhas citações sob manchetes garrafais. SAMANTHA POWER ACHA QUE HILLARY CLINTON É UM PROBLEMA INFERNAL, escreveu a revista *New York*. O *New York Daily News* atacou minha "política da lama" com uma capa que gritava CHOQUE DE MONSTROS. A equipe da campanha de Clinton inflou minha importância na campanha de Obama, procurando me retratar como o alter ego do candidato, enquanto a campanha de Obama buscava distância, dizendo que eu não passava de uma conselheira informal entre muitos.

Eu tinha a noção ilusória de poder terminar aquele dia sem o público irlandês saber dos meus pecados. Passei por uma rádio de Ulster e por um segundo programa em Dublin. Mas meia hora depois da minha terceira aparição, o apresentador leu uma pergunta de um ouvinte: "A Samantha que está no seu programa é a mesma Samantha que recentemente chamou Hillary Clinton de monstro? Se for, ela deveria se envergonhar". O apresentador Pat Kenny pareceu confuso, até seu produtor entrar no estúdio com a cópia de uma notícia, que ele então resumiu no ar. "É a mesma?", perguntou.

* A gíria "xo", em inglês informal, significa "beijos e abraços". (N. E.)

Baixei os olhos. "Eu gostaria que houvesse duas Samantha Power por aí", disse, desculpando-me ao público irlandês ao vivo. "Gostaria que houvesse uma sósia que tivesse sido minha impostora."

O único consolo veio de Cass, que me escreveu enquanto eu ia de um lugar para outro: "Que bom que estou aqui em meio a isso — eu te protejo".

Assim que Nova York acordou na sexta-feira de manhã, telefonei para Richard Holbrooke para saber sua opinião sobre a situação. "Bem, Sam", ele disse ao atender, "você se superou desta vez."

Quando perguntei quão ruim estava a coisa, ele me pediu para esperar enquanto conferia as notícias da manhã. "Bem, você está liderando o programa *Today*" — pude ouvir o som da mudança de canal. "Está liderando o *Good Morning America* e" — ele fez uma pausa enquanto acessava a CBS — "boas notícias: você é apenas a segunda matéria na CBS."

"Merda", falei.

"Com certeza", ele disse.

O *Weekly Standard* observou de forma mordaz que a minha "pode ter sido a turnê de lançamento de livro mais infeliz desde a invenção do tipo móvel". A colunista do *New York Times* Maureen Dowd escreveu: "Já vimos turnês de lançamento de livros que abriram uma corrida presidencial, mas nunca vimos uma que a destroçou".

No ano anterior, haviam feito meu perfil na *Men's Vogue*. Como parte de uma sessão de fotos, o diretor de arte me dera saltos altos, que recusei porque não conseguia ficar de pé. Acabei por usá-los enquanto ficava desconfortavelmente sentada numa simples caixa de madeira. Aquela foto agora estava na capa do *New York Daily News* com a manchete: BELA IDIOTA!

Os representantes de Clinton entraram no modo de ataque total. Terry McAuliffe, presidente da campanha, enviou um e-mail de angariação de fundos que pedia aos apoiadores que doassem devido às minhas observações: "Uma contribuição agora mostrará à campanha de Obama que há um preço para esse tipo de política de ataque".

Eu dera à campanha Clinton um presente inestimável. Obama se orgulhava de conduzir uma campanha limpa, acima das táticas negativas, mas minha entrevista a Peev sugeria o contrário. Clinton também estava retratando Obama como inexperiente, e o que eu havia dito — tanto em substância quanto em meu esforço desajeitado de afirmar que era em *off* — implicava que ele estava cercado por amadores.

A congressista do Texas Sheila Jackson Lee, copresidente nacional da campanha de Clinton, pediu que eu fosse demitida, e o mesmo fizeram outros três deputados democratas eminentes. "É realmente um teste para o senador Obama", disse Jackson Lee. "É um teste de caráter."

Eu não esperava que os ataques parassem, mas sabia que tinha de entrar em contato com Clinton para pedir desculpas e explicar que, na verdade, não tinha sobre ela a opinião estampada no *Scotsman*. Escrevi-lhe uma carta e a enviei a um de seus principais assessores, que Cass conhecia.

Cass e eu começamos a viagem de carro de Dublin a Belfast, onde eu daria uma palestra na sexta-feira à tarde, na Queen's University. Eu estava encostada em Cass no banco de trás quando David Axelrod — o maestro político de Obama e meu carrasco designado — telefonou.

"Oi, Sam, você sabe que nós te amamos", começou Axelrod. "Você foi incrível para nós, na TV e nos bastidores. Barack realmente a valoriza." Mesmo no meu estado semicatatônico, eu sabia que era um prelúdio ritual ao golpe que ele estava prestes a dar. "Mas não podemos nos associar a você agora", continuou ele. "Você é radioativa. Mesmo que a mantivéssemos, não poderíamos usá-la. Então, achamos melhor lhe pedir que se demita."

Todas as suas palavras se confundiram e eu só ouvi "se demita, se demita, se demita". Perguntei cautelosamente se, em vez disso, não poderia tirar uma licença. Axe disse que uma saída limitada correria o risco de causar um "sangramento lento" e concluiu sem rodeios: "Precisamos cortar isso" — o que significava: "Precisamos cortar *você*".

Obama me ligou alguns minutos depois, dizendo que sentia muito. Ele me fez sentir temporariamente melhor, garantindo-me que eu só tinha que ficar no "canto de castigo" por um tempo. Prometeu me trazer de volta "assim que as coisas se acalmarem". Tentei mais uma vez explicar o que havia feito, que Austan havia telefonado, que costumava errar por elogiar publicamente Clinton ao dar entrevistas.

Ele concordou. "Sim, eu sei. Eu vi no Charlie Rose."

O que achei notável em nossa conversa foi que ele estava presente e quanto tempo me concedeu. Ele agiu como se nenhuma explicação inútil ou tangencial minha fosse irrelevante demais.

Quando desligamos, um assessor de imprensa da campanha me enviou um rascunho de anúncio de demissão para editar, o que fiz meticulosamente. O mesmo assessor me informou depois que alguém havia por acidente enviado à imprensa um rascunho anterior. Mentes debilitadas tendem a se fixar no pequeno, e não no grande; da mesma forma, me vi focada mais no detalhe de que usaram a versão errada da minha declaração de demissão do que no fato de que eu não fazia mais parte da campanha.

"Eles não usaram minhas correções", gemi para Cass enquanto seguíamos para Belfast.

Assimilando a dor do que havia acontecido, enrosquei-me nos braços de Cass pelo resto da viagem e tentei encarar o fato imutável de que meu tempo na equipe de Obama havia terminado. Depois de passar os quatro meses anteriores promovendo a candidatura, a campanha passara a parecer uma segunda família. Eu queria que Cass e eu pudéssemos simplesmente ficar subindo e descendo a costa da Irlanda pelo resto do tempo.

Quando chegamos ao campus em Belfast, vi pela primeira vez em minha vida paparazzi aguardando minha chegada. No banco de trás do carro, Cass me aconselhou a ignorá-los, mas eu disse que provavelmente seria incapaz de não me explicar. E quando desci do carro, a maneira gentil e irlandesa dos jornalistas de fazer perguntas me levou a responder.

Quando assisto ao vídeo dessa breve entrevista todos esses anos depois, fico imediatamente extasiada. Pálida como fantasma, meus lábios rachados, sem uma pitada de maquiagem, tento me acomodar no meu moletom verde com capuz preferido — uma estranha escolha de vestuário para uma palestra na universidade. Quando um operador de câmera perguntou se eu me arrependia de minhas declarações, divaguei por dois minutos, me desculpando profusamente. O repórter interveio: "Isso acontece num momento muito crucial para as duas campanhas". Concordei, resistindo ao impulso de dizer "não diga, Sherlock" e, em vez disso, respondi: "Sim, isso não é bom". E continuei:

É cem por cento culpa minha. [...] Acho que sou meio novata na política partidária. Sou uma pessoa de políticas públicas, uma estudiosa e iniciante em campanha, e talvez o calor dela tenha me atingido um pouco e eu tenha exagerado na reação a algo que ouvi. Mas, de novo, não há desculpa.

O fato de minha queda pública ter ocorrido enquanto eu estava em meu país de origem — onde muitas pessoas haviam manifestado orgulho por uma garota de Dublin se dar bem no grande palco da América — me deixou profundamente envergonhada.

Embora eu tivesse me demitido, os repórteres continuavam interessados no que muitos chamavam de "queda semelhante à de Ícaro". Um pequeno negócio paralelo se desenvolveu nas semanas seguintes, no qual transcrições de minhas entrevistas anteriores foram vasculhadas em busca de outros possíveis erros. Alguns jornalistas encontraram profecias minhas que previam minha própria queda. Eles me lembraram de que, no ano anterior, eu dissera ao *The Chronicle of Higher Education*: "A única coisa que me aterroriza [é] dizer algo que de algum modo prejudique o candidato".

Mais recentemente, eu havia comentado com um repórter do *Financial Times* em Londres que a política atraía dois tipos diferentes de pessoas — as que estavam "nela pelo jogo" e as que tinham uma lista de problemas para resolver. "Quem a trata como um jogo em geral se sai melhor", eu disse.

Se parecia que eu estava me mantendo distante do famoso mundo cruel no qual havia ingressado, provavelmente estava. Mas resolvi que, se algum dia voltasse a trabalhar na esfera política — e na ocasião isso não parecia provável —, me tornaria o mais desinteressante e indisponível para a imprensa quanto possível.

Numa tentativa de me animar, Cass comprou ingressos de um cambista para uma partida de futebol irlandês no Croke Park. Pela primeira vez, no entanto, eu me desliguei num evento esportivo. Eu não dormia havia 48 horas e fui tomada pelo desejo inútil de voltar no tempo.

Após a partida, andamos por Dublin. Embora estivesse prestando pouca atenção no caminho, a certa altura ergui os olhos e percebi que estávamos nos arredores de St. Stephen's Green, perto do Hartigan's Pub, meu segundo lar de infância.

Quando entramos, o cheiro era o mesmo — uma mistura irremovível de Guinness, amendoim e desinfetante. Sentamos no bar, onde uma mulher que poderia ter oitenta ou quarenta anos polia os copos. Cass deixou escapar: "Você conheceu Jim Power?".

A mulher não piscou, mas olhou para mim e disse calmamente: "Oi, Samantha". Havia três décadas que eu não punha os pés no Hartigan's.

Enquanto Cass e eu bebíamos nossos refrigerantes, a mulher, conhecida como Ma Mulligan, contou a Cass que eu costumava ler pilhas de romances policiais enquanto passava o tempo lá embaixo. Ela me contou que meu pai havia emoldurado um dos desenhos que eu enviara de Pittsburgh. Uma vez que eu havia conversado com pouquíssimos amigos e conhecidos daquela época, aproveitei a oportunidade para fazer a pergunta que continuava me corroendo. "Muitas pessoas bebiam aqui e bebiam muito, mas foi meu pai quem morreu. Por que você acha que aconteceu isso?"

Ma respondeu com simplicidade, sem drama ou sentimento: "Porque você foi embora".

Eu achava impossível me sentir pior, mas meu coração estava revelando seu poder elástico para absorver mais dor. Cass pôs sobre o balcão uma pilha de euros amassados e rapidamente me levou para fora do bar.

Não muito tempo depois que voltamos para o hotel, vi os resultados do *caucus* de Wyoming no noticiário. Obama ganhara com 61% dos votos, contra 38% de Clinton. Percebi que eu estava prendendo a respiração, carregando o medo totalmente irracional de que poderia, sozinha, ter custado a indicação democrata a Barack Obama. O fato de apenas 5378 habitantes de Wyoming terem votado em Obama — em comparação aos 3312 eleitores de Clinton — não importava. Sentindo uma estranha mistura de prazer, alívio e exaustão, dormi pela primeira vez desde que o artigo do *Scotsman* aparecera.

No dia seguinte, Obama enviou um e-mail, perguntando sobre meu moral:

> Queria entrar em contato com você para ter certeza de que está bem. Eu sei que essa coisa toda é uma merda. Mas espero que saiba quanto te amo e valorizo, que tudo isso vai acabar e que vamos mudar o mundo juntos. Enquanto isso, aproveite suas viagens, deixe Cass mimar você e me informe se quiser conversar.

Na semana seguinte, incapaz de reter alimentos sólidos desde que meu nome aparecera nas manchetes, eu já havia perdido três quilos — junto com a capacidade de pensar em outra coisa além de mim mesma. Quando o governador de Nova York, Eliot Spitzer, foi apanhado num escândalo de prostituição, abri o *New York Times* e vi uma citação em destaque da garota de programa de

Spitzer que dizia: "Só não quero ser vista como um monstro!". Quando vi a defesa dela, joguei o jornal de lado. "Cass", insisti, "mudei a maneira como falamos. Agora todo mundo está dizendo 'monstro'. É a nova definição da coisa mais terrível que você pode ser."

Cass achava aquilo uma bobagem. Eu estava sofrendo, ele insistia, do que os cientistas comportamentais chamavam de "efeito holofote" — a tendência humana de acreditar que os outros estão notando as ações de alguém muito mais do que realmente estão. Parecia uma maneira elegante de afirmar o que era verdade: tornar-se assunto de manchete estava me fazendo exagerar minha própria importância.

Nem toda a cobertura em andamento era negativa. Acordei uma manhã e encontrei Cass em seu laptop, com os olhos cheios de lágrimas. Depois de ler sobre a minha demissão, um médico irlandês chamado John Crown se deu conta de que eu era filha de um homem que ele tinha visto falar sem parar no Hartigan's. Num ensaio publicado no *Irish Independent*, ele escreveu intimamente sobre a sociologia e a pungência da cena do pub:

O dr. Jim Power era o macho alfa intelectual do rebanho do Hartigan's, um temível e formidável debatedor e comentarista de pub sobre a condição humana, com um brilhante, embora mordaz, jogo de palavras, um homem que afugentava machos desafiantes mais jovens, deixando-os cambaleantes no mato com um golpe de sua língua. Sentado regiamente em um banquinho, lendo o *Daily Telegraph*, ele esvaziava egos, demolia mitos e fazia editoriais bem informados sobre os assuntos do dia. Quem conhecia Jim reconhecia a melancolia sentida por muitos pais separados, a tristeza da separação dos filhos. [...] Acho que a Irlanda nunca teria permitido que [sua filha] prosperasse e crescesse da maneira como os Estados Unidos fizeram. Triste por Jim, mas graças a Deus ela emigrou.

Havia uma riqueza nessa descrição de meu pai que me trespassou (e trespassa). Qualquer criança que perde um dos pais cobiça até os mínimos detalhes sobre sua vida, mas como minha mãe se sentia culpada por não ter sido capaz de ajudar meu pai, era raro eu a ouvir falar da vida dele a não ser em traços rápidos. Li as palavras de John Crown tantas vezes que praticamente as guardei na memória.

Quando voltei para os Estados Unidos, fui bombardeada com pedidos da mídia, que recusei. Também cancelei os eventos seguintes da turnê de lançamento do livro para ficar fora do noticiário. Obama mandou-me um e-mail, pedindo que eu reconsiderasse:

> Não acho que você deva evitar entrevistas! Você deveria sair e falar sobre seu livro maravilhoso. […] Não se enfie embaixo de uma pedra. Não é bom para você, e não é bom para mim.

Obama e eu sempre tivemos uma ligação com o basquete, e seus e-mails e telefonemas foram tão oportunos durante esse período particularmente deprimente que comecei a me referir a ele como "meu Robert Horry". Horry era um jogador itinerante da NBA que tinha um talento especial para acertar arremessos improváveis no último segundo em momentos fundamentais dos *playoffs*, o que lhe valeu sete medalhas de campeão e o apelido de Big Shot Rob. "Toda vez que estou afundando na autoimolação", escrevi para Obama, "você acerta aquele arremesso de seis metros do canto da quadra no instante em que o tempo acaba."

O próprio Obama estava passando por um período excruciante em que fitas antigas dos sermões de seu pastor, reverendo Jeremiah Wright, o estavam forçando a explicar seus pontos de vista sobre raça e patriotismo. No entanto, durante todo o meu exílio, ele esteve disponível por telefone e e-mail sempre que eu precisava dele. Quando lhe desejei sorte, poucas horas antes de ele fazer o que ficou conhecido como seu "discurso sobre raça", ele brincou: "Essa coisa toda do reverendo Wright foi um ardil complexo para desviar a atenção das pessoas de você!".

Sua empatia e seu senso de perspectiva eram extraordinários.

Antes de meu livro ser publicado, eu concordara em participar do programa *Comedy Central* de Stephen Colbert para promovê-lo. Quando liguei para o escritório de Colbert a fim de cancelar a participação, o produtor me instou a usar o programa para tentar esquecer o que havia acontecido. Inspirada pelo incentivo de Obama para não me esconder, decidi dar minha primeira entrevista ao vivo desde meu afastamento da campanha.

Enquanto me sentava na sala verde sendo arrumada, ouvi Colbert filmar a abertura do programa. "Hoje à noite está conosco Samantha Power, ex-consultora de política externa de Barack Obama. Quem disse que ele é inexperiente? Ele já tem uma *ex*-consultora de política externa!"

Eu me vi rindo pela primeira vez em dias.

Dia após dia, a vida se normalizava lentamente. Eu me apeguei a Cass nas semanas seguintes ao escândalo de uma maneira que me dificultava separar-me dele quando a agenda de viagem o exigia. Eu nunca me permitira depender de alguém dessa maneira. Ele me abraçou, me alimentou e até serviu de biombo humano para mim em aviões, permitindo-me andar pelo corredor até o banheiro sem ser reconhecida.

Desde o começo, eu sabia que Cass era brilhante, gentil e hilário. Mas agora sua força e capacidade de cuidar de mim se destacavam profundamente. Eu não achava desculpa para fugir dele.

Embora estivéssemos namorando fazia pouco tempo, Cass fora a Dublin com um anel de noivado no bolso, na esperança de me pedir em casamento. Três semanas depois de eu ter me demitido da campanha de Obama, ele colocou o anel de forma desajeitada entre nós no sofá de seu apartamento de Chicago e perguntou se eu me casaria com ele. Aceitei imediatamente. Eu nunca tinha chegado perto de me casar com alguém antes, mas nunca conhecera ninguém nem um pouco parecido com Cass. "Eu gosto, amo e admiro você", eu disse a ele.

Quando um amigo lhe perguntou por que ele havia me pedido em casamento tão cedo em nossa relação, ele disse: "Adoro me sentar ao lado de Samantha. E me ocorreu que, se ela se casasse comigo, eu poderia me sentar ao lado dela pelo resto da vida".

Quando liguei para Obama para lhe dar a notícia do nosso noivado, ele ficou emocionado. Tentei convencê-lo de que sua principal área de preocupação com Cass havia sido resolvida, escrevendo logo depois:

Cass não é mais o mesmo desleixado que você conheceu. Temos um acordo: cada vez que sai de seu apartamento todos os dias, ele deve levar pelo menos uma coisa com ele para a lixeira (por exemplo, suéteres de losango e jaquetas com os dizeres "Somente para membros", guias de temporada do Red Sox da era pré-esteroides, aquarelas de seu inquilino anterior, provas de direito ambiental da Universidade de Chicago de 1993…).

Cass ficava contente em qualquer lugar. Fosse no saguão de um aeroporto ou na sala de espera do dentista, ele só precisava do laptop para se sentir em casa. Passei a entender por que ele era um dos acadêmicos mais prolíficos do mundo — usava qualquer canto e minuto do dia, independente de onde estivesse, para escrever. Assim que ligava o MacBook Air e baixava um documento na tela à sua frente, ele simplesmente retomava o texto no ponto em que havia parado dez minutos antes, uma hora antes ou no dia anterior. Sempre que recebia críticas ponderadas de seus artigos ou livros, isso provocava um sorriso em seu rosto. "Adoro isso", ouvi-o dizer uma vez. "Os argumentos dele são devastadores."

Mas, em meio a seu contentamento geral, ele parecia valorizar nosso relacionamento acima de tudo. Trabalhávamos sentados lado a lado, com Johnny Cash ou Leonard Cohen tocando ao fundo. Como eu, ele precisava ser descolado do chão após saídas esportivas. Nossa versão de uma noite romântica implicava bater na bola de squash. E como nenhum de nós cozinhava, pedíamos comida. Seu alimento básico de solteiro havia sido o Panda Express; eu o convenci a fazer melhoras modestas.

Ao planejar um grande casamento irlandês, também descobri minha noiva interior, uma estranha com opiniões surpreendentemente fortes. Eu disse a Cass que queria me casar na igreja Loher, uma pequena igreja católica branca sobre uma falésia com vista para o Atlântico. A igreja ficava perto de Waterville, uma cidade litorânea isolada no sopé das montanhas Kerry, onde moravam Patricia, irmã mais nova de minha mãe, e seu marido, Derry. Mamãe nos levara, Stephen e eu, a Waterville muitas vezes antes de nos mudarmos para os Estados Unidos, e a casa de Patricia e Derry se tornara meu lugar favorito de retiro na vida adulta. Eu ia lá para ler, escrever, escutar música irlandesa e ouvir as histórias loucas de minha tia, tio e primos.

Como muitos de nossos amigos teriam de viajar longas distâncias para chegar a Waterville, organizei atividades para os hóspedes, como caminhar pelas montanhas escarpadas ao redor da vila e fazer o que veio a ser uma viagem marítima muito turbulenta ao mosteiro cristão do século VI na espetacular ilha Skellig Michael (que mais tarde ficou famosa como esconderijo de Luke Skywalker em *Guerra nas estrelas: Os últimos Jedi*). Também organizei um jogo de futebol no campo da cidade várias horas antes de ir para a igreja, horrorizando os cabeleireiros e os maquiadores ao chegar à minha suíte de hotel cheia de lama.

Senti intensa alegria e certeza ao me casar com Cass, e o dia trouxe camadas adicionais de emoção. Na recepção, o lado da família de meu pai levantou taças ao lado dos parentes de minha mãe. A filha de Cass, Ellyn, fez um lindo brinde. E fiquei imensamente comovida quando Eddie, que me criara durante grande parte da minha vida, me puxou para o lado antes de me acompanhar na entrada da igreja para dizer: "*Drop the 'step*'". Demorei alguns segundos para decifrar seu comentário, mas me dei conta de que Eddie queria que eu deixasse de usar o "*step*" de "*stepdad*" [padrasto]. E, a partir de então, foi o que eu fiz.

Holbrooke deu-me o presente de casamento que eu mais queria: arranjou-me um encontro cara a cara com Hillary Clinton. Transmiti pessoalmente as profundezas do meu arrependimento, e ela aceitou minhas desculpas com dignidade. Não tornamos o encontro público, mas Obama — que considerou aquilo um presente de casamento estranho ("A maioria das pessoas não ganha torradeiras?", brincou) — decidiu que era o suficiente para acabar com o meu exílio.

Na noite em que conquistou o número de delegados necessários para selar a indicação democrata, ele me enviou um bilhete. "A melhor parte é que agora eu posso trazer você de volta ao time!"

Em 19 de agosto, quando voltei a trabalhar na sede da campanha em Chicago, cinco meses depois de me demitir, escrevi a Obama para dizer: "OBRIGADA POR SUA INTERVENÇÃO HUMANITÁRIA. Pelo jeito, você tem alguma influência!".

Ele respondeu: "Você nunca esteve fora do time... só tirou uma folga para encontrar o amor verdadeiro".

As palavras de Obama detinham uma estranha verdade, sobre a qual eu não havia realmente refletido. Cometer um erro tão grande e público me deixou sem defesa e extremamente vulnerável. Forçada a me afastar do trabalho que eu tanto desejava fazer, permiti que um homem que eu poderia ter jogado para longe cuidasse de mim.

Minha formulação normal do "teste X" tinha agora uma nova redação: se tudo o que conseguira ao me tornar um escândalo da mídia da noite para o dia fora me casar com Cass, este talvez tivesse sido o melhor negócio de minha vida.

18. Vitória

Eu presumira que, quando deixasse o "canto do castigo", ou o que meus parentes irlandeses chamavam de "caixa do pecado", a vida voltaria ao que era antes do meu vacilo. Não foi bem assim.

No outono de 2008, eu dividia meu tempo entre lecionar dois dias por semana na Kennedy School e ser uma das consultoras de política externa de Obama, desta vez na sede da campanha em Chicago. Apesar de receber meu distintivo oficial da campanha e um BlackBerry quando voltei à equipe, senti que carregava uma grande letra escarlate — um M de monstro, ou talvez um E de estorvo.

Os comandantes da campanha me disseram para manter um comportamento discreto, pois acreditavam que minha presença enfraqueceria o encanto das mulheres eleitoras por Obama e dificultaria a reconciliação em andamento com quem havia apoiado Clinton. De meu lado, comecei a me afastar de atividades que poderiam atrair atenção para proteger Obama de sua associação comigo. Usava meu moletom verde com capuz para ir à sede da campanha, numa tentativa de não ser reconhecida pelos repórteres visitantes. E tentava evitar contato visual com David Plouffe, o gerente de campanha, cuja boca eu juro que se contraía ao me ver.

Em outubro, soube que estava grávida: o bebê se chamaria Declan e nasceria no mês de maio seguinte. Eu estava felicíssima por ser mãe, mas sofria de enjoos matinais agudos. Minhas idas constantes ao banheiro feminino exigiam que eu passasse pelos escritórios da liderança da campanha, cujos olhares frios me mandavam de volta ao ensimesmamento.

Contudo, não os culpava. "Se eu fosse Plouffe", pensava, "e o que estivesse em jogo fosse tão grande, eu também me evitaria. Por que correr um risco?"

Em 4 de novembro de 2008, Cass e eu nos sentamos em cadeiras de plástico numa barraca branca em Grant Park, Chicago, entre amigos, conselheiros e doadores de Obama, além de muitos políticos e celebridades. Do lado de fora — no mesmo local em que a polícia agredira manifestantes na Convenção Nacional Democrata de quarenta anos antes — 240 mil pessoas de todas as raças, religiões e gerações assistiam aos resultados das eleições numa tela gigantesca sintonizada na CNN. Ganhasse ou perdesse, Obama falaria no palco sob a tela no final da noite.

Tudo o que ouvíamos sobre a campanha era positivo, mas nenhum de nós conseguia acreditar no que estava vazando até que Wolf Blitzer tornasse oficial. "Este é um momento pelo qual muitas pessoas estão esperando", disse ele quando as pesquisas se encerraram na Costa Oeste, às dez da noite, hora de Chicago. "A CNN pode agora projetar que Barack Obama, de 47 anos, será o presidente eleito dos Estados Unidos". Um tique apareceu ao lado da foto de Obama.

Em todos os cantos da tenda, as pessoas pularam sem parar. Eu levitei, jogando-me nos braços de Cass como um arremessador vencedor da World Series abraçando o apanhador de seu time. Todos ao nosso redor pareciam estar chorando. Meu telefone não parava de tocar. Cass — que não tem esse costume — abraçava qualquer amigo ou estranho em seu caminho.

Muitos de meus parentes na Irlanda ficaram acordados a noite toda ou marcaram seus despertadores para as cinco da manhã. Obama (ou como meus primos irlandeses gostavam de dizer: "O'bama") havia conseguido o que ninguém — nem mesmo a maioria dos seus apoiadores mais próximos — achava possível. Sua margem de vitória de seis pontos foi como uma lavada nos dias atuais. Ele havia vencido na Virgínia e em Indiana, estados que não davam a vitória a democratas desde que o presidente Johnson os conquistara, em 1964. As possibilidades à frente pareciam infinitas. Esperei numa fila de amigos e familiares para parabenizar o novo presidente eleito.

"Isso é incrível, hein?", disse Obama, me dando um forte abraço através de uma barreira de corda. Respondi com sinceridade: "É grande demais para entender. Não dá pra calcular, não dá pra calcular".

O homem diante de mim era por fora a mesma pessoa com quem eu trabalhava desde 2005. Mas tudo em seus modos parecia alterado pelo que acabara de acontecer. Ele sempre fora uma pessoa solitária, mas agora, enquanto ele e a futura primeira-dama percorriam a fila numa comunhão ininterrupta, parecia verdadeiramente sozinho.

Era como se tivesse sido de repente encerrado numa caixa de vidro, o único homem no mundo que seria *presidente dos Estados Unidos*. Somente ele faria o apelo para ir à guerra e, mais imediatamente, seria o responsável por salvar a economia americana que estava em queda livre.

Obama havia brincado no passado sobre os perigos do "cachorro alcançar de fato o ônibus". Agora ele enfrentaria a previsão econômica mais sombria para os Estados Unidos desde a Grande Depressão. Numa noite que trouxe felicidade imediata para o resto de nós, o grande sorriso de Obama estava lá, mas a faísca habitual de malícia em seus olhos parecia ter desaparecido.

Embora a eleição tivesse ocorrido apenas algumas horas antes e ele fosse ocupar formalmente a presidência só em janeiro, o peso da tomada de decisões já parecia desabar sobre ele. Aquela era uma noite significativa, mas para o presidente eleito não parecia um momento muito feliz. Mesmo quando focava amigos como um raio laser, dizendo a Cass que estava "mais garboso" do que jamais o vira, Obama estava reservado, mais parecendo dizer adeus do que olá.

Obama deixara claro para mim e para Cass que gostaria que participássemos de seu governo se conseguisse vencer. A lembrança de minhas lutas no gabinete do Senado me fez pensar se eu — que havia trilhado uma carreira-solo a vida toda, ao menos até aquele fatídico jantar com Obama em 2005 — seria capaz de encontrar lugar numa enorme burocracia, tendo que constantemente batalhar por acesso. Mas Cass e eu acreditávamos nele e estávamos ansiosos para tentar trabalhar em questões com as quais nos importávamos. Eu estava cansada de ser uma crítica profissional de política externa, opinando e julgando sem nunca saber se passaria nos testes morais e políticos aos quais submetia os outros. Queria estar por dentro, tentar influenciar as ações do novo governo.

Nunca discutimos a sério as desvantagens de mudar por completo nossa vida; apenas começamos a fazer planos de mudança para Washington.

Entretanto, determinar o que eu deveria *fazer* no governo era uma questão totalmente diferente. Antes da noite das eleições, toda vez que mamãe ou Eddie perguntavam que papel eu desejaria desempenhar se Obama se tornasse presidente, eu os silenciava, dizendo que eles iam azarar toda a eleição. Mas agora eu precisava descobrir a resposta.

Alguns dias depois que vimos Obama em Grant Park, ele escreveu para dizer que estava desativando sua conta de e-mail pessoal. Primeiro, porém, perguntou qual era o meu emprego dos sonhos. Eu planejara trabalhar onde ele quisesse, supondo, ingênua, que ele teria uma ideia fixa sobre qual seria o meu lugar. Mas ele estava ocupado com a montagem de seu gabinete e com as possíveis estratégias para enfrentar a crescente taxa de desemprego; não tinha espaço mental para inventar uma descrição de emprego.

Sem nada para me guiar, pensei em como poderia ser útil aproveitando meus anos de extensas leituras sobre a política externa dos Estados Unidos e as entrevistas de funcionários que havia realizado para meus livros. O papel que descrevi em minha resposta por e-mail a Obama era complexo. Eu achava que minha especialidade poderia ser a da visão geral — articular a grande estratégia americana numa linguagem que as pessoas pudessem digerir. Eu também esperava assumir as causas percebidas como perdidas, conflitos em países que não apareciam nas manchetes, para encontrar maneiras de influenciar o interesse pessoal do presidente a fim de melhorar determinada situação.

Examinei cada palavra da minha proposta de cargo, não querendo parecer presunçosa, mas também acreditando que Obama poderia estar disposto a definir um emprego nos termos que expus. Cass pesquisou os governos anteriores no Google para que pudéssemos usar a nomenclatura correta, e decidimos propor "assistente do presidente para projetos especiais". Mamãe e Eddie, a quem mostrei tudo, deram sugestões sobre o tom e o conteúdo da nota, assim como minha tia Patricia e meu tio Derry, com quem Cass e eu fomos passar alguns dias em Waterville logo após a noite das eleições. Recorri às opiniões de John, Mort, Jonathan e Holbrooke — todos haviam trabalhado no Conselho de Segurança Nacional (NSC, na sigla em inglês) ou no Departamento de Estado. Encerrei o e-mail a Obama enfatizando que precisaríamos definir o trabalho de uma maneira que atraísse o conselheiro de Segurança Nacional, Jim Jones, o conselheiro adjunto de Segurança Nacional, Tom Donilon, e Mark Lippert, a quem Obama havia nomeado chefe de gabinete do NSC.

Não tive resposta durante semanas. Obama estava agora numa órbita totalmente diversa da minha. O tamanho da equipe do Serviço Secreto ao seu redor havia aumentado exponencialmente. Mesmo confidentes próximos como Valerie Jarrett e David Axelrod não o chamavam mais de "Barack", "Obama" ou "BO". Ele agora era o presidente eleito, ou "PE".

Quando Obama passava, as pessoas que o conheciam havia anos se levantavam, praticamente batendo continência. Uma mística ameaçadora pulsava em qualquer sala ocupada por ele. Eu queria conversar com o PE para ver como ele estava e como eu poderia apoiá-lo naquelas semanas preciosas. Mas vi que seu bem mais precioso era agora o tempo, e eu com certeza não *precisava* vê-lo. Eu só queria ver como estava meu amigo.

Uma vez que Obama, meu maior defensor no mundo da política, não estava mais acessível por e-mail, eu estava agora à mercê das pessoas que ele havia indicado para gerir suas escolhas de pessoal. Lippert estava coordenando a contratação para os cargos de segurança nacional de Obama. Embora ele nunca tenha parecido ser meu fã, eu admirava sua decisão de deixar a campanha em seu auge para ser oficial de inteligência da Marinha no Iraque, onde ganhou uma Estrela de Bronze por seu serviço.

Meus e-mails buscando clareza não foram respondidos, e tratei de checar se meu celular estava funcionando. Quando finalmente consegui falar com Lippert, ele exigiu saber por que eu havia proposto o título de "assistente do presidente" em meu texto para Obama. "Jim Jones, o conselheiro de Segurança Nacional, um general da Marinha americana condecorado, será assistente do presidente", disse ele. "Você acha que está no nível dele?" Fiquei morrendo de vergonha.

Quando Cass e eu fizemos nossa pesquisa on-line, vimos as designações "assistente", "assistente adjunto" e "assistente especial" do presidente, e de alguma forma confundimos a ordem, pensando que "assistente" era o posto mais baixo dos três quando, na verdade, era o mais alto. Meu limbo continuava. "Estou sendo tratada como um problema a ser resolvido", disse a Cass, "não como uma pessoa que alguém realmente queira."

Por outro lado, meu marido ganhou o emprego que cobiçava. Em um de nossos primeiros encontros, perguntei a ele se não fosse professor de direito o que mais gostaria de ser. Imaginei que pudesse responder de brincadeira algo como "baixista do Bruce Springsteen". Em vez disso, ele olhou para o horizonte, os olhos praticamente enevoados de emoção e disse, sonhador: "Oira". Respondi: "Que diabos é Oira?". Consta que quando o chefe da equipe de transição informou o presidente eleito da ambição de Cass, Obama fez a mesma pergunta.

O fato é que o Gabinete de Informações e Assuntos Regulatórios (Oira, na sigla em inglês) era conhecido em Washington como "o emprego mais poderoso do qual ninguém jamais ouviu falar". O Oira supervisiona a regulamentação em questões tão diversas quanto direitos civis, assistência médica, meio ambiente, segurança do trabalhador, transporte, segurança alimentar e assuntos dos veteranos. Obama disse a Cass que pretendia indicá-lo para o cargo, e Cass passou as semanas de transição entre novembro e janeiro mapeando loucamente o que o novo presidente poderia fazer em matéria de regulamentação durante seus primeiros cem dias.

Depois que Obama anunciou suas escolhas para os grandes cargos da segurança nacional, eu esperava que alguém do alto se concentrasse no próximo nível abaixo. Strobe Talbott ligou generosamente, tendo me perdoado por pressioná-lo rudemente a respeito da Bósnia mais de uma década antes, quando ele era secretário adjunto de Estado do presidente Clinton. Strobe era próximo de Hillary Clinton, a quem Obama acabara de indicar para secretária de Estado. Alguns dias depois, após perguntar se ela me consideraria para um cargo, Strobe me encaminhou uma mensagem franca de alguém próximo a Clinton: "Acho que ela combina com o NSC".

Cass tentou me consolar. Insistiu que alguma coisa daria certo, citando o psicólogo vencedor do prêmio Nobel Daniel Kahneman, que escreveu sabiamente: "Nada na vida é tão importante quanto você acha que é quando está pensando naquilo". Mas mesmo quando eu conseguia me concentrar em outra coisa, minha mente se descontrolava, lembrando-me de como estava marcada por minha recente desgraça pública.

Em um de meus muitos sonhos durante esse período, eu ficava muito feliz porque estava prestes a fazer uma entrevista de emprego com Clinton no Departamento de Estado. Quando o momento do encontro se aproximou, procurei freneticamente as chaves do meu carro, mas não as encontrei. Depois de correr para o Departamento de Estado em um táxi, disseram-me que a reunião havia sido transferida para o escritório dela no Capitol Hill. Quando cheguei lá, percebi que, embora já estivesse meia hora atrasada, precisava ir ao banheiro com urgência — como costuma ocorrer às mulheres grávidas. Os banheiros tinham longas filas de espera de mulheres e, enquanto eu esperava, meu celular tocou: ou ia ao encontro ou ele seria cancelado. Quando enfim chegou a minha vez de ir ao banheiro, avancei, passando devagar por uma mulher que acabara de chegar. Enquanto eu passava, ela começou a me bater com a bolsa. Continuando obstinadamente a avançar, eu a ouvi cair atrás de mim. Quando me virei, ela estava deitada no chão e apontava a bengala para mim, dizendo: "Você, senhorita, pagará por isso. Eu reconheço você. É Samantha Power. Vou contar a todos os jornais que você bateu numa senhora idosa tentando ir ao banheiro".

Este era meu estado mental enquanto esperava uma oferta de emprego.

Eu também estava decidida a manter minha gravidez escondida de meus colegas da equipe de transição. Vivia uma estranha dualidade. Por um lado, a própria ideia do bebê — "metade de Cass!" — me fazia sorrir durante todo o dia. Mas, por outro, eu temia conseguir um cargo menor se o pessoal mais graduado descobrisse, então usava suéteres de lã irlandeses grandes e cachecóis largos, ficando muitas vezes de casacão de inverno dentro dos ambientes.

Não deixei de perceber a ironia do meu subterfúgio. O presidente eleito era o filho progressista de uma mãe pioneira. Casara-se com uma mulher que já havia sido sua mentora e tinham duas filhas pequenas. No entanto, ali estava eu, uma de suas assessoras, petrificada com o que me custaria se as pessoas ao seu redor descobrissem que estava grávida.

Obama havia indicado Susan Rice para ser embaixadora dos Estados Unidos na ONU. Rice fora assessora de segurança nacional durante o genocídio de Ruanda, e eu a criticara em *Genocídio*. Mas, depois de algum constrangimento inicial, ficamos amigas ao longo da campanha, e ela foi uma das poucas pessoas que se esforçaram para manter contato durante meu exílio. Resoluta e obstinada, ela ria com facilidade e era das primeiras a dançar em eventos sociais. Tendo observado a ONU na Bósnia e escrito sobre isso durante grande parte da minha carreira, me ofereci para ajudá-la a se preparar para seu novo papel. Quando mencionei o cargo que havia pedido ao presidente eleito, ela achou que era uma idiotice. "O que você diz que quer é tudo uma bobeira", explicou Susan, aproveitando sua década de experiência no Conselho de Segurança Nacional e no Departamento de Estado. "Quem se reportará a você? Pelo que você será responsável? Se não for responsável por nada, ninguém ligará para você. Você será uma pessoa flutuante, irrelevante para o que acontece no dia a dia."

Susan me aconselhou a procurar o cargo de diretora sênior e assistente especial do presidente para assuntos multilaterais no Conselho de Segurança Nacional. Tratava-se de ser assessora sênior do presidente em todos os assuntos relacionados à ONU. "Da Casa Branca", ela disse, "você pode ver o campo inteiro." Ela me ajudaria a encontrar o caminho das pedras, e eu poderia servir de ponte entre a equipe dela na Missão Americana na ONU em Nova York e a Casa Branca, que tendia a desenvolver sua própria cultura política insular, da qual até os membros do gabinete se sentiam excluídos.

Convencida pela sabedoria burocrática de Susan, eu disse aos guardiões da política externa do presidente eleito que gostaria de ser considerada para essa posição específica de assuntos multilaterais. Eu estava finalmente falando um idioma que os funcionários da Casa Branca entendiam, pois o cargo existia no governo Bush e fora-lhe alocado um salário. Lippert, que estava inundado por demandas de ex-funcionários da campanha, pareceu genuinamente aliviado por poder inserir meu nome no organograma tradicional.

Por mais que eu quisesse mudar o sistema e fantasiasse fazê-lo para Obama, minha aceitação de um papel convencional e já estabelecido seria a primeira de muitas concessões que eu faria a realidades imutáveis. Eu também nunca havia confiado tanto em alguém para aconselhamento profissional. Fiquei grata a Susan e logo descobriria que, como novata em Washington, e como mulher na área de segurança nacional, precisaria pedir apoio a outras pessoas.

Mesmo depois de Lippert e eu termos resolvido a questão do cargo, eu ainda precisava obter a aprovação formal do conselheiro de Segurança Nacional Jones, que seria meu novo chefe. Enquanto esperava minha entrevista com ele, fui até o escritório do FBI no centro de Boston para fornecer minhas impressões digitais para a investigação necessária antes de obter uma autorização da segurança. Também comecei a abrir caminho em meio à papelada governamental. Tive de preencher formulários de ética, histórico médico e divulgação financeira, mas foi o SF-86, o questionário de antecedentes de segurança nacional, que me surpreendeu com sua amplitude. O formulário tinha 29 seções separadas, cada uma com um subconjunto detalhado de perguntas. Vinha também com um aviso em negrito: quem fornecesse informações falsas poderia ser acusado de crime federal e encarar até cinco anos de prisão.

Entre seus requisitos, o formulário solicitava que os candidatos listassem qualquer "contato próximo e/ou contínuo" com um estrangeiro nos últimos quinze anos, além de *qualquer* contato com representantes de um governo de outro país. Minha família inteira, afora mamãe, Eddie, Stephen, Ellyn e Cass, morava na Irlanda, então tive que listar cada um dos meus parentes. Enviei e-mails aos meus primos irlandeses dizendo-lhes para alertar o resto da família de que o FBI poderia entrar em contato em breve. "Não se preocupem", falei. "Não estou com problemas." Eu também havia viajado bastante pela Ásia e pela África como jornalista, entrevistando dezenas de autoridades estrangeiras, então passei vários dias consultando meus antigos cadernos de anotações para localizar as datas e locais de cada uma dessas interações, conforme exigido por lei.

Em janeiro de 2009, soube que havia recebido a mais alta liberação de segurança necessária para poder participar de discussões secretas e receber produtos de inteligência. Tudo o que eu precisava era da aprovação do general Jones.

Alguns dias antes da posse de Obama, meu celular tocou e fiquei surpresa com a voz que ouvi na linha.

"É Obama", disse ele.

"Você está brincando", respondi.

"Quem mais seria?", ele provocou.

"Você não se chama de 'PE'?", perguntei.

"Parece uma aula de ginástica ranzinza", ele brincou. "Prefiro Obama."

Discutimos o limbo do meu cargo, sobre o qual, disse, ele vinha perguntando constantemente. "Vai ficar tudo bem", respondi, sabendo das pressões insondáveis que ele estava sofrendo. Ele descreveu o pesadelo logístico de garantir que todos os seus amigos e familiares se sentissem estimados durante as festividades. "É como um casamento", observou.

Elogiei o rascunho de seu discurso inaugural que havia lido, em especial a frase em que diria aos ditadores que os Estados Unidos "estenderão a mão se eles estiverem dispostos a abrir o punho". Cass pegou o telefone com um grande sorriso.

"Percorremos um longo caminho desde a Universidade de Chicago", disse Cass.

"Talvez eu devesse ter aceitado a oferta de Douglas Baird", disse Obama, referindo-se ao diretor da Faculdade de Direito da Universidade de Chicago que havia instado Obama a buscar um cargo de professor titular.

"Bom, se você continuar escrevendo bem, tenho certeza de que se pode arranjar alguma coisa", disse Cass.

Obama se despediu dizendo: "Gostaria de me reunir com vocês dois em breve para discutir algumas ideias".

Logo descobriríamos que uma reunião desse tipo era um luxo que o 44º presidente dos Estados Unidos mal podia se permitir.

No dia seguinte, Cass e eu embarcamos no us Air Shuttle em Boston, prontos para retomar nossa nova vida na capital do país. Mamãe e Eddie nos encontrariam em Washington, para que pudéssemos comparecer à posse juntos.

Fiquei impressionada com a americanidade de tudo aquilo. Quando chegaram aos Estados Unidos três décadas antes, será que mamãe e Eddie poderiam imaginar que seu país de adoção elegeria um presidente afro-americano, em cuja Casa Branca a filha deles trabalharia?

Depois que o avião decolou, sobrevoamos Winthrop. Olhei para minha casa pela janela antes que a terra abaixo de nós desaparecesse rapidamente ao longe.

SEGUNDA PARTE

19. Sem manual

Três dias após a posse do presidente Obama, o conselheiro de Segurança Nacional Jim Jones me convidou para uma entrevista para o cargo de diretora sênior de Assuntos Multilaterais do Conselho de Segurança Nacional. Seu assessor administrativo me pediu que levasse um documento de identidade do governo para passar pela segurança, mas, por cautela exagerada, levei carteira de motorista, cartão da seguridade social, passaporte e certidão de nascimento. Não iam impedir minha entrada.

Depois de passar pelo controle do Serviço Secreto e pelos detectores de metal, eu me vi na West Executive Avenue, a rua estreita que corre entre a Casa Branca e o Edifício Eisenhower de Escritórios Executivos (EEOB, na sigla em inglês). O imponente EEOB do século XIX é onde se encontra a maioria dos escritórios da equipe do presidente e onde, quando jornalista, entrevistei autoridades americanas para meus artigos e livros. Mas nunca havia posto os pés na Ala Oeste, onde me encontraria com Jones. Eu não conhecia o novo conselheiro de Segurança Nacional de Obama e fiquei tão nervosa em relação à entrevista iminente que não me dei conta da importância de estar andando sob o pórtico familiar da Casa Branca.

Depois de uma pequena espera na área de recepção dos visitantes, onde tentei, sem sucesso, me concentrar no *New York Times* que jazia na mesa de café, o assistente de Jones me guiou por uma passagem estreita que levava quase diretamente à apertada "suíte" de gabinetes das principais autoridades de segurança nacional dos Estados Unidos. Quatro assessores estavam em cubículos, enquanto o extremamente influente conselheiro adjunto de Segurança Nacional trabalhava numa sala do tamanho de um armário de vassouras.

"Localização, localização, localização", pensei comigo. E, como se fosse por encomenda, ouvi a voz de Obama chamando alguém no corredor.

Jones era um ex-atacante de basquete do Georgetown com mais de um metro e noventa de altura. Era também um veterano condecorado da Guerra do Vietnã que havia galgado a hierarquia militar até o posto de general de quatro estrelas. Ele mantinha o cabelo aparado curto e tinha o corpo esguio de alguém ainda pronto para vestir o uniforme de batalha. Embora fosse uma figura imponente, foi maravilhosamente informal ao me acompanhar até seu gabinete.

"Bem legal aqui, não é?", disse ele.

Suas prateleiras já estavam cheias de fotos de seus netos e de dezenas de "moedas de desafio"* com as insígnias dos vários destacamentos militares nos quais ele havia servido ou estado ao longo de uma carreira militar de quarenta anos.

Quem me falou pela primeira vez de Jones foi Fred Cuny, que contou com entusiasmo como o general providenciara proteção militar americana aos curdos no norte do Iraque após a guerra do golfo Pérsico. Quando nos sentamos à mesa de reuniões de Jones, mencionei que Fred havia ajudado a inspirar minhas escolhas no início da carreira. Jones abriu um sorriso largo e, pelos dez minutos seguintes, falou sobre a parceria e o vazio deixado pela morte de Fred.

Eu tinha ensaiado um conjunto detalhado de argumentos sobre por que seria uma fiel assessora do NSC, mas, depois de fazer algumas perguntas superficiais sobre quais seriam minhas prioridades, Jones perguntou: "Você pode começar na próxima semana?". Ele não notou minha gravidez, que ainda não estava óbvia e que tampouco mencionei.

A assistente de Mark Lippert me ligou no final do dia para dizer que o NSC havia reservado um escritório para mim no EEOB.

"Sério?", exclamei. "Então é para valer?!"

"Sim", disse ela calorosamente. "Mas preciso avisar, o espaço é muito pequeno."

---

* *Challenge coins*: moedas especiais distribuídas a militares por mérito em ação ou outras razões. (N. T.)

Eu disse que não me importava com o tamanho do escritório, lembrando a ela que havia trabalhado com uma mochila durante meus anos de repórter, precisando apenas de um caderno, uma caneta e um laptop. Mas, então, hesitei.

"É muito menor que os escritórios dos outros diretores seniores?", perguntei. Houve uma longa pausa.

"Por enquanto, sim", disse ela.

Algo semelhante aconteceu quando o Departamento de Recursos Humanos do NSC me informou meu salário. Não questionei a cifra apresentada, sabendo que meu salário seria menor que numa universidade privada. No dia seguinte, no entanto, soube de um colega do sexo masculino, também diretor sênior, que ganharia 5 mil dólares a mais do que eu.

Em vez de exigir um aumento salarial, enviei um e-mail a Lippert, dizendo que soubera que havia duas faixas salariais de diretores seniores. Perguntei o que eu precisaria fazer para ganhar o salário maior. Lippert ligou na mesma hora e, como eu não estava em casa, pediu desculpas a Cass. Disse que a confusão seria corrigida, o que aconteceu, mas me perguntei se eu estava tendo azar ou se se tratava de algo mais deliberado.

Na semana seguinte, apareci enfim para trabalhar na Casa Branca, sentindo-me feliz por fazer parte da equipe de Obama. Meu escritório no EEOB estava localizado dentro de um SCIF — Centro de Informações Compartimentadas Sensíveis. Isso significava trabalhar dentro do equivalente a um cofre do tamanho de uma sala. Se fosse a primeira a chegar de manhã, eu precisava girar a combinação num disco do tamanho de uma palma na pesada porta. Os escritórios do NSC não tinham luz natural porque as persianas das janelas eram mantidas fechadas para impedir a espionagem estrangeira. Os computadores em nossas mesas não nos davam acesso ao e-mail pessoal, e éramos obrigados a deixar nossos BlackBerries e telefones celulares sobre uma mesa do lado de fora da porta do SCIF.

No briefing de orientação sobre segurança, fui avisada de que países como China e Rússia tinham capacidades sofisticadas, por isso era essencial que eu falasse de assuntos sensíveis apenas em espaços como o meu escritório, projetados para discussões confidenciais. Também me disseram para desconfiar de pessoas que trabalhavam para governos estrangeiros, pois às vezes tentavam manipular ou chantagear funcionários americanos para obter acesso a informações secretas.

Quando tive uma visão geral dos benefícios de saúde para funcionários do governo, soube que meus três meses de licença-maternidade não seriam remunerados. Eu poderia usar os dias de licença de saúde e de férias que tivesse acumulado para continuar recebendo meu salário por um curto período de tempo após o nascimento de Declan. Mas, como daria à luz em maio, não estaria no emprego por tempo suficiente para cobrir grande parte da minha licença. Eu tinha sorte — contava com minhas economias e com Cass. Mas parecia revoltante que outras pessoas se sentissem compelidas a retornar ao trabalho antes do fim da licença simplesmente para voltar a receber o salário. Graças à recusa do Congresso em mudar a lei, os Estados Unidos eram na época um dos únicos dois países de alta renda do mundo sem licença-maternidade paga.[1]

Cass seria indicado em breve para chefiar o Oira e já estava abrigado com alegria no Gabinete de Administração e Orçamento como assessor sênior. No meu segundo dia, ele me convidou para almoçar no Navy Mess* da Ala Oeste. Um conjunto de crachás com código de cores indicava a quais partes da Casa Branca os funcionários podiam ter acesso, e Cass e eu estávamos contentes por ter recebido os cobiçadíssimos crachás azuis, que nos permitiam entrar na Ala Oeste sem escolta.

O Mess era muito mais chique do que parecia. Eu esperava uma cantina no estilo lanchonete, mas um comissário da Marinha de terno escuro e gravata nos levou à mesa, onde nossa comida foi servida na porcelana da Casa Branca. Graças às imagens marítimas nas paredes sem janelas, tivemos a sensação de estar na grandiosa sala de jantar miniaturizada de um navio.

"É como o *Titanic*", observei, referindo-me à única imagem gastronômica náutica que me veio à mente.

"Espero que não!", disse Cass.

Ele insistiu para celebrar a ocasião de nossa primeira semana de trabalho desfrutando da sobremesa exclusiva da Casa Branca, a Chocolate Freedom, um brownie que transbordava calda quente, coberto com sorvete de baunilha e calda de chocolate. O ano anterior — em que eu fizera campanha, me demitira, casara, engravidara e me mudara para Washington — havia sido um turbilhão, e estávamos finalmente parando para comemorar. Tilintamos nossas colheres de sobremesa como se fossem taças de champanhe e nos deleitamos com a calma repentina.

---

* Restaurante gerido pela Marinha americana, localizado na Ala Oeste da Casa Branca. (N. T.)

Naquela mesma tarde, participei da reunião com meia dúzia de funcionários do NSC no escritório de Mara Rudman, secretária-executiva do NSC, para discutir a redação de um documento que traçaria as prioridades estratégicas de Obama na política externa. Assim que a reunião começou, senti uma onda de náusea e suor frio. Eu estava grávida de cinco meses, então sentir náuseas não era incomum. Mas aquilo parecia diferente.

Quando o som das vozes de meus colegas ficou distante, comecei a tremer e logo perdi a consciência, e minha cabeça pendeu no encosto alto da poltrona amarela vitoriana onde estava sentada. Como outra pessoa estava falando, ninguém percebeu meu desmaio. Voltei a mim sozinha e rapidamente me desculpei. A quantidade de açúcar do Chocolate Freedom provavelmente era a reponsável.

Antes de começar na Casa Branca, eu só havia desmaiado duas vezes na minha vida: uma quando tinha onze anos e estava na parte de trás da igreja durante a missa, e outra na faculdade de direito, quando estava desidratada devido a uma forte gripe. Mas eu logo igualaria esse total em minha primeira semana de assessora do presidente dos Estados Unidos.

Na segunda vez, eu estava sozinha no meu escritório, sentada ao computador. Reconheci o início de náusea bem a tempo de usar meus braços como almofada antes de desabar sobre o teclado. Desde o meu primeiro desmaio, eu evitava grandes ingestões de açúcar, mas naquele dia ainda não tivera tempo para o almoço. Quando voltei a mim, resolvi manter um estoque de bolachas por perto para não trabalhar de estômago vazio.

Olhando em retrospecto, envergonho-me do modo como estava me esfalfando nos dias de trabalho mais agitados e exigentes que já havia tido. Mas meu médico não via um risco à saúde e vi mulheres com gravidez mais adiantada se movendo no mesmo ritmo frenético — assim como vira minha mãe anos antes, quando estava grávida de meu irmão.

Como nova funcionária do NSC, eu achava que receberia algum tipo de orientação sobre como fazer meu trabalho. Mas embora eu tenha encontrado em minha escrivaninha instruções sobre como configurar meu correio de voz, não havia um manual para ajudar a moldar a política externa americana.

O NSC do presidente Obama funcionava como um centro de coordenação para informar e aconselhar suas tomadas de decisões em matéria de segurança nacional e garantir a implementação de sua política externa pelas várias agências do Poder Executivo. Os diretores seniores constituíam o núcleo da equipe do NSC do presidente, e tínhamos aproximadamente a mesma "patente" que os secretários assistentes do Departamento de Estado. Preparávamos artigos de contextualização e pontos de discussão e oferecíamos conselhos ao presidente Obama, ao conselheiro de Segurança Nacional, Jones, e ao conselheiro adjunto de Segurança Nacional, Tom Donilon, sobre o que os Estados Unidos deveriam fazer em relação a países específicos, ameaças emergentes e crises repentinas. Em questões-chave, apresentávamos ao presidente os prós e os contras de escolhas a serem feitas. Esses "memorandos de decisão" podiam abranger tudo, desde a prestação de assistência militar adicional ao Paquistão até a questão de se Obama deveria encontrar-se com o Dalai Lama apesar das objeções chinesas.

O NSC tinha diretores seniores "regionais" para todas as partes do mundo, diretores seniores da "pátria" para ameaças como desastres naturais e ataques cibernéticos e diretores seniores "funcionais" para problemas que abrangessem diferentes partes do globo, como não proliferação nuclear, clima e energia e economia internacional. Como diretora sênior funcional responsável por assuntos multilaterais, eu assessorava o presidente nas relações dos Estados Unidos com organizações internacionais, especialmente as Nações Unidas.

Minha esfera de ação era ampla. Em um dia típico, eu podia revisar um projeto de resolução do Conselho de Segurança da ONU que previa sanções contra o Irã ou avaliar se os Estados Unidos deveriam apoiar o envio de forças de paz da ONU para uma zona de conflito. Também obtive permissão de Jones para atuar simultaneamente como diretora sênior de Obama para Direitos Humanos, uma vez que nenhum outro diretor sênior havia sido designado para essa área.

Em teoria, meu papel em direitos humanos significava que eu poderia gerar discussões dentro do NSC e em todo o governo sobre possíveis ações dos Estados Unidos para combater a repressão política, o antissemitismo, a repressão a minorias religiosas, o tráfico de seres humanos ou atrocidades em massa. Na prática, no entanto, eu precisava do apoio do devido diretor sênior regional quando queria influenciar políticas em relação a determinado país onde estava ocorrendo abusos. Alguns colegas ficavam mais entusiasmados do que outros com o meu envolvimento nos países "deles".

Por causa da "óptica" — um termo que ouvia constantemente —, eu precisava da aprovação dos diretores seniores regionais até para realizar determinadas reuniões. Por exemplo, se queria me encontrar com um crítico do governo egípcio para saber sobre o agravamento das condições nas prisões do país, primeiro eu tinha de checar com o diretor sênior responsável pelo Oriente Médio. Às vezes, meus colegas se preocupavam com a "mensagem" que a reunião com dissidentes enviaria aos governos cuja cooperação os Estados Unidos buscavam. Por vezes, me pediam para delegar uma reunião a alguém de nível inferior no Departamento de Estado e assim evitar despertar a ira de um aliado americano. Eles tinham razão: os governos estrangeiros poderiam de fato ficar chateados quando soubessem que funcionários da Casa Branca haviam se reunido com figuras da oposição, mas a irritação passaria rapidamente. Argumentei (sem sucesso) que fazer desses contatos não oficiais uma rotina nos deixaria mais bem informados e tornaria cada reunião específica menos digna de nota, pois seria interpretada como parte de uma abordagem sistêmica maior.

De certa forma, meus primeiros meses no NSC me lembraram de minha mudança para os Estados Unidos trinta anos antes. Eu havia chegado mais uma vez a uma terra estrangeira. Em Pittsburgh, eu me apropriara constrangidamente dos termos e expressões que ouvia meus amigos usarem. Agora, tinha de conviver com um novo jargão burocrático. Era preciso prever a "resistência" de grupos de eleitorados que eu nem sequer sabia que existiam. Eu via funcionários do governo "batendo o pé" em questões sobre as quais tinham opiniões fortes. Quando o presidente se reunia com outro chefe de Estado, tínhamos que concordar com antecedência sobre quais seriam "a solicitação" e "os [resultados] entregáveis". Quando a burocracia ficava paralisada, esperava-se um "acontecimento que forçasse a ação", como o testemunho de um alto funcionário perante o Congresso ou um encontro com um ministro estrangeiro que criaria pressão para tomar uma decisão.

As metáforas esportivas, que eu entendia prontamente, eram onipresentes. Quando obtínhamos o que queríamos na ONU, por exemplo, em geral não era uma boa ideia "jogar a bola no chão depois de um gol" e se gabar de nosso sucesso. Quando não conseguíamos decidir o melhor caminho a seguir, precisávamos "pôr a bola de golfe no pino", preparar a questão para uma decisão de nível superior.

Já as metáforas de gênero faziam minha pele arrepiar. Antes de definir todo o escopo de nossa estratégia para o Iraque, "precisávamos mostrar um pouco a perna" para prenunciar o que estávamos prestes a fazer ou usar o "quimono aberto" e ser totalmente transparentes. Quando decidíamos por uma opção intermediária, evitando uma escolha difícil, poderíamos nos ver "semi-grávidas", uma expressão que, tenho vergonha de dizer, me ouvi usando quando estava mais do que semigrávida.

Trabalhar no NSC era um pouco como reger uma orquestra. Eu tinha um poder muito importante: poder escolher a "música" dentro da minha área — isto é, a questão sobre a qual estimular um debate, em todo o governo, sobre o que os Estados Unidos deveriam fazer. Depois, presidia reuniões na Sala de Crise* com pessoas da comunidade de inteligência, do Departamento de Estado, do Departamento de Defesa, do Departamento do Tesouro, da Usaid e de outras agências para discutir se podíamos concordar com uma estratégia desejada.

Essas reuniões raramente eram harmoniosas. Até representantes da mesma agência governamental discordavam entre si sobre uma abordagem apropriada. Especialistas em países do Departamento de Estado, por exemplo, podiam diferir de seus colegas focados em processos de crimes de guerra sobre como responsabilizar um governo por mortes de civis em larga escala. Alguns poucos designados políticos de Obama no Departamento de Defesa adotaram minha recomendação de que os Estados Unidos aderissem ao tratado internacional de proibição de minas terrestres, ao passo que oficiais veteranos uniformizados se opuseram firmemente à ideia. As discussões podiam ser estridentes, tensas e desagradáveis.

Quando uma decisão era especialmente importante, ou quando não chegávamos a um consenso sobre os próximos passos, Donilon convocava os "adjuntos", os segundos funcionários mais importantes de cada agência governamental, ou Jones reunia os "diretores", os chefes das agências, como a secretária de Estado, Hillary Clinton, e o secretário de Defesa, Robert Gates. Quando Obama queria discutir uma questão, convocava os diretores ou a equipe pertinente do NSC para ouvir os pontos de vista discordantes e dar orientação.

---

* Sala de Crise [Situation Room] se refere ao complexo seguro construído pelo presidente John F. Kennedy em 1961. É composta da sala de conferências principal, conhecida de inúmeros filmes, e de várias salas menores, como a que aparece na agora famosa foto do presidente Obama e seus principais assessores acompanhando o ataque a Osama bin Laden em 2011.

O fluxo de papel — e o chamado processo de liberação — de um funcionário para outro era a força vital da formulação de políticas do governo. Se a Casa Branca ia emitir uma declaração (por exemplo, para condenar uma repressão a manifestantes em um país estrangeiro), um especialista do NSC naquela nação escrevia o primeiro rascunho e o distribuía por e-mail para outras pessoas do órgão, para que fizessem revisões. Entre os destinatários, estavam membros de nossa equipe de imprensa, advogados e contatos com o Congresso. Cada funcionário do NSC que se considerava apto a ter uma "participação" na declaração tinha de ser "conectado" para que pudesse "cortar", ou editar, as palavras que seriam divulgadas ao mundo sob o nome do presidente Obama. Fiquei perplexa com o número de chefs na cozinha — mas nem um pouco surpresa com a suavidade costumeira das declarações resultantes da Casa Branca. Qualquer coisa aguda ou interessante costumava ser cortada em algum lugar ao longo do caminho.

E isso não valia somente para as declarações oficiais. Era como se tudo o que as autoridades americanas fizessem precisasse de autorização de outra pessoa, criando incontáveis pontos de veto interno antes que uma ideia fosse levada ao presidente. Até a primeira-dama Michelle Obama precisou da aprovação do Serviço Nacional de Parques para poder plantar uma horta no Gramado Sul.

Fui criticada várias vezes durante meu primeiro mês por enviar material diretamente para Lippert e Donilon sem primeiro obter aprovação de outros diretores seniores, que tinham suas próprias opiniões sobre o assunto. Esse pecado de contornar colegas com "participação" foi denominado "infração do processo", e ser culpado disso era semelhante a cometer um crime. Com o tempo, porém, passei a valorizar a importância da fidelidade ao "processo" — especialmente quando colegas tentavam enviar ao presidente material que não oferecia uma perspectiva de como uma decisão poderia afetar os direitos humanos.

Vi muito cedo que poucas vozes nas discussões governamentais de alto nível destacavam o nexo entre direitos humanos e a segurança nacional dos Estados Unidos. Embora os funcionários do governo não se identificassem com os rótulos que os acadêmicos usavam obsessivamente (como "realista" ou "internacionalista liberal"), a visão realista — que subestimava a importância dos "valores" — era dominante. Muitas autoridades consideravam que dar prioridade aos direitos humanos era estar em tensão com nossas preocupações tradicionais de segurança, ou mesmo em posição oposta a elas.

Minha opinião era que o modo como os governos tratavam seus próprios cidadãos era importante e podia ter um impacto direto nos interesses da segurança nacional americana. Incontáveis estudos mostravam a importância do estado de direito para o desenvolvimento econômico sustentado e os fortes vínculos causais entre a repressão governamental e a suscetibilidade dos civis à radicalização e ao extremismo.[2] Não obstante, raramente os participantes das reuniões do NSC identificavam o respeito à dignidade individual como fundamental para a estabilidade de um país a longo prazo. Eu tentava defender essas posições, mas não tinha a sensação de estar abalando o ceticismo arraigado que encontrava.

Eu não era absolutista. Às vezes, as autoridades dos Estados Unidos enfrentavam uma escolha dura e de curto prazo entre promover direitos humanos e defender interesses contraditórios — por exemplo, buscar parcerias com o governo autoritário chinês para enfrentar grandes ameaças compartilhadas, como o programa nuclear coreano e a mudança climática. Às vezes, não era sensato falar publicamente sobre questões de direitos humanos, pois um progresso maior podia ser alcançado nos bastidores. Independente disso, fiquei frustrada por não internalizarmos com mais frequência as implicações do truísmo de que países que tratavam seus cidadãos com respeito tornavam-se parceiros muito mais confiáveis ao longo do tempo.

Embora tivesse recebido recentemente a responsabilidade de mobilizar ações, eu ainda não sabia como fazer o governo americano se mexer. E desde o começo, eu sabia que coisas muito ruins estavam acontecendo no mundo.

Como escrevi em meu diário em fevereiro de 2009:

> Tropas sudanesas se reuniram em torno de Darfur. Disseram-nos que 30 mil pessoas haviam se reunido na base da ONU em Darfur. [...] A ONU estava pronta para partir. E Samantha Power, novata, não tinha a menor ideia de como escrever um memorando de decisão.

Eu não tinha certeza do que precisava fazer. Era sênior o suficiente para orientar o resto do governo numa questão que não merecia a atenção do presidente? Quem dentre os outros diretores seniores eu precisava consultar? Se um dos meus colegas discordasse da minha abordagem, quem resolveria o empate?

Como nossa orientação acabaria sendo distribuída aos diplomatas americanos no mundo? Eu levaria tempo para resolver essas questões.

Meu âmbito de ação multilateral exigia fazer recomendações ao presidente Obama e a outras pessoas sobre, por exemplo, se os Estados Unidos deveriam concorrer a um assento no Conselho de Direitos Humanos da ONU. Era um órgão do qual eu achava que tínhamos um interesse óbvio em participar, porque isso nos permitiria pressionar por ações de direitos humanos de base ampla. Mas como o Conselho dedicava um número desproporcional de suas resoluções a denunciar Israel, o presidente Obama seria atacado se concorrêssemos a um assento.

Sem saber como proceder, procurei Denis McDonough. Denis era agora um dos principais conselheiros de Obama e se encontrava com o presidente várias vezes por dia.

"O que Obama quer fazer a respeito do Conselho de Direitos Humanos?", perguntei.

"O que *você* acha, Sammy?", perguntou ele de volta.

Eu estava confusa. Achava que o presidente nos daria orientação. Mas com a economia em colapso, as guerras no Iraque e no Afeganistão e toda a conspiração ativa dos terroristas, ele estava se concentrando principalmente em questões de alto risco. Em outros assuntos de política externa, Obama era informado sobre o que estávamos fazendo e às vezes nos dizia para mudar de rumo. Mas compreendeu desde o início que não seria capaz de fazer seu trabalho se não delegasse.*

---

* Concorremos e conquistamos uma vaga no Conselho de Direitos Humanos em 2009. Por meio de nossa liderança no Conselho, ao longo do mandato do presidente Obama, ajudamos a autorizar comissões e relatores internacionais que denunciaram violações de direitos humanos em muitos lugares repressivos, entre eles Irã, Síria, Sudão, a Crimeia ocupada pela Rússia e a Coreia do Norte. Em 2014, encabeçamos uma Comissão de Inquérito na ONU sobre Direitos Humanos na Coreia do Norte, o que nos possibilitou mobilizar os votos necessários para colocar pela primeira vez as violações dos direitos humanos da Coreia do Norte na agenda do Conselho de Segurança. Em resposta às atrocidades do presidente do Sri Lanka, Mahinda Rajapaksa, contra civis tâmeis, levamos o Conselho de Direitos Humanos a adotar resoluções insistindo na responsabilização por crimes de guerra. Isso resultou no isolamento diplomático do governo do Sri Lanka, fator que supostamente influenciou alguns cingaleses, que o retiraram do cargo pelo voto em 2015. Também conseguimos que o Conselho de Direitos Humanos reduzisse pela metade a parcela de resoluções específicas sobre Israel.

Em vários aspectos importantes, o pensamento de Obama se afastou do establishment da política externa. Durante a campanha presidencial, ele adotara posições diferentes da maioria dos candidatos republicanos e democratas. No entanto, uma vez no cargo, ele se basearia nas recomendações de seu gabinete e da equipe do NSC para fazer política externa. Por causa desse processo mais de baixo para cima — e porque Obama escolheu um general de quatro estrelas para conselheiro de segurança nacional, manteve o secretário de Defesa do presidente Bush e fez de alguém com quem havia discutido sobre política externa sua secretária de Estado —, seus instintos mais ousados nem sempre se refletiam nas decisões do dia a dia.

Isso foi verdade em especial nos primeiros meses do governo, quando os indicados políticos de Obama para cargos de nível médio aguardavam confirmação do Senado e ainda não estavam em atividade. Com efeito, quando presidi reuniões em 2009 para examinar se nosso governo deveria assumir uma nova posição em relação a alguma coisa, muitas vezes ouvi uma destas duas visões arraigadas: "Nunca fazemos isso" ou "sempre fazemos isso". O passado era prólogo: aqueles que haviam concebido políticas de certa maneira não estavam dispostos a tentar algo novo.

Na verdade, porém, muitas vezes eu encarava um problema mais fundamental do que lidar com uma burocracia internamente conflituosa e com pontos de vista arraigados. Em muitos dos desafios que caíam em minha escrivaninha, eu tinha dificuldade para responder à pergunta vital de Denis: *o que* eu achava?

Quando me continha nos debates sobre políticas por humildade, eu via outros — que muitas vezes sabiam menos — emitirem opiniões fortes, ajudando a mudar a direção de nossa política. Muitas vezes, ser enérgico e ter outras pessoas a seu lado importava mais do que os méritos objetivos do argumento de alguém.

Logo no início, Susan (agora embaixadora Rice) me advertiu: "Não deixe ninguém te enrolar, Sam". Eu não sabia o que significava ser enrolada, então ela me ajudou.

"Aja como se você fosse a chefe", aconselhou Susan, "ou vão tirar vantagem de você."

Eu sabia que Susan tinha a fama de ser "faixa preta" na burocracia e, decidida a acelerar meu aprendizado, anotei seus conselhos no caderno verde do governo que eu carregava comigo para todos os lugares.

20. Podemos ir para casa agora?

Fiz minha primeira visita ao Salão Oval no dia 10 de março de 2009, quando o secretário-geral da ONU, Ban Ki-moon, fez um telefonema de cortesia ao presidente Obama.

Presumi que teria pouca dificuldade em encontrar o Oval. Uma vez que, no meu novo universo, era o sol ao redor do qual todos os planetas giravam. Até então, eu havia feito muitas caminhadas curtas entre meu escritório no EEOB e o térreo da Ala Oeste para ir às reuniões na Sala de Crise.

Infelizmente, assim que entrei na Casa Branca, percebi que não tinha ideia de para onde ir. Voltei correndo para o meu escritório no EEOB e pesquisei no Google "*Oval Office West Wing Map*". Acabei imprimindo um pequeno mapa do site do *Washington Post* que mostrava uma planta baixa. Mas a imagem, que não era desenhada em escala, me deu uma falsa sensação de segurança. Andei até o segundo andar, enquanto o Oval — que era difícil de deixar passar — estava no primeiro.

Quando cheguei ao "pré-briefing" com o presidente, os outros participantes já estavam sentados e o conselheiro de Segurança Nacional, Jim Jones, estava falando. Sentei-me desajeitadamente, manobrando meu corpo grávido de sete meses no sofá entre meus colegas, tentando recuperar o fôlego antes que o presidente me chamasse.

Desde meus episódios de desmaio, eu carregava comigo uma garrafa de água Poland Springs bem gasta por toda parte, e não achei nada demais colocá-la na elegante mesa de centro de madeira ao lado da grande tigela de maçãs frescas de Obama. Assim que o fiz, no entanto, um mordomo removeu imediatamente o objeto feio da vista. Susan, que estava sentada ao lado de Jones, tentou me dar um sorriso encorajador, mas seu rosto tinha o traço de uma careta.

O presidente Obama me cumprimentou calorosamente. "Como vai, Power?" disse ele. "Deixe-me dar um minuto para você se orientar." Tentei diminuir a respiração.

Depois que ele fez um gesto para eu expressar meus pensamentos, eu lhe disse que seu encontro com o secretário-geral acontecia num momento crítico. Na semana anterior, o presidente sudanês Omar al-Bashir havia sido indiciado pelo Tribunal Penal Internacional (TPI) por crimes de guerra e genocídio perpetrados por suas forças em Darfur. Em retaliação, ele acabara de expulsar treze grupos de ajuda internacional de seu país, prejudicando a entrega de alimentos vitais de que os deslocados de Darfur precisavam para sobreviver.

Mais nervosa do que jamais havia estado na presença de Obama, disse a ele que Darfur estava num "momento estratégico". Enfatizei o perigo que ameaçava mais de 1 milhão de habitantes da região e pedi a ele que usasse seus comentários para a imprensa ao lado do secretário-geral para condenar publicamente as ações do presidente Bashir.

"É a primeira vez que sua voz será ouvida dizendo que a expulsão de humanitários é inaceitável", eu disse.

"Mas se eu disser isso", perguntou Obama, "que trunfo teremos para ir até o fim?"

O homem sentado à minha frente na cadeira do presidente parecia e soava como o homem para quem eu havia trabalhado no Senado e na campanha. Porém, após dois meses em seu novo cargo, ele estava diferente.

"Ninguém vai prender Bashir, e seus próprios homens não o derrubarão", continuou Obama. A diretora sênior do NSC para a África tentou responder, mas o presidente também a interrompeu. "O que temos para fazer Bashir cooperar? Os árabes estão conosco?"

Balancei negativamente a cabeça.

"Os africanos?"

"Alguns", eu disse.

"China?"

Baixei os olhos.

O governo chinês, que emergia como uma força importante nos assuntos mundiais, sustentava que um Estado soberano tinha o direito de fazer o que quisesse dentro de suas fronteiras. Essa posição estava enraizada em seu interesse próprio: a China não queria pessoas de fora examinando suas violações internas dos direitos humanos. E apesar de muitos líderes africanos terem declarado sua intenção de nunca mais permitir "outra Ruanda", não estavam dispostos a enfrentar o governo do Sudão, país rico em petróleo.

"Então, que trunfo temos?", perguntou Obama novamente.

Susan entrou em ação, descrevendo o leque de sanções econômicas que poderíamos impor a funcionários do governo sudanês e mencionando a zona de exclusão aérea sugerida por Obama durante a campanha. Mas Obama fora eleito presidente prometendo acabar com as guerras. Manter a força aérea do Sudão no solo ao impor militarmente uma zona de exclusão aérea poderia implicar o início de uma nova guerra.

"Não estou tentando ser difícil nisso", disse o presidente. "Mas simplesmente não temos muitas ferramentas para utilizar, e os sudaneses devem saber disso."

Com a pré-reunião terminando, fiz um último esforço para convencê-lo de que, embora não existisse panaceia, ele ainda deveria manifestar-se.

"O governo sudanês tem uma longa história de fazer ameaças e depois recuar sob pressão pública", falei. "Eles estão muito ansiosos para ter uma relação funcional com seu governo, e sua voz pode fazer uma diferença."

Obama não estava satisfeito, mas bateu palma, sinalizando que era hora de dar as boas-vindas ao secretário-geral.

Em *Genocídio*, eu havia destacado o trabalho de Albert Hirschman, o economista de Princeton que publicou o livro fundamental *A retórica da intransigência* em 1991. Segundo Hirschman, aqueles que não desejavam seguir uma linha de ação específica tendiam a sustentar que determinada política seria fútil ("futilidade"), ou provavelmente tornaria as coisas piores ("perversidade") ou colocaria em risco algum outro objetivo ("ameaça").

O senador Obama e eu havíamos conversado sobre a obra de Hirschman e eu admirara sua capacidade de identificar as restrições que os Estados Unidos enfrentavam e pensar criativamente sobre as maneiras pelas quais poderíamos ultrapassar essas barreiras. Agora, porém, dotado de poderes que nunca tivera antes, ele parecia menos inclinado a acreditar que os Estados Unidos iam conseguir o que queriam. O presidente estava profundamente atento aos riscos, como costumava dizer, de "prometer demais e entregar de menos" — uma versão da preocupação com a futilidade de Hirschman.

Ban Ki-moon foi levado ao Oval e começou a dizer a Obama quanto esperava trabalhar com os membros de sua equipe: "Susan Rice, general Jones, Hillary Clinton, Samantha Jones…". Embora eu tivesse encontrado o secretário--geral várias vezes antes de entrar no governo, não fiquei surpresa de ele haver confundido meu nome. O que me chocou foi o fato de ele me identificar como a mulher de negócios fictícia e viciada em sexo interpretada por Kim Cattrall no seriado *Sex and the City* da HBO. Três dos conselheiros de Ban imediatamente se inclinaram para ele, sussurrando: "Power, Power".

A reunião prosseguiu sem sobressaltos. Depois, tive a agradável surpresa de ver Obama, em sua aparição conjunta na mídia com o secretário-geral, condenar com veemência as ações do governo sudanês. Cartum não concordou em readmitir as treze ONGs, mas permitiria que outros grupos de ajuda recompusessem a maior parte da capacidade humanitária perdida.

Depois de a delegação da ONU deixar o Oval, Obama se aproximou de mim e perguntou para quando era o bebê. "Acho que Barack daria um ótimo nome", brincou.

Eu estava tão ansiosa para conversar com ele sobre questões substanciais de política externa que soltei algumas frases sobre aquilo em que estava trabalhando. Logo vi seus ombros enrijecerem e ele disse que precisava ir para outra reunião.

No início, fiquei irritada, mas pensei a respeito mais tarde e entendi sua reação. "Todo mundo no planeta Terra quer algo dele", eu disse a Cass. "É provável que ele só quisesse uma conversa simples sobre nomes de bebês."

No Senado e durante a campanha, minhas conversas com Obama podiam deslizar entre o pessoal e o político. Mas, agora que era presidente, ele tinha o poder de ordenar que os funcionários do governo agissem em quase todas as questões do mundo. Isso significava que, ao levantar uma questão de política externa com ele, eu não estava iniciando uma discussão interessante. Estava, sim, fazendo uma demanda implícita.

Quando apresentei meu distintivo pela primeira vez para entrar na Sala de Crise, ouvi uma espécie de "alerta de intrusa" interno dentro da minha cabeça. Tendo em vista meu passado de jornalista, me perguntei se as pessoas relutariam em falar durante as reuniões de que eu participasse.

"As pessoas vão pensar que sou apenas uma repórter disfarçada de burocrata?", perguntei a Cass. Ele respondeu com típica sabedoria comportamental astuta. "As pessoas tendem a pensar em si mesmas", disse ele. "É altamente improvável que seus colegas estejam pensando em você."

Mas ele não estava de todo correto. No início do governo, John Prendergast arquitetou a publicação de um brilhante anúncio de meia página no *Washington Post* e na *Politico* que causou alvoroço na Casa Branca. Além de ser meu amigo íntimo, John continuava sendo um dos principais defensores da questão de Darfur, e seu anúncio chocantemente bem informado tinha como alvo deputados específicos, os altos funcionários em geral sem rosto e sem nome que estavam tomando decisões importantes a respeito do modo como nossa administração lidaria com aquela crise africana. O anúncio foi veiculado no mesmo dia em que eles se reuniram para discutir o que os Estados Unidos deviam fazer a seguir e incluía suas fotos e nomes — "Erica, Tom, Jim, Stuart, Michèle".* Além de divulgar o momento exato dessa reunião privada, John conhecia o conteúdo das divisões políticas entre os vices e adjuntos. Muitas pessoas no governo supuseram erroneamente que eu era a fonte.

John fora padrinho de meu casamento. Era padrinho de Declan e cuidara de mim em alguns de meus momentos mais difíceis. Mas quando entrei para o governo, fizemos um pacto de nunca discutir deliberações internas. Eu queria continuar ouvindo o que ele descobria em suas viagens à África e suas recomendações sobre o que deveríamos fazer em várias questões. Mas, tendo trabalhado na Casa Branca de Clinton, John compreendia que nossas conversas relacionadas ao trabalho tinham de ter mão única.

No caso do anúncio de John e em outras ocasiões, eu nunca soube lidar com os rumores sobre minha culpa. Se eu irrompesse nos escritórios de meus superiores para discutir uma suspeita de vazamento, temia que isso sugerisse

---

* Eram, respectivamente, a vice-embaixadora na ONU, Erica Barks-Ruggles, o conselheiro adjunto de Segurança Nacional, Tom Donilon, o secretário adjunto de Estado, Jim Steinberg, o subsecretário do Tesouro, Stuart Levey, e a subsecretária de Defesa para Política, Michèle Flournoy.

que eu era responsável. Mas se eu esperasse que as acusações fossem feitas pessoalmente, teria de esperar muito tempo. O governo, descobri, era muito parecido com o colégio: as pessoas tendiam a falar mal de seus colegas pelas costas e não cara a cara.

Certa vez, Obama me puxou de lado e me alertou para o fato de que, devido aos meus laços com jornalistas e ONGs, havia na Casa Branca quem suspeitasse que eu estava conversando com a imprensa de forma inaceitável. Respondi com firmeza e honestidade: "Nunca, jamais serei eu". Mantive essa promessa e nunca vazei informações, mas como quem vazava nunca foi identificado, a nuvem de suspeita permaneceu.

Na minha vida de escritora antes de entrar para o governo, eu acreditava que a única maneira de entender um lugar era embarcar num avião e passar meses investigando o que estava acontecendo. Parecia-me essencial ouvir pessoalmente as pessoas afetadas pelas decisões da política externa americana. Porém, depois de adquirir a responsabilidade real de ajudar a desenvolver essas políticas, achei quase impossível viajar. Vários funcionários do NSC precisavam aprovar minhas viagens, e meus pedidos iniciais eram quase sempre negados. Quando pedi para participar de uma delegação do Departamento de Estado num diálogo com o governo birmanês, por exemplo, me disseram que eu não poderia ir porque a presença de alguém vista como próxima ao presidente Obama poderia inflar as expectativas de um avanço.

Quando uma viagem proposta aos escritórios da ONU em Genebra foi considerada "não essencial" e recusada por motivos orçamentários, eu me ofereci para pagar do meu bolso. A funcionária administrativa do NSC me olhou incrédula. "Se você está representando o governo dos Estados Unidos", disse, "o governo deve pagar pela viagem."

"Sim", respondi, sem noção, "mas você está dizendo que o governo não vai cobrir minha viagem e mesmo assim quero ir. Vale a pena para mim usar meu próprio dinheiro." Não fui a Genebra.

Eu me irritava por estar presa num escritório. "Sou como uma planta que precisa de luz", reclamei para Cass. E se eu estava assim isolada, pensei, como deve se sentir o presidente Obama?

Durante a campanha, ouvi-o muitas vezes lamentar seu relativo isolamento. Com efeito, nas raras ocasiões em que ele se libertava de seu horário fixo e fazia uma visita espontânea a algum lugar, a equipe da campanha enviava um e-mail dizendo "o urso está solto".

Eu não conseguia imaginar como "o urso" estava lidando agora com a vida na bolha mais robusta e arregimentada do mundo. Aonde quer que fosse, era acompanhado por um comboio de trinta veículos. Não podia fazer quase nada por capricho. Dias ou até semanas antes de ele ir a algum lugar, grandes equipes avançadas garantiam a segurança do destino pretendido e até se encontravam com as pessoas que o cumprimentariam. Para ele, tudo devia parecer ensaiado.

Vendo como ele estava enclausurado, ganhei um respeito totalmente novo pela importância do relativamente obscuro Escritório de Correspondência Presidencial. Cerca de cinquenta membros da equipe e trezentos voluntários ajudavam a decidir quais seriam as dez cartas e mensagens de e-mail escritas ao presidente (das 10 mil que chegavam todos os dias) a ir para o briefing que Obama levava para casa à noite. Essa amostra de correspondência — o "subterrâneo das cartas", como a equipe chamava — dava ao presidente talvez seu mais autêntico vislumbre do mundo real.

Obama jogara basquete durante toda a sua vida, mas, quando se tornou presidente, pareceu preferir o golfe. "Dezoito buracos é o que passa por liberdade neste emprego", ele me explicou uma vez. Para alguém preso por cordões de isolamento e carros blindados, barricadas e detalhes de segurança, uma tarde sob um céu aberto devia significar muito mais do que golfe.

Meu marido estava tendo seus próprios problemas de adaptação ao nosso novo mundo. Ao contrário de mim, Cass precisava ser confirmado pelo Senado antes de poder assumir o emprego dos seus sonhos de dirigir o Oira. Como ex-professor da Universidade de Chicago engajado em garantir que os benefícios regulatórios não excedessem os custos (uma abordagem também defendida pelos republicanos), ele era visto por alguns progressistas como conservador demais para o cargo. Mas foram especialistas e políticos de direita que empreenderam uma campanha a plenos pulmões contra sua confirmação.

Cass publicara mais de quatrocentos artigos (a maioria longos e acadêmicos) e quase quarenta livros. Nunca escrevera com cautela ao analisar temas controversos como aborto, pornografia e direitos dos animais. Quem assistisse somente à Fox News, que distorcia os escritos de Cass, teria pensado que o presidente Obama nomeara um marxista e ativista radical dos direitos dos animais que usaria sua posição no Oira para proibir a caça e o consumo de carne.

Por coincidência, Cass acabara de publicar um livro chamado *On Rumors* [Rumores], sobre a facilidade com que as mentiras eram disseminadas e as reputações manchadas na era da internet. De repente, o autor de *Rumors* se viu objeto das mais loucas falsidades imagináveis. O Centro para a Liberdade do Consumidor escreveu que a nomeação de Cass "poderia significar o fim da agricultura animal, da venda no varejo de carnes e laticínios, da caça e da pesca, da pesquisa biomédica, da propriedade de animais de estimação, zoológicos e aquários, circos itinerantes e inúmeras outras coisas que fazem parte da vida americana". No plenário do Senado, o republicano do Kentucky Jim Bunning alertou: "Segundo a lógica do sr. Sunstein, seu cachorro poderia processá-lo por colocar a coleira um pouco apertada demais".

Glenn Beck, da Fox News, desenvolveu uma obsessão por Cass, rotulando-o de "o mal" e chamando-o de "o homem mais perigoso da América" mais de cem vezes enquanto estava no ar. Para sua audiência noturna de 3 milhões de espectadores, Beck vociferou sobre o livro de coautoria de Cass, *Nudge: Como tomar melhores decisões sobre saúde, dinheiro e felicidade*, que discutia medidas simples que os governos poderiam adotar para melhorar o bem-estar dos cidadãos. Mas, na visão de Beck, as verdadeiras ambições de Cass eram muito mais ameaçadoras: "Primeiro, é cutucar [*nudge*]. Depois é empurrar. Depois é atirar".

Fiquei assustada com quão longe os críticos de Cass pareciam dispostos a ir. Ele recebeu e-mails que variavam de desagradáveis ("acredito que os animais têm direitos, o direito de serem saborosos") a ameaçadores e confusos ("volte para Israel, seu nazista"). A Aliança dos Desportistas dos Estados Unidos convocou seus seguidores a "pegar em armas" para impedir que Cass assumisse o cargo.

Ele começou a receber ameaças de morte em nosso endereço residencial, que não constava da lista. Uma delas, que levei ao chefe de segurança do NSC, dizia:

Se eu fosse você, renunciaria imediatamente. Um indivíduo bem pago, que está armado, sabe onde você mora.

Eu alternava entre me tranquilizar de que esses avisos tinham apenas o objetivo de intimidar e não poder dormir por noites inteiras enquanto olhava para Cass e imaginava alguém realmente o machucando. Por mais terapia que tivesse feito para tentar curar as feridas deixadas pela morte de meu pai, eu ainda temia que o profundo amor e a paz que Cass me trouxera não pudessem durar.

Nós dois sentíamos falta de controlar nosso próprio tempo. E desde o início não sentíamos que estávamos realizando o que queríamos. Ao caminharmos para o carro à noite, fazíamos a avaliação do dia de trabalho de forma abreviada: tínhamos sido "respeitados" ou "não respeitados", "eficazes" ou "não eficazes".

Normalmente, eu dizia a Cass que havia caído, mais uma vez, no quadrante inferior esquerdo: "Não respeitada, não eficaz".

Meu foco se tornou intensamente burocrático. No passado distante, eu tinha sentido meu sangue ferver ao confrontar milicianos sérvios da Bósnia pelos crimes que estavam cometendo. Agora, enfiada num escritório totalmente seguro com as persianas perpetuamente fechadas, meu universo encolhera. A exclusão de uma reunião era o bastante para me enfurecer e dizer a Cass que eu deveria fazer as malas e voltar para Boston. Após as reuniões, um colega do NSC enviava o chamado Resumo das Conclusões (SOC, na sigla em inglês) a todos os presentes, registrando o que havia sido decidido. Se o SOC omitia, por exemplo, minha não concordância em reconhecer uma eleição fradulenta em algum lugar, eu ficava quase tão enfurecida quanto se tivesse testemunhado pessoalmente um soldado espancando um fiscal eleitoral.

Como estávamos esperando um filho, começamos a receber presentes, e um dos livros infantis, *Alexandre e o dia terrível, horrível, nada bom, muito ruim*, se destacou. Estávamos tão desacostumados com a tristeza em nossa vida profissional que nos sentíamos como Alexandre, atolados em espirais de reclamações que estavam se tornando profecias autorrealizáveis. Cass nunca punha sentimentos pessoais em e-mails, mas muitos dias me enviava um SOS em código: "PIPCA" (Podemos ir para casa agora?).*

---

* Em inglês, "CWGHN" (*Can We Go Home Now?*). (N. T.)

Parecia surreal e embaraçosamente egocêntrico estar infeliz trabalhando na Casa Branca. Pensei em meus primos, tios e tias irlandeses, tão impressionados com o meu local de trabalho que planejavam fazer uma longa viagem para fazer visitas pessoais. Eu estava aprendendo muito sobre como a política externa era feita e sendo educada por grandes especialistas em partes do mundo sobre as quais não conhecia muito anteriormente. Depois de pedir a opinião de pessoas de todo o governo, fiz ao presidente recomendações que resultaram na volta dos Estados Unidos a várias agências da ONU das quais o presidente Bush saíra. E eu tinha pressionado com sucesso Obama a levantar a voz contra as atrocidades de guerra perpetradas em países como Sri Lanka e Sudão.

Mas eu sabia que ainda não tinha as relações, a influência ou o domínio dos processos burocráticos necessários para maximizar meu impacto.

21. 24 de abril

Todo ano, no dia 24 de abril, armênios de todo o mundo, inclusive mais de 1 milhão de americanos de ascendência armênia, rememoram o massacre de 1,5 milhão de pessoas perpetrado pelo Império Otomano em 1915. Todo ano, nesse dia, o presidente dos Estados Unidos emite uma declaração condenando a matança. E todos os anos desde 1981 essa declaração deixa de usar a palavra "genocídio" por medo de ofender a Turquia, uma importante aliada da Otan. Como candidato, no entanto, Obama prometeu à comunidade armênio-americana que, se eleito, reconheceria o genocídio.

Em *Genocídio*, descrevi com detalhes consideráveis a tentativa otomana de destruir a população armênia. Também contei a história de Raphael Lemkin, o advogado judeu polonês que havia sido tão influenciado pelos massacres armênios e pelo Holocausto que inventou a palavra "genocídio". Após a publicação de meu livro, estabeleci fortes laços com líderes armênio-americanos e participei de seus eventos comemorativos, onde os rostos curtidos dos sobreviventes do genocídio ainda refletiam a dor intensa de suas perdas. Eu não estava preparada para a emoção dos armênio-americanos quando expressaram sua gratidão a mim, uma estranha, por assumir sua causa. "Obrigado por contar nossa história", disse-me um sobrevivente. "Não sabíamos se acreditariam em nós."

Essas conversas costumavam terminar com uma versão da mesma pergunta: "O que é necessário para fazer o governo americano reconhecer nosso sofrimento?".

Pouco antes de eu chegar ao gabinete de Obama no Senado, em 2005, John Evans, embaixador dos Estados Unidos na Armênia, havia provocado a ira do Departamento de Estado ao declarar em público a verdade verificável de que o "genocídio armênio foi o primeiro genocídio do século XX".[3] Pouco depois, o Departamento de Estado forçou sua aposentadoria antecipada. Em resposta, Mark Lippert e eu havíamos ajudado Obama a preparar uma carta vigorosa à secretária de Estado, Condoleezza Rice, criticando a posição do governo Bush.

A carta de Obama citava Lemkin, bem como Henry Morgenthau Sr., embaixador americano no Império Otomano em 1915, que descreveram a situação como "uma campanha de extermínio racial". A carta a Rice também citava o cônsul americano em Alepo. Ele relatara ter testemunhado um "esquema cuidadosamente planejado para extinguir por completo a raça armênia". Esses diplomatas americanos haviam sido membros do mesmo Departamento de Estado que, nove décadas depois, recusava-se a admitir o que havia acontecido.

"A ocorrência do genocídio armênio em 1915 não é uma 'alegação', uma 'opinião pessoal' ou um 'ponto de vista'", escreveu o senador Obama à secretária Rice. "É um fato amplamente documentado."[4]

O governo turco era o grande impedimento para a mudança da posição dos Estados Unidos. Ancara era incansável na promoção da ideia de que esse "genocídio" não havia acontecido. Ao longo dos anos, aprendi a identificar as autoridades turcas em meus eventos públicos: quase sempre usavam ternos, mesmo nos fins de semana em livrarias da Califórnia, e tendiam a carregar um exemplar do meu livro com o capítulo sobre a Armênia fortemente anotado. Meus críticos turcos escreveram animadas diatribes na página do livro na Amazon, detonando minha erudição supostamente de má qualidade e dando às resenhas títulos do tipo "Propaganda armênia de Harvard".

Depois de ver o senador Obama e outros membros do Congresso assumirem posições tão fortes, comecei a acreditar que o reconhecimento oficial do genocídio pelos Estados Unidos poderia estar ao nosso alcance. Em outubro de 2007, escrevi uma coluna para a revista *Time* intitulada "Honestidade é a melhor política", na qual afirmei que "uma relação estável e frutífera no século XXI não pode ser construída com base numa mentira". No artigo, instei o governo americano a parar de agir como se não tivesse influência sobre a Turquia. Embora fosse verdade que usávamos o país como rota de suprimento para nossas tropas no Iraque, ele era também o terceiro maior recebedor de ajuda externa americana, depois de Israel e Egito, e um parceiro comercial de 7 bilhões de dólares. Ao longo dos anos, o apoio do governo americano levara a Turquia para a Otan e fortalecera suas Forças Armadas. Os Estados Unidos haviam ajudado a construir e a manter a estrategicamente importante Base Aérea de Incirlik, e nossa presença militar contínua nessa base proporcionava à Turquia uma quantidade extra de estabilidade. Atendendo a apelos da Turquia, o governo americano passou a rotular o Partido dos Trabalhadores do Curdistão (PKK) de organização terrorista estrangeira, o que influenciou a decisão posterior da União Europeia de adotar uma designação semelhante. Eu argumentava que a relação entre nossos dois países era profunda o bastante para suportar a raiva turca possivelmente provocada por uma mudança na política americana.

Depois de o senador Obama anunciar a candidatura à presidência, sua campanha procurou capitalizar o forte apoio que ele já tinha entre os armênio--americano. A equipe da campanha que aliciava eleitores circulou a carta enviada por Obama à secretária Rice, e eu fiz um vídeo em que prometia aos armênio-americanos que ele não os decepcionaria como os outros presidentes. Enquadrei a disposição de Obama em reconhecer o genocídio como parte de sua propensão geral a "desafiar a sabedoria convencional e a Washington convencional", que ele já havia demonstrado ao se pronunciar contra a Guerra do Iraque. No vídeo da campanha, eu contava aos espectadores que Obama havia me procurado depois de ler *Genocídio*, que documentava o genocídio armênio, e terminava com o apoio mais pessoal que eu poderia oferecer:

> Eu o conheço muito bem, e ele é uma pessoa de incrível integridade. [...] É alguém em quem se pode realmente confiar, o que o distingue de alguns na cultura de Washington. Espero que vocês o levem a sério, como sempre me levaram a sério.

Embora a questão estivesse longe das preocupações da maioria dos eleitores, o site da campanha de Obama postou sua promessa de que, "como presidente, reconhecerei o genocídio armênio". No dia das eleições, segundo a maioria dos relatos, os eleitores armênio-americanos o apoiaram em massa.

A primeira viagem do presidente Obama ao exterior incluiu uma parada de dois dias na Turquia, menos de três semanas antes do Dia da Rememoração Armênia. Eu sabia que praticamente todo o establishment do sistema de segurança nacional se dedicaria a persuadir Obama a evitar o uso da "palavra G" na viagem, mas achei que poderia fazer uma defesa convincente dos motivos pelos quais ele deveria usá-la.

Eu havia imaginado os difíceis debates políticos no governo como versões mais coloridas das discussões que tínhamos no gabinete do Senado de Obama. O presidente sentaria em sua cadeira (que agora estava no Salão Oval). Ele faria perguntas e cada um de nós declararia sua posição. Seus assessores de confiança discutiriam, então, na frente dele. O presidente tomaria a decisão difícil e nós sairíamos correndo para implementá-la. Mas como eu não estava mais passando um tempo significativo com Obama, não tinha como saber se, ao lado dos assuntos de vida e morte com os quais ele lidava no dia a dia, a questão do reconhecimento seria levada à sua atenção antes de ele voar para a Turquia.

Os debates sobre política externa ocorriam após o briefing diário da inteligência para o presidente pela manhã, mas apenas o vice-presidente, o conselheiro de Segurança Nacional e o conselheiro adjunto de Segurança Nacional participavam regularmente desses encontros. O presidente também convocava a equipe do NSC para expor discordâncias, discutir os problemas mais importantes e considerar questões urgentes. Porém, enquanto nos aproximávamos das duas melhores oportunidades de reconhecer o genocídio durante sua presidência — sua viagem à Turquia no início de abril e sua declaração de 24 de abril —, nenhuma reunião foi agendada.

Bombardeei Denis McDonough e o redator de discursos Ben Rhodes com e-mails nos quais implorava para encontrarmos algum tempo para discutir a questão do reconhecimento com Obama antes de ele partir para a Turquia. Assessores próximos de Obama durante a campanha, Denis e Ben tinham agora na Casa Branca funções mais altas que a minha e, em termos gerais, trabalhavam para que as promessas de campanha de Obama fossem cumpridas.

Tentei explorar o espírito insurgente que havia permeado a campanha, argumentando que Obama deveria não apenas reconhecer o genocídio, mas fazê-lo na Turquia.

"Isso seria a cara de Obama", escrevi para Denis e Ben, embora pressentisse que uma abordagem mais cautelosa estava no ar.

Ao não obter resposta, pedi a eles que, pelo menos, garantissem que o presidente deixaria em aberto a questão do reconhecimento, para que pudéssemos discuti-la em seu retorno. Ressaltei que, para um homem que se orgulhava de reunir sua "equipe de rivais" antes de tomar decisões difíceis, o grupo que viajaria com ele para a Turquia tinha uma visão muito unilateral do assunto.[5] Dos que iam com ele no *Air Force One*, Ben era a única pessoa que pressionava Obama a cumprir sua promessa.

Nos velhos tempos, eu teria simplesmente enviado um e-mail a Obama com meu argumento, e a "infração do processo" que se danasse. Mas, embora ele fosse o primeiro presidente a usar regularmente o e-mail, eu ainda não estava entre as poucas pessoas a dispor de seu endereço eletrônico. Quando partiu para a viagem, eu não fazia ideia de como ele lidaria com a questão quando ela surgisse.

Na primeira entrevista coletiva do presidente em Ancara, não foi uma surpresa quando Christi Parsons, do *Chicago Tribune*, perguntou a respeito:

O senhor disse que, quando fosse presidente, reconheceria o genocídio. Minha pergunta é: o senhor mudou de opinião? Pediu ao presidente Gül que reconhecesse o genocídio pelo nome?

Ao lado do presidente turco Abdullah Gül, Obama deu uma resposta que havia sido claramente redigida, e não muito diversa das tergiversações ouvidas por mim de diplomatas americanos que contornavam a questão ao testemunhar no Capitólio. Ele apontou para as negociações em andamento entre os governos turco e armênio como se oferecessem um canal pelo qual a história contestada poderia ser resolvida:

Bem, minhas opiniões estão registradas e não mudei de opinião [...] o que eu quero fazer é não focar nos meus pontos de vista agora, mas nos pontos de vista dos povos turco e armênio. Se eles podem avançar e lidar com uma história difícil e trágica, acho que o mundo inteiro deveria incentivá-los. [...] E o melhor caminho a seguir para os povos turco e armênio é um processo capaz de analisar o passado de uma maneira honesta, aberta e construtiva.

Eu me encolhi quando ouvi a expressão "história difícil e trágica", que era a esquiva eufemística preferida do Departamento de Estado para genocídio.

Mas foram as palavras "honesta" e "aberta" que de fato me incomodaram. Como poderíamos pedir honestidade e abertura quando nós mesmos não estávamos sendo honestos e abertos a respeito do assunto?

Obviamente, Obama estava correto ao dizer que eram os turcos e os armênios que precisavam resolver questões relativas ao passado. Mas isso era irrelevante. O governo turco não tinha nenhuma intenção de se aprofundar na história otomana. Além disso, fazer um gesto em direção ao que seria ideal e até necessário não eximia nosso governo da responsabilidade de tomar uma decisão clara quanto a reconhecer ou não o genocídio.

Quando o presidente retornou aos Estados Unidos, renovei meus esforços para que pelo menos debatêssemos o que deveria constar da declaração comemorativa anual do dia 24 de abril, quando os armênio-americanos esperavam de Obama o cumprimento de sua promessa de campanha. Para colocar a situação em jargão governamental, era o melhor "evento que forçasse a ação" que eu teria para pressionar a respeito desse assunto.

Trabalhando na Casa Branca havia três meses, eu observara que os hábitos e processos do governo tendiam a ser reflexos institucionalizados da natureza humana. Na vida, quando nos sentimos desconfortáveis com alguma coisa, em geral preferimos evitar discuti-la. No governo, porque há tanta coisa acontecendo, é especialmente fácil escapar de conversas desagradáveis. Com efeito, mesmo quando pretendem de fato ter tempo para debater uma questão importuna, as pessoas são muitas vezes consumidas pelas crises do dia. Em relação ao genocídio armênio, os principais atores tinham pouco incentivo para agendar uma reunião, já que qualquer deliberação da Casa Branca seria desagradável *e* poria em risco o statu quo. Tendo em vista o plano de Obama de retirar as tropas americanas do Iraque e a importância da Turquia para a estabilidade regional, eles relutavam demais em mudar a rotina. O assunto era simplesmente tratado como decidido.

Com a aproximação do dia da Rememoração Armênia, os funcionários do Conselho Nacional de Segurança que aconselhavam o presidente sobre a Europa e haviam organizado sua viagem a Ancara escreveram o primeiro rascunho da declaração comemorativa. Por terem "a caneta" na mão, eles tinham uma vantagem burocrática significativa: decidir quais correções das outras pessoas do NSC aceitar e quais ignorar.

Quando o rascunho chegou à minha mesa, usei o controle de alterações para fazer mudanças significativas na previsível declaração inicial e, óbvio, incluí a palavra "genocídio". Porém, cada vez que circulava um rascunho revisado da declaração, os autores originais cortavam a palavra. Era uma maneira totalmente antisséptica de perceber como íamos frustrar as esperanças de pessoas que haviam confiado em nós.

Com o tempo, decidi oferecer uma formulação que ao menos abriria novos caminhos. Inseri Raphael Lemkin e o fato de os massacres armênios o terem motivado a inventar a palavra "genocídio". Mas o diretor sênior de assuntos europeus me disse que essa abordagem seria "o pior dos dois mundos — fadada a decepcionar os armênios e enfurecer os turcos". Eu devia parar de tentar ser "inteligente demais pela metade".

Não desisti. Naquele ano, a cerimônia do Dia da Rememoração do Holocausto caiu em 23 de abril, e o presidente Obama estava programado para se encontrar com o sobrevivente do Holocausto Elie Wiesel e outros na Rotunda do Capitólio. Eles falariam perante uma grande plateia de sobreviventes, líderes judeus americanos, membros do Congresso e diplomatas estrangeiros. Quando as declarações de Obama para o memorial do Holocausto circularam para aprovação, tentei inserir referências ao genocídio armênio, e meus colegas do NSC mais uma vez rejeitaram meus acréscimos. Tentei incluir referências ao "massacre dos armênios", dizendo que ninguém em nosso governo negava o fato de, em 1915, 1,5 milhão de armênios terem sido mortos. Nisso, também fracassei. Meus colegas argumentaram que a Turquia ficaria chateada ao ver o massacre de armênios incluído num discurso sobre o Holocausto.

"Para eles, isso implicaria que havia sido genocídio", explicou um colega do NSC.

"Sim, implicaria", eu disse, levantando a voz, "porque foi genocídio!"

A redatora de discursos de Obama Sarah Hurwitz havia incluído algumas de minhas outras ideias nos comentários para a rememoração do Holocausto e gentilmente me conseguiu um convite para participar do evento. No momento em que Sarah e eu desembarcamos da van no Capitólio, vimos o presidente Obama descendo de sua limusine à nossa frente, a caminho de uma escada.

Quando ele se virou para olhar para trás, viu-me e fez um aceno amigável, gritando: "Oi, Sam!". Nos velhos tempos, eu talvez não registrasse essa saudação como algo especial. Mas fiquei agradecida. Acenei de volta e me juntei ao grupo de pessoas que o seguiam pelas escadas.

Como não havia viajado com o presidente antes, ainda não experimentara o movimento presidencial, que tem dimensões épicas. Ou você segue o fluxo, ou fica fora da zona totalmente segura em que o presidente habita. Quando Sarah e eu chegamos ao topo da escada, nos fundos da Rotunda, vimos uma entrada VIP, através da qual Valerie Jarrett, David Axelrod e outros membros da equipe sênior se encaminharam para seus assentos. Sarah me disse que planejava ficar de pé atrás da mídia e me incentivou a seguir os VIPs até um assento para que pudesse descansar meu corpo grávido de oito meses durante o evento. Infelizmente, enquanto eu hesitava, sem saber se seguia Sarah ou me sentava, os seguranças isolaram as duas entradas, tanto a dos VIPs quanto a dos outros funcionários. De repente, me vi sozinha.

Um policial do Capitólio apareceu do nada. "Posso ajudá-la, senhora?", perguntou em tom áspero, claramente desconcertado com a visão de uma pessoa deslocada nos bastidores de um evento presidencial. Eu começara o dia de mau humor e agora estava ilhada.

Resisti à vontade de responder: "Sim, senhor. Pode me ajudar gritando 'genocídio armênio' no meio desta cerimônia!". Mas quando eu estava prestes a explicar meu limbo ao oficial, ouvi uma voz familiar.

"Ei, deixe ela em paz! Ela está comigo."

O presidente Obama havia deixado sua área de espera para usar o banheiro, que ficava perto de onde eu estava. "Sr. presidente!", exclamei aflita, mas encantada. Era a primeira vez que o via sozinho desde que assumira a presidência. Ele me deu um abraço caloroso, avaliou minha barriga e perguntou para quando eu estava esperando o bebê.

"O que você está achando de tudo?", ele perguntou.

Por uma fração de segundo, pensei: "Não estrague este momento agradável com um homem que nunca descansa. Ele está falando com você como amigo, não como um presidente a ser influenciado". Mas não pude evitar, pois não era tarde demais para ele mudar de ideia — ainda faltava um dia para o Dia da Rememoração do Genocídio Armênio.

"Estou realmente preocupada com os armênios", respondi.

Os olhos de Obama brilharam — primeiro de surpresa e depois, aparentemente, de raiva.

Eu sabia que estava aproveitando um encontro casual diante do banheiro masculino para tentar influenciar o presidente em uma questão que já havia sido decidida, mas era tarde demais para parar agora.

"Eles realmente contavam conosco", continuei.

"Quer saber", disse o presidente, "também estou preocupado com os armênios. Mas estou preocupado com os armênios vivos. Não com aqueles que não podemos trazer de volta. Eu vivo no presente, Samantha, tentando ajudar os armênios de hoje."

Percebi que ele estava se referindo aos esforços americanos para apoiar as negociações de normalização entre turcos e armênios. Se alcançado, o restabelecimento das relações diplomáticas teria efeitos econômicos profundamente benéficos para os cidadãos da Armênia, e o presidente armênio Serzh Sargsyan dissera a Obama querer fazer um acordo. Obama fora convencido de que, se reconhecesse o genocídio, os turcos ficariam tão irados que abandonariam as discussões com a Armênia.

Eu acreditava que ele estava sendo enganado.

"Sr. presidente, as negociações não vão funcionar", eu disse. "Sabemos que os turcos estão se engajando no processo de normalização precisamente para convencê-lo a não reconhecer o genocídio. Mas eles não são sérios além disso. Logo depois de 24 de abril, recusarão qualquer acordo."

"Bem, sabe de uma coisa?", ele disse bruscamente, antes de se afastar, "não posso me dar ao luxo de não tentar a paz."*

Eu me senti tonta enquanto o policial me escoltava até um assento. Depois que o evento começou, vi Wiesel subir ao pódio. Ele sempre parecia muito frágil e pequeno. Mas como eu já havia testemunhado muitas vezes, assim que começou a falar, a força de suas convicções e de sua sabedoria o fez projetar-se como um gigante.

Depois de descrever o que as autoridades húngaras e os nazistas haviam feito a sua família, Wiesel encontrou uma maneira de encerrar seus comentários com uma proclamação de fé. "Na análise final", disse ele, "acredito no homem, apesar dos homens." E continuou: "Ainda me apego às palavras, pois so-

---

* Embora a Turquia e a Armênia tenham de fato assinado protocolos em outubro de 2009 comprometendo-se a normalizar as relações, o processo desmantelou-se em 2010 e a reaproximação nunca ocorreu.

mos nós que decidimos se elas se tornam lanças ou bálsamos, portadoras de fanatismo ou veículos de entendimento, se são usadas para amaldiçoar ou curar, se estão aqui para causar vergonha ou dar conforto".

O poder das palavras. Perguntei-me como o presidente Obama estava ouvindo o que Wiesel dizia, e se ele sentia algum impulso novo para usar uma palavra que importava para quem havia perdido tanto. Percebi que, apesar da aparente convicção de estar fazendo a escolha certa, ele estava mais em conflito do que queria revelar. Embora a questão do reconhecimento do genocídio armênio fosse pequena no âmbito de sua presidência, ele sabia que sua decisão causaria dor.

Mas ele era o presidente dos Estados Unidos. Por mais que eu tentasse, nunca seria capaz de me colocar no lugar dele ou de entender as variáveis que ele estava sopesando. Ele estava conhecendo o primeiro-ministro turco Recep Tayyip Erdogan e vira quanto era capaz de ser emotivo e errático. Erdogan podia muito bem retaliar contra os Estados Unidos, mesmo que isso prejudicasse seu próprio povo. E com a economia americana ainda perdendo mais de 500 mil empregos por mês e com mais de 130 mil soldados americanos ainda estacionados no Iraque, Obama deve ter sentido que não podia arcar com os riscos.

Eu também compreendia — em algum lugar no fundo de mim — que o debate sobre o reconhecimento dos Estados Unidos havia terminado. Se o presidente não cumprisse sua promessa em 2009, quando tinha maior margem de liberdade e capital político para se arriscar, eu tinha certeza de que não reconheceríamos o genocídio durante sua presidência.

Obama subiu ao pódio. O tema de seu discurso era a responsabilidade individual — como cada um de nós deve decidir se vai participar ou ficar de lado. Ele falou sobre a variedade de fatores que tornaram possível o Holocausto, entre eles "a disposição daqueles que não são perpetradores nem vítimas de aceitar o papel designado de espectador, acreditando [...] na ficção de não termos escolha".

Fiquei impressionada com quanto Obama já parecia tenso com apenas três meses no cargo. Uma parte essencial de sua mensagem sempre fora que um indivíduo podia mudar vidas. Agora, ele era o líder do mundo livre. Com um golpe de caneta, podia perdoar uma pessoa no corredor da morte, mandar soldados americanos para a batalha ou corrigir um erro histórico.

Ele perguntou, como se faz nessas ocasiões: "Como garantir que 'nunca mais' não seja um slogan vazio ou apenas uma aspiração, mas também um chamado à ação?". E respondeu, inconvenientemente à luz da declaração que a Casa Branca divulgaria no dia seguinte sobre o Dia da Rememoração Armênia: "Acredito que começamos fazendo o que estamos fazendo hoje — prestando testemunho, lutando contra o silêncio que é o maior coconspirador do mal".

A cerimônia foi encerrada com o cantor Alberto Mizrahi entoando "A canção dos partisans", também conhecida como "Nunca diga que você chegou ao fim da estrada",* que um combatente clandestino de Vilna escreveu em 1943 ao saber do levante do Gueto de Varsóvia. Vários sobreviventes do Holocausto na plateia estavam chorando.

Quando me levantei para ir embora, emocionalmente esgotada, vários embaixadores europeus me pararam para expressar gratidão pelos comentários do presidente. Não querendo ser rude, permaneci no lugar. Mas quando olhei em volta, não vi mais nenhum funcionário da Casa Branca que fizesse parte da delegação de Obama. Senti-me exausta e corri na direção do comboio.

Era um dia de abril inesperadamente quente, e vi uma fileira de vans e suvs pretos blindados. Bati na janela de um suv, e o motorista a abriu. "Este é o comboio da Casa Branca?", perguntei.

"Não", ele disse, apontando para longe, "é aquele."

Vi uma fila imensa de veículos, incluindo a limusine do presidente e suas muitas escoltas policiais, indo embora. Eu tinha ficado para trás.

Era demais. De pé no sol quente, liguei para Cass e pedi a ele que saísse da reunião em que estava, porque eu precisava dele — ainda uma admissão incomum da minha parte.

"Foi tão horrível", comecei a divagar. "Ele não vai reconhecer o genocídio. Está furioso comigo. E realmente acha que está fazendo a coisa certa — pelos armênios! E, depois disso, todos os palestrantes falaram sobre a importância das palavras e da lembrança da história, para não repetirmos. Depois foram embora sem mim."

* Em inglês, "Never Say that You Have Reached the Final Road". (N. T.)

Cass esperou com calma que eu terminasse. "Estou muito orgulhoso de você", disse ele simplesmente.

Isso me fez disparar de novo.

"Orgulhoso de mim? Como você pode se orgulhar de mim? Eu falhei com todas essas pessoas e amanhã elas ficarão tristes demais. Algumas delas têm cem anos!"

Cass provavelmente percebia que eu não estava no estado de espírito adequado para ter uma discussão. "Só volte ao escritório", disse ele. Olhei para baixo e percebi que não havia trazido minha bolsa comigo.

"Não posso, não tenho dinheiro", falei. Ele disse que me esperaria do lado de fora da Casa Branca e pagaria o taxista.

Sentada no táxi, senti-me como se tivesse dezoito anos, e não com oito meses de gravidez. Quando o táxi parou na esquina onde meu marido estava, Cass deu o dinheiro ao motorista e me abraçou na calçada por muito tempo. Depois de entrarmos no EEOB e passarmos pela segurança, ele me deu a mão e me levou até meu escritório.

Durante a hora seguinte, trabalhei no meu computador, fazendo uma lista dos líderes dos principais grupos armênio-americanos aos quais precisaria telefonar antes da declaração comemorativa do presidente no dia seguinte. Havia dias que eles me contatavam por e-mail e telefone, em busca de pistas esperançosas sobre o que Obama planejava dizer. Eu temia falar com eles.

Embora o ar-condicionado do escritório estivesse ligado, a sala parecia estar fervendo. Minhas roupas estavam grudando em mim e, quando me levantei para ir ao banheiro, notei minhas calças úmidas. Voltei para as pilhas de trabalho na minha mesa, começando a me perguntar se todo o estresse e a emoção do dia deveriam me preocupar.

Liguei para meu obstetra e descrevi como estava me sentindo. Como precaução, ele me disse para ir ao Hospital Sibley. Eu não queria deixar o trabalho no meio da tarde, mas concordei, dizendo aos meus colegas que precisava dar um pulo no hospital. "Volto em uma ou duas horas."

Assim que cheguei, uma enfermeira me levou para fazer exames. "Querida, você não vai a lugar nenhum", ela declarou em seguida. "Sua bolsa rompeu hoje."

Fiquei atordoada. Imaginava que, quando a bolsa se rompia, a água jorrava. Faltavam ainda várias semanas para a data prevista do parto.

"Mas eu ainda não comprei um carrinho!", exclamei, "e não desliguei meu computador." Enquanto dizia essas palavras, me dei conta de como eram ridículas.

De repente, senti-me eufórica. Os médicos não conseguiam identificar o momento exato em que a bolsa se rompera, mas parecia ter acontecido por volta da minha conversa abrupta com o presidente ou talvez logo depois, enquanto eu ouvia os discursos.

Dezoito horas depois de eu dar entrada no Hospital Memorial Sibley — com Cass, mamãe e Eddie a postos —, nasceu Declan Power Sunstein. Ele veio ao mundo em 24 de abril de 2009, Dia da Rememoração do Genocídio Armênio.

22. Reviravolta

Apesar de ter sido firme em minha intenção de tirar três meses de licença-maternidade, quem me conhecia insistia que eu seria incapaz de largar meu BlackBerry. Supus que tinham razão. Eu nunca tinha deixado de trabalhar; desde criança, minha vida exigia movimento constante. Fosse mudando de cidade e país ou fazendo malabarismos entre o ensino, o ativismo e a redação, eu tendia a preencher o tempo livre.

Mas depois de 24 de abril de 2009, pela primeira vez na vida fiquei praticamente parada. Eu me descobri capaz de ficar sentada por uma eternidade, apenas olhando nos olhos verdes do meu recém-nascido ruivo. No passado, quando fazia uma pausa no trabalho, eu era propensa a crises de ansiedade. Mas dessa vez a pulmonite não retornou. Como mãe de primeira viagem, tive de lutar, claro, contra o desejo de me concentrar o tempo todo na saúde e na segurança de meu filho. Como o sentimento de que aconteceria uma tragédia aos meus entes queridos não me abandonara de todo, tentei me fixar no presente e deixar os temores para o futuro. À noite, antes de dormir, eu lembrava a mim mesma: "Todo dia é uma bênção", muitas vezes sussurrando essas palavras para Cass.

Durante minha licença, também pensei muito nas primeiras lutas que enfrentara na Casa Branca. Experimentar essa diminuição no contato com Obama tinha sido um choque para o meu sistema — e para o meu ego. Antes de entrar no governo, eu já sabia que quem participava de reuniões era com frequência tão contestado quanto o que era decidido. Contudo, como membro de longa data do círculo de assessores de Obama, supus erroneamente que o acesso não seria um problema para mim. Durante meus primeiros meses, senti uma surpresa genuína ao me ver — no novo jargão quase cômico da burocracia — "não manifestada" em importantes deliberações sobre o Iraque e o Afeganistão, conflitos que eu vinha discutindo com Obama desde 2005.

Em vez de reconhecer a divisão do trabalho que ocorre necessariamente no governo, levei a coisa para o lado pessoal. As outras pessoas ao meu redor já haviam esquecido minha gafe durante a campanha. Minha relação com a secretária de Estado Clinton, embora não fosse íntima, era cordial. Não obstante, eu continuava angustiada com o que havia acontecido. Quando não era incluída nas reuniões — reuniões que em geral se revelavam desanimadoras quando eu de fato comparecia —, sentia que meus colegas não confiavam em mim ou não valorizavam o que eu tinha a dizer. Mas agora, com mais distância do escritório, eu podia ver que talvez não tivesse sido convidada apenas porque meus chefes estavam tentando evitar reuniões superlotadas com a equipe do NSC.*

Comecei a me concentrar em tudo o que eu ainda podia fazer como parte do governo Obama. Enquanto outras autoridades de segurança nacional sopesavam opções para a guerra liderada pelos Estados Unidos no Afeganistão, eu poderia tentar mobilizar pessoas em torno de iniciativas próprias. Trabalhar em questões mais discretas me daria um espaço maior para manobrar e envolveria menos gente do alto escalão espiando por cima do meu ombro.

Eu não viajaria para o exterior com a mesma frequência de quando era jornalista, mas isso significava que poderia trabalhar em importantes questões de política externa durante o dia e me aconchegar com "meus garotos" — Cass e Declan — à noite. Meus novos desejos de mãe apagaram outros anseios. "Declan me dá calma", escrevi em meu diário. "Quero levar essa calma para trabalhar comigo e mantê-la."

Acima de tudo, percebi que tinha deixado as afrontas se sobreporem à simples e emocionante realidade de que eu trabalhava na Casa Branca para o

* A secretária de Estado Clinton e o secretário de Defesa Gates costumavam ter permissão para levar somente um auxiliar às reuniões do NSC e se queixavam compreensivelmente quando viam a equipe do NSC ocupar os escassos assentos que havia na Sala de Crise.

presidente Barack Obama. No curto período em que estava no cargo, Obama tomara decisões de alto risco que estavam ajudando a mudar a economia. Ele estava implementando regulamentações necessárias para reduzir as emissões de carbono e elaborando um plano que acabaria por proporcionar seguro de saúde a mais de 20 milhões de americanos. E, na política externa, proibira a tortura e iniciara negociações com a Rússia para reduzir nossos respectivos arsenais nucleares. Ele tinha mais três anos e meio de primeiro mandato e nenhuma garantia de um segundo. Eu nunca tivera uma oportunidade como aquela e não podia contar com tê-la de novo.

Eu não podia mudar o fato de que haveria momentos em que o presidente tomaria uma decisão com a qual eu não concordaria, como havia acontecido com o reconhecimento do genocídio armênio. Eu ia sofrer com esses momentos difíceis. Mas pelo menos entendia a lógica de Obama. E eu certamente não havia entrado no governo esperando que seria fácil cumprir todas as promessas de campanha ou vencer todas as batalhas para injetar preocupação com as consequências humanas nas tomadas de decisões de alto nível. Afinal, eu havia escrito um livro sobre como os hábitos burocráticos normais levam o sistema a direções previsíveis. Tinha o grande privilégio de estar numa posição em que poderia pelo menos tentar fazer uma diferença.

É claro, eu ainda sentia pontadas quando via outras pessoas no centro da ação. Estava no meio da licença-maternidade em 4 de junho de 2009 quando Obama fez um importante discurso no Egito para o mundo muçulmano. Sua fala abordava corajosamente as principais tensões entre os Estados Unidos e as sociedades muçulmanas: extremismo violento, liberdade religiosa, direitos das mulheres e o conflito israelense-palestino.

Minha única contribuição para os comentários foi instar Ben a influir para que o presidente renunciasse ao uso da força militar com o objetivo de levar a democracia a outros países. Da boca do presidente, ouvi palavras nas quais sabia que ele acreditava profundamente: "Nenhum sistema de governo pode ou deve ser imposto a uma nação por qualquer outra". Enquanto eu estava em casa cuidando de Declan, então com seis semanas de idade, em nosso sofá vermelho da IKEA, me vi desejando estar no Cairo com o presidente, Ben e os outros.

Vasculhei a internet em busca de reações. A maioria dos comentários parecia apreciar o tom "original" e "humilde" de Obama, mas as pessoas queriam ver quais políticas concretas viriam a seguir. Ele parecia ter uma rara chance de pressionar por reformas em uma parte do mundo onde os horizontes eram obscurecidos por economias corruptas e repressão política.

Em julho de 2009, meus três meses de licença terminaram. Dei um beijo de despedida em Declan e o coloquei nos braços de nossa nova babá residente, María Castro. Ela foi a única razão pela qual pude trabalhar catorze horas por dia na segurança nacional do país durante os oito anos do governo Obama.

María vinha das proximidades de Guadalajara, México, e, desde o início, tratou Declan como se quisesse passar até seus dias de folga com ele. Ela o levava à missa e o ensinou a falar espanhol. Estava tão presente na vida de nosso filho que a primeira palavra pronunciada por ele foi *"lota"*, abreviação de *pelota* (bola) em espanhol. "Mama" (graças a Deus!) veio a seguir. E "Mima", sua versão de María, surgiu pouco tempo depois.

Quando Cass e eu chegávamos em casa, por volta das nove da noite, María havia conseguido preparar o jantar enquanto mantinha Declan entretido. Mesmo tarde da noite, ela de alguma forma demonstrava a energia de quem acabara de começar o dia.

A família de María e a minha se aproximaram. Quando uma das filhas dela teve filhos, Declan os viu como irmãos mais novos, e as filhas, os netos e o marido de María passavam muito tempo em nossa casa enquanto ela trabalhava. Em uma de suas férias, ela viajou para o exterior com mamãe e Eddie, enquanto Declan ficava em casa comigo. Ela era, claro, nossa funcionária e fazia enormes sacrifícios para trabalhar longas horas a fim de nos apoiar, mas às vezes eu sentia como se nossas famílias tivessem unido forças.

Contudo, como minhas horas de trabalho eram excessivas, mesmo uma babá em tempo integral tão dedicada quanto María não era suficiente. Quando voltei ao trabalho, também matriculei Declan numa creche localizada no porão de um prédio do governo, na frente da Casa Branca. Essa proximidade me permitia aparecer duas vezes por dia para amamentá-lo numa cadeira de balanço ao lado de seu berço, antes de María ir buscá-lo no final da tarde.

Embora esquecesse de vez em quando de comer quando era uma funcionária grávida da Casa Branca, nunca deixava de lado o apetite de Declan. Eu me esforçava para dar prioridade às visitas a ele sobre quase todas as outras atividades do dia; corria para a creche, amamentava-o e depois voltava correndo pela rua 17. Às vezes, quando era inesperadamente convocada para uma reunião urgente no gabinete do conselheiro de Segurança Nacional, me doía ligar para a creche e dizer-lhes que deveriam ir em frente e dar a Declan a mamadeira com o leite que eu havia deixado naquela manhã. E quando me atrasava para amamentar, não tinha escrúpulos em correr de salto alto pelos imponentes corredores do EEOB e sair pelos portões da Casa Branca.

Como presidia muitas reuniões ao longo do dia, eu quase não tinha margem de erro para essas visitas. Em várias ocasiões, me peguei começando a desabotoar minha blusa sem pensar enquanto saía do recinto da Casa Branca. Uma vez, um dos meus colegas do NSC que vinha na direção oposta me viu e sorriu. "Me pegou!",* exclamei alegremente enquanto passava correndo. O momento parecia enfatizar o absurdo total do número de tarefas que todos nós estávamos executando a cada dia. Porém, com raras exceções, eu não me sentia distraída no trabalho porque agora tinha um filho. Na verdade, a maternidade me deixou mais focada e eficiente, já que cada hora extra no escritório significava outra hora longe de meu filho.

Assim como outros tantos pais cujo trabalho os priva de passar o tempo desejado com seus filhos, eu estava ciente de que jamais conseguiria refazer as partes dos primeiros meses e anos de Declan que passavam voando. Eu disse a mim mesma que estava "me empanturrando" de vida profissional, mas chegaria o dia em que me empanturraria com minha família, criando um lar permanente. Ainda assim, a cada dois meses do meu período no governo, eu tentava recuar a fim de avaliar se estava fazendo o suficiente no trabalho para justificar todo o tempo passado fora do escritório. Mesmo durante períodos produtivos, nunca me sentia muito bem com minhas escolhas.

Um aspecto que melhorou drasticamente meu ambiente de trabalho foi ganhar um novo grupo de amigas. Gayle Smith, diretora sênior de Desenvolvimento e Democracia, ocupava um escritório no mesmo corredor que o meu. Gayle, também ex-jornalista, tinha cabelos prateados curtos, como os de Grace Jones. Ela havia sido diretora sênior para Assuntos Africanos do presidente Bill

* No original, "*Busted!*", que significa pega, apanhada, mas faz também trocadilho com o busto feminino. (N. T.)

Clinton e se surpreendera ao sentir-se à vontade no governo. Compreendeu minha dificuldade inicial para me situar e explicou pacientemente como funcionava a elaboração de políticas. Percebi que Gayle estava se tornando mais do que apenas uma amiga de trabalho quando entrei em seu escritório e vi que ela havia imprimido uma foto de Declan e a pendurado na parede. Para Gayle, se quiséssemos criar um sentimento de equipe, precisávamos tomar as rédeas das questões. Ela me convidou para ir a sua casa comer comida tailandesa comprada fora, incentivando-me a levar Declan, e começamos a planejar como poderíamos mais que dobrar nosso impacto.

Uma quarta-feira qualquer, Liz Sherwood-Randall, diretora sênior para Assuntos Europeus do NSC, convidou a mim, Gayle e Mary DeRosa, conselheira jurídica do presidente do NSC, para dar uma passada no escritório dela e tomar uma taça de vinho. O que deveria ser uma pausa rápida se transformou numa libertação de noventa minutos, na qual cada uma de nós telefonou a nossas assistentes solicitando cordialmente que tentassem reagendar nossos próximos compromissos devido a "negócios urgentes". Tínhamos muito que discutir: nossas frustrações no NSC, mas também do que nos orgulhávamos e o que esperávamos alcançar. Esse primeiro convite relativamente espontâneo se transformou em uma "hora das garotas" semanal sagrada com vinho, queijo e fofocas. À medida que entravam e saíam mulheres da equipe do NSC, as participantes mudavam.

Alguns anos antes, quando John Prendergast e eu frequentávamos as reuniões da Al-Anon para os membros de famílias de alcoólatras, ambos havíamos adotado um lema da organização que parecia profundo: "Nunca compare seu interior com o exterior de outra pessoa". No entanto, antes de ingressar no que chamamos em nossos calendários oficiais de o "Grupo da Quarta-Feira", eu vinha fazendo exatamente isso com meus colegas da Casa Branca. *Eles* andavam com passos largos pelo escritório. *Eles* estavam constantemente informando o presidente. Sentia-me como um peixe fora d'água. Mas quando conheci minhas colegas diretoras e comecei a descascar as camadas, fiquei sabendo sobre suas próprias lutas. Uma delas estava tentando criar dois adolescentes com um marido que vinha da Califórnia nos finais de semana; outra tinha um filho que estava tendo dificuldades sérias na escola.

Quando elogiei uma de minhas novas amigas pela foto emoldurada de seu briefing com o presidente Obama, ela reagiu com doce vulnerabilidade e disse:

"Fiquei muito empolgada quando alguém me disse que o fotógrafo estava lá". Outra colega confidenciou-me que o grande número de fotos espontâneas dela com o presidente era enganador. "Basicamente, todas as vezes que estive na presença dele, solicitei uma foto", disse ela. "Penduro todas porque isso faz os diplomatas estrangeiros pensarem que sou grande coisa." Com o tempo, fiquei sabendo que nem fui a única a recorrer ao mapa do *Washington Post* para encontrar o Salão Oval.

Essas reuniões de quarta-feira à noite se tornaram uma das poucas partes imóveis da minha agenda. Tal como havia experimentado com as repórteres na Bósnia, me senti parte de uma sororidade — como se aquelas mulheres fossem me apoiar, não importasse o que acontecesse. Cada uma de nós dava às outras uma qualidade de atenção que muitas vezes faltava no mundo transacional em que habitávamos. Quando compartilhei meu hábito de sempre temer o pior quando não conseguia fazer contato com Cass, María ou meus pais, fiquei espantada ao saber que as outras tinham sobressaltos semelhantes. O fato de conhecer mais profundamente a vida de minhas colegas foi um lembrete precioso da relevância da frase "nunca compare seu interior com o exterior de outra pessoa", um mantra que aprendi a manter em primeiro plano na minha mente.

Além das sessões da quarta-feira à noite, também houve uma mudança na maneira como agíamos nos debates diários do NSC sobre diretrizes políticas essenciais para a realização do trabalho. Sem nunca discutir isso ou fazer uma mudança consciente, nos envolvemos por reflexo nas reuniões. Isso não significava que sempre concordássemos umas com as outras. Algumas das minhas discussões mais fortes foram com minhas colegas diretoras seniores. Mas levávamos a sério as ideias umas das outras. Isso significava nunca as deixar simplesmente pairando no ar, o que costumava acontecer em discussões em grandes grupos.

Quando me perguntam hoje como era trabalhar no mundo da segurança nacional sendo mulher, não tenho uma resposta simples. Embora Obama tivesse nomeado mais mulheres para cargos de segurança nacional no nível de gabinete do que qualquer outro presidente anterior, seu NSC era o lugar mais dominado por homens em que já estive nos Estados Unidos. Os homens ocupavam os cargos de conselheiro de Segurança Nacional, conselheiro adjunto de Segurança Nacional, conselheiro de Segurança Interna, chefe de gabinete do NSC, assessor de Comunicação Estratégica e redator de discursos. Durante aquele primeiro ano de governo, esse nível superior do NSC contava com 26 diretores seniores — e apenas seis de nós éramos mulheres.

Tive a sorte de nunca ter sofrido um assédio sexual do tipo que sei que muitas outras mulheres sofreram.* E, embora eu pudesse perceber que eram às vezes condescendentes comigo, nunca tive certeza de que era por causa do meu gênero. Comecei como uma novata completa no governo e, em debates, costumava defender os direitos humanos, que os profissionais de segurança nacional em geral viam como uma prioridade secundária "branda". Mas estar no grupo de quarta-feira me fez sentir o poder dos números.

Também passei a valorizar uma vantagem minha: jogar basquete. Logo depois de voltar da licença-maternidade, participei de jogos periódicos que aconteciam no Departamento do Interior e numa quadra que Obama havia reformado ao lado do gramado da Casa Branca. Jogar partidas de basquete com outros funcionários do governo me proporcionou relações que eu nunca teria cultivado através das interações comuns no escritório. Eu não só competia e brincava com meus colegas do sexo masculino como também os encurralava para promover minha causa mais recente. Compreendi, enfim, por que tantos homens jogavam golfe e as desvantagens profissionais das mulheres (e dos homens) que não jogavam.

De onde Cass e eu estacionávamos todas as manhãs, a rota mais curta para nossos escritórios era simplesmente caminhar dois quarteirões pela rua 17 e virar a oeste para entrar no EEOB, onde trabalhávamos em lados opostos do imenso edifício. Mas, quando voltei da licença, Cass começou a insistir para que entrássemos no prédio pelo portão da frente da Casa Branca, acrescentando cinco minutos à nossa caminhada.

* Em novembro de 2017, quando o movimento #MeToo estava em andamento, mais de duas centenas de mulheres da comunidade da segurança nacional americana — inclusive colegas minhas do governo Obama — assinaram uma carta aberta que apresentava uma avaliação dolorosa de como as mulheres eram tratadas dentro de nossa profissão. Observando que assédio e abuso sexual não eram "um problema somente em Hollywood, no Vale do Silício, nas redações ou no Congresso", a carta declarava: "Muitas mulheres são reprimidas ou expulsas do campo da segurança nacional por homens que usam seu poder para agredir em uma extremidade do espectro e perpetuar — às vezes inconscientemente — ambientes que silenciam, humilham, menosprezam ou negligenciam as mulheres na outra".

Já às sete da manhã, quando exibíamos nossos crachás e passávamos por uma triagem de segurança, víamos turistas pressionando o rosto contra os portões de ferro. Esperavam avistar, se não o próprio presidente, pelo menos Bo, o cachorro da família Obama, ou os repórteres de televisão que faziam suas entradas matinais no gramado.

Quando o dia de trabalho terminava tarde, eu estava tão ansiosa para reencontrar Declan que ficava tentada a desistir desse caminho tortuoso de volta ao nosso carro. No entanto, Cass se recusava a me deixar desviar, insistindo em que passássemos pela Casa Branca iluminada em nossa saída. Essas caminhadas diárias se tornaram uma espécie de ritual de gratidão pela oportunidade que compartilhávamos.

No escritório, eu tentava cumprir os compromissos assumidos comigo mesma enquanto estava de licença. Com o apoio de Denis, ampliei o tamanho da minha equipe de um quase adjunto do NSC (ou "diretor") para quatro; com cada diretor do NSC que trabalhava comigo, poderíamos fazer progredir mais três ou quatro questões do mundo real.

Meus primeiros contratados foram homens, em parte porque muitas das mulheres talentosas com as quais falei sobre trabalhar no NSC me disseram não ter interesse devido ao horário notoriamente extenuante. Mas, pela primeira vez, comecei ativamente a procurar as mulheres que me impressionavam nas reuniões, tentando convencê-las a ingressar na minha pequena equipe, em vez de esperar que se candidatassem. Também dediquei mais energia à construção de coalizões com indivíduos de mesma opinião em todo o governo. E regularizei a prática de realizar várias reuniões por semana com grupos externos, para ter certeza de estar sendo continuamente exposta a novas ideias.

O aspecto do governo que eu menos apreciava antes de ingressar no serviço público era a importância — e a escassez — da "largura de banda". Havia tanta coisa acontecendo no mundo em qualquer dia que era possível perder facilmente uma tarde corrigindo a linguagem de vários comunicados à imprensa. Mort, meu mentor de longa data, instou-me a priorizar, ajudando-me a entender meus dias como análogos aos de minha mãe quando ela trabalhava na sala de emergência. Ele me aconselhou a começar fazendo a triagem: os pacientes em situações de risco de vida deviam ser atendidos em primeiro lugar. Ao mesmo tempo, eu precisava procurar oportunidades. Havia um lugar no mundo que estava maduro para reforma? Havia um conflito ou situação em que, com mais diplomacia, recursos ou pressão, os Estados Unidos poderiam causar um impacto positivo?

Richard Holbrooke, a quem Obama havia nomeado representante especial para o Afeganistão e o Paquistão, também influenciou na definição dessa abordagem. No auge das minhas frustrações com meu novo papel, ele me levou à Martin's Tavern, em Georgetown, para comer um cheeseburger. E sabiamente me pediu para mudar de foco. Em vez de batalhar para participar de reuniões em que eu estaria em minoria, sugeriu que eu priorizasse questões sobre as quais talvez não houvesse nenhuma reunião na Casa Branca.

Holbrooke resumiu esse conselho em uma frase: "Vá aonde eles não estão". Por "eles" se referia a funcionários seniores. Legiões de assessores do governo acorriam a questões importantes que chamavam atenção presidencial. Mas em todo o mundo havia muito sofrimento em lugares esquecidos. Mesmo investindo pouco tempo, dava para apoiar mudanças positivas que não apareceriam no noticiário da noite. Mais abaixo na burocracia, ele e Mort enfatizaram, também era possível encontrar parceiros entusiasmados repletos de ideias sobre como ajudar.

Se eu parecia constrangida por não estar trabalhando em grandes desafios da política externa, Holbrooke me arrancava dessa miopia. "Pare com isso, Sam", dizia ele. "Faça o bem onde você pode fazer o bem. As pessoas nesses países não dão a mínima importância se o que você faz não é prioridade para outra pessoa. A única esperança delas são os Estados Unidos."

Ele levantava meu ânimo, dizendo que, se eu me dedicasse a fazer as coisas e "não à conversa fiada", eu ganharia uma reputação de competência. Levei essa mensagem a sério, dizendo à minha equipe que nosso principal patrimônio era a obstinação. "Nós só temos que nos preocupar mais", disse eu. Nossa vantagem comparativa seria nunca desistir.

Um mês depois de voltar da licença, minha atitude se transformou. Enviei a Cass uma mensagem de e-mail de apenas uma linha: "Revelação: amo meu trabalho".

Neste espírito de oportunismo construtivo, pensei que poderia ajudar os refugiados iraquianos a obter um apoio mais forte do governo americano. Por minha insistência, em 2007, o então candidato Obama havia prometido expandir a assistência humanitária aos 4 milhões de iraquianos deslocados após a invasão americana e aumentar o número de iraquianos reassentados nos Estados Unidos. Em vez de encontrar resistência quando tentei garantir o cumprimento dessas promessas, encontrei muitos funcionários americanos que haviam vivido no Iraque e estavam especialmente preocupados com aqueles que arriscaram a vida trabalhando como tradutores para as nossas Forças Armadas. Quando Obama assumiu o cargo, pelo menos trezentos desses iraquianos já haviam sido assassinados como punição por ajudar nossos soldados.*

Após algumas discussões burocráticas, fui designada "coordenadora da Casa Branca para refugiados iraquianos", o que mostraria ao governo do Iraque e às autoridades de todo o governo americano a ênfase que o presidente Obama dava a essa questão. Para ver a amplitude do que precisava ser feito, decidi tentar de novo fazer uma viagem ao exterior enquanto funcionária do governo. Dessa vez, minha viagem foi aprovada.

A satisfação por enfim poder deixar o mundo insular de Washington ficou imediatamente obscurecida pela constatação de que eu ficaria longe de Declan pela primeira vez desde seu nascimento, quase sete meses antes. Minha mente começou a correr solta, imaginando as várias maneiras pelas quais eu morreria na viagem. Após o pouso no Iraque, nosso veículo seria atacado no "beco das emboscadas", a estrada que ligava o aeroporto de Bagdá à Zona Verde. Ou chegaríamos à embaixada americana — uma fortaleza de 740 milhões de dólares maior que a Cidade do Vaticano — e, assim que nos aventurássemos a sair para encontrar iraquianos deslocados, um homem-bomba jogaria seu caminhão contra o nosso comboio. Nesse aspecto, meus pensamentos mórbidos eram especialmente vívidos, devido ao ano que passei escrevendo sobre o ataque suicida de 2003 à base da ONU em Bagdá, no qual morreram Sérgio Vieira de Mello e outras 22 pessoas.

Na véspera da viagem, eu já mergulhara no que a comunidade de inteligência chamaria de "confiança moderada" de não conseguir voltar para casa. Cass não estava ajudando. Ele não me conhecia na época em que eu viajava para lugares perigosos, e sua ideia de um destino longínquo era a Flórida. Ele achava insana a ideia de fazer uma viagem voluntária ao Iraque.

* Cerca de 142 mil iraquianos trabalharam para o governo e as forças militares americanos e outros programas apoiados pelos Estados Unidos desde o início da guerra, em 2003. Em consequência disso, muitos foram rotulados de "traidores" por extremistas iraquianos e tiveram de se esconder.

Falou sobre o assunto por dias, insistindo várias vezes para eu reconsiderar minha decisão.

Como estava decidida a ir, resolvi escrever uma carta para meu filho, caso meus piores medos se concretizassem. Relendo a carta hoje, é chocante — e comovente — ver como eu estava decidida a dizer a Declan o que meu pai nunca fora capaz de me dizer. Mas também é provável que não seja diferente das cartas que milhares de soldados, trabalhadores humanitários, diplomatas e jornalistas escreveram para seus entes queridos antes de partir.

12 de novembro de 2009

Querido Declan,

Você está lendo este bilhete porque algo ruim aconteceu com sua mãe. Estive seis meses e quase três semanas com você. Esse tempo me encheu — você me encheu — da maior sensação de paz que já conheci. Quando você nasceu, seu pai gritou: "Ele tem cabelo ruivo!". E, a partir daquele momento, estivemos unidos como ruivos — ruivos determinados, orgulhosos, ferozes, observadores — e essa é a parte mais importante —, amáveis. Você e eu, Declan, dois seres irlandeses juntos enfrentando o mundo.

A coisa mais importante a saber é que você tem o melhor pai que qualquer filho teve ou poderia ter. Cass é o melhor pai, porque é o melhor homem. Ele tem um coração enorme. É quase grande demais para este mundo. Às vezes, cinismo e falsidade lhe escapam, porque ele só consegue fazer o bem. Você nasceu de um amor mais concentrado entre duas pessoas do que as palavras podem de fato captar. Talvez você possa assistir ao vídeo do nosso casamento e ter um vislumbre. O amor foi quase instantâneo (embora eu estivesse em negação por um tempo!). E era completamente inabalável. Costumávamos disputar para saber quem amava mais o outro. Talvez você e ele tenham essas disputas um com o outro algum dia. Cass é capaz de amar infinitamente e você se banhará no brilho desse amor pelo resto de sua vida. Eu nunca fui tão feliz. Até os momentos mais baixos dos últimos dois anos foram altos porque eu estava sentada ao lado de Cass.

A segunda coisa a saber é que você mudou minha vida. Eu costumava trabalhar muito — longas horas com um foco realmente determinado — e pensar que o trabalho para mudar o mundo era a minha razão de estar nesta Terra. Ainda quero mudar o mundo — por isso vou para o Iraque —, mas minha nova razão de ser é você e seu pai, nossa família. Todas as noites, quando subo as escadas correndo e ando pelo corredor, e você ouve meus passos e, do sofá vermelho, levanta o pescoço em direção à porta, sinto-me aliviada. Quaisquer que sejam minhas falhas no escritório ou minhas frustrações, toco sua pele macia e sou atingida por um flash de amnésia tão potente que é literalmente como se o dia não tivesse acontecido. No momento em que estou agarrando você e dançamos em direção ao banho, estou maravilhosamente feliz. Cada minuto que tivemos juntos era uma bênção e tornava minha vida melhor.

A terceira e última coisa que gostaria que você soubesse é que você tem a capacidade de cuidar de muitas pessoas em sua longa vida. Por favor, comece com seu pai, o amor da minha vida. E então, quando estiver pronto, olhe em volta para todas as pessoas necessitadas ao seu redor. Você, Declan Power Sunstein, será um menino e um homem de muitos dons. Isso já é óbvio. Por favor, compartilhe-os com outras pessoas. (Mas não se esqueça de começar com o papai, e também com a vovó e Eddie, que me ensinou tudo e, como Cass, sabe amar completamente.) E, à medida que crescer, saiba que sempre que ouvir trovões, serei eu. Sempre que o Red Sox vencer no nono, serei eu. Sempre que você e seu pai dançarem juntos, eu também estarei lá. Estarei sempre observando meus meninos. Meus meninos, a quem amo tanto que sinto meu coração prestes a explodir.

Amor, Mamãe

Na manhã em que saí para o aeroporto, Cass continuou a implorar para eu cancelar a viagem. Então, percebendo tardiamente que estava agravando minha tristeza e preocupação, ele mudou de estratégia. Quando terminei de arrumar as coisas, de repente ouvi Tom Petty e os Heartbreakers tocando no volume máximo de nosso quarto: "Você não precisa viver como um refugiado…". Como tantas vezes conseguia, Cass me fez sorrir.

Quando nos separamos, ele também se saiu bem com um ditado maravilhoso, que se tornou nossa frase de ir em frente: "Sinta o medo e faça a coisa mesmo assim", disse-me ele.

Em comparação com quase todo mundo no Iraque, a verdade é que me mantiveram em notável segurança. Ao contrário de quando viajava sozinha como jornalista, na qualidade de visitante oficial dos Estados Unidos, fui envolta numa bolha armada praticamente em todos os momentos. Nos velhos tempos, as precauções de segurança teriam me dado a sensação de estar algemada.

Mas, devido à minha nova família, fiquei agradecida. O lado oposto dessa proteção foi o fato de perceber quantos membros dos serviços americanos se põem em perigo para proteger visitantes civis como eu. Eles vigiavam nossas rotas e locais de eventos antes de chegarmos, nos levavam de helicóptero sobre áreas insurgentes e dirigiram comboios por ruas congestionadas.

Embora eu fosse me encontrar com o primeiro-ministro iraquiano e seus principais assessores, a parte mais importante da viagem era meu diálogo com dezenas de deslocados iraquianos. Muitos descreveram condições de vida péssimas e falaram com saudade de seus bairros anteriores, dos quais foram expulsos apenas por serem sunitas ou xiitas. Também me encontrei com oficiais militares americanos que me imploraram para fazer mais para ajudar seus tradutores a alcançar a segurança nos Estados Unidos.

Quando voltei a Washington, me pus a trabalhar para expandir o apoio aos iraquianos, cuja vida a invasão americana havia mudado irreparavelmente. Lutei com sucesso para aumentar em cerca de 50 milhões de dólares os recursos postos à disposição daqueles que tentavam voltar para suas casas. Também insisti em reassentar mais iraquianos nos Estados Unidos, uma medida pela qual o governo Bush havia feito muito pouco.[6] Em média, conseguimos trazer cerca de 17 mil iraquianos para os Estados Unidos a cada ano da presidência de Obama, entre eles milhares de intérpretes e outros iraquianos afiliados aos Estados Unidos, junto com suas famílias. E quando descobrimos que os iraquianos que chegavam ao país estavam recebendo tão pouco apoio financeiro que caíam rapidamente na pobreza, encontramos, com Eric Schwartz, o incansável secretário de Estado assistente para refugiados, uma maneira de dobrar o modesto estipêndio inicial que os refugiados recém-reassentados recebiam.*

Apesar do entusiasmo pelo meu trabalho, quando me levantava todas as manhãs, não ansiava por abrir os e-mails e alertas recebidos durante a noite,

---

* O estipêndio, que cobre os primeiros três meses dos refugiados nos Estados Unidos, havia décadas era de novecentos dólares por mês. Não se tratava de dinheiro caído do céu. A maioria dos refugiados chega aos Estados Unidos em situação financeira extremamente precária, mas são obrigados a reembolsar o governo americano pelo custo total de sua viagem, geralmente milhares de dólares, o que os deixa endividados logo após a chegada.

que falavam de um golpe, um massacre, um ataque terrorista ou desastre natural ocorrido em algum lugar do mundo.

Em outubro de 2009, acordei com uma forma muito diferente de má notícia: Barack Obama ganhara o prêmio Nobel da Paz. Menos de um ano após ter assumido a presidência, Obama recebia um prêmio anteriormente concedido a Nelson Mandela, Madre Teresa e dr. Martin Luther King Jr.

Quando dei a notícia a Cass, ele pareceu abalado, como se eu lhe tivesse contado que alguém que conhecíamos estava doente. A escolha parecia insanamente prematura, bem como um presente para os críticos de Obama, que se deliciavam em pintá-lo como uma celebridade cosmopolita, afastada das preocupações da classe trabalhadora do país. Mas não havia como evitar: em dezembro de 2009, Obama iria à Noruega para aceitar o prêmio de maior prestígio no mundo.

Jon Favreau e Ben Rhodes, os dois talentosos redatores de discursos de Obama, assumiram a difícil tarefa de redigir o pronunciamento em que ele aceitaria o Nobel. Entrei no minúsculo escritório de Jon no primeiro andar da Ala Oeste e ele me disse que o presidente havia decidido enfrentar diretamente o constrangimento de receber o prêmio tão cedo em sua presidência. Ele também queria enquadrar o discurso em torno da ironia mais profunda de ganhar um prêmio de paz no exato momento em que destacava 30 mil soldados adicionais para o Afeganistão, aumentando a força de mais de 67 mil soldados americanos no país.

Pensei que aquele poderia ser o discurso mais importante de Obama até então, enquanto minha mente se iluminava com um milhão de ideias de como ele poderia usá-lo para meditar sobre questões profundas de guerra e paz, o mal dos dias modernos e a ética da responsabilidade. No dia seguinte, acertei o alarme para as quatro da manhã, dei de mamar a Declan e depois me sentei no meu computador doméstico para trabalhar. Peguei da minha estante livros sobre a história moderna dos esforços para regulamentar a guerra. Examinei os escritos do teólogo americano Reinhold Niebuhr, que eu havia lido pela primeira vez na faculdade de direito, no curso sobre os critérios políticos e morais para usar a força. E, ao longo de algumas horas, escrevi um memorando detalhado que mostrava que o presidente poderia usar a "teoria da guerra justa" como uma moldura para explicar sua visão do que ele chamava de "nossa segurança comum, humanidade comum". Foi o momento no qual me senti mais animada e segura desde que entrara no governo.

Enviei por e-mail meu longo memorando sobre guerra e moral a Jon e Ben, que, com o tempo expirando, estavam imersos demais na redação do discurso para lê-lo. Decidida a conseguir uma plateia para minhas ideias, levei o memorando a Denis. Inicialmente, ele concordou em entregá-lo a Obama, mas, depois que verifiquei a situação do documento várias vezes, Denis me disse que o presidente estava mergulhado em finalizar sua decisão sobre a nova estratégia em relação ao Afeganistão. Ele não teria tempo para lê-lo.

Depois disso, comecei a carregar uma cópia do memorando comigo, pensando em como poderia passar pelos porteiros da pessoa que eu achava que poderia valorizá-lo. Então, num golpe de sorte, apenas alguns dias antes do discurso, a comitiva de Obama parou enquanto eu estava saindo da Ala Oeste. Quando desceu da limusine, ele me viu e gritou através do pessoal do Serviço Secreto: "Precisamos conversar".

Um dia antes de viajar a Oslo, Obama me chamou ao Salão Oval e descreveu em linhas gerais o discurso que queria fazer. "Eu tenho o barro. Posso ver nele o formato do que estou tentando criar", disse. "Mas talvez não tenha tempo suficiente para executar."

Enquanto ele falava, interrompi-o animadamente com algumas ideias, que ele então repetiu. Senti que nada havia mudado desde a época do Senado, quando discutíamos livros e ideias. Depois de 45 minutos, ele recebeu um bilhete dizendo que precisava encerrar. Entreguei a ele o memorando preparado por mim, que incluía uma história do humanitarismo, um relato da relação entre direitos humanos e conflitos e pensamentos sobre violência de Hume, Kant, Martin Luther King Jr., Niebuhr e Henry Dunant, fundador do Comitê Internacional da Cruz Vermelha.

Obama ficou acordado a noite toda e iniciou um novo discurso do zero, escrevendo em um bloco de anotações amarelo um rascunho detalhado e profundamente original. De manhã, chamou a mim, Jon e Ben ao Oval para nos guiar pelo que havia feito. O presidente havia produzido um texto abraçando contradições que muitos políticos ignoravam. Ele rejeitava o pacifismo diante do mal e da agressão; ao mesmo tempo, insistia que, embora os soldados pudessem alcançar grande glória, "a guerra em si nunca é gloriosa". Criticava a "suspeita reflexa" em relação aos Estados Unidos e ao uso da força militar predominante na Europa, defendendo o histórico americano ao subscrever a ordem global e a paz dos dias modernos na Alemanha, na Coreia e nos Bálcãs.

"Compreendo por que a guerra não é popular", escrevera ele. "Mas também sei de uma coisa: a crença de que a paz é desejável raramente é suficiente para alcançá-la. A paz exige responsabilidade."

Quando saímos do Salão Oval, Obama pôs a mão no meu ombro e disse: "Talvez tenhamos de levá-la como clandestina". Dentro de uma hora, recebi um convite formal para viajar no *Air Force One*. Corri para casa, arrumei uma mala, dei um beijo de despedida em Declan e liguei para Cass de um táxi a caminho do aeroporto para contar que estava a caminho da Noruega.

Jon, Ben, Denis, David Axelrod e eu trabalhamos a noite toda na sala de conferências do avião. O presidente, vestido com uma camisa de golfe e uma calça cáqui, entrava e saía com suas correções manuscritas, enquanto cada um de nós tentava conciliar as principais tensões inerentes ao seu discurso. Não nos parecia ideal que Obama estivesse no que parecia ser sua segunda noite consecutiva em claro, então ficamos aliviados quando ele se retirou para ter algumas horas de sono. Quando acordou, voltou ao discurso, refinando-o até Denis lhe dizer que tinha de deixar para lá.

Uma hora depois, eu estava na prefeitura de Oslo, junto com cerca de mil outras pessoas, e ouvi Obama pronunciar seu discurso do Nobel.

Sendo alguém que está aqui hoje em consequência direta do trabalho de toda a vida do dr. King, sou um testemunho vivo da força moral da não violência. Sei que não há nada de fraco — nada de passivo — nada de ingênuo — no credo e nas vidas de Gandhi e King.

Mas, como chefe de Estado que fez o juramento de proteger e defender minha nação, não posso me deixar guiar unicamente pelos exemplos deles. Encaro o mundo como ele é e não posso ficar parado, sem nada fazer, diante de ameaças ao povo americano. Pois que ninguém se engane: o mal existe no mundo, sim. Um movimento não violento não teria sido capaz de deter os exércitos de Hitler. Negociações não conseguirão convencer os líderes da al-Qaeda a entregarem suas armas. Dizer que a força é às vezes necessária constitui não um apelo ao cinismo, mas o reconhecimento da história, das imperfeições do homem e dos limites da razão.

Ele rejeitou a falsa escolha entre realismo e idealismo ao dizer:

Acredito que a paz é instável onde é negado aos cidadãos o direito de expressarem-se livremente ou seguirem a religião que quiserem, escolherem seus próprios líderes ou se reunirem sem medo. As queixas acumuladas terminam por se inflamar, e a supressão de identidades tribais e religiosas pode levar à violência. Sabemos igualmente que o oposto é verdade. Apenas quando a Europa ficou livre é que finalmente encontrou a paz. Os Estados Unidos jamais travaram uma guerra contra uma democracia, e nossos aliados mais estreitos são governos que protegem os direitos de seus cidadãos. Por mais insensibilidade que se empregue na definição deles, os interesses dos Estados Unidos — e os do mundo — não serão favorecidos pela negação das aspirações humanas. [...]

Podemos reconhecer que a opressão sempre existirá e ainda assim lutar pela justiça. Podemos admitir que a depravação é intratável e ainda assim lutar pela dignidade. Podemos compreender que haverá guerras e ainda assim lutar pela paz.

A plateia ficou tensa de concentração até o fim, mas, quando Obama terminou, explodiu em aplausos prolongados.

Ao longo de toda a minha vida, Barack Obama foi o único presidente capaz de fazer esse discurso. O colunista do *New York Times* David Brooks escreveu: "O discurso de Oslo foi o mais profundo de sua presidência e talvez de sua vida". Até críticos republicanos previsíveis do presidente o elogiaram, inclusive Newt Gingrich e Sarah Palin.

No avião, a caminho de casa, refleti sobre tudo o que conspirara para produzir o discurso — não só a disposição de Obama de enfrentar questões grandes e difíceis e esclarecer o pensamento de pessoas que viveram há muito tempo, mas também os impasses burocráticos e um encontro casual. O processo de elaboração havia sido uma caminhada na corda bamba, mas o resultado final foi lindo.

23. Caixa de ferramentas

Desde as nossas primeiras conversas, Obama e eu falamos sobre a recorrência e a inevitabilidade aparente de atrocidades em massa. Discutíamos não como eliminar o mal, uma fantasia utópica, mas como *otimizar* o que os Estados Unidos faziam em resposta. Agora que Obama era o presidente e eu, sua assessora de direitos humanos responsável pela prevenção de atrocidades, tínhamos a chance de realmente implementar o tipo de mudança pelo qual havíamos batalhado.

Ao fazer a pesquisa para *Genocídio*, eu observara que as deliberações sobre como evitar atrocidades em massa raramente aconteciam em tempo hábil entre os principais tomadores de decisão do governo americano. E as autoridades de nível inferior do país que pressionavam por ação não tinham o poder de autorizá-la e se viam atoladas na paralisia burocrática enquanto a violência se espalhava. Em parte como consequência, o governo americano deixava frequentemente de utilizar ferramentas de baixo custo, como enviar diplomatas para aplicar pressão ou fazer mediação, interromper o fluxo de armas para um país ou trabalhar na ONU para usar forças de paz internacionais.

Em meus textos e no ativismo, eu sustentara que as autoridades americanas deveriam reagir com urgência aos primeiros sinais de alerta e ter o poder de avisar os principais responsáveis por decisões sobre ameaças de violência. Os funcionários de alto nível deveriam então abrir sua caixa de ferramentas, examinando se os benefícios de empregar um determinado instrumento superavam os custos.

As pessoas que me conheciam antes de eu me encontrar com Obama esperavam que a parte mais difícil da minha adaptação ao trabalho na Casa Branca fosse conseguir controlar minha franqueza.

Mas quando elas perguntavam se eu sentia "falta de ter voz própria", eu mal conseguia entender a pergunta.

"A razão pela qual eu exercitava minha voz antes era influenciar pessoas que estavam em cargos como o que tenho agora", eu respondia. "Uma voz não é um fim em si mesmo."

Agora que era funcionária dos Estados Unidos, eu esperava estimular o sistema a considerar rapidamente as opções americanas e internacionais para mitigar a violência.

O presidente Obama gostava de citar uma cena de *Os infiltrados* em que Mark Wahlberg e um policial estão numa campana. Quando o outro policial perde de vista o homem que estão vigiando, Wahlberg, enfurecido, começa a gritar com o policial, que reage indignado: "Quem caralhos é você?".

"Eu sou o cara que faz o trabalho dele", responde Wahlberg. "Você deve ser o outro cara."

Com uma dinâmica semelhante em mente, fiz lobby pela criação do primeiro posto da Casa Branca responsável por coordenar a reação do governo a atrocidades.[7] Eu era responsável por todos os assuntos multilaterais e questões de direitos humanos e precisava de um único indivíduo ao meu lado pensando em tempo integral sobre como evitar atrocidades em massa. Juntos, poderíamos pressionar os tomadores de decisão a autorizar a ação antes que a violência saísse de controle, gerando menos riscos e, possivelmente, salvando mais vidas.

Após consultar o presidente Obama, Denis McDonough (que substituíra Lippert na chefia de gabinete do NSC) concordou em criar o cargo de diretor da NSC para Crimes de Guerra e Atrocidades, o qual se reportaria a mim. Eu tinha uma pessoa muito específica em mente para o posto: um advogado de direitos civis de 32 anos chamado David Pressman, que havia sido auxiliar de Madeleine Albright quando era secretária de Estado.

Conheci David em 2005, quando ele trabalhou com George Clooney com o objetivo de intensificar a pressão pública para que o governo Bush se empenhasse mais em evitar atrocidades em Darfur. Era uma pessoa cheia de contradições que transmitia ambição e, ao longo dos anos, cultivara uma impressionante lista de contatos nos dois partidos políticos. Ele disse que se tornou advogado porque via a lei como uma "linguagem do poder". Contudo, a sensibilidade maquiavélica de David tinha um lado bonito: ele perseguia implacavelmente o objetivo de proteger as pessoas vulneráveis.

Fiel a esse objetivo, obteve, durante a faculdade de direito, uma vaga como secretário na Suprema Corte... de Ruanda. E, embora David pudesse ser um debatedor quase insuportável, também tinha uma capacidade cativante de rir de si mesmo. Eu tinha ouvido a sigla GSD — *Get Shit Done* — usada para elogiar as pessoas que eram eficazes no governo, e eu estava confiante de que a pontuação de David em GSD seria alta.* Ele estava destinado a passar por cima de uma grande quantidade de regras burocráticas, mas eu não conseguia imaginar o tipo de mudança que procurava sem ele.

Depois que David assumiu o posto recém-criado, eu podia contar com a presença dele no escritório quando chegava de manhã cedo, e ele geralmente ficava até bem depois que eu saísse tarde da noite. Acho que nunca cheguei ao EEOB no fim de semana sem encontrar a porta do escritório destrancada e David batendo no teclado. Como não consegui obter mais espaço no escritório, o minúsculo cubículo de minha assistente administrativa foi dividido em dois. Ela e David trabalhavam sem se queixar num espaço improvisado não muito maior que uma geladeira de tamanho médio. "Você evoluiu muito desde que saía com astros do cinema", brinquei com ele.

David e eu nos encontramos com pessoas de dentro e de fora do governo para elaborar uma lista de reformas significativas. E redigimos uma diretiva que o presidente Obama logo repassou ao seu gabinete, declarando que "prevenir atrocidades em massa e genocídio é um interesse central de segurança nacional e uma responsabilidade moral central dos Estados Unidos", além de criar um Conselho de Prevenção de Atrocidades, a primeira estrutura liderada pela Casa Branca encarregada de reagir a alertas iniciais de atrocidades.

* *Get Shit Done*: fazer o que precisa ser feito. (N. T.)

A partir desse ponto, Obama orientou a comunidade de inteligência a preparar uma Estimativa de Inteligência Nacional (NIE) sem precedentes, para identificar os lugares que corriam o maior risco de atrocidades em massa. Autorizou a criação de "canais de alerta" para que as informações sobre crises em desenvolvimento pudessem alcançar mais facilmente os tomadores de decisão, inclusive ele. Orientou o Pentágono a incorporar a prevenção de atrocidades em seu treinamento e planejamento de contingência. Proibiu a entrada de violadores de direitos humanos nos Estados Unidos.[8] E instou o setor privado a criar novas tecnologias que pudessem denunciar ou autenticar violações de direitos humanos.

Mas, embora essas medidas tenham sido pioneiras, o verdadeiro teste da seriedade do governo americano em relação à prevenção de atrocidades em massa ocorreria obviamente no mundo real.

Em 2010, no 15º aniversário do massacre de Srebrenica, retornei à Bósnia como funcionária dos Estados Unidos, aterrissando numa Sarajevo que não era mais a zona de guerra na qual vivi quando era uma jovem repórter. O governo bósnio escolhera 11 de julho, aniversário da queda de Srebrenica, para ser um dia de luto e rememoração em que as famílias se reuniam para enterrar os restos de seus entes queridos, pois especialistas forenses ainda estavam descobrindo fragmentos de ossos e objetos pessoais das vítimas. Cinco anos antes, eu visitara meu amigo David Rohde para ir a uma dessas cerimônias em que 610 homens e meninos haviam sido enterrados. Em 2010, 775 bósnios seriam enfim sepultados.

Antes que a cerimônia oficial começasse no minúsculo vilarejo do leste da Bósnia, afastei-me dos chefes de Estado e dos ministros de Relações Exteriores que circulavam por ali e me aproximei de uma mulher com semblante aflito. Ela me disse em servo-croata que no ano anterior havia enterrado o marido e três de seus cinco filhos, todos assassinados por soldados sérvios da Bósnia. Agora, estava enterrando seu quarto filho.

Eu sabia que minhas palavras soariam vazias. Mas disse a ela que viera em nome do presidente Obama, que queria expressar suas condolências e solidariedade. "*Ja sam nova majka*", acrescentei, mas, assim que disse essas palavras ("sou uma mãe recente") e pensei em Declan, tive dificuldade de continuar.

"*Ne mogu zamisliti Vašu bol*", eu disse. "Não consigo imaginar sua dor."

A mulher começou a falar. "Nos meus sonhos eles estão lá. Mas aí eu acordo e eles se foram. Eles desapareceram." O que ela disse a seguir me abalou: "O filho que estou enterrando hoje tinha apenas dezessete anos. Ele era só um garoto. Não tive tempo de amá-lo o suficiente. Não lhe dei abraços suficientes. Ele não sabia o que significava para mim".

Nunca sabemos quanto tempo teremos com aqueles que amamos. Não pude fazer outra coisa senão abraçar a mulher.

"Não podemos trazer seus filhos ou seu marido de volta", falei quando nos separamos. "Mas nunca desistiremos de levar à Justiça aqueles que fizeram isso com sua família."

Ratko Mladić, o mentor do genocídio de Srebrenica, que fora indiciado pelo tribunal de crimes de guerra da ONU, estava foragido fazia quinze anos. Tinha de haver uma maneira de achá-lo.

Os dois governos anteriores haviam tentado. O Departamento de Estado do presidente Clinton criou um Programa de Recompensas por Crimes de Guerra, espalhando em torno da Bósnia e da Sérvia milhares de pôsteres de PROCURADO com fotos de Mladić e do outro principal indiciado, o líder político sérvio da Bósnia Radovan Karadžić. Os cartazes prometiam 5 milhões de dólares por informações que levassem às detenções. Mas nos primeiros anos de fuga, Mladić se beneficiara de um amplo círculo de protetores que incluía elementos das Forças Armadas sérvias e do poderoso Serviço Federal de Segurança da Rússia.

No início de sua presidência, George W. Bush havia intensificado a caça, enviando mais Forças Especiais para a Bósnia do que os Estados Unidos haviam mobilizado em qualquer outro lugar do mundo desde o final da Guerra Fria. Mas desde 11 de setembro de 2001, rastrear criminosos de guerra dos Bálcãs deixou naturalmente de ser uma prioridade, e os recursos de inteligência e militares dedicados a encontrar Mladić foram transferidos para os esforços de contraterrorismo. Sem pressão dos Estados Unidos, a busca perdeu força.[9]

Após sua posse, o presidente Obama enviou o vice-presidente Joe Biden a Belgrado para encontrar-se com o presidente sérvio Boris Tadić, um reformista que queria estabelecer uma relação mais próxima com o Ocidente. Biden incentivou Tadić a encontrar e prender Mladić. Nosso governo e o do Reino Unido ofereceram assistência às autoridades sérvias para achar o paradeiro do fugitivo. Infelizmente, as pistas concretas continuavam ilusórias.

Usando as ferramentas à nossa disposição, começamos a trabalhar. Stephen Rapp, embaixador itinerante para crimes de guerra, viajou à Sérvia cinco vezes para enfatizar o profundo interesse do presidente Obama pelo caso. Aproveitando o selo de aprovação da Casa Branca, David também iniciou um novo processo no qual reuniu representantes de agências governamentais para procurar maneiras pelas quais os Estados Unidos poderiam capturar aqueles que, como Mladić, haviam sido indiciados por tribunais internacionais por crimes de guerra ou crimes contra humanidade.

David sempre teve grande prazer em inventar novas siglas do governo. "Vamos para a PIFWC!", ele exclamava enquanto caminhava para a Sala de Crise, carregando um grande laptop que continha as informações mais recentes sobre os esforços de nosso governo para rastrear supostos criminosos de guerra. Embora eu nem sempre conseguisse lembrar exatamente o que significava PIFWC (pessoas indiciadas por crimes de guerra), enfiava periodicamente a cabeça no cubículo de David para saber das últimas notícias sobre o paradeiro de Mladić.

"Nada ainda", ele costumava dizer. "Mas ele está no topo da lista!" Se David era pessimista, nunca o demonstrou.

Levar assassinos em massa perante a Justiça significava mais do que apenas fornecer certo grau de resolução às famílias das vítimas, pois promovia os interesses dos Estados Unidos. Encontrar alguém como Mladić removeria um grande impedimento à reconciliação em um lugar para onde o governo americano havia enviado dezenas de milhares de soldados e investido bilhões de dólares em busca de maior estabilidade. Essa lógica se estendia muito além dos Bálcãs. A impunidade das pessoas que cometeram atrocidades indescritíveis enfraquecia governos já frágeis, muitas vezes os mesmos governos que o Departamento de Estado e o Pentágono tentavam com todo esforço fortalecer. O estado de direito era um alicerce essencial para a paz e o desenvolvimento econômico, e mesmo que a apreensão de criminosos de guerra não fosse por si mesma garantia de legalidade, poderia deter outros possíveis assassinos em massa.

Ao enfatizar a importância de prender criminosos de guerra, David e eu obviamente compreendíamos que não seríamos capazes de garantir inteligência ou recursos financeiros adicionais. Para compensar, adotamos dentro do governo uma abordagem que tinha muito em comum com as estratégias dos ativistas: procure por pontos de pressão, identifique aliados em potencial e trabalhe o sistema. E, graças à inovação burocrática relativamente simples das reuniões de PIFWC iniciadas pelo NSC, vi quase imediatamente como a atenção da Casa Branca ativou o interesse de todo o governo e concentrou as mentes na Sérvia.

Numa medida que se mostrou crucial para demonstrar ao governo sérvio quanto o presidente Obama estava profundamente comprometido em ver Mladić ser levado ao tribunal, convidamos Miki Rakić, chefe de gabinete do presidente sérvio, a visitar a Casa Branca. David, que fora diretor de teatro na faculdade e sempre estava de olho na mise en scène, reservou a ornamentada Sala do Tratado Indiano no EEOB para a nossa reunião. Ele achava que os complexos detalhes em ouro e mármore e o piso de azulejos caleidoscópicos serviriam como pano de fundo adequado para eu recitar os benefícios que a Sérvia receberia se Mladić fosse preso. Rakić deixou claro que levaria a mensagem ao seu presidente. Essa dedicação renovada à busca do fugitivo mais procurado da Bósnia ocorreu quase inteiramente nos bastidores, mas sinalizou com sucesso para as autoridades sérvias que deveriam dedicar mais atenção à busca.

Meu telefone tocou às seis da manhã de 26 de maio de 2011. Era David.

"Pegamos Mladić", disse ele, em tom eufórico.

Mal consegui processar a notícia. "Você está brincando?", foi tudo o que pude dizer de início. Mas, para minha surpresa, não era brincadeira. Depois de quinze anos em fuga, um dos criminosos de guerra mais famigerados do mundo estava atrás das grades.

Num esforço conjunto que envolveu as agências de inteligência sérvia, britânica e americana, oficiais do Ministério do Interior sérvio encontraram e prenderam Mladić na casa de campo de seu primo.[10]

Numa declaração em que saudava a prisão, o presidente Obama aplaudiu o presidente Tadić e lembrou o longo histórico dos Estados Unidos, "de Nuremberg até o presente", de busca pela justiça "como um imperativo moral e um elemento essencial de estabilidade e paz".

Obama concluiu: "Que as famílias das vítimas de Mladić encontrem um pouco de consolo na prisão de hoje".*

Sugeri essa frase pensando não apenas na mãe com quem eu falara durante minha visita a Srebrenica, mas em todas as famílias da Bósnia que sofreram perdas inconcebíveis.

---

* Em 2017, o Tribunal Penal Internacional para a ex-Iugoslávia julgaria Mladić por crimes de guerra, crimes contra a humanidade e genocídio, condenando-o à prisão perpétua.

Um dos principais testes de nossa capacidade de sufocar uma possível crise no início, antes que se transformasse em assassinatos em massa, aconteceu no Sudão do Sul.

Segundo um acordo de paz mediado pelo governo Bush em 2005, os eleitores sul-sudaneses deveriam realizar um referendo em janeiro de 2011 sobre a separação ou não do Sudão. Acredita-se que duas décadas de bombardeios e ataques terrestres do governo sudanês resultaram em quase 2 milhões de pessoas mortas, e a população do sul do Sudão queria inequivocamente a independência. Mas quando nos reunimos no NSC para discutir possíveis cenários antes da votação, parecia inconcebível que o governo genocida de Cartum deixasse o sul, rico em petróleo, se tornar independente. O resultado mais provável era o Sudão impedir o referendo ou simplesmente não reconhecer o resultado sem dúvida desfavorável. Ambas as hipóteses provocariam conflitos violentos. ONGs e nossa própria comunidade de inteligência estavam em alerta vermelho.

O governo estava cheio de pessoas que se preocupavam profundamente com o Sudão do Sul, entre elas Susan na ONU, minha amiga Gayle do Grupo de Quarta-Feira e nossos colegas do Departamento de Estado e do NSC que administravam a política para a África. Denis enviou mensagens severas a todas as agências governamentais, dizendo que um referendo pacífico no Sudão do Sul era uma das prioridades pessoais do presidente Obama. Na ONU, Susan negociou um comunicado histórico no qual a China e nações africanas se uniram aos Estados Unidos e à Europa para conclamar o governo sudanês a respeitar o resultado do referendo. Tanto os Estados Unidos quanto a ONU também elaboraram um plano de contingência caso ocorresse violência.

Em grande parte devido a essa pressão constante e uma unidade internacional incomum, o governo sudanês permitiu que a votação avançasse. Cerca de 98% dos 4 milhões de sul-sudaneses registrados votaram, 99% deles a favor da independência. O governo de Cartum aceitou de má vontade o resultado.

Sabendo que os sul-sudaneses haviam experimentado um sofrimento infindável, fiquei imensamente aliviada ao ler no *New York Times* sobre a comemoração deles: "gritavam, cantavam, se abraçavam, se beijavam, faziam gestos de comemoração e dançavam como se quisessem que o dia nunca terminasse, ainda que o sol se pusesse e as filas de votação serpenteassem por quarteirões".

Na Costa do Marfim, as ferramentas que empregamos foram diferentes, mas também tiveram efeitos importantes. Lá, a crise surgiu quando o presidente em exercício, Laurent Gbagbo, não conquistou a reeleição e tentou permanecer no poder enquanto se escondia no complexo presidencial. Forças fiéis a Gbagbo usaram um grande arsenal de armas para atacar civis e bombardear casas em bairros considerados partidários de Alassane Ouattara, o vencedor da eleição. Em fevereiro de 2011, era alta a possibilidade de atrocidades em massa e, como no Sudão do Sul, choviam advertências graves.

Em vez de esperar por tentativas diplomáticas de nível inferior, recomendamos ao presidente Obama que telefonasse a Gbagbo para pressioná-lo a aceitar os resultados das eleições. Quando Gbagbo se esquivou da ligação, enviamos-lhe uma mensagem escrita de Obama, informando que ele enfrentaria consequências caso se recusasse a deixar o governo. Também impusemos restrições de visto e sanções direcionadas a Gbagbo e membros de seu círculo interno, enquanto trabalhamos com outros países com influência na Costa do Marfim para ver se poderiam convencer Gbagbo a se exilar.

Em 1994, durante o genocídio de Ruanda, a maioria das forças de paz da ONU deixou o país quando a violência aumentou. Em Srebrenica, em 1995, as forças da ONU ficaram à espera enquanto um massacre era cometido. Dessa vez foi diferente. A França e os Estados Unidos fizeram com que um Conselho de Segurança da ONU relativamente colaborativo autorizasse os 11 mil soldados da paz da organização no país "a usar todos os meios necessários" para proteger os civis de ataques.

Trabalhando em conjunto com 1600 soldados franceses estacionados na Costa do Marfim, as forças de paz da ONU mostraram uma firmeza incomum e atacaram lugares usados pelos militares para lançar ataques contra civis e, por fim, visaram o complexo presidencial de Gbagbo, de onde ele comandava seus partidários. Gbagbo foi preso em abril de 2011, o que evitou um banho de sangue maior e permitiu a posse de Ouattara, cumprindo a vontade dos eleitores.

Para combater os assassinos do assim chamado Exército de Resistência do Senhor (LRA, na sigla em inglês), o presidente Obama mobilizou recursos americanos em *apoio* aos governos da África Central cujos esforços anteriores haviam fracassado. Formado no norte de Uganda, no final dos anos 1980, por um jovem soldado rebelde chamado Joseph Kony, o LRA matou cerca de 100 mil pessoas, deslocou mais 2,5 milhões e sequestrou pelo menos 60 mil. Kony e seus comandantes forçaram meninos de seis anos a se tornarem soldados e obrigaram mulheres jovens e meninas a agir como escravas sexuais.

Com amplo apoio bipartidário e revigorado por grupos religiosos e estudantis nos Estados Unidos, o presidente Obama ordenou a mobilização de cem militares para fornecer assessoria, treinamento e informações aos esforços militares de Uganda para caçar e desmantelar a liderança do LRA.[11] Embora a presença militar americana possa muitas vezes provocar uma reação no exterior, quando trinta desses assessores se instalaram em Obo, uma cidade depauperada da vizinha República Centro-Africana, os moradores ficaram tão aliviados por terem proteção depois de anos de ataques do LRA que consta terem realizado celebrações noturnas para homenagear os americanos.

Além de trabalhar com as Forças Armadas da região, funcionários do Departamento de Estado e da Usaid ajudaram a construir redes de alerta precoce, usando rádios e torres de telefones celulares, que informavam os movimentos de tropas do LRA a comunidades isoladas. E, em colaboração com os governos da República Centro-Africana, da República Democrática do Congo e do Sudão do Sul, os assessores militares americanos ajudaram a lançar 1 milhão de folhetos com as fotos de ex-combatentes do LRA que haviam voltado para casa em segurança, informações sobre o processo de desmobilização e mapas que mostravam os locais mais próximos onde os membros das milícias poderiam desertar.

Por meio do mesmo Programa de Recompensas por Crimes de Guerra que ajudou na captura de Mladić, o Departamento de Estado ofereceu 5 milhões de dólares por informações que levassem à prisão de Kony e seus dois lugares-tenentes. Embora Kony tenha evitado ser capturado até hoje, um de seus principais auxiliares, Okot Odhiambo, foi encontrado morto em 2015, enquanto outro, Dominic Ongwen, se rendeu às forças americanas e foi enviado no mesmo ano ao TPI. Atualmente, ele está sendo julgado por inúmeras acusações de crimes de guerra e crimes contra a humanidade.

O esforço regional apoiado pelos Estados Unidos fez uma grande diferença. As mortes e deserções no campo de batalha reduziram a força de combate do LRA em mais da metade, corroendo significativamente sua capacidade de aterrorizar civis. Em 2010, antes de o presidente Obama intensificar o envolvimento americano, o LRA matou 776 civis. Em 2013, matou 76. Em 2014, matou treze.

Com dois anos no governo, eu tinha uma avaliação melhor dos limites de nossos recursos — principalmente de nossa atenção, nossos ativos de inteligência e nosso pessoal diplomático de alto nível. Não obstante, percebia que, com o apoio do presidente, a utilização da caixa de ferramentas também poderia render dividendos em outras questões vitais.

Os ataques no exterior contra a comunidade LGBT exigiam atenção. Centenas de pessoas LGBTs estavam sendo mortas anualmente, e dezenas de milhares enfrentavam prisão e ameaças de violência física e sexual. Em 76 países a homossexualidade era criminalizada e em cinco deles (Mauritânia, Sudão, Irã, Arábia Saudita e Iêmen), a punição ainda era a pena de morte.* Embora os ataques aos LGBTs não alcançassem a escala das atrocidades em massa, David e eu decidimos identificar um conjunto de ferramentas que o governo americano poderia usar para promover a segurança e a dignidade de cidadãos perseguidos e atacados por sua orientação sexual.

Apoiar pessoas LGBT em risco em outros países significava abrir um novo campo. Com efeito, pouco antes de o presidente Bush deixar o cargo, seu governo se recusou a apoiar uma declaração da Assembleia Geral da ONU que pedia o fim da criminalização da homossexualidade em todo o mundo, embora outros 66 países, inclusive todos os 27 membros da União Europeia, tivessem assinado o documento. Duas semanas após a posse de Obama, nosso governo inverteu o curso e aderiu à declaração.[12]

Acontecimentos horríveis revelaram como indivíduos LGBT seguiam vulneráveis em muitas partes do mundo. Em 2011, um ativista ugandense de 46 anos chamado David Kato, um dos mais corajosos líderes LGBT do mundo, foi morto a marteladas em sua casa. Seu assassinato ocorreu após a publicação de sua foto com nome e endereço num tabloide de Uganda, em meio a uma lista de cem supostos "homos". A foto de Kato apareceu ao lado das palavras "enforquem-nos".

Devastado pela notícia da morte de Kato, David redigiu uma declaração curta para o presidente Obama, que levei para a cadeia de comando do NSC. Embora o governo de Uganda fosse um aliado no combate ao LRA, sua posição sobre os direitos LGBT era abominável. O assassinato de Kato aterrorizou os

---

* Hoje, setenta países criminalizam a homossexualidade e seis (Irã, Nigéria, Arábia Saudita, Somália, Sudão e Iêmen) impõem a pena de morte por atos sexuais consensuais entre pessoas do mesmo sexo.

ugandenses LGBT, que compreensivelmente não confiavam na polícia para protegê-los da violência. O presidente Obama saudou Kato, cujo nome não era conhecido em nível mundial, como "um poderoso defensor da justiça e da liberdade", que tinha "uma tremenda coragem ao se manifestar contra o ódio". Um amigo de Kato leu a declaração de Obama em seu funeral.

Um chefe de Estado — e não apenas qualquer chefe de Estado, mas o presidente dos Estados Unidos — denunciar o assassinato de um ativista gay no exterior era algo inédito. Contudo, ao levantar sua voz, o presidente Obama deixava claro que se importava com ataques contra indivíduos LGBT onde quer que acontecessem.

No último minuto, decidimos incluir na declaração do presidente uma referência a cinco vítimas LGBT de assassinato em Honduras. Até mesmo essa breve menção chegou às manchetes naquele país. E quando a embaixada americana deu seguimento, oferecendo ajuda, o governo hondurenho concordou em criar uma Força-Tarefa para Vítimas Especiais composta de policiais e promotores federais para investigar crimes contra pessoas LGBT e outros grupos vulneráveis. Informei a respeito desse desdobramento em nossa reunião quinzenal de diretores seniores do NSC, usando os exemplos para ressaltar que as autoridades americanas não deveriam subestimar o poder de suas palavras. Pouco depois, ajudamos a aprovar uma resolução no Conselho de Direitos Humanos da ONU, que, pela primeira vez na história, reconhecia a discriminação contra pessoas LGBT como uma violação dos direitos humanos.

Tínhamos de ser cautelosos na promoção dos direitos LGBT no âmbito internacional, pois quanto mais Obama e outros líderes ocidentais se manifestavam, mais víamos líderes africanos tentando alegar que os "imperialistas" estavam impondo seus valores às culturas tradicionais. Fomos sensíveis ao risco de que o apoio ativo do governo americano a pessoas LGBT no exterior pudesse acabar sendo contraproducente.

Ao mesmo tempo, a reticência dos Estados Unidos ao longo dos anos não impedira que vários líderes e parlamentos africanos propagassem leis preconceituosas (às vezes incentivadas por evangélicos americanos que sentiam a perda de terreno nos Estados Unidos). Nosso silêncio também não impedira que milicianos brutalizassem gays em suas comunidades.

Para manifestar-se publicamente ou envolver governos nos bastidores, seguimos indicações de ativistas LGBT, muitos dos quais estavam bravamente protestando e entrando com processos em tribunais. É claro que entre os ativistas também se podia ouvir uma variedade de opiniões. Mas, em geral, eles diziam que o presidente Obama estava numa posição única para defender os direitos dos gays, pois poderia basear-se na longa luta dos Estados Unidos por direitos civis — e o progresso lento de nosso país em relação aos direitos LGBT — ao explicar a importância da igualdade.

David começou a convocar autoridades de agências de todo o governo a fim de debater o que os Estados Unidos poderiam fazer para integrar os direitos LGBT à nossa política externa. Sabendo que *quem* participava das reuniões do governo — quão envolvidos estavam numa questão ou quanta influência tinham em sua agência de origem — costumava ser um indicador melhor do impacto eventual do que exatamente *o que* estava na agenda, David escolheu a dedo os participantes.

Sempre que eu comparecia a essas reuniões, expressava minha admiração pelo entusiasmo daqueles à mesa. "Nunca vi tantos funcionários radiantes na minha vida", disse a David. Muitas autoridades americanas que se uniram aos nossos esforços identificavam-se como LGBT e gostaram de fazer parte de um processo histórico capaz de ajudar pessoas que viviam nas sombras em outros lugares. O simples fato de que cada reunião começava com um briefing da inteligência sobre ameaças às pessoas LGBT no exterior era uma marca estimulante de uma nova era.

Todo mês de setembro, o presidente viajava a Manhattan para fazer um discurso sobre política externa aos líderes mundiais reunidos na Assembleia Geral da ONU. Como assessora de Obama para a ONU, trabalhei com Susan e sua equipe em Nova York para ajudar a planejar os encontros do presidente com outros chefes de Estado durante sua visita de três dias. Também ofereci a Ben Rhodes ideias para seu discurso anual.

Quando Ben mostrou um rascunho do texto a ser lido na Assembleia Geral de 2011 para um pequeno círculo de funcionários da NSC, tentei acrescentar uma frase na qual Obama instaria os líderes mundiais a respeitar os direitos LGBT. No entanto, toda vez que Ben enviava uma versão revisada do discurso, minha frase havia sido cortada. Como costuma acontecer no apressado processo de escrita de discursos, ele não teve tempo de responder e explicar por que continuava rejeitando minha sugestão.

Tentei telefonar e enviar e-mails. E até recorri, sem sucesso, ao expediente de me plantar diante de sua porta no hotel onde estávamos hospedados. Por fim, na noite anterior à apresentação de Obama, vi Ben do outro lado do saguão e comecei a correr em sua direção. Quando me viu, ele fez uma cara de dor e se apressou em direção ao hall de elevadores mais próximo.

"Não posso", disse Ben quando o alcancei. "Simplesmente não temos espaço. Obama está em cima de mim para cortar mais."

"Eu entendo", disse enquanto me posicionava para que a porta do elevador não pudesse fechar. "Vou lhe enviar uma versão muito mais curta!" Corri para o meu quarto e enviei um e-mail para Ben com um menu de opções para escolher; não tendo recebido resposta até as três da manhã, adormeci. Eu havia alcançado um número decente de mudanças no discurso sobre outras questões de direitos humanos e me resignei com o fato de que aquele não seria o ano em que o presidente Obama assumiria os direitos LGBT na ONU.

Porém, quando acordei algumas horas depois, Ben havia me encaminhado a versão final do discurso com as palavras "feliz aniversário" no alto do e-mail. Meu aniversário (e o de Cass) sempre caía durante a semana da Assembleia Geral da ONU. Na correria, eu havia esquecido disso. Aquele presente de aniversário — como o encontro com Hillary Clinton que Holbrooke me dera de presente de casamento — foi incomum, mas muito apreciado.

Naquele dia, sentada num dos lugares reservados aos Estados Unidos no salão da Assembleia Geral, atrás da secretária Clinton e da embaixadora Rice, prendi a respiração enquanto Obama falava, me perguntando se ele seria recebido com vaias ou aplausos quando declarasse:

Nenhum país deve negar às pessoas seus direitos por causa de quem amam, e é por isso que devemos defender os direitos de gays e lésbicas em todo o mundo.

Ele era o primeiro chefe de Estado a defender os direitos LGBT na Assembleia Geral da ONU.

Devido à casualidade alfabética, o camarote dos Estados Unidos ficava ao lado do da delegação de Zimbábue, onde estava sentado o presidente Robert Mugabe, de 87 anos. Mugabe havia comentado uma vez que os gays eram "piores que cães e porcos e deveriam ser perseguidos pela sociedade". E ele havia supervisionado mudanças no código criminal do país para tornar ilegal o abraço entre homens em público. Assim que Obama invocou os direitos dos gays, ouvi Mugabe gemer: "Meu Deus!".*

Defensores dos direitos humanos em todo o mundo expressaram gratidão a Obama por levantar a questão nesse fórum. Como disse o ativista queniano David Kuria a um jornalista: "Quando um presidente como Obama, com raízes africanas, fala a favor dos direitos dos gays, pelo menos isso mostra que nem todos são homofóbicos e que, de fato, os líderes africanos fazem parte de uma [...] minoria enfraquecida". No ano seguinte, Kuria seria a primeira pessoa abertamente gay a concorrer a um cargo no Quênia.

Depois que saí do salão da Assembleia Geral, encaminhei uma cópia dos comentários de Obama a Sally Brooks, minha amiga íntima do ensino médio, a cuja luta por aceitação quando ela se assumiu, na época em que éramos adolescentes, eu assisti.

As reuniões de David Pressman com representantes de agências governamentais geraram uma série de ideias práticas sobre como expandir nossas ferramentas para ajudar pessoas LGBT em perigo. Reunimos as melhores num documento de orientação presidencial, que Obama assinou. A própria existência do que se tornou um memorando presidencial oficial sobre iniciativas internacionais para promover os direitos humanos de lésbicas, gays, bissexuais e transgêneros reverberou em todo o governo, sinalizando às autoridades de todos os níveis que o presidente estava disposto a combater o preconceito contra os gays.

Obama instruiu as agências governamentais a intensificar a luta diplomática contra a criminalização de pessoas LGBT no exterior. Orientou o Departamento de Estado a melhorar a proteção dos refugiados LGBT e daqueles que procuravam asilo. E incentivou os diplomatas a financiar uma rápida defesa legal para combater a prisão ou perseguição de minorias sexuais.

Durante os oito anos em que Obama foi presidente, as embaixadas americanas abriram suas portas para pessoas LGBT perseguidas, e muitos embaixadores não só participaram de paradas do orgulho LGBT como pressionaram governos estrangeiros a rejeitar a intolerância e a proteger os direitos de todos os seus cidadãos.

O contato pessoal de Obama com a presidente brasileira Dilma Rousseff garantiu tanto a criação de uma unidade especial na Organização dos Estados

* Em 2015, Mugabe usaria seu discurso na Assembleia Geral para proclamar: "Não somos gays!".

Americanos para monitorar os direitos LGBT na América Latina quanto um novo posto de especialista de alto nível (ou "relator especial") para advogar em defesa desses direitos nas Américas.

Hilary Clinton faria um discurso marcante na ONU em Genebra, no qual proclamou que "os direitos LGBT são direitos humanos e os direitos humanos são direitos LGBT", ecoando seu famoso discurso de 1995 sobre os direitos das mulheres em Pequim. Seu sucessor, o secretário de Estado John Kerry, criaria o posto de enviado especial dos Estados Unidos para os direitos humanos das pessoas LGBT. No total, o governo gastaria mais de 30 milhões de dólares para apoiar os defensores na linha de frente dos direitos LGBT em cerca de oitenta países.

E, em poderosos atos simbólicos de estadista, em suas viagens à África, o presidente Obama levantaria a bandeira dos direitos LGBT ao lado dos líderes africanos que os ridicularizavam.

A promoção desses direitos no exterior não afetava apenas os estrangeiros vulneráveis. Ao planejar viajar ou viver no exterior, os americanos LGBT precisavam considerar se sofreriam perseguição, se lhes seriam negados serviços ou até se seriam linchados por sua orientação sexual. Estávamos usando a política externa americana para batalhar pelo dia em que os direitos que estavam finalmente ganhando aceitação em casa não seriam negados no exterior.*

É raro que os líderes obtenham crédito político por prevenir danos ou por tentar melhorar a vida de pessoas vulneráveis. Na prática, as complexidades de quase todas as crises internacionais significam que mesmo um resultado geralmente positivo é complicado e envolve compromissos que não resolvem os problemas na raiz do conflito ou da exclusão. Quando o governo americano assume um papel de liderança na prevenção de atrocidades em massa, às vezes jogam a culpa em nós por não sermos capazes de impedir violações futuras dos direitos humanos. E, infelizmente, a violência muitas vezes se repete.

---

* Em seus esforços internos mais conhecidos, o presidente Obama garantiu a inclusão de soldados LGBT nas Forças Armadas, ampliou as proteções federais contra crimes de ódio e pressionou por um direito nacional ao casamento entre pessoas do mesmo sexo, o que a Suprema Corte reconheceu em 2015.

No sul do Sudão, no final de 2013, por exemplo, alguns dos mesmos políticos e generais que criaram o país levariam seu povo a uma guerra civil selvagem.

Na Síria, veríamos em breve que reformas burocráticas e discussões de alto
nível não poupariam ao presidente Obama o dilema desolador de usar ou não a
força militar para tentar impedir a matança.

Discriminação e ataques contra pessoas LGBT ainda ocorrem em todo o
mundo.

Mas o fato de não podermos corrigir todos os erros não significava que
não poderíamos — ou não deveríamos — tentar melhorar a vida das pessoas e
mitigar a violência onde pudéssemos fazê-lo com um risco razoável.

Convencer o aparato de segurança nacional americano a incorporar a
preocupação com as consequências humanas em nossas relações com outros
países nunca seria fácil. E as pessoas tinham razão ao afirmar que, mesmo em
seu melhor, os Estados Unidos eram inconsistentes. Mas nas ocasiões em que
pressionou outros governos a tratar seus cidadãos com dignidade — algo que
poucos governos assumiram a responsabilidade de fazê-lo —, a influência dos
Estados Unidos conseguiu ser profunda.

24. Revoluções

No início de 2010, o presidente Obama enviou tropas em missão humanitária para ajudar o Haiti a se recuperar de um terremoto devastador que matou mais de 150 mil pessoas. Depois de uma discussão na Sala de Crise entre as principais autoridades de segurança nacional sobre o progresso da missão, puxei de lado o assessor adjunto de Segurança Nacional Tom Donilon. Os participantes da reunião pareciam confusos a respeito do mandato exato das Forças Armadas americanas, e enfatizei que era muito importante que nossas forças no Haiti recebessem um conjunto de tarefas definido com clareza.

Tom trabalhara em todas as administrações democratas desde Jimmy Carter e seria elevado a conselheiro de Segurança Nacional no final daquele ano. Com frequência, ele oferecia discernimento sobre como o governo funcionava e disse que eu não deveria ter esperado até uma reunião de alto nível terminar para expressar meu ponto de vista.

"Escute", disse ele com firmeza. "Se você não ouvir mais nada, ouça isto. Você trabalha na Casa Branca. Não há nenhum outro lugar em que um grupo de pessoas realmente inteligentes, com bom senso, esteja se reunindo e descobrindo o que fazer. O momento mais assustador da sua vida será quando você internalizar completamente isto: não há outra reunião. Você está na reunião. Você é a reunião. Se tem uma preocupação, apresente-a."

* * *

Em maio de 2010, alguns meses depois de as tropas americanas terem retornado do Haiti em segurança e seis meses antes do início da chamada Primavera Árabe, o presidente Obama convidou-me para um almoço a fim de "pôr em dia" os assuntos.

Ele me acompanhou até seu pequeno escritório particular perto do Salão Oval, onde ele e o vice-presidente Biden almoçavam sozinhos uma vez por semana. Quando entrei, vi um par de luvas de boxe vermelhas de Muhammad Ali que eu lembrava que Obama também mantivera em exibição em seu gabinete do Senado. Nas paredes havia uma pintura a óleo do século XIX que retratava Abraham Lincoln elaborando estratégias com seus generais para terminar a Guerra Civil e uma paisagem marinha de Cape Cod que me lembrava a praia em frente à janela do meu antigo apartamento em Winthrop. Obama me disse que elogiara a obra ao vê-la pendurada no gabinete do falecido senador Ted Kennedy, o qual surpreendeu Obama ao dar-lhe de presente o quadro que ele mesmo havia pintado.

"Eu não converso com você o suficiente", disse Obama quando nos sentamos. "Achei que seria útil ouvir sua opinião sobre o que estamos fazendo certo, o que estamos fazendo de errado, que ideais traímos nos últimos tempos."

Para alguém em sua posição, Obama continuava perfeitamente consciente de como estava isolado. Mesmo em particular, ele parecia habitar uma esfera própria. Seu lugar havia sido definido na cabeceira de uma mesa que poderia acomodar seis pessoas, enquanto o meu estava no lado oposto. Embora estivéssemos numa sala pequena, a sensação era de ele estar distante.

Nossa conversa se voltou logo para o Oriente Médio, onde o governo egípcio havia promulgado uma extensão de dois anos de sua severa lei de emergência. Lamentei o fato de os Estados Unidos quase nunca protestarem contra o modo como nossos aliados autocráticos na região agiam, mesmo quando reprimiam seu povo de maneiras autodestrutivas. Conversamos sobre como essas medidas draconianas poderiam ter efeitos desestabilizadores, que acabariam prejudicando os interesses americanos. Obama ficou animado ao falar sobre os governos escleróticos e fora de contato que governam grande parte do mundo árabe.

"Se esses caras não atenderem às demandas dos jovens", previu Obama, "alguma coisa vai acontecer." Ele estava claramente interessado no que essa situação inflamável prenunciava para os povos do Oriente Médio e do norte da África e, por sua vez, para a política externa dos Estados Unidos.

Logo depois do almoço, três dos meus colegas do NSC e eu colaboramos na redação de um memorando para Obama que abordava a necessidade urgente de reformas políticas e econômicas. Trabalhando junto com Dennis Ross, diretor sênior responsável pelo Oriente Médio, Gayle Smith, diretora sênior para Desenvolvimento e Democracia, e Jeremy Weinstein, cientista político que trabalhava com Gayle, propusemos um olhar novo para a política americana no Oriente Médio mais amplo.

Enquanto Gayle, Jeremy e eu trazíamos expertise em democratização, Dennis tinha décadas da experiência regional que nos faltava. Havia sido um participante importante da política para o Oriente Médio em várias administrações presidenciais e fora o principal enviado do presidente George H. W. Bush e do presidente Clinton no processo de paz entre Israel e Palestina. Jeremy, que havia se licenciado de Stanford para trabalhar no NSC, era a alma da nossa equipe. Eu já estava trabalhando com ele num grande projeto global anticorrupção conhecido como Open Government Partnership (OGP) [Parceria para Governo Aberto], que ele havia concebido, e que Gayle e eu encabeçávamos em paralelo aos nossos esforços de reforma no Oriente Médio.* Considerávamos as iniciativas em conjunto, pois a OGP apelava aos governos por mais transparência, o que por sua vez capacitava os cidadãos a responsabilizarem os líderes políticos quando não cumpriam suas promessas. Condizente com sua formação de professor, Jeremy preferia defender pontos de vista para os quais pudesse demonstrar apoio empírico. "Eis o que sabemos", dizia sempre que tentávamos examinar a fundo um dilema aparentemente sem resposta. Então, citava pesquisas acadêmicas sobre os problemas em questão.

Nosso memorando ao presidente Obama alertava que o povo no Oriente Médio e no norte da África estava cada vez mais insatisfeito com seus governos. Pedimos a ele que emitisse uma "Diretiva Presidencial" instruindo as agências

---

* Hoje, a OGP compreende mais de setenta países, que assumiram dezenas de compromissos específicos (totalizando mais de 3 mil) para combater a corrupção e melhorar a prestação de serviços, com o aproveitamento de novas tecnologias e a incorporação do feedback dos cidadãos aos seus programas e políticas.

do governo a examinar como os Estados Unidos poderiam superar essas queixas em fermentação defendendo a causa da reforma.

Obama leu nosso memorando e, em agosto de 2010, emitiu a diretiva formal que recomendamos. Usando a linguagem que sugerimos, disse aos chefes das agências governamentais que o interesse dos Estados Unidos na estabilidade política e econômica era prejudicado pelo apoio cego aos governos autoritários do Oriente Médio e à frequente ignorância de como eles tratavam seus cidadãos. O presidente instruiu os chefes de suas agências de gabinete a identificar a influência que poderíamos usar para incentivar os governos da região a ser mais abertos e receptivos às necessidades de seu povo.

A lógica por trás da orientação do presidente Obama era de que os Estados Unidos precisavam agir enquanto ainda tínhamos tempo para apoiar a *evolução* política no Oriente Médio. Caso contrário, nos veríamos na situação de descobrir como reagir à *revolução*. Ou, como eu disse quando reunimos funcionários no EEOB para informá-los sobre a diretiva: "O presidente Obama acredita que se estivermos dispostos a suportar mais dores agora, haverá menos dores depois".

Com Jeremy sentado atrás de nós numa sala de conferências grande e segura, Dennis, Gayle e eu começamos a presidir reuniões quinzenais com especialistas em Oriente Médio dos departamentos de Estado, Defesa e Tesouro, da comunidade de inteligência e de outras partes do governo. Jeremy e outros funcionários do NSC comandaram reuniões adicionais para desenvolver um conjunto de planos detalhados sobre como envolver países específicos. Usamos essas reuniões para gerar ideias sobre como reformular as políticas americanas de longa data na região, a maioria das quais mudara muito pouco em relação aos governos anteriores.

Muitos especialistas em Oriente Médio do governo que participaram de nossas reuniões argumentavam que o statu quo político na região atendia aos interesses dos Estados Unidos. Portanto, advertiam que os tipos de reformas que estávamos discutindo poderiam trazer consequências negativas. Apesar de Obama pedir explicitamente propostas detalhadas, eles se recusavam a propor maneiras de incentivar os governos do Oriente Médio a mudar.

Essa reação não era de todo surpreendente. Os diplomatas americanos eram nossos primeiros olhos e ouvidos no Oriente Médio e, enquanto alguns eram empreendedores e conseguiam aprofundar-se nas sociedades em que viviam, outros estavam fora de contato com o que chamávamos de "rua": estudantes e jovens adultos, quem morava fora das grandes cidades ou tinha nível socioeconômico mais baixo. As regulamentações de segurança adotadas após os ataques de Onze de Setembro agravaram essa desconexão, pois às vezes os diplomatas também tinham seus movimentos restringidos. Esses fatores significavam que eles tendiam a confiar demais em fontes dos governos e das elites para formar seus pensamentos. Em consequência, o governo americano ouvia pouco os cidadãos que estavam ficando irados com a desigualdade, a corrupção e a repressão em países vistos de fora como estáveis, como a Tunísia e o Egito.

Nos meus primeiros dias no NSC, Richard Holbrooke havia me advertido: eu devia me acostumar a me sentir dependente de outros governos para obter informações. "Funcionários americanos que usam crachás no pescoço correm pelo mundo tentando encontrar funcionários estrangeiros que usam crachás no pescoço. E chamam isso de diplomacia", disse ele. "É por isso que sabemos tão pouco sobre o que de fato está acontecendo em qualquer lugar."

Eu não era especialista em Oriente Médio, e o temor dos especialistas regionais em alterar o statu quo tinha credibilidade. Porém, muitos de seus argumentos pareciam não ter sido testados em décadas. Como padrão de referência, muitos pareciam supor de forma automática que o statu quo *podia* ser mantido. Por outro lado, Dennis, Gayle, Jeremy e eu sustentávamos que os regimes que consistentemente fracassavam em atender às necessidades do povo sofreriam cada vez mais pressões. E quando os cidadãos contestavam a maneira como estavam sendo governados, líderes de longa data podiam se ver em breve encurralados, recorrendo a meios cada vez mais incendiários para se perpetuar no poder.

Pesquisas já haviam mostrado que, quanto mais repressivos os governos se tornavam ao tentar conter a fermentação do descontentamento, menos legitimidade tinham junto ao seu povo. Quando levávamos em consideração as principais tendências, como desemprego em massa, uma população predominantemente composta de jovens, tecnologias que aumentavam a capacidade das pessoas comuns de ver o padrão de vida das elites e de organizar-se, concluíamos que a mudança estava a caminho. Ou, como Obama previra durante o almoço, "alguma coisa vai acontecer".

Defendemos a construção de uma política americana para a região baseada em princípios, em vez de continuar a confiar em líderes específicos. Para transmitir nossa opinião, começamos a usar as sessões quinzenais para contestar as suposições tradicionais. Lembramos aos participantes que o presidente tunisiano Zine El Abidine Ben Ali tinha 74 anos, o presidente egípcio Hosni Mubarak, 82, e o rei Abdullah, da Arábia Saudita, 86. Como os líderes autoritários não viveriam para sempre, perguntamos a nossos colegas o que aconteceria depois que esses homens saíssem de cena.

Mubarak, por exemplo, planejava entregar o poder a seu filho Gamal. Isso incomodava muitos egípcios, que consideravam Gamal corrupto e queriam participar da decisão sobre quem governaria seu país. No entanto, as autoridades americanas não haviam pressionado em favor de eleições justas, temendo que isso colocasse em risco o apoio do governo egípcio à paz com Israel e à cooperação contra o terrorismo junto aos Estados Unidos. Porém, quando discutimos o que motivava o governo egípcio, conseguimos chegar a um relativo consenso: os líderes do país estavam atentos aos seus próprios interesses de segurança. Mesmo que os contestássemos em questões de governança, eles tinham amplas razões para seguir com as diretrizes sobre Israel e sobre terrorismo às quais queríamos que dessem continuidade.

Após quatro meses de reuniões, muitos dos participantes mais céticos pareciam concordar com a necessidade de buscar mudanças gradativas, mas significativas. Juntos, chegamos a um conjunto de princípios fundamentais que forneciam a base para uma nova abordagem sobre a região. As autoridades americanas começariam a falar mais em público sobre questões que sabíamos que repercutiam junto aos cidadãos frustrados. Até o Pentágono deveria transmitir a mensagem do presidente sobre a importância da reforma. E diferentes agências aplicariam uma série de estímulos e punições para tentar convencer os governos do Oriente Médio e do norte da África a responder de forma positiva às nossas recomendações. Também desenvolvemos propostas de reforma definidas para alguns países específicos.

Depois de o presidente abençoar a nova estratégia, o que esperávamos que fizesse alguns dias depois de receber os planos, ainda enfrentaríamos muitos obstáculos. Os ditadores da região naturalmente resistiriam à liberalização, e algumas autoridades americanas não se entusiasmariam com a implementação das orientações do presidente. Ainda assim, a existência de uma agenda de reformas do governo dos Estados Unidos para o Oriente Médio em geral representava uma mudança.

Em 17 de dezembro de 2010, bem quando estávamos enviando essa grande quantidade de material ao presidente Obama para sua aprovação, um vendedor de frutas tunisiano tocou fogo no próprio corpo.

O desesperado ato de protesto de Mohamed Bouazizi contra a corrupção e a humilhação desencadeou uma cascata de revoltas que reordenariam grandes áreas do mundo árabe. Essas revoltas acabariam impactando o rumo da presidência de Obama mais do que qualquer outro acontecimento geopolítico durante seus oito anos no cargo.

A revolução havia começado.

Quase dois meses depois do início do levante tunisiano e quatro dias após Mubarak, o governante aparentemente eterno do Egito, ter sido afastado, os protestos chegaram à Líbia. Em 15 de fevereiro de 2011, na cidade de Benghazi, no leste do país, o serviço de segurança interna da Líbia prendeu Fathi Terbil, advogado de 39 anos que havia passado anos defendendo as vítimas do líder líbio Muammar Kadafi. Naquela noite, centenas de pessoas se reuniram para exigir a libertação de Terbil e, nos dois dias seguintes, líbios em outras cidades foram às ruas.

Em reação, as forças do regime líbio começaram a atirar em civis. Esses ataques provocaram mais manifestações — e mais violência. Após quatro dias de protestos, 233 pessoas haviam sido mortas e os líbios-americanos telefonavam freneticamente para a Casa Branca, pedindo ajuda.

Antes da Primavera Árabe, Kadafi parecia um personagem tão caricatural que às vezes se perdia de vista sua ferocidade. A única vez que eu o vira pessoalmente foi em 2009, quando ajudei a organizar a primeira ida do presidente Obama à ONU. Kadafi falou para a Assembleia Geral logo depois de Obama, quando divagou por cem minutos e, a certa altura, jogou teatralmente uma cópia da Carta da ONU por cima do ombro.

No entanto, ao lado de suas palhaçadas espalhafatosas, durante seus 42 anos no poder Kadafi transformara a Líbia em um dos Estados mais repressivos do mundo. Tornara ilegal realizar manifestações ou criticar o governo. O código criminal de seu regime transformara várias formas de oposição política em crimes capitais, e o judiciário já havia proferido uma sentença de morte para alguém acusado de fundar uma ONG. As forças de segurança da Líbia tornaram-se famosas por perseguir, torturar e executar sumariamente quem desafiasse o governo de Kadafi. Em 1996, ao longo de 24 horas, elas mataram 1270 detidos na prisão de Trípoli, que abrigava muitos presos políticos. A polícia secreta, a milícia apoiada pelo Estado e outros elementos armados tinham total impunidade para aterrorizar o povo líbio.

Quando o regime de Kadafi voltou suas armas contra manifestantes pacíficos, Obama condenou em público a repressão. Na Tunísia e no Egito, a pressão dele e de outros líderes mundiais foi importante para convencer as Forças Armadas desses países a permitir que os protestos continuassem. Mas com a Líbia, os Estados Unidos haviam acabado de restabelecer relações diplomáticas completas, em 2006.[13] Com laços incipientes entre os dois governos, as altas autoridades americanas não podiam ligar para seus equivalentes em outros países na esperança de influenciar as decisões tomadas por Kadafi e seu círculo interno.

De qualquer maneira, é pouco provável que o ditador líbio tivesse dado ouvidos. Em vez de mostrar sinais de abrandamento, ele prometeu — e cumpriu — usar mais violência. Depois que os protestos se espalharam de Benghazi, segunda maior cidade do país, para a capital Trípoli, o filho de Kadafi, Seif al-Islam, se dirigiu ao país e falou nos "rios de sangue" que correriam se as manifestações continuassem. Aproximadamente dez dias após os primeiros protestos nas principais ruas, a ONU informou que mais de mil pessoas já haviam sido mortas.

O presidente Obama já havia visto o suficiente e, em 26 de fevereiro, apelou a Kadafi para que renunciasse.

Naqueles dias ainda iniciais da Primavera Árabe, Ben Rhodes chamou minha atenção para o fato de os acontecimentos no Oriente Médio terem se tornado "papo de escritório". Americanos que em geral não acompanhavam eventos atuais foram cativados pelos protestos em massa e acompanhavam de perto o que Obama estava fazendo a respeito. O presidente fora reticente quando a "Revolução Verde" do Irã eclodira em 2009, temendo que seu apoio aberto permitisse ao governo iraniano chamar os manifestantes de agentes apoiados pelos americanos. Com a Líbia, no entanto, Obama foi vigoroso. Para convencer Kadafi a negociar sua saída política, instruiu Donilon a conseguir que as agências governamentais identificassem fontes de influência sobre o líder líbio.

Tudo o que sabíamos sobre a personalidade de Kadafi sugeria que ele se importava muitíssimo com suas posses mundanas. Pensávamos que, se acreditasse que sua riqueza estava em perigo, ele poderia deter a violência e se afastar do poder, seguindo o exemplo dos líderes da Tunísia e do Egito. Agindo com rapidez, congelamos 37 bilhões de dólares dos ativos de Kadafi nos Estados Unidos, enquanto nossos aliados da Otan congelavam outros 30 bilhões.

Em seguida, instamos o mundo a tomar medidas para pressionar o regime líbio. A Liga Árabe, principal organização regional para as nações árabes, suspendeu a participação da Líbia, embora ela estivesse na sua presidência. A Assembleia Geral da ONU também suspendeu o país do Conselho de Direitos Humanos (para o qual, aliás, nunca deveria ter sido eleita) e convocou uma sessão de emergência para criar uma comissão que investigaria os crimes de guerra do país. A Organização de Cooperação Islâmica, que reunia 57 países, também condenou o "uso excessivo da força" de Kadafi, que criara "um desastre humanitário".

Uma voz poderosa durante esse período foi o próprio embaixador da Líbia na ONU, Abdurrahman Mohamed Shalgham, um velho defensor do regime que passou à oposição porque ficou horrorizado com a brutalidade de Kadafi. Numa cena extraordinária, quando estava sentado no lugar designado para a Líbia, ele implorou ao mundo para deter seu presidente.

"Por favor, Nações Unidas, salvem a Líbia", implorou. "Não ao derramamento de sangue. Não à matança de inocentes." O vice-embaixador da Líbia, que desertara vários dias antes de Shalgham, chorava atrás de seu chefe.

Menos de duas semanas após o início dos protestos, os Estados Unidos lideraram o Conselho de Segurança, que, por unanimidade, impôs um embargo de armas e sanções econômicas ao regime de Kadafi. O Conselho também encaminhou os crimes de guerra e crimes contra a humanidade cometidos na Líbia ao Tribunal Penal Internacional. Eu havia trabalhado com Susan e sua equipe em Nova York para aprimorar os elementos da resolução de longo alcance. Quando ela foi aprovada com velocidade recorde, pensei que se tratava provavelmente do melhor exemplo na história do uso rápido por governos de uma vasta gama de "instrumentos da caixa de ferramentas" para tentar deter atrocidades. A resolução também foi notável por unir países como China, Rússia, Alemanha, Nigéria, África do Sul e Estados Unidos numa complexa questão de segurança internacional — coisa rara na geopolítica.

A solidariedade geral entre as nações refletia o horror sincero à repressão assassina de Kadafi, mas também destacava o isolamento internacional do líder líbio, que antecedia a Primavera Árabe. Kadafi havia financiado insurgências e apoiado o terrorismo em inúmeros países. Também mentira ou insultara um grande número de chefes de Estado. Era o único a praticamente não ter amigos que o defendessem. Nem a China. Nem a Rússia. Nem seus colegas autocratas no mundo árabe.

Esperávamos que, diante dessa unidade global, Kadafi reconhecesse o final de seu jogo sangrento e decidisse negociar o fim da crise.* Mas em nenhum momento o líder líbio deu passos genuínos em direção a uma solução pacífica.

Como assessora de direitos humanos e para a ONU do presidente, de repente me vi mais perto do centro da ação na Casa Branca do que antes. Aceitei com entusiasmo a responsabilidade que isso envolvia, embora coincidisse com um período muito difícil na minha vida pessoal.

No ano anterior, Cass e eu havíamos começado a tentar ter um segundo filho. Tivemos a sorte de engravidar rapidamente, mas abortei várias semanas depois. Isso tornou-se um padrão: tivemos mais três abortos sucessivos.

Um deles ocorreu quando eu estava grávida de dois meses de um bebê que já tínhamos decidido chamar de "Jack" se fosse menino. Na época, eu estava no Sri Lanka tentando convencer o presidente do país da necessidade de responsabilização por crimes de guerra cometidos nos últimos estágios da guerra de seu governo contra os Tigres Tâmeis. Comecei a sangrar no momento em que embarquei no avião para casa.

Depois de desembarcar em Washington, encontrei-me com Cass e fomos direto para a sala de emergência do Hospital Sibley. Um técnico de ultrassom me examinou, movendo a sonda para a frente e para trás na parte inferior de minha barriga. Sua pressão rítmica fez parecer que o bebê estivesse se movendo na tela, e meu ânimo disparou.

"Lá está seu bebê", disse o técnico.

"E o batimento cardíaco dele?", perguntei, na expectativa de confirmar o que pensava ter acabado de ver.

"Não, aquilo sou eu fazendo o movimento", ele respondeu com pouco afeto. "Seu bebê não tem batimentos cardíacos."

---

* Embora o TPI tivesse agora jurisdição sobre crimes cometidos na Líbia, vários países que não faziam parte do tribunal estavam dispostos a oferecer exílio seguro a Kadafi.

Enterrei meu rosto no peito de Cass e chorei, e ele fez o mesmo.

Cass foi imensamente solidário durante esses momentos dolorosos, mas também passei a contar com o Grupo de Quarta-Feira — minhas colegas do NSC. Enquanto eu tentava me recuperar de minhas múltiplas tentativas fracassadas de ter um filho ao passo que administrava as demandas intensificadas de meu trabalho, nossas reuniões das seis horas da tarde de quarta-feira se tornaram um refúgio sagrado. As mães do grupo me animavam, em especial quando Cass e eu iniciamos o tratamento de fertilização in vitro (FIV).

Durante 2011, em algumas ocasiões precisei sair de reuniões de alto nível para chegar à clínica de FIV a tempo de uma recuperação programada de óvulos ou para que os médicos implantassem os embriões que Cass e eu havíamos passado as semanas anteriores fazendo. Com frequência me sentia constrangida ao ir embora, mas quando olhava para alguém do Grupo de Quarta-Feira do outro lado da sala, ela piscava ou fazia um sinal de positivo, e minha culpa dava lugar a uma explosão de excitação. Sem esse apoio, a combinação das decepções da gravidez e desse malabarismo poderia ter me levado a desistir do que às vezes parecia uma busca inútil.

Algumas amigas que tentaram a FIV muitas vezes se queixavam de se sentirem cansadas pelo estresse de serem perfuradas por tantas agulhas ou pela bateria de medicamentos estranhos em suas correntes sanguíneas. Embora certamente não gostasse das injeções diárias de medicamentos, eu valorizava a oportunidade de agir sobre pelo menos um aspecto de nosso esforço para ter um filho. Sentia-me finalmente como se estivesse fazendo algo de concreto para contribuir com nossa busca.

Como ex-repórter, eu mantinha o hábito de detalhar com cuidado em minhas cadernetas do governo o que era discutido e decidido em reuniões na Sala de Crise. Porém, durante esse período, meus rabiscos saltaram do detalhamento dos movimentos militares na Líbia para o registro de instruções específicas recebidas por telefone de uma enfermeira sobre como ajustar meu regime de medicamentos da FIV. Ocorreu-me que os futuros pesquisadores da Primavera Árabe que vasculhassem os arquivos da Casa Branca teriam dificuldades em entender essa justaposição.

Eu estava entre as rodadas de FIV quando recebi um convite para acompanhar a secretária Clinton a Genebra, onde ela falaria numa importante reunião do Conselho de Direitos Humanos da ONU sobre a Líbia. Eu esperava muito trabalhar em estreita colaboração com Clinton. Embora ela tenha feito questão de perguntar sobre Declan quando a vi na Casa Branca, eu continuava me sentindo envergonhada na presença dela.

Jake Sullivan, seu assessor de longa data, arquitetara o convite. Com apenas 34 anos e aparência ainda mais jovem, Jake era uma força da natureza. Eu nunca tinha visto alguém sintetizar informações de forma tão rápida e sábia e transformá-las em conselhos estratégicos. Eu me sentia aprendendo com ele quase sempre que ele abria a boca. Adorei a chance de poder discutir os acontecimentos do dia com Jake durante a viagem e aceitei com alegria o convite.

Viajando para a Europa no avião que a equipe dela batizou de "HillForce1", entreguei a Clinton uma cópia das recentes conclusões da Alta-Comissária da ONU para os Direitos Humanos Navi Pillay:

> As forças líbias estão disparando contra manifestantes e espectadores, isolando bairros e atirando de telhados. Elas também bloqueiam as ambulâncias para que os feridos e mortos sejam deixados nas ruas. Relatórios de hospitais indicam que a maioria das vítimas foi baleada na cabeça, no peito ou no pescoço, sugerindo execuções arbitrárias e sumárias. Os médicos relatam que estão lutando para enfrentar a situação e estão ficando sem suprimentos de sangue e medicamentos para tratar os feridos. Imagens de origem não verificável parecem retratar a abertura de valas comuns em Trípoli.

Achei a última frase particularmente arrepiante, pois me levou de volta a Srebrenica e às valas comuns que haviam sido cavadas para milhares de corpos.

No meu laptop, abri a foto de um grande protesto em Benghazi.

"Eles perderam o medo", falei, mostrando a imagem a Clinton.

Ela assentiu com a cabeça, acrescentando: "Nenhuma mulher entre eles".

Embora acreditasse que os ataques de Kadafi ao seu povo o desqualificavam para liderar a Líbia, ela estava preocupada, com razão, com o que viria a seguir.

Quando chegamos à reunião do Conselho de Direitos Humanos, os embaixadores e seus assessores conversavam entre si, digitando em seus BlackBerries e quase sem prestar atenção às seguidas e monótonas declarações condenando Kadafi. Mas quando Clinton começou a falar, todos silenciaram.

Clinton reforçou a exigência do presidente Obama de que Kadafi renunciasse e, sabendo que estava falando com embaixadores de outros países repressivos, alertou: "O poder da dignidade humana é sempre subestimado até o dia em que finalmente prevalece".

Enquanto voltávamos para os Estados Unidos, tive sentimentos confusos. De um lado, eu sabia que o presidente Obama apelara a praticamente todas as ferramentas não militares americanas para influenciar Kadafi, ao mesmo tempo que convencia o mundo a fazer o mesmo. Por outro lado, via que fora desencadeada na Líbia alguma coisa além do controle de Kadafi — e do nosso também.

Apesar de todas as nossas esperanças de que o líder líbio renunciasse ou, pelo menos, interrompesse os ataques contra civis, ele repetidamente deixou claro que planejava permanecer no poder — e que considerava quem se opunha a ele uma ameaça existencial a ser eliminada. Em um discurso de 75 minutos na televisão líbia, vociferou contra a oposição, chamou-os de ratos e ameaçou matá-los se não se rendessem. A certa altura, afirmou: "Eu e os milhões marcharemos para limpar a Líbia centímetro por centímetro, casa por casa, lar por lar, viela por viela, pessoa por pessoa, até que o país esteja limpo de sujeira e escória".

A questão do que essas ameaças significariam para os civis líbios assumiu uma profunda urgência quando Kadafi começou a ganhar impulso no campo de batalha. No início de março, suas forças já haviam se recuperado das perdas iniciais e marchavam em direção a Benghazi, o lar da revolução e principal reduto da oposição, reconquistando cidades e vilas ao longo do caminho.

O diretor do Centro Médico de Benghazi disse a um repórter que as pessoas estavam aparecendo no hospital "principalmente com ferimentos a tiros na cabeça, no tórax, no abdômen — em sua maioria jovens com menos de 25 anos". E completou: "O tamanho e o tipo desses ferimentos eram horríveis. Algumas vítimas estavam cortadas pela metade". Em outro lugar, um jornalista britânico viu pessoas se armando com objetos domésticos, como martelos e machados, para se defender das forças de Kadafi que avançavam.[14]

Àquela altura, colunistas e ONGs começaram a instar Obama a usar a força militar para impedir um massacre generalizado. Em 1º de março, o Senado aprovou uma resolução por consentimento unânime, exortando o Conselho de Segurança da ONU a "tomar medidas adicionais para proteger os civis na Líbia de ataques, incluindo a possível imposição de uma zona de exclusão aérea sobre o território líbio". O Congresso não especificava o que seriam essas "medidas adicionais" além de uma zona de exclusão aérea, mas mesmo o estabelecimento dessa zona exigiria provavelmente que os Estados Unidos bombardeassem as defesas aéreas de Kadafi — algo que a resolução do Senado não mencionava. Como costuma acontecer numa crise, membros do Congresso e redatores de editoriais queriam ser vistos pedindo medidas decisivas ("Obama deve agir!"), mas usavam linguagem vaga para esquivar-se da responsabilidade pelos custos resultantes.

Na tarde de 15 de março, Obama convocou seus secretários de gabinete para uma reunião do Conselho de Segurança Nacional a fim de discutir se algo poderia ser feito para impedir a queda de Benghazi e de outras cidades. Nas horas anteriores à reunião, enquanto eu digeria o horrível fluxo de relatórios e informes daquele dia, senti como se o tempo estivesse desacelerando e acelerando ao mesmo tempo. Cada luz vermelha que acendia no meu BlackBerry parecia trazer um novo sos de um líbio: "Por favor, ajudem-nos! Eles estão lançando uma ofensiva total! Estão nos esmagando...".

De início, eu não havia sido incluída na lista de pessoas autorizadas a comparecer à reunião do presidente, mas, lembrando de nossa conversa anterior sobre o Haiti, escrevi a Donilon, pedindo que ele me permitisse participar.

Uma hora antes da reunião do gabinete do NSC, recebi a notícia de que havia sido aprovada.

Esta era a reunião.

25. Todas as medidas necessárias

O presidente Obama estava irritadiço ao abrir a reunião do NSC sobre o agravamento da crise na Líbia. "Sei que você tem uma agenda e um menu de opções a serem consideradas", disse ele a Donilon. "Mas precisamos começar com uma pergunta básica: haverá uma oposição na Líbia até o fim da semana?"

As forças de Kadafi estavam prestes a retomar a cidade que fornecia água e combustível para Benghazi. O presidente foi informado de que um ataque militar à cidade de 700 mil habitantes poderia começar em 48 horas e seria seguido por um cerco prolongado.

A Grã-Bretanha e a França haviam levado ao Conselho de Segurança um projeto de resolução para autorizar a criação de uma zona de exclusão aérea sobre a Líbia, e a principal decisão diante de Obama era se os Estados Unidos deveriam unir-se aos nossos aliados para exigir essa ação. Não acreditei quando soube da proposta europeia. Os militares líbios estavam reconquistando cidades com seus tanques e paramilitares, não com a força aérea.

Obama ficou igualmente perplexo com a ideia de uma zona de exclusão aérea.

"Qual a porcentagem de ataques que as forças de Kadafi estão realizando por via aérea?", perguntou ele.

"Insignificante, senhor", respondeu o representante da comunidade de inteligência.

Obama balançou a cabeça, frustrado com o fato de nossos aliados apresentarem aos Estados Unidos o que chamou mais tarde de "sanduíche de cocô". Eles nos pressionavam a adotar uma opção que parecia oferecer esperança aos líbios desesperados, mas que não os salvaria. Para que isso acontecesse, seria necessário mais do que uma zona de exclusão aérea.

Em algumas reuniões do governo, vi mentes abertas trabalhando — homens e mulheres que entravam na Sala de Crise dispostos a reavaliar suas posições se ouvissem uma argumentação convincente ou se lhes fossem apresentados fatos novos. Eu também tinha visto funcionários aparentemente encastelados em seus pontos de vista, mas que sabiam (e sabiam que todo mundo sabia) que iriam entrar em acordo no final. Eles acreditavam que se parecessem inicialmente inflexíveis, "a sala" chegaria mais perto de onde eles haviam começado do que se "cedessem" mais cedo.

No entanto, nessa reunião, a maioria dos participantes chegou com uma posição fixa sobre o que fazer ou não na Líbia. Apenas o presidente parecia estar tentando processar objetivamente os fatos apresentados e os argumentos defendidos.

Susan, participando por vídeo de Nova York, sustentou que deveríamos buscar uma resolução do Conselho de Segurança da ONU para fazer o que era *realmente* necessário para salvar Benghazi e outras áreas controladas pela oposição. Essa opção significaria ir além de uma zona de exclusão aérea e atacar as forças de Kadafi e as armas terrestres que estavam usando para atacar civis. A secretária Clinton participou por telefone de Paris, onde acabara de se encontrar com o líder da oposição líbia, Mahmoud Jibril. Ela pôs sua considerável influência em defesa da recomendação de Susan.

O vice-presidente Biden e o secretário de Defesa Gates expressaram oposição a qualquer plano que envolvesse os militares americanos. Biden, que havia defendido o bombardeio com armas pesadas do Exército sérvio da Bósnia na década de 1990, passara a duvidar do uso da força militar. Ele se arrependia de ter apoiado a invasão do Iraque e defendia consistentemente o fim da guerra no Afeganistão. É provável que seu ceticismo em relação a um novo compromisso militar também resultasse da experiência de ter sido pai de um soldado em guerra. Ao falar com veteranos e famílias de militares, Biden costumava mencionar que, quando seu filho Beau servira no Iraque, ele entendera o que o poeta John Milton queria dizer quando escreveu: "Também serve aquele que apenas fica de pé e espera". Quanto a Gates, ele não acreditava que os Estados Unidos tivessem um interesse nacional vital na prevenção de atrocidades em massa na Líbia. O espectro do envolvimento militar em um terceiro país muçulmano pairava sobre a discussão.

Obama parecia inquieto e insatisfeito enquanto ouvia seus principais assessores. Mas também dava poucas pistas da linha de ação que preferia. Se expusesse seu pensamento, aqueles que discordavam talvez silenciassem. Ou o que dissesse poderia aparecer na imprensa.

Depois de todos os funcionários do gabinete terem dado sua opinião, mostrando uma sala bastante dividida quanto à questão de empreender ou não uma ação militar, Obama procurou a opinião daqueles que não estavam sentados à mesa. Ao relembrar o que se passava em sua cabeça na ocasião, o presidente explicou mais tarde ao escritor Michael Lewis que estava "tentando escutar uma argumentação que não estava sendo feita".

Ao trazer os da segunda fila para a conversa, ouviu o argumento poderoso: a ação militar americana poderia, em última análise, prejudicar a causa da não proliferação nuclear. Kadafi já havia desmontado seu programa nuclear por ordem de Washington, de tal modo que outros governos — como o do Irã —, ao ver o que aconteceria com a Líbia, decidiriam acelerar a busca por armas nucleares como um dissuasivo de ataques.* No entanto, vários dos presentes que eram a favor da proposta de Susan enfatizaram que, se Kadafi tivesse sucesso em sua repressão, isso poderia encorajar o excesso de brutalidade de outros

---

* Kadafi anunciara no final de 2003 que a Líbia encerraria seu programa rudimentar de armas nucleares. Se o programa não tivesse sido encerrado — e tivesse avançado significativamente nos anos seguintes —, ele poderia muito bem ter dissuadido a ação militar estrangeira em 2011. Não obstante, nos anos posteriores à intervenção militar na Líbia, o Irã ainda decidiu concordar com o plano liderado pelos Estados Unidos que reduziu o programa nuclear do país. É possível que a intervenção árabe-Otan na Líbia tenha afetado os cálculos de Kim Jong-un, da Coreia do Norte, enquanto ele avaliava se trocaria seu programa nuclear por alívio de sanções e outros incentivos. O governo norte-coreano considerava a Líbia um precedente preocupante. Os especialistas, no entanto, citam uma grande variedade de razões adicionais pelas quais o regime de Kim se recusa a desistir de suas armas nucleares. A analogia entre os dois países é particularmente difícil porque, enquanto a Líbia não possuía armas nucleares quando desistiu de seu programa, a Coreia do Norte testou seu primeiro dispositivo nuclear em 2006 e hoje possui muitos desses armamentos. Os incentivos e a influência sobre cada país divergem de vários modos importantes.

líderes no mundo árabe, atrasando os ganhos pacíficos e democráticos recentemente obtidos na Tunísia e no Egito.

Desde o início da reunião, Obama nos pediu para avaliar a probabilidade de assassinatos em massa. Ele exigiu que não usássemos frases vagas como "a cidade cairá" sem especificar o que esse acontecimento significaria para os líbios.

"Nas cidades que o regime está reconquistando, o que sabemos sobre o que está sendo feito aos civis?", perguntou ele.

Os detalhes que havíamos conseguido verificar enquanto as forças de Kadafi e as milícias pró-governo se deslocavam pelo país eram profundamente preocupantes. O secretário-geral da ONU, Ban Ki-moon, divulgara relatos segundo os quais os partidários de Kadafi faziam prisões de casa em casa e executavam combatentes feridos da oposição em hospitais. O coordenador humanitário da ONU para a Líbia visitara Zawiya no dia anterior, depois de ter voltado ao controle de Kadafi, e encontrara uma cidade fantasma parcialmente destruída. Os partidários do regime recusaram seu pedido de visita ao hospital local, onde havia rumores de execuções. Mas os jornalistas que se infiltraram na cidade durante os combates relataram cenas horríveis. Um repórter britânico do *Times* conversou com um médico que viu civis serem atacados com metralhadoras e granadas lançadas por foguetes. O médico disse que franco-atiradores do governo atacaram a ele e a outros médicos quando tentavam ajudar os feridos. Um jornalista da Sky News disse ter testemunhado o "assassinato em massa de civis" depois de as forças de Kadafi terem chegado com uma coluna de tanques: "Médico após médico, enfermeira após enfermeira nos disseram, e podíamos ver isso por nós mesmos, pessoas, professores da universidade, estudantes, engenheiros, todos sendo atacados. E não havia como se defenderem".[15]

Cerca de noventa minutos depois do início da discussão na Sala de Crise, chegou a minha vez.

"Sam?", perguntou o presidente.

Comecei deixando claro que podíamos verificar muito pouco sobre o que as forças de Kadafi estavam realmente fazendo com os civis quando recuperavam o território. Mas enfatizei que tínhamos motivos para nos preocupar com dois tipos de atrocidades.

Em primeiro lugar, o cerco de Benghazi por Kadafi seria certamente selvagem, pois era provável que suas forças devastassem a cidade para capturá-la. As armas pesadas do regime já estavam começando a dizimar Misrata, terceira maior cidade da Líbia, controlada pela oposição. Um cerco a Benghazi certamente envolveria bombardeios e tiros de tocaia, bem como o corte de comida, água e eletricidade.

Em segundo lugar, depois que assumissem o controle de Benghazi e de outras cidades, as tropas de Kadafi poderiam realizar represálias ferozes àqueles que se rebelaram contra o governo. A extensão da carnificina a seguir seria difícil de prever. No entanto, com base no tratamento passado reservado por Kadafi à sua oposição, na conduta de suas forças desde o início dos protestos, em suas ameaças e nos relatórios isolados que estávamos recebendo sobre atrocidades, parecia provável que suas forças de segurança estivessem prestes a prender, torturar ou assassinar muitos de seus oponentes.

Essas duas questões — a duração e a crueldade do cerco de Benghazi, e a relativa crueldade e amplitude dos ataques posteriores — estavam entrelaçadas. Mesmo que Kadafi não realizasse as execuções em massa que havia ameaçado, as pessoas ligadas à oposição acreditavam que seriam massacradas se a cidade caísse.[16] Por temer isso, era extremamente improvável a rendição, prolongando assim o cerco e ameaçando mais vidas.

Falando como assessora de Obama para assuntos multilaterais, enfatizei o incomum acordo internacional até aquele momento. A demanda da Liga Árabe por ação militar, por exemplo, era um fato surpreendente, tendo em vista a desconfiança generalizada dos países árabes em relação ao governo americano. Li trechos de um comunicado recente divulgado por esses governos árabes, no qual pediam que o Conselho de Segurança da ONU "assumisse suas responsabilidades" e "estabelecesse áreas seguras em locais expostos a bombardeios [...para permitir] a proteção do povo líbio".

Encerrei afirmando que deveríamos citar esse apelo à medida que executássemos uma missão de proteção civil, conforme Susan havia proposto.

O presidente assentiu com a cabeça e seguiu em frente para ouvir outras opiniões. Depois de quase três horas, ele encerrou a reunião sem apresentar uma decisão final.

Ele estava numa encruzilhada. As pressões que os Estados Unidos e outros países estavam impondo ao regime de Kadafi levariam meses para atingir seu pleno efeito, e tínhamos esgotado as medidas não militares para tentar afetar o cálculo de curto prazo do líder líbio.

Por outro lado, o presidente Obama sabia que o povo americano estava exausto após uma década de guerras.[17] Embora os republicanos o acusassem de ser fraco por não deter Kadafi, era provável sua oposição a qualquer coisa que ele fizesse.

Obama precisava comparar esse contexto — e um conjunto de reações desconhecidas — com os riscos de uma prolongada guerra de cerco e possível matança.

"Quero opções concretas", disse ele, para finalizar. "Se estamos com um pé dentro, estamos com o corpo todo. Não vou fazer uma zona de exclusão aérea meia-boca. Para mim, essa é a pior opção. Ou entramos com força e rapidez, ou não devemos fingir que levamos a sério deter Kadafi."

Ele pediu a um grupo menor — principalmente de seu gabinete, sem incluir gente da segunda fileira como eu — para voltar a se reunir mais tarde naquela noite, quando escolheria entre as opções concretas.

Susan me ligou por volta das onze da noite. O presidente Obama decidira tentar impedir a queda de Benghazi e outras cidades controladas pela oposição. Ele a instruíra a tentar obter uma resolução através do Conselho de Segurança para liberar medidas coercitivas com o objetivo de proteger civis. Se ela não conseguisse isso, ele deixou claro que os Estados Unidos não interviriam militarmente.

Eu trabalhei até o início da manhã com Susan e sua equipe. Eles elaboraram novas disposições para complementar o que os ingleses e franceses já estavam propondo, e repassei o novo texto a meus colegas e chefes do NSC. No dia seguinte, Susan fez circular formalmente um projeto de resolução americano ao Conselho, com as alterações sugeridas pelos Estados Unidos claramente marcadas no projeto britânico-francês. O novo texto iria "autorizar os Estados-membros [...] a tomar todas as medidas necessárias [...] para proteger civis e áreas habitadas por civis".

Susan fez questão de que seus colegas embaixadores entendessem o que isso significava. "Trata-se de uma autorização para usar a força não apenas contra aviões atacando civis", enfatizou. "É também uma autorização para usar a força militar contra forças terrestres que visem civis."

O texto da nossa resolução não era original — disposições semelhantes foram usadas para estabelecer a zona de exclusão aérea declarada pela ONU na

Bósnia em 1993 e para autorizar o uso da força no Afeganistão em 2001. Alguns dos países que votaram a favor dessa resolução autorizando "todas as medidas necessárias", ou que se abstiveram de votar, alegariam depois terem ficado surpresos e até indignados ao ver a coalizão militar liderada pelos Estados Unidos ir além da imposição de uma zona de exclusão aérea. Mas estavam mentindo para o mundo ou para si mesmos.

Todo o governo americano se mobilizou para instar os países com assento no Conselho de Segurança a apoiar o texto revisado, que foi patrocinado não só por Estados Unidos, Reino Unido e França, mas também pelo Líbano, em nome da Liga Árabe. Contudo, todos sabíamos que o voto da Rússia seria decisivo.* Uma abstenção russa permitiria que a resolução avançasse, mas Moscou nunca se entusiasmara em permitir que os países ocidentais usassem força militar com objetivos presumivelmente humanitários.

Enquanto isso, mesmo quando ficou claro que o Conselho de Segurança estava pensando seriamente em autorizar uma ação militar para proteger civis, Kadafi anunciou que suas forças estavam se preparando para tomar Benghazi. Nas horas que antecederam a votação da ONU, com suas tropas e milícias reunidas a menos de 150 quilômetros da cidade, o líder líbio transmitiu pelo rádio um aviso aos moradores: "Acabou: a decisão foi tomada. Estamos chegando". Para os combatentes da oposição, ele disse: "Nós os encontraremos em seus armários. Não teremos misericórdia nem piedade".

Por volta da meia-noite na Líbia — seis da tarde em Nova York — do dia 17 de março, milhares de líbios se reuniram na praça principal de Benghazi, olhando para telas gigantescas que transmitiam ao vivo a votação do Conselho de Segurança. As pessoas estavam tão concentradas na sessão da ONU que, quando visitei a Líbia com Susan meses depois, muitos dos que encontramos lembravam da roupa verde-limão que ela usara na câmara do Conselho. Como um líbio me descreveria, para a multidão reunida na praça, a questão colocada para a comunidade internacional era: "Levante a mão se quer impedir o massacre dos líbios".

---

* No Conselho de Segurança, o autor de uma resolução — o *"penholder"* — envia um rascunho para os outros membros do Conselho revisarem. Para o texto ser aprovado e se tornar uma resolução, ele deve receber um voto positivo de nove dos quinze membros e não ser vetado por nenhum dos cinco membros permanentes — China, França, Rússia, Reino Unido e Estados Unidos. Por causa do poder de veto da Rússia, em 1999 o Conselho não autorizou a campanha militar da Otan para evitar atrocidades em Kosovo.

Quando dez das quinze mãos do Conselho de Segurança foram levantadas a favor da resolução, as pessoas apinhadas na praça explodiram em aplausos. Quando cinco países — Brasil, China, Alemanha, Índia e Rússia — se abstiveram imediatamente depois, as pessoas zombaram e jogaram seus sapatos nas telas. Mas, depois que entenderam que nenhum país havia vetado e, portanto, a resolução fora aprovada, a multidão começou de novo a aplaudir loucamente. As celebrações seguiram noite adentro, enquanto as pessoas tocavam a buzina dos carros e agitavam a bandeira da Líbia da era anterior a Kadafi.

Em 19 de março, os Estados Unidos, a França e o Reino Unido começaram a atacar alvos militares da Líbia, agindo sob a égide da Otan, numa coalizão que incluía Jordânia, Emirados Árabes Unidos (EAU) e Catar. Benghazi e outras cidades da oposição na Líbia não poderiam cair nas mãos do regime.

Na semana seguinte à aprovação do Conselho de Segurança, o primeiro-ministro russo Vladímir Pútin começou a culpar publicamente o presidente Dmítri Medviédev pela abstenção da Rússia.* Medviédev, no entanto, quase certamente havia combinado com Pútin antes de enviar instruções ao embaixador russo na ONU para não vetar. Na verdade, o mundo estava amplamente unido a favor da ação militar para proteger os civis líbios. Como o próprio Medviédev disse aos jornalistas logo após Pútin criticá-lo, "as consequências dessa decisão [de se abster] eram óbvias. Seria errado começarmos a nos desesperar agora e dizer que não sabíamos o que estávamos fazendo [...] tudo o que está acontecendo na Líbia é resultado do comportamento absolutamente intolerável da liderança líbia e dos crimes cometidos por ela contra seu próprio povo".

Em 28 de março, o presidente Obama fez um discurso no horário nobre para explicar a ação militar americana na Líbia. "Algumas nações podem fechar os olhos para atrocidades em outros países", disse ele. "Os Estados Unidos da América são diferentes. E, como presidente, recusei-me a esperar pelas imagens de massacres e valas comuns antes de agir."

* A constituição da Rússia não permitia que um presidente cumprisse mais de dois mandatos consecutivos; portanto, em 2008, Pútin se tornou primeiro-ministro e Dmítri Medviédev, seu sucessor escolhido a dedo, foi eleito presidente. Apesar da mudança para o cargo de primeiro-ministro, Pútin manteve uma influência significativa sobre a política interna e externa. Em 2012, Medviédev anunciou que apoiava o retorno de Pútin à presidência e ele foi novamente eleito chefe de Estado oficial da Rússia.

Os Estados Unidos ajudaram a organizar a resposta internacional mais rápida e ampla da história a uma crise iminente de direitos humanos.

Devido à minha carreira jornalística e minha renúncia da campanha de Obama, eu tinha um perfil público modesto antes de trabalhar no NSC. Porém, sabendo a qual lado da divisão "cavalo de trabalho/cavalo de espetáculo" do governo eu queria pertencer, eu mantivera minha cabeça baixa. Antes de eu entrar para o governo, Eddie havia reagido a resenhas mornas de meus livros com um velho ditado: "Não existe publicidade ruim". Minha opinião depois de estar na Casa Branca era: não existia publicidade boa. Eu queria ficar fora do radar público e me concentrar em fazer o meu trabalho.

Infelizmente, depois que Obama decidiu usar a força para proteger civis líbios, o *New York Times* apresentou uma versão bizarra da reunião fundamental de 15 de março na Sala de Crise. O jornal atribuiu a decisão de Obama a "três mulheres": Susan Rice e Hillary Clinton, ambas membros do gabinete, e eu — uma pessoa do segundo time. O artigo deixava de mencionar o fato de que um número muito maior de homens do que de mulheres defendeu o uso da força e descrevia Obama como mero recipiente para os projetos de suas assessoras.

A colunista do *Times* Maureen Dowd baseou-se na notícia de seu jornal para um artigo de opinião intitulado "Luta das Valquírias", que começava assim: "Elas são chamadas de Amazonas, Lady Hawks, Valquírias, Durgas. Há algo decididamente mitológico no grupo de mulheres fortes que arremetem para sacudir a sensibilidade delicada do presidente e mostrar-lhe o caminho da guerra". Os comentaristas conservadores ganharam o dia, e Rush Limbaugh zombou do presidente e dos homens na sala chamando-os de "maricas". Graças a essa cobertura, os jornalistas começaram a escrever perfis a meu respeito, fazendo com que eu desejasse desaparecer sob os canteiros de flores do Jardim das Rosas.

Embora tenha sido uma das pessoas que recomendaram a linha de ação finalmente escolhida pelo presidente Obama, eu estava em dúvida em relação ao envolvimento militar americano. Fiquei muitíssimo aliviada ao ver que os líbios se livraram da ira de Kadafi. Mas, ao mesmo tempo, me preocupei com as muitas maneiras pelas quais a operação militar poderia dar errado, e esperava que Obama não se arrependesse de sua decisão.

Cinco anos antes, durante uma de nossas muitas conversas em seu gabinete no Senado, ele havia observado: "Você não é tão linha-dura quanto as pessoas pensam que você é". Isso era verdade. Eu fora a favor do uso do poder aéreo americano quando morava na Bósnia e me opusera à invasão do Iraque pelo governo Bush. Como funcionária do NSC, participei de centenas de debates políticos sobre inúmeros países e problemas globais e quase nunca recomendei o uso da força militar dos Estados Unidos.

Eu já tinha visto o bem que a campanha aérea americana havia feito na Bósnia, encerrando de fato um conflito horrível. Mas também conhecia a história das guerras do Vietnã e do Iraque, e estava familiarizada com o fato de as autoridades americanas saberem às vezes muito pouco a respeito dos lugares e povos estrangeiros sobre cujo destino suas decisões causariam impacto. Quando era jovem oficial do serviço diplomático no Vietnã, Richard Holbrooke havia recortado e compartilhado uma tira de quadrinhos dos *Peanuts* mostrando Charlie Brown desconsolado depois de seu time de beisebol ter sido derrotado por 184 x 0. "Eu não entendo", diz ele. "Como podemos perder quando somos tão sinceros?"[18] Eu costumava refletir sobre o fato de consultores políticos americanos receberem milhões de dólares para prever o comportamento do eleitorado *americano* e ainda assim errarem com frequência em suas previsões — e eles falavam inglês, conversavam com os eleitores e conheciam nossa história. Por mais que fôssemos sinceros, dificilmente poderíamos esperar ter uma bola de cristal quando se tratava de prever com precisão resultados em lugares onde a cultura não era a nossa.

Era especialmente difícil saber quais tendências adormecidas jaziam enterradas numa sociedade onde, por décadas, o "Irmão Líder" procurara controlar até os pensamentos dos cidadãos. A oposição líbia falava em criar uma constituição e uma sociedade aberta, mas mesmo que Kadafi deixasse o poder, quem manteria a ordem no futuro? Já que Kadafi havia destruído as instituições da Líbia, como o país funcionaria sem um homem forte no comando?

Apesar dessas considerações, eu não via na época nem vejo agora como poderíamos ter rejeitado os apelos de nossos aliados europeus mais próximos, da Liga Árabe e de um grande número de líbios, entre eles o embaixador da Líbia na ONU, e assistido a Kadafi cumprir sua promessa de retomar Benghazi e "purificar" as pessoas, casa a casa. Contudo, em todos os dias da primavera e do verão de 2011 em que o conflito se arrastou, eu me preocupei com o modo como as autoridades de transição da Líbia administrariam o futuro.

* * *

As avaliações das ações do presidente Obama na Líbia supõem frequentemente que se ele tivesse feito um conjunto diferente de escolhas e não tivesse intervindo, Kadafi poderia ter levado o país a retornar para mais ou menos como funcionava antes dos protestos e da repressão. O que essa opinião deixa de levar em consideração é o fato de que os líbios tinham uma opinião própria.

Ao contrário do Egito, onde os estudantes tiveram um papel de liderança na derrubada do governo de Mubarak, na Líbia, ex-funcionários do governo e desertores das Forças Armadas e de segurança ajudaram a impulsionar o movimento de oposição. Eles eram uma rede decidida e heterogênea que controlava territórios e estabelecia governos de transição em cidades sob seu controle. Além disso, os países da região inundaram a Líbia com armas e equipamentos militares em apoio a várias facções da oposição, dificultando ainda mais a fuga de Kadafi. Embora o regime líbio tivesse vantagens militares decisivas sobre a oposição, as sementes de uma insurgência de longo prazo foram plantadas antes que o Conselho de Segurança da ONU autorizasse o uso da força para proteger os civis.

Se os Estados Unidos não tivessem feito nada além das sanções, do embargo de armas e de outras medidas não militares inicialmente aprovadas pelo Conselho de Segurança, ninguém pode dizer com certeza o que teria acontecido. Era quase certo que Kadafi atacaria Benghazi e iniciaria uma longa luta para retomar e manter outras áreas. Provavelmente teria mantido o poder sem recuperar o controle completo de seu vasto país, aproximadamente quatro vezes maior que a Califórnia. Ao mesmo tempo, algumas forças da oposição poderiam se unir a financiadores extremistas e fornecedores de armas de fora da Líbia, aprofundando o caos. Seria exatamente esse o cenário que logo se desenrolaria na Síria.

Caso isso acontecesse, muitos analistas da inteligência americana previam que, como considerava uma traição o pedido de sua renúncia pelos governos ocidentais, Kadafi voltaria a patrocinar o terrorismo como havia feito no passado. Desse modo, os especialistas americanos em contraterrorismo se preocupavam tanto com quem viria depois de Kadafi, se ele caísse, quanto com uma insurgência sangrenta e uma onda de terrorismo se ele continuasse no poder.

Em outras palavras, do ponto de vista privilegiado deles, era improvável que a Líbia se tornasse estável em pouco tempo.

As críticas subsequentes às decisões do presidente Obama durante esse período que não levam em conta essa dinâmica não apresentam uma imagem realista dos fatores que orientavam o pensamento dele. O que aconteceu na Líbia em fevereiro e março de 2011 mudou fundamentalmente o país. Depois que a revolução se espalhou, a verdadeira questão tornou-se como usar as ferramentas à nossa disposição para obter o melhor resultado possível — ou o menos ruim.

Nos sete meses seguintes, a coalizão conjunta Otan-Árabe fez o que pôde em termos aéreos para proteger os civis líbios. Infelizmente, em vez de interromper seus ataques, Kadafi e suas forças continuaram a bombardear áreas povoadas. O mais alarmante é que, apesar dos esforços da ONU, da União Africana e da própria Casa Branca (que enviaram uma delegação diplomática para se reunir com os principais assessores de Kadafi), o líder líbio não se envolveu de forma crível nas discussões destinadas a acabar com a guerra.[19]

A voz mais consoladora que ouvi durante esse período foi a de Chris Stevens, diplomata sênior que Clinton havia estabelecido em Benghazi como ligação com a oposição líbia. Chris falava árabe e servira na Síria, no Egito e na Arábia Saudita. De 2007 a 2009, fora vice-chefe da missão na embaixada dos Estados Unidos na Líbia.

Chris e uma pequena equipe de auxiliares chegaram à Líbia num navio cargueiro grego pouco depois do início do bombardeio da Otan. Eles se espalharam, encontrando-se com todo mundo, desde ex-funcionários da era de Kadafi que desertaram até advogados, médicos, empresários e soldados voluntários. Chris relatou que os líbios estavam entusiasmados para construir um país novo e livre. Ele enviou e-mails e telegramas a Washington sobre as estações de rádio e televisão da oposição e as organizações de direitos humanos e de direitos das mulheres que estavam brotando em todo o território "liberado". Esses despachos praticamente crepitavam com a energia e o otimismo daqueles que gozavam de liberdade pela primeira vez.

Quando conheci Chris em suas visitas ocasionais a Washington, fiquei impressionada com seu tipo especial de diplomacia. Californiano e ex-voluntário do Peace Corps com um sorriso enorme, ele passava a impressão de alguém ciente de que poderia aprender mais andando de mochila numa região do que com dignitários. A Líbia parecia não ser apenas um país para onde Chris havia sido destacado: era o lugar que ele estava transformando em lar. Ele também estava disposto a admitir tudo o que não sabia — o que nenhum de nós podia saber — sobre o que se passava na mente dos líbios trancados sob um regime repressivo havia gerações.

Em 20 de agosto de 2011, os líbios de Trípoli se levantaram contra Kadafi e romperam um impasse militar de meses, marcando a derrubada do governo repressivo.[20] Eu estava em casa com Declan, então com quase dois anos e meio de idade. "Kadafi se foi!", eu disse a ele um tanto pasma.

Meu filho começou a marchar pelo apartamento, gritando: "O café acabou! O café se foi!".

Em julho de 2012, a Líbia realizou com sucesso sua primeira eleição democrática em quase cinquenta anos, com muitos líbios exibindo entusiasticamente seus dedos manchados de tinta em sinais de vitória e abraçando a eleição como um marcador do novo país que esperavam construir. Não obstante, a transição política pós-Kadafi já estava se tornando caótica, e as divisões regionais, tribais e religiosas do país se mostravam mais pronunciadas.* O próprio Kadafi fora brutalmente executado por um grupo de rebeldes perto de Sirte, sua cidade natal, dois meses depois de Trípoli cair nas mãos da oposição; foi o prenúncio da ilegalidade e da violência que viriam em seguida.

Em nossos telefonemas e reuniões ao longo de muitos meses, o foco principal de Chris era sempre a necessidade de os líbios estabelecerem segurança física. Mas a polícia que havia servido ao governo Kadafi estava abandonando seus postos, e milícias locais estavam preenchendo o vácuo. Em nome do governo americano, Chris apoiou um nascente conselho da oposição líbia que tentava colocar essas forças fragmentadas sob controle central. Mas os países da região que apoiaram várias facções da oposição durante a rebelião contra Kadafi continuaram a canalizar armas para o país, instando seus representantes a lutar por mais poder.

Ao decidir usar a força militar para proteger civis na Líbia, o presidente

---

* Embora quase todos os líbios fossem muçulmanos sunitas, alguns eram seculares, enquanto outros queriam ver a Líbia governada com estrita adesão à lei islâmica.

Obama enfatizara que não queria que o envolvimento americano se transformasse num compromisso ilimitado, semelhante ao que havia acontecido no Afeganistão e no Iraque. Como os Estados Unidos encabeçaram e lideraram a coalizão militar, ele esperava que nossos aliados europeus tomassem a iniciativa de ajudar os líbios a administrar as consequências. Ao comunicar isso, Obama enviou um sinal não intencional à sua equipe sênior de segurança nacional: ele achava que os Estados Unidos já haviam feito sua parte.

Talvez nenhuma quantidade de envolvimento externo nesse período pudesse neutralizar as forças centrífugas da Líbia. Ainda assim, depois que ficou claro que os esforços europeus para ajudar na transição eram insuficientes, o governo americano poderia ter exercido uma pressão mais agressiva e de alto nível sobre os vizinhos da Líbia para apoiarem uma estrutura política unificada e cessarem seu apoio às facções da oposição.*

Em vez disso, em setembro de 2012, depois de os terroristas atacarem instalações americanas em Benghazi, nosso governo recuou ainda mais de seu envolvimento na Líbia. Os ataques mataram Chris, que eu tanto admirava, junto com Glen Doherty e Tyrone Woods (dois oficiais de segurança a serviço da CIA), e Sean Smith, do Departamento de Estado. Após a morte deles, os líbios inundaram as ruas em solidariedade, carregando cartazes com mensagens como CHRIS STEVENS ERA AMIGO DE TODOS OS LÍBIOS, PEDIMOS DESCULPAS, e BANDIDOS E ASSASSINOS NÃO REPRESENTAM BENGHAZI NEM O ISLÃ. Mas os oponentes políticos do presidente Obama reagiram politizando o ataque, em vez de se unirem na perseguição dos criminosos.

E na Líbia, apesar da severa queda da segurança, os cidadãos pareciam concordar apenas com uma coisa: não deveria haver presença militar ou policial internacional em seu país. Os *líbios* deveriam determinar o futuro da nação, diziam todos. E, para o bem e para o mal, foi o que fizeram nos próximos meses e anos.

---

* Em 2014, o presidente Obama instruiria o Departamento de Estado a intensificar a diplomacia, e o secretário de Estado John Kerry e outros o fariam, envidando esforços incansáveis. Mas àquela altura, as fissuras da Líbia haviam se aprofundado.

26. Vamos rezar para que eles realizem alguma coisa

Por mais testes de gravidez malsucedidos que tenha feito ao longo de dois anos tentando conceber um segundo filho, nunca pude sufocar minha fé em que as duas linhas apareceriam. Na minha ânsia de saber de imediato se minha última rodada de fertilização in vitro funcionara, eu até passara a guardar kits de teste no cofre do EEOB, onde estavam meus arquivos confidenciais. Por cinco meses consecutivos, usei uma pasta de papel pardo para esconder o kit enquanto o carregava pelo corredor até o banheiro feminino. E em quase todas as vezes, depois de fazer o teste, me convenci de que havia uma segunda linha fraca, mas Cass, o realista, sacudia a cabeça para meu desalento.

Na sexta vez que fiz essa caminhada, porém, não havia dúvida sobre o que vi: duas linhas rosa-escuras uma ao lado da outra. Galopei escada abaixo até o escritório de Cass, passei por seu assistente e agitei desinibida a tira no ar. Após quatro rodadas de FIV e quatro abortos, Cass e eu sabíamos que não podíamos tomar nada como garantido — mas também sabíamos que agora tínhamos uma chance.

Nos meses seguintes, apesar de um grande susto, quando comecei a sangrar com oito semanas de gravidez, Eamon (Eddie em irlandês, se fosse menino) ou Rían ("rei" em irlandês, se fosse uma menina) conseguiu se manter firme.

Declan manifestou sua preocupação em voz alta: haveria o suficiente da mãe dele quando o novo bebê chegasse? Mas ainda descansava a cabeça sobre minha crescente barriga e, depois que descobrimos que era uma menina, sussurrava para ela: "Oi, Rían, é seu irmão. Vejo você em breve".

Em 1º de junho de 2012, quando eu estava trocando mensagens às duas da manhã com Denis McDonough sobre uma questão israelense-palestina que fermentava nas Nações Unidas, senti as cólicas começarem. Só aí me permiti acreditar que estávamos tendo outro bebê. "O rei está chegando", sussurrei para Cass, acordando-o.

Juntos, havíamos produzido cerca de setenta embriões através do processo de fertilização in vitro. Apenas um, essa pequena guerreira Rían, vingaria. E, de fato, depois que ela nasceu, tudo nela parecia enraizado num desejo irreprimível pela vida.

Quando voltei ao trabalho depois de minha licença-maternidade, mantive em grande medida a perspectiva que eu havia adquirido ao cuidar de Declan. Meu humor era menos afetado pelos altos e baixos da rotina diária. Nas ocasiões em que negligências e contratempos poderiam ter me enviado para a Batcaverna, eu geralmente conseguia alcançar a calma que sentia enquanto cuidava de meus filhos. Notei também que havia parado de ficar nervosa antes de grandes reuniões do governo. O que antes parecia o auge da minha semana não ocupava mais esse lugar.

Mas havia exceções — e conhecer Aung San Suu Kyi foi uma delas.

Em outubro de 2012, um mês depois de voltar ao trabalho, me vi em Rangun, esperando ansiosa para ver a emblemática líder da oposição de Mianmar, tantas vezes presa. Desde que passei a me preocupar com os direitos humanos, admirei a coragem e a postura de Suu Kyi. Mesmo com o marido morrendo de câncer, ela se recusara a deixar sua prisão domiciliar em Mianmar para visitá-lo no Reino Unido, temendo que a junta militar não permitisse que ela voltasse a seu país. Por seu pacifismo e ativismo, ela ganhara o prêmio Nobel da Paz em 1991.

Com os acontecimentos inicialmente esperançosos no mundo árabe se tornando violentos, Mianmar parecia um raro ponto positivo. Nos dois anos anteriores, seu governo militar libertara centenas de presos políticos do cárcere e Aung San Suu Kyi da prisão domiciliar. E o que era mais significativo: o regime respeitara os resultados das eleições parlamentares, dominadas pelo partido de oposição dela.

Esses primeiros passos em direção à abertura sugeriam que era possível fazer mais progressos e, para tentar acelerar o processo, o presidente Obama pretendia ser o primeiro mandatário americano a visitar Mianmar. Negociações ousadas e baseadas em princípios com governos repressivos era exatamente o que o presidente quisera dizer em seu discurso de posse quando prometera que os Estados Unidos estenderiam a mão se os líderes autocráticos descerrassem os punhos. Sabíamos, no entanto, que Suu Kyi se opunha a uma visita presidencial, e a Casa Branca me enviou a Rangun na esperança de fazê-la mudar de ideia.

Quando o regime militar deu seus primeiros passos tímidos em direção à expansão da liberdade política, nosso governo adotou o que chamamos de abordagem de "ação por ação": os passos dos Estados Unidos em direção à normalização seguiram os passos liberalizantes da liderança militar de Mianmar. Porém, devido em parte a preocupações de que a União Europeia estava levantando sanções mais rapidamente do que nós, beneficiando as empresas europeias, a Casa Branca começou a se desviar desse manual, correndo para levantar a proibição de investir em Mianmar para empresas americanas. Tendo em vista o número de reformas que os generais ainda precisavam fazer, defendi manter mais sanções direcionadas até vermos novos progressos. Eu achava que estávamos avançando rápido demais. "O governo dos Estados Unidos não tem interruptor com *dimmer*!", desabafei com minha equipe antes de voar para Rangun.

Cheguei a um escritório impessoal onde a Liga Nacional pela Democracia, o partido político de Aung San Suu Kyi, recebia o fluxo de emissários estrangeiros subitamente visitando Mianmar. Depois de uma saudação meramente formal, Suu Kyi foi direto ao assunto.

"Uma visita presidencial é uma ideia terrível", disse ela. Eu não esperava que ela fosse tão firme e logo fiquei aflita.

"Entendo que você se sinta assim", comecei.

"Não me *sinto* assim", disse ela. "Acredito que conheço meu país muito melhor do que vocês em Washington. Esta viagem é um erro."

"Se eu puder ao menos explicar algumas das razões pelas quais...", tentei continuar.

"Não há nada a dizer", ela interrompeu. "A viagem do presidente Obama a Mianmar neste momento legitimará um regime militar que sempre impediu a democracia."

"Compreendo o risco, mas estou aqui para conhecer suas ideias sobre como podemos usar a viagem como alavanca para garantir concessões dos militares que vão…"

Mais uma vez, ela me cortou. "Não é um bom uso do tempo", disse ela. "Nada do que você disser vai alterar minha opinião."

Depois de várias tentativas de mostrar como esperávamos usar uma visita de Obama para fazer avançar a reforma política, Aung San Suu Kyi deixou claro que sua opinião não havia mudado. "A decisão é de vocês", disse ela. "Mas somos nós que teremos de lidar com as consequências."

Mudei de assunto e comecei a discutir um tema do qual ela gostava ainda menos: a situação da população rohingya do país. Mianmar era quase 90% budista, e os rohingyas constituíam uma minoria muçulmana sitiada que a ditadura militar privava de direitos e maltratava severamente. Nas três décadas anteriores, eles tiveram seu direito à cidadania negado e foram recrutados para o que equivalia ao trabalho escravo. As regras do governo proibiam os rohingyas de viajar para fora de suas aldeias ou de se casar e ter filhos sem permissão oficial. E as forças de segurança estatais usavam o estupro para aterrorizar as mulheres rohingyas.

Instigados por monges budistas extremistas e apoiados por forças de segurança do governo, justiceiros birmaneses haviam matado recentemente centenas de rohingyas e queimado por completo muitas aldeias, provocando o deslocamento de mais de 100 mil pessoas. O ódio contra esse grupo minoritário era tão disseminado que cheguei a ouvir advogados birmaneses de direitos humanos falar sobre os rohingyas com desprezo.

Quando mencionei que forças estatais haviam empurrado as famílias rohingyas para fora de suas casas e as atacado com violência, Aung San Suu Kyi contrapôs uma resposta pronta. "Não esqueça que há violência de ambos os lados", disse ela, repetindo uma falsa afirmação feita por radicais budistas para justificar os ataques.

Poucos previam então que a perseguição aos rohingyas se tornaria um genocídio em grande escala, o que aconteceu em agosto de 2017.* Mas eu

---

* Durante seu segundo mandato, o presidente Obama, influenciado pelo apoio declarado de Aung San Suu Kyi a uma suspensão total das sanções econômicas, removeria a maioria das restrições restantes. Mais uma vez fiz objeções, tendo em vista o progresso democrático substancial

ainda estava chocada que aquela renomada defensora da liberdade estivesse traçando uma equivalência entre civis indefesos e bandos fortemente armados e apoiados pelo Estado. Pedi-lhe que levantasse a voz para exigir que os direitos de todas as pessoas fossem protegidos em Mianmar.

"Trata-se de uma tragédia", disse ela. "Não me fará nenhum bem tomar partido."

"Não estamos pedindo para a senhora tomar partido", disse eu. "Queremos que use sua imensa credibilidade para falar em defesa dos direitos humanos e para reconhecer todos os que estão sofrendo abusos."

Eu sabia que Suu Kyi se apoiara em sua fé budista durante seus anos de cativeiro, então perguntei se ela poderia divulgar pelo menos uma mensagem simples sobre a importância da compaixão e da "bondade amorosa". Como ela era a figura pública mais amada do país, um gesto desse tipo ajudaria bastante a lembrar seus milhões de eleitores sobre a importância da não discriminação e da não violência.

"Você não deve confiar em propaganda para sua informação", disse ela secamente. "Os países muçulmanos estão fazendo propaganda exagerada dos acontecimentos. É irresponsável, e eles estão piorando a situação."

Fiquei desanimada ao ouvir tanta frieza diante da escalada de violência contra civis. Mas, acima de tudo, fiquei chocada com o tom hipócrita de Suu Kyi. "Devo dizer", falei, já cansada, "que quando era jovem, nunca imaginei que um dia teria a honra de encontrá-la. Mas se tivesse imaginado, não é assim que eu teria pensado que o encontro seria." Suu Kyi mostrou o leve traço de um sorriso.

---

que ainda restava para ser alcançado e minhas preocupações com os contínuos abusos das Forças Armadas birmanesas contra civis. Mas a Casa Branca fez uma aposta calculada de que uma maior abertura, mais prosperidade e exposição ao mundo exterior acabariam por estimular a liberalização política. Em outubro de 2016, vários meses antes de o presidente Obama deixar o cargo, militantes rohingyas realizaram ataques contra a polícia local. Em consequência, os militares birmaneses realizaram enormes "operações de desobstrução" no estado de Rakhine, destruindo várias aldeias, matando civis e deslocando em torno de 94 mil rohingyas. Depois, a partir de agosto de 2017, os militares birmaneses iniciaram uma campanha catastrófica de assassinato e estupro contra a população rohingya residente em Rakhine, o que levou a milhares de mortes e ao êxodo de mais de 800 mil rohingyas para o vizinho Bangladesh. A ONU e várias organizações de direitos humanos documentaram a campanha de "intenção genocida", que incluía violência sexual generalizada, execuções sumárias de civis (inclusive de bebês e crianças), tortura e destruição de aldeias inteiras.

O que achei mais arrepiante foi o fato de ela ser uma má ouvinte — uma qualidade alarmante numa líder. E ela demonstrou pouca empatia com a situação de uma minoria vulnerável, apesar da clara evidência dos crimes cometidos.

"O que é estranho", contei a Cass quando cheguei em casa, "é que toda a vida dela tem a ver com direitos humanos, mas tenho minhas dúvidas se ela se importa muito com os seres humanos." Quando voltei à Casa Branca, falei para meus colegas que, embora esperasse que minha experiência com Aung San Suu Kyi tivesse sido uma aberração, depositar nossas esperanças na liderança dela poderia ser um erro.

À medida que o planejamento da visita do presidente Obama progredia, Aung San Suu Kyi mudou de postura e passou a apoiá-la. Ela estava concentrada em seu futuro político e viu o benefício interno de aproveitar a ocasião. Infelizmente, seus rivais no governo militar se recusaram a concordar com um conjunto de reformas que esperávamos anunciar antes da chegada de Obama. Assim, algumas semanas após minha viagem inicial, o presidente me pediu para voltar a Mianmar e assegurar os termos por nós desejados. Eu teria apenas três dias para forjar um acordo antes que o *Air Force One* pousasse.

Diante desse cronograma apertado, senti uma pressão enorme, que transmiti a Ben Rhodes. Ele desempenhou um papel fundamental na elaboração de nossa política para Mianmar e compreendeu tudo o que estava em jogo na negociação iminente. Ben era um torcedor de longa data dos Mets que desprezava o New York Yankees tanto quanto eu. Mas nos dias que antecederam a viagem, ele começou a me chamar de "Mariano", referência a Mariano Rivera, o lançador do Hall da Fama dos Yankees — sua maneira de tentar me dar confiança de que eu poderia cumprir a missão para o nosso chefe.

Para o voo, levei três itens de importância crítica: um grosso livro de instruções que consumi durante as vinte horas de viagem; um notebook onde mapeei as concessões pelas quais lutaria; e minha bomba de tirar leite, para impedir que meu suprimento de leite para Rían, que estava com cinco meses, secasse naquela que seria minha segunda longa viagem à Mianmar em um mês.

Durante três dias estafantes de negociações, consegui obter um comunicado que continha um potente conjunto de compromissos do governo birmanês. O acordo final incluiu uma grande libertação de prisioneiros políticos, acesso de trabalhadores humanitários a regiões étnicas devastadas pela guerra e permissão para que críticos da ditadura birmanesa voltassem do exílio ou viajassem para fora da Mianmar.

Depois de o *Air Force One* pousar no aeroporto de Rangun, em 19 de novembro de 2012, recebi um grande abraço de Tom Donilon, o normalmente discreto conselheiro de Segurança Nacional. Ele estava feliz com o que eu havia conseguido.

"Você pertence ao campo", declarou ele.

Enquanto caminhava, Obama parou para me parabenizar pelo "bom trabalho".

Tendo acabado de ganhar a reeleição duas semanas antes, ele estava tão descontraído quanto antes da noite da eleição de 2008. Agradeci rapidamente a ele por fazer a viagem e, desse modo, me dar poder de negociar, mas ele fez um aceno de mão que significava "deixe para lá".

"Não vamos nos enganar", disse ele, "sou apenas um apoio."

Quando nosso comboio chegou à casa de Aung San Suu Kyi, algumas horas depois, ela deu a impressão de estar extremamente feliz em ver o presidente. Ele também estava comovido por estar no lugar onde ela estivera de fato presa por quinze anos. Ela nos recebeu em seu escritório cheio de livros e me cumprimentou como se fosse nosso primeiro encontro.

Obama começou manifestando sua admiração por tudo o que ela já havia realizado pela democracia em Mianmar. "Como podemos ajudar ainda mais?", perguntou ele. Em vez de responder à pergunta de Obama, Suu Kyi falou pelos vinte minutos seguintes sobre as manobras processuais esotéricas que dominavam o parlamento de seu país. Em vários pontos, olhei para Obama, perguntando-me se ele estaria decepcionado ou entediado. Mas ele não parecia se importar com o mergulho dela na selva da política birmanesa.

Decorrida metade do tempo reservado para o encontro, Suu Kyi pediu para ficar sozinha com o presidente Obama e a secretária Clinton. Fiquei imensamente aliviada por ter uma desculpa para sair da sala: eu ainda não tivera tempo de tirar o leite e estava cada vez mais desconfortável durante a reunião.

Corri para o veículo blindado onde havia deixado minha bomba e pedi para que me indicassem o banheiro mais próximo, o qual ficava no térreo da casa de Suu Kyi, do outro lado do corredor do escritório onde Obama, Clinton e ela ainda estavam conversando.

Sentei-me sobre a tampa fechada do vaso sanitário, montei a bomba de tirar leite e depois prendi as ventosas, primeiro em duas pequenas garrafas e depois em mim mesma. Quando liguei a bomba, ela começou a soar alto e ritmado: ΗΙΙΙΙ-ΗÓÓÓ. ΗΙΙΙΙ-ΗÓÓÓ. ΗΙΙΙΙ-ΗÓÓÓ.

De início, fiquei constrangida com o barulho, imaginando que Obama, Clinton e Suu Kyi poderiam ouvi-lo. Mas um grande número de jornalistas do mundo todo circulava do lado de fora, fazendo um barulho que, preferi acreditar, abafaria outros sons.

Eu achava desconfortável tirar leite com a bomba e detestava aquilo. E se não produzisse tanto leite como de costume, me sentia um fracasso. Mas naquele dia, em parte porque fazia tanto tempo desde a última vez que havia tirado, o leite fluiu livremente.

Dei-me conta da absoluta improbabilidade daquele momento. Barack Obama, o primeiro presidente afro-americano dos Estados Unidos, acabara de ser reeleito por uma margem considerável. Aung San Suu Kyi era uma mulher livre, membro do parlamento do qual havia sido banida por décadas. E eu, a mãe de dois que negociara com sucesso com os representantes da junta militar birmanesa antes de uma visita presidencial, estava tirando leite no banheiro da casa de uma gigante dos direitos humanos. Olhei para o teto e fiz uma breve oração de agradecimento.

A certa altura, pensei ter ouvido a tagarelice da mídia desaparecer e presumi que Obama e Suu Kyi estavam prestes a começar a entrevista coletiva. Inclinei-me para a janela, que ficava ao lado do banheiro, e abri uma das cortinas para ver se era o caso.

Para minha surpresa e horror, a janela dava direto para a varanda onde os dois líderes já estavam fazendo declarações para as câmeras. Se eu tivesse puxado a cortina alguns centímetros a mais, teria me exposto ao mundo.

No voo de volta, o presidente Obama estava de bom humor após sua reeleição e uma visita a Mianmar que terminara sendo amplamente celebrada. Ele me chamou para sua cabine pessoal no *Air Force One* e me perguntou qual cargo eu esperava em seu segundo mandato.

Cass acabara de sair da Casa Branca depois de três anos e meio. Agora, estava viajando entre a nossa casa em Washington e um pequeno apartamento perto da Harvard Law School, onde havia retomado o ensino três dias por semana. Eu não queria deixar o governo, mas estava pronta para tentar algo novo. Havia conduzido vários processos de políticas públicas até a conclusão, liderado nossos esforços para melhorar a resposta do governo a atrocidades e trabalhado com Susan e outras pessoas para garantir que voltássemos a participar de vários organismos internacionais. Eu achava que era hora de alguém com uma nova perspectiva ocupar meu cargo. Também pensei que talvez fosse mais eficaz lidar com questões com as quais nosso governo estava lutando (sendo a Síria o melhor exemplo) de um ponto de vista diferente. Susan estava a caminho de se tornar secretária de Estado ou conselheira de Segurança Nacional, então eu disse ao presidente que estaria interessada em substituí-la se ela deixasse a ONU.

"Qual é a sua segunda escolha?", perguntou Obama imediatamente.

Eu disse que trabalharia onde ele quisesse me colocar, mas voltei ao cargo na ONU. Falei que conhecia bem a organização e compreendia suas falhas. Eu havia provado minha capacidade de negociar acordos importantes. Seria uma forte defensora dos ideais americanos, e o fato de ser incansável me permitiria aglutinar efetivamente outros países para enfrentar ameaças que importavam para os Estados Unidos.

Eu nunca precisara me vender a Obama antes e me senti envergonhada em fazê-lo. Na verdade, a última vez que eu tentara convencer alguém a me dar um emprego fora em 1993, quando me encontrara com Carey English na *U.S. News & World Report*. Naquela época, pelo menos, eu pudera entregar a ele minha cronologia dos Bálcãs e clipes dos meus textos. Eu odiava ter de defender meu próprio progresso.

Obama me desafiou a justificar minha preferência pelo posto na ONU. "Eu pensava que você queria fazer a diferença", disse ele. Lancei-lhe um olhar intrigado enquanto ele continuava. "Você exerce uma influência muito maior na política americana onde está agora do que exerceria na ONU." Pontuando sua argumentação, ele pronunciou "na ONU" em tom desdenhoso. Nos dez minutos seguintes, fui transportada para a sala de aula da faculdade de direito de Obama, enquanto defendia minhas qualificações profissionais e descrevia como abordaria o trabalho.

Mais tarde, quando Cass perguntou como eu havia respondido às perguntas de Obama, dei a mim mesma um "b-", antes de acrescentar, "e é uma nota inflada".

Apenas depois de voltar ao meu assento na cabine principal é que pensei em meia dúzia de argumentos que deveria ter apresentado. Meu lema — não apenas como jornalista, mas na vida — sempre foi "mostre, não conte". Mas neste caso, tendo em vista que o presidente Obama era provavelmente a pessoa mais preocupada do planeta, quis me matar por não ter conectado os pontos.

Em março de 2013, depois de mais de quatro anos na Casa Branca, fiz uma pequena pausa em minhas atividades no governo. O presidente Obama e eu não discutimos o cargo na ONU pela segunda vez. Embora Pete Rouse, um dos assessores mais próximos do presidente, tivesse me dito que Obama estava me considerando seriamente para o posto, eu não sabia ao certo o que ele decidiria. Disposta a continuar servindo ao governo, aceitei uma oferta do novo secretá-rio de Estado John Kerry para ser subsecretária de Estado de Segurança Civil, Democracia e Direitos Humanos. O cargo vinha com uma grande carteira na qual eu supervisionaria direitos humanos, refugiados e migração, justiça inter-nacional e aplicação da lei e prevenção de conflitos. O posto exigia confirmação do Senado, por isso enviei todas as minhas informações financeiras e pessoais a uma equipe de advogados da Casa Branca que as examinaria para ter certeza de que eu não fizera nada ilegal ou antiético. Depois, esperei.

Em casa, fiquei encantada por poder passar dias inteiros com Rían, então com nove meses. Também ensinei Declan, de três anos, a nadar e o levei para assistir a seus primeiros jogos de beisebol do Washington Nationals. Então, no final de maio de 2013, o principal advogado da Casa Branca que revisava minha ficha telefonou para me informar que eu havia passado no processo de verifica-ção. Minha indicação seria anunciada em breve.

Numa notável coincidência, Cass e eu havíamos sido convidados para jantar com o presidente, a primeira-dama e alguns de seus amigos na residência da Casa Branca naquela mesma noite. Eu recrutara Eddie para vir de carro de Nova York e tomar conta das crianças, deixando-o com instruções explícitas sobre a alimentação de Rían, que era chata para comer.

Com alguns minutos de atraso, fomos escoltados até a casa dos Obama e o balcão com vista para o National Mall. Obama já estava aguardando entre seus convidados e, quando entramos, Cass derrubou acidentalmente um copo. Obama riu, talvez lembrando a bagunça de Cass quando eles eram colegas na Universidade de Chicago.

"É mesmo a cara de Cass quebrar a Casa Branca", disse o presidente, brincando.

Após meia hora de conversa fiada no pórtico ao ar livre, nosso grupo foi chamado para jantar. No exato momento em que eu voltava para a residência, meu celular tocou. Eddie estava em pânico, incapaz de encontrar o leite que eu havia tirado de Rían. Em vez disso, optara por uma coisa branca que não tinha cheiro de leite e não estava encaixando no pequeno buraco da mamadeira de Rían, fazendo com que ela reclamasse alto.

Percebendo que ele havia tentado alimentá-la com água de arroz por engano, me enfiei pelo corredor para tentar acalmar meu pai exausto, enquanto o presidente Obama fazia os outros convidados darem uma rápida parada no Quarto de Lincoln, para lhes mostrar a única cópia do Discurso de Gettysburg pessoalmente assinado pelo 16º presidente.

Explicar para Eddie a logística dos cuidados com a bebê por telefone foi como tentar explicar as complexidades de uma nova engenhoca tecnológica: o que me parecia simples não era óbvio para um homem com mais de setenta anos. Ele ficou cada vez mais frustrado, então me exasperei e acabamos quase gritando. Isso já havia acontecido muitas vezes antes, mas nunca tão perto do Quarto de Lincoln. Com nossa conversa aumentando inevitavelmente de tom, de repente ouvi uma voz atrás de mim.

"Deixe-me falar com ele."

O presidente Obama pegou meu celular. "Escute", ele instruiu Eddie, "aqui é o presidente dos Estados Unidos. Você consegue fazer isso. Só precisa manter a calma e se concentrar."

Obama falou com Eddie por uns bons três minutos antes de me devolver o telefone e dizer: "Ele entendeu". Quando pus o telefone no ouvido de novo, Eddie havia desligado, sem dúvida, para ligar para mamãe. Um magistral contador de histórias como ele tinha agora uma história épica para contar. E, pela primeira vez, não seria necessário nenhum enfeite.

O presidente Obama perguntou se poderia falar comigo numa sala separada. Assenti, nervosa, me perguntando o que ele teria em mente — ou o que eu poderia ter feito de errado. Ele não deixou muito tempo para o suspense.

"Tom está saindo", disse Obama com naturalidade, referindo-se ao conselheiro de Segurança Nacional. "Vou trazer Susan para o lugar dele e quero levar você para a ONU."

Engoli em seco e, enquanto continuava vendo a boca do presidente se mover, o som de suas palavras ficou fraco, abafado pelo tumulto em meu próprio cérebro.

"Puta merda, vou ser embaixadora na ONU", pensei comigo mesma. "Espere até eu contar para mamãe e Eddie!" Então, quase instantaneamente, os morcegos em minha Batcaverna entraram em alvoroço acelerado. "Ah, não, a Fox News vai me retratar como uma louca", me preocupei. "Isso pode ser um pesadelo…"

Quando voltei a prestar atenção ao presidente Obama, ele estava falando sobre minha confirmação pelo Senado.

"Os advogados estão me dizendo que você foi investigada até quando tinha 23 anos, mas esse é um posto de gabinete, então o escrutínio precisa voltar ainda mais para trás. Preciso que você pense muito, muito mesmo, se fez alguma coisa entre as idades de dezoito e 23 anos sobre a qual precisamos saber — qualquer coisa que possa nos embaraçar", disse Obama. "Se houver algo, tenho certeza de que podemos descobrir uma maneira de resolver, mas — seja sexo, drogas ou impostos —, *precisamos saber*. Eu só preciso que você pense."

O momento alegre da escolha durou um total de dez segundos. O presidente Obama viu meu rosto fechar.

"O que foi?"

"Eu… não tive uma vida romântica ideal naqueles anos", confessei. "Namorei um monte de caras errados." Eu já estava pensando demais na situação, confundindo meus primeiros relacionamentos com algumas víboras com algo grave o suficiente para prejudicar minha confirmação.

"Bem", disse Obama, "a menos que você tenha saído com Yasser Arafat, acho que ficaremos bem."

E com isso ele me levou para a Antiga Sala de Jantar da Família, onde os outros convidados estavam sentados à mesa, conversando com a primeira-dama.

Cass estava na extremidade oposta da mesa. Ele observou enquanto eu me sentava instavelmente e bebia um copo de água inteiro. Nossos olhos se encontraram e balancei minha cabeça em sinal de espanto. Pus a mão sobre o coração, sinalizando que algo importante havia acontecido. Cass usou os dedos para desenhar as letras "U" e "N", de United Nations [ONU], no ar, e assenti com a cabeça. Enquanto meu marido sorria de contentamento, fiquei em silêncio durante o jantar e os drinques, que duraram até uma da manhã, enquanto meu cérebro se torturava tentando lembrar qualquer coisa inapropriada que eu pudesse ter feito um quarto de século antes.

No final da noite, quando o presidente Obama nos acompanhou até a porta, agradeci pela oportunidade que estava me dando. Mas ele ainda não tinha chegado a isso.

"Pense", disse ele, dando-me um beijo de despedida na bochecha.

Naquela noite, em vez de dormir, imaginei como todos os acontecimentos da minha vida poderiam ser retratados de forma mais negativa.

"Imagine que você é a Fox News", disse a mim mesma. Eu havia viajado para Cuba com um ativista de direitos humanos para documentar os abusos de Fidel Castro. Vi a manchete da Fox: NOSSA MULHER EM HAVANA.

Eu me envolvera com um homem que alegou ser divorciado, mas depois descobri que eles estavam apenas legalmente separados. DESTRUIDORA DE LARES, proclamaria o *New York Post*.

Enfim, por volta das cinco da manhã, escolhi a questão que certamente selaria minha destruição — e, de acordo com a lógica da minha paranoia privada de sono, acabaria com a presidência de Obama por completo.

Quando era jornalista freelance na Bósnia, eu recebia vinte centavos de dólar por palavra pelos meus artigos (que, com cerca de oitocentas palavras cada, me rendiam 160 dólares cada um). Eu tinha certeza de que pagara impostos sobre cada um dos meus textos na Bósnia? "TRAPAÇA FISCAL!"

Minha mente percorreu todas as publicações para as quais escrevi em meus anos de Bálcãs: *Boston Globe, Miami Herald, San Francisco Chronicle, Economist, U.S. News & World Report, Washington Post, The New Republic.* "Torture seu cérebro, Samantha", ordenei. "Houve outros?"

E então, por volta das cinco e meia da manhã, lembrei-me do *Irish Sunday Business Post* e do *Yorkshire Post*. Escrevi algumas reportagens para o primeiro e não mais que meia dúzia para o último. Comecei a entrar em parafuso e sacudi Cass, que estava dormindo ao meu lado.

"Cass, acorde. Acho que não paguei imposto de renda pelos artigos no *Yorkshire Post* em 1995."

Com cara de sono, ele perguntou: "Yorkshire, Inglaterra? Quando você morou lá?"

Lembrei-lhe que, numa época passada da mídia, jornais regionais menores encomendavam artigos a freelancers de todo o mundo. Ele me perguntou quanto eu ganhara do *Yorkshire Post* e eu disse, como se fosse uma vasta quantia, "facilmente seiscentos dólares". Depois me corrigi: "Não, mais do que isso em dólares, porque os seiscentos seriam em libras esterlinas".

Sabendo que era melhor não tirar sarro de mim, ele se virou para o outro lado, me disse para voltar a dormir e garantiu que encontraríamos um advogado tributário pela manhã. "*Já é* de manhã", eu disse.

No fim das contas, o calcanhar de aquiles não eram meus impostos, que eu havia pago. E com certeza não eram meus ex-namorados. Na nova era da guerra política permanente, eram meus escritos e comentários públicos.

Na quarta-feira, 5 de junho, uma tarde bonita, cinco dias depois de o presidente ter me dito para "pensar" no meu passado, a Casa Branca anunciou à imprensa que Obama faria um "anúncio pessoal" no Jardim das Rosas.

Aconteceu de Cass estar no exterior no dia da cerimônia, então ele resolveu me ligar a cada quinze minutos para saber como eu estava. De manhã, deixei Rían na creche em frente à Casa Branca e levei Declan para seu acampamento de verão de beisebol.

Isso me deixou com algumas horas para terminar de preparar meus comentários para o evento e rastrear números de telefone para a Casa Branca entrar em contato com potenciais validadores — pessoas que pudessem atestar que eu era qualificada para o cargo. Peguei Declan no acampamento na hora do almoço, mas, por causa do tráfego intenso, tive de correr para vesti-lo com um blazer emprestado e uma gravata com prendedor. Felizmente, María estava lá para me ajudar a limpar o pó marrom de beisebol de seu rosto sujo, imprimir meus comentários e chegar à Casa Branca a tempo de apanhar Rían e me acalmar.

Quando chegamos, meus pais, María e as crianças foram rapidamente escoltados até seus lugares, enquanto eu me encontrava com o presidente, Susan Rice e Tom Donilon no Salão Oval.

Depois de alguns minutos de conversa fiada, o presidente nos levou para fora, e ficamos atrás dele enquanto ele caminhava para o pódio. A plateia — cheia de nossas famílias, amigos e colegas — nos cumprimentou com uma longa salva de palmas, dando-me um nó na garganta. Mort estava lá, e Gayle ajudou a manter Declan sob controle durante a cerimônia.

O presidente começou agradecendo a Tom por seus quatro anos e meio de serviço incansável. Descreveu sua confiança em Susan, que entraria para o posto de política externa mais importante e de alta pressão do governo. E, finalmente, enquanto eu olhava para mamãe e Eddie na plateia — no Jardim das Rosas! Na Casa Branca! —, o presidente me apresentou como sua escolha para embaixadora dos Estados Unidos na onu:

Uma das nossas principais pensadoras sobre política externa, ela nos mostrou que a comunidade internacional tem uma responsabilidade moral e um profundo interesse em resolver conflitos e defender a dignidade humana. [...] Aqueles que se preocupam intensamente com c envolvimento e a liderança indispensáveis dos Estados Unidos no mundo não encontrarão uma defensora mais forte dessa causa do que Samantha.

Quando tomei o microfone, contei como tinha chegado a Pittsburgh aos nove anos de idade, vestindo uma camiseta com a bandeira americana, e disse: "Mesmo quando era uma garotinha com forte sotaque de Dublin que nunca estivera na América, eu sabia que a bandeira americana era o símbolo da fortuna e da liberdade". Contei que praticava um novo sotaque diante do espelho "para que também pudesse rapidamente falar e ser americana".

Um dia antes da cerimônia no Jardim das Rosas, eu lembrara que o pai de Cass, Dick Sunstein (que morreu de um tumor cerebral quando Cass tinha apenas 25 anos), estava em licença da Marinha em San Francisco em abril de 1945, durante a conferência de fundação das Nações Unidas. Vasculhando uma caixa em que Cass guardava as cartas que seu pai mandara durante a guerra, encontrei uma enviada à mãe de Cass e que parecia estranhamente significativa.

"A conferência começa hoje", assim iniciava a carta de 25 de abril de 1945. "A cidade está enlouquecida de excitação. É um prazer estar aqui nos primeiros dias de abertura. Vamos rezar para que eles realizem alguma coisa."

Depois de ler partes da carta nos meus comentários do Jardim das Rosas, repeti as palavras do pai de Cass. "Vamos rezar para que eles realizem alguma coisa."

Concluí dizendo que tinha visto o melhor e o pior da onu — trabalhadores humanitários sob fogo de artilharia entregando comida para o povo no Sudão e soldados da paz incapazes de proteger o povo da Bósnia. A onu tinha de fazer um trabalho melhor "atendendo às necessidades de nosso tempo", disse, objetivo que eu só acreditava ser possível alcançar se os Estados Unidos abrissem o caminho.

Eu sabia que muitos membros de minha família irlandesa assistiriam à cerimônia. E senti uma pontada de tristeza por meu pai não estar por perto para testemunhar. Mas, principalmente, me senti como se estivesse levitando. Pensei em tudo o que mamãe e Eddie fizeram por mim ao longo dos anos. Mamãe entrando naquele avião para a América e depois comprando meu primeiro laptop antes de eu ir para os Bálcãs. Eddie mantendo vivo meu amor pelos oprimidos com suas canções de luta irlandesas. Os dois passaram um número incontável de horas corrigindo capítulos dos meus livros — mesmo depois de seus longos dias de trabalho no hospital.

Eu tinha viajado uma grande distância para representar os Estados Unidos na ONU. E eu ainda tinha um último obstáculo a resolver.

27. Uma chance

De volta ao nosso apartamento em Georgetown após a cerimônia do Jardim das Rosas, Eddie ficou paralisado no sofá, assistindo aos comentaristas da CNN dissecarem a "reorganização radical" do pessoal que o presidente Obama acabara de anunciar.

Depois de pôr as crianças para dormir, juntei-me a ele.

"Muito ruim?", perguntei.

"Nada com que se preocupar", disse ele.

"Muito ruim?", perguntei de novo.

"Eles são pagos para dizer essas coisas", respondeu ele.

Com Eddie e mamãe agora sentados ao meu lado, ouvimos um rol de analistas prever que eu teria pela frente uma longa e feia luta de confirmação no Capitólio. Um dos comentaristas sugeriu que minha batalha poderia se assemelhar à vivida por John Bolton, o conservador lançador de chamas cuja indicação em 2005 para embaixador na ONU foi tão controversa que ele não conseguiu obter a confirmação.*

---

* Bolton seria embaixador dos Estados Unidos na ONU, nomeado durante o recesso do Congresso e, em 2018, se tornou Conselheiro de Segurança Nacional de Donald Trump.

"Ah, querida", minha mãe suspirou, antes de sair em silêncio para dar uma volta pelo bairro.

Mamãe me enviou uma vez um cartão de estímulo no qual reproduziu a inscrição que aparece acima da entrada da Quadra Central de Wimbledon, retirada do poema "If", de Rudyard Kipling:

Se encontrando a desgraça e o triunfo conseguires
Tratar da mesma forma a esses dois impostores

Isso sempre foi mais fácil dizer do que fazer — para mim e para ela.

Compreendi que, para muitos dos críticos republicanos de Obama, minha perspectiva sobre política externa era intrinsecamente suspeita. E depois de assistir a Cass passar pelo processo de confirmação em 2009, eu sabia que a aprovação do Senado não era predestinada. Como meu marido, eu havia reunido um corpo volumoso de textos que as equipes dos senadores examinariam. Como resumiu o *Washington Post*: "Durante uma carreira longa e franca de jornalista, autora e ativista de direitos humanos, Power, 42 anos, forneceu extensa matéria-prima para perguntas sobre suas opiniões a respeito de muitas questões de política externa americana".

O artigo do *Post* também fazia a previsão indesejável de que "congressistas republicanos em busca de uma briga na política externa" poderiam tentar gorar minha confirmação. O senador Ted Cruz, do Texas, um dos primeiros a se manifestar, chamou minha seleção de "profundamente perturbadora" e afirmou que eu "apoiava fortemente a expansão das instituições internacionais e do direito internacional [...] às custas da soberania dos Estados Unidos". Logo depois, o Centro de Política de Segurança (CSP, na sigla em inglês), de extrema direita, lançou o que a Fox News chamou de "um movimento" contra a minha indicação.*

Liderado por Frank Gaffney, presidente do CSP, e pelo general de divisão reformado William Boykin, ex-funcionário do Pentágono no governo George W. Bush, o grupo divulgou uma carta sobre a "escolha totalmente inaceitável" de Obama, assinada por mais de cinquenta ativistas conservadores, oficiais militares aposentados e ex-funcionários do governo. "Deveríamos ter orgulho

---

* O CSP é um "*think tank*" que também foi designado como grupo de ódio pelo Southern Poverty Law Center, devido a suas posições antimuçulmanas.

de ser americanos, e se olharem para o histórico de Samantha Power, há uma forte indicação de que a atitude dela é o exato oposto", disse Boykin em um evento do National Press Club realizado para mobilizar a oposição.

Passei os dias após o anúncio entrando em contato com os republicanos para tentar garantir o apoio deles. Uma das minhas primeiras ligações foi para o senador Lindsey Graham, da Carolina do Sul, por ser uma das principais vozes de seu partido em política externa. Ele foi direto ao ponto.

"Você é a louca que os blogs estão dizendo ou alguém que defenderá os interesses dos Estados Unidos na ONU?", perguntou ele.

"O último, senhor", respondi.

Para minha surpresa, e talvez influenciado por seu amigo e senador John McCain, com quem eu havia trabalhado em questões de direitos humanos quando estava na Casa Branca, Graham imediatamente emitiu uma declaração elogiando minha indicação.

Pensando que eu deveria procurar os dois senadores republicanos que representavam a Geórgia, também liguei para Sally, minha amiga de escola, para ver se ela conhecia alguém ligado a eles. Com efeito, o padrasto de Sally trabalhava em estreita colaboração com um importante advogado republicano do estado, que gentilmente concordou em incentivar os senadores Saxby Chambliss e Johnny Isakson a me ver.

Chambliss havia sido um forte oponente à nomeação de Cass quatro anos antes, e embora eles acabassem trabalhando juntos depois que Cass assumiu seu cargo, eu não estava otimista de que ele me apoiaria. No entanto, assim que entrei no seu escritório, fui banhada por uma característica receptividade sulista. Chambliss me perguntou sobre a época em que joguei basquete na Lakeside High e rapidamente eliminou o suspense sobre sua postura em relação à minha indicação.

"Olhe, Samantha", disse ele, "não estou apoiando você por causa de sua defesa dos direitos humanos, mas admiro seu livro sobre genocídio. Não estou apoiando você porque você teve problemas na campanha de Obama por seus comentários sobre Hillary Clinton, embora eu deva dizer que gosto de uma dama de língua afiada. Estou apoiando você por um motivo: seu marido. Existem poucos homens melhores por aí."

Eu ficava grata quando os senadores republicanos concordavam em se encontrar comigo, pois nem todos o fizeram. Embora o senador Cruz e o senador Mike Lee, de Utah, tenham me interrogado sobre as deficiências das Nações Unidas e votado contra minha indicação, nossas discussões foram animadas e respeitosas. Tive a oportunidade de explicar por que a única organização global do mundo era vital para nossos interesses nacionais numa época em que o enfrentamento dos principais desafios para os Estados Unidos exigia cooperação internacional.

"É claro que a soberania dos Estados Unidos é importante", eu disse a Cruz a certa altura de nossa conversa privada, "mas para proteger a segurança do país, precisamos que a ONU faça com que outros países se apresentem para enfrentar ameaças."

Após essas discussões, resolvi que, se me tornasse embaixadora, tentaria reservar um tempo para me reunir com os críticos da ONU e com aqueles geralmente céticos em relação ao envolvimento dos Estados Unidos no exterior. O crescente número de americanos que se informavam através da Fox estava vendo a ONU falsamente descrita como uma ameaça. Ao desmascarar essas invenções e me opor aos argumentos dos isolacionistas e nacionalistas, eu esperava dar uma pequena contribuição para manter o apoio aos investimentos americanos no sistema internacional.

No fim das contas, descobri que tinha mais apoio do que os chamados especialistas haviam previsto no início. Mas muitos senadores me informaram que ainda não tinham opinião formada. O que eu dissesse e como me apresentasse na audiência de confirmação seriam fatores cruciais.

Enquanto essa audiência se aproximava, eu estava dividida em relação a ela. De um lado, ficaria aliviada ao finalmente falar por mim mesma e responder publicamente às caricaturas bizarras de minhas opiniões promovidas pela Fox News e por sites de direita. Por outro lado, eu precisava ter muita certeza de que não cometeria um erro. Meu objetivo era não ser notícia.

Bill Danvers, assessor sênior do Departamento de Estado, coordenou a minha confirmação. Bill havia desempenhado várias funções de segurança nacional no Poder Executivo e no Capitólio, inclusive como diretor de equipe do Comitê de Relações Exteriores do Senado, onde ocorreria meu testemunho. Além de me acompanhar às reuniões com os senadores, Bill organizou uma série de audiências simuladas de confirmação (ou "juntas de massacre") para que eu ensaiasse as respostas ao questionamento agressivo dos senadores.

Recrutei pessoas de dentro e de fora do governo para serem meus interrogadores simulados, como Cass, David Pressman e meus amigos Jon Favreau e Tommy Vietor, assessores de longa data de Obama que haviam recentemente deixado o governo. O trabalho deles era agir como os senadores mais abrasivos que se pudesse imaginar.

O esculacho começou imediatamente.

"O que faz você pensar que tem experiência para nos representar na ONU? O que uma acadêmica sabe sobre política externa?"

"Você chamou Hillary Clinton de 'monstro'. É assim, insultando as pessoas, que planeja fazer amigos e influenciar pessoas na ONU?"

"Você escreveu que os Estados Unidos cometeram um erro ao não reconhecer o genocídio armênio. No entanto, o presidente Obama também não fez isso. Você prometerá agora, como embaixadora na ONU, reconhecer o genocídio?"

"Há muito tempo você critica a política externa americana e mostra que preferiria que os Estados Unidos fossem governados por um governo mundial e por tratados internacionais. Planeja usar sua posição para minar a soberania do país?"

Todos que participaram dessas sessões tinham diante de si os trechos mais controversos de meus escritos e entrevistas anteriores, e os usavam com habilidade para me encurralar. Alguém lia uma citação que parecia totalmente censurável, antes de perguntar, de forma inocente: "Esta ainda é a sua opinião?". Cass, que interpretou o senador Rand Paul, sabia que eu ficava irritada desnecessariamente quando as pessoas acrescentavam erroneamente um "s" ao final do meu sobrenome, então aumentou a aposta se dirigindo a mim como "sra. Powers" toda vez que fazia uma pergunta.

À medida que meus colegas, amigos e cônjuge me arremessavam centenas de perguntas, ficava evidente que eu era uma péssima testemunha em minha própria defesa. Eu tinha tendência a dar respostas longas, sinceras e, em última análise, prejudiciais. Demonstrei péssimo juízo mesmo em questões menores de decoro; quando o "senador Paul" me chamou de sra. Powers, interrompi-o para corrigi-lo — "é *Power*, senador". Eu não esperava que essas sessões de treinamento fossem tranquilas de imediato, mas também não as imaginei tão ruins.

Danvers, cujos suspiros ficavam mais altos conforme minhas respostas iam se arrastando, me disse claramente:

Há uma coisa que aparentemente você não entende: os senadores não estão lá para ouvi-la. Eles estão lá para ouvir a si mesmos. Querem aparecer na televisão. Querem jogar para a base deles. Enquanto você fala, a maioria nem vai escutar. Você é apenas um elo entre o primeiro comentário deles que finge ser uma pergunta e o segundo comentário deles que finge ser uma pergunta. Portanto, quanto mais longas as suas respostas, mais aborrecidos eles ficarão e maior a chance de você dizer algo de que se arrependerá. Se você não ouvir mais nada, lembre-se disto: sua audiência não é sincera.

Eu sabia disso desde meus dias de trabalho com Obama no Senado, mas tinha dificuldade para internalizar as implicações.

Em nossa vida de casal, Cass quase sempre encontrava palavras de encorajamento para mim em momentos de desânimo. Mas nessa ocasião, em vez de elogiar falsamente as respostas que poderiam aparecer em um guia sobre como não ser confirmado pelo Senado americano, ele apenas se solidarizou, dizendo: "Sinto muito que você tenha de passar por isso".

Dediquei semanas às juntas de massacre, treinando minhas respostas num esforço para torná-las o mais rotineiras e sucintas possível. Os funcionários do Departamento de Estado haviam preparado respostas para várias perguntas em que eu poderia tropeçar, mas muita coisa escrita por eles não parecia autêntica. Eu parava no meio da tentativa de dar a resposta banal e dizia aos meus interrogadores: "Não posso falar isso. Não chega nem perto de responder à pergunta".

Em várias ocasiões, isso fez com que Danvers enterrasse o rosto nas mãos antes de perguntar: "Você quer ser confirmada ou não?".

Meu mau humor explodia. "Quero ser confirmada, mas não à custa de me tornar uma babaca de Washington", respondi certa vez.

Por fim, conseguimos um acordo. "Eis o que vai funcionar", eu disse a Danvers. "Você não quer que eu responda à pergunta da maneira detalhada que eu geralmente responderia. E eu não quero fingir que um senador não fez uma pergunta ouvida por todos nem dizer um monte de bobagens. Por que não encontramos algo que não é a minha primeira resposta, mas que pareça responsivo e seja uma coisa na qual eu realmente acredito?"

Essa se tornou a estratégia com a qual me preparei: encontrar uma maneira de nem sempre dizer o que me vinha primeiro à cabeça, mas expressar alguma coisa que, como expliquei, "*também* era verdade".

Tive a oportunidade de experimentar esse método novo ao discutir um artigo que escrevi para a *The New Republic* em 2003, pouco antes da invasão do Iraque pelo presidente Bush. No artigo, eu sustentava que os Estados Unidos deveriam praticar o que prega para outros países. "Instituir uma doutrina do mea-culpa aumentaria nossa credibilidade", escrevi. "A política externa americana precisa ser repensada. Ela precisa não de ajustes, mas de reformulação. Precisamos de um acerto de contas histórico com crimes cometidos, patrocinados ou permitidos pelos Estados Unidos."

"Por quais crimes os Estados Unidos precisam se desculpar?", perguntou Tommy Vietor em uma das juntas de massacre.

"Obrigada por sua pergunta, senador", eu disse. "Obviamente, essa é uma questão desafiadora. Mas, por exemplo, a tortura na prisão de Abu Ghraib, o…"

"NÃO, NÃO, NÃO…", gritou Danvers, enquanto Cass olhava para baixo a fim de evitar contato visual comigo. "Por que você diria algo que alguém pode pintar como um insulto às nossas Forças Armadas? Por que diabos compraria uma briga como essa? Não precisa. Seu objetivo é entrar e sair da sua audiência, não estabelecer verdades históricas mundiais."

"Tudo bem", falei, derrotada e exausta. "Entendi. Então, o que devo dizer?"

"Diga que o artigo foi escrito há muito tempo e suas opiniões mudaram", sugeriu Bill.

"Minhas opiniões realmente mudaram", respondi, "mas ainda acredito que cometemos erros e que não podemos fingir que não cometemos."

Bill me deu novamente o olhar de "você quer ser embaixadora na ONU?".

Nossa estratégia pedia que eu dissesse algo que "também fosse verdade", então sugeri: "Posso falar sobre a importância da responsabilização, bem como sobre a grandeza dos Estados Unidos — na qual acredito".

Bill não se opôs, então desenvolvi uma versão detalhada dessa resposta e a ensaiei durante dias.

Eu sabia que minhas respostas às perguntas dos senadores precisavam mostrar que eu não estava achando que o resultado do processo de confirmação estava garantido. Isso significava preceder a maioria das respostas com advertências do tipo: "Se eu for afortunada o suficiente para ser confirmada, irei…".

Mas com Susan já no cargo de conselheira de Segurança Nacional, eu não podia esperar o Senado votar para planejar como Cass e eu iríamos desenraizar nossa família e nos mudar para Nova York. Felizmente, Hillary Schrenell, que trabalhava na Missão dos Estados Unidos na ONU, tirou muito desse fardo das minhas costas.

Eu conhecera Hillary uma década antes, quando ela era uma estagiária de 22 anos na Kennedy School. Achei-a tão dedicada e esperta que a contratei para ser minha assistente de pesquisa em tempo integral. Em cinco anos trabalhando juntas, ela se tornou uma amiga íntima. Depois de ela se formar na Faculdade de Direito de Harvard em 2010, apresentei-a a Susan Rice, que a contratou como assessora de políticas. Agora, se eu conseguisse ser confirmada, teria a chance de trabalhar com Hillary de novo. Mas nesse meio tempo, pedi a ela que viesse a Washington para participar de minha equipe de confirmação. Achei que era importante ter alguém no meu círculo íntimo que, além de me conhecer, soubesse das medidas práticas e substanciais das quais eu precisaria depois de assumir o cargo. Como Hillary era próxima de minha família, ela também se ofereceu para me ajudar a pensar em como eu faria todo mundo se mudar para Nova York.

Fiquei um pouco envergonhada de apelar a Hillary para obter ajuda em questões domésticas, já que ela em breve seria minha assessora sênior para políticas — *se eu fosse afortunada o suficiente para ser confirmada* —, mas ela insistiu em usar suas férias para me ajudar.

"Todo o sistema é voltado para os velhos tempos, quando um embaixador do sexo masculino aterrissava em seu novo emprego", disse ela. "E a esposa fiel seguia atrás, organizando as mudanças e encontrando escolas para as crianças."

Nós duas sabíamos que Cass não iria assumir o papel de esposa de antigamente. Ao longo dos anos, eu aprendera que, quando lhe designava tarefas domésticas, muitas vezes me arrependia. Depois de dar à luz nosso filho, pedi a Cass para escrever o nome e a data de nascimento de Declan no formulário oficial. Alguns meses depois, após esperar várias horas pela certidão de Declan no registro de nascimentos de Washington, recebi o documento de "PECLAN POWER SUNSTEIN".

Assim que vi o erro de digitação, bati na janela de vidro e pedi para que a ortografia fosse corrigida. Mas a funcionária me disse que essa alteração exigiria uma visita ao "escritório de alterações". Fiquei fora de mim.

"Senhora", comecei, "juro que não chamei meu filho de Peclan e depois mudei de ideia. Meu marido tem uma caligrafia horrível."

A funcionária repetiu as instruções para ir ao escritório de alterações e fechou a janela de vidro. Depois de esperar mais uma hora, recebi a certidão de nascimento corrigida, que ainda dizia que Peclan Power Sunstein nasceu em 24 de abril e, ao lado de seu "nome de nascimento", em letra preta com mais de uma polegada de altura, o escritório havia acrescentado o selo ALTERADO e seu "novo" nome, Declan Power Sunstein.

A experiência agora parece boba, mas na época me deixou com uma profunda raiva de meu marido. "Você tinha uma única tarefa!", falei. "E agora, pelo resto da vida, Declan terá que explicar às pessoas por que seus pais o chamaram de Peclan!"

Quando Rían nasceu, Cass prometeu que eu podia contar com ele. "Eu aprendo bem", disse ele. No entanto, quando voltei ao mesmo registro de nascimento para buscar a certidão de nascimento de nossa filha, lá estava "RTAN POWER SUNSTEIN". A certidão de nascimento dela, como a de Declan, tem agora um carimbo de ALTERADO de uma polegada, indicando que, depois de alguns meses de reflexão, seus pais decidiram que "Rían" era preferível a "Rtan".

Achei que não tínhamos margem para erros quando se tratava de estabelecer nossa família em Nova York e fiquei agradecida por poder contar com Hillary. Ela fez uma lista detalhada de todas as pré-escolas e creches locais para que eu pudesse começar a fazer consultas. Conhecendo Declan e Rían, ela também me ajudou a restringir a pesquisa, conversando com os administradores das escolas que, segundo ela, poderiam ser uma boa opção. E até ajudou a encontrar aulas de informática para María, que havia concordado generosamente em se mudar conosco.

Quando falei sobre minhas prioridades principais com Hillary, ela me instou a decidir quem eu gostaria de ter como chefe de gabinete — uma das primeiras decisões importantes que eu tomaria. Cheguei quase de imediato a Jeremy Weinstein, meu ex-colega do NSC. Eu testemunhara pessoalmente a eficácia de Jeremy no governo. Ele trazia uma combinação especial de realismo a respeito dos limites do governo e um impulso para, não obstante, tirar o máximo proveito possível do sistema.

Jeremy passou dois anos no NSC e depois voltou a dar aulas em Stanford. Pedi a ele que se mudasse para o leste novamente por mais um período de dois anos. Minha oferta representava uma escolha torturante: ele tinha dois filhos pequenos, de três e seis anos, e era um parceiro dedicado no cuidado das crianças com sua esposa, Rachel, que trabalhava como advogada ambiental. Mas Rachel heroicamente concordou em arcar com o ônus da criação dos filhos por dois anos, enquanto Jeremy se comprometia a viajar à Califórnia a cada quinze dias. Os sacrifícios que ele e sua família fizeram foram enormes.

O interesse de Jeremy pelo serviço público era profundamente pessoal. Quando ele tinha sete anos, seu pai começou a trabalhar obsessivamente para denunciar um programa ultrassecreto da CIA chamado MKULTRA. O programa havia financiado conceituados psiquiatras e psicólogos nos Estados Unidos e Canadá para administrar drogas experimentais e tratamentos intensivos de choque em seres humanos — um dos quais era o avô de Jeremy, causando-lhe danos cerebrais permanentes.[21] Depois de um processo de oito anos, a CIA fez um acordo com oito canadenses, inclusive seu avô, e pagou às vítimas uma quantia lamentavelmente modesta.

Em decorrência das provações de sua família nas mãos do governo americano, Jeremy adquiriu duas convicções importantes, das quais eu compartilhava. Ele acreditava que os governos não deveriam poder agir com impunidade em nome da segurança nacional e, igualmente importante, pensava que os funcionários públicos deveriam ter em mente os indivíduos que seriam prejudicados por nosso fracasso em agir diante de uma injustiça grosseira.

Apesar de tudo o que diria honestamente sobre meu amor pelos Estados Unidos na minha audiência de confirmação, eu nunca esquecia a frequência com que as pessoas em posições de poder não faziam o bastante. Tendo Jeremy como meu parceiro, eu acreditava que poderíamos montar uma equipe que compartilhasse tanto nossa ambição quanto nossa humildade ao enfrentar os desafios formidáveis que estavam pela frente.

Faltando dois dias para eu comparecer perante o Comitê de Relações Exteriores do Senado, Cass conseguiu um quarto de hotel a uma quadra do nosso apartamento para que eu pudesse me concentrar nos preparativos finais para o interrogatório que sabíamos próximo. Nós concordamos que se eu trabalhasse em casa e visse não mais do que uma pequena meia pertencente a Declan ou Rían — para não falar de suas personalidades magnéticas —, ser respeitosa com Rand Paul desapareceria rapidamente de minha mente.

Nas últimas 48 horas, Cass e eu fizemos três refeições por dia juntos, enquanto ele disparava pergunta após pergunta, e eu me tornava cada vez mais hábil em responder sem detonar minas terrestres.

Em 17 de julho de 2013, acordei no hotel ao som de uma bateria e de um refrão de piano:

Started from the bottom now we're here
*Started from the bottom now my whole team fuckin' here**

O laptop de Cass estava retumbando a ode de Drake à vitória contra as expectativas e ao constrangimento dos inimigos. "Do jeito que Drake pretendia!", exclamei, desejando que os alto-falantes do computador pudessem tocar mais alto. Enquanto tomava banho, me vestia e recitava respostas às perguntas de Cass sobre mudança climática, governo mundial, Oriente Médio e mais, pedi a ele para acrescentar "Lose Yourself" de Eminem à playlist.

Lá estávamos nós — dois professores nerds recitando as letras de Drake e Eminem no Georgetown Inn:

His palms are sweaty, knees weak, arms are heavy…
He's nervous, but on the surface he looks calm and ready …
You only get one shot, do not miss your chance to blow
*This opportunity comes once in a lifetime…***

---

* Tradução literal: "Começamos de baixo, agora estamos aqui/ Começamos de baixo, agora minha turma toda está aqui". (N. T.)
** Tradução literal: "Suas mãos estão suadas, joelhos fracos, braços pesados…/ Ele está nervoso, mas na superfície parece calmo e pronto…/ Você tem uma chance, não perca a chance de estourar./ Esta oportunidade só acontece uma vez na vida…". (N. T.)

Embora eu cantasse com força "suas mãos estão suadas, joelhos fracos, braços pesados", a verdade era que, ao chegarmos ao Capitólio, eu me sentia calma e pronta.

Devido à minha formação na Geórgia, os senadores Chambliss e Isakson concordaram em me apresentar ao Comitê de Relações Exteriores do Senado. Mas assim que Chambliss começou a falar, derrubei acidentalmente um copo de água, que se derramou sobre a longa mesa de madeira da sala de audiências.

"Bom começo, Sam", brincou Isakson.

A sala de audiências estava cheia de amigos e apoiadores. Meus pais, Cass, Laura, Hillary, María, Declan e Rían estavam sentados bem atrás de mim. Outros amigos íntimos estavam numa fileira atrás deles. Sem surpresa, Rían ficou inquieta quase no momento em que a audiência começou, e María passou as próximas horas percorrendo os corredores com ela. Quando Declan viu seu padrinho John Prendergast entrar, alguns minutos depois de eu começar a testemunhar, disse num sussurro alto: "Mamãe, olhe, é o John". Tentei ignorá-lo porque estava respondendo à pergunta de um senador, mas seu sussurro ficou mais alto.

"Mamãe, John está aqui!"

Minha mãe tentou acalmá-lo, mas eu sabia que ele precisava de atenção. Quando outro senador na plataforma começou a falar, virei-me rápido para Declan e sinalizei que eu também estava satisfeita por John estar ali.

Felizmente, a audiência correu bem e eu não fui assunto de manchetes. No entanto, tive uma discussão torturante com o senador republicano da Flórida Marco Rubio, que, assim como nas juntas de massacre, tinha uma pilha de meus escritos diante de si, com os comentários mais controversos em destaque. Rubio passou a maior parte do tempo no artigo da *New Republic* sobre o qual eu me preparara para discutir.

"A quais crimes [cometidos pelos Estados Unidos] você estava se referindo e quais decisões tomadas pelo governo atual você recomendaria para esse acerto de contas?", perguntou ele.

Os efeitos do meu aprendizado se apresentaram e eu dei uma resposta na qual acreditava… mas que talvez não fosse o que Rubio esperava conseguir:

Eu, como imigrante neste país, acho que este é o maior país da Terra, como sei que o senhor também acha. Eu nunca me desculparia pelos Estados Unidos. Os Estados Unidos são a luz para o mundo. Aqui temos liberdades e oportunidades com as quais as pessoas sonham no exterior.

[...] o que eu tentara dizer, penso, é que às vezes nós, como seres humanos imperfeitos, fazemos coisas que gostaríamos de ter feito um pouco diferente, e às vezes pode ser produtivo entrar [...] num diálogo produtivo com cidadãos estrangeiros. E acho que foi isso que o presidente Clinton fez [ao pedir desculpas] na esteira do genocídio em Ruanda. Isso teve um ótimo efeito. Realmente significou muito. E isso era mesmo tudo o que eu queria dizer.

Rubio observou que o genocídio de Ruanda poderia ser caracterizado como "permitido" pelos Estados Unidos. Mas ele queria saber: "A quais [crimes] cometidos ou patrocinados pelos Estados Unidos você estava se referindo?".

Treinada para evitar detalhes, voltei à base: "Mais uma vez, senhor, o melhor país da Terra. Não temos nada a pedir desculpas".

Rubio olhou com surpresa e irritação considerável, mas fiquei de olho no relógio à minha frente. Eu sabia que ele tinha cinco minutos para interrogar e seu tempo logo expiraria. Ouvia as palavras de Danvers em minha cabeça. "Esta audiência não é sincera. *Não é sincera.*" Eu só precisava ser paciente e não deixar meu constrangimento com minhas respostas dominar meu desejo de autopreservação.

Por dois minutos, tivemos um diálogo mais ou menos assim:

Rubio: Então agora você não tem em mente nenhum [crime] cometido ou patrocinado por nós?

Eu: Não vou me desculpar pela América. Ficarei orgulhosa, se confirmada, atrás da placa dos Estados Unidos.

Rubio: Não, eu entendo. Mas você acredita que os Estados Unidos cometeram ou patrocinaram crimes?

Eu: Eu acredito que os Estados Unidos são o maior país da Terra. Acredito mesmo.

Rubio: Então, sua resposta para se cometemos ou patrocinamos crimes é que os Estados Unidos são o maior país da Terra?

Eu: Os Estados Unidos são os líderes em direitos humanos. São os líderes em dignidade humana…

O tempo de Rubio expirou. Eu havia perdido minha inocência. E duas semanas depois, o Senado me confirmou no cargo com uma votação de 87 a 10.

28. "Não pode ser as duas coisas"

Fiz meu juramento como 28ª embaixadora dos Estados Unidos nas Nações Unidas em 2 de agosto de 2013. Em seu gabinete da Ala Oeste, o vice-presidente Joe Biden entregou a Cass uma Bíblia esfarrapada e encadernada em couro que estava com a família Biden desde a década de 1890. Enquanto Cass segurava o livro, que tinha uma cruz celta na capa, pus minha mão esquerda sobre ele e levantei a mão direita. Assim que comecei o juramento, fiquei com um nó na garganta. Ao ver minha emoção, Cass seguiu meus passos. E então, como alguém que nunca quer ficar para trás, Biden acabou com os olhos cheios de lágrimas.

Fiquei aturdida com a relevância de representar meu país nas Nações Unidas. Mesmo depois de assistir à contagem final dos votos no Senado na C-Span, a ideia de que eu seria a pessoa atrás da placa que dizia "Estados Unidos" não parecia totalmente real.

Agora, olhando nos olhos azul-celeste do vice-presidente e me ouvindo jurar defender a Constituição, fiquei pasma com a seriedade de encarnar os Estados Unidos diante do mundo. Ao fazer o juramento, experimentei o que imaginava ser a sensação dos ganhadores de medalhas quando subiam ao pódio nas Olimpíadas e ouviam seu hino nacional — uma mistura de orgulho, patriotismo e alívio.

Eu conhecia Biden desde meu tempo nos Bálcãs, quando ele era um senador que fazia lobby junto ao presidente Clinton para resgatar os bósnios sitiados. E nas últimas décadas, ele e Cass haviam discutido muitas vezes sobre indicações na área judicial. O vice-presidente demonstrara imenso carinho por
nós dois.

Tendo observado Biden em debates na Sala de Crise e apenas conversado
com ele durante encontros casuais na Ala Oeste, impressionava-me o fato de o
homem que via de perto se assemelhar ao Biden público, à pessoa que milhões
de americanos julgavam conhecer. Ele era franco e expressivo. Podia ficar falando por tempo demais. Mas parecia ver o valor de cada pessoa que encontrava,
independente do status dela.

Depois de perder a esposa e a filha de um ano num acidente de carro, Biden
incentivava as pessoas a confiar suas perdas a ele. Soube por um de seus assessores
que ele ainda dava o número de seu telefone celular pessoal a estranhos de luto e
lhes dizia: "Se você se sentir mal e não souber para onde apelar, ligue para mim".

O que me deixava maravilhada era que, às vezes, essas pessoas ligavam e
ele as fazia sentir como se fossem sua primeira prioridade.

Depois que concluí o juramento com as palavras familiares "que Deus me
ajude", Biden se inclinou para mim e disse: "Não mude quando estiver lá. Seja
você. É disso que precisamos".

"Sim, senhor", respondi, antes de Cass acrescentar: "Ela não tem escolha".

Quando Susan era embaixadora na ONU, eu havia ficado com ela na residência oficial do embaixador, no Waldorf Astoria Towers, então pensei que sabia o que esperar. Mas nada me preparou para chegar ao Waldorf no papel
principal.

"Boa noite, embaixadora", disse o porteiro enquanto Cass e eu descíamos de
meu SUV blindado e pisávamos sob o toldo azul e dourado do Waldorf Astoria.

"Boa noite, embaixadora", disse o concierge, depois de passarmos pelas
portas giratórias.

"Boa noite, embaixadora", repetiu uma recepcionista, seguida por duas
outras.

Depois de subirmos ao 42º andar, o guarda armado que vigiava o apartamento o tempo todo acrescentou sua saudação: "Bem-vinda ao *lar*, embaixadora".

Ninguém falou muita coisa para Cass.

O complexo de apartamentos do Waldorf Astoria, inaugurado em 1931 junto com o renomado hotel, abrigara todos os embaixadores americanos na ONU desde 1947. Depois de deixar o cargo, os presidentes Herbert Hoover e Dwight Eisenhower tiveram suítes ali, assim como Frank Sinatra, a rainha Elizabeth II e o general Douglas MacArthur.

Depois que o guarda abriu a porta, Cass e eu entramos hesitantes, incapazes de absorver o fato de que uma cobertura palaciana de nove quartos, cinco banheiros e carpete branco passara a ser a casa da nossa família.

María ficara em Washington com Declan e Rían, então eu teria alguns dias para escolher suas escolas. Quando olhei para o quarto que compartilhariam, fiquei espantada ao ver que Hillary já o havia decorado, revestindo as paredes com fotografias gigantescas, que iam do chão ao teto, dos jogadores preferidos de Declan do Washington Nationals, e preparado o berço de Rían — era provavelmente a primeira vez que uma embaixadora dos Estados Unidos na ONU precisava disso.

A certa altura, encantado por estar sozinho comigo pela primeira vez em muitas horas, Cass exclamou: "Vamos correr!", e começamos a correr em velocidade pelos longos corredores.

"Você pode ser uma embaixadora chique", ele gritou por cima do ombro, "mas ainda sou mais rápido."

Como estávamos numa rara "noite de namoro", Cass e eu nos debruçamos sobre a pilha de menus de delivery deixados para nós. "Nova York é a ONU da gastronomia", pensei, antes de nos decidirmos por comida chinesa de Szechuan feita nas proximidades. Quando telefonamos, pedir entrega no Waldorf Astoria soou absolutamente bizarro.

Depois que Cass tocou "Shelter from the Storm", de Bob Dylan, terminamos minha primeira noite como embaixadora chique assistindo ao episódio final da temporada da série sobre crimes *The Killing*, que durou duas horas.

Cass esteve tanto ao meu lado desde o momento em que Obama me escolheu para ser embaixadora que não pensou muito em como sua própria vida mudaria depois que eu assumisse o posto. Como havia tirado uma licença de quase quatro anos da Faculdade de Direito de Harvard para administrar

o Oira, ele não achava que poderia abandonar sua posição de professor novamente tão cedo. Em consequência, planejava continuar lecionando em Cambridge três dias por semana durante o ano letivo e passar o resto do tempo
com nossa família em Nova York. Ele previa uma transição perfeita. Mas não
muito tempo depois de eu chegar ao escritório para o meu primeiro dia oficial
no cargo, ele telefonou em pânico de nosso quarto no Waldorf, onde trabalhava durante o dia.

"Tem gente demais", disse ele, quase histérico.

"Como assim?", perguntei.

"Tem gente em nossa casa. Pessoas no nosso quarto."

"Que pessoas?", perguntei.

"Todo tipo de gente", disse ele.

Ele se referia à equipe que cuidava da residência do embaixador — um
chef, um gerente assistente da casa e a equipe de limpeza do Waldorf.

Depois que eu saíra naquela manhã, o chef Stanton Thomas batera na
porta do quarto.

"Estou aqui", gritou Cass, esperando ter privacidade. Quando a batida se
repetiu, Cass se arrastou até a porta.

"Sinto muito incomodá-lo, professor Sunstein", disse Thomas amavelmen-
te. "Mas vou comprar mantimentos. O que a embaixadora gosta de comer?"

Numa reação que lhe era incomum, deu um branco na cabeça de Cass. Ele
via a comida como combustível — um sashimi de atum do Nobu era indistin-
guível de um sanduíche de atum de uma máquina de venda automática. Estávamos casados havia cinco anos e ele ainda não tinha dedicado espaço mental a
registrar meus gostos alimentares. No entanto, querendo ser deixado em paz,
ele sabia que precisava encontrar uma resposta e soltou: "Coca Diet".

O chef Thomas lançou um olhar perplexo. Só importava para Cass que
uma pessoa que não era eu ainda estava lá.

"E queijo", acrescentou meu marido, fechando a porta do quarto.

Quando voltei naquela noite, a geladeira estava cheia de dezenas de Coca
Diet e a maior variedade de queijos que já havíamos visto.

Toda vez que Cass entrava ou saía do Waldorf, o concierge o cumprimen-
tava como "sr. Power". Depois de algumas semanas, Cass decidiu que deveria
dizer ao homem seu nome verdadeiro.

"Bom dia", disse Cass. "Você é tão amigável comigo que pensei em esclarecer... Meu sobrenome, na verdade, não é 'Power'. É 'Sunstein'. Mas pode me chamar de 'Cass'."

O concierge pareceu confuso.

"Isso é incrível", disse ele, sacudindo a cabeça.

Foi a vez de Cass ficar confuso.

"Eu simplesmente não acredito nisso", disse o concierge. "O senhor é *igualzinho* ao sr. Power."

Enquanto meu marido enfrentava sua primeira experiência de ser visto como uma "pessoa derivada", como ele dizia, eu me adaptava à presença de uma equipe de agentes armados do Serviço de Segurança Diplomática do Departamento de Estado que me seguia praticamente em toda parte. Mesmo quando eu corria no Central Park, esses agentes me acompanhavam lado a lado. Durante anos, eu assistira a autoridades do gabinete desembarcarem de seus SUVs blindados na Casa Branca e sentira a aura de importância que eles carregavam. Agora, de repente, eu era uma delas.

Havia vantagens óbvias. Como não tinha mais permissão para dirigir, não precisava disputar vagas para estacionar em Washington ou Nova York. Eu era pré-revistada para viajar e podia chegar aos aeroportos minutos antes do fechamento do portão de embarque. E como os agentes de segurança haviam esquadrinhado os restaurantes onde eu pretendia comer, raramente precisava esperar por uma mesa. As desvantagens, no entanto, não eram poucas: fora de casa, a maioria das conversas que eu tinha com Cass e as crianças acontecia na companhia dos agentes. Embora eu viesse a me aproximar pessoalmente de muitos dos indivíduos que serviam nas minhas equipes de segurança, com frequência me via ansiando por privacidade.

Eu também tinha muito menos tempo sozinha em meu novo local de trabalho, a Missão dos Estados Unidos na Organização das Nações Unidas, um edifício de 22 andares e 13 mil metros quadrados na movimentada esquina da rua 45 com a Primeira Avenida, no centro de Manhattan, em frente à sede da ONU.

Depois de mais de quatro anos na Casa Branca, eu me acostumara a ler informações sigilosas sobre ameaças terroristas a funcionários e instalações do governo americano em todo o mundo. Desde os atentados de 1998 às embaixadas no Quênia e na Tanzânia e os ataques de 11 de setembro de 2001, muitas de nossas instalações diplomáticas, inclusive a Missão dos Estados Unidos na ONU, passaram por extensas reformas. O edifício havia sido destruído, completamente redesenhado e reconstruído para suportar até um ataque enormemente destrutivo. As janelas de vidro do saguão do átrio claro eram temperadas para resistir a explosões, e um sistema de filtragem especial protegia contra agentes químicos e biológicos. Os escritórios ficavam a doze metros do meio-fio e os seis primeiros andares não tinham janelas.

Meu escritório ficava próximo ao topo do prédio e dava para o East River e a sede da ONU. Ao nível da rua, eu podia ver as 193 bandeiras dos Estados-membros da ONU, bem como grupos de estudantes fazendo fila para passeios durante o dia. Também podia ver a escultura mais famosa da ONU, conhecida como *Não violência*: um gigantesco revólver Magnum de bronze com um nó em seu cano.

Em 1945, depois da devastação de duas guerras mundiais, a carta fundadora das Nações Unidas definiu o objetivo da organização em termos claríssimos: "salvar as gerações vindouras do flagelo da guerra". A ONU é o único lugar na Terra que reúne representantes de todos os governos reconhecidos do mundo, grandes e pequenos, ricos e pobres, em busca desse objetivo.* A China, com 1,4 bilhão de habitantes, está presente na Assembleia Geral da ONU ao lado da nação de Tuvalu, arquipélago do Pacífico com uma população de 11 mil habitantes. A Rússia, um país de mais de 17 milhões de quilômetros quadrados, senta-se ao lado de Mônaco, que tem menos de três quilômetros quadrados.

Os fundadores da ONU reconheceram que o conflito com frequência está ligado à privação econômica e consideraram que um dos papéis da organização era ajudar a mitigar as dificuldades capazes de alimentar a instabilidade. Em consequência, graças às contribuições financeiras dos Estados-membros, os programas da ONU, ao longo dos anos, tiraram dezenas de milhões de pessoas da pobreza. Sua ajuda alimentar nutriu quem corria o risco de morrer de fome. Sua agência de refugiados reassentou e abrigou pessoas que não tinham para onde ir. Seus esforços na área da saúde erradicaram a varíola e quase acabaram

---

* Quando foi fundada em 1945, a ONU tinha apenas 51 membros, mas esse número aumentou ao longo dos anos, em grande parte devido à descolonização na África e na Ásia e ao colapso da União Soviética. No início, o assento da China era ocupado pela República da China, governada por Chiang Kai-shek, que fugiu com suas forças para a ilha de Taiwan em 1949 após a guerra civil da China. Em 1971, a República Popular da China assumiu o controle do assento chinês.

com a poliomielite e a doença do verme-da-guiné (dracunculíase), além de fornecer vacinas para crianças que, sem elas, poderiam ter morrido de doenças evitáveis. E seus programas ambientais mobilizaram os países para deter o esgotamento da camada de ozônio, entre outros feitos.

O secretário-geral da ONU, Ban Ki-moon, foi ele mesmo beneficiado por esforços como esses. O Fundo das Nações Unidas para a Infância (Unicef), a agência que facilitou o acesso à escola para milhões de crianças, ajudou a proporcionar educação a Ban quando ele era um menino vivendo numa vila rural pobre na Coreia devastada pela guerra.

Contudo, em questões de guerra e paz, a ONU tem sido menos um ator por mérito próprio do que um palco onde países poderosos perseguem seus interesses. Richard Holbrooke, que foi embaixador do presidente Clinton na organização, observou certa vez: "Culpar a ONU por uma crise é como culpar o Madison Square Garden quando o New York Knicks joga mal. Você está culpando um edifício".

Em 2010, Holbrooke morrera repentinamente de um ataque cardíaco, deixando um vazio na vida de todos que o amavam. Eu sentia muita falta dele e me via constantemente querendo poder pegar o telefone para lhe pedir um conselho. Depois que me tornei embaixadora, sua sabedoria ecoava em meu cérebro, e muitas vezes citei sua analogia com o Madison Square Garden, que resumia de forma vívida o poder e as limitações da ONU.

Sendo uma organização, a ONU tem à sua disposição quaisquer recursos que os governos dentro dela escolham fornecer. São os principais atores — países como Estados Unidos, China e Rússia — que ditam como "a ONU" lida com as crises. Como regra geral, quando os políticos alegam que uma crise é "responsabilidade das Nações Unidas", estão desviando a atenção de sua própria impotência ou falta de vontade política. Na verdade, para que a ONU "aja" ou "reforme", uma massa crítica de países deve fazer isso acontecer (ou pelo menos não impedir ativamente outros de fazê-lo). Grande parte da disfunção da organização decorre das ações de determinados países, em especial os poderosos. No início de meu mandato, deram-me um cartum que circulava amplamente por ali. O desenho mostrava dezenas de pessoas ouvindo um discurso. No primeiro quadro, o orador pergunta: "Quem quer mudança?", e todos os membros da plateia levantam as mãos com entusiasmo. No segundo quadro, o orador refina sua pergunta, perguntando: "Quem quer *mudar*?". Dessa vez, todos os membros da plateia olham vacilantes para o chão.

Medir o impacto das normas e leis da ONU no comportamento dos Estados é difícil, mas um mundo sem regras da ONU ou sem a ajuda de suas agências humanitárias seria infinitas vezes mais cruel. E, embora as divisões no Conselho de Segurança reduzam severamente o impacto da organização, acabar com a ONU — ou sair dela de forma unilateral, como alguns políticos republicanos sugeriram que os Estados Unidos fizessem ao longo dos anos — minaria os esforços coletivos para acabar com todos os conflitos.

Enquanto a maioria dos países, inclusive os Estados Unidos, às vezes se furtam a seguir os ideais da Carta da ONU, é historicamente significativo que as principais potências não tenham travado uma guerra entre elas desde a fundação da organização. Suas missões de manutenção da paz falharam em muitas ocasiões, mas também ajudaram a proteger um grande número de civis da violência e impediram a propagação de conflitos através das fronteiras.

O ex-secretário-geral Dag Hammarskjöld talvez tenha resumido melhor o histórico da ONU e sua promessa quando disse que ela foi criada "não para levar a humanidade ao céu, mas para salvar a humanidade do inferno".

Quando entrei no lobby da sede da ONU pela primeira vez como embaixadora dos Estados Unidos, cerca de duas dúzias de repórteres e fotógrafos estavam esperando por mim. Fiz alguns comentários breves, nos quais expressei meu desejo de fazer a organização funcionar para os americanos e para as pessoas vulneráveis em todo o mundo. Enquanto os repórteres erguiam seus gravadores, notei que tinham o mesmo crachá da ONU outrora usado por mim. E eles estavam perseguindo pistas nos mesmos corredores onde eu já andara como repórter. Senti uma conexão calorosa com um grupo de pessoas cujo universo ajudou a me moldar. Mas também sabia que precisava ser reservada. Não podia repetir o erro cometido com o *Scotsman* durante a campanha de Obama.

Antes de poder assumir minhas funções oficiais, eu precisava apresentar minhas credenciais ao secretário-geral Ban Ki-moon.* Por razões que agora não consigo entender, escolhi usar um vestido de verão listrado que expunha

---

* De acordo com a tradição diplomática, eu entregaria uma carta do presidente Obama pedindo a Ban que me aceitasse formalmente como representante do presidente.

demais ombros e pernas. Ao ver minha foto oficial com o secretário-geral, o embaixador francês na ONU, Gérard Araud, perguntou depois, maliciosamente: "Você usou seu traje de banho para apresentar credenciais?".

A foto, que me mostrava da cintura para cima enquanto apertava a mão de Ban em seu terno escuro, poderia fazer alguém pensar que eu entrara na ONU vinda de uma piscina local. Mais tarde, ouvi de Kurtis Cooper, meu porta-voz adjunto, que um repórter de língua espanhola o havia puxado de lado para perguntar também sobre minhas roupas, mas só conseguira dizer: "Samantha é muito… hippie, não?". Como mulher diplomata, eu tinha de lidar com o fato de que, embora desejasse me concentrar no conteúdo, meu guarda-roupa seria examinado junto com minhas habilidades de negociação.

Na Carta da ONU, apesar do título grandioso de secretário-geral, ele era chamado de administrador da organização. Por esse motivo, o ex-secretário-geral Kofi Annan descreveu o posto como "mais secretário que general".* Em 1935, quando pediram ao ditador soviético Ióssif Stálin para tentar convencer o papa a aderir aos esforços de combate à ameaça nazista, ele teria respondido: "O papa? Quantas divisões ele tem?". O secretário-geral da ONU está em situação semelhante: não comanda Forças Armadas nem tem autoridade sobre chefes de Estado e, portanto, não possui os meios para impor as regras da organização que supostamente devem governar o comportamento dos países. Em todas as áreas, ele depende da ação coletiva dos Estados-membros. Não obstante, o secretário-geral pode usar o prestígio de seu cargo para buscar avanços diplomáticos e empregar seu púlpito para instar os países a respeitar os direitos humanos e o direito internacional. Em nosso breve encontro, que incluiu nossos cônjuges, eu disse a Ban Ki-moon que estava ansiosa para construir uma forte relação de trabalho com ele e avisei: eu tinha uma longa lista de questões que esperava discutir em nossa próxima conversa.

Eu sabia que a chave para ter sucesso como embaixadora era tirar o máximo proveito da notável equipe de pessoas que trabalhavam para a Missão dos Estados Unidos na ONU. Menos de 10% da equipe de 150 pessoas eram indica-

---

* Trocadilho em inglês, em que *general* significa tanto "geral" quanto o posto militar de general. (N. T.)

ções políticas, como Jeremy, Hillary e eu. A grande maioria era composta de funcionários permanentes, inclusive oficiais do serviço estrangeiro e funcionários públicos que haviam trabalhado antes para o governo do presidente George W. Bush. Alguns funcionários estavam na Missão havia mais de trinta anos, desde a época do governo Reagan. Muitos trabalhavam demais, inclusive aos finais de semana.

Os funcionários de carreira em geral haviam internalizado uma regra de governo tácita (e às vezes explícita) que os mandava aguardar instruções de quem estava acima deles na hierarquia antes de tomar alguma iniciativa. Eu havia deixado meu cargo no Conselho de Segurança Nacional com uma aguçada valorização da importância de processos governamentais inclusivos e transparentes. Contudo, pedia agora aos membros da minha equipe para mostrarem menos deferência ao sistema. Antes de implementarem rapidamente uma orientação, eles deveriam parar um momento para pensar se concordavam com a linha de ação proposta.

Muitos haviam vivido nos países propensos a conflitos sobre os quais estávamos discutindo. Alguns eram experientes nos campos do direito internacional ou da assistência humanitária. Vários falavam chinês, russo ou árabe e traziam informações valiosas para as negociações americanas. E quase todos tinham uma memória institucional que me faltava, sabendo o que havia ou não funcionado no passado. Lembrei-os da expertise que traziam para seus cargos e os encorajei a fazer suas próprias recomendações para ajudar a moldar a política externa americana.

Eu sabia que Holbrooke, Mort e Jonathan haviam se cercado de pessoas que, mesmo se consideradas "juniores", os desafiavam e geravam ideias. Eu queria fazer o mesmo. Não é preciso ser experiente para ser criativo, e eu precisava de ideias, onde quer que pudesse obtê-las. Também tentei encorajar a atitude de nunca ficar satisfeito apenas com levantar uma questão, fazer uma declaração pública ou realizar uma reunião, enfatizando que "nos importamos menos com sugestões e mais com resultados". Quando diplomatas da Missão cometiam o pecado capital de "admirar o problema", eu escrevia à mão em seus memorandos: "Se fosse Obama, o que *você* faria?".

Jeremy começou a organizar discussões de "mergulho profundo" nas quais dedicávamos duas horas para analisar os problemas de política, pedindo a nossos especialistas internos em África, China ou sanções que imaginassem formular novas políticas a partir do zero. Se havíamos pensado em algo que julgávamos valer a pena levar em consideração, eu conversava com John Kerry para sondá-lo. Também instamos a equipe a dedicar um tempo específico de sua semana para conversar com alguém de fora do governo que conhecesse as questões nas quais estavam trabalhando. Para entender um lugar como a Síria, onde nossa embaixada havia fechado, aqueles que trabalhavam na sociedade civil poderiam nos oferecer um ponto de vista impossível de obter de dentro do governo americano. E criamos uma série de palestras na qual acadêmicos e jornalistas vinham à Missão para compartilhar suas experiências.

Minha equipe e eu reconhecíamos o perigo de ficar soterrados pelo que chamávamos de "tirania da caixa de entrada". Por isso, depois de solicitar ideias a minha equipe e aos quatro embaixadores adjuntos,* eu me concentrava em questões de direitos humanos que tentaria abordar sem muito envolvimento de Washington — questões que não só ajudariam indivíduos específicos, mas talvez também aumentassem a confiança de diplomatas americanos que, às vezes, pareciam duvidar do impacto potencial dos Estados Unidos. Escolhíamos iniciativas que — eu sabia — o presidente Obama apoiaria de todo coração, mas que grande parte da burocracia abaixo dele não priorizava.

Numa época na qual a sociedade americana parecia cada vez mais dividida a respeito da imigração, decidi buscar ocasiões para destacar o impacto causado por refugiados e imigrantes nos Estados Unidos. Além disso, eu trabalharia com minha equipe para incorporar os direitos LGBT ao DNA da ONU e tentar garantir a libertação de presos políticos.

Eu queria salientar essas questões desde o início. No mesmo dia de meu encontro com o secretário-geral, visitei uma Academia de Verão para Jovens Refugiados, onde dezenas de alunos de escolas primárias e secundárias locais que haviam sido refugiados estavam se preparando para o próximo ano escolar

---

* Além do cargo que eu ocupava como representante permanente dos Estados Unidos nas Nações Unidas, a Missão tinha quatro outros embaixadores americanos — a representante permanente adjunta nas Nações Unidas e representante adjunta no Conselho de Segurança (Rosemary DiCarlo, seguida por Michele Sison), um representante suplente adicional para Assuntos Políticos Especiais nas Nações Unidas (Jeffrey DeLaurentis, seguido por David Pressman), um representante para Administração e Reforma da CNU (Joe Torsella, seguido por Isobel Coleman) e uma representante no Conselho Econômico e Social das Nações Unidas (Elizabeth Cousens, seguida por Sarah Mendelson).

nos Estados Unidos. Estive com crianças de lugares como Sudão, China e Irã, e elas me contaram sobre as situações traumáticas das quais haviam escapado. Contei que eu também viera para os Estados Unidos quando criança, sem conhecer ninguém, mas tivera a sorte de não ter passado pelas dificuldades de que elas haviam fugido. Disse estar admirada com a coragem e resiliência delas.

Depois da minha audiência de confirmação, seis semanas antes, vários jornais publicaram uma foto minha com Declan, que pulara em meus braços quando o martelo soara. Desde então, recebi de mulheres de todo o país bilhetes nos quais contavam como estavam animadas ao ver alguém tentando desempenhar um cargo no Gabinete de Segurança Nacional com crianças pequenas a tiracolo. Entendi a reação porque, décadas antes, a foto da embaixadora na ONU Jeane Kirkpatrick, sozinha entre tantos homens no gabinete de Reagan, deve ter de alguma forma moldado meu próprio senso do possível. Eu esperava que minha presença mostrasse a essas jovens aonde elas poderiam chegar.

Quando eu estava saindo, um dos estudantes, um refugiado do Afeganistão, fez uma pergunta que eu não previra: "O que você acha do comunismo?".

O pequeno grupo de repórteres da ONU que me acompanhava na visita à escola se inclinou para ouvir minha resposta. Depois de superar minha surpresa com a pergunta, manifestei meu desprezo pelo sofrimento causado pelo regime comunista. Kurtis sussurrou para mim quando saímos: "É minha função ser paranoico, mas essa foi uma ótima resposta".

Kurtis acrescentou, no entanto, que eu precisava me sentir confortável em não responder perguntas. Minha porta-voz para a imprensa, Erin Pelton, logo me faria um treinamento para lidar com a mídia, enumerando uma lista de "portos seguros" aos quais eu poderia recorrer quando confrontada com uma pergunta nova ou difícil:

"Não estou totalmente familiarizada com o que você está descrevendo, mas analisarei o assunto e voltaremos a você com uma resposta."

"Em vez de comentar os detalhes, deixe-me dizer que em geral…"

"Não vou especular sobre…"

"O que todos devemos focar é…"

Brinquei com Erin que me lembrei da cena de um dos meus filmes preferidos sobre beisebol, *Sorte no amor*, no qual o personagem veterano de Kevin Costner ensina um arremessador novato interpretado por Tim Robbins. "Você terá de aprender seus clichês […] eles são seus amigos", aconselha Costner, antes de compartilhar vários deles, como "é preciso jogar um dia de cada vez" e "estou feliz por estar aqui. Espero poder ajudar o clube".

Erin e Kurtis entenderam que eu era alguém que tendia a falar de coração aberto. Também tentava responder às perguntas que os repórteres realmente faziam, e não às perguntas que eu gostaria de ouvir. Mas todos nós reconhecíamos: esses hábitos podiam se tornar desvantagens. Ao longo do primeiro mandato do presidente Obama, eu havia visto a facilidade com que as palavras dos funcionários do governo podiam ser tiradas de contexto e não queria fornecer pretexto para o próximo escândalo fabricado na Fox News.

Eu passaria a maior parte do meu tempo como embaixadora no Conselho de Segurança da ONU. Os fundadores da organização atribuíram ao Conselho a tarefa de manter a paz e deram-lhe amplos poderes de implementação, tornando-o o órgão mais importante da organização. O Conselho possui quinze membros, mas funciona numa estrutura de dois níveis, com membros permanentes e não permanentes. Os cinco membros permanentes são Estados Unidos, China, França, Rússia e Reino Unido, enquanto os outros dez assentos são ocupados de forma rotativa por países eleitos para mandatos de dois anos.[22] A competição por esses assentos não permanentes é feroz.[23]

O Conselho de Segurança tende a ser ineficaz quando as principais potências estão divididas (como acontecia durante a Guerra Fria) ou quando são em grande medida indiferentes (como foi o caso durante o genocídio em Ruanda). Mas quando as divisões são administradas ou superadas, o Conselho tem uma influência enorme. Ele pode impor sanções econômicas, iniciar mediação de emergência e lançar missões de manutenção da paz. Acima de tudo, tem o poder de legalizar ações que de outra forma seriam ilegais segundo o direito internacional.*

O ritmo do trabalho no Conselho de Segurança mudou bastante ao longo dos anos. Em 1988, um ano antes da queda do Muro de Berlim, o Conselho se reuniu apenas 55 vezes. Em 2014, meu primeiro ano completo no cargo, o Con-

---

* Mas depois que o Conselho aprova uma resolução, nada acontece no mundo real, a menos que os países que pertencem à ONU adotem essa resolução. Por exemplo: quando o Conselho cria uma nova missão de manutenção da paz, alguns dos 193 Estados-membros da ONU devem contribuir com tropas, polícia, equipamento e financiamento para tornar essa missão possível.

selho se reuniu em 263 ocasiões — mas emitiu resoluções que autorizavam ações concretas em apenas um quinto dessas sessões.

A presidência do Conselho alternava alfabeticamente todos os meses. Quando cheguei, em agosto, a Argentina controlava a agenda. Em minha primeira reunião do Conselho de Segurança como embaixadora, a presidente populista Cristina Fernández de Kirchner presidiu a sessão, à qual compareceram o secretário-geral da ONU e catorze ministros de Relações Exteriores. Kirchner, que chegou 25 minutos atrasada, usou suas declarações para criticar os Estados Unidos e outros membros permanentes por usarem seu poder de veto para bloquear iniciativas importantes.

O presidente Franklin Delano Roosevelt, que concebeu a ONU com Winston Churchill, insistiu que os cinco membros permanentes do Conselho de Segurança tivessem o poder de rejeitar as medidas do Conselho das quais não gostavam. FDR vira o Congresso americano votar contra a adesão à Liga das Nações após a Primeira Guerra Mundial e previa que dar aos Estados Unidos o poder de veto como alavanca de controle tornaria possível que o Senado americano apoiasse a adesão à ONU — o que de fato aconteceu, por maioria esmagadora.

Durante décadas, os Estados Unidos usaram seu poder de veto para impedir países não democráticos (e que continuam sendo a maioria na ONU) de unir forças para enfraquecer as normas internacionais ou de adotarem outras medidas prejudiciais aos interesses americanos. Dito isso, quando cheguei em 2013, o veto já havia sido usado mais de 250 vezes, deixando o Conselho de fora em alguns dos conflitos mais devastadores do mundo.[24]

Embora não tenha achado minha primeira reunião do Conselho muito esclarecedora ou prática, uma chefe de Estado a estava presidindo, e minha equipe me aconselhou a não me levantar e sair depois de ter falado. Colleen King, minha nova assistente especial, me entregou informações prévias para minhas outras reuniões naquele dia, e permaneci no Conselho das 9h30 às 13h15, quando a reunião foi "suspensa".

"Não acabou?", perguntei ao diplomata americano sentado atrás de mim. Quando ele me disse que a reunião seria retomada após o almoço, repeti o velho ditado: "Imagino que tudo tenha sido dito, mas nem todo mundo o disse".

A sessão da tarde, à qual um de meus adjuntos compareceu, consumiu mais quatro horas e quarenta minutos.

Muitas sessões do Conselho foram muito mais valiosas — as sobre crises específicas, descobri, eram um meio importante para mobilizarmos o apoio global à posição dos Estados Unidos. Elas também permitiam que eu e minha equipe usássemos os dias ou horas de antecedência para instar nossos colegas em Washington a reconsiderarem o que às vezes eram posições políticas americanas obsoletas. Tentamos usar os debates do Conselho como ocasiões para articular novas posturas em nome dos Estados Unidos — por exemplo, desafiando autocratas estrangeiros que jamais punham fim a seus mandatos ou condenando violações de direitos humanos sobre as quais o governo americano não havia falado anteriormente. E, é óbvio, no meu período na ONU, o Conselho usaria seus poderes de imposição para condenar ações ilegais em muitas partes do mundo, enviar forças de paz e impor sanções econômicas aos governos que violavam o direito internacional.

A diminuição das discordâncias nas negociações com outros países não se dava nas sessões formais do Conselho, mas nas reuniões individuais com meus colegas embaixadores ou nos telefonemas e visitas ao exterior que eu fazia a ministros das Relações Exteriores e chefes de Estado em todo o mundo. Com isso em mente, deleguei a participação em algumas reuniões do Conselho aos meus suplentes. No entanto, mesmo esse cálculo de quando aparecer era mais complicado do que parecia. Quando o embaixador americano adquiria o hábito de faltar às sessões do Conselho de Segurança, isso ofendia os países que as presidiam e outros membros do Conselho. Como cada um dos dez membros não permanentes sairia do Conselho depois de dois anos, e, em muitos casos, não seria eleito novamente por décadas, seus embaixadores costumavam estar presentes. Eu precisaria do apoio deles em votações apertadas, então cada decisão de faltar a uma reunião requeria um cálculo complexo envolvendo questões além do que estava sendo discutido no momento.

Tanta coisa acontecia na ONU que, quando os discursos preparados demoravam muito, eu usava o tempo para vasculhar as mais de cem páginas de materiais recebidas diariamente a fim de orientar meus funcionários. A todo momento, os diplomatas americanos que trabalham na Missão estavam imersos em negociações sobre questões diversas, desde impor sanções a como reabilitar soldados infantis após conflitos. Na câmara da Assembleia Geral, os representantes dos Estados Unidos procuravam frequentemente expandir os programas de educação de meninas, enquanto também evitavam os esforços enlouquecedores de criar novos postos nas Nações Unidas, que custariam dinheiro que poderia ser gasto na prestação de assistência a pessoas necessitadas.

Às vezes, ao sair do escritório às nove da noite, eu via o tamanho do briefing para o dia seguinte que precisava levar para casa comigo e, decepcionada, gemia para Jeremy: "Tanta coisa para pôr em dia em *The Affair*!". Mas quando chegava em casa, inevitavelmente devorava o conteúdo: havia ali material preparatório para minhas reuniões e eventos no dia seguinte, atualizações secretas sobre vários conflitos que eu estava acompanhando, relatórios analíticos completos de organizações como o International Crisis Group e atualizações da equipe de funcionários sobre nossas iniciativas de longo prazo. Tendo consumido notícias de política externa desde os dezoito anos, eu achava uma lição de casa como essa fascinante.

Depois que a primeira parte da reunião do Conselho de Segurança presidida pela presidente Kirchner terminou, sua equipe acompanhou os participantes até uma grande sala de jantar da ONU para o almoço. Vi-me sentada ao lado de Bruno Rodríguez, ministro das Relações Exteriores de Cuba, um país com o qual os Estados Unidos não mantinham relações diplomáticas desde 1961. Como as autoridades americanas não tinham contato com os diplomatas de Cuba, aproveitei a oportunidade para mencionar o caso de Oswaldo Payá.

Payá era um destemido ativista pela democracia cubano que reunira mais de 25 mil assinaturas para pressionar o governo comunista a permitir liberdades básicas. Depois de mobilizar o maior movimento pacífico em Cuba desde que Fidel Castro assumira o poder em 1959, Payá fora morto num acidente de carro em 2012. Segundo sua família e o político espanhol que estava com ele no momento de sua morte, criminosos apoiados pelo governo haviam forçado seu carro a sair da estrada.

O governo Castro negou naturalmente a acusação, mas sua história de assediar e aprisionar aqueles que pressionavam por reformas o deixava com pouca credibilidade. Durante o almoço, pressionei o ministro das Relações Exteriores a permitir uma investigação independente sobre o que havia acontecido.

"Se não tem nada a esconder", eu disse a Rodríguez, "do que você tem medo?"

Eu tinha acabado de abrir uma conta oficial no Twitter. Ao retornar à Missão americana, tuitei: "Oswaldo Payá defendia a liberdade. Acabei de levantar junto ao ministro das Relações Exteriores de Cuba a necessidade de uma investigação confiável sobre sua morte". A filha de Payá tuitou de volta seu agradecimento e instou a ONU a "ajudar a dar fim à impunidade do governo cubano".

O *Washington Post* e os jornalistas pegaram a história, que apareceu na mídia de todo o mundo. Fiquei entusiasmada com a aparente facilidade com que, a partir de minha nova posição, eu podia destacar a importância de uma injustiça flagrante.

Alguns dias depois, quando encontrei o embaixador mexicano na ONU pela primeira vez, ele me criticou por divulgar algo discutido durante um almoço privado.

"Você precisa decidir se é diplomata ou ativista", disse. "Não pode ser as duas coisas."

"Eu sou as duas", respondi, "e todos nós deveríamos ser. Não vou beber vinho num almoço com o ministro das Relações Exteriores de Cuba e fingir que o governo dele não é responsável por matar um dos melhores homens do país."

"Eu entendo", disse ele, "mas as pessoas não falarão com você livremente se acharem que você está mais interessada em causar impacto na mídia do que num verdadeiro diálogo."

Expliquei minha lógica. "Os capangas do governo cubano empurraram Payá para fora da estrada. Eles sabem disso e nunca permitirão uma investigação adequada. O mais próximo que podemos chegar de responsabilizá-los pelo assassinato de um ativista cubano são algumas manchetes negativas. Não vejo como o silêncio ajuda alguém."

"Fale comigo dentro de alguns meses", disse.

O embaixador mexicano tornou-se amigo, mas nunca me convenci de que tinha razão. Eu não estava preparada para escolher entre diplomacia pública e privada; ambas têm o seu lugar.

29. A linha vermelha

Em agosto de 2013, com apenas três semanas no meu novo emprego, tirei umas férias em família e fui a Waterville, Irlanda, onde Cass e eu nos casáramos. Havíamos agendado a viagem muito antes da minha indicação para embaixadora na ONU e cheguei a pensar em cancelar depois de ser confirmada no cargo. Mas sabendo que teria pouco tempo para estar com Cass e nossos filhos nos meses seguintes, decidi ir.

Descemos na pequena vila costeira com minha escolta de segurança e equipamentos de comunicação a reboque, junto com comida para bebê e mamadeiras, duas cadeirinhas de carro e um carrinho de bebê. Passamos os dois primeiros dias caminhando à beira-mar e desfrutando longas refeições com minha tia Patricia e tio Derry.

Mas no terceiro dia, 21 de agosto, acordei e encontrei dezenas de reportagens no meu BlackBerry. Um ataque de armas químicas sírias nos subúrbios de Damasco havia matado mais de 1400 pessoas, entre elas ao menos quatrocentas crianças.

Enquanto Rían dormia e Declan brincava na sala ao lado, assisti aos vídeos horríveis dos resultados do ataque já sendo enviados para o YouTube. A montagem medonha incluía imagens dos mortos — de olhos arregalados, boca aberta e aparentemente congelados — e sobreviventes que estavam vomitando, rasgando as roupas e ofegando freneticamente. Testemunhas se lembravam do cheiro de enxofre queimado ou ovo cozido. Os primeiros socorristas se depararam com crianças em convulsão ficando azuis. "Fui a uma das casas e encontrei um bebê de um ano e meio", disse um homem. "Ele estava pulando como um pássaro, lutando para respirar. Eu o peguei imediatamente e corri para o carro, mas ele morreu."

Pela maneira como os corpos estavam posicionados, ficava claro que os pais haviam perdido suas vidas enquanto tentavam proteger seus filhos do veneno. Várias das meninas captadas nos vídeos estavam vestidas com calças de bolinhas, como as que eu havia posto em Rían no dia anterior. Em um clipe, vi doze corpos de todas as idades, lado a lado — vítimas de uma única família, disse o narrador.

Depois do que pareceu uma eternidade, desliguei o computador e deixei meu BlackBerry de lado. A Irlanda estava cinco horas à frente de Washington, então eu sabia que levaria algum tempo até Susan reunir a equipe de segurança nacional do presidente. Obama havia advertido o governo sírio a não usar armas químicas. Agora, o mundo inteiro esperava para ver como os Estados Unidos reagiriam.

Em 2011, a revolução síria começou como os outros levantes do mundo árabe — com protestos exultantes e em grande parte pacíficos. Tendo em vista os acontecimentos impactantes que ocorriam na Tunísia, no Egito e na Líbia, os sírios julgavam estar na crista de uma onda histórica que logo acabaria com seu governo opressivo e corrupto, comandado pela família Assad desde 1970.

Durante esse estágio inicial da revolução, eu ainda estava trabalhando na Casa Branca e tive a chance de conhecer a oposição síria e os líderes da sociedade civil que viajaram a Washington buscando apoio dos Estados Unidos. Muitas vezes empunhando mapas grandes, eles apontavam com entusiasmo para as cidades que não eram mais controladas pelas autoridades sírias e contavam como haviam votado pela primeira vez em eleições livres para escolher os comitês locais que governariam as áreas recém-libertadas. Mas em questão de meses, esse futuro brilhante havia escurecido. O regime sírio, dirigido desde 2000 pelo presidente Bashar al-Assad, reagiu ao progresso da oposição com táticas violentas, mais desumanas do que qualquer coisa que eu houvesse visto desde a pesquisa sobre o genocídio em Ruanda para meu livro *Genocídio*.

De início, a polícia síria deteve os críticos, enquanto atiradores de elite do governo alvejavam os manifestantes. Não demorou para as forças sírias começarem a atirar durante os funerais dos mortos. Elas também filmavam os enlutados para identificar mais apoiadores da oposição e prendê-los. Muitos dos detidos foram torturados e alguns, executados. O Exército de Assad logo aumentou seu poder de fogo, bombardeando bairros considerados simpatizantes da oposição. Os militares usaram armas antiaéreas e incendiárias para destruir prédios de apartamentos e escolas. E de aeronaves voando baixo, jogaram grandes contêineres cheios de explosivos e pedaços de metal, conhecidos como "bombas de barril". Em pouco tempo, soldados do regime e milícias estavam matando centenas de pessoas por semana.

Em 2012, quando Assad intensificou seu bombardeio de bairros civis, os mesmos comitês locais que no início simbolizavam o florescimento democrático da Síria assumiram a tarefa de montar hospitais de campo improvisados para tratar os feridos. Alguns também começaram a cuidar do número crescente de crianças órfãs.

Fiquei admirada com a bravura do povo sírio, lembrando a vulnerabilidade que senti ao me abrigar na banheira em Sarajevo, enquanto o Exército sérvio da Bósnia cercava o bairro onde eu dormia. Uma noite, depois de amamentar Rían, escrevi em meu diário: "Onde eu estaria se fosse síria? Arriscando minha vida para tentar ganhar liberdade para minha família ou mantendo a cabeça baixa, para tentar não os perder?".

Em julho de 2012, o presidente Obama recebeu relatos de que os militares sírios estavam se preparando para uma escalada da guerra, dessa vez usando armas químicas. Em 23 de julho, num discurso feito para os veteranos de guerra americanos, ele incluiu uma advertência cuidadosamente preparada: de que o governo sírio "seria responsabilizado pela comunidade internacional e pelos Estados Unidos caso cometesse o erro trágico de usar essas armas". Nossos diplomatas também se mobilizaram para entregar mensagens privadas dessa natureza ao governo sírio e a seus apoiadores na Rússia e no Irã.

Numa entrevista coletiva realizada na Casa Branca no mês seguinte, o presidente reforçou significativamente seu aviso. Depois de ouvir uma pergunta sobre as armas químicas da Síria, Obama disse extemporaneamente: "Nós informamos de forma inequívoca a todos os atores da região que há uma linha vermelha para nós e que haveria consequências enormes se começarmos a ver movimento no front de armas químicas ou o uso de armas químicas. Isso mudaria bastante meus cálculos".

Assad não perdeu tempo para cruzar essa linha vermelha. No final de 2012, o governo americano começou a receber informações de que o governo sírio havia começado a usar armas químicas. Quando vi esses relatórios enquanto trabalhava na Casa Branca, fiquei chocada ao saber que Assad havia desafiado uma advertência tão específica de Obama — até me perguntei se as alegações eram verdadeiras. Mas então, quando recebemos relatos de novos ataques nos primeiros meses de 2013, minha credulidade se transformou numa fervorosa esperança de que Obama reagisse com força.[25]

Antes de mais nada, o presidente precisava ter certeza de que as alegações eram realmente verídicas. Como a oposição síria tendia a ser a primeira a disseminar informações sobre ataques químicos, tínhamos de ser cautelosos. As declarações falsas anteriores à invasão do Iraque sobre Saddam Hussein possuir armas de destruição em massa também deram motivo para pensar às autoridades americanas. A comunidade de inteligência não tinha intenção de se apressar a julgar, especialmente sabendo que sua avaliação sobre se o regime de Assad havia usado armas químicas poderia pôr os Estados Unidos no caminho de um confronto militar.

Por fim, em 25 de abril de 2013 — quatro meses antes do ataque que mataria 1400 pessoas — a Casa Branca enviou uma carta ao Congresso relatando as descobertas da comunidade de inteligência. A carta confirmava que governo sírio usara o gás sarin, inodoro e extremamente mortal, "em pequena escala".*

No total, estimava-se que esses ataques com armas químicas tivessem matado entre cem e 150 pessoas. Essas fatalidades não geraram protesto público significativo no contexto de uma guerra que já havia tirado mais de 90 mil vidas na primavera de 2013. Contudo, a descoberta punha em questão se Obama estava falando sério ao alertar sobre "enormes consequências".

No final de março de 2013, eu havia tirado uma curta licença do governo Obama, a fim de me preparar para o que pensava ser minha próxima missão

---

* Àquela altura, a imprensa informava que Israel, França e Reino Unido haviam chegado à mesma conclusão de que Assad estava usando armas químicas.

como subsecretária de Estado. Quando Ben Rhodes convocou uma teleconferência com a imprensa para discutir a carta ao Congresso e perguntas sobre os próximos passos do governo, vasculhei a transcrição publicada on-line, procurando pistas.

A principal mensagem de Ben me surpreendeu. A reação do presidente Obama ao uso de armas químicas por Assad era propor que a ONU iniciasse uma investigação sobre essas alegações. Obama sabia: havia gente em todo o mundo que não confiaria nas conclusões da inteligência americana, então raciocinou que uma investigação de campo da ONU "acima e além" da realizada pelos Estados Unidos seria aceita como mais independente e objetiva.

Afastada dos debates internos, fiquei desorientada. O regime sírio havia usado armas químicas. Era extremamente improvável que Assad permitisse aos inspetores da ONU chegar perto de provas de sua culpa. Estaria a Casa Branca negando que a linha vermelha fora cruzada? Ou o presidente Obama decidira não cumprir sua ameaça?

Um repórter da teleconferência fez a Ben a pergunta óbvia: a Casa Branca acreditava ou não que Assad havia violado a linha vermelha de Obama? Ele deu uma resposta forçada: "Ainda estamos trabalhando para estabelecer um julgamento definitivo sobre se a linha vermelha foi ou não foi ultrapassada".

Essa linguagem da Casa Branca lembrava a hesitação do governo Clinton em chamar o assassinato de 800 mil tutsis em Ruanda de "genocídio", uma tática evasiva que eu havia criticado em meus textos. Em ambos os casos, um governo americano resistira a uma determinação clara por temer que isso obrigasse o presidente a empreender ações que ele esperava evitar.

Ben também enviou uma nova advertência a Assad em nome do governo dos Estados Unidos, mas parecia o tipo de declaração oficial que eu teria criticado no passado. "O presidente Assad e as pessoas ao seu redor devem saber que o mundo continuará monitorando cuidadosamente essa questão e apresentando as informações como as recebemos", disse Ben. "Se empreender algum uso adicional [de armas químicas], ele o fará sob um monitoramento muito cuidadoso nosso e da comunidade internacional."

Mandei um e-mail para Ben depois, sabendo que ele havia sido colocado numa situação difícil porque não tinha nada concreto para anunciar. Ele respondeu apenas: "Você não faz ideia".

Na qualidade de principal funcionário da segurança nacional da Casa

Branca responsável pelo contato com a imprensa, Ben era o que se chamava de *"stuckee"* — a pessoa encarregada de defender publicamente o que outros altos funcionários sabiamente evitavam discutir.

Quatro dias após a coletiva de imprensa de Ben em abril, o regime sírio atacou mais uma vez com armas químicas. E, sem surpresa, quando a ONU tentou enviar uma equipe para investigar os ataques relatados, Assad se recusou a permitir sua entrada no país.

Por fim, em 13 de junho, uma semana após o anúncio de minha indicação para embaixadora na ONU, a Casa Branca reconheceu que a linha vermelha havia sido ultrapassada.

Dessa vez, Ben divulgou uma declaração dizendo que a comunidade de inteligência havia reunido provas suficientes para ter "alta confiança" de que o regime de Assad havia realizado "múltiplos" ataques com armas químicas. Em resposta, disse Ben, o presidente decidiu prestar apoio militar à oposição síria pela primeira vez — em essência, autorizando o pessoal americano a armar e treinar facções moderadas entre os rebeldes lutando contra o governo sírio.

Ben não pôde dar detalhes sobre o impacto dessa mudança de política porque eram altamente secretos. Desse modo, embora pudessem dizer que haviam imposto consequências ao regime de Assad por ter cruzado a linha vermelha, os funcionários do governo não podiam especificar a natureza dessas consequências em detalhes. Como nem mesmo Assad sabia exatamente quais custos teria de suportar, parecia improvável que se dissuadisse de realizar novos ataques.

A situação permaneceu assim até 21 de agosto de 2013, data do ataque matinal maciço do regime sírio nos subúrbios de Damasco. Assistindo às filmagens a partir do apartamento em que estávamos na Irlanda, tive certeza de que Assad havia escolhido aquele momento de forma deliberada: o ataque começou exatamente um ano depois, no horário de Washington, da ameaça da linha vermelha de Obama.

"O que você acha que isso vai significar?", perguntou Cass.

"Nada", eu disse irritada. Estava enojada com o que acabara de ver e, não pela primeira vez, meu humor sombrio envolveu todos ao meu redor.

Embora a ofensiva tivesse claramente uma magnitude diferente dos ataques anteriores com armas químicas de Assad, eu não esperava que o grande número de mortes alterasse fundamentalmente nossa abordagem em relação à Síria.

"Isso não vai mudar as coisas?", perguntou Cass.

"Não", eu respondi. "Observe."

Eu temia a inevitável reunião em que a equipe de segurança nacional discutiria os próximos passos. Presumi que faríamos pouco mais do que denunciar a atrocidade e impor sanções econômicas aos envolvidos no programa de armas químicas de Assad.

Tuitei sem rodeios: "Relatos devastadores: centenas de mortos nas ruas, inclusive crianças mortas por armas químicas. A onu precisa chegar rápido e, se for verdade, os criminosos devem enfrentar a Justiça".

Olhando para trás, vejo que estava fazendo o que havia muito ridicularizava nos outros: exigir que a "onu" agisse, apesar de saber que a Rússia impediria o Conselho de Segurança de fazer praticamente qualquer coisa.

Mais tarde naquele dia, no entanto, recebi uma ligação secreta do meu adjunto em Washington. Para minha surpresa, ele disse que o presidente havia pedido ao Pentágono que estabelecesse alvos para ataques aéreos.

Passei quarta e quinta-feira em Waterville, em reuniões secretas por telefone com Obama e o Gabinete de Segurança Nacional — meu ouvido essencialmente colado ao telefone seguro. Obama ficara furioso com o ataque de Assad. Em vez de debater os próximos passos conosco, como costumava fazer, deixou claro que havia decidido punir Assad. A previsão que eu fizera para Cass estava errada: o ataque provocara enfim uma grande mudança na política americana.

Funcionários do governo que antes haviam argumentado contra o uso da força militar na Síria estavam agora de pleno acordo com o comandante em chefe. Martin Dempsey, chefe do Estado-Maior Conjunto e principal conselheiro militar do presidente, disse a Obama numa reunião do Conselho de Segurança Nacional dois dias depois do ataque: "Normalmente, eu gostaria que você soubesse o que vem a seguir. Mas este não é um desses momentos".

O presidente não estava entusiasmado com o risco de uma nova guerra no Oriente Médio. Mas, como nos explicou: "Quando eu disse que usar armas químicas era uma linha vermelha, era isso que eu queria dizer". Ele enfatizou que não via outra maneira de dizer a Assad: "Não faça isso de novo".

Com tudo isso acontecendo, nossas "férias em família" na Irlanda se converteram em uma série de familiares expectativas frustradas. Eu não estava ficando com Cass e nossos filhos como esperávamos e, ao mesmo tempo, não estava servindo ao presidente como poderia se estivesse presente na ONU.

Além disso, minha ausência de Nova York tinha logo se tornado notícia. No dia do ataque, eu instruíra a representante permanente adjunta dos Estados Unidos a convocar uma reunião de emergência no Conselho de Segurança, à qual ela compareceu em meu lugar. O colaborador da Fox News Richard Grenell, que depois seria embaixador do presidente Trump na Alemanha, imediatamente chamou atenção para o meu paradeiro ao escrever: "Enquanto a Casa Branca fingia estar em estado de urgência, a nova embaixadora dos Estados Unidos não achou que a reunião valesse o tempo dela".

O repórter da Fox, James Rosen, interrogou Jen Psaki, porta-voz do Departamento de Estado: "Onde estava exatamente a embaixadora Power?". Psaki tentou proteger minha privacidade, dizendo que eu estava numa "viagem pré--agendada" e estivera em "contato constante" com a Casa Branca. Mas quando Rosen perguntou se eu estava de férias, ela respondeu: "Não tenho mais detalhes para você". Começou a rolar um boato de que o presidente havia me enviado numa missão diplomática secreta.

Por fim, na sexta-feira, 23 de agosto, depois de identificar o itinerário que me levaria de volta aos Estados Unidos sem perder uma importante reunião com o presidente enquanto eu estava no ar, as crianças e eu voltamos para Nova York. Cass permaneceu na Irlanda para dar uma palestra acadêmica programada havia meses. Como María estava de férias com a família, eu precisava desesperadamente de ajuda para cuidar das crianças. Mamãe e Eddie atenderam ao pedido, como costumavam fazer, aparecendo no Waldorf poucas horas depois de nossa chegada.

No dia seguinte, numa reunião da qual participei na Sala de Crise, Obama questionou Dempsey sobre quanto tempo levaria para lançar mísseis americanos depois que ele ordenasse oficialmente os ataques.

"Se eu desse a ordem no domingo à noite", perguntou Obama a certa altura, "isso poderia ser feito já na segunda-feira?"

O chefe disse que sim, enfatizando que tudo estava pronto.

Obama deixou claro que provavelmente orientaria o Pentágono a iniciar a operação dentro de 48 horas.

Antes do final da reunião, o presidente voltou-se para mim. "Sam, preciso que você tire os inspetores da ONU da Síria", disse bruscamente. "Aquela missão precisa ser encerrada *agora*."

Depois de meses sendo impedidos pelo regime de Assad, vinte investigadores da ONU haviam chegado a Damasco em 18 de agosto — apenas três dias antes do ataque maciço de armas químicas — para investigar as alegações de ataques químicos do início do ano. Obama estava preocupado com o fato de que o regime de Assad, claramente capaz de se rebaixar para qualquer coisa, pudesse deter os funcionários da ONU e usá-los como escudos humanos assim que os ataques militares americanos começassem.

Eu disse a ele que ligaria para o secretário-geral da ONU, Ban Ki-moon, e traria a informação.

Eu fora apanhada de surpresa pela reação decisiva do presidente Obama de atacar. Por mais de um ano, ele manifestara fortes receios sobre o uso da força militar na Síria. Antes de 21 de agosto, havia considerado os riscos altos demais e o impacto incerto demais. Ele também se concentrara no fato de nosso governo carecer de amplo apoio internacional para executar a ação e de que a Rússia inevitavelmente impediria o Conselho de Segurança da ONU de autorizá-la.* Após três vetos russos no Conselho, era óbvio que essa via para enfrentar a crise estava bloqueada. A Rússia se recusou a permitir até mesmo que o Conselho emitisse uma declaração de imprensa inofensiva no dia do grande ataque em Damasco.

Em nossas discussões internas, o secretário Kerry e eu havíamos apontado para essa circunstância perversa: a Carta da ONU fazia do presidente Pútin o árbitro da legalidade. Nós e outros também havíamos mencionado a ação da Otan no Kosovo — um exemplo de ação que os advogados do governo conside-

---

* O direito internacional costuma reconhecer três circunstâncias em que Estados podem recorrer ao uso da força no território de outro Estado: (1) quando atuam em legítima defesa individual ou coletiva; (2) quando o outro Estado consente; ou (3) quando explicitamente autorizado pelo Conselho de Segurança da ONU. Como detentores de veto, os membros permanentes do Conselho de Segurança têm um tremendo poder sobre como — ou se — a força pode ser usada conforme o direito internacional para enfrentar ameaças à paz e à segurança. Nesse caso, o veto da Rússia impediu o Conselho de Segurança de executar *qualquer* ação em resposta à violação flagrante do Direito Internacional Humanitário pela Síria.

raram "legítima" nos termos do direito internacional, apesar da ausência de aprovação do Conselho de Segurança. Obama, no entanto, estava compreensivelmente preocupado com a possibilidade de uma lógica mais abrangente ser usada de forma abusiva pelos outros.

A deterioração da situação na Líbia desde a queda de Kadafi também contribuíra para o ceticismo do presidente sobre a possibilidade de a ação militar alcançar os objetivos desejados pelos Estados Unidos. E, apesar de todo o seu caos, a Líbia realmente parecia muito mais descomplicada do que a Síria, que antes da guerra tinha uma população três vezes maior e rachada por profundas divisões sociais. Embora 74% dos habitantes da Síria fossem muçulmanos sunitas, a família Assad e grande parte da classe governante vinha da seita minoritária alauíta. O envolvimento do Irã e do Hezbollah no lado de Assad, e de Arábia Saudita, Turquia, Catar, Emirados Árabes Unidos no lado das diferentes facções da oposição tornou o conflito assustadoramente complexo.

Mesmo que o cenário sírio fosse menos fragmentado, as opções concretas de Obama para responder a ataques químicos eram restritas. Os Estados Unidos não podiam atacar as próprias instalações de armazenamento de armas químicas, pois isso liberaria colunas tóxicas no ar, arriscando a vida de milhares de sírios. E como os ataques aéreos contra outros alvos militares sírios deixariam as armas químicas intactas, o regime de Assad poderia reagir à ação militar americana lançando de novo gás tóxico sobre áreas controladas pela oposição, aumentando ainda mais a crise.

Em nossos debates, Obama também manifestou a preocupação de que aquilo que começara como uma operação militar "limitada" na Síria pudesse se expandir. O regime de Assad infligia baixas em massa quase diariamente, usando todo tipo de armas. Obama sabia que, se optasse por ataques aéreos direcionados para punir o uso de armas químicas, aumentaria a pressão para que reagisse também a outros tipos de ofensivas mortais, não só porque eram horríveis, mas porque, depois dos ataques americanos, a "credibilidade" dos Estados Unidos estaria em jogo.

E, por fim, apesar do clamor da liderança republicana por ações militares imediatamente após o ataque de agosto de 2013, Obama sabia que seus oponentes políticos logo abandonariam a causa se considerassem isso conveniente.

Essas foram algumas das dinâmicas que nós, assessores do presidente, havíamos debatido antes de 21 de agosto e que agora discutíamos mais uma vez enquanto ele se preparava para ordenar uma ação militar. Contudo, pela primeira vez desde o início do conflito sírio, *mesmo considerando todas essas possíveis desvantagens*, Obama concluíra que os custos de não reagir com vigor eram maiores do que os riscos de uma ação militar. Em relação à Líbia, ele buscara uma resolução do Conselho de Segurança da ONU autorizando o uso da força, mas neste caso, tendo em vista o que estava em jogo para a Síria e para a manutenção da norma internacional contra o uso de armas químicas, Obama estava preparado para agir sem o que os advogados da Casa Branca chamavam de "base legal tradicionalmente reconhecida pelo direito internacional". Os advogados sugeriram que, diante do grande número de obrigações internacionais violadas pelo regime de Assad, agir sem o Conselho poderia, como no Kosovo, ser "justificado e legítimo conforme o direito internacional".

Minha opinião era de que Obama estava certo ao decidir reagir ao ataque de 21 de agosto com ofensivas aéreas. Na verdade, eu acreditava que ele deveria ter reagido dessa maneira mesmo aos ataques químicos anteriores, de menor escala, depois que a comunidade de inteligência os tivesse confirmado. Se naquela ocasião ele tivesse ordenado ataques limitados, duvido que as forças de Assad teriam ousado realizar um ataque posterior tão grande.

Independente do que os Estados Unidos pudessem ter feito antes, depois do assassinato descarado de 1400 pessoas, eu não acreditava que ações não militares adicionais fossem suficientes para impedir Assad de atacar com gás mais sírios. Já estávamos fornecendo apoio militar à oposição do país. Havíamos garantido o envio de observadores de cessar-fogo da ONU no início da guerra. Em relação especificamente a armas químicas, havíamos exercido pressão diplomática total sobre a Rússia e o Irã, os apoiadores da Síria, pressionando-os para controlar sua aliada. Nós e os europeus impusemos uma série de sanções econômicas, mas mesmo na África do Sul do apartheid e na Sérvia de Milosevic, dois lugares em que as sanções tiveram um papel importante na mudança de comportamento do governo, elas só foram eficazes depois de um período de anos, não meses. Além disso, os congelamentos de ativos nos Estados Unidos e na Europa e as restrições bancárias contra autoridades do governo sírio, que haviam sido impostos em 2011 e 2012 e poderiam ser ampliados agora, não tinham alcance mundial. A Rússia havia usado seu veto para impedir o Conselho de Segurança de aplicar sanções, o que significava que o governo sírio poderia continuar fazendo negócios de forma legal em muitas partes do mundo, enquanto recebia armas e financiamento da Rússia e do Irã.

Se reagíssemos com mais do mesmo, eu tinha certeza de que o regime de Assad continuaria com mais do mesmo.

Assad havia perpetrado o maior massacre da guerra e realizado um ataque químico nunca visto no mundo em um quarto de século.[26] Embora eu desejasse que o presidente Obama considerasse enfrentar os outros instrumentos de morte de Assad, concordei com ele que armas químicas justificavam uma linha vermelha específica. Eram armas de destruição *em massa*, capazes de matar um grande número de pessoas ao mesmo tempo. As nações do mundo haviam se reunido após a Primeira Guerra Mundial para proibir essas armas e, se o consenso internacional contra o seu uso fosse rompido, elas quase certamente voltariam a assombrar muito mais pessoas (inclusive os americanos) dentro e fora das zonas de conflito em todo o mundo.

Eu não tinha ilusões de que o tipo de ação militar limitada que Obama estava prestes a ordenar acabaria com a guerra na Síria. Isso exigiria uma diplomacia internacional sustentada, e essa via tinha sido protelada repetizas vezes. Mas, em minha opinião, a diplomacia havia sido ineficaz em parte porque Assad se convencera de que ninguém o impediria de usar até mesmo as táticas mais implacáveis contra seu próprio povo. Se o governo americano desviasse o olhar desse incidente, sinalizando que Assad poderia atacar seus cidadãos com gás à vontade, talvez ele jamais sentisse pressão suficiente para aceitar negociar. Em vez disso, continuaria usando métodos indescritivelmente cruéis para permanecer no poder, e a guerra continuaria por tempo indefinido, matando incontáveis sírios e, no fim, colocando em risco a segurança nacional dos Estados Unidos.

Mesmo que a ação liderada por nós não salvasse os sírios de serem mortos de outras maneiras, impedir qualquer perda de vidas era importante. Ademais, o risco de retaliação de Assad ou de que a ação americana se transformasse em conflito total parecia muito baixo. Como o presidente Obama disse no início de setembro, "o regime de Assad não tem a capacidade de ameaçar seriamente nossas Forças Armadas. [...] Tampouco Assad e seus aliados têm interesse numa escalada que levaria à sua morte".

Por essas razões, entendi por que o ataque de 21 de agosto mudou a avaliação extremamente tensa do presidente Obama. E apoiei por inteiro seu plano de destruir alvos militares sírios selecionados.

Com Obama preparando-se para dar a autorização final aos ataques, começei a correr entre videoconferências com Susan e a equipe de segurança nacional, reuniões do Conselho de Segurança e sessões de estratégia com os embaixadores do Reino Unido e da França, cujos militares planejavam se juntar a nós na iminente operação.

À noite, quando eu chegava em casa, Declan, desesperado por atenção, costumava sair sonolento de seu quarto. Tanto ele como Rían tinham um talento especial para choramingar a pleno volume exatamente no momento em que John Kerry decidia me telefonar. Quando tentei criar um abafador de som me trancando no escritório isolado do apartamento, a barulheira só foi agravada pela batida decidida na porta de metal do cofre secreto.

Sempre que estava prestes a perder a paciência, lembrava-me da minha sorte: eu podia colocar meus filhos na cama sabendo que, quando fosse olhá-los tarde da noite, eles estariam lá, respirando profundamente durante o sono.

María Castro (com Obama e Rían) possibilitou que eu trabalhasse horas sem fim na Casa Branca e na ONU. Durante nove anos, com grande sacrifício pessoal, ela cuidou de meus filhos com ternura indescritível.

Em junho de 2013, o presidente Obama me indicou para ser embaixadora dos Estados Unidos na ONU. Enquanto Declan estava sentado calmamente no colo de mamãe durante a cerimônia, Rían teve outras ideias…

Depois que minha audiência de confirmação terminou, Declan, de quatro anos, pulou em meus braços, e um grupo de fotógrafos saltou sobre a mesa da audiência para captar a foto. Depois que ela foi veiculada em vários jornais importantes, recebi bilhetes de mulheres dizendo que se sentiram encorajadas ao ver alguém tentando desempenhar um papel no Gabinete de Segurança Nacional com crianças pequenas a reboque.

Em 2 de agosto de 2013, o vice-presidente Joe Biden presidiu meu juramento como embaixadora na ONU.

Apresentando minhas credenciais ao secretário-geral da ONU Ban Ki-moon, em 2013. Ao ver esta foto, o embaixador francês na ONU me perguntou maliciosamente: "Você vestiu seu maiô para apresentar as credenciais?".

Três semanas depois de me tornar embaixadora na ONU, o regime de Assad, na Síria, realizou um ataque maciço de armas químicas que matou mais de 1400 pessoas. Após uma reunião do gabinete realizada em 12 de setembro de 2013, discutimos as próximas etapas de nossa reação.

Como ex-repórter, mantive o hábito de levar meus cadernos de anotações para todo lugar e detalhar cuidadosamente o que ouvia. Em outubro de 2013, na província de Kivu do Norte, República Democrática do Congo, ouvi uma mulher congolesa deslocada internamente descrever os ataques ferozes que a expulsaram de sua casa.

Tive muitas batalhas públicas com Vitáli Tchúrkin, embaixador da Rússia na ONU, mas mesmo em meio a nossa disputa, continuei tentando trabalhar com ele para enfrentar ameaças compartilhadas.

Em junho de 2015, visitei a praça Maidan, em Kiev, Ucrânia, para homenagear as mais de cem pessoas mortas pelas forças de segurança ucranianas durante os protestos em massa ocorridos no final de 2013 e início de 2014.

A embaixadora americana nas Nações Unidas tem a imensa sorte de poder contar com quatro vice-embaixadores dos Estados Unidos, que se alternaram em vários momentos durante o meu mandato. Aqui, fui fotografada com os embaixadores David Pressman, Michele Sison, Sarah Mendelson e Isobel Coleman.

Em outubro de 2014, durante o auge da epidemia de ebola, viajei para os três países afetados na África Ocidental. Em Freetown, Serra Leoa, os soldados me explicaram como haviam expandido drasticamente sua capacidade de enterrar com segurança aqueles que haviam morrido da doença.

Em Monróvia, a presidente da Libéria Ellen Johnson Sirleaf e eu mostramos a "batida de cotovelo" que substituíra o aperto de mão, abraços e beijos como uma forma segura de cumprimento em toda a região.

Obama joga futebol com Declan em um retiro do gabinete em Camp David.

Com Declan e Rían (à esq.) em uma manhã típica. Enquanto meus filhos pareciam em geral gostar de se envolver com embaixadores estrangeiros e funcionários da ONU, às vezes eles não estavam dispostos a isso. Aqui, Rían "posa" com Ban Ki-moon.

Durante meus oito anos no governo Obama, apoiei-me pesadamente em María Castro, em meus pais e em amigos como John Prendergast (canto superior esq.), Elliot Thomson (canto superior dir.) e Laura Pitter (centro). Por mais vital e amorosa que fosse minha rede de suporte, Declan e Rían ansiavam por um tempo em que eu pudesse estar com eles sem trabalhar no telefone ou lidar com uma intrusão da segurança nacional.

Quando cheguei à ONU em 2013, as mulheres compunham 37 dos 193 embaixadores. Convidei minhas colegas para jantares, eventos culturais e discussões substanciais. Nesta reunião, passamos uma noite em diálogo com a ativista feminista e política Gloria Steinem (primeira fila, quinta a contar da esq.).

Rían e eu fazendo compras de Natal, com a ajuda do chefe da minha segurança.

Todo mês de setembro, o presidente Obama visitava Nova York para participar da Assembleia Geral da ONU e realizava o equivalente presidencial de encontros rápidos com chefes de Estado de todo o mundo. Aqui, em 2015, Obama, a assessora adjunta de segurança nacional Avril Haines e eu corremos para a Missão dos Estados Unidos na ONU. Abaixo, em 2014, conversando com Obama enquanto ele presidia uma reunião do Conselho de Segurança sobre o Estado Islâmico.

Quando viajava para o exterior, eu fazia questão de acrescentar uma parada em cada viagem para me encontrar com garotas do lugar. Aqui, participando de um jogo chamado Elle no Sri Lanka, de basquete na Nigéria e de futebol no México.

Em setembro de 2015, tive a grande sorte de discursar durante a naturalização de María como cidadã americana.

Em dezembro de 2015, ouvindo como a retórica em relação aos refugiados em geral e aos sírios em particular estava ficando inflamada, convidei os Al-Teibawis, uma família recém-chegada de refugiados sírios, para um jantar americano na residência da embaixadora.

Encontro com uma mãe e seu filho pequeno em abril de 2016 em um campo na Nigéria para pessoas deslocadas pela violência do Boko Haram. Àquela altura, o Boko Haram já havia forçado 2,5 milhões de pessoas a deixar suas casas.

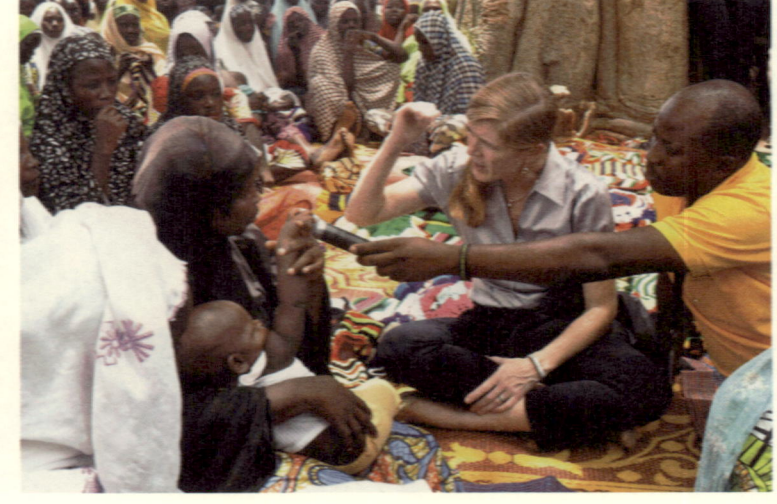

Em agosto de 2016, Alex Myteberi (à esq.), de seis anos, escreveu uma carta ao presidente Obama convidando um jovem sírio que havia sobrevivido a um ataque aéreo para morar com ele nos Estados Unidos. Aqui, Declan recebendo Alex e sua família para uma visita na ONU.

Nujeen Mustafa (à esq.) e sua irmã Nisreen (à dir.) em Berlim, em 2016. Nujeen, uma curda síria de Alepo com paralisia cerebral, andou em sua cadeira de rodas por mais de 5600 quilômetros em busca de asilo.

Em 2016, visitei uma aula de inglês para refugiados recém-chegados a Buffalo, Nova York. Um dos alunos me disse: "Na América, encontramos a paz".

A relação entre embaixadores da ONU e secretários de Estado nem sempre foi fácil. Mas o secretário de Estado John Kerry era um mentor, parceiro e amigo.

Apelei pela libertação de vinte mulheres prisioneiras políticas na campanha #FreeThe20. Quando deixei o governo, em janeiro de 2017, catorze das vinte mulheres cujos perfis apresentamos haviam sido soltas. Mais duas seriam libertadas da prisão no mês seguinte.

Mesmo quando discordávamos, o vice-presidente Biden passava para mim bilhetes na Sala de Crise, incentivando-me a continuar levantando a voz, e durante momentos tensos eu podia contar com seu humor e calor humano.

Em um jantar oficial em homenagem ao presidente francês François Hollande.

Falando à imprensa numa visita ao Sudão do Sul com o Conselho de Segurança da ONU em 2016. E,
abaixo, caminhando com a presidente do Sudão do Sul, Salva Kiir.

Declarando o voto dos Estados Unidos a favor das sanções do Conselho de Segurança da ONU à Coreia do Norte. Também iniciamos a primeira discussão do Conselho sobre o tratamento brutal dispensado pelo governo norte-coreano ao seu próprio povo. Abaixo, em Seul, Coreia do Sul, conheci jovens inspiradoras que correram risco de vida para escapar da Coreia do Norte e estavam estudando para se tornarem enfermeiras, engenheiras e advogadas.

Noite da eleição, 2016. Convidei todas as embaixadoras da ONU para assistir aos resultados. A essa altura da noite, eu e as outras embaixadoras já sabíamos que os Estados Unidos não iriam eleger sua primeira mulher presidente.

Levei minha família para uma última visita à ONU antes de deixar meu cargo em 20 de janeiro de 2017. Cada um de nós tomou um assento e fingimos realizar uma votação no Conselho sobre se os Estados Unidos deveriam permanecer no acordo climático de Paris.

30. "Armas químicas foram usadas"

Assim que voltei de Washington para Nova York no sábado, 24 de agosto, comecei a envolver o secretário-geral Ban Ki-moon num esforço para obter a retirada dos investigadores da ONU da Síria. No entanto, Ban insistia para que a equipe da ONU continuasse lá. O governo sírio havia impedido a visita por mais de quatro meses e, agora que eles finalmente haviam entrado, Ban queria que ficassem para poder investigar o novo ataque.

Por mais razoável que isso parecesse, a equipe da ONU não tinha mandato para avaliar quem havia realizado os ataques. Só tinha autoridade para verificar se havia produtos químicos envolvidos. No entanto, no que dizia respeito ao ataque maciço recém-ocorrido, essa pergunta já havia sido respondida.

As vítimas foram filmadas e fotografadas exibindo todas as reações corporais clinicamente atribuídas ao sarin. Inúmeros sobreviventes e testemunhas descreveram sintomas consistentes com os efeitos do gás. Todas essas provas e os depoimentos foram divulgados em todo o mundo. Nem mesmo os governos sírio e russo negaram o uso de armas químicas proibidas. Apenas renegavam a responsabilidade de Assad, alegando que a culpa era da oposição.

Lembrei a Ban que Damasco e Moscou estavam agora abraçando com entusiasmo a investigação da ONU porque era um mecanismo conveniente de embromação. O regime de Assad controlaria rigidamente todos os movimentos dos investigadores. E cada dia passado por esses inspetores da ONU em Damasco era mais um dia para os militares sírios destruírem provas de seu crime e esconderem suas preciosas armas pesadas.

Eu esperava que o secretário-geral percebesse o ridículo demonstrável de manter inspetores em perigo apenas com o objetivo de dizer ao mundo o que já se sabia.

"Trata-se de uma missão discutível", eu disse a Ban. "A ONU está sendo manipulada."

Mas, da perspectiva de Ban, retirar os inspetores faria com que a organização parecesse cúmplice da ação militar ocidental que ele e o mundo reconheciam como iminente. O secretário-geral foi inflexível. "Não podemos *não* prosseguir", disse ele.

A presença da equipe da ONU levou Obama a adiar a operação militar que ele esperava iniciar na noite de 25 de agosto. Todos os dias, nos cinco dias seguintes, Obama perguntava a mim, Susan ou John Kerry se Ban havia retirado a missão falha, para poder ordenar os ataques planejados. E, todos os dias, um de nós informava ao presidente que os investigadores permaneciam em Damasco. Obama estava profundamente frustrado.

Na sexta-feira, 30 de agosto, nove dias após o ataque, Ban telefonou para transmitir a notícia totalmente previsível de que a equipe da ONU havia reunido provas convincentes do uso do gás sarin. Eles partiriam da Síria na manhã seguinte com amostras ambientais e biomédicas (como tecidos e cabelos), bem como fragmentos de armas coletados nos bairros visitados.

Mesmo que a equipe da ONU tivesse ficado tempo demais para descobrir quase nada, achei que sua saída do território sírio era um grande avanço. Isso daria ao presidente Obama a paz de espírito que ele estava buscando para lançar os ataques aéreos planejados. Presumi que isso ocorreria tão logo os investigadores atravessassem a fronteira com o Líbano no dia seguinte (e não fossem mais reféns em potencial). Sabendo o que estava por vir, a ONU evacuara sua equipe de expatriados e pagara à equipe local da Síria três meses de salário adiantado.

Naquela noite, quando entrei cansada no Waldorf às nove, ouvi meu telefone de segurança tocar e corri para o estúdio dos fundos para atender. Susan estava na linha.

Comecei a informá-la sobre as últimas notícias do secretário-geral, mas ela me interrompeu. O presidente Obama se decidira por uma mudança repentina de rumo, disse ela. Ele desistira de "querer ir e ir ontem" e decidira pedir autorização do Congresso para o uso da força antes de prosseguir com ataques militares contra Assad.

Fiquei tão surpresa que pedi a Susan para repetir o que havia dito, para ter certeza de que não tinha ouvido mal.

Ela insistiu que Obama não estava vacilando no uso da força em si. "Ele vai lutar muito para obter a autorização", explicou. "Está apostando sua presidência e nossa reputação mundial nisso."

Quando perguntei se o presidente poderia estar aberto a reverter sua decisão, ela disse que teríamos a chance de apresentar nossos pontos de vista numa reunião que haveria cedo na manhã seguinte. Mas acrescentou: "Ele está decidido".

Na manhã de sábado, instalada numa pequena e segura sala de videoconferência da Missão em Nova York, participei da reunião na Sala de Crise.

O presidente abriu a reunião analisando os alvos escolhidos pelo Pentágono, os quais não podiam estar envolvidos na produção ou na entrega de armas químicas.

"E se Assad não parar de usar armas químicas?", perguntou Obama. "E se isso se arrastar?"

Obama estava focado na duração da missão devido a antigas questões relacionadas ao uso da força pelo presidente quando não se trata de reagir a uma ameaça iminente à segurança nacional. Embora designe o presidente como comandante em chefe das Forças Armadas, a Constituição dá ao Congresso o poder de declarar guerra. Nas últimas décadas, os presidentes argumentaram que a natureza e o escopo limitados de suas operações militares significavam que eles não estavam "em guerra" de fato, o que permitia que usassem a força militar sem a aprovação do Legislativo. No entanto, a Resolução dos Poderes de Guerra de 1973 estipula que, quando o Congresso não autorizar uma operação militar, o presidente deverá relatar a ação ao Congresso dentro de 48 horas e remover as Forças Armadas americanas das "hostilidades" dentro de sessenta dias. Em geral, os presidentes contornavam o requisito de sessenta dias com o argumento de que as hostilidades dos Estados Unidos não eram contínuas, permitindo que o "relógio" parasse e depois reiniciasse. Com efeito, durante seu primeiro mandato, o próprio Obama sustentara estar em conformidade com a Resolução dos Poderes de Guerra durante a campanha militar de 222 dias na Líbia porque o envolvimento do país era limitado o bastante para não constituir "hostilidades" nem exigir a retirada das tropas dentro dos sessenta dias automáticos.[27]

Na Síria, porém, Obama havia decidido que o Congresso deveria cumprir sua responsabilidade constitucional e saltar junto com ele para o desconhecido.

O presidente estava preocupado: se agisse sem o Congresso e a missão se arrastasse ou tomasse rumos inesperados, seus opositores políticos acusariam sua presidência de ser ilegal e ilegítima. Presidentes tanto republicanos quanto democratas haviam contornado a Resolução dos Poderes de Guerra no passado. No entanto, o rancor partidário em Washington se tornara tão intenso que, apesar desses precedentes, os republicanos da Câmara poderiam facilmente usar uma contenda sobre uma suposta violação da lei por Obama para iniciar um processo de impeachment. Cerca de 140 parlamentares da Câmara (entre os quais 21 democratas) já haviam assinado uma carta advertindo Obama de que ataques militares na Síria "sem autorização prévia do Congresso" seriam inconstitucionais.

O presidente queria ter certeza de que, caso os ataques militares não atingissem os efeitos pretendidos imediatamente, o Congresso já teria fornecido uma permissão legal clara para permitir aos Estados Unidos terminarem o trabalho — não importava quanto tempo levasse.

"Se Assad achar que pode esperar até desistirmos", disse Obama durante a reunião, "não vai ser bom para ninguém."

Achei esse raciocínio convincente em todos os aspectos, exceto um: apesar de todas as desvantagens de seguir em frente sem o apoio do Congresso, agir com o apoio do Congresso exigia... o *Congresso*.

Muitos representantes do Partido Republicano pareciam convencidos de que a postura mais vantajosa do ponto de vista político era manter oposição inflexível às propostas de Obama, independente do conteúdo delas. Com efeito, um mês depois, os republicanos da Câmara fechariam o governo por dezesseis dias, numa tentativa quixotesca de deixar sem fundos a lei de Obama sobre o sistema de saúde.

Tendo em vista essa dinâmica política interna e o fato significativo de o

Parlamento britânico ter acabado de votar por não participar da operação militar ao lado de Estados Unidos e França,* o vice-presidente Biden, o secretário de Estado Kerry e o secretário de Defesa Chuck Hagel sinalizaram problemas na mudança de opinião de Obama. Kerry era o mais apocalíptico em seu presságio. "Não é exagero dizer que, se você perder com o Congresso, já tendo dito ao mundo que vai usar a força militar, o povo irá proclamar o fim efetivo do seu segundo mandato", advertiu ele durante a reunião.

No entanto, depois de manifestarem suas preocupações, os três expressaram apoio ao plano do presidente de solicitar a aprovação do Legislativo. Disseram que, apresentando o nosso caso ao público e fazendo campanha incessante, poderíamos mobilizar os votos necessários. Um fator importante no pensamento deles foi o apoio do primeiro-ministro israelense Benjamin Netanyahu à ação militar americana, junto ao do influente grupo de lobby American Israel Public Affairs Committee (Aipac). Além disso, como o Irã estava apoiando Assad, eles argumentaram que a animosidade contra o Irã no Capitólio nos ajudaria a conquistar os votos necessários na Câmara e no Senado.

Todas as fibras do meu ser ficaram alarmadas com o plano proposto por Obama, mas, ao falar durante a reunião, manifestei minha apreensão em forma de pergunta: "O que não entendo é: o que acontecerá se o Congresso não o apoiar? Isso significa que Assad poderá continuar usando armas químicas e elas se tornarão uma arma de guerra convencional?".

Embora Obama planejasse enfatizar ao público que a Constituição lhe dava autoridade para usar a força, independente de como o Congresso votasse, eu não acreditava que ele lançaria ataques se houvesse uma oposição aberta no Capitólio. Portanto, parecia particularmente perigoso anunciar uma decisão de ir ao Congresso sem antes saber de fonte segura de onde viriam os votos necessários.

Obama aproveitou minha pergunta para pedir aos outros participantes da reunião que a debatessem. Mas, em vez de discutir o que faríamos se a Câmara e o Senado não nos apoiassem, as pessoas logo voltaram a afirmar que o Congresso poderia aprovar o pedido.

---

* No dia anterior à reunião de sábado, a medida de autorização militar pedida pelo primeiro-ministro britânico David Cameron havia sido derrotada no Parlamento pela margem estreita de 285 a 272 votos. A derrota foi um golpe humilhante e uma interpretação errada de Cameron sobre a política do Reino Unido, pressagiando a votação do Brexit em 2016 que o tiraria do cargo.

Dentro de poucas semanas, eu me sentiria confortável em defender uma opinião nas discussões do gabinete sobre qualquer assunto, dando voz a quaisquer dúvidas ou perguntas que surgissem dentro de mim. Mas naquele dia fatídico, menos de um mês depois de assumir meu novo posto, sentia-me como se tivesse acabado de cair de paraquedas no meio de uma conversa. E, na questão específica da viabilidade legislativa, eu acreditava que tinha que ceder diante de Biden, Kerry e Hagel. Juntos, os três ex-senadores traziam para a discussão 76 anos de experiência no Capitólio.

Eu também sabia que, no dia anterior, Susan havia tentado convencer Obama de que não se podia confiar no Congresso. Mas ele não arredara pé, e nada em seu temperamento enquanto presidia a reunião me levou a acreditar que estivesse aberto a mudar de ideia.

O que eu não sabia naquela reunião de sábado era que aquela seria a única vez que Obama pensaria seriamente em usar a força militar contra o regime de Assad. Teríamos incontáveis reuniões e debates sobre a Síria nos próximos três anos e meio, mas ele nunca mais consideraria correr o tipo de risco que estivera disposto a assumir logo após o ataque de 21 de agosto.

O presidente me deu duas tarefas principais depois que tornou pública sua decisão de ir ao Congresso: obter declarações internacionais de apoio à ação militar americana e ajudar a mobilizar a opinião pública interna antes dos votos da Câmara e do Senado.

Embora estivessem relativamente unidos no período que antecedeu a intervenção da Otan na Líbia, os Estados-membros estavam divididos quanto à linha de ação correta na Síria. Na liderança da oposição a ataques militares estavam os russos, dispostos a impedir o bombardeio a todo custo. A Síria abrigava a única base militar russa fora da antiga União Soviética, e os fabricantes russos de armas venderam o equivalente a bilhões de dólares em armas para as forças militares sírias. Os ataques planejados eram apenas limitados, mas Pútin temia que as ações americanas desencadeassem uma série de acontecimentos que resultassem na queda de Assad ou diminuíssem a influência russa na região.

Na ONU, diplomatas russos apontaram a derrubada de Kadafi em 2011 e sua morte violenta nas mãos da oposição como forma de desacreditar a proposta de reação dos Estados Unidos ao ataque químico. A Rússia argumentava que a intervenção da Otan na Líbia havia sido apenas mais uma operação americana de "mudança de regime" sob o disfarce de proteção humanitária, e que, dessa vez, os países não deveriam se enganar sobre o que aconteceria na Síria.

Verdade, quando Kadafi se recusou a ordenar que suas forças parassem de atacar civis líbios, o limite entre impor o mandato de proteção civil do Conselho de Segurança da ONU e pressionar por uma transição política que acabasse com sua liderança ficou borrado. Mas sempre que levantavam essa objeção, as autoridades russas não tinham resposta sobre como os líbios seriam protegidos (conforme exigido pela resolução do Conselho, aprovada sem objeção da Rússia) se as forças de Kadafi continuassem a atacá-los. Não obstante, essas alegações de que os Estados Unidos e nossos parceiros de coalizão haviam se excedido na Líbia davam à Rússia outro argumento para que os outros países não devessem apoiar uma operação militar contra Assad.

Pútin foi mais longe, rejeitando as evidências esmagadoras ligando o regime de Assad ao ataque, que ele chamou de "absurdo total". Levei especialistas americanos em inteligência à Missão dos Estados Unidos para compartilhar o que havíamos recolhido com outros países, para que pudessem julgar por si mesmos. Convidei embaixadores de países-chave da Europa, Ásia e África para ouvir os detalhes terríveis e volumosos.

Para aqueles dispostos a examinar os fatos — prática já em acentuado declínio em todo o mundo —, era claro que o regime de Assad era responsável. O governo sírio era amplamente conhecido por ter um programa de armas químicas sofisticado. Só profissionais tinham o know-how para misturar os agentes químicos, encher as munições e atacar tantos bairros da oposição em sucessão tão rápida. Os foguetes utilizados no ataque de gás em Damasco eram usados de forma rotineira pelo regime e nunca foram vistos em mãos da oposição síria. Rastreadores de foguetes indicavam que eles haviam sido lançados a partir do território do regime. Nossas comunicações interceptadas revelaram um oficial sírio de alto escalão discutindo a responsabilidade do regime pelo ataque.[28] E, é claro, ninguém no território controlado pelo regime parecia ter sido ferido ou morto.

Dito de outra forma, uma oposição mal organizada como aquela teria de adquirir os agentes químicos, a experiência em misturá-los e os foguetes superfície-superfície capazes de transportar gás sarin; depois, esses combatentes da oposição teriam de levar tudo isso através de uma linha de frente impenetrável para o território do regime, a fim de atingir seus vizinhos e familiares nas áreas onde eles mesmos viviam.

Apesar da grande quantidade de provas, a maioria dos embaixadores estrangeiros se esquivou da questão sobre quem havia usado armas químicas. Exasperada, argumentei em uma reunião fechada do Conselho de Segurança: "Sei que a Terra é redonda, não plana, mas não viajei pessoalmente à extremidade da Terra para ver se ela termina do nada. A certa altura, a menos que tenha uma razão para querer não acreditar — ou porque é um patrocinador dos agressores ou porque não quer entrar na lista negra do presidente Pútin —, você aceitaria as provas esmagadoras".

Em certo momento, depois de ouvir o principal inspetor da ONU falar de forma clínica sobre as "amostras de tecido" que sua equipe reunira perto de Damasco, tentei trazer o Conselho de volta à realidade. "Uma amostra é parte de um ser humano", eu disse, agora mais do que furiosa com a recusa dos países em assumir uma posição.

"Se não podemos estar unidos a respeito disso", perguntei, lutando para manter a voz firme, "o que nos moverá?"

Passei a reclamar daqueles que condenavam o ataque com gás sarin na voz passiva. "Para um crime dessa magnitude", afirmei perante representantes dos outros 192 países da Assembleia Geral, "não basta dizer 'armas químicas *foram* usadas' — não mais do que seria suficiente dizer que 'machetes *foram* usados' em Ruanda em 1994. Devemos condenar quem as utilizou."

Contudo, até hoje a maioria dos países evita apontar o dedo para o regime sírio.

Tal como toda a equipe sênior do presidente, recebi uma lista de senadores e deputados para quem telefonar, dentro do esforço para obter votos no Capitólio.

Os democratas, pessoalmente, queriam dar suporte a Obama, mas temiam que os eleitores não apoiassem nem mesmo uma missão limitada na Síria. Muitos começavam dizendo-se arrependidos pelo voto que haviam dado em 2002 para autorizar a Guerra do Iraque. Um membro democrata da Câmara me informou ter recebido 2400 telefonemas de seus eleitores contra ataques aéreos na Síria e apenas sessenta em apoio. De maneira reveladora, vários democratas perguntaram em tom lamentoso: "Por que o presidente apelou para nós?".

Como o Congresso seguia em recesso, muitos deputados estavam em seus distritos, consultando diretamente os eleitores. Entrei em contato com o senador democrata Al Franken, de Minnesota, que me disse que "a primeira, a segunda e a terceira pergunta" que estava recebendo dos eleitores eram todas sobre a Síria. "As pessoas estão mesmo com medo de outra guerra", relatou Franken.

Quando falei com John Boozman, senador republicano do Arkansas, ele disse: "Entendo o problema do gás e tudo mais, e somos um estado linha-dura". Mas acrescentou: "Não consigo encontrar ninguém em Arkansas que apoie isso, e estive em todo o estado".

A Casa Branca estava ouvindo essas mesmas preocupações e ficando alarmada com a pouca chance de obter a aprovação do Congresso. Buscando reforçar o apoio entre os democratas, o chefe de gabinete da Casa Branca Denis McDonough me pediu que defendesse o ponto de vista progressista do plano de Obama junto ao Centro para o Progresso Americano, um *think tank* liberal de Washington. Apresentado ao vivo em várias redes, eu sabia que esse seria meu discurso mais assistido até então.

Descartei o rascunho que a Casa Branca providenciara e escrevi febrilmente durante a noite anterior ao dia em que deveria falar. Como sempre tive um princípio no âmago de minha defesa de causas, a coisa era simples: encontrar as pessoas onde elas estão. Nós, do governo, devíamos abordar de frente as preocupações razoáveis que os cidadãos americanos estavam manifestando e não apenas falar sobre crianças espumando pela boca, como se o sofrimento delas por si só devesse desencadear uma ação militar.

Eu não via as responsabilidades dos Estados Unidos no mundo em termos tão simplistas. Tal como o presidente Obama, eu me preocupava acima de tudo com as consequências. Acreditava que a parte mais importante da tomada de decisões não era a justiça das intenções, mas a eficácia das ações. Tínhamos de ter critérios muito rígidos para empregar força militar — mas, nessa circunstância, eu achava que os critérios haviam sido atendidos.

Nas minhas observações, falei sobre a ambivalência que sabia que as pessoas sentiam:

De um lado, nós, os americanos, compartilhamos o desejo de, depois de duas guerras que tiraram 6700 vidas americanas e custaram mais de 1 trilhão de dólares, investir os dólares dos contribuintes em escolas e infraestrutura no país. Mas, por outro lado, os americanos ouviram o compromisso do presidente de que isso não será o Iraque, não será o Afeganistão, não será a Líbia. Qualquer uso da força será limitado e adaptado estritamente à ameaça das armas químicas.

De um lado, compartilhamos uma aversão às táticas brutais e assassinas de Bashar al-Assad. Mas, por outro, estamos preocupados com os extremistas violentos que, embora contrários a Assad, também perpetraram atrocidades.

De um lado, compartilhamos a profunda convicção de que as armas químicas são bárbaras, de que nunca mais deveríamos ver crianças mortas em suas camas, perdidas para um mundo o qual nunca tiveram a chance de tentar mudar. Mas, por outro lado, alguns estão se perguntando por que — dada a flagrante violação de uma norma internacional — cabe aos Estados Unidos a incumbência de liderar, já que não podemos e não devemos ser os policiais do mundo.

Encerrei afirmando com o máximo de clareza possível o que estava em jogo:

Todos nós temos uma escolha a fazer. Quer sejamos republicanos ou democratas, quer tenhamos apoiado ou não as intervenções militares passadas, quer tenhamos argumentado a favor ou contra essa ação na Síria até aqui, devemos concordar num ponto: existem linhas neste mundo que não podem ser cruzadas e limites para o comportamento assassino, especialmente com armas de destruição em massa, e eles devem ser mantidos.

Ao levar a sério os argumentos dos céticos, meu discurso fez uma forte defesa do plano de Obama. Mas convenci poucas pessoas.

Para alguns, como o senador do Arizona John McCain, a ação proposta por Obama era leve demais para impedir Assad. Ele queria saber "como os ataques militares podem ser limitados *e* suficientes?".

Mas a opinião dele era minoritária. Enquanto os americanos de origem síria tentavam reunir apoio à iniciativa de Obama, a maioria dos outros cidadãos do país não queria nada com a Síria. Os ativistas estudantis, grupos cívicos, igrejas, mesquitas e sinagogas que haviam se manifestado em massa para exigir ajuda ao povo de Darfur ficaram, em grande medida, em silêncio.

A cada dia diminuía a indignação a respeito das imagens dos mortos na

Síria. Em seu lugar, aumentavam as preocupações nacionais e internacionais com as consequências potenciais da ação militar americana. Em 5 de setembro, o *Washington Post* publicou uma contagem segundo a qual havia "mais de quatro vezes mais opositores à ação militar na Câmara do que apoiadores".

Com base em todos os indícios disponíveis, o presidente Obama percebeu que não havia sentido em propor uma votação no Congresso para autorizar ataques aéreos. Nós claramente perderíamos na Câmara, talvez por uma margem considerável, e possivelmente perderíamos no Senado.* No entanto, o comandante em chefe da maior superpotência global havia dito ao mundo que o massacre de civis de Assad exigia uma reação enérgica.

Sem plano B, estávamos em grandes apuros.

Em 6 de setembro, Obama, quase sem alternativas, teve um encontro privado com Pútin durante uma grande reunião mundial em São Petersburgo. Nessa conversa particular, Obama mencionou a possibilidade de os Estados Unidos e a Rússia trabalharem juntos para destruir o programa de armas químicas da Síria.

Pútin aparentou ser receptivo à ideia, mas a maioria de nós achava que ele estava fingindo interesse. Embora nossos especialistas em não proliferação tivessem mantido conversas técnicas com especialistas russos sobre como os dois governos poderiam impedir que *terroristas* tomassem as armas químicas de Assad, Moscou não demonstrara vontade de desmantelar o próprio programa. Ora, Pútin e seus assessores sabiam, tanto pela mídia americana quanto por seus próprios relatórios diplomáticos, que o Congresso não autorizaria bombardeios. Eles poderiam ter atingido seu objetivo de impedir a ação militar dos Estados Unidos simplesmente deixando nossa política interna chegar à sua inevitável conclusão.

Em 9 de setembro, John Kerry deu voz a esse ceticismo sobre as perspectivas de destruição das armas químicas da Síria. Numa entrevista coletiva em Londres, um repórter perguntou se Assad poderia fazer alguma coisa para evitar o bombardeio americano. "Claro", improvisou Kerry, ainda agarrado à espe-

---

* Seria necessária uma maioria simples em cada casa do Congresso para aprovar uma autorização de uso da força militar.

rança de que Obama ordenasse os ataques. "[Assad] poderia entregar todas as suas armas para a comunidade internacional na próxima semana. Entregar tudo, sem demora. [...] Mas ele não está disposto a fazê-lo, e isso não pode ser feito, óbvio."

No entanto, poucas horas depois, para grande surpresa de Kerry, o ministro das Relações Exteriores da Rússia, Serguei Lavrov, telefonou. Depois de ouvir os comentários públicos do secretário de Estado, Pútin pedira a Lavrov para dar continuidade e dizer que estava, sim, disposto a trabalhar com Obama para tirar as armas químicas de Assad. Em quatro dias, Kerry e Lavrov negociaram os contornos de um esquema para a desmontagem do programa de armas químicas.

Foi-me então confiada a tarefa de negociar uma resolução do Conselho de Segurança com o embaixador da Rússia na ONU. Tivemos de planejar uma operação imensa e sem precedentes, e fazer com que o mundo aderisse a ela.

Quando me encontrei com Susan antes de assumir meu novo cargo em Nova York, ela me transmitiu uma mensagem com mais firmeza do que qualquer outra: minha relação com o representante da Rússia na ONU seria essencial para o meu sucesso.

"Invista em Tchúrkin", aconselhou. "Ele vai te deixar louca, mas vocês vão precisar um do outro."

Vitáli Tchúrkin, então com 61 anos, tinha um tufo de cabelos brancos e uma risada calorosa e era representante permanente na ONU havia sete anos. Ele conhecia as regras e os procedimentos da organização melhor do que ninguém — e era famoso entre os diplomatas da ONU por usar esse domínio em proveito da Rússia.

Durante duas semanas após o acordo entre Kerry e Lavrov, Vitáli e eu conversamos ou nos encontramos várias vezes ao dia para falar sobre a resolução de armas químicas — na Missão americana, na Missão russa e em território neutro. Nossas negociações estavam sendo observadas tão de perto que repórteres e câmeras nos perseguiam aonde fôssemos, procurando sinais de um colapso nas negociações que, de alguma forma, resultasse numa decisão de Obama de ir adiante com os ataques militares.

Eu sabia que tudo aquilo podia dar errado e que tudo dependia daquelas negociações. Esperava que os morcegos de sempre aparecessem. Mas eles nunca vieram.

Eu me sentia confiante. Estava representando meu país numa questão essencial. Embora nunca tivesse negociado com Vitáli antes, quando era funcionária da NSC, rastreei com atenção os choques e acordos de Susan com ele. Contei com o apoio de funcionários e advogados incrivelmente experientes em não proliferação e que estavam disponíveis para responder a todas as minhas perguntas operacionais e específicas da Síria. E Susan e Kerry estavam a apenas um telefonema de distância.

Eu sabia que, apesar das reviravoltas do meu primeiro mês, ainda tínhamos a chance de exigir uma penalidade pelo monstruoso crime de guerra do regime de Assad e talvez impedir ataques semelhantes no futuro. Eu lamentava que nosso governo não tivesse verificado se tínhamos os votos *antes* de o presidente anunciar sua ida ao Congresso. Se ele soubesse que não teria apoio, não creio que tivesse optado por esse caminho. Mas estávamos onde estávamos: eu pensava que se pudéssemos arrancar de Assad uma arma especialmente mortal, talvez isso abalasse sua confiança e o deixasse mais propenso a negociações políticas.

Enquanto Vitáli e eu avaliávamos um ao outro, também tínhamos de abrir caminho em nossos respectivos sistemas. Como o objetivo principal de Pútin era impedir a intervenção militar dos Estados Unidos, eu sabia que Moscou estava examinando cuidadosamente todas as disposições propostas por mim. Ele temia que o governo americano pudesse depois esticar o sentido da linguagem da resolução da ONU a fim de alegar uma base jurídica internacional para o uso da força.

De nossa parte, continuávamos com muitas dúvidas em relação às intenções de Moscou. Como poderíamos concluir um acordo confiável quando as autoridades russas continuavam a alegar de forma absurda que a oposição síria havia realizado os ataques químicos? Não estaria o governo sírio — que acabara de matar com gás e sem remorso 1400 pessoas — disposto a trapacear, independente do acordo que fizéssemos, e com a ajuda da Rússia?

As negociações foram meticulosas, com os dois lados insistindo laboriosamente em mudanças de palavras para fechar brechas que um de nós via e o outro dizia não existir. As suspeitas mútuas eram tão profundas que me lembrei de uma história sobre as discussões contenciosas durante o Congresso de Viena, no século XIX. Depois de ser acordado com a notícia de que um embaixador com quem estivera discutindo morrera durante a noite, consta que o diplomata austríaco Metternich teria perguntado: "Qual terá sido o motivo dele?".

Às vezes, quando um de nós se recusava a arredar o pé ou parecia não levar a sério as preocupações do outro, nossas discussões ficavam acaloradas. Em várias ocasiões, Vitáli fechou dramaticamente sua pasta de couro e saiu enfurecido da negociação, murmurando o que eu supunha serem palavrões russos. Certa vez, voltou encabulado depois de alguns minutos e disse: "Bem, agora que tirei isso do meu sistema, que tal um drinque?". Um membro de sua equipe apareceu então com uma grande garrafa de uísque Black Label. Eu me perguntava se Vitáli estaria utilizando alguma tática russa de eficácia comprovada em que o mesmo negociador fazia o papel do bom e do mau policial.

Sofremos muitos contratempos. Um dia, quando cheguei à Missão russa, Vitáli afirmou ter "boas e más notícias". A boa era que, depois de um atraso, ele enfim havia recebido instruções de Moscou sobre como responder aos dispositivos que eu havia proposto. A má, disse, era: "Se eu seguir minhas instruções, você nunca mais voltará a falar comigo".

Enquanto isso, eu, que já andava pouco disponível para minha família, desapareci completamente durante as duas semanas de negociações. Numa manhã de domingo, quando eu tentava sair de fininho do Waldorf para resolver um impasse com Vitáli, Declan me agarrou antes que eu conseguisse sair pela porta. "*Más*", disse ele, usando o espanhol que aprendera com María para dizer que precisava de "mais".

"Mamãe, as pessoas não trabalham aos domingos", ele insistiu.

Eu lhe disse que ia tentar impedir as pessoas de fazer coisas ruins. Ele pareceu satisfeito e perguntou: "Você volta depois de impedir?".

Assenti com a cabeça, mas no curto e silencioso caminho para a Missão americana, assustei-me com a inadequação do esforço ao qual eu estava dedicando cada grama do meu ser.

"Se fizermos tudo certo, Assad terá uma arma a menos", pensei.

É famosa a descrição de F. Scott Fitzgerald da importância de ser capaz de "manter duas ideias opostas na mente ao mesmo tempo", enquanto ainda se retém "a capacidade de funcionar". Eu estava ganhando prática nesse equilíbrio desconcertante e com rapidez. Queria desesperadamente tirar armas químicas das mãos de Assad e sustentar a norma contra o uso delas. No entanto, sabia que conseguir isso não seria uma "vitória" para a maioria dos sírios.

Durante essas negociações, tive a chance de trabalhar em estreita colaboração com John Kerry pela primeira vez. Ele já havia representado Massachusetts no Senado por dez anos quando me mudei para a região de Boston a fim de fazer faculdade de direito, e cruzara com ele em eventos de Harvard e jogos do Red Sox ao longo dos anos. Eu também o assistira em ação quando trabalhei no escritório do Senado de Obama, pois ambos atuavam no Comitê de Relações Exteriores do Senado. Mas eu nunca poderia ter previsto a afeição que ele demonstraria ao me ver como sua colega.

A relação entre embaixadores na ONU e secretários de Estado é muitas vezes bastante tensa. A tensão surge inevitavelmente do fato de que o papel de embaixador da ONU no gabinete lhe dá tecnicamente um voto igual ao do secretário de Estado em questões de segurança nacional, apesar de o secretário administrar 276 postos diplomáticos em todo o mundo e mais de 70 mil funcionários, enquanto o embaixador administra o equivalente a uma pequena embaixada em Nova York.[29]

Por sorte, Kerry tinha um objetivo primordial em seu papel de secretário de Estado: fazer o máximo possível para impedir e acabar com as guerras. Mais tarde, ele mencionaria seu livro de memórias *Every Day Is Extra* [Cada dia é um dia a mais], citando uma frase que ele e seus camaradas que sobreviveram à guerra no Vietnã costumavam dizer um para o outro. Ele agia como se cada dia em seu trabalho pudesse ser o último e parecia me ver como uma aliada com mentalidade semelhante. Depois que ele se agarrava a alguma coisa, fazê-lo se soltar era quase impossível. Essa persistência era um ativo de enorme valor.

Uma vez que ele negociara o esquema inicial para as armas químicas com Lavrov, Kerry estava muito envolvido em minhas discussões com Vitáli. Ele ligava meia dúzia de vezes por dia, geralmente perguntando "e aí?" antes de eu detalhar o estado da situação e elaborar uma estratégia para os próximos passos.

Em um momento importante, ele ficou lívido quando expliquei que a Rússia estava fazendo um jogo de telefone sem fio diplomático, com Vitáli dizendo que Lavrov havia dito que Kerry havia concordado que nossa resolução não seria vinculante segundo o direito internacional.

"Isso é enrolação, Sam!", explodiu ele ao telefone. "Vou ligar para Serguei e dar uma bronca nele."

Eu sabia que era besteira e disse para ele não se envolver com isso. Mas

Kerry, sendo Kerry, me ligou quinze minutos depois para me informar: "Acabei de dar o maior esporro em Serguei".

Entre a primeira ligação e a inesperada segunda ligação, comecei a amamentar Rían, e ela era uma comedora audível.

"Que barulho é esse?", perguntou Kerry de repente.

Minhas bochechas coraram. Mesmo ele não podendo me ver, senti como se pudesse, e não era uma imagem bonita. O fone do telefone estava preso embaixo da minha orelha direita, Rían estava pendurada no meu peito nu e eu tinha uma caneta na mão.

"Multitarefa", eu disse. "Estou apenas alimentando minha menina."

Kerry uivou de tanto rir.

"Isso é ÓTIMO, Sam. Certifique-se de que ela tenha uma boa refeição e depois vá dar bronca nos russos."

No final, orientados pelo esquema de Kerry-Lavrov e apoiados na experiência técnica de nossas respectivas equipes e advogados de controle de armas, chegamos a um acordo sobre o texto de uma resolução. O passo final era submetê-lo ao Conselho de Segurança para aprovação.

Em 27 de setembro, ao entrar na câmara do Conselho antes da votação, notei Kerry conversando com Lavrov. Quando me aproximei, vi que o ministro das Relações Exteriores russo estava distribuindo alfinetes azuis adornados com uma pomba branca, o símbolo da paz. Era simplesmente demais, e dei meia-volta.

Kerry estava otimista com o que havíamos conseguido. Logo depois de sentar-se na cadeira dos Estados Unidos para votar o que viria a ser a Resolução 2118 do Conselho de Segurança da ONU, ele se inclinou para trás e disse: "É uma resolução muito boa, Sam".

Em certo sentido, ele tinha razão. Fizemos o melhor possível numa situação ruim. A missão operacional que criamos com a Rússia acabaria resultando na destruição do equipamento usado para fabricar armas químicas em 21 distintos locais da Síria. Nesse meio tempo, os produtos químicos existentes no extenso arsenal do país seriam removidos de seus esconderijos e carregados em navios dinamarqueses e noruegueses. Sob a proteção das forças navais de Rússia, China, Dinamarca, Noruega e Reino Unido em vários pontos de sua jornada, os navios levariam grande parte do estoque de produtos químicos para um porto italiano, onde um navio da Marinha americana receberia os mais perigosos e depois os neutralizaria em águas internacionais.

Numa escala de um a dez, o grau de dificuldade de uma missão sem precedentes e multifacetada numa zona de guerra em brasa era onze.

E, no entanto, durante o ano seguinte, homens e mulheres corajosos conseguiriam o que parecia impossível: removeram e destruíram 1300 toneladas de agentes químicos que, de outro modo, Assad teria à sua disposição para futuros ataques.

Embora o envolvimento da Rússia nesse esforço parecesse intrigante na época, Pútin provavelmente apoiou a missão para eliminar até a minúscula chance de, a curto prazo, Obama usar a força militar na Síria. Apesar de sua cumplicidade com Assad, Pútin talvez também quisesse reduzir a probabilidade de seu aliado realizar outro grande ataque de armas químicas. Embora o Congresso tenha de fato amarrado as mãos de Obama nesse caso, o líder russo sabia que Assad era um usuário serial de armas químicas. Depois de um próximo ataque, as Forças Armadas dos Estados Unidos teriam alvos prontos, e a dinâmica política do Congresso poderia ter mudado. Ao forçar Assad a renunciar às armas químicas e fazê-lo colaborar com a comunidade internacional para destruí-las, Pútin também estava, em sentido perverso, legitimando Assad, que tentava se retratar como alguém disposto a fazer o necessário pela "paz".

De uma perspectiva mais ampla, Pútin estava numa missão para restaurar a grandeza russa. Ao liderar essa iniciativa, ele ganhou elogios, e muitos comentaristas louvaram o líder russo por ostentar a influência duradoura de seu país no cenário mundial — e por passar a perna em Obama.

Consegui o acordo mais robusto possível num contexto em que nossa influência havia sido severamente abalada pela oposição do Congresso à autorização proposta pelo presidente. Mas no dia em que minha primeira grande resolução do Conselho de Segurança se tornou lei, não pude afastar a preocupação de que o Conselho estivesse implicitamente autorizando outros tipos de ataques a civis. Afinal, como a Rússia se recusou a incluir referências a mísseis Scud, artilharia, bombas de barril e até napalm, a resolução silenciava sobre outras armas assassinas de Assad.

O que Estados Unidos e Rússia fizeram juntos foi significativo, mas não podíamos fingir que era nem de longe suficiente. Com a ameaça da força militar americana não mais pairando no ar, os militares sírios retomaram seus ataques ferozes contra civis. Dois dias após a aprovação da resolução, um ataque aéreo do regime mataria catorze pessoas, a maioria crianças em seu primeiro dia de aula.

Além disso, meses depois de o governo sírio emitir uma "declaração" de seu inventário, revelando as quantidades e os locais de seus estoques, laboratórios e sistemas de lançamento, descobrimos que o documento omitia alguns recursos e suprimentos que sabíamos que possuía.[30] Vários anos se passariam até que o regime ousasse usar de novo o gás sarin. Porém, apenas sete meses após a votação do Conselho, as Forças Armadas sírias começaram a transformar cloro em arma, contando com uma ampla gama de produtos químicos domésticos para substituir as armas sofisticadas que estávamos destruindo.

Acima de tudo, perdi a esperança no futuro da Síria. Ao chegar tão perto de punir Assad e depois recuar, o governo americano se afastou mais do que nunca da questão, passando a mensagem de que provavelmente nunca interviria. Assad podia concluir de forma sensata que, indo em frente, seria possível matar de fome seu povo até subjugá-lo, cobrir de bombas hospitais e escolas e, por fim, até retomar os ataques com armas químicas, tudo sem que os Estados Unidos fizessem muito para detê-lo.

Embora os efeitos desse episódio da linha vermelha sejam difíceis de medir, um grande número de diplomatas estrangeiros me disse depois que a mudança súbita de postura dos Estados Unidos havia danificado a reputação mundial do presidente Obama. Achei irritante grande parte dessas críticas, pois muitos desses mesmos embaixadores representavam países que nunca defenderiam os Estados Unidos em público se tivéssemos ido adiante com os ataques aéreos. Mas é inegável que a percepção da "ameaça não imposta" prejudicou os esforços posteriores de nosso governo para influenciar Assad e outros atores na guerra. Isso nos afastou ainda mais do objetivo do presidente — e da necessidade regional e global — de alcançar um acordo negociado para encerrar o conflito.

Apesar de tirar o melhor proveito de uma situação terrível, não havia como contornar o fato de que as declarações públicas do próprio presidente Obama antes de ir ao Congresso refletiam uma firme convicção: as ações de Assad justificavam o uso da força militar. Como Obama havia perguntado em seu discurso à nação em 31 de agosto: "Que mensagem enviaremos se um ditador puder matar com gás centenas de crianças em plena luz do dia e não pagar nenhum preço por isso?".

Obama foi ao Congresso porque acreditava que os legisladores prestariam atenção ao que seu comandante em chefe chamara de "um sério perigo para nossa segurança nacional". Eles não o fizeram. Assad ainda pagou algum preço — desistindo de armas químicas —, mas depois usou o resto de seu arsenal com desembaraço ainda maior.

Os custos disso — para os sírios, os Estados Unidos e o mundo — continuariam a aumentar.

31. Quando os Estados Unidos espirram

No início de meu mandato como embaixadora na ONU, fui a uma sessão do Conselho de Segurança dedicada a lidar com a crescente violência na República Centro-Africana (RCA), um país pobre encravado no centro da África cujos 4,6 milhões de habitantes estavam sendo engolfados pelo terror muçulmano contra cristãos e pelo terror cristão contra muçulmanos. Na sessão, o embaixador da RCA na ONU Charles Doubane pediu ao Conselho que fosse resgatar seu "povo desnorteado e desamparado". Ele nos contou que 53 anos após a independência, seu país estava "em colapso total".

Fiquei surpresa ao ouvir Doubane se descrever como "embaixador de um Estado falido". Também fiquei horrorizada com sua litania de exemplos explícitos da selvageria que o povo da RCA estava sofrendo. Apesar do trabalho que fizera sobre atrocidades em massa ao longo dos anos, eu não sabia quase nada sobre a situação descrita por Doubane. Marquei uma reunião com ele para começar a me informar.

A Missão Permanente da República Centro-Africana junto às Nações Unidas, como a de muitos países pequenos, localizava-se num complexo de escritórios despretensioso, a uma quadra da sede da ONU. Quando cheguei, um homem baixo e magro, idoso, falando francês, atendeu à porta e exclamou com alegria: "*Bonjour, Madame l'Ambassadrice!*". Ao entrar, fiquei impressionada com o fato de a "equipe" da RCA ser composta de apenas duas pessoas: Doubane e aquele homem alegre, cujo terno pendia de seus membros frágeis.

Enquanto a Missão dos Estados Unidos na ONU tinha quase duzentos escritórios e cubículos espalhados por 22 andares, a Missão da RCA reduzia-se ao saguão onde eu estava de pé e uma minúscula sala adjacente. A Missão tinha um cheiro pungente de colônia e estava arrumada em demasia. Com efeito, havia tão pouca desordem que me perguntei se os dois diplomatas não haviam acabado de se mudar para lá.

Enquanto eu absorvia o cenário, o embaixador Doubane entrou no saguão, onde seu auxiliar segurava agora uma câmera volumosa. O embaixador estava vestido com elegância, com um terno azul-marinho e um lenço de seda azul real no bolso do blazer para combinar com a camisa azul-real. Apertou minha mão calorosamente. Depois ficou rígido, colocou-se entre a bandeira de seu país e a das Nações Unidas e — enquanto seu colega tirava fotos e eu ouvia — falou com grande formalidade:

Madame Power, desde que a República Centro-Africana declarou independência em 1960, nenhuma honra maior se abateu sobre nossa humilde missão do que ter a chance de recebê-la aqui. Verificamos nossos registros e não encontramos nenhuma prova de que um representante permanente dos Estados Unidos tenha visitado a Missão da República Centro-Africana nas Nações Unidas.

Ao dedicar um tempo de sua agenda lotada para estar conosco aqui hoje, mostrou-nos que a superpotência do mundo se importa com o que acontece em nosso pequeno e sofrido país — que o honorável Barack Obama sabe sobre nossa dor. Meu país se lembrará dessa visita para sempre. A senhora nos deu a primeira esperança que tivemos em muito tempo.

Fiquei sem jeito enquanto o embaixador fazia sua homenagem. Em meio a tudo a que o presidente Obama precisava dar atenção, eu não tinha certeza de que ele estava acompanhando com cuidado a violência na República Centro-Africana. Nova no cargo, não pretendia aumentar as expectativas do governo da RCA em relação ao que os Estados Unidos poderiam fazer para ajudar. Quando Doubane terminou, eu disse que estava muito tocada pelo que ele havia dito e o agradeci por tirar um tempo para me encontrar. Eu sabia que cada minuto do dia dele era precioso, pois seu povo contava com ele para mobilizar o mundo. Acrescentei que faria o possível para não decepcioná-lo.

Ele me acompanhou até uma cadeira em seu escritório e, sobre a mesinha de vidro, incongruente naquele mobiliário espartano, vi um ramalhete exuberante de rosas brancas e amarelas frescas. Eu sabia que o governo da RCA estava com tão pouco dinheiro que atrasara o pagamento de sua dívida insignificante para com a ONU e estava tendo dificuldades para pagar o aluguel. Ao captar meu olhar, o embaixador Doubane explicou: "Esta é uma ocasião muito especial para nós. Desde que o responsável por sua agenda nos ligou na semana passada, estamos preparando nosso escritório para sua visita".

Deixando de lado as formalidades, ele me perguntou como poderia ser útil. Eu disse que não tinha pauta. "Vim apenas para aprender", eu disse. "Conte-me mais sobre o seu país."

Ele começou a falar, mas logo parou. De início, pensei que estava tentando encontrar as palavras corretas em inglês para transmitir seu significado, mas aí percebi seu choro. Toquei em seu braço e disse que sentia muito pelos horrores infligidos a seu povo. Ele disse rapidamente: "Não, não é isso, embaixadora. O que está acontecendo no meu país é terrível — mais terrível do que qualquer coisa que já tenha acontecido conosco antes. Mas estou emocionado porque a senhora está aqui. Os Estados Unidos da América são o maior país do mundo e a senhora, a América, está aqui".

Meus encontros com o embaixador Doubane me influenciaram ao menos de duas maneiras importantes. Em primeiro lugar, depois que as organizações de direitos humanos e funcionários da ONU na RCA começaram a repercutir sua advertência sobre um genocídio a caminho, fiz a primeira de quatro viagens ao país de Doubane — o qual nenhum funcionário do gabinete americano jamais havia visitado. Convencida de que a possibilidade de genocídio era concreta, entrei em contato com o presidente de Ruanda, Paul Kagame, e consegui sua concordância para enviar tropas de manutenção da paz de Ruanda à RCA. Em seguida, minha equipe em Washington trabalhou com o Pentágono para conseguir que as Forças Armadas americanas, em ação rápida, equipassem e transportassem soldados do Burundi e de Ruanda para o meio da conflagração como parte de uma força de proteção reforçada.

Meu colega francês Gérard Araud já estava levantando a questão na ONU, onde muitos outros conflitos competiam por atenção. Passei a atuar com ele, fazendo lobby junto a entidades humanitárias para ajudar civis ilhados em comunidades religiosamente misturadas que desejavam deixá-las porque temiam ser massacrados.

O envolvimento do governo Obama nos anos seguintes não resolveu a crise na República Centro-Africana. Longe disso. Milhares foram mortos e um em cada quatro de seus habitantes permanece desalojado. Como observou mais tarde um estudo detalhado produzido pelo Centro de Prevenção do Genocídio do Museu Memorial do Holocausto dos Estados Unidos: "Embora as forças que os Estados Unidos ajudaram a mobilizar possam estar entre as forças de paz mais eficazes na RCA, elas representavam apenas uma pequena fração do que era necessário para deter a violência".[31]

Não obstante, quando as forças internacionais chegaram, as atrocidades entre cristãos e muçulmanos estavam fora de controle. O afluxo de tropas deu a algumas pessoas a chance de permanecer em suas casas e a outras, meios de fugir. Com o tempo, as forças de paz reduziram o nível de violência. Durante a presidência de Obama, os Estados Unidos também se tornariam o país mais generoso do mundo em relação à RCA, tendo fornecido mais de 800 milhões de dólares em financiamento para operações de ajuda humanitária e de manutenção da paz em seu segundo mandato. Minha equipe e eu fomos capazes de chamar atenção para a crise e ajudar a galvanizar esforços que podem ter impedido que as piores previsões se cumprissem. Nossas ações levaram alguns comentaristas afirmar que ajudamos a evitar um genocídio. Eu havia entrado no governo na esperança de fazer parte de esforços como aquele.

A segunda consequência de visitar o embaixador Doubane e ouvir sua história foi que decidi tentar me encontrar com cada um dos embaixadores da ONU para conhecer suas histórias. Em parte, essa decisão era estratégica: para os grandes e desafiadores votos na Assembleia Geral, onde os Estados Unidos costumavam estar em desvantagem, as relações eventualmente construídas por mim poderiam transformar meus colegas em aliados improváveis. Mas, mesmo que essas visitas ditas de cortesia não resultassem em mais apoio para os Estados Unidos, eu acreditava na importância de transmitir um sentimento que muitas vezes ouvi do vice-presidente Biden, citando sua própria mãe: "Ninguém é melhor que você, mas você não é melhor que ninguém".

A Carta da ONU diz que a organização "se baseia no princípio da igualdade soberana de todos os seus membros", mas quase nada na ONU transmitia igualdade entre os Estados Unidos e, digamos, a República Democrática do Congo, o país mais carente do mundo. Tão poucas pessoas trabalhavam nas missões de países pequenos ou pobres que eles perdiam com frequência votos e negociações importantes. Se os embaixadores tivessem consultas médicas conflitantes ou viajassem aos seus países para consultas, por exemplo, muitas vezes não tinham quem ocupasse o assento no lugar deles.

Por outro lado, os Estados Unidos eram o país anfitrião das Nações Unidas. Nós éramos a nação mais poderosa e mais rica do mundo. Às vezes, esse privilégio nos levava a ver outros países como favas contadas. Mas quando reconhecíamos o valor inerente às nações e aos indivíduos que os representavam, estávamos valorizando sua dignidade. Ao visitar os outros embaixadores, em vez de fazê-los ir à Missão americana para me encontrar (como era tradicional), eu podia ver a arte que meus colegas queriam exibir, as fotos de família sobre suas mesas e os livros que haviam trazido consigo para a América. E, mais importante, independente do tamanho, da riqueza ou do peso geopolítico deles, eu podia mostrar-lhes o respeito dos Estados Unidos.

Quem tomei como modelo para envolver meus colegas foi Eddie. Nas três décadas em que o observara, nenhum taxista, paciente médico ou pessoa no café do bairro com um sotaque incomum me deu a impressão de ser imune ao seu charme — ou às suas perguntas. "Você não seria do Uzbequistão?", perguntava ele antes de compartilhar seu amor pelas sedas de Samarcanda. Quando avistava um africano muito alto e magro com cicatrizes faciais, ele perguntava: "Você vem do grupo étnico *dinka* ou *nuer*?". Essas conversas terminavam frequentemente com a promessa de se encontrar para tomar um café no final da semana. Eddie lia mais do que qualquer pessoa que eu tenha conhecido, mas complementava o aprendizado dos livros fazendo contato com essas bibliotecas ambulantes e falantes que povoavam nossas vidas diárias: as pessoas ao nosso redor.

Durante meus três anos e meio como embaixadora na ONU, tive a chance de visitar os embaixadores de todos os Estados-membros, exceto o da Coreia do Norte. Quando mencionava aos amigos o que estava fazendo, eles às vezes suspiravam, pensando que eu planejava visitar os outros 192 *países* do mundo. Na verdade, minha ambição era modesta: nunca precisei sair da ilha de Manhattan para ter acesso a representantes de todos os cantos do planeta.

Megan Koilparampil, a funcionária de 24 anos responsável por minha agenda, assumiu plenamente esse esforço. Ela lera *Genocídio* depois da faculdade e, em sua entrevista de emprego, deixou claro como seu interesse pela prevenção de atrocidades a atraiu para o cargo. Ela entendia que o trabalho operacional que ela e outros membros da Missão americana na ONU realizavam — programação, logística e planejamento de eventos ou viagens — era tão importante quanto o trabalho que nossos diplomatas faziam negociando a noite toda. Inclusive, a equipe de operações tinha canecas marcadas com a sigla "GSD" (de "*Get Shit Done*").

Megan devorou a tarefa de agendar visitas de cortesia. Algumas das pessoas que atendiam às ligações para os escritórios que eu esperava visitar não falavam inglês, então Megan sondou nossa equipe para encontrar pessoas com as habilidades linguísticas necessárias. Nas pequenas missões com pouco pessoal, às vezes eram necessários dias de tentativas antes que alguém atendesse o telefone. Muitas vezes, era o próprio embaixador que, por fim, atendia. Quando eu concluía minha visita ao escritório de um colega estrangeiro, muitas vezes ele ou ela se despedia me pedindo para "dar um oi a Megan". Às vezes, ao pedir a um país que desse um voto difícil, eu invocava a pessoa que eles menos gostariam de decepcionar. "Estou contando muito com você", eu dizia. "E Megan também."

As reuniões pessoais foram reveladoras e, muitas vezes, inspiradoras. Em geral, quando eu entrava em contato com um diplomata estrangeiro era porque precisava de alguma coisa: eu podia, por exemplo, querer que o país dele apoiasse nossa posição numa negociação orçamentária tensa ou enviasse seus soldados para proteger civis em uma zona de crise. Mas tentava não usar as visitas pessoais para fazer "pedidos" desse tipo.

Em vez disso, perguntava aos embaixadores a respeito de sua criação e formação, como haviam se tornado diplomatas, do que mais sentiam falta em seus países e quais os desafios que consideravam mais assustadores. Em torno de cinquenta dos 191 embaixadores visitados por mim relataram que nenhum representante permanente dos Estados Unidos jamais havia posto os pés em sua missão antes. Muitos tratavam a "visita da América" como uma ocasião muito especial, vestindo-se de modo mais formal do que de costume, trazendo iguarias nacionais de casa para me oferecer e tendo uma câmera pronta para gravar o momento para a posteridade.

O desenvolvimento dessas relações não significava facilidades para mim ou para os objetivos dos Estados Unidos na ONU. Mas, assim como a popularidade pessoal do presidente Obama era um grande trunfo para conseguir que outros países compartilhassem informações conosco ou gastassem dinheiro com algo que o governo americano considerava importante, minhas relações pessoais também ajudavam a transformar embaixadores em defensores de nossas causas. E era uma via de mão dupla. Eles me apresentavam os desafios que seus países estavam enfrentando e dos quais eu não saberia de outra maneira. Essas informações me permitiam entrar em contato com meus colegas no Departamento de Estado para ver se os Estados Unidos poderiam fazer mais para ajudar.

Em muitas de minhas visitas, fiquei impressionada com quanto os embaixadores da ONU e seus cidadãos estavam entrelaçados com os Estados Unidos. O embaixador da Eritreia, então o país mais isolado do mundo, com exceção da Coreia do Norte, estudara no Bowdoin College, no Maine, e na American University, em Washington, DC. Os embaixadores da Somália e do Brunei haviam frequentado a Faculdade de Direito e Diplomacia Fletcher na Universidade Tufts, em Massachusetts. Eu ouvia falar constantemente de conexões como essas. Meia dúzia de meus colegas embaixadores iniciaram nossos encontros expressando "agradecimento pessoal" aos Estados Unidos pelo apoio educacional recebido por meio de vários programas do Departamento de Estado, que, segundo eles, possibilitara que se tornassem diplomatas.

E as conexões se estendiam muito além do ensino superior. A maioria dos americanos compreende as vastas conexões culturais e de imigração que os Estados Unidos compartilham com países como China, Irlanda, Israel, Itália, México ou Polônia. Mas foi apenas através dessas visitas de cortesia que fiquei sabendo de laços mais obscuros. Por exemplo, embora Cabo Verde seja um país de apenas 546 mil habitantes, cerca de 400 mil pessoas de ascendência cabo-verdiana vivem nos Estados Unidos. Da mesma forma, mais de 15 mil pessoas das Ilhas Marshall, que têm apenas 53 mil habitantes, residem em Springdale, Arkansas, onde a maioria trabalha na sede da Tyson Foods.

As histórias pessoais dos diplomatas — que eu só poderia conhecer através dessas visitas — eram muitas vezes cativantes. O embaixador cipriota, que tinha um enorme estandarte do Chicago Bulls pendurado em seu escritório, tinha dez anos quando sua família fugira da invasão turca. Desde então, ele só voltara para casa uma vez. Embora desprezasse os colonos turcos que moravam em sua casa da infância, manifestou apreço pelo fato de terem devolvido dois álbuns de fotos deixados para trás décadas antes — um do casamento de seus pais e um dele e seu irmão quando crianças. Como tantos que haviam sido deslocados, ele ansiava por voltar de forma definitiva. Discutimos as negociações de paz em Chipre mediadas pela ONU, que haviam tropeçado parcialmente em questões de propriedade. Conhecer a conexão do embaixador com a casa que havia perdido humanizava o que estava em jogo nas negociações.

A embaixadora da Zâmbia na ONU havia sido pediatra em Lusaka, capital de seu país, e tratado de crianças com HIV. Ela falou sobre o poderoso impacto causado pelo programa antiaids de vários bilhões de dólares do presidente George W. Bush, que havia retardado com sucesso a disseminação devastadora da doença. "Antes do PEPFAR", disse, "não havia nada que eu pudesse fazer para ajudar meus bebês." O número de novas infecções por HIV na Zâmbia caíra pela metade desde o início do programa, em 2003.

O embaixador da Somália fora jornalista na BBC até 2015, quando sobreviveu por pouco a um carro-bomba duplo. "Muitas vezes chorei como criança por causa das notícias", disse ele. "Concluí que não poderia ficar observando como um estranho. Tinha de fazer alguma coisa para tentar ajudar meu país." Ele decidiu entrar para o frágil governo somaliano a fim de fazer sua parte no combate ao terrorismo.

A embaixadora do Butão fora criada numa família de seis filhos na zona rural do país. Quando o pai decidiu que ela e a irmã receberiam instrução, elas caminharam o dia inteiro para chegar a uma estrada asfaltada, onde pegaram um ônibus com destino a uma escola na Índia. O embaixador do Tajiquistão era um de treze filhos e seu pai havia enviado todos os irmãos sobreviventes à capital para receber educação. O embaixador, que aprendeu a falar sete idiomas, acabou fazendo doutorado na Universidade Johns Hopkins e trabalhando com o cientista político Francis Fukuyama.

Os embaixadores do Laos e do Vietnã haviam perdido parentes próximos em guerras com os Estados Unidos e tinham lembranças traumáticas de quanto tiveram de fugir de suas casas e dormir em trincheiras para evitar o bombardeio americano. No entanto, ambos disseram que queriam muito "virar a página" nas relações com seu antigo inimigo. E relataram que suas populações eram intensamente pró-americanas.

O embaixador de Antígua e Barbuda contou-me que quando tinha quatro anos, estava brincando nos campos de algodão quando outra criança cutucou seus olhos com um graveto. Como Antígua não tinha oftalmologistas, ele perdeu a visão nos dois olhos, mas acabou se tornando a primeira pessoa reconhecidamente cega do Caribe a fazer universidade. Durante seu período na ONU, um de seus filhos trabalhava num centro para cegos em Massachusetts.

Eu esperava ansiosa pela maioria das minhas visitas de cortesia, mas não me entusiasmava com a perspectiva de algumas, entre elas meu encontro com o embaixador cambojano, um homem que, nas reuniões da ONU, balbuciava as declarações pomposas de seu país e não deixava transparecer nenhum carisma. Como esperado, ele começou nosso encontro fazendo um conjunto de considerações rotineiras. Mas quando lhe perguntei como havia sido sua vida de menino crescendo sob o regime do Khmer Vermelho, sua atitude se transformou.

Ele contou que o Khmer Vermelho executou seu pai "por ser professor", mas quando assassinou sua irmã, uma dona de casa, "não precisou dar um motivo". O embaixador observou com naturalidade que ele e seus irmãos sobreviventes quase morreram de fome. "Estou surpreso com a quantidade de comida desperdiçada na ONU", disse ele simplesmente.

O embaixador da Suazilândia — uma monarquia repressiva e sem saída para o mar no sul da África — me contou que sua mãe era irmã do rei corrupto, aumentando minha esperança de que ele tivesse influência junto ao seu governo. Porém, seu próximo comentário logo me trouxe de volta à realidade: "Ah, o rei tem muuuuitos irmãos e irmãs. Eu já estava neste cargo antes que ele percebesse que éramos parentes!".

Uma das maiores surpresas aconteceu quando conheci Mamadou Tangara, embaixador da Gâmbia. Ele respondia ao presidente Yahya Jammeh, um ditador vingativo no poder havia mais de duas décadas. Quando entrei no escritório de Tangara, ele me disse nunca ter recebido uma visita como aquela e se abriu rapidamente.

"Estou preocupado", confessou, explicando que Jammeh estava ficando cada vez mais errático. "As coisas estão piorando a cada dia", disse. "Ele está afastando qualquer um que lhe diga a verdade."

Alguns meses depois, encontrei Tangara na recepção anual que eu oferecia em nome dos Estados Unidos no Quatro de Julho, no zoológico do Central Park. Depois de posar com ele para uma foto na fila de entrada, puxei-o para o lado e sussurrei: "Mamadou, estou começando a achar que seu presidente é meio louco". Quando o rosto dele se tornou sombrio, fiquei preocupada porque achei que tinha passado do limite.

"Não é verdade, embaixadora", disse ele, enquanto sua voz subia. "Meu presidente não é meio louco. Meu presidente é *completamente* louco." Tangara virou meu amigo e se ofereceu para me ajudar a tentar obter a libertação de presos políticos que definhavam nas prisões da Gâmbia.

Quando Jammeh foi inesperadamente derrotado nas eleições de 2016 e se recusou a abrir mão do poder, Tangara tomou uma posição. Arriscando sua vida e a de seu pai idoso em casa, declarou lealdade ao presidente legítimo re-cém-eleito e se recusou a receber mais instruções de Jammeh. Demitido pron-tamente, Tangara pensou em fazer as malas e deixar Nova York com sua família. Mas, felizmente, a pressão implacável de líderes africanos, dos Estados Unidos e da comunidade internacional em geral forçou Jammeh a reconhecer os resul-tados das eleições. Ele desistiu do poder e Tangara acabou sendo restabelecido no posto.

Em junho de 2017, depois que deixei o cargo, recebi uma mensagem de Tangara informando que acabara de ser nomeado ministro das Relações Exte-riores pelo novo presidente. "Seu apoio e amizade me deram a coragem de ficar firme em defesa da verdade e da justiça", escreveu ele. O que me impressionou foi quão pouco bastou para fazê-lo sentir-se assim.

Às vezes, na privacidade desses encontros pessoais, um embaixador confi-denciava que gostaria de apoiar os Estados Unidos em uma questão específica, mas não podia devido às instruções problemáticas de sua capital.

"Estou com você", eles diziam, "mas preciso de ajuda. Será que John Kerry pode fazer um telefonema?"

Nessas ocasiões, os embaixadores identificavam o ministro ou vice-minis-tro responsável pela orientação de voto suscetível de objeção. Isso possibilitava a mim ou a outros diplomatas americanos entrar em contato com nossa embai-xada naquele país para envolvê-la na conversação. Impressionava-me o alcance da força dos Estados Unidos e a disposição de nossos embaixadores em todo o mundo de entrar de imediato em ação.

Nada era mais perturbador do que minhas conversas com embaixadores cujos países estavam ameaçados de extinção em consequência da mudança climática. Cheguei à ONU quando o processo patrocinado pela organização es-tava num impasse litigioso. Quando os países se reuniram em 2013, mais de dois anos antes do eventual Acordo de Paris, o principal delegado das Filipinas entrou em greve de fome para protestar contra a falta de urgência entre os negociadores, e um bloco de 132 países organizou um abandono da reunião. Frustrações semelhantes, bem como um medo abjeto, dominavam minhas reuniões com representantes das nações mais vulneráveis.

O embaixador de Cabo Verde me contou que, no ano anterior, seu país não havia visto uma única gota de chuva e perguntou: "Você sabe o que significa para nós não chover nunca?". Para as nações insulares de todo o mundo, o enorme pico nos eventos climáticos extremos estava destruindo quaisquer ganhos econômicos ou de desenvolvimento obtidos durante a década anterior.

A embaixadora das Ilhas Marshall me informou que, a cada duas semanas, as marés altas em diferentes partes das ilhas faziam com que cerca de mil pessoas se mudassem para o interior. Uma vez instalada em Nova York, ela permitira que a residência de sua família fosse convertida em lar para "refugiados do clima". E explicou que sempre havia quatro famílias amontoadas na residência a qualquer momento, mas a maioria das pessoas que ela conhecia queria emigrar. Enquanto isso, muitas comunidades indígenas não podiam sequer contemplar a dor de deixar para trás os ossos dos antepassados ou abandonar as tradições sagradas ligadas à terra.

As ilhas que formam Kiribati têm uma população combinada de 112 mil habitantes, e o ponto mais elevado dessas ilhas não chega a dois metros de altitude. O embaixador duvidava que seu país sobrevivesse. "Estamos caindo no mar", disse. Seu governo estava incentivando os cidadãos a pensar em se mudar para outro lugar, conforme um plano chamado por ele de "migração com dignidade". Chegara ao ponto de comprar terras a quase 2 mil quilômetros de distância em Fiji, para onde os moradores de Kiribati poderiam se mudar quando o país se tornasse inviável. Porém, o único terreno pelo qual o governo de Kiribati podia pagar estava numa região de florestas e pântanos que dificilmente garantiria os meios de subsistência de toda a população.

Os habitantes das nações insulares se sentiam presos numa armadilha. Mesmo sabendo que precisavam fazer planos para viver em outro lugar, não tinham os vistos necessários para se mudar. "Nós não causamos esse problema", disse o embaixador de Tuvalu. "Mas quando um furacão atinge os Estados Unidos, seu povo é avisado e tem alguma chance de se mudar para um terreno mais alto. Quando somos alertados, não há nada que possamos fazer. Não temos terreno alto; o único lugar onde se pode subir é um coqueiro."

"Mas como uma pessoa idosa pode subir numa árvore?", perguntei.

"Exatamente", ele respondeu.

Esses países estavam contando com os Estados Unidos para liderar o mundo na busca de uma solução. Seus embaixadores incentivavam as pessoas que negavam ou duvidavam do consenso científico global sobre mudança climática a visitar suas terras natais. "Estamos perdendo tempo demais", disse um deles. Cada ano inteiro em que permaneci na ONU foi mais quente que o anterior, e cada um deles foi mais quente do que qualquer ano na história registrada. Se os Estados Unidos não demonstrassem liderança para combater essas tendências, eles e suas famílias estavam condenados, alertavam.

Quando visitei a embaixadora de Granada, ela resumiu a dinâmica com uma frase que ouvi muitas vezes: "Se os Estados Unidos espirram, as pessoas no meu país ficam resfriadas".

32. Terra de cabeça para baixo

Com seu teto imponente e seu enorme mural ornamentado representando uma fênix que se ergue dos destroços da guerra, a câmara do Conselho de Segurança sempre exalava a aura de um cenário grandioso e atemporal. Mas em fevereiro de 2014, quando olhei ao redor da sala, achei por um momento que havia sido transportada a uma era anterior.

A câmara estava lotada, antecipando um confronto entre Estados Unidos e Rússia.

Usando táticas semelhantes às da União Soviética, a Rússia de Vladímir Pútin estava tentando uma perversa tomada de terras da Ucrânia. Além disso, ele e seus representantes estavam mentindo ao mundo sobre sua agressão, agindo como se as provas abundantes de fotografias, satélites e testemunhas ao vivo não existissem.

A galeria de imprensa da ONU, com frequência um lugar sonolento, estava lotada de jornalistas estrangeiros. Os fotógrafos se empurravam na ânsia de obter o melhor ângulo possível para cobrir o drama esperado. Quando entrei na câmara, a enxurrada inicial de flashes foi ofuscante.

Eu não havia nascido quando ocorreram as invasões soviéticas da Hungria em 1956 e da Tchecoslováquia em 1968. Quando o Muro de Berlim caiu em 1989, eu tinha apenas dezenove anos e estava começando a mergulhar nos assuntos externos. Nos anos que se seguiram, presumi erroneamente que a Rússia havia deixado para trás a era em que costumava brutalizar seus vizinhos.

Quando nossa reunião de emergência estava para começar, sentei-me na cadeira dos Estados Unidos e refleti sobre o fato de que, assim como em 1956 e 1968, apenas um país poderia liderar o mundo no enfrentamento de Moscou no cenário internacional: os Estados Unidos.

Então me ocorreu: espere aí! Isso sou eu. Eu sou os Estados Unidos aqui. Sou *eu* quem tem de reagir.

Durante o primeiro mandato do presidente Obama, ele arquitetara um "recomeço" nas relações com a Rússia, e sua parceria com o presidente Medviédev resultou em várias conquistas significativas de segurança nacional. Os Estados Unidos e a Rússia negociaram com sucesso o tratado "New START" e cortaram seus respectivos estoques nucleares. Havíamos trabalhado juntos no Irã, impondo sanções multicamadas que logo levariam Teerã a renunciar ao seu potencial programa de armas nucleares. E o que talvez tenha sido o mais extraordinário, tendo em vista a história das relações entre nossos países: a Rússia concedera aos militares americanos acesso a uma rota terrestre fundamental para suprir nossas tropas no Afeganistão.

Mas mesmo quando nossas relações estavam boas, nada era fácil com a Rússia. Fosse Vladímir Pútin primeiro-ministro ou presidente, o governo russo trancafiava e até assassinava seus críticos. Na ONU, a Rússia fazia o papel de sabotadora, impedindo os esforços dos Estados Unidos para promover os direitos humanos e garantir diversas reformas dentro da organização.

Não obstante, eu havia investido longas horas para criar um relacionamento construtivo de trabalho com Vitáli Tchúrkin, o embaixador da Rússia na ONU. Como o país detinha um dos cinco vetos no Conselho de Segurança, seu voto era essencial para que o Conselho enviasse forças de paz a áreas de conflito, impusesse sanções a transgressores ou simplesmente condenasse um golpe. Para a ONU poder ter um impacto significativo em questões de guerra e paz, Estados Unidos e Rússia precisavam estar dispostos a fazer acordos. Nossos dois países não tinham a opção de permanecer à distância.

Vitáli só me conhecera recentemente, por ocasião de nossas negociações sobre a resolução a respeito das armas químicas na Síria. Mas eu o conhecia havia mais tempo, tendo-o observado em ação quando ele era o enviado russo à Bósnia nos anos 1990, durante a guerra. Às vezes, eu estava no grupo de jornalistas que o cercavam em Sarajevo, com caderno e gravador na mão. Vitáli sempre parecia apreciar esses encontros, defendendo com eloquência uma linha previsivelmente pró-sérvia enquanto insistia, ao mesmo tempo, em sua total objetividade. Lembro-me de ter ficado impressionada com a fluidez de seu inglês, capaz de citar frases de filmes e músicas americanas e até fazer trocadilhos em nossa língua.[32]

Mas outra coisa me impressionou ainda mais. Após o massacre de fevereiro de 1994 no mercado de Sarajevo, Vitáli teria sido fundamental para convencer os sérvios da Bósnia a afastar suas armas pesadas da capital. Isso resultou num alívio de muitos meses para os habitantes de Sarajevo. Quando os sérvios voltaram a bombardear a cidade e começaram a atacar as "áreas seguras" declaradas pela ONU, Vitáli também foi um raro funcionário russo a criticá-los publicamente, dizendo que eles estavam "tomados pela loucura militar". Para mim, isso indicava um traço de independência promissor.

Vitáli se tornou embaixador na ONU em 2006 e parecia um elemento permanente. Ele brigara com Susan Rice quando ela era embaixadora, mas eles também se tornaram amigos. Na última reunião da ONU em que estiveram juntos, ela riu muito quando ele a presenteou com uma declaração falsa de "alívio" do Conselho de Segurança por sua partida. A declaração também enviava condolências ao "outro Conselho de Segurança", o Conselho de Segurança Nacional que ela logo presidiria em sua qualidade de conselheira de Segurança Nacional.

Eu já respeitava os talentos de Vitáli como negociador. Ele trouxera sabedoria processual e criatividade textual às nossas discussões sobre armas químicas na Síria, mas, acima de tudo, ele escutava com cuidadosa intensidade. Quando não estava ocupado abandonando de forma melodramática uma reunião, ele era bom em estabelecer pontes.

Significativamente, ele também valorizava a cooperação entre Estados Unidos e Rússia. De seu tempo de intérprete nas negociações sobre controle de armas durante a Guerra Fria, Vitáli aprendera uma lição: mesmo quando a relação geral da Rússia com os Estados Unidos estava tensa, nossos países podiam encontrar áreas separadas para fazer progresso e tentar criar um impulso construtivo. Eu sabia que ele muitas vezes insistia em compromissos que Moscou não estava disposta a fazer. Vitáli e eu sempre atendemos aos telefonemas um do outro. Nos três anos e meio em que trabalharíamos juntos, faríamos o possível para reconciliar posições aparentemente irreconciliáveis.

À medida que eu conhecia melhor Vitáli, naturalmente me perguntava como ele podia estar trabalhando para Pútin e por que não se demitira em algum momento ao longo do caminho. Embora as pessoas que se opunham a Pútin acabassem frequentemente presas ou até mortas, eu não achava que ele permanecia no cargo porque estava intimidado. Em vez disso, a estrofe mais memorável de "A carga da Brigada Ligeira", de Tennyson (um dos poemas favoritos de Eddie) me vinha muitas vezes à mente: *"Theirs not to make reply, theirs not to reason why, theirs but to do and die"*.*

Vitáli havia sido ator infantil em filmes soviéticos e atingira a maioridade durante o auge da competição da Guerra Fria com os Estados Unidos.[33] Com o colapso da União Soviética, ele desprezava o que considerava a tendência americana de ver a Rússia como favas contadas. Como muitos russos orgulhosos, abraçou a meta de Pútin de "reerguer uma Rússia prostrada". Mesmo que as ações do líder russo o deixassem desconfortável, ele continuaria servindo ao seu país.

Apenas o interesse mútuo poderia ter produzido uma relação de trabalho civilizada e profissional entre nós. Mas, com o tempo, Vitáli e eu acabamos desenvolvendo algo parecido com uma amizade genuína. A cultura da ONU era tristemente fechada. Fossem pomposos ou falassem em tom monótono, os diplomatas se atinham a pontos de discussão genéricos. Alguns tinham opiniões fortes, mas eram impedidos por seus governos de transmiti-los. Outros recebiam "instruções" de suas capitais havia tanto tempo que pareciam ter desistido de pensar por si mesmos. Vitáli era diferente. Ele tinha um ponto de vista — sobre tudo, desde as fontes da grandeza de Alexander Ovechkin como jogador de hóquei até o que a ascensão da China significaria para o mundo. Mesmo quando discutia questões nas quais a Rússia tinha pouco apoio do Conselho, parecia gostar de desempenhar o papel do oprimido. Era também um contador

* "A eles não cabe contradizer, a eles não cabe querer saber, a eles só cabe agir e morrer." Tradução de Octávio Santos. (N. T.)

de histórias magistral, com um senso de humor muitas vezes irreverente. Certa vez, quando falei demais perante o Conselho, ele reagiu: "Depois de ouvir tudo o que a representante permanente dos Estados Unidos achou que precisava compartilhar conosco hoje, estou tentado a ler minha declaração duas vezes". Em outra ocasião, quando estávamos discutindo depois de uma sessão do Conselho, eu lhe disse que sabia que ele tinha motivos confusos, "meio sinceros e meio ocultos".

"Não", contrapôs ele, "somos totalmente sinceros a respeito de alcançar nosso motivo oculto."

Vitáli e sua esposa, Irina, professora e tradutora de francês, eram frequentadores assíduos de teatro. Eu tinha estabelecido uma parceria incomum com Oskar Eustis, diretor artístico do Public Theatre, em Nova York. Oskar entrava em contato comigo quando uma nova produção era lançada, e discutíamos se fazia sentido convidar diplomatas estrangeiros. Eu considerava essas noites um meio maravilhoso de utilizar o "*soft power*" americano, e as peças muitas vezes transmitiam mensagens sutis sobre a importância dos direitos humanos. Ao contrário de outros colegas estrangeiros, Vitáli aceitou todos os meus convites.

Quando levei uma dúzia de embaixadores para a apresentação de *Cymbeline*, de Shakespeare, no Public Theatre, ele foi o primeiro a se levantar para dar início a uma ovação de pé. Não ficou ressentido comigo quando a imprensa cobriu sua presença no musical de temática LGBT Fun Home, uma noite incomum para o representante de um governo famoso por ser homofóbico. No intervalo de *Hamilton*, perguntou a Cass, que é professor de direito constitucional, se o dramaturgo Lin-Manuel Miranda havia retratado com precisão os debates dos Pais Fundadores.

Vitáli e eu adorávamos esportes, e as únicas vezes que ele não atendia o telefone era quando a Rússia estava competindo nas Olimpíadas ou na Copa do Mundo. Levávamos um ao outro a jogos (ele gostava de hóquei e tênis; nunca consegui convencê-lo de que meu esporte favorito, o beisebol, era interessante, por isso decidimos pela NBA). Também o apresentei à série sobre a Guerra Fria da Fox *The Americans*, que ele alegou ser "um pouco ridícula", mas mesmo assim assistiu compulsivamente.

O momento mais memorável foi quando convidei Vitáli e Irina para passar o Dia de Ação de Graças na casa de meus pais em Yonkers, fazendo dele o único colega das Nações Unidas a ter entrado no santuário da minha família irlandesa. Quando eles chegaram, Irina imediatamente se sentou no tapete e começou a brincar com meus filhos, enquanto Eddie e Vitáli conversavam sobre história e literatura russa. Quando contornamos a mesa para dizer pelo que mais estávamos gratos, Vitáli disse: "Paz entre nossos dois países. Aconteça o que acontecer, devemos preservar isso. Não era divertido antes".

Eu gostava de Vitáli e o respeitava. Mas também passei grande parte do meu período na ONU numa batalha campal pública contra ele.

No final de 2013, Víktor Yanukóvitch, o presidente da Ucrânia apoiado pela Rússia, abandonou um amplo acordo econômico e político que pretendia assinar junto à União Europeia. Sua reviravolta provocou protestos de centenas de milhares de ucranianos. Moscou havia pressionado fortemente Yanukóvitch a não assinar o acordo, e os jovens que viam seu futuro na Europa saíram às ruas em quantidade significativa. Juntaram-se a eles ucranianos de todas as idades, fartos da corrupção generalizada no governo.[34] Juntos, reunidos na praça Maidan de Kiev, eles gritavam: "Hid-nist! Hid-nist!" — "Dignidade! Dignidade!".

À medida que os protestos aumentavam, as forças de segurança da Ucrânia começaram a disparar contra os manifestantes, matando mais de cem pessoas entre janeiro e fevereiro de 2014. Por fim, a intensa pressão dos ucranianos que haviam saído às ruas, de aliados políticos de Yanukóvitch e de governos estrangeiros (entre eles, países da União Europeia, Estados Unidos e até a Rússia) convenceu o presidente ucraniano de que ele precisava conter os distúrbios. Yanukóvitch assinou um acordo com a oposição para realizar eleições antecipadas e reformas democráticas, mas, temendo por si e por sua riqueza acumulada, fugiu abruptamente de seu próprio país, para reaparecer na Rússia.

No final de fevereiro de 2014, a Rússia invadiu a Ucrânia e tomou a península da Crimeia. Três meses depois, enviou suas forças para o leste da Ucrânia, travando uma guerra total. A tomada militar de parte de sua vizinha pela Rússia foi uma violação flagrante do direito internacional, que proíbe um país de tomar à força o território de outro. Em 1990, quando o Iraque invadiu e tentou anexar o Kuwait, o Conselho de Segurança exigiu a retirada do Iraque e finalmente autorizou uma coalizão militar multinacional a restaurar a soberania do Kuwait. Mas, desta vez, como era membro permanente do Conselho de Segurança, a Rússia pôde usar seu veto para impedir uma posição internacional unida contra sua agressão flagrante.

Ainda assim, o Conselho se tornou importante. Foi lá que os Estados Unidos e outros países lutaram no tribunal da opinião pública pelo estabelecimento da verdade e da culpabilidade. Após a apropriação ilegal de terras pela Rússia, ele se tornou o principal lugar em que os Estados Unidos e nossos aliados denunciavam a enganação russa e enfatizavam seu isolamento no mundo.

Alguns dos confrontos diplomáticos mais marcantes do período posterior à Segunda Guerra Mundial ocorreram no Conselho, quando os países procuravam definir suas posições como fatos incontestáveis. Durante a crise dos mísseis cubanos de 1962, enquanto as câmeras de televisão filmavam, o embaixador americano Adlai Stevenson perguntou a seu colega soviético se a URSS havia instalado mísseis em Cuba. "Estou preparado para esperar por uma resposta até o inferno congelar, se essa for sua decisão", disse Stevenson. Quando o representante soviético tergiversou, Stevenson revelou teatralmente imagens dos mísseis nas bases cubanas, provando a existência deles para o mundo. Em 2003, num episódio mais infame, quando o governo Bush quis convencer uma plateia internacional incrédula de que as supostas armas de destruição em massa de Saddam Hussein representavam um perigo iminente, o secretário de Estado Colin Powell usou o Conselho de Segurança como palco para fazer sua agora desacreditada apresentação.

Mais diretamente aplicável à crise da Ucrânia foi o confronto de 1956 entre os Estados Unidos e a União Soviética a respeito da tentativa soviética de esmagar o levante democrático da Hungria. Quando li pela primeira vez sobre esse episódio quando era estudante universitária, fiquei pasma com as alegações contraditórias e desesperadas do embaixador soviético em seus confrontos com o embaixador americano Henry Cabot Lodge Jr. Ele negou o que a URSS estava fazendo, insistindo que as tropas soviéticas não estavam entrando na Hungria, apesar das filmagens mostrando o contrário. Chamou as ações soviéticas de humanitárias, alegando que os Estados Unidos e seus aliados haviam criado "um estado de terror" dentro da Hungria e que as forças soviéticas tinham intervindo para impedir uma "ditadura fascista". E apontou o dedo para eventos ou pecados cometidos em outros lugares, invocando a Crise de Suez no Egito para tirar o foco dos malfeitos soviéticos.

Quase sessenta anos depois, na sessão inicial de emergência do Conselho de Segurança a respeito da tomada de território ucraniano pela Rússia, me vi sentada a dois assentos de distância de Vitáli, ouvindo-o usar táticas idênticas para negar que os militares russos haviam invadido a Ucrânia.

Ignorando as amplas provas da agressão russa, ele afirmou que os militares do país sequer estavam em território ucraniano. Pintou um quadro falso de neonazistas e simpatizantes fascistas aterrorizando os falantes de russo. Então, ergueu dramaticamente uma carta de Yanukóvitch, o presidente desacreditado e ausente da Ucrânia. "A vida, a segurança e os direitos das pessoas [...] estão sob ameaça", Vitáli disse em voz alta, lendo o "pedido" de Yanukóvitch por intervenção russa, provavelmente escrito pelo próprio Pútin. "Por isso, apelo ao presidente Vladímir Vladímirovitch Pútin da Rússia para que use as Forças Armadas da Federação Russa a fim de estabelecer legitimidade, paz, lei e ordem e estabilidade em defesa do povo da Ucrânia."

Ao formular minha resposta, eu tinha de falar para vários públicos. Além de confrontar o Kremlin de frente, eu precisava apelar a outros países para se juntarem a nós, pressionando a Rússia a reverter sua tomada militar de território. Também tinha de levar em consideração o povo ucraniano. O embaixador da Ucrânia havia me informado antes da reunião que milhões de ucranianos estariam assistindo à sessão no horário nobre da televisão, reunidos em suas casas, em bares e diante das vitrines das lojas. Eu queria que eles soubessem que os Estados Unidos estavam com eles e que sentissem a profundidade dessa solidariedade.

Além disso, com a Fox e a CNN transmitindo minhas observações ao vivo, eu precisava ter em mente o público interno americano, inclusive os membros republicanos do Congresso que acusavam nosso governo de não ser firme diante da agressão russa. Tinha de desabafar nossa indignação e, ao mesmo tempo, estabelecer a verdade sobre o que realmente estava acontecendo na Ucrânia.

E precisava vencer totalmente a discussão com Vitáli.

Para complicar ainda mais, Susan telefonara pouco antes de eu sair de meu escritório com instruções para não ser "muito esquentada". As palavras da embaixadora na ONU falando em nome do presidente Obama poderiam inadvertidamente levar Pútin a lançar ataques a outras partes da Ucrânia. Eu garanti a ela que não exageraria.

Comecei descrevendo as ações da Rússia em minuciosos detalhes. Suas forças militares haviam tomado os postos fronteiriços da Ucrânia e cercado instalações militares ucranianas na Crimeia. Estavam bloqueando o serviço de telefone celular. Navios russos tinham se mudado para as águas de Sebastopol, a maior cidade da Crimeia. Caças e helicópteros russos haviam violado repetidamente o espaço aéreo ucraniano, e vários aviões russos de transporte de tropas tinham aterrissado na Crimeia.

Depois de ouvir Vitáli falar, decidi ir além de minhas observações preparadas para responder extemporaneamente às falsidades que acabara de ouvir.

"Ouvindo o representante da Rússia", declarei, "pode-se pensar que Moscou acabou de se tornar o braço de reação rápida do Alto-Comissariado para os Direitos Humanos."

A tomada de terras pelos russos não dizia respeito à autodefesa ou ao restabelecimento da calma, como Vitáli alegara. Era uma invasão militar, de um território que a União Soviética tornara parte da Ucrânia em 1954, mas que Pútin e muitos nacionalistas russos queriam que fizesse parte da Rússia.

"A Rússia tem todo o direito de desejar que os acontecimentos na Ucrânia tivessem sido diferentes", concluí, "mas não tem o direito de expressar essa infelicidade usando a força militar ou tentando convencer a comunidade mundial de que em cima é em baixo e de que preto é branco."

Alguns dias depois, quando eu caminhava com meus filhos de volta a um playground perto da ONU, vários ucranianos vieram me agradecer por expor as mentiras da Rússia. Uma idosa angustiada disse: "Tínhamos medo de ficarmos sozinhos".

Mais tarde, Declan me perguntou por que as mulheres estavam tão transtornadas, então contei a ele sobre Pútin, procurando por termos que uma criança de cinco anos pudesse entender. "É como alguém entrar em nosso apartamento, pegar dois dos seus bichos de pelúcia preferidos do seu canto de brinquedos e depois dizer que pertenciam a ele antes", expliquei. "Como você se sentiria?"

Ele olhou para mim com uma expressão de dor e balançou a cabeça, incrédulo, enquanto retomávamos nossa caminhada para casa.

Embora Pútin procurasse descrever o conflito na Ucrânia como um embate entre os Estados Unidos e a Rússia, tentei focar no povo ucraniano, o qual a Rússia queria apagar da história. Tendo lutado pela reforma democrática, esses ucranianos agora sofriam os efeitos devastadores de um conflito que mataria mais de 10 mil pessoas e deslocaria 2 milhões.

Para conhecer o impacto do conflito em primeira mão, fui à Ucrânia para me encontrar com jovens reformistas que haviam ingressado no novo governo que sucedeu ao de Yanukóvitch. Também visitei famílias forçadas a fugir do leste da Ucrânia devido à violência patrocinada pela Rússia. Uma mãe me contou que o marido e o filho de dois anos foram mortos quando sua casa perto da cidade de Debaltseve foi bombardeada durante uma ofensiva separatista russa. Ela e seus cinco filhos sobreviventes escaparam numa van cujos teto e portas foram explodidos por bombardeios, chegando finalmente à capital Kiev, onde os moradores os acolheram.

No entanto, Vitáli continuava a agir como se nada disso estivesse acontecendo, dando voz às mentiras do governo russo. Quando apresentei os fatos, ele simplesmente fingiu que não eram verdadeiros. "Tenho a impressão de que Power está tirando suas informações da televisão dos Estados Unidos", disse durante um de nossos confrontos. "Então, é claro, tudo na Ucrânia deve parecer maravilhoso."

Meu redator de discursos Nik Steinberg e eu tentamos usar minhas observações em cada sessão para convencer os países vizinhos a condenar as ações do governo russo. Nik havia sido meu aluno e professor assistente na Kennedy School, onde se destacara como escritor talentoso. Havia trabalhado para a Human Rights Watch, documentando desaparecimentos e assassinatos extrajudiciais no México. Nunca trabalhara no governo nem escrevera um discurso antes de vir trabalhar para mim. Mas quando o contratei, dedicou-se de imediato ao cargo. Ele antecipava e refutava os contra-argumentos de forma preventiva. Era prescritivo sobre o que precisava ser feito e quem precisava fazê-lo. E contava com eloquência histórias de indivíduos específicos cujas vidas estavam em risco, algo que as ONGs de direitos humanos faziam com sucesso, mas que os discursos do governo raramente tentavam.

Sobretudo, Nik trazia a perspectiva de alguém de fora. Ele questionava alegações feitas por autoridades americanas que pareciam carecer de suporte e rejeitava o impulso burocrático de suavizar argumentos nítidos e potencialmente impressionantes. Sem nunca deixar de ser um pesquisador de campo, quando queria incluir uma história pessoal em um de meus discursos tentava obter mais detalhes de indivíduos relevantes (ou pessoas diretamente ligadas a eles), independente de onde estivessem no mundo.

Nik também se mantinha calmo quando funcionários de governos estrangeiros faziam alegações ultrajantes em sua presença. Certa vez, quando nos reunimos com uma autoridade mexicana que dissera que a maioria das vítimas de desaparecimentos mexicanos era de criminosos, passei a Nik um bilhete dizendo: "Você deve estar querendo se jogar pela janela". Ele olhou para o sujeito e, depois, calmamente, fez uma série de perguntas, expondo a falsidade das alegações do funcionário.

Para observações importantes sobre segurança nacional, como as que comecei a fazer sobre a Ucrânia, Nik precisava com frequência levar em conta revisões e comentários contraditórios de mais de vinte funcionários sem rosto das fileiras do governo americano. Depois de experimentar esse processo pela primeira vez, ele entrou no meu escritório parecendo exausto.

"Certifique-se também de passar minha declaração por Susan e John", lembrei-o.

Apesar de na hora parecer atordoado pela minha solicitação — como se eu estivesse pedindo que ele telefonasse para o presidente Obama pedindo revisão de frases —, ele logo se recompôs e, em uma hora, descobriu como pôr discursos diante da conselheira de Segurança Nacional e do secretário de Estado. Em questões de contra-ataque e de alto risco, precisávamos garantir que ambos se sentissem confortáveis com o que eu ia dizer em nome dos Estados Unidos.

Manter meus comentários atualizados para cada sessão sobre a Ucrânia exigia que eu apresentasse provas de malfeitos russos em tempo real. Porém, como as informações nas quais estávamos nos baseando eram altamente sensíveis, a comunidade de inteligência precisava decidir a todo momento quais detalhes ela estava preparada para divulgar em minhas observações. Às vezes, esse processo fracassava ou diferentes agências de inteligência discordavam sobre o que devia ser divulgado. Muitas vezes me via iniciando uma sessão do Conselho com Nik ainda ao telefone, tentando verificar se tinha permissão para expor os detalhes de movimentos específicos de tropas ou armas russas.

Durante uma reunião televisionada, eu ainda não tinha um discurso em mãos quando o presidente do Conselho se virou na minha direção e disse: "Agora, dou a palavra à representante dos Estados Unidos". Quando a luz do meu microfone ficou vermelha, sinalizando minha hora de começar, percebi minha assistente especial Colleen sem fôlego atrás de mim. Estendi minha mão para trás como a âncora numa corrida de revezamento esperando um bastão, e

Colleen me entregou uma pasta verde. Eu a abri e imediatamente comecei a ler, fingindo calma.

A chuva de provocações russas, seguida pelas reuniões de emergência do Conselho de Segurança emergencial e de alto nível em Washington sobre a Ucrânia, significava que meus filhos me viam ainda menos do que o habitual.

Uma noite, chegando em casa às dez, fiz o que meu pai fazia comigo em Dublin depois de voltar para casa do Hartigan's: tirei Declan da cama para me divertir.

"Vamos comer um hambúrguer", eu disse, levando-o ao The Smith na Segunda Avenida.

Cass estava em Cambridge, e eu queria compartilhar com alguém o fato de estar fazendo minha pequena parte para enfrentar Pútin, sobre quem Declan perguntava regularmente desde a nossa conversa com os ucranianos na calçada. Enquanto meu filho comia o bacon de seu cheeseburger, eu o presenteei com minhas melhores falas do dia. Relatei com orgulho que Vitáli parecia tropeçar em nossa discussão. E contei a Declan como deixara claro que só porque Pútin tinha armas grandes isso não significava que ele podia pegar o que pertencia a outras pessoas.

"Funcionou, mamãe?", ele perguntou com inocência, enfiando a batata frita na maionese.

"Funcionou o quê, Dec?"

"Pútin saiu da Crimeia?", perguntou ele.

Sorri. Declan, com toda a sua sabedoria, estava concentrado no único resultado que importava — não quem venceu o debate público, mas se o agressor havia recuado. Meu filho me trouxe de volta à terra.

"Ainda não, Dec", eu disse. "Mas um Power nunca desiste, não é?"

"Nunca!", confirmou ele, com seu rosto radiante de possibilidade. "E amanhã você pode tentar de novo."

Quando a Rússia tentou formalizar sua conquista militar da península da Crimeia, vi uma chance de fazer algo concreto.

A Rússia havia anunciado um plano para organizar um referendo para o povo da Crimeia decidir seu futuro. Mas o que os russos estavam promovendo era uma farsa. Pútin deu aos crimeus apenas a escolha entre unir-se à Rússia ou se tornar independente. Ele se recusou a dar aos eleitores a opção de permanecer parte da Ucrânia. Além disso, a atmosfera antes da votação era aterradora. Soldados russos em uniformes sem identificação e paramilitares onipresentes apoiados pela Rússia exibiam suas armas pesadas e sequestravam, espancavam e torturavam ativistas, jornalistas e minorias.

Entrei em contato com advogados e especialistas regionais da Missão americana, e elaboramos um plano prático para preservar a reivindicação legal da Ucrânia à Crimeia. Impedidos pela Rússia de mobilizar ações internacionais por intermédio do Conselho de Segurança, decidimos passar na Assembleia Geral uma resolução que rejeitava o referendo e o redesenho das fronteiras da Ucrânia.

Muitos votos na Assembleia Geral eram puramente simbólicos. Mas, neste caso, se conseguíssemos ganhar a votação, a Rússia pelo menos não poderia alterar as fronteiras dos mapas oficiais.[35] Independente dos "fatos" que as forças russas criassem com tanques e terror, a Crimeia permaneceria legalmente parte da Ucrânia. Tratava-se de uma abordagem não convencional, e precisaríamos da maioria dos outros 192 membros da ONU para aprová-la, mas era a melhor maneira de usar a organização para consagrar o direito da Ucrânia de recuperar seu próprio território ocupado.

Nós nos espalhamos como apenas os diplomatas americanos podem. Minha adjunta Rose DiCarlo, uma veterana de trinta anos do Serviço de Relações Exteriores fluente em russo, valeu-se de seus contatos em todo o mundo para pedir aos embaixadores americanos que levassem a questão diretamente aos chefes de Estado, enquanto eu explorava as relações que forjara com minhas visitas de cortesia. "Todo país pequeno do mundo precisa da proteção da Carta da ONU", era meu argumento. "Pense no que significaria se as fronteiras internacionais de repente se tornassem opcionais. Pense no que o mundo se transformaria se o país vizinho decidisse de forma unilateral que uma península do seu país deveria fazer parte dele."

Não obstante, no dia da votação, eu estava preocupada. Sabia que os aliados mais próximos da Rússia ficariam do seu lado e presumimos que muitos países se absteriam para evitar irritar Pútin. Também ouvimos de vários países em desenvolvimento que diplomatas russos estavam oferecendo dinheiro em troca de apoio.

Na Assembleia Geral, o representante de cada país pressiona um botão e seu voto aparece no mesmo instante numa enorme tela digital ao lado do nome do país: verde para SIM, vermelho para NÃO e amarelo para ABSTENÇÃO. Os

428

votos verdes dos Estados Unidos e da Ucrânia — aprovando a resolução e rejeitando a validade do referendo — foram os primeiros a aparecer. A Rússia, é claro, foi o primeiro voto vermelho. Outros países pareciam não ter pressa e meu coração batia loucamente em suspense.

Um por um, os votos foram aparecendo. No canto superior direito da tela, vi um flash verde, seguido por outro flash verde na parte inferior esquerda, depois outro na parte superior esquerda. Por trinta segundos, flash após flash foram verdes. Muitos dos países indecisos — que haviam confessado em particular o medo de que a Rússia os retaliasse se ficassem do lado dos Estados Unidos e da Ucrânia — aderiram à resolução.

A votação final sobre a rejeição do referendo da Rússia foi uma lavada: cem votos SIM com os Estados Unidos e a Ucrânia, apenas onze votos NÃO e 58 abstenções.* A Associated Press descreveu o resultado como "uma reprimenda abrangente a Moscou".

Esse sucesso não significou que eu pudesse responder afirmativamente à pergunta de Declan. Pútin não havia deixado a Crimeia, e era improvável que o fizesse. Com efeito, apesar de ter negado a presença de suas forças, o presidente russo logo assinou um tratado anexando a península.[36] Mas pelo menos os mapas da ONU continuariam representando a Crimeia como parte da Ucrânia.

Não era muito à luz da gravidade do dano infligido, mas era alguma coisa. Pútin não seria capaz de apagar seu crime e os ucranianos saberiam que a maior parte do mundo os apoiava.

Depois da votação, falei diretamente com a Rússia — e Vitáli: "Você não escolhe seus próprios fatos e sua própria lei. A *lei* diz que suas ações são ilegais. Os *fatos* nos dizem que você está tomando território de um vizinho soberano. E a *votação* aqui diz a todos que você está sozinho".**

---

* Vinte e quatro Estados-membros da ONU não votaram ou porque tinham staff pequeno, ou para não se indispor com os Estados Unidos ou a com a Rússia.

** Além da Rússia, votaram pelo não Armênia, Bielorrússia, Bolívia, Cuba, Coreia do Norte, Nicarágua, Sudão, Síria, Venezuela e Zimbábue. Isso significava que a Rússia, embora não estivesse tecnicamente "sozinha", não conquistara nenhum apoio além do "quem é quem" dos Estados repressivos que geralmente votavam juntos, independente do tema das resoluções. Nem a China votou com a Rússia.

Alguns meses depois, em 17 de julho de 2014, rebeldes apoiados pela Rússia que haviam tomado partes do leste da Ucrânia dispararam um míssil terra-ar que atingiu um jato de passageiros da Malaysian Airlines, o voo MH17. O avião estava indo de Amsterdam para Kuala Lumpur, num corredor de voo conhecido a 10 mil metros acima da Ucrânia. O ataque carbonizou todas as 298 pessoas a bordo.

De novo, convocamos uma sessão de emergência do Conselho de Segurança. Antes que alguém falasse, todos os quinze embaixadores ficaram em pé por um momento em silêncio. As perdas foram dolorosas. Joep Lange, cientista holandês e gigante no campo da pesquisa sobre aids, viajava com vários colegas a caminho de uma conferência sobre aids. Um casal estava passando férias de família na Europa com os três filhos — com idades de doze, dez e oito anos — e decidira ficar mais alguns dias enquanto os filhos e o avô voltavam para casa naquele voo. No total, oitenta crianças foram mortas.

Pensando nos passageiros, olhei de relance para Vitáli e me vi desejando que houvesse um limite às profundezas às quais ele chegaria para defender a Rússia. Mas não esperava que aquele fosse o dia em que ele romperia as fileiras. Ele faria o seu trabalho como o entendia.

Desde que tivera Declan e Rían, eu percebera que corria o risco de perder a compostura sempre que tentava falar em público sobre danos causados às crianças. Descobri que poderia melhorar minhas chances de manter a linha lendo um discurso em voz alta várias vezes antes de o fazer publicamente, permitindo-me tecer uma teia de distanciamento e separar meu coração de seu conteúdo. Se eu tivesse tempo de ler um discurso cinco vezes antes de fazê-lo, essa teia seria cinco vezes mais espessa do que se eu tivesse lido somente uma vez; se conseguisse lê-lo uma dúzia de vezes, quase poderia garantir que terminaria as observações, independente do assunto. Mas no caso do voo MH17, não tive tempo de me vacinar por completo.

Comecei dizendo: "Quando olhamos a lista de passageiros ontem, vimos ao lado de três dos nomes um 'I' maiúsculo. "Como sabemos agora, a letra 'I' significa 'infant' [criança]".

Como minha voz falhou, fiz uma pausa. Tive o impulso repentino de sair da sala, correr um quarteirão, invadir a turma pré-escolar de Rían, abraçá-la e nunca mais soltá-la. Em vez disso, olhei para Vitáli e encontrei uma maneira de seguir em frente, localizando uma emoção que raramente conseguia encontrar: raiva.

Os fatos eram obscenos. Orgulhosos de terem adquirido um novo e poderoso sistema de armas, os separatistas russos do leste da Ucrânia haviam publicado em sites da mídia social vários vídeos que os mostravam andando com o mesmo sistema de mísseis terra-ar SA-11 que, conforme nossa avaliação, havia derrubado o avião. Os líderes separatistas, que pensaram de início ter atingido um jato ucraniano, até se gabaram do ataque pela internet, dizendo: "Advertimos a todos para não voar em nossos céus".

Nos dias seguintes, separatistas russos vagaram despreocupadamente pelos destroços, pisoteando restos humanos e retirando provas. Nos vídeos, eles apareciam jogando brinquedos das crianças de um lado para outro e vasculhando as bagagens. Também removeram do local do acidente as partes dos mísseis que, temiam, poderiam incriminá-los.

O governo russo, é claro, simplesmente negou qualquer envolvimento, rejeitando evidências de que o sistema de mísseis vinha das forças militares russas.* Enquanto isso, o aparato de desinformação do país, que vinha distorcendo os eventos na Crimeia e no leste da Ucrânia desde o início, entrou em ação a todo vapor. Fontes russas de notícias e da internet promoveram ao mesmo tempo histórias que punham a culpa do acidente nas forças militares ucranianas (por acreditarem erroneamente que a aeronave era de Pútin e quererem assassiná-lo) e na CIA. Segundo uma teoria macabra, elas haviam enchido clandestinamente o avião de cadáveres antes da decolagem.

O governo russo converteu em armas as mídias sociais, usando *trolls* e *bots* para pôr essas teorias conspiratórias tresloucadas em ampla circulação. Um ano depois, uma pesquisa constatou que apenas 3% dos russos acreditavam que os separatistas russos eram os autores do ataque, enquanto mais de 60% viam os ucranianos ou americanos como responsáveis. As mentiras russas chegaram até os meios de comunicação dos Estados Unidos quando, em outubro de 2015, a CNN perguntou ao candidato presidencial Donald Trump quem estava por

---

* Em 2018, a Equipe de Investigação Conjunta (JIT, na siglas em inglês) responsável por investigar o que aconteceu com o MH17 concluiu que a 53ª Brigada de Mísseis Antiaéreos das Forças Armadas russas era responsável por fornecer aos separatistas russos esse sistema de mísseis. O JIT — composto de investigadores criminais dos governos de Austrália, Holanda, Bélgica, Malásia e Ucrânia — também documentou que o sistema em questão retornou à Rússia depois do ataque.

trás do ataque com mísseis. Trump repetiu as negações de Pútin ao envolvi-mento russo e acrescentou: "Para ser honesto com você, provavelmente nunca se saberá com certeza".

É provável que o sucesso da Rússia em ocultar seu crime tenha encorajado Moscou a ser ainda mais ousada.

33. Nós e eles

Por pura coincidência, várias de minhas aparições no Conselho de Segurança coincidiram com declarações públicas do presidente Obama sobre a Ucrânia. Eu me pronunciando contra a ação russa na presença do embaixador russo era uma visão que trazia naturalmente consigo o drama de uma altercação pessoal. Obama, por outro lado, tendia a fazer suas declarações num pódio, em ambientes mais estéreis. Minhas réplicas eram muitas vezes espontâneas, porque eu estava reagindo às alegações de Vitáli naquele momento. As de Obama eram preparadas com antecedência e lidas de um texto escrito.

Se tivesse recorrido a uma linguagem impetuosa como a minha, o presidente pareceria não presidencial. Não obstante, a imprensa decidiu salientar o contraste, e os críticos do presidente Obama começaram a me usar para atacar meu chefe.

Várias redes de televisão justapuseram clipes de Obama e meus falando sobre a Ucrânia, numa tentativa de mostrar que o presidente não fazia aquelas condenações com o coração. Ralph Peters, tenente-coronel reformado do Exército e analista de segurança nacional da Fox News, disse a Sean Hannity: "Ouvi Samantha Power, que parece ser o único homem de verdade no governo".

"Ela serviu carne vermelha", disse Peters, enquanto Obama "serviu uns waffles mornos."

No *Meet the Press*, Andrea Mitchell, da NBC, afirmou: "Eles tinham as mesmas informações secretas, as mesmas provas. Samantha Power fez uma apresentação mais vigorosa nas Nações Unidas do que o presidente".

No *Washington Post*, o colunista Charles Krauthammer criticou a "voz repetitiva e impassível" de Obama ao falar sobre a Ucrânia, alegando que "beira a dissociação", enquanto "Samantha Power faz uma denúncia apaixonada da Rússia".

Dois colegas meus do CSN me enviaram mensagens por canal extraoficial dizendo que a equipe de assessores seniores do presidente desejava que eu "baixasse o tom". Embora essas críticas agora pareçam completamente irrelevantes, na época achei desanimador. Quase nunca duvidei de mim mesma quando estava numa negociação de alto risco com Vitáli ou quando o desafiava de forma intempestiva no Conselho. E mesmo quando visitei zonas de conflito perigosas, sentia-me em meu elemento por completo. Contudo, a política da política, o tiroteio de tocaia interno que ocorria dentro do governo, ainda me abalava, como se eu estivesse de volta ao gabinete do Senado de Obama. Nunca encontrei uma maneira de matar de vez aqueles morcegos.

Entrei em contato com Ben, que havia escrito as declarações pelas quais Obama estava sendo criticado. Ele me tranquilizou, afirmando ter visto o presidente ignorar quem estava reclamando de mim.

"Por que diabos você acha que coloquei Samantha lá?", dissera Obama, segundo Ben. "Ela está fazendo exatamente o que deveria fazer."

O mesmo espírito calmo de nosso presidente, que alguns achavam frustrante, serviu para me proteger quando os outros se tornavam mesquinhos. Eu podia imaginar Obama dizendo: "Nosso problema, na última vez em que verifiquei, não é nossa embaixadora franca da ONU. É Pútin. Podemos gentilmente focar no que vamos fazer a respeito disso?".

Líderes autoritários com frequência fabricam e demonizam "inimigos" para sustentar o apoio de sua base política. Vladímir Pútin não era exceção. Quando voltou à presidência em 2012, assinou uma lei que designava as ONGs na Rússia como "agentes estrangeiros" a serem monitorados. Ele expulsara a Usaid do país (alegando falsamente que o órgão estava interferindo nas eleições), encerrando duas décadas de trabalho que haviam proporcionado mais de

2,5 bilhões de dólares em financiamento para programas que atuavam em áreas como educação, meio ambiente e fortalecimento de instituições democráticas. Buscando mostrar-se como o guardião dos valores "tradicionais", Pútin também mirou as pessoas LGBT, defendendo leis que criminalizavam o apoio aos direitos LGBT e proibiam pessoas do mesmo sexo de adotar crianças. Pouco antes do início das Olimpíadas de Inverno de 2014 em Sochi, Pútin afirmara que receberia bem espectadores gays em seu país, para depois acrescentar: "Apenas deixem as crianças em paz, por favor".

Não contente em simplesmente perseguir gays na Rússia, Pútin insistiu que seus representantes agissem também na ONU.

Em 2014, o secretário-geral Ban Ki-moon decidiu usar sua estreita autoridade administrativa para fazer algo ousado em benefício do pessoal LGBT da ONU. Ban concedeu aos cônjuges de todos os funcionários da organização casados com pessoas do mesmo sexo os mesmos benefícios de seus colegas heterossexuais. A ordem administrativa do secretário-geral foi menos importante por seu impacto prático, que era pequeno, do que pela importante mensagem sobre igualdade.

Esta foi precisamente a mensagem a que a Rússia se opôs. Vitáli me ligou alguns dias antes do Natal. "Estamos levando isso para votação na Assembleia Geral", disse ele. "Não pode ficar."

Eu duvidava que as pessoas LGBT perseguidas mundo afora tivessem ouvido falar da nova política inclusiva da ONU. Mas se a Rússia conseguisse revogá-la, eu já podia ver as manchetes internacionais — ONU VOTA PARA TIRAR BENEFÍCIOS DOS GAYS.

Embora tenha dito a Vitáli que lutaríamos e venceríamos, eu estava blefando. Como as políticas homofóbicas eram predominantes entre os governos representados na ONU, eu não via como poderíamos reunir os votos para derrotar a tentativa russa de revogação. A Rússia começou com o apoio dos 57 países da Organização de Cooperação Islâmica, bem como das 54 nações da União Africana. Nós podíamos contar com os governos da Europa e buscaríamos a América Latina, que se tornara notavelmente progressista em relação a direitos LGBT, para ter uma chance de nivelar o campo de jogo.

Depois de estar com Vitáli, saí do meu escritório para dizer aos responsáveis por minha agenda que não faria compras de Natal de última hora para meus filhos naquela noite. Tínhamos uma briga pela frente e precisávamos nos mobilizar rápido.

Hillary Schrenell, minha amiga e conselheira sênior, e Kelly Razzouk, funcionária pública de carreira que era a principal negociadora dos Estados Unidos em muitas questões de direitos humanos, tornaram-se capitãs de nossa nova campanha. Hillary era a pessoa da Missão americana que me conhecia melhor, portanto começou a analisar minhas relações com vários embaixadores para identificar onde poderíamos ter a chance de conseguir um voto. Comecei então a telefonar para diplomatas estrangeiros para avaliar seu apoio. Kelly e Hillary, que ouviam as ligações, tinham uma planilha para anotar o que era dito e por quem, acompanhando cada palavra relevante dita por meu interlocutor ao explicar como seu país estava planejando votar. Esses detalhes nos permitiram montar uma estratégia com os argumentos que seriam mais convincentes em nossas ligações de acompanhamento. Os quatro embaixadores adjuntos dos Estados Unidos na ONU também se empenharam em fazer lobby por votos. Um deles era David Pressman, que eu recrutara em Washington para a Missão americana. Quando assumiu seu cargo em 2014, David se tornou o primeiro embaixador do país abertamente gay na ONU. Nós cinco dividimos o mapa do mundo e, com a ajuda de Megan e de outros funcionários da embaixada, tentamos entrar em contato com todos os embaixadores suscetíveis de serem persuadidos antes que retornassem de férias aos seus países de origem. Isobel Coleman, a embaixadora para a gestão e reforma da ONU, acabara de ser confirmada pelo Senado, mas se dedicou à tarefa de ligar para diplomatas que nunca conhecera para tentar obter o apoio deles. Michele Sison assumira o lugar de Rosemary como adjunta sênior e, tendo sido embaixadora dos Estados Unidos no Líbano, no Sri Lanka e nos Emirados Árabes Unidos, tinha uma vasta rede de conexões para lançar mão na ONU e no exterior.

Como era de costume, a maioria dos países que pressionamos sobre a questão esperava que ela desaparecesse para poderem escapar da votação. Deixamos claro que ignorar a campanha antigay da Rússia não era uma opção considerada pelos Estados.

"Isso não vai acabar", disse a meus colegas estrangeiros. "Se você não gosta que esteja acontecendo, discuta com o presidente Pútin. Mas precisamos do seu apoio."

Praticamente imploramos aos embaixadores que eram amistosos com os LGBT para cancelarem suas férias e assim participarem da votação, com a qual esperávamos que os russos nos surpreendessem entre a véspera do Natal e o dia de Ano-Novo. Em separado, também pedimos aos embaixadores americanos em países decisivos importantes como África do Sul, Ruanda e Vietnã, que transmitissem aos líderes desses países quanto seu voto importaria para os Estados Unidos. Os embaixadores americanos no exterior sabiam que a Casa Branca apoiava por completo nossa iniciativa, então pegaram o telefone ou solicitaram reuniões urgentes de alto nível. Em consequência, fomos capazes de pressionar tanto os embaixadores na ONU em Nova York quanto seus chefes em seus países.

Os diplomatas da Missão americana seguiram meu exemplo e manifestaram aos colegas russos total confiança sobre nossa capacidade de obter apoio significativo. Diante do nosso blefe, a Rússia ficou insegura quanto à solidez de sua coalizão e decidiu adiar a votação. Um diplomata russo explicou o pensamento de seu governo num e-mail encaminhado acidentalmente para nós:

> Ficamos muito aborrecidos com a forma como o grupo foi menos esperto que os Estados Unidos. […] Agora achamos que os números serão piores. […] Vai ser muito pior.[…] É melhor ter uma boa preparação para março.
>
> Rússia

Ampliei o texto do e-mail e o imprimi em papel brilhante, escrevendo bilhetes de agradecimento a todos os funcionários americanos que haviam sacrificado o precioso tempo da família nos feriados para frustrar os projetos da Rússia.

Infelizmente, quando o fanatismo faz parte da equação, as pessoas raramente desistem sem lutar.

Como prometeram, os diplomatas da Rússia se dedicaram a anular os benefícios da ONU para parceiros do mesmo sexo. E, em resposta, a equipe da Missão americana voltou a se espalhar, encurralando nossos colegas estrangeiros nas várias câmaras da organização e pedindo votos por telefone até que eles dessem uma resposta firme sobre como planejavam votar.

Se um país nos dissesse que se absteria, pedíamos para encontrarem uma maneira de votar contra a resolução da Rússia. Se afirmasse que apoiava a revogação proposta pela Rússia por ser a "posição africana", apontávamos para a progressista Constituição da África do Sul, que reconhece explicitamente as pessoas LGBT como classe protegida. "Não há posição africana", sustentávamos.

Os países africanos poderiam se abster sem se afastar da unanimidade, garantíamos a eles.

Enquanto eu procurava algum ângulo para trazer os países para o nosso lado, algumas ligações produziram conversas desagradáveis. "Eu sei que você acredita que a homossexualidade é imoral", me ouvi dizendo. "*Não se trata disso.* Trata-se de uma campanha russa para restringir a autoridade administrativa do secretário-geral."

Quando enfim chegou o dia da votação, não tínhamos certeza de onde estávamos, porque vários embaixadores ainda não haviam recebido orientação oficial de suas capitais. Sentada no assento dos Estados Unidos nos estressantes momentos finais antes de pressionar o botão para votar, observei os embaixadores do Panamá e do Haiti em seus telefones celulares, fazendo um lobby entusiasmado para garantir uma mudança em suas instruções. A embaixadora panamenha me viu observando-a com tensa expectativa. Quando desligou o telefone, deu-me um sorriso e um polegar para cima, articulando com os lábios a palavra "não!". O embaixador haitiano seguiu o exemplo.

Kelly, segurando uma prancheta com sua última planilha, foi em busca de um dos representantes africanos a nos apoiarem e percebeu que ele estava fora do salão. Ela esperou do lado de fora do banheiro masculino até ele sair e depois implorou para que corresse a tempo de votar (o que ele conseguiu fazer).

No final, graças ao amplo e incansável lobby dos diplomatas americanos e à liderança vivaz da Holanda e de países da América Latina como Argentina e Chile, a resolução de rescindir os benefícios aos casais LGBT fracassou. Com efeito, fracassou por uma margem de quase dois votos para um.*

Quase todos os países decisivos da África e da Ásia nos apoiaram. Os votos mais corajosos vieram de Libéria, Malauí, Ruanda, Serra Leoa e Ilhas Seychelles, que votaram NÃO. Muitos outros embaixadores de países africanos — 28 no total — se abstiveram ou fizeram a escolha bastante pessoal de não comparecer à votação porque não gostavam das instruções recebidas de suas capitais. O Sri Lanka, que estava se liberalizando após um período de regime repressivo, ficou corajosamente ao lado dos países democráticos na rejeição da medida russa.

---

* No final, a Rússia conseguiu apenas 43 votos favoráveis a retirar os benefícios de casais LGBT, recebendo apoio de países como Arábia Saudita, China, Irã, Índia, Egito, Paquistão e Síria. Conseguimos oitenta votos para preservá-los. Abstiveram-se 37 países, enquanto 33 não votaram.

Àquela noite, todos os envolvidos naquele esforço nos reunimos com alguns dos outros funcionários da Missão americana. Fizemos uma rodada de comentários e cada um refletiu sobre o que havia acontecido. David, que me ajudara a promover políticas pró-LGBT na Casa Branca, compartilhou o que o dia e a campanha inteira significaram para ele. Lembrou-nos que, não fazia muito tempo, ser gay e trabalhar no Departamento de Estado era uma experiência aterradora. Nas décadas de 1950 e 1960, a homossexualidade era classificada como um risco para a segurança nacional, e mais de mil pessoas foram demitidas ou forçadas a sair devido a suspeitas de serem gays. Foi apenas no primeiro mandato do presidente Bill Clinton que o secretário de Estado Christopher finalmente pôs fim à prática de avaliar os funcionários como ameaças potenciais apenas com base em sua orientação sexual. David fora trabalhar no Departamento de Estado quando Clinton nomeou James Hormel para embaixador em Luxemburgo, a primeira vez que uma pessoa abertamente gay era designada para uma embaixada. Os principais senadores republicanos haviam bloqueado a confirmação de Hormel devido à sua sexualidade. David nos pediu para imaginar como ele se sentia ao ver diplomatas americanos em todo o mundo trabalhando de forma incansável para promover a causa da igualdade LGBT.

Quando chegou minha vez de falar, dei voz a algo que havia aprendido no governo: às vezes, impedir um resultado ruim é o que passa por vitória.

"Vencemos", eu disse à equipe, "porque nos importamos mais e trabalhamos mais. Nunca esqueçam quanto isso pode ser decisivo."

Quanto mais os governos dos Estados Unidos e da Rússia estavam em conflito, mais eu tinha de separar uma questão da outra para trabalhar produtivamente com Vitáli. Juntos, continuávamos a autorizar missões de manutenção da paz na África. Ao lado de outros quatro governos, diplomatas dos Estados Unidos e da Rússia estavam perto de finalizar um acordo nuclear com o Irã. E, no entanto, em inúmeras sessões do Conselho de Segurança, Vitáli sustentava as indefensáveis e repetidas diretrizes enviadas por Moscou, nas quais era inteligente demais para acreditar, e falava em termos binários que contradiziam sua compreensão nuançada do que estava realmente acontecendo.

Então, para minha surpresa, no auge da crise na Ucrânia, comecei a receber mensagens de texto em que ele pedia para me encontrar "nem na minha Missão nem na sua".

Concordamos em nos ver na área reservada de um restaurante vazio e escuro, no porão do Millennium Hilton, em frente à ONU. O hotel, que eu achava repulsivo mesmo quando estava movimentado, me lembrava o tipo de lugar que eu havia frequentado décadas antes no centro desolado do Estado separatista e etnicamente limpo dos sérvios da Bósnia.

Vitáli estava fazendo contato sem a bênção de Moscou. Disse que queria debater uma saída para a crise na Ucrânia que ambos os nossos países pudessem aceitar. Em nosso primeiro encontro privado, ele me falou — o que se revelaria errado — que Pútin não pretendia ocupar o leste da Ucrânia.

"Se fizéssemos isso, estragaria a vitória dele na Crimeia", disse ele. "Não se pode obter índices de aprovação melhores do que 80% […] tudo iria ladeira abaixo."

Lembrei-lhe que, no início da crise, ele me dissera que Pútin também não tomaria a Crimeia e concluí: "Você tem o hábito de confundir suas esperanças com suas previsões".

Ele deu de ombros: "Escolhi ser otimista".

Eu disse que entendia o motivo disso e citei minha frase favorita do psicólogo Amos Tversky, que dissera preferir o otimismo porque, "como pessimista, sofre-se duas vezes".

Numa reunião pessoal posterior no mesmo restaurante, Vitáli me deu uma lista de indivíduos nos Estados Unidos e no exterior a quem Pútin estava "inclinado a ouvir". Ele achava que as pessoas em sua lista poderiam convencer Pútin a recuar do leste da Ucrânia. Passei os nomes para a Casa Branca, que explorou esses e outros canais não oficiais nas semanas seguintes. Infelizmente, nenhum deu frutos. Por essa época, escrevi em meu diário: "Parece muito provável que tenhamos guerra, uma guerra de verdade, uma grande guerra, uma guerra cujas consequências serão sentidas muito além da Ucrânia".

Vitáli e eu continuamos a nos encontrar com discrição, e ele tentou me dar uma ideia da mentalidade de Pútin. Porém, invariavelmente, as ideias apresentadas por ele a respeito de uma grande reforma constitucional que garantisse os direitos dos russos no leste da Ucrânia eram as mesmas que já haviam sido sugeridas pelo governo ucraniano. Sempre que a Ucrânia fazia uma proposta que Vitáli julgava suficiente, na próxima vez em que nos encontrávamos eu lhe entregava um artigo detalhando como os separatistas russos já a haviam rejeitado. Pútin era hábil em embolsar as concessões da Ucrânia e depois mover as balizas de suas exigências. Ele não estava falando sério sobre fazer a paz e, no fim, as ideias de Vitáli não deram em nada.

O presidente Obama orientou o governo americano a investir na estabilização do governo ucraniano. Fornecemos mais de 1 bilhão de dólares em ajuda externa nos dois anos seguintes, numa tentativa de fortalecer as Forças Armadas e a economia do país e reformar instituições políticas corruptas. Essas medidas aproximariam a Ucrânia dos Estados Unidos e da Europa, como desejava a maioria de seus cidadãos. Para impor custos à Rússia, o presidente Obama também aplicou sanções direcionadas a indivíduos ricos próximos a Pútin e a entidades ligadas ao Estado nos setores de energia, finanças e defesa. Para que as sanções fossem efetivas, precisávamos convencer os países da UE a reproduzi-las, o que, tendo em vista as dificuldades financeiras que muitos deles enfrentavam, exigia incansável diplomacia.[37]

Mas o conflito no leste da Ucrânia continuou. Por sua vez, a relação dos Estados Unidos com a Rússia se deteriorou ainda mais. Tornou-se cada vez mais difícil afastar a animosidade decorrente dos acontecimentos na Ucrânia e na Síria e continuar encontrando consenso na reação a problemas em outras regiões do mundo. Vitáli e eu tentamos continuar trabalhando juntos, mas Pútin começou a se envolver pessoalmente num número crescente de questões — inclusive, para minha surpresa, na comemoração dos vinte anos do massacre de 8 mil homens e meninos muçulmanos em Srebrenica, na Bósnia.

O Reino Unido vinha negociando uma resolução bastante branda no Conselho de Segurança que condenava o genocídio de Srebrenica e enfatizava a importância da responsabilização. Mas, à medida que a votação se aproximava, minha equipe tocou o alarme: a Rússia estava riscando as referências ao "genocídio" no texto preliminar.

Fazia tempo que os fatos objetivos sobre Srebrenica haviam sido estabelecidos. Em 2007, o Tribunal Internacional de Justiça concluíra que soldados sérvios da Bósnia haviam cometido genocídio, e a própria Sérvia extraditou Slobodan Milosevic para ser julgado por genocídio no tribunal de crimes de guerra da ONU, em Haia. No entanto, alguns dias antes do aniversário de 2015, os diplomatas russos deixaram claro que não permitiriam que uma resolução passasse se mencionasse "genocídio". Incrédula, telefonei para Vitáli.

"O que você está fazendo no texto de Srebrenica?", exigi saber. "Você estava lá na época. Não pode negar essa história."

Ele fez uma pausa. Depois, escolhendo cuidadosamente as palavras, disse friamente: "Entendo que você não aceitará nosso texto e não podemos aceitar o seu".

"O que está acontecendo?", perguntei, preocupada. Imaginei como as mães de Srebrenica reagiriam ao ouvir que a ONU rejeitava a plena verdade do que havia acontecido aos seus filhos. "Sem essa, fale comigo. Você conheceu aquelas famílias."

Ele começou a amolecer. "Eu tenho minhas instruções e elas não são flexíveis", disse ele.

"Você está brincando comigo? Você realmente não pode chamar genocídio de 'genocídio'?"

"Você me conhece bem o suficiente para saber quando estou brincando", disse ele.

"Merda", respondi. "Podemos tentar ser criativos? Aquelas pessoas ficarão devastadas se não conseguirmos resolver isso."

Nas 48 horas seguintes, Vitáli e eu saímos de fininho das reuniões do Conselho de Segurança e nos encontramos em diferentes cantos da ONU, em busca de uma linguagem negociada que deixasse claro que o Conselho de Segurança reconhecia o genocídio, ao mesmo tempo que permitisse a Pútin concordar em se abster.

Removemos as referências a "genocídio" ao longo do texto, substituindo-as por eufemismos que me lembraram as declarações anuais da Casa Branca sobre o genocídio armênio que eu desprezava. Para compensar, inserimos uma referência recordando a "sentença do Tribunal Internacional de Justiça de 26 de fevereiro de 2007" e anexamos a constatação escrita do genocídio como um apêndice.

Não me senti bem com o que havia negociado. Mas nosso rascunho atendeu a dois padrões importantes: deixou claro que o Conselho de Segurança via os acontecimentos de 1995 como "genocídio" e tinha a chance de ser aceitável para Pútin, que, segundo Vitáli indicou, estava revendo com atenção nossos rascunhos.

No final, meus receios sobre a linguagem com que Vitáli e eu havíamos concordado mostraram-se irrelevantes. Na manhã da votação, ele me enviou um e-mail com o veredicto de uma linha sobre nosso texto negociado: "Não emplacou".

Sabendo que a Rússia ia vetar até o texto diluído, voltamos ao rascunho que reconhecia de maneira adequada e frontal o genocídio. Senti muito por Vitáli quando ele levantou a mão para vetar uma resolução que sabia que seu país deveria ter apoiado.

Comecei minhas observações após a votação valendo-me de minha história pessoal. Lembrei que era uma repórter de 24 anos em Sarajevo quando um colega me falou pela primeira vez sobre relatos de execuções em massa. Não querendo acreditar no que estava ouvindo, disse eu ao Conselho, minha reação na época foi simplesmente dizer "não" — não era possível.

Quando soube no início do dia que a Rússia estava planejando vetar a resolução sobre Srebrenica, relembrei ao Conselho, minha incredulidade e decepção provocaram a mesma reação: "Não".

Eu convidara David Rohde, que havia descoberto o massacre, para comparecer à sessão, junto com Laura Pitter, que o havia narrado para a Human Rights Watch e me incentivara a mudar para os Bálcãs. Olhei na direção deles enquanto falava.

Falei da mãe que conheci em 2010 enquanto ela enterrava seu quarto filho assassinado e disse: "Ela ainda estava procurando pelos restos do quinto. É a verdade e a dor dessa mãe que foram vetadas pela Rússia hoje. [...] Trata-se de um veto a um fato bem estabelecido, documentado por centenas de milhares de páginas de testemunhos, evidências fotográficas e provas forenses físicas".

Como sabia com exatidão o que acontecera em Srebrenica, Vitáli não negara os fatos em sua declaração em defesa do voto da Rússia. Em vez disso, dissera que insistir no passado impediria a reconciliação entre bósnios e sérvios. Eu simplesmente destruí esse raciocínio: "Imaginem ser mãe dos cinco filhos mortos no genocídio de Srebrenica e lhe dizerem que uma negação do genocídio promoverá a reconciliação. Isso é loucura. [...] Não há estabilidade na negação do genocídio".

No final, eu sabia — e Vitáli também devia saber — que Pútin via o mundo em termos de nós contra eles.

Se a Ucrânia estivesse com o Ocidente, a Rússia puniria a Ucrânia.

Se os países ocidentais adotassem os direitos LGBT, a Rússia tentaria negá-los.

Se o Ocidente criticasse os sérvios da Bósnia, a Rússia ficaria do lado dos responsáveis pelo genocídio.

E, não importava o que acontecesse, Vitáli tentaria vender ao mundo o que a Rússia estava fazendo.

Algum tempo depois, na manhã em que deveríamos eleger novos membros do Conselho de Direitos Humanos da ONU, composto de 47 países, abri uma pasta vermelha sobre a escrivaninha de meu escritório e comecei a ler o telegrama ali contido. O que vi não era inesperado, mas ainda me fez sacudir a cabeça. "O que mais será preciso fazer?", perguntei-me.

Odiei minhas instruções, vindas de Washington, sobre como votar.

A presença no Conselho de Direitos Humanos dava aos Estados Unidos uma influência importante sobre a direção das investigações internacionais relativas aos direitos humanos, mas as próprias eleições eram um exercício desconcertante. Indicados por suas respectivas regiões, infames violadores de direitos humanos sempre apareciam nas urnas (e, portanto, no Conselho). Naquela eleição, três países — Rússia, Hungria e Croácia — competiam pelos dois assentos da Europa Oriental.

A Rússia havia invadido a Ucrânia. Apoiava o regime de Assad na Síria a todo custo, contribuindo para algumas das piores carnificinas que o mundo havia visto em meio século. Pútin havia fechado os meios de comunicação independentes, banido várias organizações não governamentais e aprisionado dissidentes. No entanto, as instruções que recebi do Departamento de Estado sobre como votar eram atemporais e impermeáveis a esses eventos. Na Assembleia Geral daquela manhã, fui orientada a votar na Rússia.

Rússia e Estados Unidos eram membros permanentes do Conselho de Segurança e, desde sempre, era nossa prática votar um no outro nas eleições da ONU como uma "cortesia". Era um acordo de interesse mútuo e recíproco que tínhamos com cada um dos outros quatro membros permanentes, destinado a garantir aos Estados Unidos quatro votos confiáveis em todas as eleições de que participávamos.

Ao atravessar a Primeira Avenida para chegar às Nações Unidas, perguntei ao meu funcionário especialista em eleições, um jovem diplomata americano, se ele esperava uma disputa acirrada pelos assentos da Europa Oriental. "A

Rússia tem a eleição no bolso", explicou. "A última vez que concorreu, conquistou 176 votos, mais até que a França e o Reino Unido."

Entrei no camarote dos Estados Unidos no salão da Assembleia Geral e fiquei ruminando. Um dos aspectos imensamente gratificantes de ser uma alta funcionária do governo Obama era quase nunca receber instruções de Washington que eu não pudesse alterar ou contestar. Olhando ao redor do salão para os outros embaixadores, eu sabia que devia ser a única pessoa ali a gozar dessa independência.

Eu compreendia a lógica do velho acordo do governo americano. Mas aquele dia parecia diferente. Muita coisa havia acontecido desde que chegara à ONU para eu não votar com minha consciência. Depois que as cédulas secretas foram distribuídas, escrevi os nomes da Croácia e da Hungria na seção da Europa Oriental, dobrei o papel três vezes e coloquei-o na fenda da caixa de madeira marrom que um funcionário da ONU carregava pelo salão.*

As ocasiões em que a maioria dos embaixadores da ONU se encontravam em um único lugar ao mesmo tempo eram raras. Como os votos eram tabulados à mão, circulei pela câmara tentando obter compromissos de meus colegas em questões que variavam desde a libertação de um prisioneiro político que o governo deles havia prendido até a votação para condenar o histórico de direitos humanos do Irã na Assembleia Geral.

Os vencedores das eleições costumavam ser anunciados em menos de meia hora. Conforme o relógio avançava para muito além disso, a conversa na sala começou a diminuir.

"Por que está demorando tanto?", murmurou meu colega uruguaio.

Meu especialista em eleições correu até a frente da câmara e voltou para explicar que a votação de uma região estava perto demais de um empate, então as autoridades da ONU estavam fazendo uma recontagem. "Provavelmente Hungria e Croácia estão lutando pela última vaga", disse ele.

---

* Não me deu prazer votar na Hungria, onde o primeiro-ministro Viktor Orbán havia atacado os direitos políticos e as liberdades civis, controlado o poder judiciário e agido com agressividade para silenciar vozes críticas. Ele e seu partido político também passaram a demonizar os refugiados e o investidor húngaro George Soros, usando retórica com insinuações antissemitas. Ainda assim, em comparação com a Rússia — que estava facilitando atrocidades em massa na Síria e invadira a Ucrânia —, a Hungria era a melhor opção.

Por fim, cerca de duas horas depois de entregarmos nossas cédulas, o presidente da Assembleia Geral pegou o microfone e leu os nomes dos catorze países que haviam conquistado assentos no Conselho de Direitos Humanos. A Rússia não estava entre eles.

Na região do leste europeu, a Hungria, que tinha mais dinheiro para investir em sua campanha de lobby do que a Croácia, recebera 144 votos. A Croácia conquistara o segundo lugar com 114 votos. A Rússia recebera apenas 112 votos. Um suspiro coletivo de choque percorreu o salão. Se houvesse um voto a mais na Rússia e um a menos na Croácia, os dois países teriam empatado. Se isso tivesse acontecido, a Rússia teria intimidado e subornado no segundo turno e obtido o assento. Da maneira como as coisas se deram, a Rússia havia perdido — a primeira vez na história que seu governo fora derrotado numa eleição importante da ONU.

Olhei para o embaixador ucraniano. Ele estava com o rosto entre as mãos. Eu não sabia se ele estava chorando de alívio ou sorrindo.

Em certo sentido, é evidente que o resultado não foi grande coisa. A derrota da Rússia naquela eleição não traria a retirada de suas tropas da Ucrânia. Mas era um raro repúdio a Pútin no cenário global e uma pequena medida de responsabilização de um país que desfrutava de impunidade por suas ações.

34. Liberdade de viver sem medo

Em julho de 2014, um médico chamado Kent Brantly se tornou o primeiro americano diagnosticado com ebola. Brantly havia contraído o vírus tratando pacientes na Libéria e, quando retornou aos Estados Unidos para receber atendimento médico, CNN, MSNBC e Fox News transmitiram ao vivo imagens de uma ambulância escoltada pela polícia que o transportou de uma base da Força Aérea para o Hospital Emory de Atlanta. Os helicópteros da mídia filmaram sua chegada quando ele desceu da ambulância num grande traje branco de risco biológico e entrou no hospital, onde especialistas em ebola altamente qualificados o tratariam numa unidade de isolamento especial.

Três dias depois, outra americana chamada Nancy Writebol também chegou ao Emory para ser tratada. Writebol havia trabalhado ao lado de Brantly na Libéria, onde também se expusera à doença. A chegada de uma segunda pessoa infectada pelo ebola nos Estados Unidos gerou uma cobertura noticiosa mais estridente. Embora os especialistas em doenças infecciosas enfatizassem que o público em geral não estava em risco, o medo e informações erradas sobre o potencial de um surto nacional de ebola ricochetearam pela internet.

"As autoridades estão importando o ebola para os Estados Unidos", alertou o popular site da extrema direita *InfoWars*. Donald Trump, a menos de um ano de se tornar candidato a presidente, tuitou:

Os Estados Unidos não podem permitir a volta de pessoas infectadas com EBOLA. As pessoas que vão a lugares distantes para ajudar são ótimas — mas devem sofrer as consequências!

E:

Os Estados Unidos devem parar imediatamente todos os voos vindos de países infectados pelo EBOLA ou a praga começará e se espalhará dentro de nossas "fronteiras". Ajam rápido!

Trump desempenharia um papel significativo ao exagerar a possibilidade de um surto de ebola em massa no nosso país, disparando mais de cinquenta tuítes sobre o assunto e mencionando-o em suas aparições na TV.[38] Graças aos cuidados prestados pelos especialistas do Emory, Brantly e Writebol foram declarados livres do ebola e liberados logo após receberem tratamento — um acontecimento que gerou muito menos manchetes.

Eu ouvira falar pela primeira vez sobre o surto de ebola na África Ocidental vários meses antes de Brantly e Writebol serem infectados. Na época, eu o via instintivamente como uma terrível calamidade médica que seria vencida com a ajuda de profissionais de saúde pública. Era o que havia ocorrido em todos os surtos anteriores de ebola.

Foi só quando conversei com Valerie Amos, a principal autoridade humanitária da ONU, que percebi: dessa vez era diferente. Amos me contou que as pessoas estavam tão assustadas com a doença que a ONU estava tendo problemas para convencer até mesmo sua destemida equipe humanitária de emergência a ir para Guiné, Libéria e Serra Leoa.

"O ebola está ganhando", disse Amos, com um pânico incomum em sua voz. "Não estamos perto de detê-lo."

Perguntei a minha mãe, que aos setenta anos ainda exercia a medicina, se ela consideraria participar de uma missão médica na África Ocidental. Ela respondeu com um enfático — e inesperado — "não". Como ela me explicou: "Quero estar por perto para ver Declan e Rían crescerem".

Só então apreciei a conclusão automática a que até profissionais médicos experientes estavam chegando: chegue perto do ebola e você poderá morrer.

Em agosto de 2014, ao ver que a epidemia estava saindo de controle, a conselheira de Segurança Nacional Susan Rice reuniu os principais assessores do presidente na Sala de Crise para discutir como o governo deveria reagir. Gayle Smith havia administrado com habilidade a resposta da Casa Branca até aquele momento, mas deixou claro que uma ação rápida era necessária e ela exigia decisões que só poderiam ser tomadas pelos indivíduos que *dirigiam* as principais agências do governo. Tom Frieden, diretor dos Centros de Controle e Prevenção de Doenças (CDC, na sigla em inglês), nos informou que, só na Libéria, havia morrido mais gente de ebola do que nos vinte surtos anteriores do vírus juntos.

Frieden nos passou então um folheto do CDC de uma única página ao qual em breve começaríamos a nos referir como "O Escorregador". Ele mostrava um gráfico simples: o eixo horizontal listava datas até janeiro de 2015 e o eixo vertical mostrava o número acumulado de casos de ebola. O CDC previa um pico assombroso de infecções. A menos que os médicos e os trabalhadores de ajuda humanitária que tentavam prevenir e tratar a doença intensificassem sua reação, o Escorregador indicava que o número de infecções por ebola continuaria a dobrar a cada três semanas. Essa propagação exponencial resultaria em até *1,4 milhão* de infecções em cinco meses.[39]

Passaram-se trinta segundos até alguém dizer alguma coisa. Talvez sentindo que todo o Gabinete de Segurança Nacional estivesse em estado de choque, Frieden tratou de nos acalmar. "O ebola sempre foi derrotado. O ebola *será* derrotado", disse ele. Frieden explicou que os pacientes com a doença precisavam ficar temporariamente isolados de suas comunidades para não infectarem seus parentes e vizinhos. Se 70% das pessoas com o vírus pudessem ser isoladas, poderíamos reverter a curva devastadora da epidemia — e por fim terminar com ela.

Olhando ao redor da sala, notei que quase todo mundo ainda estava com o olhar fixo no Escorregador.

Na enxurrada de reuniões que se seguiram, Susan surpreendeu muitos de nós ao informar que o presidente Obama queria explorar o envolvimento das Forças Armadas americanas na reação. Ele percebeu que aqueles que tentavam combater a epidemia na Guiné, Libéria e Serra Leoa estavam sobrecarregados. Esses países haviam passado por conflitos terríveis e feito avanços significativos em direção à paz duradoura, mas permaneciam frágeis, carentes de recursos e expertise para conter a epidemia por conta própria. Obama reconhecia que, se seus governos não recebessem ajuda, o ebola se propagaria para outros países da região, causando uma catástrofe humanitária que mataria centenas de milhares, inclusive americanos morando e trabalhando na África. E, por fim, Obama estava preocupado com o fato de que, sem uma ação significativamente mais agressiva, viajantes desavisados com ebola acabariam chegando aos Estados Unidos.

A missão sobre o ebola ali contemplada era diferente de todas empreendidas antes. Mas como se discutia o envio de militares, o secretário de Defesa Hagel e o chefe do Estado-Maior Conjunto Dempsey fizeram o que os militares fazem sensatamente quando qualquer nova mobilização de tropas está sendo debatida: questionaram se os soldados receberiam tarefas claras e se teriam autoridade e meios para realizá-las.

"Eu fico ouvindo todos vocês dizendo que nossos soldados vão 'pôr o uniforme' e fazer isso e aquilo", disse Hagel numa reunião. "Pôr o uniforme? Afinal, o que isso quer dizer? Meus homens nunca viram esses trajes Hazmat, afora em filmes de terror."

Frieden e sua equipe no CDC eram grandes defensores do envolvimento das Forças Armadas americanas em virtude de sua logística singular e sua capacidade de mobilização rápida, mas Dempsey exigiu que os especialistas em saúde pública definissem com precisão o que os soldados *fariam* no dia a dia uma vez mobilizados na África Ocidental. Frieden respondeu que eles montariam de forma rápida o que era chamado de Unidades de Tratamento de ebola, hospitais de campo com tendas especialmente projetadas nas quais os pacientes poderiam ser tratados.

"Contrate o circo se você quer montar barracas", disse Dempsey, exigindo que as autoridades da saúde dessem mais detalhes.

Por fim, Dempsey e os planejadores do Pentágono delinearam uma operação brilhante que ele apresentou ao presidente — "uma missão de logística com um componente médico", enfatizou, e "não o contrário". O presidente Obama anunciou então que enviaria cerca de 3 mil soldados para a Libéria e reforçaria cada componente da reação americana. Valendo-se da experiência de centenas de funcionários da Usaid e do CDC enviados para a África Ocidental, os Estados Unidos facilitariam o treinamento de dezenas de milhares de profissionais de saúde locais para cuidar de pacientes com ebola. Criaríamos uma ponte aérea para levar rapidamente médicos, enfermeiros e suprimentos para a região. E construiríamos as Unidades de Tratamento de Ebola, que permitiriam que até 1700 pacientes por vez recebessem tratamento.

Obama estava dando uma demonstração impressionante da liderança e capacidade dos Estados Unidos — e um exemplo vívido de como um país promove seus valores e interesses ao mesmo tempo.

Nas declarações nas quais anunciava a operação, o presidente deixou claro que o ônus da reação não poderia recair apenas sobre os Estados Unidos; outros países precisavam fazer muito mais. Sua determinação deu àqueles de nós trabalhando em seu nome o que precisávamos para mobilizar esse apoio internacional. Convidei os outros embaixadores na ONU à Missão dos Estados Unidos para ouvir Frieden, que mais uma vez explicou o que estava em jogo com seu modo calmo, mas aterrador. Ele descreveu como o ebola atravessara as fronteiras nacionais, penetrara nas áreas urbanas, sobrecarregara clínicas e fizera com que empresas e escolas fechassem. Detalhou como os costumes funerários locais ajudaram a propagá-lo. E o mais inquietante, mostrou aos embaixadores o Escorregador, descrevendo o caminho para 1,4 milhão de infecções até janeiro de 2015.

"Nunca vi uma doença infecciosa dessa letalidade se espalhar tão rápido", disse Frieden de forma clara, enquanto diplomatas de todo o mundo transcreviam suas frases mais citáveis para os telegramas que enviariam às suas capitais. Em sua apresentação, Frieden não deixou ninguém escapar. Sua mensagem, que reforcei junto aos embaixadores estrangeiros, era que cada um de nós tinha uma responsabilidade — por maior ou menor que fosse nosso país e a despeito de nossos meios financeiros.

Em janeiro de 2000, durante seu mandato de embaixador na ONU, Richard Holbrooke ajudara a mudar o debate público sobre a aids na África ao incluí-la na agenda ordinária do Conselho de Segurança. Inspirada pela iniciativa de Holbrooke, reuni minha equipe e propus convocar uma sessão de emergência do Conselho de Segurança sobre o ebola. Muitos de meus funcionários duvidavam que outros países apoiariam a ideia: o Conselho lidava com questões de guerra e paz; em geral, não tratava de emergências de saúde pública. Como Rússia e China em geral se opunham a expandir a autoridade do Conselho, voltei-me para os indivíduos que representavam os países da África Ocidental em perigo.

Depois que os embaixadores de Guiné, Libéria e Serra Leoa entraram numa pequena sala de conferências da Missão americana, manifestei minha compaixão e perguntei a eles como estavam suportando a situação. Cerca de 23 milhões de pessoas viviam em seus três países, e a epidemia não discriminava; as famílias imediatas dos embaixadores estavam em grave perigo. Eu disse a eles que estava pensando em convocar o Conselho de Segurança para discutir sobre a epidemia e que os Estados Unidos estavam preparados para apresentar uma resolução declarando o ebola uma "ameaça à paz e à segurança internacional". Usaríamos essa resolução, a primeira do gênero, para exortar os países a fornecer mais dinheiro e profissionais de saúde para combater o surto.

Os três embaixadores logo apoiaram a proposta. "Isso só pode ajudar", disse Vandi Minah, embaixador de Serra Leoa. "Quem disser o contrário não está vendo seu país — e seu povo — desaparecer diante de seus olhos." Nenhum Estado-membro da ONU ousaria desafiar esses embaixadores e protestar contra a reunião de emergência.

Os diplomatas e funcionários da Missão americana abandonaram qualquer outro trabalho em curso para conseguir que outros países se juntassem a Guiné, Libéria e Serra Leoa como copatrocinadores da resolução dos Estados Unidos. Depois de obter a concordância de um país para assinar, eu tentava criar uma competição amistosa transmitindo imediatamente a notícia aos embaixadores dos rivais geográficos daquele país. "O Chile e o Brasil estão copatrocinando", disse ao meu colega da Argentina, cujo ministro das Relações Exteriores costumava desconfiar das iniciativas lideradas pelos Estados Unidos. O embaixador logo me ligou para dizer que sua ministra havia instruído a Argentina a se tornar patrocinadora também.

Em 18 de setembro, quando entrei na câmara do Conselho de Segurança da ONU, apenas dois dias após o dramático anúncio do presidente Obama de que estava enviando tropas para a região, todos os assentos vermelhos da galeria de diplomatas estavam repletos de embaixadores e funcionários de alto escalão. Diplomatas seniores chegaram a sentar-se juntos nos degraus dos corredores.

Eu tinha lugares reservados no plenário para mamãe e Eddie. O amor de minha mãe pela medicina era tão fervoroso que ela sempre esperou que Stephen ou eu sentíssemos o mesmo impulso. Quando Eddie ainda praticava a medicina, ele defendera as contribuições médicas feitas pela diáspora africana. Desde a chegada do ebola, ele estava aproveitando o fato de ter se aposentado para prestar apoio aos meus colegas africanos da ONU, ajudando-os a arrecadar fundos. Ao convocar a reunião para apelar pela ajuda de médicos e enfermeiras de todo o mundo, senti-me intimamente conectada com meus pais e suas paixões, e esperava que eles sentissem suas mãos em nossos esforços.

Depois que me sentei e me preparei para começar a reunião, acessei o fluxo de mensagens de texto que chegavam ao meu telefone: "Queremos copatrocinar." "Estamos dentro." "Conte conosco." "Obrigado pela liderança dos Estados Unidos." Mostrei as mensagens a Rabia Qureshi, a funcionária da missão que cobria a África Ocidental. Ela sacudiu a cabeça sem acreditar e me disse que, na última contagem, tínhamos cem copatrocinadores. Dez minutos depois, tínhamos mais vinte. Quando a lista de patrocinadores foi fechada, tínhamos 134, o maior número de copatrocinadores para uma resolução do Conselho de Segurança nos 69 anos de história da ONU.

Antes da sessão, eu temia que nada do que disséssemos ou fizéssemos na reunião conseguiria transmitir a gravidade do momento. "Temos de encontrar alguém para falar que possa enfatizar a situação", eu disse à minha vice-chefe de gabinete Sarah Holewinski. "Precisamos de alguém que seja de lá, que *sinta* isso." Sarah achou essa pessoa: um auxiliar de saúde liberiano de 37 anos chamado Jackson Niamah que estava trabalhando com os Médicos Sem Fronteiras (MSF) em Monróvia, capital da Libéria.

O rosto de Niamah apareceu numa grande tela de vídeo que desceu do teto da câmara do Conselho de Segurança. A imagem estava embaçada, o áudio, arranhado. Tinha-se a sensação de que a conexão poderia cair a qualquer momento. Mas quando aquele homem do outro lado do mundo falou, meus colegas embaixadores — que costumavam fazer muitas coisas durante os briefings — olharam para a tela, extasiados.

Niamah contou que quando o ebola chegou a Monróvia "as pessoas começaram a morrer", inclusive sua sobrinha e sua prima, ambas enfermeiras, mortas em julho de 2014. "Muitos de meus amigos, colegas de classe e de universidade morreram nos últimos meses", contou. "Eles morrem sozinhos, aterrorizados e sem seus entes queridos ao lado."

Niamah se inscrevera para trabalhar no MSF devido ao senso de patriotismo. Seu trabalho era avaliar pacientes e, depois, ajudar a cuidar daqueles diagnosticados com ebola. Ele descreveu o que significava ter mais pessoas infectadas do que camas na clínica do MSF. "Temos de rejeitar pessoas e muitas estão morrendo no nosso portão da frente", disse Niamah. "Neste exato momento, enquanto falo, há pacientes sentados em nossos portões, literalmente implorando pela vida."

E continuou:

Um dia desta semana, sentei-me do lado de fora do centro de tratamento para almoçar. Encontrei um garoto que se aproximou do portão. Seu pai morrera de ebola havia uma semana. Eu o vi com sangue na boca. Como não tínhamos espaço, não podíamos aceitá-lo. [...] Quando ele se virou para voltar à cidade, pensei comigo: aquele garoto pegaria um táxi, iria para casa... e infectaria sua família.

Como o ebola era transmitido através de fluidos trocados durante o contato físico, qualquer pessoa que o garoto tocasse provavelmente se tornaria vítima de seu retorno.

Niamah implorou ajuda. "Ainda existem casas em Monróvia que não têm sabão, água e baldes", disse. "Até mesmo essas coisas simples podem ajudar a conter a propagação do vírus."

Por fim, encerrou com um aviso ameaçador: "Não temos capacidade de reagir sozinhos a esta crise. Se a comunidade internacional não se levantar, seremos aniquilados."

A frase ecoou pela câmara, onde diplomatas estavam sentados sem emitir um som. "Seremos aniquilados."

Niamah fizera uma ameaça abstrata incrivelmente humana e real. Ainda assim, cada governo estava fazendo um cálculo de custo-benefício sobre os detalhes de sua contribuição. Apesar de todo o drama do momento e de todo o apoio que nossa resolução obtivera no Conselho de Segurança, os líderes políticos haviam sofrido poucos custos por fugir do ebola. Mesmo o Escorregador, de longe a arma mais poderosa que eu tinha para tentar convencer outros países a fazer mais, era suscetível de causar desespero e fatalismo.

Ao falar depois de Niamah, enfrentei isso diretamente:

Esses modelos mostram o que pode acontecer se continuarmos a deixar que o medo, a inação ou a indiferença determinem nossa resposta. [...] Modelos são previsões do futuro. Mas […] somos *nós* que efetivamente determinamos nosso futuro. Indivíduos fazem história, não modelos. A ONU foi criada para desafios globais como esse. É por isso que estamos aqui.

Quando jovem repórter, eu ficara desesperada com a inação das tropas de paz da ONU na Bósnia. Mas depois compreendi que a ONU não era uma entidade única, que escolhia agir ou não, mas um edifício onde os países se reuniam. Diante de uma crise, os indivíduos que ajudavam a liderar esses países tinham de decidir o que estavam dispostos a fazer. Se um número suficiente de indivíduos conseguisse reunir a vontade de compartilhar as despesas e trabalhar juntos, poderíamos salvar milhões de vidas.

Com isso em mente, instei os governos que haviam fechado suas fronteiras para pessoas provenientes dos países infectados que reconsiderassem as implicações do que estavam fazendo. Falei que suas reações eram compreensíveis — motivadas pelo desejo de proteger seus próprios cidadãos da propagação do vírus. Mas em vez de enfatizar a frieza das restrições, concentrei-me no fato de que o fechamento de fronteiras põe *todos* os países em maior risco. Se os profissionais de saúde concluíssem que não poderiam viajar de volta para casa depois de trabalhar em um país afetado pelo ebola, seria menos provável que se apresentassem como voluntários. Isso reduziria a probabilidade de a doença ser controlada, aumentando as chances de se espalhar para os próprios países cujos líderes estavam tentando manter seu povo seguro. Como tantos desafios do século XXI, o ebola não era uma luta de soma zero na qual alguns países poderiam "vencer" perseguindo seus interesses no vácuo.

Eu havia dito aos embaixadores de outros países que não usassem a palavra se planejassem apenas lamentar a gravidade da epidemia. "Por favor, não admirem o problema", insisti, repetindo a expressão que usei com minha equipe e que ouvi o presidente Obama empregar com frequência. Precisávamos dar voz a quem estava empreendendo ações concretas.

Enquanto a sessão prosseguia, não havia som mais doce do que escutar um colega dizer: "Tenho o prazer de anunciar hoje…". A China, que procurava cada vez mais mostrar seu status de superpotência, declarou o combate ao ebola "uma responsabilidade comum de todos os países do mundo" e prometeu enviar mais dinheiro, suprimentos, laboratórios de biossegurança e profissionais de saúde pública. O Reino Unido prometeu quinhentos leitos adicionais de tratamento em Serra Leoa (uma contribuição que pode parecer pequena, mas que se revelaria importante). O Japão enviou cerca de 20 mil trajes de prevenção de infecções para os profissionais de saúde. Os suíços forneceram catorze toneladas de equipamentos médicos de proteção, como óculos e máscaras especializadas. A Malásia entrou com mais de 20 milhões de luvas médicas de borracha. Cuba enviou sua equipe altamente experiente de 250 médicos e enfermeiros treinados em reação a desastres estrangeiros. O Uruguai prometeu não retirar suas forças de paz da missão da ONU na Libéria, como alguns países começaram a fazer.

Nossa sessão histórica sobre o ebola foi a mais unificada do meu período em Nova York. A simples convocação da reunião gerou manchetes impressionantes, COMO EBOLA DECLARADO AMEAÇA À PAZ E À SEGURANÇA PELA ONU. Enquanto diplomatas americanos se espalhavam pelo mundo e o presidente Obama mergulhava pessoalmente no lobby junto a líderes mundiais, tivemos subitamente a impressão de estar num caminho sólido. No total, os Estados Unidos e outros países acabariam prometendo cerca de 4 bilhões de dólares em suprimentos, instalações, tratamentos médicos e outros componentes na reação inicial.

No entanto, justo quando começávamos a fazer progressos concretos, uma pessoa que ficou conhecida como "Paciente Zero" foi diagnosticada com ebola em Dallas, Texas. Precisamente quando precisávamos manter a calma em casa, agir com pragmatismo, seguir a ciência e liderar o mundo, tudo virou um inferno.

O boletim urgente da CNN apareceu na minha caixa de entrada em 30 de setembro: NOTÍCIA DE ÚLTIMA HORA: PRIMEIRO CASO DE EBOLA DIAGNOSTICADO NOS ESTADOS UNIDOS. Senti um nó no estômago.

Thomas Eric Duncan havia recentemente trabalhado para uma empresa de navegação em Monróvia. Antes de viajar aos Estados Unidos para visitar a família, ele tentara ajudar Marthalene Williams, a filha de dezenove anos de idade de seu senhorio, a chegar a um hospital. Williams estava esperando um bebê para dali a pouco tempo e supôs que suas convulsões eram decorrentes de complicações na gravidez. Duncan e Williams cruzaram a cidade de táxi em busca de atendimento, mas, com a epidemia grassando, foram recusados em três lugares por falta de espaço. Duncan ajudou a levá-la de volta para a casa da família, onde ela morreu de ebola em poucas horas.

Alguns dias depois de chegar a Dallas, Duncan foi ao pronto-socorro reclamando de "dor abdominal, tontura, náusea e dor de cabeça". Embora a enfermeira que o recebeu tivesse anotado que Duncan havia chegado recentemente da África, essa informação não foi destacada para o médico, que acabou por dispensá-lo. Dois dias depois, quando seu estado piorou, ele foi levado de ambulância de volta ao hospital. Seu exame de sangue deu positivo para o ebola e ele morreu uma semana depois. As autoridades de saúde do Texas anunciaram que pelo menos cinquenta pessoas com quem Duncan havia interagido nos Estados Unidos corriam o risco de contrair ebola.

A cobertura sensacionalista da imprensa logo ficou saturada pelo medo. "O que é isso?", disse, fervendo de raiva, a apresentadora da Fox News Jeanine Pirro. "Você não quer que as pessoas entrem em pânico? Você não quer que a gente entre em pânico? Pois eu não quero que a gente morra!" A CNN mostrou um gráfico perguntando se o ebola seria "o Estado Islâmico dos agentes biológicos?", enquanto outro apresentador da Fox, Eric Boling, ponderou: "Temos uma fronteira tão porosa que tanto o ebola quanto o Estado Islâmico, ou mesmo o ebola nas costas do Estado Islâmico, poderia atravessá-la". Em menos de dois dias, as menções ao vírus no Twitter aumentaram de cem por minuto para mais de 6 mil por minuto.[40] E quando dois dos profissionais de saúde do Texas que cuidaram de Duncan — Nina Pham e Amber Vinson — testaram positivo para o ebola, a preocupação pública explodiu, virando algo próximo da histeria.

Uma professora no Maine foi afastada por três semanas porque havia visitado Dallas para participar de uma conferência. Um passageiro que vomitou num voo de Dallas para Chicago foi trancafiado no banheiro até o avião pousar. Pediram a um diretor de colégio no Mississippi para ficar em casa depois que pais de alunos descobriram que ele havia viajado para a Zâmbia — um país africano que fica do outro lado do continente, oposto ao da região afetada.

As eleições vindouras de meio de mandato, em novembro, contribuíram para a propaganda do medo e a politicagem, com membros republicanos do Congresso agravando a turbulência ao exigir que o governo proibisse viagens. O presidente da Câmara, John Boehner, incentivou a ideia, e vários democratas que enfrentavam duras lutas pela reeleição também deram seu apoio. Alguns dos críticos de longa data de Obama, que apelavam para as conspirações racistas sugerindo que o presidente não era totalmente americano, o acusaram de priorizar a vida dos africanos em detrimento da do povo dos Estados Unidos.

Por mais sensato que parecesse tentar conter a propagação do ebola impedindo viajantes da África Ocidental de entrarem nos Estados Unidos, é quase certo que a proibição de viagens proposta pelos críticos de Obama teria piorado o problema. Essa proibição teria provavelmente causado um efeito dramático assustador nas viagens *para* os países onde as infecções estavam acontecendo — mas não teria impedido o influxo diário em nosso país de cidadãos americanos e residentes permanentes *retornando* da África Ocidental, que não podiam ser legalmente impedidos de voltar para casa.* Além disso, os especialistas de nosso governo acreditavam que uma proibição não impediria nem mesmo os não cidadãos de viajarem para os Estados Unidos. Em vez disso, muitos iriam primeiro para o Canadá ou para o México e depois procurariam entrar no país por nossas fronteiras terrestres.

Com a crescente pressão do público, o presidente Obama nomeou Ron Klain, um operador governamental qualificado e com profundas conexões políticas em todo o país, para ser seu "tsar" do ebola. Klain instruiu o CDC a canalizar os viajantes vindos da região para cinco grandes aeroportos americanos, onde postou funcionários da área de saúde para realizar uma triagem minuciosa dos recém-chegados. "Temos de baixar a febre", disse Obama várias vezes em nossas reuniões internas, que ele agora presidia pessoalmente várias vezes por semana.

Em tom menos presidencial, escrevi em meu diário, em 17 de outubro: "Nossa capacidade de liderar o mundo ativa nossa capacidade de impedir um surto total em casa".

Embora tenhamos defendido nossa postura em todos os lugares, desde entrevistas na mídia a testemunhos no Congresso, não estávamos persuadindo as pessoas. Uma pesquisa ABC News/*Washington Post* realizada na semana de 20 de outubro constatou que 70% dos americanos apoiavam o bloqueio da entrada de todas as pessoas que tivessem estado nos países afetados pelo ebola. Uma pesquisa da CBS News do mesmo período mostrou uma porcentagem ainda maior de pessoas — 80% — a favor de quarentenas obrigatórias para ci-

---

* Na época, mais da metade das 150 pessoas que entravam nos Estados Unidos diariamente vindas dos países afetados eram cidadãos americanos ou residentes permanentes; a proibição de viagem proposta só poderia ser legalmente aplicada aos não cidadãos.

dadãos americanos retornando da África Ocidental, mesmo que não apresentassem sintomas de ebola.

Nesse contexto, meu redator de discursos, Nik, sugeriu que eu viajasse para os três países afetados pelo ebola na África Ocidental.

Nunca me ocorrera sair de Nova York em meio a nossos esforços de lobby, mas aceitei na hora a ideia de Nik e pedi a minha equipe para ver se a Casa Branca forneceria um avião do governo para uma viagem. Embora eu ainda considerasse que meu papel principal era ajudar a angariar recursos de outros países, achei que minha argumentação seria mais crível se eu pudesse me valer do que vira pessoalmente. A viagem também me permitiria levar jornalistas aos lugares que visitássemos, e suas matérias poderiam demonstrar ao público americano que, seguindo as devidas precauções, não se contraía ebola. E, crente como sempre de que a melhor visão de uma crise é de perto, eu poderia descobrir em primeira mão o que os Estados Unidos e a ONU precisavam fazer de forma diferente daquele momento em diante, passando minhas recomendações ao presidente e ao secretário-geral.

A altamente treinada equipe de resposta de assistência em casos de desastre da Usaid estava desempenhando um papel importante na coordenação da reação americana, então entrei em contato com o administrador da instituição, Raj Shah, para ouvir sua avaliação. Ele me incentivou a ir. "Nossos parceiros estão trabalhando em isolamento completo por lá", disse ele. "Será um grande impulso moral."

O principal ceticismo que ouvi veio de uma fonte nada surpreendente: Cass odiou a ideia e, pela primeira vez, Declan tinha idade suficiente para oferecer reforço.

Tendo acabado de ingressar no jardim de infância na Escola Internacional da ONU (Unis, na sigla em inglês), Declan deve ter ouvido alguém falar sobre a epidemia. "Mamãe, você está indo para onde está a bola?", ele me perguntou alguns dias antes de eu viajar. Assenti com a cabeça, mas prometi que ficaria em segurança.

"Como você sabe?", ele perguntou. "Aquelas outras pessoas também acharam que estariam a salvo."

Expliquei que não faria nada de perigoso, mas ele continuou pressionando: "Mamãe, tenho certeza de que você vai voltar com a bola". Eu nunca o ouvira usar a palavra "certeza", o que achei chocante.

O medo continuou a se espalhar enquanto minha equipe fazia os preparativos finais para a viagem. Em 23 de outubro, um médico de Nova York chamado Craig Spencer foi diagnosticado com o vírus depois de retornar de uma missão da MSF na Guiné. Quando a notícia chegou, o celular de Spencer tocou sem parar, com seus ex-pacientes ligando para ver se poderiam ajudar.

Spencer havia percorrido muitos lugares durante a semana entre seu retorno e seu diagnóstico. Passara pelo High Line em Chelsea, comera num restaurante popular em Greenwich Village e jogara boliche em Williamsburg. Ainda mais aterrorizante para os nova-iorquinos era o fato de ele ter pegado um Uber e andado de metrô. Uma cidade com milhões de habitantes tinha seu primeiro caso de ebola: a trama de um filme de terror invadia a realidade.

Enquanto o medo reinava durante esse período, as reações dos políticos variaram bastante. O prefeito de Nova York, Bill de Blasio, andou de metrô e jantou com a esposa no restaurante onde Spencer havia comido para mostrar que estavam a salvo. Por outro lado, o governador de Nova York, Andrew Cuomo, juntou-se ao governador de Nova Jersey, Chris Christie, para anunciar que seus estados colocariam em quarentena qualquer um que tivesse trabalhado para combater o ebola na África Ocidental. Não importava se apresentassem sintomas ou não — por 21 dias, essas pessoas ficariam sob tutela do Estado. Naquele mesmo dia, funcionários da imigração do aeroporto de Newark detiveram Kaci Hickox, que trabalhara com a MSF em Serra Leoa, apesar de seu resultado negativo para o ebola.

Essa combinação — exigir dos profissionais da saúde mais três semanas de afastamento do trabalho *e* o estigma adicional patrocinado pelo Estado — provavelmente reduziria o número de médicos e enfermeiros americanos dispostos a viajar para a região, enfraquecendo a reação no exato momento em que precisávamos de um grande aumento de pessoal treinado. Antes do surto, a Libéria tinha apenas um médico para cada 100 mil habitantes. (Em comparação, os Estados Unidos tinham em torno de 257 médicos por 100 mil.)

No dia do confinamento de Hickox, Susan Rice, que havia feito um trabalho magistral para pressionar o governo a ser agressivo em nossa reação ao ebola, telefonou para pedir que eu considerasse cancelar minha viagem. Admitindo que estava ligando mais como amiga do que como conselheira de Segurança Nacional, ela me disse para refletir sobre minha responsabilidade em relação aos meus filhos. Eu disse que havia evidentemente pensado em minha família, mas confiava nos protocolos de segurança e achava essencial mostrar como nosso pânico coletivo era inapropriado.

Ela continuou a me pressionar. "Pense nisso, Sam", disse. "E se algo der errado? Você pode imaginar o que aconteceria com nosso esforço maior se um membro do gabinete do presidente tivesse de ser posto em quarentena?"

Susan chamou minha atenção para um problema que eu não havia considerado o bastante. As areias políticas estavam se movendo sob nossos pés. Enquanto estivéssemos no exterior, Cuomo, o governador do estado em que minha equipe e eu morávamos, podia fazer novas mudanças nas regras de Nova York e declarar que mesmo indivíduos que não tinham contato físico com pacientes com ebola seriam isolados no retorno apenas por ter visitado a África Ocidental.

Enquanto isso, Cass continuava contrário à viagem. "Não há nada a fazer lá que você não possa realizar de casa", disse ele. O problema com o conselho de Cass era que ele havia apresentado argumentos semelhantes em relação a todas as viagens anteriores que fiz. Como eu queria ir, procurei conselhos de outras pessoas.

Entrei em contato com Klain e ele foi solidário. Ele lembrou que Terry McAuliffe, governador da Virgínia, estava mantendo o aeroporto de Dulles aberto e livre de quarentenas. Mais uma vez liguei para Raj, administrador da Usaid, e o pressionei em relação à questão do risco. "Olha, você não vai tocar em pacientes com ebola", disse ele. "Mas é claro que é arriscado." Quando viajara para a Guiné algumas semanas antes, ele se lembrou de ouvir seu intérprete traduzindo e subitamente pensar: "Espere, enquanto ele está falando a centímetros de mim, gotas microscópicas de sua saliva podem estar entrando no meu ouvido agora. Isso não é bom!". Ainda assim, ele me pediu para não cancelar.

Liguei também para minha mãe, que se informara a respeito do ebola depois de sua reação negativa inicial. Dessa vez, ela me deu um incentivo resoluto e encerrou o telefonema me dizendo: "Quem me dera poder ir junto". Com seu voto de confiança, resolvi seguir em frente.

Reuni a pequena equipe da Missão americana que me acompanhava, cuja segurança física era minha responsabilidade, e proferi o sermão mais assustador que já haviam escutado. "Vocês poderiam esquecer que não devem apertar a mão de ninguém", eu disse. "E se apertarem a mão de alguém com ebola que tenha um corte minúsculo e vocês tiverem a mesma coisa, poderão contrair ebola." Desacostumada a exercer essa forma de liderança apocalíptica, repeti as preocupações de Susan enquanto minha equipe me olhava gravemente. "Quero ter certeza de que cada um de vocês pensou bem nos riscos que está assumindo", eu disse. "Não é de forma alguma tarde demais para qualquer um de nós — ou todos nós — desistir. Têm certeza de que ainda querem ir?"

Hillary, minha assistente e amiga de longa data, foi a primeira a falar. "Nós devemos ir. Vamos ser incrivelmente cuidadosos, e nossa visita pode fazer a diferença." Cada um dos outros membros da minha equipe reafirmou o que Hillary havia dito. "'Liberdade de viver sem medo', certo?", disse um deles, citando uma das "Quatro Liberdades" de Roosevelt, às quais eu tantas vezes recorria.

Antes de partir, Declan e eu fizemos as pazes em relação à viagem. Ele estava então em uma fase de empatia aguda. Às vezes, isso assumia uma forma absurda, como comer o último pedaço de frango empanado, mesmo estando cheio, "para que o frango empanado não fique sozinho". Eu disse a ele que tinha de ir, porque havia pelo menos uma chance de poder ajudar pessoas que estavam doentes de verdade. Ele entrou no meu quarto na manhã em que nossa equipe partia e disse, com uma voz muito adulta: "As pessoas na África têm muita sorte de você estar indo ao lugar do bola para tentar ajudar. Estou orgulhoso de você, mamãe".

Àquela altura, mais de 10 mil habitantes da África Ocidental tinham casos confirmados ou prováveis de ebola e cerca de 4900 pessoas haviam morrido.* As manifestações físicas da doença — febre, vômito, diarreia, sangramento e dor intensa — deixavam as vítimas morrendo na beira da estrada e em clínicas superlotadas. Eu esperava que a viagem fosse tão perturbadora quanto qualquer outra que eu já fizera. Em vez disso, achei que foi uma homenagem impressionante à engenhosidade americana e, acima de tudo, à resiliência do povo da África Ocidental.

---

* Devido a uma subnotificação significativa, esses números oficiais eram provavelmente muito menores do que o verdadeiro total de vítimas.

Ao anunciar a intensificaçãc de nossa reação, o presidente Obama havia assegurado ao público americano que todo o pessoal enviado para a região obedeceria a protocolos rigorosos para garantir que não contraíssem o vírus. Minha delegação tomou várias precauções — viajar com um médico, verificar regularmente nossas temperaturas, usar os cotovelos para nos cumprimentar em vez de apertos de mão e não entrar nas Unidades de Tratamento de Ebola visitadas por nós. *

O oficial comandante dos Estados Unidos na Libéria, general de brigada Garry Volesky, levou nossa delegação de helicóptero das proximidades de Monrovia até o condado de Bong, onde encontramos técnicos da Marinha americana que haviam acabado de montar um laboratório de testes de ebola. Antes, as amostras de sangue precisavam ser levacas de motocicleta por estradas frequentemente intransitáveis até o único laboratório do país, localizado em Monróvia. Às vezes, as amostras se perdiam em trânsito, e a fila de testes era longa. As pessoas distantes da capital, como as da área que estávamos visitando, em geral recebiam o resultado ao menos cinco dias depois. Enquanto esperavam para saber se tinham ebola, eram muitas vezes mantidas em quarentena com outros pacientes, aumentando o risco daqueles que não tinham o vírus de contraí-lo.

Em uma Unidade de Tratamento de Ebola nas proximidades, ouvimos dizer que o laboratório americano já estava tendo um efeito enorme. Agora que os resultados dos testes chegavam em cinco horas, as camas eram liberadas para pacientes de fato com a doença, e os infectados eram logo isolados para não transmitirem o vírus. Igualmente importante, a capacidade de iniciar o tratamento precoce aumentou muito as taxas de sobrevivência. Depois que essas histórias de recuperação começaram enfim a alcançar as comunidades rurais, cidadãos aterrorizados com sintomas de ebola começaram a aparecer, subitamente esperançosos de que suas vidas pudessem ser salvas. Como Albert Camus escreveu em *A peste*, "pode-se dizer que, depois que a menor centelha da esperança se tornou possível, o domínio da peste terminou".

Em Serra Leoa, visitamos o novo centro de atendimento de ebola em Freetown. O CDC identificara o enterro seguro como condição sine qua non para

---

* Além do meu pequeno grupo de assessores da Missão americana na ONU, nossa delegação incluía Jeremy Konyndyk, diretor do Escritório da Usaid de Assistência Americana a Desastres no Exterior; e Andrew Weber, coordenador adjunto para a reação ao ebola do Departamento de Estado.

acabar com a epidemia; portanto, foi animador saber que uma campanha de informação pública robusta começara finalmente a disseminar entre os moradores da cidade a informação de que deviam ligar para o número 117 quando uma pessoa doente morresse. Pude constatar que a mensagem estava sendo recebida. Na parede da central telefônica havia um mapa de Freetown. Os voluntários de Serra Leoa estavam usando alfinetes vermelhos para marcar os locais onde as mortes haviam sido relatadas. Quando uma equipe recuperava e enterrava um corpo, o pino vermelho era substituído por um azul. Uma semana antes, nos contaram os serra-leoneses, apenas 30% dos corpos estavam sendo coletados e enterrados em segurança dentro de 24 horas. No momento de nossa visita — em grande parte devido à presença de especialistas civis e militares britânicos e outros apoios internacionais —, 98% dos corpos estavam sendo enterrados em até um dia. No mapa, vimos um único alfinete vermelho cercado por um mar de alfinetes azuis. A prática ainda não havia sido levada para distritos fora da capital, mas eles haviam comprovado o conceito.

Nos centros de treinamento administrados pelos Estados Unidos na Libéria e pelo Reino Unido em Serra Leoa, vimos jovens fazendo fila para se voluntariar. Parei vários deles e perguntei o que os motivava a participar da reação ao ebola. Com a economia em queda livre completa e o desemprego disparando, para alguns foi a atração dos salários diários. Mas, para a maioria, era o simples desejo de ajudar. Como um jovem de Serra Leoa me disse: "Se deixarmos nossos irmãos e irmãs morrerem, talvez sejamos os próximos. É uma questão de dever".

Se não fosse o pessoal e a segurança que tinha ao meu redor, eu me sentiria como se estivesse de volta à Bósnia, com o caderno na mão, fazendo perguntas e esperando poder transmitir essas histórias inspiradoras para alguém importante. Agora, felizmente, eu poderia relatar o que testemunhara diretamente ao presidente dos Estados Unidos.

Uma de nossas maiores preocupações era a que havia inibido a reação desde o início: o estigma. Conheci na Guiné uma sobrevivente de 24 anos, uma professora de segundo grau chamada Fanta Oulen Camara, que me contou ter vivido três vidas: antes do ebola, no inferno de suas infecções e depois de se recuperar. Ela disse que sua vida pós-ebola era mais difícil do que quando estava lutando contra a morte. Suas amigas pararam de falar com ela, e ela se sentia tão sozinha que até pensara em voltar ao centro de tratamento do ebola para ver se podia morar lá.

Em Washington, Obama fez o possível para combater o estigma: convidou a enfermeira do Texas, Nina Pham, para visitá-lo no Salão Oval depois de ela ter sido liberada do hospital e deu-lhe um abraço efusivo. Passei a descrever a foto dessa cena como "o abraço ouvido em todo o mundo" porque todos, de Fanta Camara ao presidente da Libéria, Ellen Johnson Sirleaf, mencionaram quanto aquilo significava para eles. "Nossos países precisam ser abraçados como Nina Pham", me disse Johnson Sirleaf.

Antes de voltar para casa, visitei Jackson Niamah, o profissional de saúde liberiano que havia falado de forma tão comovente por vídeo ao Conselho de Segurança sobre a situação devastadora de seu povo. Ele estava agora tão confiante e alegre que mal acreditei que fosse a mesma pessoa que ouvíramos no mês anterior. Como os Estados Unidos e outros países estavam construindo rapidamente Unidades de Tratamento de Ebola na Libéria, ele me disse que sua clínica do MSF podia enfim cuidar de todos aqueles que chegavam procurando atendimento médico.

Ao sair de nosso encontro e refletir sobre tudo o que presenciamos, comecei a acreditar que conseguiríamos acabar com a epidemia de ebola — se o medo (canalizado pelo Congresso) não interferisse na reação liderada pelos Estados Unidos.

Aconteceu que, no dia em que partimos da África Ocidental, o presidente Obama decidiu convocar o Gabinete de Segurança Nacional para determinar se sucumbiria ou não às demandas do Congresso por uma proibição à entrada de viajantes no país. Eu participaria da reunião a partir da Sala de Crise do avião, por videoconferência segura.

No auge de nossa reunião, o presidente Obama definiu o desafio: "Existe a epidemiologia da coisa e, depois, a sociologia da coisa". Como Cass havia dito, mais americanos haviam se casado com Kim Kardashian do que morrido de ebola. Mas o pânico nacional era real e arriscava atrapalhar nossa reação.

Os políticos americanos pareciam se comprazer com a chance de declarar que não permitiriam que o lixo hospitalar hermeticamente selado de pacientes com ebola transitasse por seus estados a caminho de um aterro sanitário. Em meio ao escarcéu provocado por apenas quatro casos diagnosticados nos Estados Unidos,* nosso desafio era obter financiamento, apesar de algumas das pessoas que estavam alimentando o frenesi serem as mesmas que controlavam a bolsa.

Na qualidade de funcionária do mais alto nível dos Estados Unidos a ter visitado a região, fiquei emocionada ao poder afirmar, do avião, que nossas intervenções estavam funcionando. Contei ao presidente Obama e ao restante da equipe de segurança nacional que havia visto tropas americanas operando em todo o mundo, em lugares como Bósnia, Kosovo, Kuwait e Iraque, mas nunca tinha testemunhado tanta criatividade e resultados tão rápidos. Descrevi o impacto da tecnologia do laboratório americano, o aumento de enterros seguros e a inundação de novos recrutas para programas de treinamento, bem como a gratidão expressa por líderes e cidadãos comuns.

Conhecendo a frustração do presidente em relação à "carona" no sistema internacional, também expus em detalhes como China, Reino Unido, França e até países pequenos como Cuba estavam contribuindo. Afirmei, de forma confidencial, que íamos acabar com a epidemia de ebola. No entanto, sabendo da pressão que ele estava sofrendo para anunciar novas restrições de viagem, terminei com um apelo: "Presidente, meu apelo ao senhor é que espere antes de tomar qualquer decisão". Segundo nossas embaixadas na região, elas já haviam diminuído drasticamente o processamento de solicitações de visto, e retransmiti a mensagem de que eles poderiam facilmente, *em silêncio*, reduzir o fluxo ainda mais. E acrescentei: "Nós lideramos o mundo, não importa o que façamos. Se anunciarmos uma nova política de restrições de vistos, todos os países europeus seguirão nossa liderança e isso terá um efeito devastador no moral, justo quando está finalmente subindo".

Também argumentei que, não importava o que anunciássemos, o Congresso sem dúvida exigiria novas concessões de nossa parte mais para a frente. "Se pudermos esperar apenas algumas semanas", disse eu, "teremos provas para mostrar que nosso caminho está funcionando."

O presidente estava de pleno acordo. Seus comentários públicos haviam sido claros. "Os Estados Unidos não são definidos pelo medo", dissera ele. "Os Estados Unidos são definidos pela possibilidade. Quando vemos um problema

---

* Em comparação, em 2014, mais de 55 mil americanos morreram de doenças relacionadas à gripe, enquanto cerca de 32 mil morreram em acidentes de carro.

e um desafio, nós então o solucionamos." O Congresso só voltaria a se reunir no dia 12 de novembro. Obama nos disse que tínhamos até essa data para transformar historietas e impressões em fatos concretos.

Nossa próxima parada foi em Bruxelas, onde eu faria lobby junto à União Europeia para que aumentasse sua contribuição. Em minha grossa pasta de materiais de leitura preparatórios, deparei-me com um ensaio que a MSF havia postado em seu blog na semana anterior. Era de um trabalhador liberiano chamado Alexander James que estava viajando pelo país ensinando comunidades a respeito do ebola. "Domingo, dia 21 de setembro, é um dia que nunca esquecerei em minha vida", escreveu James:

> Naquele momento, o ebola havia chegado à Libéria, então tentei conversar com minha família a respeito do vírus e instruí-la, mas minha esposa não acreditou nisso. Liguei para ela e implorei que saísse de Monróvia e levasse as crianças para o norte, a fim de que pudéssemos ficar juntos. Ela não ouviu. Ela negou o ebola.
>
> Mais tarde, naquela mesma noite, meu irmão me ligou. "Sua esposa morreu." Eu disse: "O quê?". Ele disse: "Bendu está morta". Larguei o telefone. Joguei-o longe e ele se partiu. Estávamos juntos havia 23 anos. Ela me compreendia. Ela foi a única que me compreendeu muito bem. Senti como se tivesse perdido toda a minha memória. Meus olhos estavam abertos, mas eu não sabia para onde estava olhando. Eu não tinha visão.

James continuava descrevendo como suas duas filhas e seu irmão haviam morrido de ebola enquanto tentavam cuidar uns dos outros. Apenas seu filho Kollie, que também estava na casa de Monróvia, ainda estava vivo. James se encontrou com o filho na parte norte do país, onde Kollie também foi diagnosticado com ebola. James continuou:

> Quando o exame voltou positivo, foi uma noite de agonia para mim. Não fechei os olhos nem por um segundo. Passei a noite toda apenas chorando e pensando sobre o que aconteceria agora com meu filho. [...]
>
> Pude ver do outro lado da cerca Kollie no centro de atendimento, então gritei para ele: "Filho, você é a única esperança que tenho. Você precisa ter coragem. Qualquer remédio que eles lhe derem, você precisa tomar". Ele me disse: "Papai, eu entendo. Vou fazer isso. Pare de chorar, papai, não vou morrer, vou sobreviver

ao ebola. Minhas irmãs se foram, mas vou sobreviver e vou fazer você se sentir orgulhoso". [...]

Quando finalmente o vi sair de lá, fiquei muito, muito feliz. Olhei para ele e ele me disse: "Papai, eu estou bem". Eu o abracei. Muita gente veio vê-lo quando ele saiu. Todo mundo estava tão feliz em vê-lo do lado de fora. [...] Desde então, ele e eu fazemos tudo juntos. Dormimos juntos, comemos juntos e conversamos bastante. Perguntei-lhe: "Qual é a sua ambição depois de se formar no colégio?". Ele é aluno da décima série. Ele me disse que quer estudar biologia e se tornar médico. Foi o que ele me disse!

[...] Agora ele tem 16 anos, então eu farei dele meu amigo. Não apenas meu filho, mas meu amigo, porque é a única pessoa com quem posso conversar. Não posso substituir minha esposa, mas posso fazer uma nova vida com nosso filho.

Uma família de seis pessoas, reduzida a dois e quase a um. Enquanto eu lia essa história, toda a emoção reprimida que eu estava carregando durante a viagem veio à tona.

No final, o aumento repentino de recursos — de dinheiro e profissionais de saúde a baldes e chips de celular — significou que os africanos ocidentais conseguiram o que precisavam para vencer o ebola.

Embora os países africanos afetados viessem a sofrer vários pequenos surtos depois disso, a Libéria foi declarada livre do ebola pela primeira vez em 9 de maio de 2015. Serra Leoa se livrou da doença em 7 de novembro de 2015. E a Guiné ganhou um atestado de saúde em 29 de dezembro do mesmo ano.* Cerca de 28 mil pessoas foram infectadas pelo ebola e mais de 11 mil morreram, mas a curva descrita no Escorregador nunca aconteceu.

O surto de ebola mais mortal e perigoso da história foi derrotado, sobretudo, graças aos esforços heroicos do povo e dos governos de Guiné, Libéria e Serra Leoa. Seus agentes nacionais de saúde estavam na linha de frente, combatendo o vírus desde o início, prestando assistência, provendo equipes de trata-

---

* Declarações *duradouras* de que os países estavam livres de ebola foram feitas pela Organização Mundial da Saúde em 17 de março de 2016 para Serra Leoa, em 1º de junho de 2016 para a Guiné e em 9 de junho do mesmo ano para a Libéria.

mento e instruindo as comunidades afetadas. Seus cidadãos decidiram mudar a maneira como interagiam, evitando abraços e até apertos de mão. As pessoas da região trabalharam para rastrear todos os contatos que um vizinho infectado pelo ebola pudesse ter tido. E, quando um ente querido morria, eles desenvolveram a disciplina para evitar os rituais de sepultamento que tanto apreciavam.

O envolvimento dos Estados Unidos também foi crucial. O presidente Obama ordenou uma missão que desempenhou um papel essencial de apoio aos africanos no combate à doença. A liderança de Obama também deu às pessoas desesperadas uma razão para acreditar que o ebola *podia* ser derrotado. Ao se recusar a impor a proibição à entrada de viajantes que até mesmo figuras proeminentes de seu próprio partido demandavam, manteve a influência sobre outros líderes mundiais para que também resistissem.

Na esteira desse esforço, uma onda incomum de confiança tomou conta da ONU. Juntos, o fim da epidemia de ebola e a conclusão do acordo nuclear com o Irã em 2015 fizeram com que os diplomatas acreditassem pela primeira vez em algum tempo que diplomacia e ação coletiva poderiam, de fato, tornar o mundo melhor e mais seguro.

Apesar desse sucesso, a polarização que definia cada vez mais a política e a sociedade americanas significou que aqueles que se opunham aos esforços de Obama nunca reconheceram quanto sua administração da crise fora eficaz. Nossos profissionais de saúde e soldados nunca tiveram a aceitação bipartidária que mereciam por sua bravura e sacrifício. Em geral, os Estados Unidos e o mundo apenas seguiram em frente.

Continuei a descrever com orgulho o que o presidente Obama e médicos, enfermeiros, trabalhadores da saúde e de ajuda humanitária, diplomatas e soldados americanos haviam realizado juntos. Usei o ebola como um exemplo de como o mundo precisava das Nações Unidas, de por que nenhum país — nem mesmo um tão poderoso quanto os Estados Unidos — poderia ter acabado sozinho com a epidemia.

Só depois de alguns meses fiquei sabendo de um incidente que ocorrera enquanto eu estava na África Ocidental. Um grupo de pais agitados da escola de Declan havia insistido para que ele fosse mantido em casa, em quarentena, por 21 dias depois do meu retorno. Felizmente, os administradores da escola se recusaram a fazer isso.

35. Apoio

Sempre que eu trabalhava em casa à noite e durante o fim de semana, Declan parecia comprazer-se em me fazer perceber sua presença. "Mamãe", disse ele durante um de meus telefonemas com o secretário-geral, "posso perguntar uma coisa?"

Fiz que não com a cabeça e sussurrei: "Estou no telefone".

"Mamãe, é importante."

"Isto também é importante", expliquei, pondo minha mão sobre o receptor. "Termino em um minuto."

"Mamãe", ele insistiu, "qual é o placar do jogo do Nationals?"

Outra vez, depois de não ter conseguido chamar minha atenção enquanto eu participava de uma teleconferência da Casa Branca sobre as sanções à Rússia, Declan saiu batendo os pés e murmurando: "Pútin, Pútin, Pútin…. Quando vai ser Declan, Declan, Declan?".

Rían, que tem um coração extraordinariamente generoso, tendia a perdoar minha desatenção.

Nos dias em que eu a levava à ACM para nadar ou ficava longe do telefone durante seus treinos de futebol no fim de semana, ela tinha o hábito de graciosamente me conceder crédito extra.

"Foi incrível", dizia ela. "Você me olhou jogar o tempo todo!"

María costumava pôr um lanche e uma muda de roupa na mochila de Rían para esses passeios. Mas quando ela estava fora, eu tendia a sair de casa de mãos vazias.

Rían balançava a cabeça com sabedoria e perguntava: "Você esqueceu de novo?".

"Infelizmente, sim", eu admitia. "Mas lembre-se de que eu..."

E então, num tipo de jogo que se desenvolveu entre nós, antes que eu pudesse terminar, ela dizia: "Eu sei o que você vai dizer, mamãe: você tem *outras* qualidades!".

Não muito antes de me tornar embaixadora, a executiva do Facebook Sheryl Sandberg publicou *Faça acontecer* [*Lean in*], seu influente livro sobre os obstáculos significativos que as mulheres enfrentam em seus caminhos para a realização profissional e pessoal. Sandberg, que havia trabalhado no governo americano antes de passar para o setor privado, argumentava que as mulheres precisavam levantar a voz nas reuniões, demandar que fossem promovidas e exigir contribuições mais igualitárias de seus parceiros em casa.

Como eu estava fazendo malabarismos para dar conta do meu cargo no governo Obama e da criação de dois filhos pequenos ao mesmo tempo, muitas vezes os jornalistas perguntavam meu ponto de vista sobre a argumentação de Sandberg. Em resposta, às vezes eu dizia que o peso do meu número de equilíbrio fazia com que "cair" fosse uma descrição mais apropriada da minha vida do que "projetar-se" [em inglês, *lean in*]. Mas em geral eu invocava Hillary Clinton, que disse certa vez: "Não se trata tanto de fazer acontecer, mas de ter apoio".*

Com Cass dando aulas em Cambridge durante a semana, eu me apoiava mais em María, mamãe e Eddie. Mas também dependia de amigos como Laura, que depois de um dia exaustivo na Human Rights Watch passava fielmente pelo Waldorf toda quarta-feira à noite para brincar com as crianças. Hillary, John, meu colega da faculdade de direito Elliot e uma legião de outros amigos arran-

---

* A autora faz um trocadilho entre o título original do livro de Sheryl Sandberg, *Lean in*, que significa "projetar-se, inclinar-se", e *lean on*, que quer dizer "apoiar-se". Clinton disse: "It's not so much lean in as lean *on*".

javam tempo para funcionar como uma família estendida para mim. Sem essa rede de apoio, não sei como Declan e Rían teriam feito uma transição tão suave para nossa vida radicalmente diferente na cidade de Nova York.

Meus amigos e minha família me ajudaram a adaptar o ornamentado apartamento do Waldorf para as crianças. Ensinamos Rían a usar um patinete correndo ao lado dela enquanto ela passeava pelos pisos de madeira ou acarpetados. E nos revezávamos jogando bolas Wiffle para Declan no espaçoso "salão principal", onde eu costumava oferecer recepções a embaixadores e dignitários estrangeiros.

"Power puro!", exclamava Declan depois de rebater uma bola de pingue-pongue ou de squash que atravessava toda a extensão da sala, enquanto John tentava dar um mergulho e pegar a bola antes que batesse no piano de cauda. Temendo um risco de incêndio, de tempos em tempos minha mãe, María ou eu recuperávamos bolas que estavam no candelabro. Certa vez, quando estava em cima de uma cadeira da sala de jantar usando o taco de Declan para desalojar uma bola enfiada entre os pendentes do lustre de vidro, eu disse a Cass: "Simplesmente não consigo ver Adlai Stevenson ou Jeane Kirkpatrick fazendo isso".

Os inícios de manhãs eram preciosos porque, graças a María, eu podia me concentrar nas próprias crianças, em vez de nos frenéticos preparativos de última hora para a escola. Por volta das seis e meia da manhã, antes do começo das reuniões em Washington ou na ONU, Declan e Rían se amontoavam em nossa cama enquanto María embalava seus lanches, e repassávamos os pontos altos do dia anterior. Quando Cass estava na cidade, ele tocava "Galway Girl", de Steve Earle, em seu laptop, em homenagem a sua filha de cabelos escuros e olhos azuis, e mostrava para Declan no YouTube os destaques dos grandes nomes do beisebol. As duas crianças assistiam a intermináveis vídeos de cães — pastores-alemães, ridgebacks rodesianos e labradores amarelos —, preparando-se para a escolha que Cass prometera que fariam quando nossa família se mudasse de volta para Massachusetts. Rían desenvolveu um interesse desmedido por protetores e brilhos labiais e guardava os diferentes sabores numa pasta plástica rosa neon tão metodicamente quanto eu outrora havia guardado meus cartões de beisebol. Enquanto eu me preparava para o trabalho e María vestia Declan, Rían me recrutava para testar sua mais recente aquisição exótica.

Depois do café da manhã, María levava Rían de carrinho até sua creche, distante alguns quarteirões do Waldorf, enquanto eu acompanhava Declan até sua escola, mais distante, em meu carro blindado. Nessas viagens matinais, graças ao agente de minha escolta de segurança que dirigia o carro, eu podia ir sentada ao lado de Declan no banco de trás, ajudando-o a aprender a ler. Como os agentes frequentemente o elogiavam quando ele pronunciava uma palavra difícil, esse "tempo de leitura" habitual possibilitou a Declan dominar os livros de fonética do Batman, passar a ler capítulos e, por fim, devorar toda a série de Harry Potter. Sempre que ele conseguia ler cinco páginas em voz alta durante a nossa viagem, eu comprava um donut para ele no refeitório da escola. Nos dias em que ele conseguia ler ainda mais, eu acrescentava um acompanhamento de bacon.

Como muitos dos agentes que faziam a segurança tinham filhos, eles eram maravilhosamente sensíveis ao constrangimento que causavam com seus ternos escuros enquanto vigiavam os pais que pegavam as crianças na escola ou enquanto eu empurrava Rían nos balanços do parquinho. Faziam o possível para ser discretos.

Às vezes, eu ficava comovida com a consideração dos agentes. Desde bebê, Rían sofria com frequentes infecções de ouvido. Aos três anos, começou a dar sinais de perda auditiva. Seu médico nos disse que poderia resolver o problema retirando as amígdalas e as adenoides e inserindo tubos minúsculos nos ouvidos. No dia de sua operação, Cass e eu a ajudamos a entrar no banco de trás do veículo blindado logo depois do amanhecer, enquanto nos preparávamos para ir ao Hospital Presbiteriano de Nova York. Ela gritou de alegria quando percebeu o que estava sentado amarrado na cadeirinha: um coelho branco de pelúcia adornado com um laço rosa.

"Esta é a melhor cirurgia de todas", ela proclamou. Com tudo o que estava acontecendo, eu não me lembrara de lhe dar um presente de boa sorte, mas os agentes se encarregaram disso.

Os outros embaixadores na ONU eram igualmente generosos com minha família. Na metade do meu mandato, Boubacar Boureima, embaixador do Níger, disse-me que os embaixadores africanos estavam "todos falando" sobre quanto gostavam de ter conhecido mamãe e Eddie e ver Declan e Rían correndo pelo apartamento. A inclusão de três gerações da minha família em grandes reuniões, disse ele, "estava criando uma impressão diferente dos Estados Unidos", com a qual eles podiam se identificar. "A família é muito importante para os africanos", explicou. "A grande potência nos parece muito mais aberta."

Eu não estava tentando fazer uma declaração ao incluir mamãe, Eddie e as crianças quando realizava eventos no apartamento do Waldorf. Com um emprego que não me permitia muito tempo livre, eu simplesmente desejava maximizar cada momento com eles.

Obcecados por animais, Declan e Rían logo perceberam que podiam conversar com meus colegas de todo o mundo sobre a vida selvagem de seus países de origem. Wilfried Emvula, embaixador da Namíbia normalmente reservado, tornava-se um contador de histórias efusivo quando tinha a chance de falar sobre os guepardos de seu país. Numa recepção, Declan e Rían convenceram o embaixador egípcio Amr Aboulatta a deixar a sala principal e visitar seu quarto, onde exibiram sua diversificada coleção de bichos de pelúcia. Amr olhou para os bichos e depois balançou a cabeça em indignação fingida. "Como você tem um flamingo cor-de-rosa e não tem um camelo?"

"Sinto muito", disse Declan com grande seriedade. "Vou pedir um camelo para o Papai Noel."

Os animais preferidos de Declan eram os elefantes, o que o levou a se fixar no Zimbábue — o país que seu mapa da *National Geographic* dizia ter a maior concentração deles. Quando outros embaixadores o convidavam para visitar seus países, ele se desculpava dizendo que estava planejando visitar primeiro o Zimbábue. Depois de ouvir uma versão dessa conversa várias vezes, decidi contar-lhe sobre o regime repressivo de Robert Mugabe em termos acessíveis.

Eu lhe disse que o líder do Zimbábue não era muito legal com as pessoas que moravam lá. Ele prendia quem o criticava e dava as riquezas do país a seus amigos.

"Por que eles não arranjam outra pessoa?", perguntou Declan, levando-me a explicar que Mugabe não permitiria que o povo do Zimbábue escolhesse um novo líder. Por isso, eu disse, não era provável que visitássemos o país tão cedo.

Declan pensou sobre essas novas informações e, voltado para soluções, perguntou: "Quantos anos tem Mugabe?".

Quando eu respondi "91", ele abriu um grande sorriso. "Ótimo", disse ele, "então logo, logo poderemos ver os elefantes."

Não abordei o tema novamente, mas a cada poucos meses ele pedia uma atualização sobre a saúde de Mugabe. Em 2017, quando o presidente do Zimbábue foi forçado a deixar o cargo, mostrei a Declan vídeos das celebrações nas ruas. Mas aí ele já era esperto o suficiente para perguntar: "O cara novo é melhor?".

Às vezes, eu não sabia ao certo se era prudente traduzir aspectos da minha vida profissional numa linguagem que as crianças pudessem entender. Os livros preferidos de Declan na época eram a série britânica *Mr. Men*. Os personagens tinham os nomes de suas personalidades: sr. Malvado, sr. Tagarela, sr. Ganancioso, sr. Preguiçoso, sr. Forte e assim por diante. Às vezes, eu girava o globo, apontava para um país e depois descrevia o embaixador desse país, dando a ele um apelido do tipo do *Mr. Men*. Mas com a quantidade de reuniões sociais realizadas na nossa residência, era inevitável que Declan encontrasse pessoalmente um desses "personagens" do nosso jogo. Felizmente, mesmo em tenra idade, ele teve a sensatez de não causar um incidente diplomático e só me sussurrava animado quando percebia que um embaixador que acabara de conhecer era o sr. Impossível de que havíamos falado algumas semanas antes.

Na manhã em que o presidente Obama pretendia anunciar um plano para abrir relações com Cuba, eu estava ansiosa para contar a alguém, então decidi divulgar a notícia para Declan, na época com cinco anos de idade. Para contextualizar, resumi mais de cinquenta anos de relações entre Estados Unidos e Cuba e contei como o governo americano instituíra algo chamado "embargo" para interromper o fluxo de mercadorias entre nossos dois países. Em poucas horas, contei a Declan: "O presidente Obama vai tentar algo novo". Ele assentiu enquanto eu falava, parecendo absorver minha lição simplificada de história.

Mais tarde naquele dia, na Missão americana, reuni minha equipe para assistir ao anúncio televisionado de Obama. Assim que o presidente começou a falar, a enfermeira da escola de Declan ligou para me dizer que ele estava brincando de animal durante o recreio quando seu amigo Sawyer acidentalmente o chutou no rosto, fazendo seu lábio sangrar.

Declan pegou o telefone da enfermeira.

"Mamãe", disse ele, em tom de urgência. "Precisamos de um embargo para Sawyer."

Eu disse a mim mesma que a exposição que as crianças estavam tendo ao mundo além das fronteiras dos Estados Unidos compensaria um pouco o parco tempo que passavam comigo. Mas eu sabia que nada poderia substituir a atenção dos pais. Também temia que meus filhos crescessem acostumados a um apartamento de cobertura e tratamento especial. Lembrei-me da gratidão que senti na infância quando mamãe conseguiu um assento no andar superior do estádio Three Rivers, em Pittsburgh, para um jogo dos Pirates. No entanto, quando eu levava Declan ao treinamento de primavera do Washington Nationals todos os anos, ele entrava em campo e se encontrava com os jogadores. Quando mamãe e Eddie me levaram à Disney, ficamos na fila por horas para andar na Space Mountain, tornando a emoção ainda maior. No entanto, quando levei Rían ao cenário do meu encanto de infância, olhei para os outros pais com culpa quando minha escolta de segurança nos levou para a frente das longas filas. Em tais momentos, eu tratava de dizer às crianças: "Isto. Não. É. Normal" — um bom lembrete também para mim.

Esse "apoio" abrangia mais do que essa rede inestimável formada por família, amigos e colegas de trabalho. Tinha a ver também com a importância de as mulheres se protegerem umas às outras. Vi essa dinâmica se desenrolar de maneira poderosa nas Nações Unidas, uma organização dominada por homens. Embora eles ocupassem a maioria dos cargos durante o período em que trabalhei no NSC, foi só quando cheguei à ONU que me vi habitualmente como a única mulher na sala.

Quando Obama me indicou para o cargo, fui visitar Madeleine Albright, embaixadora do presidente Clinton na ONU durante seu primeiro mandato (antes de se tornar a primeira mulher secretária de Estado dos Estados Unidos no segundo mandato). Albright contou-me que em 1993 havia reunido as sete embaixadoras na ONU (eram 183 países na época) no que chamou de G7 — as "Sete Garotas". A maneira como ela descreveu seus encontros com as mulheres que representavam Canadá, Cazaquistão, Filipinas, Trinidad e Tobago, Jamaica e Lichtenstein me lembrou do Grupo de Quarta-Feira. O G7 de Albright se tornou uma irmandade informal e um lobby inter-regional que conseguiu obter a nomeação de duas juízas para a bancada do tribunal de crimes de guerra da ONU.

Felizmente, eu tinha muito mais companhia feminina na ONU do que Albright. Quando cheguei a Nova York, eu era a 37ª mulher representante permanente dentre 193 países.* Inspirada pela iniciativa dela, convoquei o G37 tantas vezes quanto pude. Convidei minhas colegas para jantares no apartamento,

---

* Como os embaixadores iam e vinham, esse número flutuou durante o meu mandato, chegando a 42 e depois caindo para 36.

inclusive uma noite com as jornalistas Katty Kay e Claire Shipman para discutir o livro delas, *The Confidence Code* [O código da confiança] — segundo elas, "o sucesso se correlaciona mais com a confiança do que com a competência".[41] Também convidei todo o G37 para ir ao Public Theater ver *Eclipsed*, uma peça sobre violência sexual na Libéria escrita, dirigida e interpretada exclusivamente por mulheres.

Sempre que nos reuníamos, inevitavelmente lamentávamos quanto estávamos cansadas de ser questionadas sobre como era ser "uma das únicas X mulheres" em qualquer local em que estivéssemos.[42] Também lamentávamos que alguns membros dessa comunidade mais ampla das relações exteriores ainda rejeitassem a pressão por uma maior participação feminina como se fosse um tipo de pleito especial.

Sabíamos que defender a inclusão era mais do que somente uma questão moral ou de gênero. Com efeito, o progresso em direção à igualdade de gênero traz amplos benefícios intrínsecos para sociedades inteiras. Um dos melhores índices para prever o compromisso com a paz de um Estado é a maneira como as mulheres são tratadas nele. Além disso, o progresso na diminuição da distância entre os gêneros no emprego aumenta significativamente o PIB, reduz a desigualdade de renda *e* leva a maiores rendimentos para os homens. Aprender umas com as outras que compartilhávamos a frustração de ver como as questões de gênero eram às vezes tratadas de maneira estreita nos encorajava a não ter papas na língua.

Contudo, eu tinha plena consciência de que minha situação de mulher na ONU não era comparável à de minhas colegas. Tendo em vista que os Estados Unidos eram o país mais poderoso do mundo, o fato de eu ser *americana* se destacava muito mais para os funcionários da ONU e diplomatas estrangeiros do que o fato de eu ser mulher. Enfrentei poucas das esnobadas sofridas por mulheres diplomatas de outros países.

Eu também sabia que as coisas eram mais fáceis para mim em comparação a Albright, ou a Jeane Kirkpatrick, primeira embaixadora mulher dos Estados Unidos na ONU, nomeada pelo presidente Ronald Reagan. Durante meu período de estagiária com Mort, assisti a Kirkpatrick interrogar com confiança convidados no Carnegie Endowment. Tínhamos imensas diferenças políticas, mas estudei sua experiência na ONU e descobri que, por mais dura que parecesse, até ela se cansara do constante machismo em Nova York e Washington.

Certa vez, Mike Deaver, chefe de gabinete do presidente Reagan, aproximou-se dela com um pedido delicado: será que ela poderia instar Reagan a buscar uma abertura com a União Soviética?

"Todo mundo percebe que você tem influência junto ao presidente", explicou Deaver.

Quando Kirkpatrick deu de ombros, ele continuou. "Não, não, todo mundo percebe. Ele sempre ouve quando você fala. Ele olha para você e seus olhos brilham. Talvez seja porque você é mulher."

"Talvez seja porque ele esteja interessado em política externa", replicou Kirkpatrick.[43]

Em 2016, quando chegou o momento de a onu eleger um novo secretário-geral, pensei que uma mulher pudesse ser selecionada pela primeira vez. Quando mencionei isso a um embaixador europeu, ele me disse que estava aberto a isso — "desde que ela seja competente".

Retransmiti esse comentário a Dina Kawar, embaixadora da Jordânia na onu, que havia se tornado minha amiga íntima. Ela revirou os olhos. Como, perguntou, alguém pode pensar seriamente que uma mulher não qualificada poderia simplesmente passar despercebida e se tornar secretária-geral da onu? Dina brincou comigo: "Eles temem que uma mulher diga: 'Ah, eu ia arrumar meu cabelo hoje, mas pensei em me tornar secretária-geral!'". Essas qualificações nunca seriam consideradas necessárias para homens candidatos na disputa.[44]

Dos cinco países que ocupavam cadeiras permanentes no Conselho de Segurança da onu, apenas os Estados Unidos já haviam designado uma mulher como representante permanente, e com frequência eu era a única mulher no Conselho como um todo.* Quando os grupos de escolares eram escoltados até a galeria de observação para ouvir nossos debates, eu me perguntava o que as meninas pensariam quando vissem uma mulher sentada entre catorze homens. Com certeza, a ambição delas — ou pelo menos sua noção do que era possível — seria influenciada por uma disparidade tão impressionante. A percepção dos meninos do que era "natural" também seria, sem dúvida, moldada por imagens como aquela.

* O Reino Unido nomearia sua primeira embaixadora na onu em 2018.

Em 2014, graças às rotações entre os dez membros não permanentes do Conselho, tive a oportunidade de ter a companhia de outras cinco mulheres, as embaixadoras que representavam Argentina, Lituânia, Luxemburgo, Nigéria e Jordânia. Fomos o maior contingente feminino do Conselho de Segurança nas sete décadas de história da ONU.

Embora ainda respondêssemos por menos da metade dos embaixadores no Conselho, e embora nosso número voltasse a ser de uma representante feminina em 2016, a animação na ONU era palpável. Mulheres jovens me puxavam para o canto no banheiro para dizer como estavam orgulhosas de ver nós seis brigando na câmara tradicionalmente masculina. Nossas deliberações mudaram de maneiras sutis; notei que as embaixadoras costumavam se referir aos comentários de suas colegas com mais frequência do que os homens.

Ter seis mulheres no Conselho não impediu que os embaixadores do sexo masculino assumissem ocasionalmente posições bizarras, como questionar casos bem documentados de violência sexual. Certa vez, quando estávamos discutindo o que fazer com as alegações de que soldados do Exército sudanês em Darfur haviam cometido estupro em massa, um dos meus colegas africanos ignorou os relatórios detalhados. *

"Por que os soldados fariam isso quando tinham suas esposas os esperando em casa? Onde está a prova?", ele perguntou, e insistiu: "Se esses estupros aconteceram mesmo, as mulheres teriam falado abertamente sobre isso — mesmo com as forças de segurança presentes".

Eu interrompi. "Ah, você está falando de sua vasta experiência pessoal de ter sido estuprado e depois terem lhe perguntado o que aconteceu enquanto as forças de segurança afiliadas a seus estupradores zombavam de você?"

Em outra ocasião, Vitáli criticou de forma memorável o enviado da ONU ao Iêmen por gastar demais seu precioso tempo conversando com mulheres. "Seu trabalho é fazer a paz, e isso já é bastante difícil", disse. "Por que está perdendo seu tempo tendo reuniões com mulheres que nem sequer estão envolvidas no conflito?" Nessas ocasiões, as embaixadoras — e alguns dos homens esclarecidos — levantavam a mão para exigir a palavra e responder.

---

* De acordo com a Human Rights Watch, no final de 2014, durante 36 horas, militares sudaneses uniformizados e armados estupraram mais de duzentas mulheres e meninas num ataque "sistemático" ocorrido na cidade de Tabit.

De modo mais impactante, pressionamos o secretário-geral da ONU a tomar medidas para punir aqueles que haviam cometido violência sexual, inclusive — o que era hediondo — as próprias forças de manutenção da paz da ONU. A despeito das objeções do Egito, garantimos a aprovação de uma resolução do Conselho que exigia que a ONU expulsasse unidades inteiras de manutenção da paz cujos soldados foram acusados de abuso sexual de civis. Em consequência, em 2017, o secretário-geral Guterres mandou para casa todo o destacamento de mais de seiscentos soldados de paz congoleses que estavam estacionados na República Centro-Africana, após numerosas acusações de que vários deles estavam cometendo abusos.

Embora eu pudesse fazer pouco para influenciar a escolha de quem os chefes de Estado estrangeiros indicariam para representar seus países na ONU, tentei tornar a Missão americana mais amistosa para mulheres e mães — até fazendo pequenas mudanças, como instalar a primeira sala de amamentação da Missão. Também pressionei para incluírem mulheres especialistas nos debates do Conselho de Segurança — e não apenas sobre temas explicitamente rotulados de "questões femininas". Quando se abriram vagas para embaixadores sob meu comando, recrutei ativamente mulheres para que se candidatassem e recomendei várias delas à Casa Branca. No final, o presidente Obama nomeou mulheres para três dos quatro cargos.

Quando viajava ao exterior, eu acrescentava uma parada em cada viagem para interagir com meninas adolescentes. Adorava em particular praticar esportes com elas — era o epítome desse éthos do "apoio", no qual as equipes femininas se preparavam para o sucesso. No México, joguei futebol com um grupo de meninas carentes. No norte do Sri Lanka, devastado pela guerra, joguei o esporte local, Elle (um jogo de taco e bola) na chuva com meninas muçulmanas que só recentemente haviam retornado à escola depois de anos de conflito. E no Oriente Médio, joguei basquete com meninas israelenses e palestinas que sonhavam em virar engenheiras, arquitetas e até políticas. Em cada caso, aquelas adolescentes tímidas, que mal haviam falado antes de iniciarmos o jogo, começavam a se abrir quando eu vestia minhas roupas esportivas, não mais parecendo uma importante autoridade americana.

Quando eu me encontrava com mulheres jovens nos Estados Unidos, acabava compartilhando coisas demais. Eu descrevia minhas dúvidas na Batcaverna e a opção espinhosa entre o emprego dos meus sonhos e a família, que queria poder ver mais. Não esconc̄ia os desafios que enfrentariam se seguissem carreiras ambiciosas no serviço público ou na política externa, mas as incentivava a dar o salto necessário.

Também oferecia uma dose de perspectiva, destacando as histórias de mulheres e meninas que estavam rompendo barreiras que eu julgava quase inimagináveis. No Afeganistão, sob o regime talibã, por exemplo, haviam negado às meninas quase todo o acesso à educação. No entanto, quando cheguei à ONU, 3 milhões de garotas afegãs haviam enfrentado o risco de violência e se matriculado na escola. Finalmente autorizadas a concorrer a cadeiras no Parlamento do Afeganistão, as mulheres conquistaram 28% das vagas — uma proporção maior do que no Congresso dos Estados Unidos.

Costumo falar em público sobre a Equipe Nacional de Ciclismo das Mulheres Afegãs, que fora banida pelo Taliban, mas restabelecida em 2011. Desde então, o grupo cresceu, chegando a quarenta mulheres. Os homens afegãos com frequência gritavam para que as mulheres saíssem da estrada, e soube-se até de motociclistas que as agarraram enquanto passavam pedalando (levando várias a colidir). No entanto, as mulheres continuaram andando de bicicleta.

Eu pedia às pessoas que me ouviam — fossem meus colegas embaixadores do Conselho de Segurança da ONU ou um grupo de estudantes — que pensassem na impressão deixada por essas mulheres:

Imaginem por um minuto como deve se sentir uma garotinha de uma cidade rural do Afeganistão que de repent̃e vê aquelas quarenta mulheres, numa única fila, voando pela estrada. Ver pela primeira vez uma coisa que você não acreditava ser possível. Para onde sua mente iria? Pensem sobre a onda de choque que a imagem enviaria pelo seu sistema. Pensem no que ela permitiria que você acreditasse ser possível. Você nunca mais seria capaz de pensar da mesma maneira.

Iniciativa. Autodeterminação. Dignidade. Solidariedade. Não podíamos desconsiderar o impacto potencial de uma dessas perspectivas alteradas sobre uma jovem, sua família e, por fim, sobre uma comunidade inteira.

36. Toussaint

Desde meu tempo passado na Bósnia, eu acreditava que poderia me informar melhor sobre uma situação estando onde os acontecimentos se desenrolavam. Como disse certa vez o fotógrafo de guerra húngaro Robert Capa: "Se suas fotos não são boas o suficiente, você não está perto o suficiente". Tentei levar esse espírito de "aproximação" para a diplomacia.

Como escritora e ativista, ir atrás das experiências das pessoas em primeira mão era para mim obviamente uma prática comum. Mas como funcionária do governo, isso era muito mais difícil. Era raro que os briefings e os telegramas diplomáticos que eu consumia oferecessem pontos de vista brutos e não filtrados.

Ao fazer um brainstorming com minha equipe sobre como concentrar nossas energias durante o fim do governo Obama, meu principal assessor para a África, Colin Thomas-Jensen, apresentou a ideia de viajarmos às partes esquecidas de Camarões, Chade e Nigéria para nos encontrar com pessoas na linha de frente da luta entre os governos da região e o grupo terrorista Boko Haram.* Esse grupo queria criar um Estado puramente islâmico na área para a qual esses três países e o Níger convergiam. Seus combatentes atacavam quem não apoiava a exigência de imposição estrita da lei da Xaria.

* Esse nome significa aproximadamente "a educação ocidental está proibida".

O Boko Haram ganhou notoriedade global em abril de 2014, depois de sequestrar 276 meninas de uma escola em Chibok, na Nigéria. As meninas se preparavam para os importantes exames que determinariam se seriam admitidas numa escola profissional ou na universidade. Na noite do ataque, a milícia do Boko Haram invadiu os dormitórios e forçou as meninas aterrorizadas, tanto cristãs quanto muçulmanas, a entrar em caminhões e motos, e deixou a escola em chamas. Quando um dos caminhões quebrou, 57 meninas conseguiram escapar. Mas o resto foi levado para esconderijos rurais, onde seus captores as forçaram a adotar uma forma radical do islamismo e a se casar com soldados do Boko Haram.

Na campanha #BringBackOurGirls [#DevolvamNossasMeninas] que se seguiu, figuras públicas e grupos de base usaram as mídias sociais para pressionar os governos a dedicar mais recursos à localização das estudantes sequestradas, que pareciam ter desaparecido. Eu havia lido que as mães e os pais das meninas estavam "enlouquecendo" com a falta de progresso da investigação para encontrar suas filhas.

O sequestro de Chibok ocorreu no mesmo ano em que o Estado Islâmico (EI) do Iraque e da Síria ganhou destaque ao dominar enormes extensões de território no Oriente Médio. No entanto, em 2014, o Boko Haram detinha a dúbia distinção de ser o grupo terrorista mais mortal do mundo. No ano seguinte, seus terroristas mataram mais pessoas do que a franquia principal da al-Qaeda em toda a sua história. E em 2016, o Boko Haram prometera lealdade ao EI, reunira milhares de combatentes e deslocara 2,5 milhões de pessoas de suas casas. As meninas de Chibok constituíam apenas uma pequena fração das 10 mil crianças que, segundo estimativas, foram tomadas pelo grupo desde 2013. Em alguns casos, meninas e meninos que eles sequestraram eram drogados e forçados a se tornarem mulheres e homens-bomba.*

Embora o Pentágono tenha enviado trezentos assessores para apoiar os esforços de combate ao grupo, as forças militares regionais que o pessoal americano assessorou não se mostraram eficazes. Os governos cometeram erros conhecidos, priorizando a matança de terroristas, mas dando pouca consideração ao fato de que suas próprias violações dos direitos humanos e a negligência econômica estavam ajudando o recrutamento do Boko Haram.

* O Boko Haram realizou 183 ataques suicidas ao longo de 2014 e 2015. Desses, 58 foram perpetrados por crianças, três quartos das quais eram meninas.

Ao discutirmos uma possível viagem a Camarões, Chade e Nigéria, Colin alertou: as preocupações com segurança tornariam a visita ainda mais complicada do que nossa viagem à África Ocidental durante o surto de ebola e nossas quatro viagens à violenta República Centro-Africana. Mas o esforço de ir também abriria novos caminhos. Eu seria a primeira autoridade do gabinete americano a visitar Camarões desde 1991. Eu havia viajado ao Chade no início do governo, tornando-me a autoridade mais graduada dos Estados Unidos a visitar esse país, e agora voltaria pela segunda vez.

Como um bom número de "parceiros" americanos no combate ao terrorismo, Camarões e Chade eram dirigidos por presidentes repressivos, que estavam no poder havia décadas — 34 anos para Paul Biya, de Camarões, e 25 anos para Idriss Déby, do Chade —, o que os tornava praticamente imunes a qualquer tipo de responsabilização. Suas Forças Armadas indisciplinadas cometiam violações de direitos humanos num cenário de abusos estatais mais amplos contra a população em geral. Embora eu achasse que a crescente ameaça representada pelo Boko Haram tornava necessário (embora desagradável) trabalhar com esses governos, também acreditava que precisávamos treinar unidades cuidadosamente escrutinadas e usar nosso apoio militar e financeiro como alavanca para tentar obter reformas.[45] Os governos precisavam começar a punir os soldados que cometiam torturas e assassinatos extrajudiciais e alocar apoio econômico a civis pobres em áreas onde o Boko Haram ganhara terreno.

O fato de trabalhadores humanitários terem começado a alertar sobre a iminência de fome em massa em algumas áreas afetadas por conflitos da Nigéria proporcionou um motivo ainda mais imediato para a viagem. Os ataques do Boko Haram tumultuaram de tal forma o comércio, a agricultura e o transporte local que se acreditava que mais de 50 mil pessoas viviam em condições semelhantes às da fome na parte nordeste do país. Outras centenas de milhares poderiam morrer de fome caso não obtivessem ajuda. Se fossemos, disse Colin, poderíamos usar a visita para liberar 40 milhões de dólares em assistência humanitária adicional dos Estados Unidos.*

---

* As viagens de alto nível são valiosas porque costumam gerar processos liderados pela Casa Branca por meio dos quais as agências governamentais americanas encontram "produtos" que, quando anunciados, podem tornar o governo anfitrião mais sensível às solicitações dos Estados Unidos. As viagens de altos funcionários americanos são, portanto, frequentemente acompanha-

Viajar para Camarões, Chade e Nigéria significaria uma semana inteira longe de Declan e Rían. Como eu queria que meus filhos se sentissem seguros, eu nunca sabia ao certo como discutir os aspectos mais sombrios do meu trabalho. Mas, como na maioria dos assuntos, eu tendia a pecar pelo excesso de revelações. Apontei no mapa para as partes do noroeste da África que eu visitaria e contei a Declan e Rían sobre um grupo muito desagradável de bandidos que impediam as crianças de irem à escola e às vezes até as tiravam dos pais. Rían tinha apenas três anos, mas ficou imediatamente triste.

"Elas estão chorando?", perguntou ela sobre as crianças sequestradas. "Sim", respondi, "muitas pessoas estão chorando agora."

O foco de Declan era diferente. Prestes a participar de seu primeiro jogo oficial da Liga Infantil de beisebol, ele colocara seu uniforme novo sobre a mesa da sala de jantar: meias num tom azul-real, calças brancas de poliéster com cintura elástica e uma camisa azul-real e laranja. A visão de seu rosto radiante me lembrou da alegria que senti quando meu treinador de softbol em Pittsburgh abriu o porta-malas de sua caminhonete e me entregou meu primeiro uniforme. Eu correra com ele para o carro, gritando "olha, mamãe!" com meu sotaque de Dublin. Nada fizera com que eu me sentisse mais americana do que vestir minhas listras dos "Oilers".

Mesmo em meio à loucura de ser embaixadora dos Estados Unidos, eu sempre arranjava tempo para o beisebol com Declan, fosse levando-o aos jogos do Washington Nationals quando o time passava por Nova York, deixando-o todas as manhãs em um acampamento de beisebol de verão no Brooklyn ou simplesmente escapando para jogar aos domingos no Central Park. Ele não podia acreditar que eu ia faltar à sua estreia. Expliquei que não podia controlar o momento da minha viagem e que Cass iria em meu lugar.

"Ele vai ficar no telefone o jogo inteiro", reclamou Declan.

"Provavelmente", respondi, "porque vai estar me mandando mensagens com atualizações sobre seu jogo."

Essa explicação pareceu tranquilizá-lo. Porém, menos de uma hora antes de eu partir para o aeroporto, percebi que não tinha o cabo Ethernet necessário para conectar meu computador ao nosso avião governamental (que podia par-

_____

das por um anúncio de novo financiamento americano. Sem fazer essa viagem, eu não poderia garantir a liberação de um nível semelhante de assistência adicional.

ticipar de uma videoconferência na Sala de Crise, mas inexplicavelmente não possuía os cabos básicos para ficar on-line). Desanimada, racionalizei que seria melhor examinar meus relatórios com instruções do que atualizar o meu e-mail a cada quinze segundos para seguir as rebatidas de Declan. Consumida pela arrumação de malas de última hora, não percebi que Cass havia escapulido do apartamento.

Quando fui procurá-lo para me despedir, ele entrou pela porta da frente com sua camisa azul-clara de Oxford encharcada de suor. Ele havia corrido oito quadras até a Apple Store e retornado pouco antes de eu sair.

"Faça dois planos, e Deus sorri", disse ele, entregando-me um saco. "Consegui dois cabos, caso um não funcione."

Dei-lhe um abraço agradecido e, enquanto o segurava, ele repetiu o que costumava dizer antes de eu viajar para o exterior: "Por favor, não vá".

Como o EI e seus afiliados haviam começado a atacar alvos ocidentais — assassinando jornalistas americanos na Síria, atirando em hotéis e atrações turísticas no norte da África —, passei bastante tempo pensando em tudo o que poderia dar errado na viagem. Mas proclamei, alegre: "Sinta o medo e viaje de qualquer maneira", lembrando a Cass que eu voltaria para casa a tempo para o aniversário de sete anos de Declan em uma semana.

Rían veio correndo até a porta. Não mais alta que minha mala de rodinhas, ela exigiu docemente "cinco beijos e abraços". No meio do nosso abraço final, eu disse que conversaria com ela todos os dias e traria de volta um novo sabor de ChapStick, como tentava fazer em todas as minhas viagens.

Enquanto voávamos, graças à minha conexão aérea de internet, soube em tempo real que Declan havia chegado à base quatro vezes (graças a duas movimentações de linha e a alguns desajeitados arremessos da outra equipe), e encomendei uma camisa de beisebol juvenil do Nationals para lhe dar de aniversário, personalizada com POWER nas costas. Depois, foquei na preparação do que esperava ser uma visita difícil.

Nossa delegação incluía um punhado de funcionários da Missão americana, além de altos funcionários do Departamento de Estado, da Usaid e do Pentágono, entre eles o vice-comandante das Forças Armadas dos Estados Unidos na África. Em nosso primeiro dia inteiro na região, viajamos para Maroua, capital da região do extremo norte de Camarões, onde estavam concentradas as pessoas atacadas pelo Boko Haram. Eu sempre tentava visitar sobreviventes de violência antes de me encontrar com chefes de Estado. Isso me permitia ouvir pontos de vista de testemunhas oculares. E eu poderia transmiti-los aos seus líderes, que em geral viviam distantes de seu povo.

Quando nosso avião pousou, cerca de trezentos soldados de forças especiais de Camarões estavam com todo o seu equipamento de combate no aeroporto. Como os ataques do Boko Haram eram recorrentes na área e os combatentes do grupo podiam facilmente se misturar com a população local, o planejamento de segurança tinha sido minucioso. Quando saímos do aeroporto, havia forças especiais de guarda a cada 150 metros. Ao passar, pude ver que eles estavam usando blindagem corporal e tinham rifles de assalto e lança-granadas.

A polícia camaronesa e soldados camuflados estabeleceram o ritmo e seguiram atrás de nosso comboio. Uma equipe de SEALs da Marinha americana, com o rosto envolto em bandanas, distribuiu-se entre nossos veículos, juntando-se à minha escolta habitual e a uma camada adicional de segurança diplomática da embaixada americana. A cada um de nós foi solicitado antecipadamente que fornecesse o tipo sanguíneo, para que a ambulância no comboio tivesse plasma suficiente em caso de emergência. Um helicóptero militar camaronês nos acompanhava de perto, e fomos informados de que também havia uma aeronave de vigilância americana, milhares de metros acima de nós, monitorando a área para detectar a aproximação de ameaças.

Quando era jornalista, eu andava por terras estrangeiras com pouco mais do que uma mochila, um notebook, uma lanterna e um estoque de notas de um e de cinco dólares. Quando via dignitários americanos passarem com seus comboios ostensivos e blindados, sempre me perguntava como alguém em Washington pensava que aquela exibição aumentaria o prestígio do país.

"Precisamos mesmo de tudo isso?", perguntei a Michael Hoza, o embaixador americano em Camarões. Ele foi inflexível: era preciso.

"Você pode imaginar como beneficiaria o Boko Haram em todo o mundo se eles pegassem um funcionário do gabinete?", perguntou.

Nosso comboio de catorze veículos blindados passou por estradas que o governo camaronês havia fechado temporariamente ao tráfego civil. Olhei pela janela de vidro à prova de balas para os grupos de pessoas à margem da rota — em alguns lugares, esses grupos chegavam a ter cinco fileiras de pessoas. Muitos acenavam e sorriam. Meninos e meninas jovens espiavam por trás das pernas dos pais, e mulheres com vestidos multicoloridos carregavam enormes jarros de água na cabeça, esperando pacientemente o fim do espetáculo para poderem retomar suas rotinas.

A proteção oferecida a mim e à minha equipe punha em relevo a vulnerabilidade diária das pessoas que assistiam ao nosso comboio passar. No entanto, eu sabia que se tivesse questionado os profissionais da segurança, poderíamos ter sido forçados a cancelar a visita ao norte. Desde os ataques de Benghazi em 2012, todo o aparato de segurança americano ficara ainda mais avesso a se arriscar.*

Najat Rochdi, coordenadora humanitária da ONU em Camarões, estava sentada ao meu lado no carro blindado. Natural do Marrocos morando em Camarões havia três anos, Najat demonstrou um conhecimento impressionante da história, da cultura e do trauma do lugar. Na viagem de avião, eu anotara dezenas de perguntas, e Najat parecia ter respostas para todas. Ela me deu uma visão geral estratégica, mas também trazia consigo uma lista com o nome de 37 crianças, algumas com apenas onze anos, que estavam definhando numa prisão camaronesa, acusadas de serem membros do Boko Haram, apesar da ausência de provas. Pedi a lista para mostrá-la ao presidente Biya quando me encontrasse com ele no dia seguinte.

Também perguntei sobre os camaroneses que estavam sendo afastados de seus meios de subsistência pela manhã devido a todas aquelas interdições de segurança.

"Eles não estão chateados com todo esse transtorno e inconveniência?", perguntei.

"Infelizmente, eles não têm experiência de um governo que cuide deles, então este é apenas mais um dia como qualquer outro", explicou Najat.

Depois de uma viagem de noventa minutos de carro, chegamos à cidade de Mokolo. Tocadores de tambor em trajes tradicionais nos deram boas-vindas enérgicas e comemorativas, e fizemos uma visita de cortesia ao chefe da administração local. Em nosso breve encontro, ele falou com orgulho dos autonomeados guardiões do bairro, ou "comitês de vigilância", que estavam tentando

---

* Com efeito, o Boko Haram realizaria vários ataques enquanto nossa delegação estava na região, inclusive um ataque a um posto de controle camaronês que matou três soldados e um atentado suicida que matou oito pessoas em um campo de pessoas deslocadas no nordeste da Nigéria.

livrar a área do Boko Haram. Ele nos contou sobre um incidente recente, no qual um grupo de moradores usara pedras, arcos e flechas para matar uma mulher de 25 anos que entrou no mercado usando um cinto suicida sob as roupas. Nesse caso, parecia que a mulher era realmente uma ameaça, mas eu havia lido relatos segundo os quais esses mesmos "guardiões" acusavam pessoas de serem do "Boko Haram" para poder roubar seus animais. Quando direcionei a conversa para esse problema, o funcionário descartou minhas preocupações, negando que estivessem ocorrendo abusos contra civis.

Depois de me despedir do sujeito, meu vice-chefe de gabinete, Gideon Maltz, veio ao meu encontro antes que eu pudesse voltar para o carro. Revirei os olhos para deixar clara minha frustração com a reunião recém-concluída, que ele havia evitado. Gideon planejara a viagem, e eu gostava de caçoar dele dizendo que todas as reuniões produtivas eram ideia minha e todas as inúteis eram culpa dele. No entanto, seu rosto parecia pálido, seus olhos, sem brilho. Algo estava errado.

"O que houve?", perguntei.

"Precisamos conversar com você", ele respondeu enquanto me afastava dos jornalistas e me levava para uma pequena sala escura no fundo do corredor. Colin, meu assessor para a África, nos esperava na sala, com os olhos cheios de lágrimas, enquanto meu porta-voz Kurtis e minha assistente especial Becca Wexler olhavam para o chão.

"O que houve?", perguntei, sentindo minha boca subitamente seca. "O quê?"

Minha cabeça saltou na hora para todas as catástrofes que poderiam ter acontecido com mamãe, Eddie, Cass e as crianças, mas fiz um rápido cálculo da diferença de horário para Nova York e me tranquilizei porque eles provavelmente ainda estavam dormindo.

Colin falou, mal conseguindo juntar uma frase.

"Enquanto estávamos andando de carro por aqui", disse ele, "nosso carro atropelou um menino."

"Ah, meu Deus", exclamei.

Meu veículo estava sete carros na frente deles, e eu não tinha ouvido nada. "Ah, meu Deus", exclamei novamente. "Ele vai ficar bem?"

A expressão nos rostos de Gideon e Colin — e o fato de o menino ter sido atropelado por um veículo blindado viajando a setenta quilômetros por hora — me contou tudo.

"Ainda não sabemos", murmurou Gideon.

Colin estava fora de si. Pai de uma filha pequena, havia dedicado sua vida aos esforços para acabar com as guerras mais intratáveis da África. "Paramos depois de atropelá-lo", exclamou. "Mas aí eles nos fizeram seguir em frente."

Ele não precisava me dizer a quem o pronome "eles" se referia. Eu sabia como os funcionários de segurança dos Estados Unidos reagiriam numa situação como aquela. Além do risco de um ataque do Boko Haram a americanos parados ali, eles se preocupariam imediatamente com a possibilidade de violência da multidão contra Gideon, Colin, o motorista camaronês e o outro diplomata americano que estava no veículo.

"Temos de voltar", eu disse.

Colin esclareceu que, embora o carro deles tenha sido instruído a seguir em frente, a ambulância da carreata parou para atender o menino.

Perguntei se eles sabiam como o acidente havia acontecido. "Achei que os pedestres estavam impedidos de entrar na estrada", eu disse, inutilmente.

Gideon achava que a criança estava olhando para longe quando correu para a estrada. Outros especularam mais tarde que ele se distraíra olhando o helicóptero camaronês que acompanhava o comboio.

Enquanto tentávamos entender o que havia acontecido, discutimos o que fazer a seguir. Sabendo que um grupo de sobreviventes da violência do Boko Haram já havia sido reunido para se encontrar conosco, Gideon e Colin recomendaram que seguíssemos adiante. Como estávamos aguardando notícias sobre o que aconteceria com a criança e não podíamos fazer nada para ajudá-la, concordei.

"Mas não importa o que aconteça, vou ver a família do menino", falei.

No curto percurso até nosso destino, senti como se minhas entranhas tivessem congelado, e uma onda intensa de náusea tomou conta de mim. Fechei os olhos e rezei para que, contra todas as probabilidades, ele sobrevivesse.

Chegamos a um grande pátio de terra batida, onde pequenos grupos de camaroneses estavam reunidos. Najat e eu fomos levadas até uma mulher corpulenta vestida de roxo claro, que segurava uma criança no colo. Nós nos sentamos diante dela e pedi a Najat, que fazia a tradução, para começar perguntando à mulher de onde ela e sua filha eram.

Depois que Najat fez minha pergunta, a mulher sacudiu a cabeça. "Esta menina não é minha", disse ela, acariciando a criança.

Najat inquiriu em francês e de repente parou e disse: "Ah, Deus! Eles tiraram todo mundo dela. Os dois filhos, o marido. Mataram todos. Ela não tem mais ninguém". A mulher começou a soluçar. Um camaronês que se juntara ao nosso círculo disse a ela para parar de chorar. Eu o cortei.

"Ela pode chorar, todos nós devemos chorar."

Todos os seis camaroneses que encontramos na hora seguinte contaram histórias semelhantes. Eles ouviam um "bum, bum, bum" quando o Boko Haram chegava à aldeia deles. Seus atacantes lhes ofereceram opções impossíveis: sair de casa ou ser morto; dê-nos sua filha ou vamos matar sua mãe. Uma camaronesa nos contou que havia fugido com um bebê de cinco meses, um filho de um ano e três outras crianças pequenas, e conseguido sobreviver a uma caminhada de várias centenas de quilômetros. A mulher não disse o que havia acontecido com o marido, mas eu havia sido informada antes de que ele fora queimado vivo na frente dela.

Depois que terminei de falar com os sobreviventes, Becca me puxou para o lado. "O garoto não sobreviveu", ela me contou com a voz trêmula.

Eu aguardava essa notícia. Ainda assim, senti como se meus joelhos estivessem fraquejando. Kurtis se juntou a Najat e a mim em nosso veículo, e por um longo tempo nenhum de nós falou.

Em minha cabeça, eu ouvia sem parar: "Primeiro, não faça mal. Primeiro. Não. Faça. Mal".

Havíamos trazido 40 milhões de dólares e a promessa de atenção americana de alto nível. Estávamos prometendo compartilhamento de informações e treinamento militar. E havíamos convidado jornalistas de agências como ABC News, Rádio Pública Nacional, Associated Press e o *New York Times*, cuja cobertura chamaria atenção para a situação das vítimas do Boko Haram, o que quase certamente traria mais dinheiro para comprar remédios e alimentos.

Mas qualquer bem que conseguíssemos fazer jamais compensaria o que acabara de acontecer. Se não tivéssemos vindo, um menino de seis anos ainda estaria vivo.

Kurtis, que tentava se recompor para falar com a mídia, lembrou que as autoridades camaronesas eram responsáveis por precauções de segurança, como definir a velocidade de nossa viagem, erguer barreiras na estrada e manter as pessoas fora das ruas. O veículo que atingiu o garoto pertencia às Nações Unidas, e o motorista era funcionário camaronês da ONU.

Nenhum desses detalhes importava. Os comentários de Kurtis se fundiram, enquanto as mesmas quatro palavras continuavam ecoando em meu cérebro: "Primeiro. Não. Faça. Mal".

Quando disse a Najat que queria ver a família do menino, ela tentou me dissuadir, dizendo que era impossível saber como a aldeia da família reagiria à nossa visita. Carlos Johnson, chefe de meu destacamento de segurança em Nova York, entrou na conversa e concordou com Najat. Mas acho que nenhuma decisão na minha vida até aquele momento me pareceu menos uma escolha do que aquela — prestar ou não nossa homenagem.

"Isso não é negociável", eu disse. "Não podemos deixar de fazê-lo."

Após uma pausa, Najat admitiu que provavelmente faria a mesma coisa. Carlos disse que "resolveria isso" com os SEALs da Marinha e as autoridades de segurança de Camarões, mas que eles precisariam de algum tempo para "garantir a segurança do local". Colin se juntou a Carlos para fazer com que o mais alto oficial de segurança da embaixada criasse rapidamente um plano para que meu veículo pudesse parar na casa do menino enquanto o resto do nosso comboio, grande e fortemente armado, ficava a uma distância respeitosa.

Enquanto as autoridades de segurança dos Camarões e dos Estados Unidos traçavam o novo itinerário, continuamos com a próxima parte do nosso plano original, viajando quase uma hora até o campo de refugiados de Minawao, lar de cerca de 60 mil nigerianos que haviam atravessado a fronteira em busca de segurança contra o Boko Haram.

Liguei para Cass, contei o que havia acontecido e lhe pedi para dar a notícia a mamãe. Não queria que ela soubesse do acidente pelo noticiário. Não pudemos falar por muito tempo porque a ligação estava ruim. Mas ele não parava de repetir: "Sinto muito, muito, Samantha". Nas horas seguintes, toda vez que voltávamos a um lugar onde havia sinal para o celular, eu recebia uma enxurrada de e-mails de uma linha do meu marido — mensagens simples como: "Inconsolável aqui também".

A julgar pelo número e pelo ritmo dos e-mails enviados por ele, vi que não estava conseguindo se concentrar no trabalho. Foi a primeira vez que o percebi incapaz de se concentrar.

Quando chegamos ao campo, fomos recebidos calorosamente por refugiados reunidos na entrada. Enquanto as câmeras de televisão rodavam, acenei inerte, forçando um sorriso e um contato visual com as crianças ao longo do caminho. Eu disse a Najat que precisava usar o banheiro antes de começarmos nossos encontros. Eu não ficara sozinha desde que ouvira falar do "menino" — cujo nome, enfim descobríramos, era Toussaint Birwe.

Fui escoltada até uma pequena cabine portátil de plástico sobre um buraco no chão. Eu sabia que esse era o único lugar no acampamento onde eu podia encontrar a solidão — o único lugar em que eu poderia escapar do olhar atento da mídia e dos semblantes angustiados nos rostos dos membros da minha equipe, eles mesmos precisando desesperadamente de consolo. Levantei a trava da porta de fibra de vidro, ignorei o fedor avassalador e entrei.

Olhei para a hora no meu telefone e me dei dois minutos.

Imaginei o sorriso de Toussaint quando ele apontava empolgado para o comboio. Imaginei seu pequeno corpo jazendo na estrada. E imaginei alguém correndo para contar a seus pais e irmãos. Ouvi os gritos lancinantes deles ao saber o que acontecera. Pensei neles naquele momento, orando enquanto se preparavam para o enterro. Soltei toda a emoção reprimida e chorei descontroladamente. Por dois minutos inteiros, não tive que parecer forte nem ser forte pelos outros.

Quando meus dois minutos previstos acabaram, peguei alguns lenços umedecidos da bolsa — cujo cheiro sempre me lembrava a troca de fraldas dos meus filhos — e tentei remover os vestígios do meu colapso. Então abri a porta do banheiro e saí para a luz inclemente do sol.

A viagem entre o acampamento de refugiados e a aldeia de Toussaint foi agourenta. Embora fizesse um calor terrível na região, minha pele começou a ficar dormente.

Quando chegamos, saí do veículo e segui por um caminho de terra que levava à casa de Toussaint. Tive a sensação de que toda a aldeia tinha decidido aparecer. Embora tivéssemos sido bem recebidos no início do dia, agora havia por ali dezenas de homens agachados ou estoicamente de pé nos olhando em silêncio. Concentrei-me em pôr um pé adiante do outro.

Quando entramos por uma porta baixa numa casa com paredes de barro, encontramos um homem muito velho, provavelmente na casa dos oitenta anos. Era o avô de Toussaint. Ele estava sentado ao lado de uma mulher muito mais jovem chamada Fanta Makachi, mãe do menino. Ambos estavam sentados em caixas de madeira, diante de cadeiras de plástico brancas, onde indicaram por gestos que sentássemos.

Apertei primeiro a mão do velho. Ele parecia estranhamente sereno. Um camaronês traduziu suas palavras para o francês, que Najat traduziu para o inglês. "Foi a vontade de Deus", disse ele. "Era a hora dele. Deus tinha uma razão para levá-lo. Louvamos a Deus."

Olhei para a mãe de Toussaint. Ela estava vestida com uma camiseta e uma saia florida. Os olhos dela pareciam vagos. Ela não falou nada.

Najat, o embaixador Hoza e eu fomos apertar a mão dela, mas ela desviou o olhar enquanto estendia sua mão frouxa. Eu desejava me conectar com ela, saber que ela via a profundidade de nosso arrependimento e de nossa tristeza. Mas naturalmente ela não conseguia ou não queria participar plenamente de nossa visita. Fiquei agradecida por ela ao menos ter concordado em nos ver.

Os dois irmãos e as duas irmãs de Toussaint tinham entre um e onze anos. Vi um dos meninos, o rosto manchado pelas lágrimas, deslizar para o colo da mãe. Tentei falar. Dessa vez, Najat traduziu minhas palavras para o francês antes que os camaroneses as pronunciassem no dialeto local.

"Como mãe", comecei, mas me engasguei e tive de começar de novo. "Não consigo imaginar pelo que você está passando", eu disse. "Sinto muitíssimo."

Antes que eu percebesse, já estávamos do lado de fora, todos piscando para conter as lágrimas enquanto caminhávamos em direção aos nossos veículos. Mais tarde naquela mesma noite, escrevi em meu diário: "Acho que cruzar aquela porta foi a coisa mais difícil que já fiz em minha vida. Não fiz bem, mas estou feliz por ter visto seus rostos".

Na noite do acidente, quando nosso voo pousou na capital de Camarões, eu havia me programado para participar por videoconferência de uma reunião do NSC presidida pelo presidente Obama. Vários funcionários graduados caminhavam pela sala antes do início da reunião. Eu percebi que me notavam na tela grande, mas ninguém gesticulou em minha direção. Até então, eu estava tremendo de frio na gélida sala de conferências da embaixada — mas agora, achando que meus colegas estivessem deliberadamente desviando o olhar de mim, fiquei acalorada de vergonha e tirei a jaqueta e o suéter em que estava embrulhada.

Vi o secretário Kerry entrar e presumi que ele também não diria nada. Mas quando me viu, ele apertou o botão para ativar o som do microfone e gritou: "Enviando-lhe um grande abraço, Sam".

Becca me passou um e-mail de Jim Clapper, diretor de Inteligência Nacional:

Conhecendo-a como a conhecemos, presumo que isso a tenha afetado demais. É duplamente triste, tendo em vista a nobre missão que você acabou de iniciar. Prefiro pensar agora nas milhares de vidas que você salvou — direta ou indiretamente. Por favor, aceite meus sinceros sentimentos, orações e um abraço virtual.

Fui tomada pela gratidão.

Eu me perguntava se o presidente Obama sabia o que havia acontecido e se diria alguma coisa. Logo depois que ele entrou, Susan lhe passou um bilhete. Ele o estudou por um segundo, depois seus ombros caíram. Ele exalou profundamente, sacudindo a cabeça como se estivesse sofrendo. Tendo em vista seu cargo, o bilhete poderia tê-lo informado de qualquer tragédia. Mas tive a sensação de que tratava do acidente do nosso comboio.

Obama iniciou de imediato uma discussão de duas horas sobre nossa política de paz no Oriente Médio. Eu separei as coisas, participando da reunião como se fosse um dia qualquer.

Só voltei para meu hotel à meia-noite. Tentei dormir, mas ficava acordando e checando meu BlackBerry, como se pudesse encontrar uma mensagem que dissesse: "O que você pensa que aconteceu hoje não aconteceu de verdade".

Em vez disso, recebi um e-mail do presidente:

Sinto muito por hoje — é de partir o coração. Eu sei que você sabe racionalmente que coisas ruins assim acontecem e não havia nada que você pudesse ter feito de modo diferente para prever isso. Mas, diante das emoções que esse acontecimento com certeza evoca, vale a pena ouvir do seu amigo que não conheço ninguém que se preocupe mais com as pessoas, e que seu trabalho salva vidas incontáveis e eu não poderia estar mais orgulhoso de você. Então aguente firme. Muito amor.

"Aguente firme" pareciam as palavras mais importantes. Sabendo que Colin, Gideon, Kurtis, Becca e outros estavam provavelmente tão insones e atormentados como eu em seus quartos, passei a hora seguinte enviando-lhes e-mails individuais de agradecimento e apoio.

"Fiquei muito feliz por você estar ao meu lado", escrevi para Becca, "embora desejasse que você estivesse em outro lugar."

Na semana seguinte, encontrei-me com os presidentes dos três países que estávamos visitando: Paul Biya, de Camarões, Idriss Déby, do Chade, e Muhammadu Buhari, da Nigéria. Pelo fato de ter conversado com civis antes de cada uma dessas reuniões, pude descrever não apenas a devastação causada pelo Boko Haram, mas também os danos que as próprias forças militares dos referidos presidentes estavam causando, com suas batidas e prisões em massa e sua aparente indiferença à fome que assomava.

Os conselheiros presidenciais se mexiam desconfortáveis em suas cadeiras enquanto eu falava e alguns me interromperam para alegar que eu estava mal informada — ou mentindo. Mas pude apresentar uma lista detalhada dos fatos que nossa delegação havia coletado. Eu e o comandante adjunto das forças americanas na África falamos com humildade sobre os desafios da luta contra os terroristas. Ressaltamos que a força militar por si só não resolveria seus problemas, descrevendo como a tortura e as baixas civis haviam feito os esforços americanos para derrotar a al-Qaeda no Afeganistão e no Iraque retrocederem.

Também tive um encontro muito difícil com os pais aflitos das meninas sequestradas de Chibok. Quando cheguei ao parque onde eles realizavam vigílias diárias, recebi um cartão com o nome de Aisha Ezekiel, uma adolescente desaparecida havia 738 dias.* Uma mulher envolta da cabeça aos pés em um xador vermelho-claro se levantou e declarou:

> Nossas meninas de Chibok não são mais apenas crianças de Chibok. Elas não são mais apenas crianças da Nigéria. [...] Aisha Ezekiel agora é *sua* filha. Enquanto as meninas de Chibok estiverem no cativeiro, estamos *todos* no cativeiro. A humanidade está no cativeiro.

---

* Desde 2016, mais de cem das 219 garotas de Chibok que estavam em cativeiro fugiram ou foram postas em liberdade pelo Boko Haram. Aisha foi uma das meninas libertadas pelo grupo em 2017, após negociações com o governo nigeriano.

Um pai nos rogou então para não permitirmos que sua filha fosse punida simplesmente por querer uma educação. "Leve nosso clamor ao mundo", ele implorou. Os pais não conseguiam entender como um país tão poderoso quanto os Estados Unidos, com todas as nossas sofisticadas ferramentas de vigilância, não conseguia encontrar suas filhas. Eu sabia que nada do que dissesse seria satisfatório, mas peguei o microfone que estava passando por eles.

"O que posso dizer-lhes, como representante pessoal do presidente Obama, é que jamais desistiremos. Assim como vocês jamais desistirão. Nunca desistiremos." Eu acreditava que a intensificação de nossos esforços ajudaria, mas não queria criar falsas esperanças.

Quando voltei a Nova York, eu me uni a outras pessoas do governo americano para pressionar as principais organizações humanitárias da onu a declarar o que é conhecido como "emergência de Nível 3" — o nível mais alto da onu —, a fim de focar a atenção e os recursos na gravidade da fome iminente. As declarações de Nível 3 resultantes, feitas nos meses seguintes, possibilitaram às agências da organização canalizar mais fundos para a região. Também fiz lobby junto ao secretário-geral para presidir um evento de alto nível na Assembleia Geral seguinte, o que ele fez, levantando mais 168 milhões de dólares em assistência humanitária às pessoas ameaçadas pelo Boko Haram.

Em separado, trabalhei em estreita colaboração com o Departamento de Estado, na tentativa de mobilizar apoio para a família Birwe. Como acidentes desse tipo infelizmente já haviam acontecido antes, existia um protocolo estabelecido sobre como prover fundos às famílias. A de Toussaint acabou recebendo uma restituição muitas vezes maior do que o protocolo estipulado, e o Departamento de Estado também financiou a construção de um poço em homenagem a Toussaint, fornecendo água potável para sua aldeia.

Numa área de extrema pobreza, sem tradição de poupança, reconheci que a infusão de dinheiro não duraria muito tempo. Eu queria, de alguma maneira, fazer algo significativo para os quatro irmãos de Toussaint, então Cass e eu criamos uma conta de custódia em Camarões para financiar a educação primária e secundária deles.

A morte de Toussaint me obrigou a enfrentar mais diretamente uma acusação feita com frequência aos Estados Unidos — que, mesmo quando tentamos fazer a coisa certa, sempre acabamos piorando a situação. Eu conhecia a força desse argumento. Nos dias sombrios depois de voltarmos para casa, não importava o que alguém tentasse me dizer, eu estava fixada no sofrimento que nossa visita havia causado.

Com o passar das semanas, no entanto, comecei a pensar no impacto de nossos esforços de outra maneira. Embora meu senso de responsabilidade pelo acidente nunca diminuísse, passei a me orgulhar do que nossa delegação tentara realizar. Ser um servidor público exige tomar decisões todos os dias — e algumas delas podem ter resultados não intencionais, até consequências de vida ou morte.

O caminho para o inferno está cheio de boas intenções, com certeza. Mas fechar os olhos para os problemas mais difíceis do mundo é um atalho garantido para o mesmo destino.

Quando era uma jovem repórter que observava um comboio americano passar voando pela Bósnia, eu julgava as pessoas dentro daqueles carros apenas pelo que conseguiam realizar naquele momento. Não conseguia entender quanto tempo às vezes levava para ver o retorno do investimento delas. Também nunca pensei em como seria a ex-Iugoslávia se os Estados Unidos *não* tivessem intervindo.

Cada membro de nossa delegação assumira riscos pessoais ao viajar para Camarões, Chade e Nigéria, e o fizera com a convicção de que nossos destinos estavam de alguma forma ligados aos de pessoas que viviam a milhares de quilômetros de distância. Todos os dias, enquanto ninguém estava vendo, meninos e meninas morriam nos países que visitamos por desnutrição, doenças, violência militar e terrorismo. Fomos a esses países porque estávamos decididos a ajudar de uma maneira que sabíamos que nenhum outro país o faria. Após o acidente, as pessoas da região se esforçaram para nos agradecer por estarmos lá. Em meio às advertências sobre a fome iminente, havíamos anunciado uma nova assistência humanitária e pressionado os governos a cessarem suas violações dos direitos humanos e a facilitarem as iniciativas de ajuda internacional. Esses esforços eram importantes e continuariam sendo.

Também colhemos ideias sobre como aconselhar o presidente Obama depois de nosso retorno. Graças a um forte impulso de Susan, o governo americano intensificou seus esforços contra o Boko Haram. Em 2016, quando a coalizão regional empurrou ainda mais os terroristas para fora do território que haviam tomado, as mortes nas mãos do Boko Haram caíram 80% em relação ao ano anterior. E as organizações humanitárias enfim tiveram acesso a partes da região extremamente carentes de apoio.*

A morte de Toussaint também me fez focar mais em Declan e Rían. Desde que conhecera Barack Obama em 2005, eu conseguira me casar e construir uma família. Mas meus filhos não estavam me vendo o suficiente. A morte repentina do meu pai durante a minha infância me mostrara que uma tragédia podia ocorrer a qualquer momento. Mas a morte de Toussaint trouxe mais uma vez essa realidade cruel à tona. Muito do que acontece na vida está fora do nosso controle.

No entanto, o modo como usamos o tempo à disposição está sob nosso controle. Representando os Estados Unidos nas Nações Unidas, eu estava fazendo o trabalho mais gratificante de minha carreira. Quando o governo Obama terminasse em 2017, eu gostaria de encontrar uma maneira de continuar servindo como diplomata se Hillary Clinton se tornasse presidente. Mas eu sabia que, em vez disso, precisaria deixar o governo e finalmente construir um lar para minha família. Eu precisava ficar mais perto das pessoas que mais amava.

* O progresso na luta contra o Boko Haram tem sido desigual desde 2016. Apesar da divisão do grupo em facções concorrentes e de alegações do governo nigeriano de que ele havia sido derrotado, os militantes do Boko Haram continuam sequestrando crianças e realizando ataques mortais. Embora menos pessoas do que no período 2013-5 estejam sendo mortas e o Boko Haram controle muito menos território do que antes, o grupo ainda constitui uma ameaça para milhões de pessoas, e as violações dos direitos humanos perpetradas pelas Forças Armadas regionais seguem desenfreadas.

37. O portal dourado

Numa tarde de outono, recebi um telefonema entusiasmado de María. Depois de morar nos Estados Unidos por dezessete anos, haviam marcado uma data para ela fazer o juramento de cidadã americana.

Nascida perto de Guadalajara, no México, María Isabel Castro Gonzalez tinha nove irmãos. O pai dela era agricultor e a mãe, uma pequena comerciante. Casou-se jovem e, em 1998, aos 31 anos, mudou-se com o marido e quatro filhos para a Virgínia, onde ele encontrou trabalho como construtor. Cass e eu conhecemos María quando um dos colegas dele a recomendou como babá ocasional. Mas quando vi como ela segurava nosso Declan, então ainda um bebê, perguntei se ela consideraria se tornar nossa babá residente.

María tinha uma energia tremenda. Mantinha na cabeça listas de tudo o que precisava fazer em um dia ou uma semana e, quando chegava ao fim de uma lista, imediatamente criava uma nova. Era perfeccionista em seu trabalho e gerenciava quase todos os aspectos de nossa casa quando eu estava no governo. Ela também arranjava tempo para assistir à missa diária durante a semana. Como Declan e Rían costumavam acompanhá-la, até hoje eles rezam o pai-nosso e a ave-maria em espanhol. A fé de María no amor de Deus lhe dava um otimismo e uma alegria que quase nunca vi vacilar. Saber que ela estava cuidando de nossos filhos me permitia trabalhar com paz de espírito em relação ao bem-estar deles. A presença dela em nossa família era uma profunda bênção.

Eu já havia falado antes em cerimônias de naturalização e queria ajudar a comemorar o grande dia de María. Ofereci-me para fazer breves comentários no evento em que ela se tornaria oficialmente uma cidadã dos Estados Unidos.

Como muitos americanos, eu estava familiarizada com um dos versos de "O novo Colosso", de Emma Lazarus, o poema gravado na base da Estátua da Liberdade: "Dai-me os seus cansados, os seus pobres, suas massas amontoadas, que anseiam por respirar em liberdade". Mas, ao reler o poema de Lazarus a caminho da cerimônia de María, lembrei-me em especial do verso final: "Ergo meu farol junto ao portal dourado!". Mamãe, Eddie, Stephen e eu tínhamos entrado por aquela porta e, agora, María faria o mesmo.

Naquela manhã, ela faria o Juramento de Fidelidade ao lado de pessoas originárias de 28 países. Eu mal conseguia imaginar o que cada um havia passado para ganhar um ponto de apoio e se integrar à sociedade americana. E, ao olhar para a multidão de americanos novos e cheios de expectativa, percebi o orgulho em seus rostos: eles sentiam que haviam *conquistado* sua cidadania.

Os ventos políticos ameaçadores nos Estados Unidos estavam em pesado contraste com a solenidade da ocasião. Donald Trump lançara sua campanha para presidente com uma plataforma que insuflava de forma flagrante o medo em relação aos imigrantes e refugiados, descrevendo-os falsamente como criminosos e terroristas disfarçados de civis perseguidos. Entre suas propostas, ele pedia o "fechamento completo e total das fronteiras para muçulmanos que entravam nos Estados Unidos", alegando que tal proibição impediria o terrorismo.* Em 1979, quando minha família se mudou para Pittsburgh, os conflitos conhecidos como "The Troubles" ainda agitavam a Irlanda do Norte. Terroristas haviam matado civis em Dublin, minha cidade natal. A ideologia repulsiva de julgar (e punir) coletivos de pessoas devido à sua nacionalidade ou religião poderia ter impedido minha família e outros imigrantes irlandeses de entrar nos Estados Unidos.

---

* Na verdade, os terroristas usaram o que Trump estava fazendo — classificando todos os "muçulmanos" como uma ameaça — para tentar ampliar sua atração. Em 2016, por exemplo, clipes da retórica da campanha de Trump foram apresentados em vídeos de recrutamento para o EI e para a al-Shabaab (a afiliada da al-Qaeda na Somália).

Em meu discurso pronunciado na naturalização de María, decidi abordar essas forças preocupantes. Desde que os Estados Unidos existiam, eu disse, algumas pessoas alegavam representar "uma América pura e original" e se definiam a partir da oposição aos imigrantes. Os nativistas já haviam estigmatizado chineses, irlandeses, italianos e judeus. Agora, haviam se voltado contra os latinos e as pessoas de fé muçulmana. Diante de tanta incitação ao medo, pedi aos que faziam o juramento naquele dia que não escondessem de onde vinham, mas que comemorassem isso.

Na plateia estavam não só aqueles que se naturalizavam, mas também Eddie, Declan, Rían e vários de meus amigos que se tornaram amigos de María ao longo dos anos. Relembrei a jornada dela do México para os Estados Unidos e tudo o que ela havia sacrificado por sua família e pela minha.

"Ela não só ensinou sua língua aos meus filhos", eu disse, "mas o mais importante, ensinou a eles seus valores. Como ouvir. Como tratar as pessoas com respeito e dignidade. Como viver a vida e valorizar as pequenas maravilhas de todos os dias."

Falei que María se atinha a tudo o que aprendera no México "e agora meus filhos continuarão com o que María lhes ensina pelo resto de suas vidas".

Quando voltei à Missão americana após a cerimônia, fiquei impressionada ao ver que os rostos em um escritório típico do governo americano não difeririam muito daqueles no tribunal de onde eu acabara de sair. Eu ouvira embaixadores estrangeiros comentarem sobre o poder que tinha uma decisão como a do presidente Clinton ao escolher a refugiada tcheca Madeleine Albright para representar os Estados Unidos na ONU, do presidente Bush ao nomear o imigrante afegão Zalmay Khalilzad e do presidente Obama ao me selecionar. Mas os imigrantes definiam todas as partes da sociedade americana.

Kelly Razzouk, assessora de direitos humanos da Missão, era filha de um libanês que fugira da guerra civil em seu país aos dezenove anos de idade, carregando consigo apenas duas calças. Kam Wong, a assistente administrativa mais antiga da missão, trabalhara no Departamento de Estado durante 25 anos. Seu pai havia fugido da China comunista quando ela era bebê. Depois de gastar as economias de sua família numa passagem de barco para os Estados Unidos, ele trabalhara por turnos num restaurante chinês em Iowa até poder mandar buscar sua esposa e a filha recém-nascida.

Os pais do meu assessor militar, coronel Mike Rauhut, eram sobreviventes alemães da Segunda Guerra Mundial que haviam emigrado para os Estados Unidos quando o Muro de Berlim foi erguido, em 1961. Por coincidência, seu filho Mike estava estacionado em Berlim quando a Alemanha Oriental e a Ocidental foram unificadas em 1990, e no dia da reunificação ele atravessou o Portão de Brandenburgo com sua mãe. Mike se tornaria um oficial condecorado, com períodos de serviço no Iraque e no Afeganistão.

Wa'el Alzayat, um dos meus assessores para o Oriente Médio, imigrara da Síria para os Estados Unidos com sua família quando era adolescente. O pai de Wa'el, ex-coronel da Força Aérea da Síria, dirigia limusines e caminhões de sorvete antes de retornar à escola na casa dos cinquenta para se tornar um engenheiro de testes de semicondutores. Enquanto isso, Wa'el estudava nas principais universidades americanas e ingressava no Departamento de Estado.

Maher Bitar, meu adjunto em Washington, era filho de pai palestino e mãe egípcia: ambos se conheceram em Beirute antes de serem deslocados pela guerra civil do Líbano. Maher falava árabe, francês e alemão e se formara em direito em Georgetown, fazendo um curso noturno enquanto servia de ajudante para os enviados de paz ao Oriente Médio George Mitchell e David Hale. O avô de minha assistente, Manya-Jean Gitter, havia sido um importante empresário judeu, e sua avó, uma conhecida psicóloga em Viena. Depois que Hitler anexou a Áustria em 1938 e os nazistas começaram a confiscar propriedades judaicas, seus avós, cada um dos quais falava seis idiomas, fugiram com seu filho mais novo, pai de Manya, para Nova York. Os avós de Manya descobriram após a guerra que seus pais e muitos de seus irmãos, sobrinhas e sobrinhos haviam sido assassinados no Holocausto.

Assim como María, muitas das pessoas nas quais eu confiava todos os dias — patriotas que trabalhavam sete dias por semana para promover os interesses americanos — eram imigrantes ou filhos de imigrantes. Os Estados Unidos são o único país da ONU em que isso é verdade.

Em setembro de 2015, o corpo sem vida de Alan Kurdi, um menino sírio de dois anos vestindo uma camiseta vermelha e sapatos minúsculos de velcro, foi fotografado depois que apareceu na costa turca. Quando um bote inflável com destino à Grécia virou, Alan se afogou, junto com a mãe e o irmão de cinco anos. A imagem apareceu na primeira página dos jornais de todo o mundo, chamando atenção para o perigo que os refugiados corriam em sua busca por segurança. Na época da morte de Kurdi, cerca de 65 milhões de pessoas no mundo já haviam sido deslocadas, e mais de 34 mil fugiam de suas casas a cada dia.[46]

Nas décadas decorridas desde que o governo americano fechara suas portas a milhares de judeus que buscavam refúgio dos nazistas durante a Segunda Guerra Mundial, os Estados Unidos se tornaram líder mundial na resposta a crises de refugiados, reassentando mais de 4 milhões de pessoas. Mesmo depois do medo provocado pelos ataques terroristas do Onze de Setembro, o governo Bush ainda conseguiu reassentar uma média de quase 45 mil refugiados por ano. No entanto, desde o início da guerra civil síria em 2011 até o mês de setembro de 2015, quando Alan Kurdi morreu, embora os Estados Unidos houvessem admitido mais de 284 mil refugiados de outras nacionalidades, nosso país acolheu somente 1484 sírios, uma fração minúscula dos quase 5 milhões de pessoas que haviam deixado o país.

Em viagens a lugares como Jordânia, Turquia e Alemanha, eu encontrava refugiados sírios desesperados por encontrar um lugar seguro para reiniciar suas vidas cruelmente interrompidas. Em um centro de refugiados em Amã, conversei com um menino de doze anos chamado Ibraheem. Ele havia perdido a mãe e quatro irmãos depois que as forças de Assad atacaram sua casa perto de Damasco com uma bomba de barril. Como Ibraheem não conseguiu andar depois do ataque, seu pai o carregou nos braços por oito meses, numa busca desesperada para encontrar um médico que pudesse remover os estilhaços alojados na cabeça, no peito e na perna de Ibraheem. O menino acabou recebendo os cuidados especializados de que precisava, mas só quando chegou a Winnipeg, Canadá, onde ele e seu pai encontraram refúgio e onde Ibraheem é agora aluno do ensino médio.

Em uma visita, fui apresentada a uma extraordinária curda síria de Alepo chamada Nujeen Mustafa, que tinha dezessete anos, sofria de paralisia cerebral e precisava de uma cadeira de rodas para se locomover. Incapaz de frequentar a escola mesmo antes da guerra, ela se educou e se tornou fluente em inglês ao assistir a programas de televisão americanos como *Days of Our Lives*. Em 2014, ela e sua família fugiram da Síria e Nujeen iniciou uma viagem de cadeira de rodas de 5600 quilômetros, atravessando Turquia, Grécia, Macedônia, Sérvia, Hungria, Croácia, Eslovênia e Áustria até chegar à Alemanha. Sua irmã mais velha, Nisreen, ficara ao seu lado, ajudando a empurrar sua cadeira de rodas ao longo da jornada de dezesseis meses. Quando conheci as duas irmãs em Berlim, perguntei a Nujeen por que tantos sírios como ela se arriscavam a se afogar nas águas turbulentas do Mediterrâneo por um futuro incerto na Europa. Ela explicou que a motivação deles era elementar: "As pessoas estão morrendo todos os dias pela chance de escovar os dentes de manhã e ir à escola".

Nos primeiros anos da guerra, os refugiados sírios não pretendiam se instalar em lugares distantes como a Alemanha ou os Estados Unidos. Em vez disso, haviam permanecido na Jordânia, no Líbano e na Turquia, para estarem perto quando chegasse a hora de voltar para casa. Mas, à medida que a guerra se arrastava, muitos perderam a esperança e começaram a tentar se mudar para países ocidentais, onde esperavam encontrar trabalho e construir novas vidas. Somente em 2015 a agência de refugiados da ONU perguntou ao governo Obama se os Estados Unidos estariam dispostos a reassentar vários milhares de sírios. Infelizmente, como os republicanos vinham retratando-os como ameaças perigosas, altos funcionários do Departamento de Segurança Interna e da Casa Branca alegaram que não havia apoio político para receber um grande número de refugiados. A morte de Kurdi, no entanto, foi um catalisador para reabrir o debate interno do governo Obama sobre quantos sírios poderíamos admitir.

Acolher refugiados sírios não era mera caridade; havia interesses concretos de segurança nacional em jogo.[47] A maioria dos refugiados vivia em nações economicamente modestas, com sistemas políticos frágeis ou históricos recentes de violência. Apesar de todo o barulho político gerado em países como os Estados Unidos, quase 90% da população mundial de refugiados havia fugido para países de baixa e média renda.[48] O Líbano, por exemplo, tornou-se lar de mais de 1 milhão de refugiados sírios desde o início da guerra. Na época da morte de Alan Kurdi, uma em cada cinco pessoas que viviam no país era refugiada — aproximadamente o equivalente aos Estados Unidos receberem 64 *milhões* de canadenses ou mexicanos. Outras nações da linha de frente, como Jordânia, tinham influxos igualmente enormes.

Apesar de ser um caldeirão de tensões sectárias, o Líbano conseguiu evitar um retorno ao conflito, mesmo quando a vizinha Síria estava envolta em chamas. Mas a generosidade do Líbano acabou por impor uma pressão impossível sobre sua infraestrutura e política. Quanto mais refugiados os Estados Unidos e outros países ricos pudessem aceitar, mais poderíamos pressionar outros países a fazer o mesmo e tornar mais leve a carga que os libaneses suportariam.

A primeira responsabilidade do governo dos Estados Unidos era obviamente manter o povo americano seguro, e as autoridades do país estavam determinadas a impedir que grupos extremistas violentos plantassem terroristas entre os refugiados reassentados. Quando participei da equipe do NSC, eu havia visto tudo o que nossos especialistas em contraterrorismo haviam feito para fortalecer o processo de triagem. O Departamento de Segurança Interna verificava os candidatos a refugiados em vários bancos de dados, inclusive os mantidos pelo Centro Nacional de Contraterrorismo, pelo FBI e pelo Departamento de Defesa. Eles também eram entrevistados, e mesmo várias vezes, antes de poderem viajar para os Estados Unidos. Para os sírios, havíamos implantado uma camada adicional de revisão para garantir que as autoridades americanas questionassem minuciosamente até a menor inconsistência ou discrepância nas informações. Um pedido típico levava mais de um ano para ser analisado. Alguns demoravam muito mais.

O candidato Trump mentiu repetidas vezes sobre esse processo, promovendo falsidades como: "Não temos ideia de quem são os [refugiados], de onde eles vêm. Não há documentação. Não há papelada".[49] Na verdade, dois terços de todos os refugiados que vieram para os Estados Unidos na década anterior eram mulheres e crianças — e sabíamos quem eles eram. Dos milhões de refugiados admitidos nos Estados Unidos desde a histórica Lei dos Refugiados de 1980, nenhum executou um ato letal de terrorismo interno.

Junto com muitos outros — em especial o chefe de gabinete da Casa Branca Denis McDonough, que conhecera refugiados vietnamitas através de sua igreja quando criança —, pedi que o governo aumentasse o número de refugiados aceitos nos Estados Unidos. Reconhecendo que quanto mais pessoas admitíssemos, mais poderíamos pedir que outras nações as aceitassem, o presidente Obama aumentou o limite nacional de refugiados de 70 mil em 2015 para 85 mil em 2016, designando ao menos 10 mil vagas para os sírios. Em 2016, ele estabeleceria para o ano seguinte o limite de 110 mil refugiados — uma mensagem ousada para os líderes mundiais, que costumavam ver o que os Estados Unidos haviam feito antes de agirem.*

---

* Apesar de o presidente Obama estabelecer o limite de refugiados para 2017 em 110 mil, a proibição de viagens do presidente Trump — que interrompeu temporariamente as admissões de refugiados — significou que menos de 54 mil refugiados foram realmente reassentados nos Esta-

Infelizmente, enquanto nosso governo tentava responder à crescente necessidade de aceitar famílias sírias que haviam passado por escrutínio, republicanos proeminentes, talvez de olho na ascensão política de Trump, assumiram a causa dele. Dois meses depois que a morte de Kurdi provocou essa expansão, ataques terroristas coordenados em Paris, perpetrados por seguidores do EI, mataram 130 pessoas. Logo após esses ataques, 31 governadores — dos quais trinta eram republicanos — fizeram declarações contra o reassentamento de refugiados sírios em seus estados. E, dentro de uma semana, a Câmara controlada pelos republicanos aprovou uma lei que efetivamente interromperia a admissão de sírios.[50]

As linhas da batalha política foram traçadas. E o destino dos vulneráveis refugiados estava subitamente no centro de um debate nacional sobre identidade e segurança americanas. De forma animadora, comecei a ouvir de um número cada vez maior de pessoas — através de e-mails, cartas para a Missão americana e indagações no meu *feed* do Twitter — perguntas sobre o que poderiam fazer para ajudar os refugiados.[51] Mamãe e Eddie estavam entre aqueles que se sentiram compelidos a fazer mais; com seus vizinhos, eles patrocinaram um pai afegão recém-chegado e seu filho, que moraram com eles por vários meses enquanto o pai procurava trabalho.

Quando passei pelo escritório do Comitê Internacional de Resgate em Nova York para agradecer aos voluntários que estavam ensinando inglês a refugiados reassentados, não pude deixar de notar o grande número de caixas empilhadas nos corredores e nas mesas. Quando a diretora do escritório viu minha perplexidade, explicou: "São doações. Desde que os políticos começaram a demonizar os refugiados, a resposta popular tem sido incrível. Não conseguimos dar conta. Brinquedos, roupas, dinheiro — estamos sobrecarregados".

Vendo isso, perguntei-me quantas pessoas a mais ajudariam se soubessem o que poderiam fazer pessoalmente. Indaguei de minha equipe se o governo americano podia criar um site no qual os indivíduos inseririam seu CEP para saber quais organizações próximas precisavam de ajuda para acolher refugia-

---

dos Unidos durante 2017. Desde então, o governo Trump reduziu ainda mais as admissões e reassentou 22491 refugiados em 2018. De setembro de 2015 a janeiro de 2017, o governo Obama recebeu aproximadamente 17 mil refugiados sírios. Em 2018, o governo Trump admitiu 62 refugiados sírios.

dos na comunidade. Embora tenha levado meses, o assessor do NSC Ronnie Newman trabalhou com os web designers da Casa Branca para criar o aidrefugees.gov, um site que permitia aos usuários descobrir facilmente como poderiam oferecer aulas depois da escola ou fornecer mantimentos, roupas de cama e até caronas para entrevistas de emprego.[52]

Para cumprir a promessa do presidente Obama de admitir 10 mil sírios escrutinados, a conselheira adjunta de Segurança Nacional Avril Haines, a conselheira adjunta de Segurança Interna Amy Pope, o assessor de direitos humanos do presidente Obama Steve Pomper, Ronnie e outros pressionaram toda a administração para inovar de várias maneiras. O Serviço Digital, uma equipe de especialistas em tecnologia da informação da Casa Branca, informatizou os processos em papel e estudou os dados para entender a fonte dos gargalos burocráticos. Pela primeira vez, as diferentes agências envolvidas em checagem se sentaram juntas numa sala de especialistas [*fusion cell*] para resolver os problemas que surgissem. E depois que o presidente anunciou a meta dos Estados Unidos, o Departamento de Segurança Interna (DHS, na sigla em inglês) contratou novos funcionários para seu "corpo de refugiados", a fim de entrevistar refugiados e processar seus pedidos. Quando o DHS e a comunidade de inteligência publicaram o chamado para que voluntários participassem do esforço de processamento de refugiados, muitas dezenas de servidores públicos se apresentaram, trabalhando dia e noite para garantir que os candidatos na fila fossem ouvidos de maneira justa.

Minha equipe e eu também trabalhamos com Steve e outros membros do NSC para ajudar a organizar uma cúpula dos refugiados, a primeira desse tipo, que o presidente Obama acolheu durante a Assembleia Geral da ONU. Como os Estados Unidos haviam feito durante o surto de ebola, usamos nosso engajamento para pressionar outros países a fazer mais. Também tratamos de reconhecer a liderança extraordinária demonstrada por parceiros dos Estados Unidos como a Alemanha e o Canadá, onde a chanceler Angela Merkel e o primeiro-ministro Justin Trudeau haviam corajosamente recebido famílias sírias mesmo diante da violenta reação política interna. Quando a cúpula terminou, Obama já havia mobilizado mais de 4 bilhões de dólares em novos fundos para refugiados, ao mesmo tempo que duplicava o número de pessoas deslocadas que países do mundo planejavam admitir.[53]

Reconhecendo que todos os setores da sociedade precisavam envolver-se na gestão da maior crise de deslocamento desde a Segunda Guerra Mundial, também fiz parceria com a assessora sênior de Obama, Valerie Jarrett, para ajudar o presidente a reunir várias dezenas de CEOs na ONU. Eles se comprometeram a desembolsar 650 milhões de dólares para o apoio aos refugiados. Um líder nesse esforço foi Hamdi Ulukaya, imigrante turco nos Estados Unidos que transformou sua empresa de iogurte Chobani numa gigante da indústria, enquanto se esforçava para empregar imigrantes e refugiados. Ulukaya prometeu na cúpula de negócios de Obama assumir a responsabilidade de garantir o acompanhamento corporativo após a saída do presidente do cargo. Por meio do que ele chama de Parceria de Barracas para Refugiados, Ulukaya alistou até agora 130 empresas para abrigar refugiados, proporcionar-lhes serviços bancários e outros e, o mais valioso de tudo, contratá-los.

A fim de saber como as famílias reassentadas estavam se saindo num momento tão exacerbado do ponto de vista político, entrei em contato com uma família síria recém-chegada para oferecer apoio. Em nosso primeiro encontro, Morad e Ola Al-Teibawi e seus cinco filhos fizeram companhia a mamãe, Eddie, Laura, María e as crianças numa noite juntos na residência do Waldorf. Rían e Rama, a filha menor dos sírios que tinha a mesma idade da minha, coloriram juntas, e Declan fez amizade com o filho do meio, um menino de onze anos chamado Mohamed. Ele ainda não falava inglês, mas logo mostrou estar pronto para qualquer esporte que Declan estivesse disposto a jogar.

Quando pus Declan na cama depois do jantar, ele me encheu de perguntas sobre seu novo amigo. Por que Mohamed teve de deixar sua casa na Síria?

Quando expliquei que a casa de Mohamed havia sido destruída pelos aviões de guerra de Assad, Declan perguntou se poderíamos ajudar com tijolos para reconstruí-la.

Expliquei que as forças de Assad iriam provavelmente bombardear a casa de novo.

"Por que Obama não faz Assad parar?", perguntou Declan.

"Porque os Estados Unidos estiveram em duas guerras realmente difíceis nos últimos quinze anos e ele não quer começar outra", eu disse. "Também é muito complicado usar a guerra para melhorar as coisas e salvar as pessoas. Muitas vezes, não funciona."

"Mas então Assad vai continuar fazendo o que está fazendo com crianças como Mohamed", retrucou Declan.

"E também com os adultos sírios", acrescentei.

"Obama não pode pelo menos parar os aviões?", perguntou Declan.

Eu não podia acreditar que estava prestes a debater os méritos de uma zona de exclusão aérea com meu filho pequeno.

Quando saía do Waldorf todas as manhãs para levar Declan à escola, eu pegava o *New York Times* com o guarda estacionado do lado de fora do nosso apartamento. Declan fazia o jogo de pegar o jornal antes de mim e correr pelo longo corredor acarpetado, me desafiando a alcançá-lo. Com isso, costumava vislumbrar qualquer imagem que estivesse na primeira página.

"Por que as crianças na Síria sempre colocam pó branco e cinza no rosto?", perguntou-me um dia.

Inicialmente confusa, percebi logo que quase todas as fotos que meu filho tinha visto de crianças sírias eram tiradas após atentados, seus rostos cobertos pela poeira dos destroços.

Felizmente, Declan e Rían não viram o vídeo do atordoado e traumatizado Omran Daqneesh, um garoto de cinco anos ferido após um ataque aéreo do governo contra uma área controlada por rebeldes em Alepo. Um ativista local captou as imagens de Omran coberto de sangue e pó, sentado descalço e sozinho na parte de trás de uma ambulância. Assim como a de Alan Kurdi, a imagem viralizou, concentrando a atenção do mundo por um momento fugaz na agonia pela qual os sírios estavam passando.

Quando alguém da Casa Branca fez circular a carta que um garoto americano da idade de Declan havia escrito ao presidente Obama sobre Omran, decidi lê-la para meu filho.

Caro presidente Obama,

Lembra o garoto que foi resgatado pela ambulância na Síria? Você pode ir pegá-lo e trazê-lo para [minha casa]? Estacione na entrada da garagem ou na rua e estaremos esperando por vocês com bandeiras, flores e balões. Daremos a ele uma família e ele será nosso irmão. Catherine, minha irmãzinha, colecionará borboletas e vagalumes para ele. Na minha escola, tenho um amigo da Síria, Omar, e vou apresentá-lo a ele. Todos nós podemos brincar juntos. Podemos convidá-lo para festas de aniversário e ele nos ensinará outro idioma. Também podemos ensinar inglês para ele, exatamente como fizemos com meu amigo Aoto, do Japão.

Por favor, diga a ele que seu irmão será Alex, que é um garoto muito bom, igual a ele. Como ele não vai trazer brinquedos, e não tem brinquedos, Catherine vai dividir com ele seu grande coelho branco listrado de azul. Eu vou compartilhar minha bicicleta e ensiná-lo a andar nela. Vou ensiná-lo somas e subtrações em matemática. E ele [pode] sentir o cheiro do brilho labial pinguim de Catherine, que é verde. Ela não deixa ninguém tocar nele.

Muito obrigado! Mal posso esperar para você vir!

Alex

Alex morava perto de Nova York, e quando Declan perguntou se eu poderia marcar um encontro, entrei em contato com sua família e os convidei para ir à ONU. Quando Alex chegou, Declan se apresentou timidamente, como se estivesse encontrando um super-herói. Os meninos se revezaram na cadeira do presidente do Conselho de Segurança, batendo o martelo usado para iniciar as reuniões.

Enquanto eu observava Declan e Alex presidindo uma reunião imaginária, era difícil evitar o pensamento de que talvez estivéssemos melhor com as crianças do mundo no comando.

38. Saída, voz, lealdade

Em 2016, encontrei-me com Raed Saleh, ex-vendedor de eletrônicos de 32 anos que liderava os destemidos voluntários de resgate e recuperação da Síria. Conhecidos como os Capacetes Brancos, estima-se que eles ajudaram a salvar cerca de 50 mil vidas desde a sua fundação, em 2013. Mais de 140 de seus homens foram mortos enquanto cumpriam seu dever, entre eles, dezenas de amigos de Saleh. O lema deles era retirado do Alcorão: "Salvar uma vida é salvar toda a humanidade".[54]

No ano anterior, a Rússia interviera militarmente na Síria, enviando armas pesadas, aviões de combate e milhares de soldados em apoio ao presidente Assad. Saleh estava visitando Nova York e Washington, numa tentativa desesperada de pressionar o governo dos Estados Unidos a criar uma zona de exclusão aérea para proteger civis que estavam sendo mortos em grande número.[55] Eu estava maravilhada com a organização de Saleh. Mas sabendo que era improvável que a política americana para a Síria mudasse, vinha evitando encontrá-lo.

Conduzi Saleh ao meu escritório na Missão dos Estados Unidos na ONU. As paredes estavam decoradas com as obras de arte dos meus filhos, uma aquarela da cidade irlandesa onde me casei e, perto de minha escrivaninha, um mapa da Síria. Em minhas estantes de livros, ao lado de fotos de Cass e de nossos filhos, eu guardava o programa da homenagem fúnebre a Richard Holbrooke, a foto de um sobrevivente liberiano do ebola sendo recebido em casa por sua família e uma bola de basquete que o presidente Obama havia autografado para mim.

Saleh notou um volume enorme que ocupava toda a largura da mesa de café à qual estávamos sentados. As páginas do livro dado a mim por Abraham Foxman, da Liga Antidifamação, traziam a palavra "judeu" impressa em letras minúsculas repetida 6 milhões de vezes.

Saleh falou em árabe enquanto um ativista da oposição síria traduzia para o inglês. Contou que aeronaves sírias e russas pulverizavam bairros civis, usando "bombas de abrigo" para atingir pessoas escondidas nos porões de seus prédios de apartamentos. Confirmou as notícias de que caças estavam deliberadamente perseguindo os Capacetes Brancos que tentavam resgatar os presos nos destroços. Só na semana anterior, calculou ele, mil sírios haviam sido mortos.

Eu me ouvi começar a dizer: "Bem, espero que possamos...", mas então, ao captar o olhar de Saleh, parei.

Ele havia retirado os corpos de crianças mortas dos escombros resultantes dos ataques aéreos de Assad. Vira os danos que as armas químicas, os vidros estilhaçados e a queda de cimento causavam ao corpo humano. Ele merecia mais que palavras vazias. Apenas olhei para ele enquanto estávamos sentados um diante do outro.

Em vez de preencher o silêncio, Saleh apenas olhou de volta. Por um minuto inteiro, talvez até dois, nenhum de nós disse nada.

Apesar de todas as palavras gastas na Sala de Crise da Casa Branca e no Conselho de Segurança da ONU, eu sabia que nem o governo americano, nem o de outros países capazes de agir planejavam enfrentar um tipo de maldade raramente visto neste mundo. Os civis sírios continuariam sitiados até se renderem ao regime de Assad. E quando capitulassem, coisas ainda piores poderiam acontecer.

Embora tenha sido finalmente retomada, nossa conversa foi tensa. Depois que me despedi de Saleh, meu redator de discursos, Nik Steinberg, refletiu: "Todo funcionário do governo americano deveria ser obrigado a participar de uma reunião como essa e ter de justificar nossa resposta".

Desde meus primeiros dias no trabalho, ouvi apelos para que pedisse demissão em razão da política para a Síria de nosso governo.

"A embaixadora na ONU Samantha Power construiu sua reputação denunciando a indiferença ocidental frente aos tipos de atrocidades que o regime de Assad está cometendo todos os dias", escreveu o conselho editorial do *Wall Street Journal*. "De todas as pessoas, ela é quem poderia dar um bom exemplo e escolher os princípios em vez do poder." Numa matéria do *Washington Post* intitulada "Que descaramento, madame embaixadora", a colunista de opinião Jennifer Rubin escreveu: "Em um mundo melhor, você renunciaria, devolveria o Pulitzer e faria alguma coisa mais construtiva. Escrever uma continuação, quem sabe, sobre a era do genocídio. Você esteve lá, a cada passo do caminho".

Rubin não deu trégua, pedindo minha renúncia em três outros artigos, inclusive em um no qual afirmava que eu permanecia no governo por uma "falta de vontade de sacrificar a carreira ou os benefícios monetários (ou o alojamento chique em Nova York) em nome de princípios".

Artigos de opinião como esse eram extremamente perturbadores para mamãe e Eddie, embora suas reações fossem muito diversas. A abordagem de Eddie era ir atrás do mensageiro. "Desgraçados", dizia enfurecido diante de algumas das ofensas mais cáusticas. "O que esses colunistas já fizeram por alguém?"

Inevitavelmente, ele dizia então: "Obama deveria convocar uma entrevista coletiva para defendê-la". Ele deve ter sugerido isso uma meia dúzia de vezes, apesar de meus lembretes de que o presidente tinha um país para governar e que ele próprio estava sendo submetido a ataques muito mais graves e danosos.

Minha mãe, insone até nas melhores circunstâncias, ficava acordada a noite toda sempre que um amigo dela lhe encaminhava um artigo me condenando. "Continue fazendo o seu melhor, Sam", dizia ela.

Amigos meus pareciam surpresos por eu não ficar mais abalada com essas denúncias. Mas se os acontecimentos na Síria serviram para alguma coisa, foi para me dar perspectiva. Os sírios estão sofrendo perdas inimagináveis, pensava; já eu estou sendo alvo de alguns textos pouco favoráveis na imprensa.

Mas, apesar dessa resposta lógica às críticas em relação à minha pessoa, muitas vezes me senti esmagada pelo horror do que estava acontecendo na própria Síria. Quando lia os detalhes de um novo massacre, muitas vezes fechava a porta do meu escritório e orava por aqueles em busca de resgate, e pedia também sabedoria para descobrir como eu poderia ajudar. Em fevereiro de 1994, quando os sérvios da Bósnia bombardearam o mercado em Sarajevo, matando 68 compradores e vendedores, o ataque indignou gente em todos os lugares e esteve no topo das notícias mundiais por dias. Na Síria, um número quase igual de civis morria todos os dias — atacados em suas casas e escolas, deliberadamente deixados para morrer de fome, atingidos por atiradores de elite e executados nas prisões sírias num esquema de assassinatos depravado e metodicamente documentado.[56]

Um dos defensores públicos mais atuantes de um maior envolvimento dos Estados Unidos na Síria foi o senador McCain. Eu havia trabalhado com ele durante meus anos na Casa Branca, e ele me apoiara em meu processo de confirmação. Então, quando ele segurou a indicação do assessor adjunto de Segurança Nacional Antony Blinken para secretário adjunto de Estado de Obama, eu me ofereci para ligar para o senador a fim de resolver a situação.

"McCain e eu temos uma ótima relação", assegurei a Blinken. "Deixa comigo."

Nosso telefonema começou calmo. Eu disse a McCain que se ele permitisse o avanço da indicação, Blinken se tornaria uma voz importante dentro do governo para fazermos mais para proteger os civis sírios. Quando terminei meu discurso, o senador entrou em erupção.

"Em que planeta você está vivendo?", ele gritou.

Sentada à minha escrivaninha em Nova York, segurei o fone longe da minha orelha. Durante alguns minutos, McCain pareceu não respirar enquanto atacava Obama e o que considerava a "completa indiferença de nosso governo pela vida humana".

De início, tomei nota dos argumentos de McCain para poder responder a eles. Muito do que ele disse a respeito do abismo entre nossos objetivos e o que estávamos fazendo para pô-los em prática coincidia com o que eu dissera na Sala de Crise, por isso eu estava dolorosamente familiarizada com as refutações.

Comecei citando a oposição do Congresso ao uso da força em reação ao ataque de armas químicas de Assad em 2013 — um reflexo do quão desanimado o povo americano estava em relação a um engajamento militar na Síria. McCain me interrompeu.

"Isso é pura desculpa!", ele gritou. "Barack Obama passou os últimos anos dizendo ao povo americano que se envolver na Síria seria um desastre, e agora ele afirma que não está se envolvendo porque o povo teve a decência de ouvi-lo!"

Tentei trazer a conversa de volta à importância de ter Blinken na Sala de Crise, onde ele poderia influenciar a direção de nossos debates. Mas McCain já ouvira o bastante.

"Quer saber — não só Blinken nunca deveria ser confirmado pelo Senado como você deveria renunciar. AGORA!"

A linha ficou muda. Ele desligara.

Desde os primeiros estágios da guerra na Síria, eu comparara os riscos de qualquer nova ação americana com os riscos de manter a direção geral de nossa política. Ao considerar os perigos potenciais em ambas as direções — primeiro como funcionária da Casa Branca e depois como embaixadora na ONU —, tentei não levar em conta apenas os danos do presente e tudo o que poderia dar errado se aprofundássemos nosso envolvimento, mas também avaliar o que as tendências do conflito indicavam para a Síria, o Oriente Médio e os Estados Unidos.

A partir de 2012, ficou claro que, se os Estados Unidos e outros países não alterassem a trajetória da guerra na Síria, as consequências se estenderiam para muito além das centenas de milhares de vidas que seriam perdidas naquele país. Milhões de refugiados iriam para os países vizinhos. Os terroristas continuariam a receber recrutas, atraídos pelo conflito sectário. Combatentes estrangeiros, radicalizados e endurecidos pela batalha, acabariam tentando retornar da Síria para os Estados Unidos e a Europa.*

O presidente Obama frequentemente nos convocava com o objetivo de discutir opções para retomar o processo diplomático e limitar a carnificina. Nessas reuniões, eu e outros argumentávamos que os Estados Unidos deveriam aceitar um risco maior no presente para evitar danos piores e mais extensos no futuro. Sugerimos medidas como o lançamento aéreo de pacotes de alimentos para civis sitiados, que estavam prestes a morrer de fome por causa das forças de Assad; o

---

* Estima-se que 40 mil pessoas de mais de cem países viajaram para o Iraque e a Síria a fim de se tornar combatentes estrangeiros do EI, inclusive cerca de 5 mil residentes de países da União Europeia e 130 americanos.

aumento significativo de nosso apoio à oposição militar síria, para que pudessem defender melhor os civis dos ataques do regime; e a criação de uma zona de exclusão aérea sobre áreas selecionadas da Síria sob controle da oposição.

Cada uma dessas propostas trazia possíveis benefícios e riscos. A zona de exclusão aérea, por exemplo, poderia proteger civis e neutralizar a vantagem singular do governo sírio: sua capacidade de bombardear populações até a submissão. Ao contrário de Kadafi na Líbia, Assad usava o poder aéreo como ferramenta essencial de terror e morte. Se as forças do governo não pudessem infligir danos a partir do ar, ficariam mais propensas a considerar seriamente as negociações de paz. Dificultar a capacidade de Assad de destruir bolsões da oposição também levaria a menos refugiados deixando o país. No entanto, o Pentágono estimou que a capacidade da defesa aérea da Síria era cinco vezes maior que a da Líbia. Isso significava que as forças militares americanas teriam primeiro que destruir os sistemas antiaéreos sírios antes de estabelecer uma zona de exclusão aérea.

Obama exigiu e analisou propostas como essas, e aqueles de nós que defendíamos novas medidas nos preparávamos intensamente para todas as reuniões, refinando-as e adaptando-as com base na evolução no campo de batalha e na dinâmica geopolítica. Mas desde que o presidente recuara dos ataques aéreos em agosto de 2013, ele procurava opções de menor risco para influenciar os rumos da guerra — o que não existia.

Nossos debates internos se tornaram circulares e improdutivos. Reunião após reunião, os participantes saíam mais bem informados sobre o conflito, mas ainda mais polarizados em nossas respectivas visões sobre o que os Estados Unidos deveriam — ou não deveriam — fazer de maneira diferente. Certa vez, o presidente Obama iniciou uma discussão na Sala de Crise sobre a Síria, observando: "Não espero uma solução na reunião de hoje". O chefe do Estado-Maior Conjunto Martin Dempsey brincou: "Não vamos decepcioná-lo nisso, senhor".

Cass me apresentara o conceito, oriundo da ciência comportamental, de "viés de confirmação" — a inclinação a procurar, interpretar e lembrar informações de uma maneira que confirme as crenças pré-existentes. Nenhum de nós era imune a essa tendência, que Simon e Garfunkel haviam resumido tão bem na música "The Boxer": "Um homem ouve o que quer ouvir e desconsidera o resto". Eu sairia de muitas reuniões sobre a Síria sem conseguir tirar o refrão da música da minha cabeça: "Lai-la-lai, lai-la-la-la-lai-la-lai, lai-la-lai...".

Em várias ocasiões, o presidente Obama me repreendeu por comentários que considerava dogmáticos ou farisaicos.

"Todos nós lemos o seu livro, Samantha", ele retrucou numa reunião da Sala de Crise. Olhei para baixo, humilhada. Mas quinze minutos depois, ele disse: "Vamos voltar ao argumento que Sam apresentou anteriormente…". Ele deu a impressão de estar tentando me reabilitar, sabendo que suas críticas poderiam me tornar menos influente nas reuniões que ele não presidia.

Da mesma forma, na sequência de uma reunião diferente, ele telefonou para reclamar de algo que eu havia dito.

"Você está tentando nos ensinar que isso é um show de merda", disse ele. "As pessoas estão aflitas e angustiadas. Eu torturo meu cérebro e minha consciência o tempo todo. Mas não consigo responder em termos práticos sobre o que podemos fazer."

Como alguém que falava com frequência sobre as dimensões humanitárias de várias crises, eu sabia o risco de parecer farisaica. Fazia o possível para evitar impugnar meus colegas ou parecer estridente. Mesmo quando era ativista e estava fora do governo, eu acreditava que executar — e criticar — a política externa americana exigia humildade. Como não achava que a interpretação de Obama a respeito de meus comentários fosse justa, peguei meu caderno de anotações durante nossa ligação e li para ele exatamente o que havia dito na reunião. Queria demonstrar que eu *havia feito* uma recomendação concreta e tinha tentado enfrentar as restrições muito reais que ele enfrentava. Nunca quis cair na armadilha de "admirar o problema".

Obama aceitou a argumentação, mas acrescentou: "Você nem sempre deixa claro o jeito que pensa". Tendo em vista os horrores que aconteciam todos os dias na Síria, não fiquei de todo surpresa.

Em nenhuma outra questão eu vi Obama tão pessoalmente dividido — por um lado, ele estava convencido de que mesmo uma ação militar limitada atolaria os Estados Unidos em outro conflito aberto; por outro, atormentava-o o preço humano da carnificina. Não acredito que ele tenha alguma vez parado de se interrogar sobre suas escolhas.

Embora a Síria trouxesse apenas notícias lúgubres, Obama se recusava a deixar que ela ditasse sua visão geral sobre a capacidade da humanidade de progredir ao longo do tempo. Ele professava um claro otimismo sobre o que o futuro reserva para o mundo. "Estamos caminhando na direção de mais segurança, mais normas e regras internacionais, mais direitos humanos, mais liberdade de expressão, menos intolerância religiosa", disse numa típica entrevista em 2015. Sua disposição esperançosa muitas vezes se entrelaçava com uma crença de que o melhor que o governo americano poderia fazer seria evitar os erros mais comuns de política externa. Seu mantra memorável de como ele avaliava as opções nessa arena passou a ser "não faça merda".

Ao me escolher para ser embaixadora na ONU, Obama sabia que estava indicando alguém impaciente em relação aos males atuais. Mesmo que eu tentasse não apontar para um problema sem oferecer recomendações sobre o que os Estados Unidos poderiam fazer a respeito, eu não tinha vergonha de bombardeá-lo com estatísticas que destacavam o declínio global da liberdade e o aumento da desigualdade na década anterior. Quando eu fazia isso, ele respondia com dados sobre os tremendos ganhos em saúde materna, alfabetização e luta contra a pobreza ou observava que o número de democracias em todo o mundo quase dobrara desde o final da Guerra Fria.

Obama me disse muitas vezes: "Você me dá nos nervos", mas não me afastou. Nas raras ocasiões em que eu não falava durante um debate sobre segurança nacional, ele brincava: "Você está doente, Power?". Ou me provocava dizendo: "Samantha está com aquele olhar cético de novo". Em 2005, em nosso primeiro encontro durante um jantar, ele dissera que sabia sintetizar bem as ideias. O que ele parecia querer trazer para a jogada era meu ponto de vista e meu senso de urgência.

Depois dos ataques químicos de Assad em 2013, acredito que os Estados Unidos deveriam ter cumprido as ameaças de Obama e bombardeado os alvos militares sírios designados pelo Pentágono. Mesmo não tendo dado esse passo, antes de a Rússia intervir militarmente dois anos depois, deveríamos ao menos ter tentado mobilizar um grupo de países para impor uma zona de exclusão aérea. Se implementada, essa ação teria oferecido a alguns civis proteção contra ataques aéreos sírios. À luz da complexidade do conflito e do grande número de facções envolvidas, essas medidas, por si mesmas, certamente não teriam acabado com a guerra. Mas poderiam ter mitigado alguns de seus efeitos mais atrozes e potencialmente ajudado a engajar a diplomacia necessária para estabelecer um cessar-fogo.

A partir de 2014, no entanto, a prioridade do governo Obama na Síria deixou de ser acabar com a guerra civil para dar lugar ao enfrentamento do terrível crescimento do EI. O presidente Obama orientou um esforço abrangente para derrotar aquilo que estava rapidamente se tornando a organização terrorista mais letal do mundo e uma ameaça alarmante à segurança nacional americana.

Depois de supervisionar a remoção das forças americanas do Iraque em 2011, Obama enviou milhares de soldados de volta ao país, a pedido do governo iraquiano, para participar da luta contra o Estado Islâmico. Em 2015, a coalizão militar liderada pelos Estados Unidos já fazia progressos significativos, ajudando a libertar territórios dominados pelo EI no Iraque e na Síria. Na ONU, minha equipe e eu ajudamos a liderar a aprovação de várias resoluções em apoio aos esforços da coalizão. Elaboramos novas leis exigindo que os Estados-membros impedissem combatentes estrangeiros de viajar para a Síria a fim de se juntar ao EI. Tornamos muito mais difícil para essa organização ter acesso a fundos para pagar seus militantes. E visamos o saque e a venda pelo EI dos altamente cobiçados artefatos culturais da Síria, pedindo à Interpol que rastreasse as vendas ilícitas de antiguidades e exigindo que os Estados-membros aprovassem leis para reprimir o comércio internacional desses objetos (cinquenta países aprovaram leis nesse sentido).

Mas enquanto fazíamos isso, o regime de Assad se aproveitou do fato de o mundo estar focado no EI para acobertar a matança de civis sírios em áreas controladas pela oposição. O governo sírio, para o qual até manifestantes pacíficos eram "terroristas", tentava agora justificar seus ataques descarados, tratando toda a oposição como parte do EI ou da al-Qaeda.

Depois que a Rússia interveio militarmente no outono de 2015, suas aeronaves ajudaram o governo sírio a atacar centros populacionais. Com os soldados russos agora envolvidos na guerra, Obama percebeu que os riscos de um envolvimento militar americano aumentavam ainda mais. Embora o presidente tivesse argumentado de início que os russos só recuariam se pagassem um preço militar — o que ele chamava de ganhar um "nariz sangrando" —, ele logo determinou que os grupos de oposição apoiados pelos Estados Unidos evitassem confrontos com as forças russas. O Pentágono trabalhou assiduamente para evitar o conflito de seus padrões de voo com os dos jatos russos. Nesse espaço aéreo tão contestado, a ampliação da missão americana para além do EI teria resultado em mais chances de um confronto acidental — e de uma subsequente escalada — entre as Forças Armadas russas e as americanas.

A relutância de Obama em tomar mais medidas em relação à Síria resultou em críticas de que ele era um líder insensível, do tipo "Spock". Na *New Yorker*, David Remnick citou uma avaliação alternativa e mais recente de um ex-funcionário do governo, que observou: "Obama é basicamente um realista — mas se sente mal por isso".

Apesar de nossas diferenças em relação à Síria, a forma como o retratavam não me parecia justa.

Obama tomou medidas sem precedentes para proteger os civis em várias circunstâncias. Quando empreendi uma extensa agenda de prevenção de atrocidades na Casa Branca, ele ofereceu apoio ilimitado. Tinha tanta preocupação com os civis líbios que ordenou uma ação militar para protegê-los, *apesar* de seu objetivo de reduzir as mobilizações militares americanas no exterior. Embora os comentaristas muitas vezes alegassem que Obama passara a ver a decisão sobre a Líbia como o "pior erro" de sua presidência, ele deixou publicamente claro que lamentava "não ter planejado o dia seguinte ao que eu acho que *foi a coisa certa a fazer ao intervir na Líbia*" (grifo meu).[57]

E, apesar da divisão da Líbia e de sua resistência em relação a um envolvimento mais profundo na Síria, Obama reagiu com rapidez à ameaça do EI de liquidar os yazidis, um grupo minoritário religioso de língua curda no Iraque. Em agosto de 2014, dezenas de milhares de yazidis indefesos fugiram das tropas do EI e se retiraram para o monte Sinjar, onde ficaram cercados sem comida ou água. Era quase certo que morreriam de fome e desidratação ou seriam mortos em massa pelo EI.

Eu me uni ao secretário Kerry, a Ben Rhodes e a outros na defesa do uso do poderio aéreo americano para proteger os yazidis, mas o presidente Obama já havia decidido ordenar que aeronaves militares dos Estados Unidos começassem a lançar suprimentos sobre a montanha e a realizar ataques aéreos contra posições do EI. Essas ofensivas deram cobertura às forças terrestres curdas, que então abriram um corredor possibilitando aos yazidis cercados escaparem para o Curdistão iraquiano. Como o presidente declarou na época: "Quando temos recursos únicos para ajudar a evitar um massacre, acredito que os Estados Unidos da América não podem fechar os olhos. Podemos agir com cuidado e responsabilidade para impedir um possível ato de genocídio. É o que estamos fazendo naquela montanha". Devido às ações de Obama, estima-se que cerca de 30 mil pessoas tenham sido salvas.*

No entanto, Obama nunca se convenceu de que os Estados Unidos poderiam usar a força militar "com cuidado e responsabilidade" na Síria.

Publicamente, ele defendeu essa restrição com grande convicção. Numa entrevista de 2016 para Jeffrey Goldberg, da revista *The Atlantic*, Obama declarou que sentia "muito orgulho" de sua disposição de pôr um freio aos ataques aéreos durante o episódio da linha vermelha de 2013:

> A percepção era de que minha credibilidade estava em jogo, de que a credibilidade dos Estados Unidos estava em jogo. E então, para mim, pressionar o botão de pausa naquele momento, eu sabia, me custaria politicamente. E o fato de eu ter conseguido me afastar das pressões imediatas e pensar por mim mesmo sobre o que era do interesse dos Estados Unidos, não apenas em relação à Síria, mas também com relação à nossa democracia, foi a decisão mais difícil que já tomei — e acredito que, em última análise, foi a decisão certa a tomar.

A defesa retrospectiva de Obama de recuar dos ataques aéreos planejados por ele me pareceu um exagero defensivo — o qual creio que derivava de anos se sentindo pessoalmente acusado pela carnificina na Síria. Em minha experiência, o presidente Obama parecia mais desafiador em público quando se sentia em conflito interno.

Depois de ler seus comentários, mandei-lhe um e-mail, pedindo-lhe para reconsiderar o relato "distorcido" na *Atlantic* do que acontecera em agosto e setembro de 2013.

"Quando decidiu ir ao Congresso, você não esperava fracassar, nem queria", escrevi para Obama. "Ao obter o apoio do Congresso, você esperava ter

---

* A comunidade yazidi se concentrava principalmente na região de Sinjar, no noroeste do Iraque. Durante séculos, os yazidis foram alvo de perseguição devido a suas práticas religiosas, que combinam elementos do islamismo, do cristianismo, do judaísmo e do zoroastrismo. O Estado Islâmico os considerava "infiéis" que tinham de se converter ao Islã ou serem mortos. Mais tarde, estimou-se que cerca de 10 mil yazidis que viviam em Sinjar foram mortos ou presos durante a invasão do EI, que deslocou a totalidade do que era antes uma comunidade de 400 mil pessoas. Muitas das mulheres e meninas sequestradas foram guardadas por anos por combatentes do EI e submetidas a uma violência sexual implacável.

uma base mais forte para sustentar uma intervenção imprevisível." Isso não deu certo e, graças à improvisação do presidente, ainda conseguimos tirar algo útil da crise: a destruição de 1300 toneladas de armas químicas. Ainda assim, não acho possível ver nesse capítulo dos anais da política externa americana um motivo de orgulho. A maneira como Obama caracterizou o que acontecera também parecia subestimar os efeitos negativos a longo prazo dos acontecimentos ligados à linha vermelha, que na minha opinião danificaram sua credibilidade como presidente e minaram a influência dos Estados Unidos. Recuar em público nos deixou parecendo confusos, e expôs como a política externa do presidente era internamente limitada.

As consequências da guerra na Síria foram além dos níveis inimagináveis de morte, destruição e deslocamento. A disseminação do conflito para os países vizinhos por meio de fluxos imensos de refugiados e a propagação da ideologia do EI criaram perigos para pessoas em muitas partes do mundo. Em 2011, 2012 ou mesmo depois do ataque de armas químicas de 2013 talvez pudesse parecer, para quem não era sírio e, com certeza, para a maioria dos americanos, que o conflito não afetaria suas vidas. Hoje é muito mais difícil sustentar isso.

Um imenso movimento populacional enviou meio milhão de refugiados sírios para a Europa só em 2015. O candidato presidencial Donald Trump e os defensores do Brexit usaram essa fuga bíblica para demonizar estrategicamente migrantes e refugiados, e isso foi um elemento-chave de suas bem-sucedidas campanhas. É evidente que o descontentamento generalizado entre os prejudicados pela globalização e pela desigualdade teve influência muito maior nos acontecimentos políticos americanos e europeus do que o fluxo de refugiados. Mas a sensação de que o mundo tinha enlouquecido deu aos demagogos empreendedores um bode expiatório eficaz, o qual eles continuam usando até hoje.

Dito tudo isso, não compartilho hoje — e não compartilhava na época — da certeza inabalável dos críticos do presidente Obama. Como a história não pode ser repetida, nunca saberemos o que teria acontecido se ele houvesse seguido um caminho diferente como, por exemplo, ordenar ao Pentágono criar uma zona de exclusão aérea. Talvez dezenas de milhares a mais de sírios estivessem vivos hoje e, talvez, sem um êxodo tão grande de refugiados, as forças xenófobas que surgiam nos países ocidentais não tivessem ganhado tanta força. Por outro lado, se as Forças Armadas americanas tivessem atacado as defesas aéreas da Síria, Assad — percebendo o pouco apetite dos Estados Unidos por uma luta — poderia ter chamado aquilo de blefe do presidente e nos desafiado a aumentar nosso envolvimento militar. Essa escalada poderia ter levado os Estados Unidos a uma "ladeira escorregadia" que todos procurávamos evitar, atolando nossas tropas numa conflagração regional com a Rússia do outro lado da linha.

É fácil especular sobre hipóteses, mas tudo o que sabemos é que os envolvidos na elaboração de uma política para a Síria lamentarão para sempre nossa incapacidade de fazer mais para conter a crise. E sabemos quais são as consequências das políticas que escolhemos. Nas próximas gerações, o povo sírio e o mundo em geral conviverão com as terríveis consequências das atrocidades mais diabólicas a serem levadas a cabo desde o genocídio em Ruanda.

Quando escrevi *Genocídio*, meu amigo Jonathan Moore recomendou que eu lesse *Exit, Voice and Loyalty* [Saída, voz e lealdade], do economista Albert Hirschman, publicado em 1970. Hirschman escreveu que quando alguém está insatisfeito com uma política ou prática, pode optar por "sair", exercer a "voz" (comunicar queixas internamente ou por meio de protestos públicos) ou ser governado por "lealdade", a qual "mantém a saída à distância e ativa a voz".

Jonathan também me mostrou um ensaio publicado em 1968 na *The Atlantic* por seu amigo James C. Thomson, um ex-especialista em Leste Asiático do Departamento de Estado e do NSC que havia deixado o governo Johnson por causa do Vietnã. No ensaio, Thomson explicava por que muitos de seus colegas não discordaram internamente e tampouco se demitiram em razão de uma guerra liderada pelos Estados Unidos que acabou matando milhões de pessoas no Vietnã, no Laos e no Camboja e resultou na morte de mais de 58 mil americanos. Como parte de sua explicação, Thomson invocava o que chamou de "armadilha da eficácia": os funcionários americanos descontentes com uma política geralmente se deixam levar pelo autoengano, crentes de que estão fazendo mais bem permanecendo no governo do que o deixando.

Certa noite, em Nova York, com as crianças dormindo e Cass em Cambridge, acessei o ensaio on-line e o reli pela primeira vez desde que ingressara no governo. Thomson escreveu:

A inclinação para permanecer em silêncio ou aquiescer na presença dos grandes homens — viver para lutar outro dia, desistir dessa questão para poder ser "eficaz" em outras posteriores — é avassaladora [...] é fácil racionalizar a decisão de permanecer a bordo. Ao fazer isso, é possível impedir que algumas coisas ruins aconteçam e talvez até fazer algumas coisas boas acontecerem.

Embora eu não visse nenhuma equivalência entre os horrores resultantes da continuação da Guerra do Vietnã pelos americanos e a política para a Síria do governo Obama, o conceito de armadilha de eficácia parecia aplicável a muitas circunstâncias profissionais. Eu estava decidida a não cair nela e, de tempos em tempos, em vez de simplesmente desconsiderar os que me atacavam, perguntava-me se o balanço das considerações ainda fazia com que fosse certo permanecer no governo.

O presidente ainda estava me ouvindo ou estava me desligando? Eu podia tomar iniciativas específicas nas Nações Unidas para tentar ajudar os sírios? A reação do público à minha demissão faria diferença nas decisões do presidente Obama ou na situação dos sírios? Eu estava fazendo progresso em outros assuntos importantes? Se eu fosse substituída, alguém levaria essas questões adiante?

Dependendo do dia, minhas respostas a essas perguntas variavam. Quando conversava com Cass, ele me lembrava das muitas vezes em que eu concordava com Obama. E dizia: "Se você pode melhorar a vida de alguém, faça isso".

Eu fazia o que estava ao meu alcance. Usei minha plataforma pública na ONU para denunciar as maneiras pelas quais o governo de Assad fingia ser um baluarte contra o terrorismo, enquanto, de forma cínica, fornecia armas e petróleo ao Estado Islâmico.[58] Usei a diplomacia pública e privada (por intermédio de Vitáli) para tirar prisioneiros políticos sírios da cadeia. Possivelmente, minha atuação desempenhou um papel na libertação do advogado de direitos humanos Mazen Darwish, que fora prisioneiro por mais de três anos, com cuja esposa eu me encontrava com frequência e cujas aparições no tribunal eu acompanhava.

Trabalhando com Austrália, Jordânia e meus colegas europeus, também garanti o apoio da Rússia a uma resolução do Conselho de Segurança da ONU permitindo que a ajuda alimentar atravessasse fronteiras internacionais até chegar a áreas dominadas pela oposição síria. Isso possibilitou que mais de 2 milhões de pessoas recebessem a ajuda da ONU que o governo sírio estava bloqueando.

No entanto, perto da escala do sofrimento dos sírios, eu sabia que tudo isso era uma ninharia. Eu me forçava a ler todos os relatórios sobre o país que cruzavam minha escrivaninha, e nada que eu e minha equipe fizéssemos diminuía meu sentimento de culpa e frustração por não conseguir argumentar de modo convincente que era preciso fazer mais para ajudar as pessoas mais desesperadamente carentes.

Contudo, nunca pensei a sério em deixar o governo.

Mort era franco, como sempre. "Escute, acho que a política síria do seu governo é terrível", disse ele durante um de nossos telefonemas. "'Não faça merda' significa basicamente 'não faça coisa alguma'. Mas que diabos você vai realizar pelos sírios estando em Cambridge? Você sai e é notícia num dia. No dia seguinte, ninguém dará a mínima. Obama com certeza não dará a mínima. Haverá apenas mais pessoas com a mesma opinião na Sala de Crise."

Quando falei com Jonathan, lembrei-lhe de que, quando nos conhecemos no Carnegie, vários funcionários do Departamento de Estado haviam acabado de assinar um protesto contra a inação dos Estados Unidos diante de atrocidades na Bósnia — a maior onda de demissões da história do Departamento. Mas quando falávamos sobre a Síria, ele distinguia as duas situações. Para os especialistas em Bálcãs, disse ele, permanecer significava que eles trabalhariam apenas para implementar uma política que detestavam, sem recursos para alterá-la e sem outras questões em que pudessem fazer uma diferença positiva. Jonathan instou-me a ver como eu era privilegiada.

"Você precisa continuar defendendo o que acredita em relação à Síria", insistiu. "Mas mesmo que seja o conflito mais importante e mais mortal do planeta no momento, você não pode deixar a Síria se tornar a única medida do que você faz. Você pode usar sua posição para ajudar muitas pessoas lá. O mundo está cheio de lugares destruídos. Escolha suas batalhas e vá ganhar algumas."

39. Encolher a mudança

Durante meu período como embaixadora na ONU, eu ouvia essa pergunta mais do que qualquer outra: "Mas o que alguém sozinho pode fazer?".

Até as pessoas mais comprometidas e motivadas se sentiam sobrecarregadas pela gravidade dos desafios mundiais — da mudança climática à crise dos refugiados e à violação global dos direitos humanos. Preocupava-me que as pessoas vivenciassem uma espécie de círculo vicioso da desgraça: por não conseguirem resolver sozinhas esses grandes problemas, elas acabariam optando por não fazer nada. Sempre que meus pensamentos sobre a situação no mundo se encaminhavam para um impasse igualmente sombrio, eu discutia com minha equipe sobre como poderíamos "encolher a mudança" que esperávamos ver.

Eu encontrara essa expressão num livro chamado *Switch: How to Change Things When Change Is Hard* [*Switch: Como mudar as coisas quando a mudança é difícil*], dos professores Chip e Dan Heath. Cass me dera o livro quando eu trabalhava na Casa Branca, e encomendei muitos exemplares para meus colegas de governo. Os irmãos Heath enfatizavam que, ao contrário do que prega o senso comum, grandes problemas "costumam ser resolvidos por uma sequência de pequenas soluções, às vezes durante semanas, às vezes ao longo de décadas". "Encolher a mudança" se tornou uma espécie de lema para mim e minha equipe, junto com a versão de Obama: "Melhor é bom".

Às vezes, as realizações humanas *eram* grandes e amplas — como acabar com a epidemia de ebola. Porém, com mais frequência, as mudanças que nós, como indivíduos, éramos capazes de implementar no mundo eram menores. "Mesmo que não possamos resolver todo o problema", eu dizia, "com certeza há *alguma coisa* que possamos fazer."

Desde o início do meu período na ONU, garantir a libertação de presos políticos parecia uma iniciativa viável e valiosa. Usei reuniões privadas com ministros das Relações Exteriores, declarações públicas e mídias sociais para pedir a libertação de indivíduos em todo o mundo presos por "crimes" como denunciar a violação da lei por autoridades ou defender a liberdade de expressão.

Tentativas como essas irritavam naturalmente governos estrangeiros, então tive a sorte de o secretário Kerry ser um colega solidário. Quando um ministro das Relações Exteriores lhe telefonava para reclamar dos "tuítes de Samantha", Kerry às vezes desabafava para sua equipe que eu estava dificultando seu trabalho. Mas conversávamos e trocávamos e-mails várias vezes por semana, e nos encontrávamos sempre que ambos estávamos em Washington. Ele nunca me pediu para moderar as críticas a governos abusivos.

Por exemplo: certa vez, eu lhe falei sobre as objeções do ministro do Exterior egípcio à minha defesa dos direitos humanos e Kerry apenas revirou os olhos. "Logo eles não terão mais ninguém para trancafiar", observou, e nada mais foi dito. Meu estilo era diferente do dele, mas tínhamos um entendimento tácito: Kerry tentava influenciar os governos à sua maneira, em geral através de canais privados, enquanto eu conduzia uma diplomacia silenciosa *e* exercia pressão pública.

Em setembro de 2015, o presidente chinês Xi Jinping planejava realizar uma reunião de cúpula nas Nações Unidas para comemorar o vigésimo aniversário da Conferência Mundial sobre as Mulheres de 1995, realizada em Pequim. A conferência de Xi proporcionou uma ocasião para destacar um fato inconveniente: as vozes das mulheres ainda estavam sendo silenciadas em muitos países, inclusive na China. Com efeito, o governo chinês tinha prendido havia pouco tempo um grupo de mulheres por terem a ousadia de fazer campanha contra o assédio sexual. Essas mulheres, que ficaram conhecidas como as Cinco de Pequim, só foram libertadas após contínua pressão internacional.

Sabendo que a cúpula "Pequim+20", liderada pelos chineses, obviamente ignoraria a situação das prisioneiras políticas no mundo, minha equipe e eu decidimos usar os holofotes desse grande encontro global para prestar solidariedade às mulheres encarceradas e pressionar os governos a libertá-las. Esses esforços se aglutinaram numa campanha chamada #FreeThe20, através da qual visávamos libertar vinte presas políticas em treze países.* Nossa lista incluía não só prisioneiras em países com os quais nosso governo mantinha relações hostis (como Venezuela e Síria), mas também mulheres encarceradas por governos com os quais os Estados Unidos queriam manter laços fortes (como China e Egito). Esse equilíbrio tornou nossa posição em relação aos direitos humanos mais crível e coincidia com minha opinião de que nossas relações importantes poderiam suportar a pressão dos direitos humanos.

Procuramos, diretamente ou através de organizações de direitos humanos, as famílias de cada uma das mulheres cujo perfil planejávamos divulgar, para avaliar se queriam que sua esposa, irmã ou filha fosse incluída. Mas também precisávamos de autorização de várias autoridades americanas, inclusive dos embaixadores postados nos países onde as mulheres estavam presas. Alguns resistiram, temerosos de que a inclusão de um prisioneiro em nossa lista acrescentasse tensão desnecessária às nossas relações diplomáticas. Mesmo com o apoio de Kerry, só recebemos a aprovação para a última mulher depois que enviei um comunicado à imprensa anunciando o lançamento da campanha para o dia seguinte.

Vinte dias antes da conferência Pequim+20, com a imprensa internacional reunida no Departamento de Estado, contei a história da primeira prisioneira, uma corajosa advogada chinesa de 44 anos chamada Wang Yu. Além de representar as Cinco de Pequim, Wang havia defendido Ilham Tohti, o economista uigur preso por chamar atenção para os abusos do governo chinês contra a

---

* Dezenove das mulheres eram oriundas dos seguintes países: Azerbaijão, Mianmar, China, Egito, Eritreia, Etiópia, Irã, Rússia, Síria, Uzbequistão, Venezuela e Vietnã. A vigésima era um compósito sem nome, a que nos referíamos simplesmente como a "prisioneira política da Coreia do Norte". Na época, o país tinha bem mais de 100 mil presos políticos. No entanto, o regime de Kim Jong-un era tão brutal que destacar o nome de uma única mulher a poria em risco. Usar o perfil de uma prisioneira política sem nome na Coreia do Norte minimizava o risco para qualquer mulher, mas ainda nos permitia chamar atenção para a prisão em massa de suas cidadãs em campos de concentração nos dias atuais.

brutalizada minoria da qual Tohti fazia parte. Agora, a própria Wang estava presa por "subversão do poder do Estado", o que significava uma possível condenação à prisão perpétua.

Graças à assessora de direitos humanos da Missão, Kelly Razzouk, a Kurtis Cooper e a outras pessoas da nossa equipe de imprensa, descobrimos detalhes inesquecíveis sobre cada mulher e fizemos pleno uso das mídias sociais para divulgar seus casos. Embora nossa ênfase estivesse em cada prisioneira individual, as experiências das mulheres lançavam luz sobre os sistemas judiciais mais amplos que favoreciam a injustiça: os juízes cooptados que presidiam seus julgamentos, as leis draconianas usadas para sentenciá-las, as condições desumanas enfrentadas por elas nessas prisões e as organizações e movimentos perseguidos para os quais elas trabalhavam.

Todo dia, durante vinte dias, postei um vídeo no Facebook no qual eu descrevia o trabalho da mulher em destaque e as acusações contra ela. Em seguida, pendurávamos uma enorme foto sua nas grandes janelas de vidro do saguão da Missão americana, em frente à entrada da sede da ONU. Os dignitários que comparecessem à Assembleia Geral, bem como qualquer pessoa que caminhasse pela Primeira Avenida, tinham pouca escolha a não ser passar por essa crescente série de retratos.

Entrei em contato com Kelly Ayotte, senadora republicana de New Hampshire, que concordou em apresentar uma resolução apoiando a campanha. A resolução, copatrocinada pelas vinte senadoras americanas republicanas e democratas, exigia a libertação imediata das prisioneiras. "Nossa mensagem é simples", disseram as senadoras num comunicado à imprensa. "Líderes mundiais e governos estrangeiros [...] devem empoderar as mulheres, não aprisioná-las."

No dia em que pendurei o pôster de Wang Yu, o embaixador da China nas Nações Unidas Liu Jieyi me telefonou com "uma mensagem urgente" de Pequim. Eu tinha um relacionamento respeitoso com Liu, mas ele parecia desconcertado com o que eu estava fazendo. Ele explicou que Pequim via nossa campanha como um ato agressivo. Alertou que sua continuação não contribuiria de forma positiva para a atmosfera entre nossos países e me instou a reconsiderar.

Eu disse que entendia o ponto de vista de seu governo — e lhe garanti que a libertação de Wang e de outros prisioneiros políticos da China a tempo de participar da cúpula faria maravilhas para melhorar essa atmosfera.

Logo depois, divulguei o perfil de Ta Phong Tan, uma blogueira vietnamita de 47 anos presa em 2011. Tan, ex-policial, havia escrito sobre a corrupção no sistema judicial do Vietnã e estava cumprindo pena de dez anos por publicar "propaganda antiestatal". Sua mãe havia morrido depois de pôr fogo a si mesma, em protesto contra a detenção prolongada da filha.

Pouco depois de divulgarmos a história de Tan, recebi uma ligação da embaixadora do Vietnã na ONU. Ela também manifestou o descontentamento do governo com nossa decisão de apresentar Tan e outra prisioneira vietnamita chamada Bui Thi Minh Hang. Poucos dias depois, soubemos que Tan seria libertada, e Kelly logo me enviou uma foto de seu desembarque em Los Angeles para começar uma nova vida.

Fiquei maravilhada. Quando desenvolvemos o conceito da campanha, eu não esperava que muitas das mulheres fossem realmente libertadas. Não obstante, achei que valeria a pena fazer governos repressivos pagarem pelo menos um custo de reputação por suas ações. No entanto, nosso modesto esforço já parecia estar produzindo alguns resultados tangíveis.

Sanaa Seif era uma egípcia de 21 anos que fora presa no ano anterior por se manifestar pacificamente sem permissão. Quarenta e oito horas depois de termos apresentado sua história, Kelly me informou que Sanaa havia sido perdoada — junto com outros 99 presos. Em nossa reunião diária da manhã, ela chegou carregando a foto de Sanaa que tínhamos pendurado na janela da Missão. Agora, porém, a imagem tinha a palavra LIBERTADA estampada em grandes letras vermelhas na parte inferior.

Nunca saberemos exatamente como nossa campanha influenciou as decisões de vários governos de libertar as mulheres. Nossos esforços apenas complementaram a defesa contínua levada a cabo por suas famílias e advogados. Mas a notícia da libertação de uma prisioneira era emocionante para as autoridades americanas que haviam trabalhado a fim de garantir a aprovação da medida por uma embaixada relutante ou procurado detalhes convincentes para compartilhar com o público. Vitórias inequívocas no governo eram raras. E ficamos todos comovidos ao saber que essas mulheres, as quais sentíamos que conhecíamos, voltariam a se reunir com suas famílias.

Em uma atmosfera de repressão e retrocesso democrático em todo o mundo, achei gratificante poder me concentrar menos na "recessão" geral dos direitos humanos — uma abstração que poderia ser paralisante — e mais em pessoas específicas. Uma vez libertadas, essas mulheres seriam mais uma vez capazes de levantar a voz em nome de causas importantes.

"Chegamos a seis", disse-me Kelly três meses depois do lançamento da campanha.

"Agora estamos com doze", disse ela em agosto de 2016, na sequência da libertação de Wang Yu.

Quando deixei o governo em janeiro de 2017, catorze das vinte mulheres cujos perfis apresentamos haviam sido soltas. Mais duas deixariam a prisão no mês seguinte.

Tínhamos feito apenas uma incisão microscópica num problema colossal. Mas como eu disse a Kelly: "Para cada uma dessas mulheres e para aquelas que as rodeiam, isso significa o mundo".

A campanha #FreeThe20 confirmou o que eu havia visto durante meus anos de jornalista: as pessoas eram mais propensas a reagir quando podiam focar num indivíduo específico — como David Rohde, quando ele desapareceu na Bósnia.

Com os funcionários do governo não era diferente. Durante a crise do ebola, Jackson Niamah, o profissional de saúde liberiano, chamara atenção de diplomatas tipicamente estoicos com sua profecia arrepiante: "se a comunidade internacional não se levantar, seremos todos aniquilados". Da mesma forma, havíamos realizado várias reuniões destacando a brutalidade do EI antes de eu convidar Nadia Murad, uma mulher yazidi de 21 anos, para comparecer perante o Conselho. Quando ela descreveu como o EI executou sua mãe e seis de seus nove irmãos e depois a forçou à escravidão sexual, seu testemunho fez com que eles entendessem de maneira visceral a selvageria que a coalizão liderada pelos Estados Unidos estava trabalhando para acabar.*

Quando o EI começou a disseminar propaganda mostrando execuções de iraquianos e sírios suspeitos de serem gays, entrei em contato com Vitáli, com quem normalmente encontrava interesses comuns no confronto contra o EI. Mas quando mencionei a possibilidade de trabalharmos juntos no Conselho de

---

* Murad ganharia o Prêmio Nobel da Paz em 2018 por seu trabalho no combate à violência sexual em conflitos.

Segurança num esforço para conter atos de terror contra gays, ele respondeu: "Não é possível". Por mais que se manifestasse contra o terrorismo, quando as vítimas eram gays, o governo russo preferia ficar calado. Fazia muito tempo que eles usavam sua influência para fazer com que o Conselho também permanecesse em silêncio.

Uma vez que o Chile fizera grandes avanços internos em relação aos direitos LGBT, pedi ao seu embaixador, Cristián Barros, que se juntasse aos Estados Unidos para convocar a primeira discussão do Conselho sobre a violência contra pessoas LGBT. Cristián suspirou, sabendo que alguns países ficariam aborrecidos se fôssemos em frente. Mas então, com um brilho nos olhos, ele disse: "Vamos fazer isso, Samantha. Estaremos sozinhos, mas estaremos lá".

Aconteceu que não estávamos sozinhos — cerca de duzentos diplomatas estrangeiros participaram da reunião informal do Conselho. Todos ficaram em sóbrio silêncio enquanto ouvíamos duas testemunhas LGBT que haviam sido aterrorizadas pelo EI. Um deles era um sírio de 28 anos chamado Subhi Nahas, que estava sentado ao meu lado enquanto detalhava os espancamentos que sofrera, sua angustiada fuga para a Turquia e, por fim, seu reassentamento em San Francisco. O outro era um iraquiano de vinte e poucos anos com tanto medo de ser caçado que usou um pseudônimo ("Adnan") e falou ao Conselho por telefone a partir de um local não revelado no Oriente Médio.

Os depoimentos de Subhi e Adnan deixaram claro que o EI estava explorando um profundo ódio social. Mesmo depois da derrota dos terroristas, os gays não se sentiriam seguros no Iraque e na Síria. Contudo, proporcionamos a dois jovens uma plataforma visível para contar suas histórias e afirmar sua dignidade. Tendo em vista a ampla cobertura da sessão pela mídia, suas palavras seriam ouvidas longe de Nova York — talvez por um funcionário de imigração avaliando o pedido de asilo de uma pessoa LGBT, quem sabe até nas regiões mais profundas do Iraque e da Síria, onde muitos de seus amigos seguiam escondidos.

Alguns dias depois, recebi um e-mail de "Adnan". Escrito em inglês, dizia:

Foi uma honra participar desse evento histórico, a melhor coisa que fiz na minha vida até agora. [...] Palavras não podem descrever quanto sou grato a você. E acredito estar transmitindo os pensamentos de milhares de pessoas no Oriente Médio.

Ele assinou seu e-mail com seu nome verdadeiro, que eu não conhecia.

Nove meses depois, um homem armado que jurou lealdade ao EI assassinou 49 pessoas na discoteca Pulse, uma boate popular da comunidade LGBT de Orlando. O massacre foi o pior ataque terrorista em solo americano desde o Onze de Setembro. Digerindo a notícia, tentei afastar o desejo de arrancar os cabelos, tamanho era meu desgosto pelo ódio no mundo. Em vez disso, liguei para David Pressman e disse que queria encontrar uma maneira de dar uma resposta no Conselho de Segurança.

Nós dois sabíamos que o horror do ataque à Pulse poderia ser suficiente para fazer com que países relutantes deixassem de lado seus preconceitos — mesmo que apenas temporariamente. Depois do comparecimento em massa à sessão informal do Conselho de Segurança com Subhi e Adnan, decidimos testar até que ponto outros países estavam dispostos a ir para se opor à violência contra os gays. "Acho que este é o momento", eu disse.

David, que estava brincando em um parque local com seus filhos gêmeos quando liguei, deixou seu parceiro e as crianças e foi direto para a ONU. Após um dia de frenética diplomacia em Nova York e em capitais ao redor do mundo, o Conselho de Segurança da ONU, acompanhado pela Rússia e pelo Egito (cujos representantes não queriam ser vistos bloqueando uma condenação ao EI), concordou com uma declaração que "condenou nos termos mais fortes o ataque terrorista em Orlando [...] visando pessoas em virtude de sua orientação sexual".

Quando David e eu chegáramos à ONU, tivemos de lutar simplesmente para incluir a frase "populações vulneráveis" nas resoluções do Conselho de Segurança — a qual a Rússia rejeitou por ser um código para pessoas LGBT. Agora, pela primeira vez na história, o Conselho de Segurança condenava ataques baseados na orientação sexual, estabelecendo um padrão que poderia ser depois invocado por pessoas LGBT perseguidas em qualquer país.

Vários dias depois, convoquei o "Grupo Central" de embaixadores da ONU que haviam trabalhado juntos em relação aos direitos LGBT. Em vez de nos encontrarmos na ONU, sugeri que nos reuníssemos no lendário Stonewall Inn, no Greenwich Village. Tree Sequoia, barman de Stonewall por décadas, cumprimentou nosso grupo de dezesseis embaixadores, lembrando como as coisas eram quando o bar fora invadido pela polícia da cidade de Nova York em 1969. Esse incidente provocou protestos, ajudando a lançar um movimento nacional pelos direitos LGBT que poucas pessoas haviam previsto.

Tree nos acompanhou até uma sala escura com painéis de madeira que tinha um cheiro azedo de lúpulo. Depois que os embaixadores tomaram seus lugares, iniciei a discussão observando o fato de que a mesma força policial que havia invadido Stonewall agora participava da Marcha do Orgulho Gay de Nova York.

"Nunca se sabe", eu disse. "Só podemos fazer o que podemos fazer. Mas um dia, alguém pode olhar para os corajosos testemunhos de dois gays do Oriente Médio no Conselho de Segurança ou para uma frase de uma declaração da ONU condenando ataques à comunidade LGBT como o primeiro passo em um longo caminho para algo muito mais significativo."

Os outros embaixadores pareciam entusiasmados. Alguns estavam nervosos quanto ao estabelecimento de uma posição da ONU dedicada à proteção das pessoas LGBT. Mas no Stonewall Inn, prometemos seguir em frente.

Exatamente duas semanas depois, e a despeito da forte resistência da mesma coalizão que se opusera à concessão de benefícios aos funcionários LGBT da ONU, garantimos a criação do primeiro posto da organização encarregado de monitorar os direitos LGBT em todo o mundo e reportar publicamente a respeito. A Human Rights Watch chamou essa decisão de "uma vitória histórica dos direitos humanos de qualquer pessoa em risco de discriminação e violência por causa de sua orientação sexual ou identidade de gênero".

Para mim, era um pequeno passo — que se baseava nos pequenos passos anteriores.

A reunião anual da Assembleia Geral da ONU em setembro de 2016 foi uma ocasião ambivalente. Como assessora do presidente Obama, eu comparecera e ajudara a moldar cada uma de suas sete aparições anteriores nessas reuniões. Essa seria a última.

Alguns dias antes da chegada de Obama, os trabalhadores de Nova York começaram a erguer barreiras para fechar as ruas perto da ONU. Como fazia todos os anos durante esse evento, María lutava para passar pelas cinco quadras fortemente policiadas que separavam o Waldorf da pré-escola de Rían. Cass resolveu ficar de novo em Cambridge por uma semana, para evitar ser maltratado pela segurança ao tentar chegar ao nosso apartamento.

Eu não sentiria falta dessas perturbações depois de deixar a ONU. Mas quando chefes de Estado se reuniam para a Assembleia Geral, eu ainda não conseguia deixar de sentir que, juntos — como o pai de Cass havia escrito de San Francisco em 1945 —, *poderíamos* realizar alguma coisa. Esse potencial não havia sido posto em prática com a frequência que eu gostaria, mas eu ficaria com saudade de montar coalizões para combater os problemas mais difíceis do mundo, além daquele sentimento emocionante de possibilidade.

Em uma das últimas noites da semana da Assembleia, jantei com um ministro das Relações Exteriores que também se tornara meu amigo. Eu trabalhara em estreita colaboração com ele ao longo dos anos e estava agradecida pelas difíceis decisões de voto que ele instruíra seu embaixador na ONU a tomar. Ele tinha um maravilhoso senso de humor, o que a maioria dos ministros não demonstrava, e eu gostava muito dele.

Passamos o jantar discutindo sobre a China, a Síria, as próximas eleições presidenciais americanas e as tensões étnicas em seu país. Então, perto do final da refeição, mencionei em tom casual que havia obtido autorização da cidade de Nova York para que o gabinete de direitos humanos da ONU pintasse com as cores do arco-íris a faixa de pedestres da Primeira Avenida que muitos VIPs usariam para entrar no edifício das Nações Unidas. O embaixador holandês havia lançado essa ideia durante a nossa reunião em Stonewall. Agora, ministros das Relações Exteriores e chefes de Estado atravessariam nosso "Caminho para a Igualdade" ao entrar numa instituição que havia recentemente reconhecido os direitos LGBT.

Por uma fração de segundo, pensei ter percebido um sinal de interesse no rosto do ministro, mas ele logo mudou de assunto. Apesar da nossa amizade, nunca lhe perguntei sobre sua vida pessoal.

Quando nos levantamos para nos despedir, eu me ouvi sussurrar em seu ouvido: "Você gostaria de ir ver a faixa de pedestres?".

De repente, ele soltou um sorriso largo e travesso. Naquele momento, ele viu que eu sabia e entendia o que ele ainda não podia anunciar em seu próprio país.

À meia-noite e meia de uma noite de setembro com muito vento, o ministro caminhou lentamente pela faixa do arco-íris em direção à ONU, onde as bandeiras do seu país, do meu e de todas as nações do mundo tremulavam todos os dias.

Graças à iluminação do poste, pude ver sua expressão quando ele se aproximou do meu lado da Primeira Avenida. Ele tinha um semblante que eu nunca havia visto antes e que combinava alívio, prazer e uma calma profunda.

Era o olhar de alguém sendo totalmente ele mesmo.

40. O fim

No início de meu mandato de embaixadora na ONU, visitei o prefeito de Nova York, Mike Bloomberg, em seu gabinete na prefeitura. A fim de se motivar para não perder tempo, Bloomberg havia pendurado um grande relógio digital que contava os dias, as horas e os minutos que faltavam para o fim de seu mandato. No meu último ano de trabalho, enquanto tentava aproveitar ao máximo o tempo restante representando os Estados Unidos, eu mantinha uma versão desse relógio em minha cabeça.

Também distribuí cartões de anotações da Casa Branca para os membros da minha equipe nos quais estavam inscritas as palavras do presidente Obama: "Estamos entrando no quarto trimestre, e coisas realmente importantes acontecem no quarto trimestre".

Sem dúvida: no início de 2016, a Coreia do Norte realizou seu quarto teste nuclear. Confiando nos especialistas em sanções de nosso governo, dediquei-me a dominar os aspectos técnicos das fontes de receita de Pyongyang. Depois de nove semanas de negociações meticulosas com meu colega chinês — e apoiada pelo incansável lobby de alto nível de Washington em Pequim —, garantimos uma resolução que ia além de qualquer outra em duas décadas. Ela exigia que todo carregamento vindo da Coreia do Norte ou indo para o país fosse inspecionado; bania o fornecimento de combustível para aeronaves ou foguetes ao país; impunha um embargo de armas e proibia os bancos norte-coreanos de fazer negócios nos Estados-membros da ONU ou com eles.[59]

Gerenciei essas negociações enquanto iniciava simultaneamente a primeira discussão do Conselho de Segurança sobre o tratamento brutal que a Coreia do Norte reservava para seu próprio povo. Durante anos, a China impedira o Conselho de realizar sessões para condenar o vasto sistema de campos de trabalho forçado da Coreia do Norte. Dessa vez, eu me uni aos embaixadores da Coreia do Sul e da Austrália para mobilizar os votos necessários, o que nos possibilitou anular a oposição da China e enfim pôr os direitos humanos da Coreia do Norte na agenda.*

Convidei desertores da Coreia do Norte para comparecerem à câmara e incluí seus testemunhos em minhas observações. Também condenei Pequim pela lamentável prática de forçar pessoas que haviam conseguido escapar da Coreia do Norte pela fronteira com a China a voltarem para o país. Embora essas repatriações forçadas levassem a torturas ou mortes quase certas, a maioria dos governos hesitava em exigir uma explicação da China.

Fiquei emocionada ao ver a gratidão dos desertores por poder contar suas histórias ao mundo depois de anos de fome e maus-tratos horríveis. Embora soubessem que denunciar os abusos sofridos não faria o regime de Kim parar de brutalizar as pessoas, eles enfatizaram que manter o silêncio deixava o regime e suas vítimas com a impressão de que o mundo exterior não se importava. Reações como essa confirmavam minha opinião de que, em geral, era um erro nos censurarmos em questões de direitos humanos — mesmo durante a corda bamba das negociações nucleares de alto risco.

Enfrentamos um dilema semelhante com relação ao Irã, outro adversário americano de longa data que combinava ambições nucleares perigosas com repressão interna. Depois que o secretário Kerry concluiu as negociações para obter o acordo nuclear com o Irã, minha equipe conduziu uma resolução no Conselho de Segurança que inscreveu essas disposições no direito internacional. O Irã seria forçado a eliminar 98% de seu estoque de urânio enriquecido, cortar em dois terços suas encomendas de centrífugas, desmontar um reator

---

* A Carta da ONU especifica que os votos do Conselho de Segurança em "questões processuais" não podem ser vetados. Em consequência, quando um país se opõe a colocar um item na agenda do Conselho, nove dos quinze países-membros do Conselho precisam votar a favor dele.

nuclear de água pesada que poderia produzir plutônio de qualidade para armas e se submeter ao mais extenso regime de inspeções já efetuado pela Agência Internacional de Energia Atômica.

O acordo com o Irã ilustrava a importância das sanções do Conselho de Segurança da ONU e da incansável diplomacia que, neste caso, desempenhou um papel decisivo em levar o Irã à mesa de negociações. A subsequente politização do acordo foi desanimadora e extremamente contraproducente. Afinal, o acordo alcançou o que tanto democratas quanto republicanos acreditavam ser a principal prioridade dos Estados Unidos em relação ao Irã: impedi-lo de construir armas nucleares. Ao fazê-lo, o acordo reduziu bastante a probabilidade de os militares americanos terem de pôr suas vidas em risco em outro conflito militar liderado pelos Estados Unidos no Oriente Médio, o que pareceu ser uma possibilidade iminente em vários momentos durante o primeiro mandato de Obama.

Infelizmente, alguns países ficaram tão satisfeitos com o acordo nuclear que consideraram desnecessário aprovar uma resolução anual da Assembleia Geral da ONU condenando as violações dos direitos humanos no Irã. Insisti para que continuássemos fazendo um lobby frenético para que o tratamento deplorável dispensado pelo governo iraniano ao seu povo recebesse a atenção merecida.

Enquanto tudo isso acontecia, também participei com o resto do governo Obama da tentativa de garantir que os acordos climáticos de Paris se tornassem realidade antes do fim do segundo mandato do presidente. Embora o acordo de Paris tenha sido assinado com grande alarde em dezembro de 2015, ele não se tornaria lei enquanto não fosse ratificado por pelo menos 55 países que respondiam por ao menos 55% das emissões globais totais. Com Trump e outros candidatos republicanos ameaçando se retirar do acordo se eleitos, passamos a maior parte de 2016 envolvidos numa incansável pressão total para atingir esse limiar de 55/55 antes de deixarmos o governo.

Tínhamos diante de nós uma chance estreita de pôr o acordo rapidamente em vigor. Um acordo anterior sobre mudança climática — o Protocolo de Quioto de 1997 — demorou oito anos, enquanto a Convenção das Nações Unidas sobre o Direito do Mar de 1982 levara doze anos. Tínhamos apenas um.

Ao longo de 2016, a cada semana a Casa Branca identificava um novo conjunto de países-alvo e pedia a mim, ao secretário Kerry e aos diplomatas americanos em todos os lugares para pressionarem pela aceleração dos processos de ratificação internos. Um mês antes das eleições de 2016, o 77º país ratificou o acordo e superou o limite de 55% das emissões. Graças à entrada em vigor do acordo de Paris, garantimos que qualquer retirada futura dos Estados Unidos do acordo não desfaria o pacto geral.*

Em meio a essas iniciativas do quarto trimestre, comecei a brincar que amava tanto meu trabalho que, na hora marcada para minha partida, minha escolta de segurança teria de se transformar numa equipe de expulsão, vestindo equipamento contra tumulto para me tirar do escritório pelos tornozelos enquanto eu me agarrava aos pés do sofá, decidida a não sair. Sabendo que os funcionários americanos da Missão ficariam tentados a se concentrar em seu futuro profissional à medida que se aproximasse o fim de nosso período, apelei a eles para continuarem firmes até a linha de chegada do governo Obama. "Quando olharmos para esse período, não teremos do que nos arrepender", falei. E quando os indicados políticos do governo pareciam cansados, eu dizia: "Lembrem-se, enquanto trabalharmos aqui, *podemos ser* os Estados Unidos — não vamos desperdiçar isso!".

Nos meus anos na Casa Branca, eu normalmente conseguia dormir seis horas por noite (quando não estava amamentando). Mas durante o quarto trimestre do meu serviço no governo, tinha sorte quando conseguia ter quatro ou cinco horas de sono. Em geral, Eddie era a primeira pessoa a perceber minha exaustão. Quando me via na TV, ele me telefonava para dizer que eu estava exagerando. Eu concordava, mas lhe dizia animadamente: "Vou poder dormir quanto quiser depois de janeiro de 2017".

Minha assistente especial, Becca, tentou estimular a ter um pouco mais de autocuidado e muitas vezes me passou uma escova de cabelo no elevador ("Esqueceu de novo?", perguntava-me, olhando para meus cabelos emaranhados).

---

* Em junho de 2017, o presidente Trump anunciou que estava retirando os Estados Unidos do acordo climático de Paris. Porém, de acordo com as regras definidas para a saída, a data mais próxima possível para o governo americano conseguir finalizar sua retirada é 4 de novembro de 2020 — o dia seguinte às eleições presidenciais de 2020. As regras também permitem a um país que tenha saído voltar ao acordo, num processo que pode ser concluído dentro de um mês após um futuro presidente solicitar formalmente a reinserção. Mesmo que os Estados Unidos acabem voltando ao acordo, o que mais importa é um esforço interno americano conjunto para cumprir e depois ultrapassar os compromissos assumidos pelo governo Obama.

Em várias ocasiões, ela teve de me perseguir para terminar de fechar a parte de trás do meu vestido enquanto eu corria para cumprir as tarefas do dia.

Um segundo relógio paralelo também girava em minha cabeça enquanto os meses restantes passavam. Declan já estava com sete anos e Rían, com quatro. María cuidara deles com uma ternura excepcional e, sem a dedicação dela, eu jamais poderia ter feito meu trabalho. Mas eu sentia a constante pressão das crianças.

Durante meus primeiros anos no cargo, Declan perguntava todas as manhãs: "Você volta cedo para casa?". Essa pergunta significava: "Existe alguma chance de vê-la hoje à noite?". Com muita frequência, a resposta era não. Mas mesmo quando eu lhe dizia um sim exuberante, no final da tarde, eu em geral ligava para María e pedia que ela lhe dissesse que surgira um assunto urgente na Casa Branca ou na ONU, forçando-me a permanecer no trabalho.

Percebi que, depois de muitas decepções, Declan parou de perguntar sobre meus planos. Rían nunca sequer começou.

Eu queria estar presente na lição de casa, nos jogos de beisebol e futebol, e naquele momento mágico e imprevisível em que eles contavam o que havia acontecido na escola naquele dia.

Então eu estava dividida. Quanto mais lento o relógio se movia, mais tempo eu poderia representar os Estados Unidos e tentar alcançar progressos nas questões importantes. E quanto mais rápido ele se movia, mais cedo eu seria a mãe e a parceira que desejava ser.

No final, é claro, meus relógios internos conflitantes eram irrelevantes. O tempo faz seu próprio trabalho.

Quando o dia da eleição chegou, eu estava preocupada com muitos possíveis resultados. Os democratas levariam o Senado? Donald Trump concederia graciosamente a vitória ou continuaria com suas ameaças de não aceitar um resultado desfavorável? E caso Hillary Clinton me pedisse para trabalhar em seu governo, eu teria a força para recusar seu convite para ficar com minha família?

Eu não estava fazendo a pergunta mais fundamental: quem venceria?

Aliás, estava tão despreocupada com o resultado da disputa presidencial que organizei uma festa na noite das eleições na minha residência e convidei todas as embaixadoras na ONU.

Diplomatas precisam tentar manter relações construtivas com quem está no poder e não costumam revelar suas preferências nas eleições de outro país. Mas a maioria de minhas convidadas não escondia o desejo de ver uma mulher assumir a presidência dos Estados Unidos. Sabiam o efeito cascata que tal vitória causaria no empoderamento das mulheres em todo o mundo. Além disso, a hostilidade de Trump em relação a grande parte do planeta, combinada com a maneira como ele havia tratado as mulheres e falado delas, fez de minha festa um encontro diplomático extraordinariamente incauto. Clinton também tinha uma vantagem confortável nas pesquisas que se encerraram à noite, então a óbvia parcialidade de minhas colegas não parecia profissionalmente perigosa.

"A que horas vamos saber que Hillary ganhou?", perguntou uma embaixadora de um país antidemocrático logo depois que comecei a receber as convidadas.

Lembrando as disputas apertadas entre Bush e Gore em 2000 e entre Bush e Kerry em 2004, eu disse a ela que nosso sistema não funcionava como o de seu país — nada era predeterminado. "Mas", disse eu com confiança, "você não terá de esperar muito."

Eu havia convidado Gloria Steinem, cuja vida em prol dos direitos das mulheres parecia destinada a culminar na vitória da secretária Clinton. Madeleine Albright apareceu, usando um broche com vitrais na forma de um teto sendo quebrado. Fiquei encantada ao ver minha mãe — cuja sede por conhecimento havia sido tão impertinentemente questionada por um juiz irlandês — conversando com essas duas pioneiras conhecidas.

Cass e nossos filhos completavam a festa; Declan corria pelo apartamento sugerindo aos diplomatas estrangeiros que ignorassem o voto popular e prestassem atenção em quem "marcasse 270 pontos".

Só quando os estados que deveriam ser barbada para Clinton se tornaram repentinamente tensos é que começamos a temer por algo inesperado e indesejável. Ainda assim, o caminho para a vitória de Trump exigia que eleitores indecisos votassem nele em tantos lugares que tentei ser a voz calma na sala, mesmo quando surgiram indícios de que Trump estava à beira de uma virada chocante.

Gloria começou a ficar pálida por volta das dez e meia, mas seguiu indefectivelmente cortês com as embaixadoras estrangeiras, que continuaram a abordá-la para lhe agradecer por tê-las inspirado durante a juventude. Ela perguntou com paciência sobre como elas haviam chegado à ONU, ao mesmo tempo que mantinha um olho na TV de tela gigante que eu havia alugado para a noite.

Meu marido assumiu o papel de mensageiro da desgraça, carregando seu laptop como quem carrega o caixão num funeral. Sua tela mostrava uma mistura de mapas, gráficos e números. Cass, que em geral projetava uma alegria permanente e perpétua, parecia ter recebido um golpe.

"Ela…", disse ele.

"Ela o quê?", perguntei.

"Ela não vai chegar lá", disse ele, com a voz morrendo. Clinton ia perder.

Declan havia adormecido em um dos sofás da grande sala, segurando seu tigre de pelúcia. Rían estava de pijama, esticada em meu colo e dormindo profundamente. Parecia um anjo, com sua pele irlandesa tão branca quanto o tapete, seus cílios longos tremulando enquanto muitos adultos choravam sem rodeios em torno dela.

No início daquele dia, quando eu mandara Rían para a escola com sua enorme mochila nos ombros, o horizonte parecia brilhante e sem limites. Aquela seria a noite em que as meninas veriam — e, portanto, acreditariam — que poderiam fazer qualquer coisa. Em vez disso, estávamos prestes a eleger para o nosso mais alto cargo um homem que se gabava de ter assediado mulheres à força. Fiquei profundamente abalada.

Gloria e eu ficamos sentadas no sofá assistindo à cobertura eleitoral da CNN até depois das duas da manhã, recusando-nos a desistir até que a disputa fosse oficialmente encerrada. Depois de sua saída, deitei-me na cama ao lado de Cass e pensei nas muitas políticas cruéis e tolas que Trump prometera adotar se eleito. Acabei dormindo por uma ou duas horas. Acordei ao amanhecer e encontrei Cass no computador.

"Puxa", disse ele, quando viu que eu estava consciente.

Cada um de nós experimentou uma série de argumentos do tipo "talvez não seja tão ruim quanto pensamos" — as mesmas expressões de esperança desesperada que estavam surgindo em milhões de residências deprimidas em todo o país.

À primeira vista, a vitória de Trump — e os 63 milhões de votos que a tornaram possível — parecia um repúdio a muitos dos princípios centrais de minha vida. Eu era uma imigrante, alguém que se sentia afortunada por ter conhecido muitos países e culturas. Via o destino do povo americano entrelaçado ao de indivíduos em outras partes do planeta. E sabia que se os Estados Unidos se retirassem do mundo, as crises globais iriam supurar, prejudicando os interesses dos americanos.

Quando cheguei à ONU em 2013, esperava arranjar tempo para viajar pelo país a fim de me conectar com americanos distantes de Nova York e Washington. Fiz algumas dessas viagens, inclusive para a Geórgia e o Kentucky, onde conversei com Mitch McConnell, o líder da maioria republicana no Senado, sobre como a segurança dos Estados Unidos estava ligada ao trabalho da ONU. Mas, na última fase do governo, alguns republicanos de destaque confessaram em particular que a "base" do partido os criticaria se fossem vistos colaborando com a embaixadora na ONU. E, embora eu certamente não precisasse da companhia de políticos para ganhar a confiança dos que não acreditavam na política externa de nosso governo, minhas responsabilidades na ONU e em Washington também limitaram minhas viagens internas.

Eu sabia que tinha que tomar cuidado para não exagerar na interpretação de uma eleição tão parelha. No entanto, as caricaturas do internacionalismo — e a pregação do medo do "outro" — haviam claramente encontrado eco em milhões de pessoas. Mais do que isso, Trump dialogara de forma efetiva com queixas legítimas, sentidas lá no fundo, de que a economia globalizada havia deixado as pessoas para trás. Pelo menos alguns dos que votaram em Obama em 2012 e acabaram se voltando para Trump em 2016 concordavam com o presidente eleito de que a abertura dos Estados Unidos para o mundo exterior havia piorado sua situação.*

Enquanto eu tentava entender o que acabara de acontecer, reconheci que minha primeira tarefa era encontrar uma maneira de oferecer meu apoio às pessoas que trabalhavam na Missão americana na ONU. "Este dia vai ser péssimo", eu disse a Cass antes de nos despedirmos na manhã seguinte à eleição.

Declan estava de mau humor durante o caminho para a escola, e eu era o alvo. "Mamãe, você me disse que Hillary ia ganhar", disse ele. "Você prometeu que nunca mentiria para mim."

Tentei explicar a diferença entre uma mentira e um erro, mas enquanto ele defendia sua posição no banco de trás do SUV blindado, notei que seu lábio in-

---

* Dos americanos que votaram no presidente Obama em 2012, estima-se que 9% votaram no presidente Trump em 2016; outros 7% não participaram da eleição; e 3% optaram por um terceiro candidato. Juntas, essas três categorias representaram aproximadamente 14 milhões de votos numa eleição decidida por menos de 80 mil votos nos três estados críticos de Michigan, Pensilvânia e Wisconsin.

ferior estava tremendo. Assim que começamos a nos afastar do Waldorf, ele começou a chorar: "Mi-ma. Mi-ma. Não quero que Mima vá embora".

Declan ouvira os comentários preconceituosos de Trump sobre os latinos durante a campanha e agora estava aterrorizado com a pespectiva de que María, sua "Mima", pudesse ser deportada para o México, seu país de origem. Pus meu filho no colo, tentando acalmá-lo.

"Está tudo bem, Declan", eu disse. "Mima é cidadã americana. Lembra? Nós estávamos com ela quando ela se tornou americana e mamãe ajudou no juramento. Ela vai ficar totalmente bem."

Mas Declan estava exausto da noite anterior e depois que as lágrimas começaram a correr, elas não iam parar logo.

"Mas e os amigos de Mima?", ele gritou. "Trump quer mandar os amigos dela de volta para o México. Mima vai ficar tão triste."

Em relação a esse ponto, infelizmente, eu não podia oferecer-lhe muito conforto.

Quando cheguei à Missão americana, sentei-me para a reunião diária que realizava com meu "Time dos Sonhos" — uma combinação de equipe política designada durante o governo Obama e funcionários de carreira do governo.

Eu sentia que tinha o assessor de assuntos legislativos mais qualificado, os agendadores mais capazes, a operação de imprensa mais hábil, os especialistas em Oriente Médio mais sábios, os advogados mais rigorosos e a melhor equipe em quase todas os cargos possíveis. Muitas pessoas que trabalhavam na Missão poderiam ter levado seus talentos para o setor privado e conseguido postos mais lucrativos com títulos muito mais sofisticados do que tinham trabalhando comigo. Eu esperava fazer lobby junto à equipe de transição de Clinton para que os indicados políticos pudessem encontrar maneiras de continuar a servir o país. Agora, os contratados por Obama teriam de encarar o desemprego. Alguns não tinham certeza do que fariam para ter renda em fevereiro. No entanto, não falavam sobre si mesmos: estavam muito mais focados no que o presidente eleito prometera fazer.

A imensa maioria do pessoal que trabalhava na Missão americana na ONU era composta de funcionários públicos de carreira e funcionários do serviço diplomático cujos desafios eram diferentes. Eles não tinham opiniões políticas declaradas e eram funcionários permanentes do governo americano. Ainda assim, muitos haviam investido tremendamente em iniciativas bastante distintivas, como conseguir o acordo nuclear com o Irã, negociar o acordo climático de Paris e fazer com que empresas e governos agissem mais para apoiar refugiados em todo o mundo. Trump prometera desfazer todo esse progresso.

Além disso, a aparente afeição de Trump por Vladímir Pútin e outros ditadores era um mau presságio para a liderança dos Estados Unidos em direitos humanos. E uma vez que os funcionários de nossa Missão se pareciam com o nosso país — latinos, afro-americanos, muçulmanos, pessoas LGBT, pessoas com deficiência — muitos se sentiram pessoalmente humilhados pela retórica de Trump durante a campanha.

Embora estivesse arrasada com a perspectiva de uma presidência de Trump, eu sabia que minha tarefa era manter a equipe unida. Convoquei uma reunião com todo mundo para fazer um discurso motivacional, e ensaiei minha mensagem otimista várias vezes sozinha antes de apresentá-la à minha equipe.

"Eu sei que alguns de vocês estão chocados com os resultados das eleições", comecei. Mais de cem rostos olharam para mim, e fiz o melhor que pude:

> Eu com certeza estou chocada. E sei que esta eleição abriu algumas feridas para muitas pessoas neste país e, presumivelmente, nesta Missão. E quero dar às pessoas a chance de falar sobre como se sentem.
>
> Mas também quero que continuemos focados em nosso trabalho. Representamos o país mais poderoso do mundo — um país que deu a uma imigrante como eu a chance de representá-lo na ONU, e um país que deu a um empresário como Donald Trump a chance de ser presidente. Precisamos mostrar ao resto do mundo o que significa respeitar o Estado de Direito e colocar o país acima das preferências políticas particulares.
>
> Pessoas de todo o mundo vão ter perguntas sobre para onde os Estados Unidos estão indo. Não teremos as respostas para essas perguntas. Mas sabemos que nossa democracia é forte, nossas instituições são fortes e, não importa quem esteja dirigindo este país, nossa maior força sempre foram nossos cidadãos. Nós somos os Estados Unidos. Nós vamos ficar bem, e o resto do mundo precisa saber disso.

Uma das primeiras pessoas que se levantaram para falar foi uma talentosa funcionária do serviço diplomático. "Olha", disse ela, "não concordo com muitas das coisas que Trump disse. Mas ele não parece ter muita gente com experiência em política externa em seu círculo interno. Ele e sua equipe precisarão de nós. E teremos o mesmo dever para com nosso país — e o mesmo privilégio de servir nosso país — em 20 de janeiro, como tínhamos quando servimos George W. Bush e Barack Obama. Continuaremos servindo este país. Isso é o que fazemos."

Um após o outro, os funcionários reunidos manifestaram sua determinação em servir ao próximo presidente. Tendo reunido minha equipe pensando que precisaria confortá-los, foram eles que acabaram me consolando com seu profissionalismo e patriotismo.

Nas dez semanas seguintes, minha equipe e eu fizemos uma corrida louca rumo à a linha de chegada, pressionando governos a libertarem mais presos políticos, tentando trazer mais refugiados devidamente escrutinados para o nosso país e apoiando John Kerry em seus esforços até o último momento para conseguir um cessar-fogo na Síria.

O ataque múltiplo da Rússia às eleições presidenciais americanas, projetado para reforçar a candidatura de Donald Trump e ampliar as divisões em nossa democracia, também ganhava corpo à medida que o tempo passava, e o alcance completo do que Moscou havia feito começava a aparecer. Embora o debate público sobre a interferência eleitoral estivesse apenas começando, ele já se dividia segundo linhas alarmantemente partidárias. Os defensores republicanos do presidente eleito Trump insistiam que aqueles que devotavam sua atenção à intromissão da Rússia eram só "maus perdedores". Isso era obviamente falso. Ao focar nas ações russas, os eleitores poderiam discordar de forma veemente sobre quem deveria ser o presidente dos Estados Unidos, mas ainda assim estar unidos ao frisar que somente os americanos deveriam decidir.

Em 13 de dezembro de 2016, o presidente Obama presidiu uma reunião do NSC sobre a situação na Síria que foi a mais sombria do meu período no governo. Nos três anos e meio anteriores, eu participara de inúmeras discussões sobre o país que me deixaram triste e frustrada. Mas essa foi a pior.

Durante meses, a Rússia e o regime sírio vinham fazendo um cerco catastrófico a Alepo, cidade dominada pela oposição. Suas táticas de destruição lembravam a descrição que Fred Cuny fizera da dizimação pelos russos de Grózni, na Chechênia. As armas pesadas da Rússia e da Síria bombardearam prédios de apartamentos e hospitais improvisados, aparentemente sem consideração pelos 300 mil civis da cidade.

A maior superpotência da história do mundo permaneceu inerte diante do bombardeio sistemático de inocentes. *E* estávamos prestes a entregar as rédeas a alguém que não tinha senão palavras gentis para Pútin.

Depois da reunião com Obama, da qual participei por vídeo, atravessei a rua para uma sessão de emergência do Conselho de Segurança da ONU, também focada no ataque a Alepo. Na câmara, ouvi o secretário-geral falar de "dezenas de civis mortos por bombardeios intensos ou execuções sumárias" perpetradas pelas forças do governo sírio — com apoio da Rússia e do Irã. As autoridades da ONU imploraram para poder evacuar dezenas de milhares de civis, mas Síria, Rússia e Irã se recusaram a permitir que comboios humanitários entrassem na cidade para remover os feridos.

Quando chegou a minha vez, comecei lendo os testemunhos de pessoas presas no leste de Alepo. Citei um professor chamado Abdulkafi Al-Hamdo, que havia escrito no Twitter: "Posso tuitar agora, mas talvez não por muito tempo. Por favor, salvem a vida da minha filha e de outras pessoas. Este é o apelo de um pai".

Relembrei um médico que dissera a um jornalista: "Lembre-se de que havia uma cidade chamada Alepo que o mundo apagou do mapa e da história".

Depois, peguei minha declaração preparada e disparei:

Para o regime de Assad, da Rússia e do Irã: suas forças e seus representantes estão perpetrando esses crimes. Suas bombas de barril, morteiros e ataques aéreos permitiram que a milícia em Alepo sitiasse dezenas de milhares de civis, num cerco cada vez mais apertado. Esse cerco é *de vocês*. Três Estados-membros da ONU contribuindo para sitiar civis. Isso deveria envergonhá-los. Ao contrário, tudo leva a crer que isso os está incentivando. Vocês estão tramando o próximo ataque.

Ergui os olhos das anotações para Vitáli e fiz extemporaneamente um conjunto de perguntas que senti que ele precisava responder com urgência.

Você é de fato incapaz de sentir vergonha? Não há literalmente nada que consiga envergonhá-lo? Não existe nenhum ato de barbárie contra civis, nenhuma execução de uma criança que o toque, que apenas o assuste um pouco? Não há nada sobre o que você não minta ou tente justificar?

Vitáli falou em seguida. Não fez nenhum esforço para me responder. Em vez disso, fez exatamente o que ele e as autoridades russas haviam feito em relação às armas químicas sírias que mataram 1400 pessoas, à invasão russa da Ucrânia e à descarada tentativa de favorecer Trump na eleição: ignorou os fatos, fugiu do assunto, mentiu.

Meu colega russo classificou de "invenções" todas as afirmações de observadores independentes e da ONU. Como sempre, fez sua declaração em russo e eu ouvi a tradução pelo meu fone de ouvido.

"Propaganda, desinformação e guerra psicológica não são conceitos novos", disse ele. "Um novo fenômeno, exacerbado pelo que estamos vendo no conflito sírio, é a disseminação de..." — e, de repente, ele falou em inglês para usar uma expressão que eu não ouvira até então — *"fake news"*.

Em vez de esperar a sessão terminar após os comentários de Vitáli, saí com nojo dos governos russo e sírio — mas também de minha própria impotência. Quando voltei ao meu escritório, a declaração que eu fizera no Conselho se tornara viral. Para alguns americanos que divulgaram o vídeo, minha pergunta — "Você é de fato incapaz de sentir vergonha?" — se aplicava a Alepo. Mas para muitos, creio, essa era a pergunta que desejavam gritar em voz alta ao presidente eleito.

Dediquei meu último discurso público importante como embaixadora na ONU à ameaça representada pela Rússia. Depois de fazer o discurso, eu sabia que nunca mais teria notícias de Vitáli. E foi um alívio não o ver depois do que a Rússia havia feito.

Mas não parecia certo deixar Nova York sem reconhecer os altos e baixos dos anos em que ele e eu convivemos. Depois de fazer as malas de nossa mudança para Massachusetts, liguei para o seu celular e ele atendeu no primeiro toque.

"Oi, cara", falei. "Ligando só para dizer adeus. Acho que as coisas não saíram exatamente da maneira que esperávamos."

"Não, certamente não", disse ele.

Houve uma longa pausa. Depois, em uníssono, cada um de nós disse: "Tentamos". Essa seria a última vez que eu falaria com Vitáli, que morreu no mês seguinte de um súbito ataque cardíaco, aos 64 anos.

Meu período no governo terminaria ao meio-dia de 20 de janeiro de 2017.

No final da noite de 19 de janeiro, reuni um pequeno grupo daqueles com quem havia trabalhado mais de perto. Nós nos reunimos no mesmo vestíbulo do escritório em que havíamos celebrado pequenas vitórias e marcos pessoais. Eu circulei pelo lugar e brindei com cada membro da equipe, relembrando suas peculiaridades e tudo o que eles haviam feito pessoalmente por seu país. Também os elogiei por suas realizações em nome de pessoas que, era provável, nunca teriam a chance de conhecer. Parecia um velório irlandês — sombrio, mas edificante.

Saí da Missão por volta das quatro horas da manhã, depois de concluir bilhetes de agradecimento e memorandos de partida para minha sucessora, a governadora da Carolina do Sul, Nikki Haley, com quem estive em contato durante a transição. Pus etiquetas nos pertences do escritório para os transportadores e carreguei apenas uma caixa pela porta, uma mistura de fotos de família, desenhos de Declan e Rían que eu havia retirado das paredes do escritório e exemplares da Carta da ONU e da Constituição dos Estados Unidos. No último minuto, incluí uma pilha de cartões de visita, para me lembrar da época em que fui embaixadora americana nas Nações Unidas.

Quando a ONU abriu na manhã seguinte, voltei com mamãe e Eddie, Cass, Declan, Rían e María para uma última olhada. Declan e Rían se sentaram na cadeira dos Estados Unidos no Conselho de Segurança, com o fone de ouvido que eu usara tantas vezes para ouvir a tradução. Então, como uma família, cada um de nós se sentou, e fingimos encenar uma votação no Conselho.

"Donald Trump deve permanecer no acordo climático de Paris e proteger o planeta do aquecimento catastrófico?", perguntei.

A resolução foi aprovada por sete dos sete delegados a favor.

Posfácio

Numa noite de terça-feira em que nevava, perto do final de janeiro de 2017, cerca de dez dias depois da posse de Donald J. Trump como 45º presidente dos Estados Unidos, eu estava desembalando caixas em nossa nova casa em Concord, Massachusetts, quando a campainha tocou.

Carreguei uma caixa de utensílios da cozinha até a porta da frente.

Um policial estava na varanda.

"Esta é a casa de Cass Sunstein?"

Eu estava tentando falar com Cass havia mais de uma hora e começara a imaginar várias hipóteses pavorosas. Mas, já acostumada a imaginar tantas calamidades anteriores, consegui deixá-las de lado… até ver o policial.

Ele começou: "Lamento lhe informar…".

"Ele está vivo?", interrompi. Nada importava, a não ser a resposta a essa única pergunta.

"Não tenho as últimas notícias", disse o policial. "Parece que ele foi atropelado por um carro enquanto caminhava para casa. Não sei o estado atual dele."

A conversa foi interrompida por um grito agudo de Declan. Ele e Rían haviam sido ocultados da visão do policial por uma pilha de caixas — e o policial agora parecia querer se punir por não se ter certificado que estávamos sozinhos antes de dar a notícia. Declan começou a chorar: "Eu não quero que meu pai morra". Rían não conseguia entender o acidente de Cass, mas passou os braços ao redor da barriga do irmão mais velho. "Está tudo bem, Declan. Você vai ficar bem, garoto querido", ela disse, usando involuntariamente o termo carinhoso de Cass para seu único filho.

O policial me entregou um pedaço de papel com o nome rabiscado do hospital para onde Cass havia sido levado. Ir de carro até lá na neve levaria pelo menos 45 minutos, ele me informou. "Por que o levaram para tão longe?", perguntei, gesticulando na direção do Hospital Emerson, que ficava nas redondezas. O policial murmurou algo sobre especialistas em traumatismo craniano. Apeguei-me à boa notícia em potencial.

"Então ele está *vivo*?", perguntei.

"Sinto muito, senhora. É melhor que vá ao hospital para conversar com os médicos."

"Que hospital?", perguntei, esquecendo que o nome estava no papel que eu segurava.

María, que fizera mais uma mudança com nossa família, começou a rezar, e eu sabia que ela encontraria uma maneira de acalmar Declan e Rían. Se ainda fosse embaixadora americana na onu, teria entrado no banco de trás de um suv blindado. Minha escolta de segurança provavelmente ligaria as sirenes. A direção do hospital teria sido informada de que o marido de uma funcionária de alto escalão dos Estados Unidos estava entrando no pronto-socorro e precisava de cuidados intensivos.

Mas nessa minha nova vida, eu estava mais uma vez sozinha.

No carro, durante a tensa viagem, comecei a fazer acordos com Deus — como fazia quando era menina e me mudei para Pittsburgh. "Apenas deixe-o viver", implorei sem parar. Cass tinha uma tremenda capacidade cerebral, pensei, muito mais do que ele realmente precisava. Meu marido ficaria inconsolável se não pudesse praticar esportes ou correr com Declan novamente, mas desde que sobrevivesse, daríamos um jeito.

Larguei o carro diante das portas de vidro do pronto-socorro e corri para a área de espera, deixando o motor ligado e minhas chaves e carteira para trás. Abordei a recepcionista.

"Sou casada com Cass Sunstein", exclamei frenética. "Ele está vivo?"

Meu coração não estava mais batendo. Meu futuro estava nas mãos dela. "Sunstein, Sunstein, Sunstein", repetiu ela, folheando metodicamente seus papéis.

Eu queria gritar: "É uma pergunta de sim ou não. Por favor, por favor, responda!".

Por fim, ela ergueu os olhos serenamente e disse: "Ah, sim, ele está vivo. Depois de preencher esses formulários, posso deixar você entrar para vê-lo".

Cass não estava bem. Ao observá-lo dormir durante nossos nove anos de casamento, muitas vezes me admirei que ele parecia ter o traço de um sorriso, como se as ideias — ou lembranças de bons golpes de squash — estivessem presente em seus sonhos. Mas agora seu rosto inchado estava contraído, sua boca virada para baixo, sua coloração amarela e cinza de contusões e choques. O médico do pronto-socorro explicou que ele sofrera um traumatismo craniano grave que o deixara inconsciente, com cinco vértebras e várias costelas quebradas, uma fratura no crânio e um grave sangramento cerebral.

Tirei fotos dos raios X da cabeça dele e enviei por e-mail para minha mãe. Ela disse que eram assustadores, mas garantiu que, se ele conseguisse mover todos os membros e passar a noite sem convulsões, era provável que recuperasse por completo a função física e cerebral. O neurocirurgião de plantão me deu uma versão mais detalhada da mesma mensagem.

"Obrigado pelo seu serviço", disse o médico no final de nossa conversa. "Obrigado pelo *seu* serviço", respondi.

Nos dias seguintes, fiquei no hospital. Trinta e seis horas após o acidente, Cass ficou mais alerta. Quando solicitado, foi capaz de informar seu nome, endereço e profissão. Quando lhe perguntaram o nome de sua esposa, ele inclinou cuidadosamente a cabeça em minha direção e respondeu devagar, mas com malícia: "Jeane Kirkpatrick?".

Quando o médico me perguntou como eu estava, respondi que sentia como se tivesse ganhado na loteria. "Meu marido não apenas sobreviveu a um acidente horrível, como conseguiu o impossível: tirou Donald Trump da minha cabeça."

Nos anos que se passaram desde então, Cass, que se recuperou surpreendentemente rápido, voltou a lecionar e escrever. Embora ainda ame beisebol, Declan não tem certeza de como se sente com o treinamento prático de sua mãe. E agora que finalmente estou por perto para estimulá-lo a tocar piano, ele aprendeu a tocar lindamente; seus gestos e sons evocam os do meu falecido pai.

Rían se apaixonou pela natureza e passa tardes inteiras examinando rochas e folhas em nosso quintal, enquanto nossos labradores Finley e Snowy a seguem por todos os lugares. Após um ano conosco em Concord, María voltou finalmente a morar com sua família na Virgínia, mas se comunica conosco por vídeo e nos visita com regularidade.

Mamãe, agora com 76 anos, está trabalhando mais do que nunca, forjando laços profundos e duradouros com seus pacientes — conexões que ela continua a cultivar, mesmo depois que a pandemia do coronavírus atingiu Nova York e transformou os hospitais da cidade em zonas de perigo caóticas. Uma vez mais, ela me surpreende ao vestir aventais cirúrgicos, luvas e máscaras em camadas para poder continuar a cuidar dos rins de seus pacientes. Eddie, que está aposentado (e sóbrio) há mais de uma década, ainda recorta artigos e me envia recomendações de livros. Depois da publicação de *A educação de uma idealista*, ele se tornou novamente um rosto conhecido em várias livrarias de Nova York, alertando-me para estoques em baixa e movendo furtivamente meu livro para as mesas de exibição de mais destaque. Stephen mora com sua esposa e seu filho pequeno Malachy na Califórnia, e acompanha a política como outrora seguíamos os esportes. Em 2019, quando o candidato presidencial Joe Biden visitou o hotel onde Stephen trabalhava, enviei uma mensagem ao ex-vice-presidente para lhe perguntar se tinha um momento para dar um oi rápido. Depois de encerrar seu evento público, Biden puxou Stephen para uma sala e conversou com ele por meia hora, agindo — como Biden faz tantas vezes com estranhos — como se não tivesse outro lugar mais importante para estar.

Se há uma lição na minha experiência que se destaca das outras é que as pessoas que amamos são a base de todo o resto. Nunca encontrei o equilíbrio ideal entre a imersão no meu trabalho e a atração pelo lar, pelo amor e pelo riso que são meu combustível. Mas sei que, quando entregamos o crachá da Casa Branca — ou sua versão equivalente em outras áreas —, o que resta é o nosso jardim e o que plantamos e cultivamos.

Voltei a lecionar em Harvard, oferecendo um curso sobre geopolítica e outro que dou junto com Cass sobre direito e política da mudança social. Faço parte do conselho do Programa Internacional de Assistência a Refugiados (Irap, na sigla em inglês), que reúne advogados e estudantes de direito para oferecer representação legal *pro bono* aos refugiados. Em janeiro de 2017, quando o governo Trump baixou pela primeira vez sua ordem executiva de deter a entrada de refugiados e impedir que pessoas de sete países predominantemente muçulmanos viessem para os Estados Unidos, o Irap organizou milhares de advogados voluntários para irem a aeroportos em todo o país. No local, começaram a representar pessoas atônitas, que haviam recebido vistos para entrar nos Estados Unidos, mas de repente se viram detidas. O Irap também ganhou a primeira decisão judicial contra a proibição à entrada de viajantes, o que permitiu que mais de 21 mil refugiados escrutinados e apanhados pela proibição entrassem nos Estados Unidos em 2017. Embora em 2018 a Suprema Corte tenha lamentavelmente apoiado uma versão alterada da proibição de viagens de Trump, esses refugiados nunca teriam conseguido entrar no país se sua ordem executiva inicial não tivesse sido contestada.

Também faço parte do conselho consultivo da Tent Partnership, coalizão do fundador da fábrica de iogurtes gregos Chobani, Hamdi Ulukaya, que reúne empresas que se dispuseram a contratar refugiados e investir em suas comunidades. Grata pela chance que outrora tive de me mudar para os Estados Unidos, estou empenhada em fazer o possível para apoiar aqueles que trabalham para dar assistência e empoderar refugiados e imigrantes.

Como viajei pelos Estados Unidos e para o exterior desde que deixei o cargo, ouvi — e me perguntei — muitas variantes da mesma pergunta: "Vai dar tudo certo?".

Temos motivos de sobra para ficar alertas. As fontes da força dos Estados Unidos — nossa diversidade, nossa aceitação de direitos e dignidade individuais, nosso compromisso com o Estado de direito e nossa liderança no mundo — estão sob grave ameaça. As lições básicas que Cass e eu tentamos ensinar a Declan e Rían (diga a verdade, reconheça e compartilhe suas bênçãos, trate as pessoas como você gostaria de ser tratado) foram abusadas e ridicularizadas pela pessoa que ocupa o cargo mais alto do país. O desprezo e o fanatismo do presidente Trump, sua raiva e desonestidade e seus ataques a servidores públicos, jornalistas, minorias e vozes da oposição causaram danos incalculáveis aos fundamentos morais e políticos da democracia americana. Sua retórica e suas ações cruéis não apenas provocaram animosidade contra aqueles que ele rotulou de "inimigos", mas também estimularam a violência.

No final de outubro de 2018, recebi uma ligação do escritório de campo do

FBI em Boston. O agente me informou que Cesar Sayoc, o homem que acabara de ser preso por enviar mais de uma dúzia de bombas caseiras para críticos do presidente Trump, havia pesquisado na internet os endereços de outras vítimas em potencial, inclusive eu. Esse telefonema ocorreu na mesma semana em que Declan e Rían estavam indo incessantemente ver nossa caixa de correio, aguardando a chegada de um thriller e de um kit de ciências que eu havia comprado para eles.

Extremistas com tendências maldosas como Sayoc sempre existiram. Hoje, no entanto, nossa cultura está saturada de desinformação e teorias conspiratórias. Mesmo quando não contribuem para o derramamento de sangue, as falsidades assustam as pessoas e nos colocam uns contra os outros. A derrocada do respeito à verdade e aos fatos objetivos significa que nos falta uma base estável sobre a qual construir o alicerce de nossos debates — e, em última análise, nossas decisões.

Quando eu era uma jornalista e estava começando minha carreira na Bósnia, considerei que o conflito de lá fosse um último suspiro do chauvinismo étnico e da demagogia de uma época passada. Infelizmente, hoje em dia ele se parece mais com um precursor da maneira como os autocratas e oportunistas de agora evocam ameaças internas ou externas para expandir o próprio poder. Aqueles de nós que rejeitam essas táticas ainda precisam descobrir como acalmar os temores daqueles que foram influenciados ou radicalizados por alegações falsas.

Embora minha geração tenha ouvido falar com frequência sobre o iminente triunfo da democracia e dos direitos humanos, os jovens de hoje são bombardeados com comentários que preveem o recuo da democracia liberal — ou mesmo seu fim. Uma crescente desconfiança nas instituições democráticas gera cinismo em relação à política americana e ao futuro dos Estados Unidos, além de incentivar que foquemos nossa atenção para dentro.

A pandemia do coronavírus — o "Grande Revelador" — aprofundou esse desespero, expondo as fraquezas do país com precisão devastadora. A pandemia revelou as consequências brutais da liderança que rejeita a ciência e o conhecimento e que carece de empatia. Ela mostrou os custos humanos da polarização e da desonestidade, enquanto Trump minimizava o vírus e seus fiéis seguidores se recusavam a tomar as precauções necessárias. Ela se aproveitou das desigualdades do país e cobrou seu mais alto preço das populações carcerárias, das comunidades racializadas, dos que não têm plano de saúde e dos idosos.

Com efeito, poucos anos após o presidente Obama ter reunido um formidável grupo de países para conter o surto de ebola, os Estados Unidos lideraram o mundo novamente — em casos e mortes de covid-19. Pela primeira vez, passaportes americanos foram recusados em todo o mundo, e até mesmo nossos aliados mais próximos perceberam que não tinham escolha a não ser fechar suas portas para visitantes americanos. O escritor irlandês Fintan O'Toole descreveu de forma memorável a reação dos estrangeiros ao tratamento ineficaz da pandemia pelo governo americano: "Ao longo de mais de dois séculos, os Estados Unidos provocaram uma gama muito ampla de sentimentos no resto do mundo: amor e ódio, medo e esperança, inveja e desprezo, admiração e raiva. Mas há uma emoção da qual os Estados Unidos nunca tinham sido alvo até agora: pena". E na medida em que vacilou, o mesmo aconteceu com as instituições globais que por décadas foram impulsionadas pelos Estados Unidos.

Em 1987, ao falar perante a ONU, o presidente Reagan observou: "Talvez precisemos de alguma ameaça universal externa para nos fazer reconhecer [nosso] vínculo comum. Às vezes penso que nossas diferenças globais desapareceriam rapidamente se enfrentássemos uma ameaça alienígena de fora deste mundo". A covid-19 deveria ter feito o trabalho daquela invasão alienígena, inspirando cooperação urgente através das fronteiras. Em vez disso, embora a pandemia tenha mostrado de forma irrefutável como o destino dos americanos e de outros povos estão conectados, Trump tomou a atitude espantosa de tirar os Estados Unidos da Organização Mundial da Saúde (OMS). Ao ignorar que o país também dependia de melhorias feitas em outros lugares para conseguir se recuperar, fingiu que os Estados Unidos poderiam dar conta da situação sozinhos.

Como era de esperar, conforme os Estados Unidos recuaram, a China ocupou o vazio. Muitas pessoas no Canadá, na Alemanha, na Espanha e em outros lugares passaram a ver o presidente chinês Xi Jinping com mais confiança do que Trump (apesar dos abusos internos da China e das falhas consideráveis na abordagem da pandemia). E em inúmeras frentes, a saída de Trump de instituições globais, de acordos e da liderança permitiram que Pequim usasse seu enorme poder econômico para expandir sua influência.

Em meio a esses eventos, o horizonte pode parecer sombrio, e vamos, sem dúvida, enfrentar muitos reveses nos próximos meses e anos. Mas meu idealismo nunca se enraizou numa previsão de que as coisas *melhorariam*; baseava-se na simples crença de que *poderiam* melhorar. A história nos lembra que nada está predestinado. O trabalho coletivo de indivíduos pode mudar a trajetória de uma comunidade — e de um país — com rapidez.

Em 1972, por exemplo, Richard Nixon foi reeleito com uma vitória avassaladora em todos os estados, exceto Massachusetts. Dois anos depois, um pequeno número de repórteres e investigadores obstinados denunciou seus crimes, o presidente caiu em desgraça e renunciou ao cargo.

No outono de 2014, o governo americano previa mais de 1 milhão de novas infecções por ebola na África Ocidental até o início de 2015. No entanto, graças aos esforços decididos de pessoas da região e ao apoio internacional dos Estados Unidos e de outros países, evitou-se uma catástrofe.

Por décadas, o presidente Omar al-Bashir do Sudão permaneceu no poder, sem responder pelos crimes de seu governo, inclusive o genocídio em Darfur. Então, em 2019, em questão de apenas alguns meses, centenas de milhares de sudaneses protestaram de forma pacífica para acabar com seus trinta anos de reinado. Segundo algumas estimativas, dois terços dos que foram às ruas eram mulheres. Hoje, Bashir está na prisão. E o novo líder do governo de transição sudanês, comandado por civis, até agradeceu ao movimento Save Darfur por sua solidariedade, dizendo que os movimentos populares iniciados em 2004 "criaram aquele impulso que ajudou nosso pessoal dentro do país a derrubar a ditadura".

Em 2017, quando anunciou que os Estados Unidos abandonariam o acordo climático de Paris, o presidente Trump definiu sua decisão como uma obrigação, assumindo o mérito por colocar cidades industriais como "Detroit, no Michigan, e Pittsburgh, na Pensilvânia [...] à frente de Paris, França". Essa estratégia poderia muito bem ter reduzido o número de defensores de empregos verdes e proteções ambientais. Em vez disso, milhares de cidades, estados e empresas americanas se uniram após a decisão e prometeram tomar as medidas necessárias para cumprir os compromissos dos Estados Unidos. Essa coalizão crescente pela ação climática (que hoje inclui Detroit e Pittsburgh) representa agora mais de dois terços da economia americana, 65% de nossa população e mais da metade das emissões totais do país — de forma alguma o suficiente, mas um lembrete de que os presidentes não são os únicos capazes de tomar decisões nas sociedades democráticas.

No fim das contas, a melhor maneira de prever se no final "vai dar tudo certo" é se as pessoas que podem se beneficiar ou perder com as escolhas políticas votarem e se organizarem. Eu vejo uma nova onda de engajamento cívico e interesse pelo serviço público entre as gerações mais jovens, nascida do reconhecimento de que cada um de nós tem uma responsabilidade — e uma oportunidade — de fazer as mudanças que buscamos. Das marchas das mulheres ao movimento Black Lives Matter e aos poderosos esforços liderados por jovens para exigir ação a respeito das mudanças climáticas e da violência policial, os americanos saíram às ruas em número recorde para sinalizar que não estão dispostos a tolerar o mundo como ele é. E algo semelhante está acontecendo ao redor do planeta, onde mais movimentos não violentos de massa ocorreram na última década do que em qualquer outro momento da história. Um profundo desejo de dignidade humana está levando os cidadãos a lutar contra a corrupção, a desigualdade e o autoritarismo.

Isso não deveria ser surpreendente. No entanto, a dignidade continua a ser subestimada como uma força na política e na geopolítica. Por que um vendedor de frutas tunisiano ateou fogo em si mesmo, desencadeando a Primavera Árabe? Ele se sentia humilhado. Por que muitos russos apoiaram Pútin, apesar da estagnação da economia de seu país? Pelo menos em parte, porque acreditam que ele restaurou o orgulho da Rússia. Por que milhões de eleitores que apoiaram Barack Obama em 2012 se voltaram para Donald Trump em 2016? Muitos disseram que se sentiam ignorados, como se o país estivesse avançando sem eles.

Ao longo do século passado, gerações de americanos lutaram para romper as barreiras que negavam dignidade a tanta gente em nossa sociedade. Esse trabalho continua, com urgência: a tarefa mais premente para os americanos é fortalecer nossa democracia, o que exigirá enfrentar a crescente desigualdade, a corrupção e o *big money* na política, as tramoias eleitorais e restrições aos direitos de voto, polarização, racismo e exclusão: não é pouca coisa. Ao mesmo tempo, nosso engajamento no mundo não pode aguardar a conclusão de uma renovação democrática. Devemos investir mais em uma área onde os Estados Unidos alcançaram sucessos significativos a um custo mínimo: diplomacia.

Durante anos, a força militar foi vista como a ferramenta de referência da política externa americana. Desde o Onze de Setembro, quase 3 milhões de militares americanos foram enviados para o Iraque e o Afeganistão, muitos deles em várias missões. As tropas americanas hoje estão espantosamente envolvidas em atividades de contraterrorismo em mais de 40% dos países do mundo. O ônus de travar guerras e empreender essas missões recai sobre os militares americanos e suas famílias. Uma dependência tão forte de nossas Forças Armadas não é sustentável nem desejável. Ela é emblemática de uma militarização da política externa americana que preocupa pessoas de todo o espectro político. Ouvi nossos generais pleitearem repetidamente na Sala de Crise que as outras facetas do poder americano — ajuda à reconstrução, apoio econômico e investimento, mediação diplomática — fossem utilizadas porque os ataques militares e até as vitórias no campo de batalha não conseguiam atingir de forma duradoura os objetivos dos Estados Unidos.

Contudo, o Pentágono e as Forças Armadas têm cerca de 225 mil quadros americanos mobilizados fora dos Estados Unidos; o Departamento de Estado tem somente cerca de 9 mil. Com efeito, o Pentágono é famoso por ter somente um número pouco menor de pessoas servindo em bandas marciais do que o Departamento de Estado tem de diplomatas. Esse desequilíbrio cria uma profecia autorrealizável: quanto menos nos engajamos na diplomacia, mais caótico o mundo se torna e mais difícil é convencer os americanos de que nossa liderança internacional vale a pena.

Romper com esse ciclo beneficiará todos os americanos, a curto e longo prazo. Apesar da diminuição da influência americana, os Estados Unidos continuarão a ser o país mais importante do mundo nas próximas décadas. Em incontáveis reuniões do Conselho de Segurança, observei diplomatas estrangeiros ouvir sem entusiasmo os delegados de outros países; eles só prestavam atenção quando eu, a representante americana, tomava a palavra. Durante meu período no governo, vi diplomatas americanos ajudarem a tirar presos políticos da prisão, negociarem o acordo climático de Paris, mobilizarem setenta países para enfrentar o Estado Islâmico e fazerem o Conselho de Segurança da ONU impor sanções tão severas ao Irã a ponto de o país desistir de seu programa de armas nucleares em potencial. Em mais de 270 embaixadas e consulados em todo o mundo, os diplomatas ajudam os cidadãos americanos quando enfrentam problemas. Eles ajudam a garantir que as empresas americanas possam fazer negócios com mais facilidade. E tentam negociar o fim de conflitos — uma tarefa crucial, especialmente agora que os americanos com menos de dezoito anos viveram em um país em guerra durante toda a sua vida.

Independentemente da ascensão da China, os Estados Unidos são a única nação capaz de fazer frente a agressores estrangeiros como a Rússia na Ucrânia. É o único país que, durante um desafio como a crise do ebola, pôde conceber e iniciar uma operação complexa e sem precedentes com rapidez — como o presidente Obama gostava de dizer, "construir o avião enquanto voava" —, ao mesmo tempo que convocava outros países para a tarefa. A capacidade dos Estados Unidos de ambição criativa e de forjar coalizões poderosas permanece incomparável.

Se o país *não* exercer liderança para além de suas fronteiras nos próximos anos — seja devido a exaustão, desilusão ou divisão interna —, os ideais americanos, a prosperidade americana e a segurança americana sofrerão. A China se tornará ainda mais agressiva ao configurar a dinâmica global a seu favor. Ataques cibernéticos violentos causarão danos crescentes e semearão divisões ainda maiores. Os extremistas de direita ficarão mais sofisticados no apoio a seus aliados ideológicos nos Estados Unidos e em outros lugares com dinheiro e propaganda.

É verdade que a base da liderança americana ao redor do mundo é a força da nossa democracia interna. No entanto, como a pandemia mostra, é também indiscutível que os eventos externos e as políticas que adotamos no exterior podem ter enormes efeitos — bons e ruins — em nossa vida diária.

Durante meu período no governo, aprendi muito. Passei a avaliar melhor o que dificultou a realização de mudanças positivas. Até os tomadores de decisão governamentais mais diligentes atuam com campos de visão encobertos e mutáveis, tendo de decidir entre opções totalmente imperfeitas. Testemunhei os danos duradouros causados por erros do governo americano, sobretudo em relação ao uso da força militar do país. Independentemente de suas intenções, os pecados governamentais de ação — mas também de omissão — ressaltam a imensa responsabilidade que se assume quando se é servidor público e a necessidade de humildade em seus julgamentos.

Vi como é importante não evitar aqueles de quem discordamos. Como o teólogo Reinhold Niebuhr disse certa vez, "devemos sempre buscar a verdade no erro de nosso oponente e o erro em nossa própria verdade". Isso é tão importante em nossa política interna quanto em nossas relações exteriores. Agora, distante da ONU, recebo lembretes quase diários de como a cooperação global em nosso mundo interconectado é indispensável. Ao ver o Conselho de Segurança da ONU paralisado pelas tensões entre Estados Unidos e China enquanto o coronavírus se espalha em 2020, lembrei-me da observação de Richard Holbrooke de que culpar a ONU por uma crise é como culpar o Madison Square Garden quando os New York Knicks jogam mal. A ONU (e suas agências, como a OMC) pode ser uma arma de impacto em qualquer luta, mas sua eficácia é limitada pelas vontades de seus poderosos membros. E embora as principais potências tenham repetidamente falhado na reação à covid-19, a história inteira da pandemia ainda não foi escrita. Seja na organização da vacinação de bilhões de pessoas, no enfrentamento dos efeitos do vírus que ainda serão sentidos ou no fortalecimento do preparo para enfrentar a próxima crise, nós simplesmente teremos de fazer melhor.

Igualmente importante, sinto-me confirmada em meu ponto de vista que, quando respeitamos os direitos humanos em casa e no exterior, somos mais fortes. Isso não significa que devamos impor nossos valores a outros países, buscar mudanças de regime ou cortar os laços com governos que abusam de seus cidadãos. Mas significa defender os necessitados. Os Estados Unidos não podem ditar resultados, mas com frequência temos mais influência do que usamos de fato.

Como ativista de fora e como funcionária de dentro, sempre tentei me concentrar no "placar" do mundo real — o que realmente havia sido conquistado como resultado de meus esforços. Como funcionária americana, às vezes me surpreendia sentindo-me satisfeita com um discurso poderoso proferido na ONU ou com um argumento convincente que havia apresentado ao presidente. Depois me esfolava por medir a coisa errada. "Não são essas informações que importam", eu ouvia na minha cabeça. "São os resultados."

Mas, olhando em retrospecto, vejo agora tudo o que o placar não conseguia captar: o alívio de um pai que reencontrou seu filho, recém-liberto de uma doença mortal. O olhar no rosto de um ministro do governo enquanto ele atravessa uma faixa de pedestres pintada com as cores do arco-íris. A insistência dos diplomatas em continuar servindo seu país, mesmo quando ignorados e insultados, porque sabem que nossa nação é maior do que qualquer líder. E as tentativas persistentes — após atos imperdoáveis — de encontrar a humanidade no inimigo.

Às vezes, não importava o que fizéssemos, os eventos se desenrolavam na direção errada.

Às vezes, conseguíamos mudar a situação para o lado positivo.

Às vezes, acreditávamos que não causávamos nenhum efeito, e somente meses ou anos depois descobríamos que nossas ações incentivavam aqueles que decidiam se suas lutas valiam o sofrimento.

Às vezes, salvamos vidas.

As pessoas que se importam, agem e se recusam a desistir podem não mudar *o* mundo, mas podem mudar muitos mundos individuais.

Agradecimentos

Sou profundamente grata a meus colegas, alunos, amigos e familiares.

Minha incomparável agente Sarah Chalfant esteve comigo desde o início, e seu entusiasmo inabalável por este livro de memórias me deu o combustível de que eu precisava para persistir. Rebecca Nagel, da Agência Wylie, também proporcionou um suporte essencial durante todo o tempo. Julia Cheiffetz e Lynn Grady, ambas da Dey Street Books, foram defensoras entusiasmadas desde o começo: seus conselhos editcriais mudaram minha compreensão do que poderia ser o livro. Kendra Newton, Andrea Molitor, Paula Russell Szafranski, Heidi Richter, Eliza Rosenberry, Ploy Siripant, Liate Stehlik, Ben Steinberg, Carrie Thornton e minha inabalável e profundamente humana editora Jessica Sindler toleraram correções de última hora e trouxeram uma ambição muito apreciada para a publicação deste livro.

Agradecimentos especiais a Noelle Campbell Sharp e ao Cill Rialaig Retreat pela estadia inesquecível numa aldeia restaurada da época anterior à Grande fome na Irlanda, em Bolus Head, em Kerry, onde as vistas majestosas e as tempestades épicas estimularam uma grande produtividade.

Em Harvard, o diretor da Kennedy School, Doug Elmendorf, o diretor da faculdade de direito, John Manning, e a ex-diretora da faculdade de direito (e amiga próxima), Martha Minow, me receberam de volta ao campus de braços abertos depois de meu período no governo. A bolsa Perrin Moorhead Grayson e Bruns Grayson (2017-8) do Instituto Radcliffe me deu um ano para iniciar este projeto antes de retornar ao ensino em tempo integral. Agradecimentos especiais a Lizabeth Cohen, então diretora do Instituto Radcliffe, à diretora do programa de bolsas (e onívora insaciável) Judith Vichniac e à escritora Zia Haider Rahman.

Desde meu retorno, o Belfer Center for Sciences and International Affairs da Kennedy School tem sido um lar ideal. Sou grata a Graham Allison; ao diretor do Belfer Center e ex-secretário de Defesa Ash Carter; e à dupla dinâmica Eric Rosenbach e Aditi Kumar. Pelo apoio à pesquisa e checagem de fatos, agradeço à acadêmica da Kennedy School Natasha Yefimova-Trilling por sua pesquisa em língua russa; a Sinead O'Donovan e Yan Bourke por suas pesquisas na Irlanda; a Vafa Ghazavi, pós-graduando da Kennedy School; a Erin Brennan--Burke, aluno da Brown University; aos alunos de graduação da Universidade Harvard Amanda Chen, Sunaina Danziger, Hank Sparks e Matt Keating; a Elise Baranouski, aluna da Faculdade de Direito de Harvard; e a Parker White, aluno da Harvard Kennedy School e da Faculdade de Direito de Harvard. Estou em dívida para com Marin Stein, uma gerente excelente que se tornou assessora de confiança, e Ellie Hitt, que foi realmente indispensável para trazer o livro ao mundo.

Tive a sorte extraordinária de, na última década, poder contar com a sabedoria de ilustres estadistas de ambos os sexos, muitos deles autores e memorialistas de destaque. Agradeço a eles e a elas por oferecerem conselhos tão sinceros e perspicazes.

Muitas pessoas ajudaram a informar ou inspirar partes específicas do livro, enquanto outras leram seções específicas e compartilharam suas próprias lembranças. Agradeço a Mort Abramowitz, Wa'el Alzayat, Brooke Anderson, Mary--Kate Barry Percival, Rob Berschinski, Josh Black, Tony Blinken, Steven Bourke, John Brennan, Sally Brooks, Adrian Brown, Torrance Brown, Scott Busby, Scott Busby, Kurt Campbell, Ben Cohen, Chuck Cohen, Lenore Cohen, Roger Cohen, Kurtis Cooper, Mary DeRosa, Tom Donilon, Jon Favreau, Abe Foxman, Maggie Goodlander, Don Kearns Goodwin, Sam Kass, John Kerry, Ron Klain e Chris Klein, Harold Koh, Melissa Kroeger, Molly Levinson, Tom Malinowski, Gideon Maltz, Kati Marton, Denis McDonough, Charlie Moore, Katie Moore, Charlotte Morgan, Tom Nides, Toria Nuland, Steve Pomper, Preston Price,

Mike Rauhut, Susan Rice, David Rohde, Elizabeth Rubin, Evan Ryan, Michal Safdie, Moshe Safdie, Sia Sanneh, Roberta Seiler, Sarah Sewall, Liz Sherwood--Randall, Anne-Marie Slaughter, Mark Simonoff, Gayle Smith, Halie Soifer, Gene Sperling, Scott Stosel, Colin Thomas-Jensen, Stina Trainor, Tommy Vietor, Miro Weinberg, Jeff Zients e Fred Erick Zollo.

Eu estava assustada com a perspectiva de uma revisão de pré-publicação pelo governo, mas Anne Withers e Tom Lutte, no Conselho de Segurança Nacional, e Behar Godani, Dan Sanborn e Anne Barbaro, no Departamento de Estado, administraram o processo com grande eficiência e rigor.

Meus amigos e familiares irlandeses se colocaram à disposição para responder a perguntas que eu deveria ter feito anos atrás. Agradecimentos especiais a Geraldine Barniville, Susan Doody, Colm Gibson, Derry Gibson, Patricia Gibson, Gary Horgan, Karen "Chance of a Lifetime" Horgan, Marie Kirwan, Suzanne O'Reilly, Clare Pippet e Michele Pippet.

Durante meu período no governo Obama, eu costumava me maravilhar com o privilégio de minha situação, ouvindo uma voz que dizia: "Isso. Não. É. Normal". Tive essa mesma experiência cada vez que recebia a resposta de um amigo ou colega que havia reservado um tempo para fazer comentários detalhados sobre rascunhos inteiros deste livro. Agradecimentos sinceros a Greg Barker, Daniel Bluestein, Oskar Eustis, Jon Finer, Philip Gordon, Avril Haines, Dina Kawar, Megan Koilparampil, Cullen Murphy, Laura Pitter, John Prendergast, David Pressman, Kelly Razzouk, Ben Rhodes, John Schumann, Jake Sullivan, Stacy Sullivan, Larry Summers, Elliot Thomson, Mary Valente, Johnny Walsh, Jeremy Weinstein e Becca Wexler.

Também devo destacar vários amigos que tiraram semanas de suas vidas para fazer exaustivos comentários e correções página por página. Amy Bach trabalhou até altas horas da noite para me ajudar a evitar os campos minados para os quais eu caminhava sem me dar conta. Sharon Dolovich fez uma leitura meticulosa do rascunho, oferecendo sugestões pontuais e, ao mesmo tempo, instando-me a abordar várias contradições importantes. Lukas Haynes, parte da família de "ex-estagiários de Mort Abramowitz", veio como uma explosão de luz solar em minha vida, ajudando-me a melhorar a narrativa dessa história. Anna Husarska fez do livro uma de suas missões, corrigindo cada capítulo com cuidado. Hillary Schrenell utilizou sua memória a laser e profunda empatia para oferecer sugestões vitais. O incomparável Lee Siegel me fez aspirar a escrever um livro de memórias que cavasse muito mais fundo do que eu estava inicialmente preparada para fazer. Nik Steinberg emprestou seu coração compassivo e disposição exigente à sua meticulosa revisão. Michael Rothschild viu um objetivo maior quando eu duvidava disso e, sob montes de neve, tratou cada frase como se ela guardasse o segredo para a paz mundial. E como se o profundo envolvimento do próprio Michael não fosse suficiente, ele me apresentou a Ida Rothschild, uma brilhante preparadora de texto que ofereceu feedback extenso e astuto quando era mais importante.

Um agradecimento especial ao presidente Barack Obama por reservar um tempo para ler e comentar o manuscrito e, claro, bem mais que isso, por me confiar a responsabilidade de fazer parte de sua equipe. Trabalhar em seu governo foi a experiência profissional mais significativa de minha vida. Sou grata por sua liderança — e por sua amizade.

Escrever um livro de memórias introduz um viés de seleção inevitável. Os acontecimentos que escolhi descrever determinam quem — entre as inúmeras pessoas incríveis com quem trabalhei no governo — aparece nestas páginas. Espero ter deixado claro que aqueles que retratei incorporam o talento, o patriotismo e a dedicação de todos os que servem a uma causa maior do que eles. Aprendi com meus colegas todos os dias e espero apenas ter feito alguma justiça ao espírito e à integridade da empreitada.

Meu parceiro neste projeto foi Adam Siegel, cujo título, pesquisador associado, nem chega perto de captar sua contribuição. Adam foi um editor implacável, um pesquisador e crítico literário de primeira classe, um analista político imparcial e, nos momentos difíceis, um confidente e uma inspiração. Ele leu cada última frase de cada último rascunho deste livro e ajudou a melhorá-lo imensamente. Minha gratidão é ilimitada. Quaisquer erros de julgamento ou de fato são meus.

Por fim, minha família. Minha enteada Ellyn Kail e meu irmão Stephen Power me dão lições diárias sobre o que se pode alcançar através da perseverança. A chegada de María Castro em nossa vida foi um milagre, e ela sempre significará o mundo para nós. Agora Ana Reyes, que exala bondade e alegria, ilumina nossas vidas além das palavras.

Mamãe e Eddie me apoiaram enquanto eu investigava o passado, mesmo conhecendo as velhas feridas que este livro abriria. Estou apreensiva por divulgar essas memórias para o mundo, mas estou animada porque, ao fazer isso, os leitores conhecerão esses dois indivíduos notáveis.

O livro é dedicado a Declan, Rían e Cass. Declan e Rían, vocês são hilários, sábios, divertidos e de bom coração. Todos os dias que saio com vocês — e os observo descobrirem o mundo e se importarem com aqueles que estão ao seu redor — é uma bênção profunda.

Cass, você mudou tudo. Gosto de você, amo-o e o admiro mais a cada dia que passa.

Obrigada por se casar comigo.

Notas

PRIMEIRA PARTE

1. Para saber mais sobre a notável vida de Fred, ver: Scott ANDERSON. *The Man Who Tried to Save the World: The Dangerous Life and Mysterious Disappearance of Fred Cuny*. Nova York: Doubleday, 1999.

2. *The 9/11 Commission Report*. Washington, DC: National Commission on Terrorist Attacks upon the United States, pp. 147-55, 2004.

3. Stephen Engelberg e Tim Weiner, "Srebrenica: The Days of Slaughter", *New York Times*, 29 out. 1995; com reportagens de Raymond Bonner e Jane Perlez.

4. O psicólogo Paul Slovic e outros realizaram estudos que mostram que, na verdade, a compaixão humana diminui conforme o número de vítimas aumenta. Um exemplo desse "efeito da vítima identificável" é um estudo mostrando que voluntários aos quais se pediu para arrecadar 300 mil dólares para salvar oito crianças prestes a morrer de uma doença grave estavam dispostos a dar significativamente menos do que aqueles aos quais se pediu que arrecadassem essa quantia para salvar uma única criança. Ver: Paul SLOVIC. "'If I Look at the Mass I Will Never Act': Psychic Numbing and Genocide", *Judgement and Decision Making*, v. 2, n. 2, pp. 79-95, 2007; e Tehila KOGUT; Ilana RITOV, "The 'Identified Victim' Effect: An Identified Group, or Just a Single Individual?". *Journal of Behavioral Decision*, v. 18, n. 3, pp. 157-67, 2005.

5. Gourevitch publicou mais tarde o livro *We Wish to Inform You That Tomorrow We Will Be Killed with Our Families: Stories From Rwanda*. Nova York: Farrar, Straus e Giroux, 1998.

6. Powell enviara investigadores de direitos humanos para os mesmos campos ao longo da fronteira entre o Sudão e o Chade que John e eu havíamos visitado, e eles colheram o testemunho de mais de mil sobreviventes. Como prova do genocídio, os investigadores combinaram

esses relatos de testemunhas oculares com imagens de satélite mostrando que mais de quatrocentas aldeias foram totalmente queimadas.

7. Com o forte apoio do governo Bush, o presidente sudanês Bashir e o líder da oposição do sul John Garang concordaram com um acordo de paz em janeiro de 2005. O Acordo Abrangente de Paz (AAP) estabeleceu o compartilhamento de poder e riqueza entre Cartum e o Sul, ao mesmo tempo que proporcionava um marco para acabar com a guerra civil. Significativamente, o AAP determinou que um referendo sobre a independência do Sudão do Sul fosse realizado após um período de seis anos. O governo Bush considerou o AAP uma conquista importante, mas ele não levou a paz para Darfur. Muitos ativistas viriam a acreditar que o foco do governo nas relações entre norte e sul — e o interesse em manter o Norte comprometido com o AAP — acabou limitando sua disposição de pressionar Cartum a cessar a violência contínua em Darfur.

8. Proposta inicialmente pelos acadêmicos George Kelling e James Wilson em 1982, a teoria das "janelas quebradas" passou a ser adotada como medida de combate ao crime pelo Departamento de Polícia da Cidade de Nova York. A teoria foi severamente criticada, tanto por ser ineficaz como por contribuir para o policiamento excessivo dos bairros habitados por minorias. Kelling e Wilson postularam que a eliminação de tipos menores de desordem na vizinhança (como grafites, carros abandonados, beber em público e prédios com janelas quebradas) ajudaria a reduzir as ocorrências de crimes graves.

9. Muitos escândalos também eclodiram, o que certamente impactou a opinião pública. Logo depois da minha chegada, em setembro de 2005, o deputado Tom Delay deixou o cargo de líder da maioria na Câmara depois de ser indiciado por violar as leis de financiamento de campanhas. O deputado Duke Cunningham renunciou dois meses depois, quando se declarou culpado de receber 2 milhões de dólares em suborno. O deputado Wiliam Jefferson teve sua casa invadida por agentes federais, que acabaram encontrando 90 mil dólares em seu freezer, resultado de subornos. E em setembro de 2006, o deputado Mark Foley renunciou na sequência da revelação de que enviara mensagens instantâneas sexualmente explícitas para as páginas da Câmara.

10. Richard WOLFFE. *Renegade: The Making of a President*. Nova York: Crown, 2009, pp. 81-97.

11. Chris LIDDELL-WESTEFELD. "They Said This Day Would Never Come", *Crooked Media*, 3 jan. 2018. Disponível em: <https://crooked.com/articles/said-day-never-come/>.

12. Ibid.

SEGUNDA PARTE

1. A Austrália era então o outro, embora tenha introduzido a licença-maternidade paga em 2011. Em consequência, os Estados Unidos são hoje o único país entre as 36 nações altamente desenvolvidas na Organização para Cooperação e Desenvolvimento Econômico que não oferece licença-maternidade paga. A Lei de Licença Médica e Familiar, aprovada pelo Congresso em 1993, garante só doze semanas de licença não remunerada e se aplica apenas a empresas com mais de cinquenta funcionários, deixando de fora os pais empregados por pequenas empresas.

2. De acordo com dados relatados no Índice Global de Terrorismo de 2016, 93% de todos os ataques terroristas entre 1989 e 2014 ocorreram em países com alta incidência de violações de direitos humanos sancionadas pelo Estado (definidas como assassinatos extrajudiciais, tortura e prisão política sem julgamento). Relacionado a isso, um estudo da ONU que examinou o motivo do ingresso de pessoas em grupos terroristas como Boko Haram e al-Shabaab concluiu que "a conduta das agências de segurança estatais é um gatilho direto para o recrutamento nos estágios finais da jornada ao extremismo, com 71% [das pessoas que ingressaram voluntariamente numa organização terrorista] apontando para 'ação do governo', inclusive incidentes traumáticos envolvendo as forças de segurança do Estado, como a razão imediata para ingressar". Ver: "Global Terrorism Index 2016", Institute for Economics and Peace, nov. 2016, p. 72; e "Journey to Extremism in Africa: Drivers, Incentives and the Tipping Point for Recruitment", United Nations Development Program, set. 2017, p. 88.

3. Evans diria depois que os acontecimentos ligados ao genocídio em Darfur o inspiraram a se manifestar. Numa entrevista de 2015, ele lembrou: "Colin Powell disse que achava que o que estava acontecendo em Darfur, no Sudão, constituía genocídio. Isso foi uma atitude muito corajosa para ele. [...] Sua ação me encorajou a deixar de ser apenas um espectador numa questão de genocídio e me levantar para dizer algo sobre isso. Mesmo tendo-se passado noventa anos, senti que alguém precisava se posicionar sobre esse assunto e chamá-lo pelo que era".

4. A carta de Obama continuava: "Quando as instruções do Departamento de Estado são de tal ordem que um embaixador precisa se valer de um raciocínio tortuoso — ou mesmo de uma falsidade descarada — que desafia uma interpretação de senso comum dos eventos a fim de seguir as ordens, então é hora de rever as orientações políticas do Departamento de Estado sobre esse assunto". Ver a carta do senador Barack Obama à secretária de Estado Condoleezza Rice, 28 jul. 2006. Disponível em: <http://armeniansforobama.com//common/pdf/Obama_letter_to_Rice_July_26_2008.pdf>.

5. Em seu livro de 2005, *Team of Rivals: The Political Genius of Abraham Lincoln*, a historiadora Doris Kearns Goodwin escreveu sobre a nomeação de adversários políticos por Abraham Lincoln para posições-chave em seu governo. Depois de conquistar a indicação democrata em 2008, Obama citou a atitude do presidente Lincoln como modelo, observando que "Lincoln basicamente atraiu todas as pessoas contra quem ele concorrera para o seu gabinete. Porque, quaisquer que fossem os sentimentos pessoais, a questão era: 'Como podemos conduzir o país neste período de crise?'".

6. Em 2004, ano seguinte ao início da Guerra do Iraque, os Estados Unidos receberam apenas 66 refugiados do país. Em 2006, a Suécia, um país de 9 milhões de habitantes, aceitou 8950 refugiados iraquianos, enquanto os Estados Unidos, um país de 300 milhões, aceitaram 202. Mesmo quando o deslocamento disparou, nossos números permaneceram minúsculos. Isso mudou em 2008, quando o presidente Bush aprovou a Lei da Crise dos Refugiados no Iraque, facilitando a entrada de certos iraquianos (como aqueles que haviam trabalhado para as Forças Armadas americanas e suas famílias) nos Estados Unidos. Antes dessa lei, aprovada pelo Congresso com amplo apoio bipartidário, o governo Bush havia admitido em torno de 2400 iraquianos desde o início da guerra. Mas em 2008, mais de 14 mil iraquianos chegaram aos Estados Unidos.

7. Em 2008, a Força-Tarefa de Prevenção de Genocídio do Museu Memorial do Holocausto dos Estados Unidos, presidida pela ex-secretária de Estado Madeleine Albright e pelo ex-secretário de defesa William Cohen, recomendara a criação desse posto em seu relatório "Preventing Genocide: A Blueprint for US Policymakers". Disponível em: <https://www.ushmm.org/m/pdfs/20081124-genocide-prevention-report.pdf>.

8. A Proclamação Presidencial 8697, emitida em agosto de 2011, proibiu a entrada nos Estados Unidos das pessoas que o Departamento de Estado determinou estarem envolvidas em "crimes de guerra, crimes contra a humanidade ou outras violações graves dos direitos humanos". Cinco anos mais tarde, durante o último mês de sua presidência, Obama assinaria a Lei Global Magnitsky de Responsabilização dos Direitos Humanos. Essa legislação expandiu ainda mais o conjunto de ferramentas do Poder Executivo, autorizando o presidente a impor proibições de visto aos responsáveis por assassinatos extrajudiciais e torturas. A lei também concedeu ao presidente o poder de impor sanções direcionadas a indivíduos que cometeram violações dos direitos humanos ou "atos de corrupção significativos".

9. A história da procura por Mladić está detalhada em Julian BORGER. *The Butcher's Trail: How the Search for Balkan War Criminals Became the World's Most Successful Manhunt*. Nova York: Other Press, 2016. pp. 139-49, 283-307.

10. Damien MCELROY. "Ratko Mladić Arrested: Europe's Most Wanted Man Seized in Serbia". *The Telegraph*, 26 maio 2011. Disponível em: <https://www.telegraph.co.uk/news/world-news/europe/serbia/8539630/Ratko-Mladic'-arrested-Europes-most-wanted-man-seized--in-Serbia.html>.

11. O governo Bush começou a fornecer apoio logístico às Forças Armadas de Uganda para operações contra o LRA, mas depois que o presidente Obama assumiu o cargo, jovens ativistas, incluindo os da Invisible Children, garantiram a aprovação da legislação no Congresso que determinava que o presidente desenvolvesse uma estratégia de maior alcance para derrotar o Exército de Kony.

12. Quando o governo Obama assumiu o cargo em 2009, a única resolução da ONU que continha as palavras "orientação sexual" era uma que condenava a execução extrajudicial por vários motivos. Em 2010, tivemos de lutar apenas para preservar a referência quando ela foi votada na Assembleia Geral. Embora finalmente tenhamos vencido, o embaixador do Zimbábue afirmou que a inclusão faria com que a ONU desse um passo mais próximo de aceitar a bestialidade.

13. O governo americano acrescentou a Líbia a uma lista de patrocinadores estatais do terrorismo em 1979 e fechou sua embaixada em Trípoli em 1980. Durante as décadas de 1970 e 1980, Kadafi enviou armas a grupos tão variados quanto o Exército Republicano Irlandês e os militantes bascos do ETA, e proporcionou aos terroristas acesso a campos de treinamento na Líbia. O governo líbio também teve participação em vários ataques terroristas que mataram americanos, entre eles o atentado a bomba de 1986 numa boate alemã, os atentados ao voo 103 da Pan Am em 1988 e ao voo 772 da UTA em 1989. Mais tarde, Kadafi reduziu seu apoio ao terrorismo e buscou laços mais estreitos com o Ocidente ao encerrar seu programa de armas nucleares. Em consequência, em 2006 o governo Bush tirou a Líbia da lista do terrorismo e retomou relações diplomáticas completas.

14. Mike ELKIN. "Libya: Recovering from the Horror, Waiting for More". *Inter Press Service*, 2 mar. 2011. Disponível em: <http://www.ipsnews.net/2011/03/libya-recovering-from--horror-waiting-for-more/>; e Adrian BLOMFIELD. "Libya: Rebels in Desperate Battle to Hold Ground", *The Telegraph*, 2 mar. 2011. Disponível em: <https://www.telegraph.co.uk/news/worldnews/africaandindianocean/libya/8357934/Libya-rebels-in-desperate-battle-to-hold--ground.html>.

15. Martin FLETCHER. "Just 30 Miles from Tripoli, the Defiant Town that Dares to Humiliate Gaddafi". *The Times*, 7 mar. 2011. Disponível em: <https://www.thetimes.co.uk/article/just-30-miles-from-tripoli-the-defiant-town-that-dares-to-humiliate-gaddafi-qsppc8bc66d>; reportagem de Alex Crawford, da *Sky News*, relatada por Samer al-Atrush, "Kadhafi Forces Accused of 'Massacre' as Battles Rage", AFP, 6 mar. 2011; e Crawford entrevistado no *Anderson Cooper 360* da CNN, em 10 de março de 2011.

16. O próprio Kadafi fez declarações contraditórias sobre suas intenções. Em seu discurso televisionado de 22 de fevereiro ao povo líbio, ele declarou: "Qualquer líbio que apontar uma arma contra a Líbia, seu castigo é a execução". Mais tarde, em 17 de março, quando suas forças se aproximavam de Benghazi, ele fez novamente ameaças terríveis, mas também alegou que se um indivíduo entregasse suas armas, "o que quer que ele tenha feito anteriormente será perdoado, protegido". Dada a propensão de Kadafi a mentir e seu tratamento anterior aos oponentes, os partidários da oposição em Benghazi não confiavam em suas garantias de última hora.

17. Nós, com razão, nunca discutimos dados de pesquisas de opinião na Sala de Crise. No entanto, a mídia noticiou graus variados de apoio às diferentes ações militares possíveis dos Estados Unidos na Líbia. Como de costume, as opiniões diferiam dependendo de como as perguntas eram feitas. Uma pesquisa da ABC News/*Washington Post*, realizada de 10 a 13 de março, encontrou 72% dos americanos a favor de uma zona de exclusão aérea, enquanto uma pesquisa realizada pela CNN nos mesmos dias, mas com termos diferentes, encontrou apenas 56% a favor dessa opção. Enquanto isso, a mesma pesquisa da CNN mostrava que 74% dos americanos prefeririam que os Estados Unidos "deixassem para organizações ou alianças internacionais" o papel de líder na Líbia. Uma semana depois, uma pesquisa da CNN concluiu que 77% dos americanos acreditavam que era "muito importante" (34%) ou "um pouco importante" (43%) fazer da "remoção de Muammar Kadafi do poder na Líbia" um objetivo da política externa dos Estados Unidos.

18. George PACKER. *Our Man: Richard Holbrooke and the End of the American Century*. Nova York: Alfred A. Knopf, 2019, p. 81.

19. Em julho de 2011, o secretário de Estado adjunto para o Oriente Médio Jeff Feltman, o embaixador dos Estados Unidos na Líbia Gene Cretz e o diretor sênior de Planejamento Estratégico do ETA Derek Chollet se reuniram com os assessores de Kadafi em Túnis, Tunísia, por quase três horas.

20. A Otan intensificou o bombardeio de alvos militares em Trípoli em meados de agosto. As células adormecidas de rebeldes dentro da cidade foram ativadas em 20 de agosto, provocando uma série de deserções entre as tropas pró-Kadafi, e as forças rebeldes de fora da capital começaram a chegar a Trípoli. Em 23 de agosto, os rebeldes já haviam assumido o controle da maior parte da capital e tomado o complexo central de Kadafi. O próprio Kadafi permaneceu foragido por mais dois meses antes de ser capturado e assassinado, em outubro de 2011.

21. O MKULTRA foi encerrado apenas quando o diretor da CIA Richard Helms se aposentou e destruiu a maioria dos materiais relacionados ao programa, mas sua história sórdida ressurgiu numa série de audiências no Senado, em meados da década de 1970.

22. Países como Brasil, Alemanha, Índia, Japão e África do Sul fazem lobby há anos para conseguir assentos permanentes no Conselho de Segurança, mas as negociações sobre a reforma dos membros do Conselho sempre foram interrompidas. Para que a composição do Conselho de Segurança seja alterada, dois terços dos Estados-membros das Nações Unidas, inclusive *todos* os membros permanentes do Conselho, precisariam ratificar a mudança na Carta da ONU. Nos Estados Unidos, isso exigiria a aprovação de dois terços do Senado. Em consequência dessas exigências e da incapacidade dos Estados-membros de chegarem a um acordo sobre como o Conselho deveria ser modernizado, ele só foi reformado uma vez, em 1965, quando os Estados-membros concordaram em expandir o número de assentos não permanentes de seis para dez.

23. Muitos países gastam grandes quantias em campanhas por assentos nos órgãos da ONU, envolvendo-se em trocas e compras de votos. Ganhar um mandato de dois anos no Conselho de Segurança é algo particularmente cobiçado. Embora os valores sejam difíceis de verificar, os países geralmente gastam milhões de dólares em eventos, recepções e lobby que precedem a votação. Na última década, consta que países gastaram entre 4 milhões (Suécia) e 25 milhões de dólares (Austrália) em campanha para ganhar uma vaga no Conselho de Segurança.

24. Os cinco membros permanentes usaram seu poder de veto ao todo 288 vezes. Esse número não corresponde ao número de resoluções vetadas, pois mais de um membro permanente às vezes veta a mesma resolução. A URSS/Rússia respondeu pelo maior número de vetos (141), seguida pelos Estados Unidos (83), Reino Unido (32), França (18) e China (14).

25. Seis anos depois, o *think tank* Global Public Policy Institute de Berlim lançou um relatório identificando pelo menos 33 incidentes de uso de armas químicas na Síria entre 23 de dezembro de 2012 e 20 de agosto de 2013. Os autores do estudo não conseguiram confirmar todos os incidentes relatados com o mais alto grau de confiança, mas sua extensa pesquisa indica que ocorreram mais ataques do que o governo americano sabia na época. Ver: "Annex: List of Confirmed Incidents (2012-2018)", em: Tobias SCHNEIDER e Theresa LÜTKEFEND. "Nowhere to Hide: The Logic of Chemical Weapons Use in Syria", *Global Public Policy Institute*, fev. 2019. Disponível em: <https://www.gppi.net/2019/02/17/the-logic-of-chemical-weapons-use-in-syria>.

26. O governo iraquiano de Saddam Hussein foi o último país a usar armas químicas em larga escala. As forças de Saddam as utilizaram na década de 1980 contra o Irã durante a Guerra Irã-Iraque e contra os curdos iraquianos. O ataque químico mais mortífero e mais famigerado contra os curdos ocorreu em 16 de março de 1988, na cidade de Halabja, onde bombas iraquianas contendo os gases mostarda, sarin e VX mataram 5 mil curdos e feriram outros milhares.

27. A Resolução das Potências sobre a Guerra entrou em vigor durante a Guerra do Vietnã, em 1973. Mesmo assim, o presidente Reagan enviou tropas para o Líbano em setembro de 1982, como parte de um esforço multinacional de manutenção da paz, argumentando que as tropas não estavam envolvidas em "hostilidades", apesar de sofrerem baixas e estarem equipadas para combate. As forças americanas permaneceram no Líbano por quase um ano, até o Congresso autorizar retroativamente sua presença conforme a Resolução das Potências sobre a Guerra. O presidente George H. W. Bush enviou tropas para a Somália a partir de dezembro de 1992,

e um subconjunto dessas tropas permaneceu durante o governo do presidente Clinton, saindo apenas em março de 1995. Os assessores de Clinton avaliaram que seus "engajamentos militares intermitentes" não eram "hostilidades sustentadas" e estavam, portanto, em conformidade com o prazo de sessenta dias imposto pela Resolução das Potências. Sem autorização do Congresso, o governo Clinton realizou uma campanha aérea em Kosovo que durou 78 dias. Os advogados de Clinton argumentaram que o financiamento do esforço militar pelo Congresso mostrava que ele "claramente pretendia autorizar operações militares contínuas em Kosovo". Durante a intervenção na Líbia, os advogados do governo Obama argumentaram que a "missão militar limitada" da operação, a "exposição limitada para as tropas americanas e o risco limitado de escalada séria" com "meios militares limitados" significavam que os Estados Unidos "não estavam em hostilidades do tipo previsto pela Resolução das Potências sobre a Guerra que se destinava a desencadear uma retirada automática em sessenta dias".

28. Ver: "Government Assessment of the Syrian Government's Use of Chemical Weapons on August 21, 2013", 30 ago. 2013. Disponível em: <https://obamawhitehouse.archives.gov/the-press-office/2013/08/30/government-assessment-syrian-government-s-use-chemical-weapons-august-21>.

29. A embaixadora Rice e a secretária Clinton mantiveram uma relação profissional durante o primeiro mandato de Obama, mas os embaixadores na onu e os secretários de Estado anteriores entraram em conflito. Por exemplo, o secretário de Estado Alexander Haig reagiu à escolha do presidente Reagan de indicar Jeane Kirkpatrick para embaixadora na onu e teria declarado: "Não sei como alguém espera que eu trabalhe com essa cadela". Ele acusaria Kirkpatrick de ser geralmente "temperamental" e "mental e emocionalmente incapaz de pensar com clareza". Peter COLLIER. *Political Woman: The Big Little Life of Jeane Kirkpatrick*. Nova York: Encounter, 2012, p. 118.

30. Assim que ficou claro que o regime de Assad havia ilicitamente mantido certas capacidades e suprimentos, eu e outros membros do governo instamos a Síria a cumprir plenamente seu compromisso de encerrar seu programa de armas químicas. Trouxe a questão à tona várias vezes nas consultas do Conselho de Segurança e através de canais diplomáticos. Fui autorizada a deixar publicamente clara nossa grave preocupação com o que chamamos de "discrepâncias e omissões na declaração original da Síria". Outros representantes do governo registraram preocupações semelhantes, inclusive nossa delegação à Organização para a Proibição de Armas Químicas. Ver: "Estados Unidos da América: Statement at the 82nd Session of the Executive Council", Organization for the Prohibition of Chemical Weapons, 12 jul. 2016. Disponível em: <https://www.opcw.org/ec-82>.

31. Esse estudo é a avaliação mais detalhada da resposta dos Estados Unidos à crise da rca, proporcionando uma visão crítica de nossas políticas e oferecendo várias lições para futuros esforços de prevenção de atrocidades. Ver: Charles J. brown, "The Obama Administration and the Struggle to Prevent Atrocities in the Central African Republic", Simon-Skjodt Center for the Prevention of Genocide, United States Holocaust Memorial Museum, nov. 2016. Disponível em: <https://www.ushmm.org/m/pdfs/ 20161116-Charlie-Brown-CAR-Report.pdf>.

32. Na década de 1980, quando Vitáli trabalhava na embaixada soviética em Washington, ele foi o primeiro diplomata soviético a aparecer habitualmente na televisão americana. Em

um vídeo revelador da C-Span de 1985, uma telespectadora impressionada com a entrevista de Vitáli disse: "Acho que você é um cara de aparência ocidental e um cara muito esperto. Que tal desertar? Gostaríamos muito de tê-lo". Sorrindo, Vitáli respondeu: "Aconselho não gastar seu tempo esperando que isso aconteça. Sua vida será desperdiçada, madame".

33. Os filmes nos quais Vitáli apareceu foram *Blue Notebook* (de 1963, sobre Lênin na véspera da Revolução de Outubro) e *A Mother's Heart* (de 1965, sobre a mãe de Lênin e seu amor pelos filhos).

34. A Ucrânia ficou em 144º lugar entre 175 países no índice de corrupção da Transparência Internacional — a classificação mais baixa de todos os países europeus. A pilhagem de Yanukóvitch e seus comparsas havia deixado o país com uma dívida de dezenas de bilhões de dólares. O procurador-geral da Ucrânia estimou mais tarde que, entre 2010 e 2014, as autoridades ucranianas roubaram um quinto da produção de seu país.

35. Embora a Assembleia Geral da ONU não possua a autoridade de imposição do Conselho de Segurança, ela tem autoridade para fazer pronunciamentos legais e orientar o secretário-geral e o pessoal da ONU a segui-los. Alguns votos na Assembleia Geral exigem uma maioria simples e outros, dois terços dos "presentes e votantes". Uma ausência tem o mesmo peso que uma abstenção; ambas reduzem o número total de votos necessários para vencer. Nesse caso, era necessária uma maioria simples.

36. Ao fazer isso, as forças russas apreenderam bilhões de dólares em propriedades do governo ucraniano e equipamentos militares, e as autoridades russas determinaram que os crimeus assumissem a cidadania russa ou deixariam de receber serviços e assistência do governo.

37. As sanções dos Estados Unidos e da UE tiveram um impacto significativo sobre a economia russa, que entrou numa recessão de dois anos em 2014. O rublo russo perdeu mais de 50% de seu valor em relação ao dólar, e o investimento estrangeiro diminuiu consideravelmente. Ao tornar as sanções "direcionadas", o governo esperava impor custos à liderança russa e outras entidades poderosas e indivíduos ligados ao Kremlin, que por sua vez teriam incentivos para pressionar Pútin a aliviar a crise. Além das sanções, os Estados Unidos e seus parceiros do G-8, grupo que reúne os principais países industrializados, suspenderam a participação da Rússia.

38. O médico americano Steven Hatch, que participou da reação ao ebola na Libéria, argumenta com credibilidade que a atenção que Trump gerou com seus comentários sobre o ebola ajudou a preparar o terreno para sua campanha presidencial e forneceu a ele a ideia de que o medo poderia ser usado para ganho político. Ver: Steven HATCH. "How the Ebola Crisis Helped Launch Donald Trump's Political Career", *Mother Jones*, 3 abr. 2017. Disponível em: <https://www.motherjones.com/política/2017/04/ trump-ebola-tweets/>.

39. O modelo usado pelo CDC para estimar o pior cenário em 1,4 milhão de infecções por ebola não foi universalmente adotado. Alguns cientistas e acadêmicos questionaram as suposições subjacentes do CDC, como o número provável de casos não relatados.

40. Victor LUCKERSON. "Watch How Word of Ebola Exploded in America". *Time*, 7 out. 2014. Disponível em: <http://time.com/3478452/ebola-twitter/>.

41. A pesquisa documentou que as mulheres tendem a ter menos autoestima que os homens — uma "defasagem de confiança" que, portanto, cria disparidades e desvantagens para elas em contextos profissionais. Ver: Katty KAY e Claire SHIPMAN. *The Confidence Code: The Science and Art of Self-Assurance — What Women Should Know*. Nova York: HarperCollins, 2014.

42. Em 1945, o Reino Unido enviou duas delegadas a San Francisco na equipe que negociava o texto da Carta da ONU. No total, apenas oito mulheres estavam presentes entre os 850 delegados. Frustradas porque os repórteres continuavam a perguntar como era ser uma delegada mulher, as duas britânicas, Florence Horsbrugh e Ellen Wilkinson, responderam: "Não somos 'delegadas mulheres'. Somos delegadas de nosso país e ministras de nosso governo". Ver: Virginia Crocheron GILDERSLEEVE. *Many a Good Crusade*. Nova York: Macmillan, 1954, p. 349.

43. COLLIER, Peter. *Political Woman: The Big Little Life of Jeane Kirkpatrick*. Nova York: Encounter, 2012, p. 161.

44. Sete mulheres concorreram ao cargo, mais do que o dobro de mulheres do que em todas as eleições anteriores para secretário-geral juntas. Mas, no final, o ex-primeiro-ministro português António Guterres foi o candidato que obteve o apoio mais entusiástico e o único que ganhou o apoio necessário dos cinco membros permanentes do Conselho de Segurança. Em sua campanha, Guterres prometeu priorizar a promoção da igualdade das mulheres na ONU. Em 2018, ele conseguiu a paridade de gênero total entre os diretores seniores da ONU pela primeira vez na história da organização. Não obstante, a cultura dominada por homens na organização levará gerações para ser reformada.

45. Encontrar o equilíbrio apropriado era importante, pois estávamos fazendo solicitações difíceis para cada governo. No decorrer do segundo mandato de Obama, o Chade perderia 36 soldados da paz que combatiam militantes no Mali, país em que operavam diplomatas e trabalhadores humanitários americanos. Enquanto isso, Camarões havia aberto suas fronteiras não somente aos nigerianos que fugiam do Boko Haram, mas também a mais da metade dos refugiados da República Centro-Africana. Ao mesmo tempo, os militares da força-tarefa regional estavam cometendo abusos graves. A Anistia Internacional publicara relatórios detalhados sobre as violações do direito internacional humanitário das forças de segurança de Camarões e Nigéria. No caso da Nigéria, por exemplo, a Anistia alegou que os militares haviam executado extrajudicialmente mais de 1200 pessoas, inclusive pelo menos 640 já detidos.

46. Os 65 milhões de pessoas deslocadas constituíram o número mais alto desde a Segunda Guerra Mundial. Uma razão para esse número ser tão alto é que os conflitos começaram a durar muito mais tempo do que antes. Um conflito com término em 1970 durara, em média, 9,6 anos. Os que terminaram em 2014 duraram em média 26,7 anos, o que significa que muitas pessoas acabam deslocadas por décadas

47. Além do nosso interesse em segurança no reassentamento e assistência a refugiados, a pesquisa mostra que os refugiados também dão contribuições econômicas positivas para a sociedade americana. Um estudo de 2017 constatou que, desde 1975, a renda familiar média dos refugiados que estão nos Estados Unidos há pelo menos 25 anos é significativamente mais alta do que a renda média familiar geral. O mesmo relatório também concluiu que os refugiados abrem empresas a uma taxa mais alta do que os imigrantes não refugiados e a população americana nata. Outra pesquisa mostrou que os refugiados que chegam aos Estados Unidos quando crianças terminam o ensino médio e ingressam na faculdade na mesma proporção que a população nascida no país. Um estudo de 2017 publicado pelo Departamento de Estado, que analisou dados econômicos de 1980 a 2010, avaliou que "não há impacto adverso a longo prazo dos refugiados no mercado de trabalho americano". É notável que, já no governo Trump, o Departamento de Saúde e Serviços Humanos tenha preparado um rascunho de relatório que

constatou que os refugiados trouxeram um benefício líquido para a economia de 63 bilhões de dólares entre 2005 e 2014, embora o governo tenha tentado suprimir as conclusões do relatório. Ver: "From Struggle to Resilience: The Economic Impact of Refugees in America", *New American Economy*, jun. 2017. Disponível em: <https://research.newamericaneconomy.org/report/from-struggle-to-resilience-the-economic-impact-of refugees-in-américa/>; William N. EVANS e Daniel FITZGERALD. "The Economic and Social Outcomes of Refugees in the United States: Evidence from the ACS"; NBER Working Paper n. 23498, jun. 2017. Disponível em: <https://www.nber.org/papers/w23498>; Ana María MAYDA et al. "The Labor Market Impact of Refugees: Evidence from the U.S. Resettlement Program", US Department of State, Office of the Chief Economist Working Paper, agosto de 2017. Disponível em: <https://www.state.gov/wp-content/uploads/2018/12/The-Labor-Market-Impact-on-Refugees-Evidence-from--the-U.S.-Resettlement-Program-1.pdf>; e Julie Hirschfeld DAVIS e Somini SENGUPTA. "Trump Administration Rejects Study Showing Positive Impact of Refugees". *New York Times*, 18 set. 2017. Disponível em: <https://www.nytimes.com/2017/09/18/us/politics/refugees-revenue--cost-report-trump.html>.

48. Segundo a agência de refugiados da ONU, os cinco principais países que acolhem refugiados no mundo hoje são: Turquia (3,6 milhões), Paquistão (1,4 milhão), Uganda (1,1 milhão), Alemanha (1 milhão) e Irã (979 400).

49. Trump fez essa alegação falsa em 31 de agosto de 2016 no Arizona e fez declarações semelhantes em várias ocasiões durante a campanha. Ver: "Transcript of Donald Trump's Immigration Speech". Disponível em: <https://www.nytimes.com/2016/09/02/us/policy/transcript--trump-immigration-speech.html>.

50. As preocupações de que grupos como o Estado Islâmico se aproveitariam dos fluxos de refugiados aumentaram após os ataques de Paris. Os agressores não eram refugiados e a maioria eram cidadãos europeus. No entanto, alguns deles haviam treinado com o EI na Síria e conseguiram evitar o escrutínio ao voltar para casa fazendo parte do afluxo de refugiados que ocorria na época. Contudo, enquanto os refugiados na Europa estavam atravessando fronteiras de uma maneira não regulamentada, os Estados Unidos admitiram apenas aqueles que haviam passado por um longo processo de checagem.

51. Lembre-se de Paul Slovic e o "efeito da vítima identificável": nossa capacidade de sentir é maior quando consideramos apenas uma pessoa (nesse caso, uma criança de dois anos). Números e estatísticas, por maiores que sejam, em geral não despertam emoções ou sentimentos e, assim, deixam de motivar a ação.

52. O site, que foi fechado pelo governo Trump, ainda pode ser acessado em <https://obamawhitehouse.archives.gov/aidrefugees>.

53. A promessa de longo prazo mais significativa feita na reunião de cúpula de Obama sobre refugiados veio do presidente do Banco Mundial Jim Yong Kim, que anunciou a disposição de fornecer financiamento plurianual aos países que acolhem refugiados para melhorar sua infraestrutura pública e seus sistemas de educação e saúde. Por sua vez, o Banco Mundial pressionou por mudanças legais que permitiram a refugiados em muitos outros países trabalharem legalmente e mandarem seus filhos à escola.

54. Khaled Omar Harrah, que era pintor antes da guerra, foi talvez o membro mais conhecido dos Capacetes Brancos. Em 2014, ele passou dezesseis horas vasculhando os escombros de

um prédio de apartamentos bombardeado para salvar um "bebê milagroso" de dez dias de idade chamado Mahmud. Mas um mês antes de me encontrar com Saleh, o regime sírio havia matado Harrah quando ele estava numa missão de resgate em Alepo.

55. Em sua visita anterior de 2015, Saleh havia feito um resumo para o Conselho de Segurança: "Como um sírio patriótico, nunca imaginei que um dia iria pedir uma intervenção estrangeira em meu país, por terra ou por ar. Mas a vida de mulheres e crianças inocentes que vemos morrendo em nossas mãos todos os dias nos obriga a pedir qualquer intervenção possível a fim de deter a bárbara máquina de matar liderada por Bashar al-Assad, o que inclui impedir as aeronaves sírias de voar, especialmente os helicópteros que pairam acima de nós e jogam essas bombas. Diante da potência mais forte do planeta, tudo o que posso fazer é pedir que vocês despertem sua consciência e me digam o que farão para impedir essas bombas de barril". Para as observações completas de Saleh na reunião informal do Conselho de Segurança em 26 de junho de 2015 na Síria, ver: <https://diary.thesyriacampaign.org/as-a-patriotic-syrian-i-never-imagined-i-would-do-this/>.

56. As "fotos de César" forneceram provas horríveis e incontestáveis do assassinato generalizado de detidos pelo governo sírio. "César" é o apelido de um desertor sírio que trabalhou como fotógrafo para a polícia militar síria e, com a ajuda de um amigo, conseguiu contrabandear cerca de 55 mil fotos para fora do país. As fotos que ele e outros fotógrafos militares tiraram entre 2011 e 2013 mostravam os corpos de homens, mulheres e crianças mortos que eram submetidos à fome, espancados, torturados e executados pelas forças de segurança enquanto estavam em instalações de detenção do governo. Segundo César (que escapou da Síria em 2013), ele e seus colegas foram instruídos a gravar as imagens como documentação interna, mas ele preservou e compartilhou as fotos como prova dos crimes do regime de Assad. Várias investigações, incluindo uma do FBI, confirmaram a autenticidade das imagens.

57. O presidente Obama deu essa resposta durante uma entrevista a Chris Walley no *Fox News Sunday*, em 10 de abril de 2016. Ele disse coisas semelhantes em entrevistas a Tom Friedman, do *New York Times*, e Jeffrey Goldberg, da *The Atlantic*. Pessoalmente, acredito que a falha na abordagem dos Estados Unidos não foi tanto uma escassez de planejamento — a partir de 2011, as autoridades americanas fizeram um extenso planejamento; mas os líbios rejeitaram a maioria das ofertas de apoio externo. Em vez disso, como discutido no capítulo 25, acho que nosso erro foi a falta de envolvimento diplomático de alto nível constante no período crítico de 2012-4, quando a intervenção terminou e a sociedade líbia começou a se dividir.

58. Apesar de ele se dizer firmemente contrário ao terrorismo, o verdadeiro relacionamento entre Assad e o EI era muito mais nebuloso. No final de 2016, o governo sírio estava comprando tanto petróleo do EI que essas compras se tornaram a maior fonte de receita do grupo; desse modo, Assad estava ajudando a sustentar as operações dos terroristas que afirmava estar combatendo. Em vários momentos da guerra, o EI também pareceu ser o beneficiário dos ataques aéreos realizados pelos militares sírios. No centro desse relacionamento estava um interesse mútuo: tanto Assad quanto o EI pareciam priorizar o ataque à oposição síria moderada. Para saber mais sobre essa dinâmica, ver: Anne BARNARD. "Assad's Forces May Be Aiding New ISIS Surge", *New York Times*, 2 jun. 2015. Disponível em: <https://www.nytimes.com/2015/06/03/world/middleeast/new-battles-aleppo-syria-insurgents-isis.html>; e Benoit FAUCON e Ahmed AL-OMRAN. "Islamic State Steps Up Oil and Gas Sales to Assad Regime". *Wall Street Journal*, 19

jan. 2017. Disponível em: <https://www.wsj.com/articles/islamic-state-steps-up-oil-and-gas-sa-les-to-assad-regime-1484835563>.

59. Em setembro, quando a Coreia do Norte realizou outro teste nuclear, negociei uma segunda resolução que ia além. As novas medidas proibiram as exportações norte-coreanas de cobre, níquel, prata e zinco, e reduziram drasticamente suas exportações de carvão. Juntas, essas novas medidas reduziram a receita do regime em pelo menos 750 milhões de dólares, privando a Coreia do Norte de fundos que estava usando para expandir seu programa nuclear enquanto seus cidadãos passavam fome.

Índice Remissivo

Estimativa de Inteligência Nacional (NIE) de atrocidades em massa, 283
Eustis, Oskar, 420
Evans, John, 250
Every Day Is Extra (Kerry), 399
Exército de Resistência do Senhor (LRA), 288-9
Exit, Voice and Loyalty (Hirschman), 524
Ezekiel, Aisha, 496

Faça acontecer (Sandberg), 471
"fake news", 549
Favreau, Jon, 276-7, 345
Fenway Park, 140, 152, 201
Financial Times, 150, 207
Fine, Debbie, 171-2
Fitzgerald, F. Scott, 398
Flournoy, Michèle, 243n
Foreign Policy, 66, 79-81
Fox News: críticas a Cass, 246; sobre declarações do governo sobre a Ucrânia, 433; sobre ebola e os Estados Unidos, 447, 457; sobre indicação de SP para a ONU, 336-7, 342, 344, 367; sobre o primeiro dia da crise da linha vermelha na Síria, 379
Foxman, Abraham, 513
Frank, Anne, 60, 64, 135
Franken, Al, 393
Frankfurter, Felix, 125n
Frasure, Robert, 109
#FreeThe20 (campanha), 529-32
Frieden, Tom, 449-51
Fukuyama, Francis, 59-60, 411

Gabinete de Informações e Assuntos Regulatórios (Oira), 219, 230, 245
gaélico, língua e instrução em, 28, 32, 41
Galbraith, Peter, 144, 148, 159-60
gás sarin, 375, 386, 391, 402; *ver também* armas químicas
Gates, Robert, 234, 263n, 312
Gbagbo, Laurent, 288
Gdansk (estaleiro polonês), 61
genocídio: armênio, 137, 144, 249-59, 261,

264, 345, 442; Coalizão Salvem Darfur, 157-9, 558; Coalizão Salvem Darfur (manifestação) (2006), 178-80; Convenção da ONU sobre, 135n, 144; Darfur, 151, 156-9, 177-80, 240, 558; em Ruanda, 134, 136-7, 143, 147, 158, 241, 288, 353, 367, 373, 376, 392, 524; República Centro-Africana, potencial para, 404-7; rohingya, 328; SP sobre caixa de ferramentas americana para prevenir, 149, 280-9, 296; SP sobre reconhecimento pelos Estados Unidos do armênio, 250-7, 259; Srebrenica, 115-8, 125-6, 441-3; trabalho de pesquisa de SP na faculdade de direito sobre, 137-8; *ver também* Human Rights Watch; *países específicos*
Genocídio: A retórica americana em questão (Power); acontecimentos do mundo real expandem o público de, 148-51, 156-9; argumentos, 13, 143-4, 149, 151, 249, 280; citação de telegramas do Arquivo de Segurança Nacional, 143-5; contato com leitores, 147-8, 409; escrita de, 138-40, 143-6; gênese, 134-8; interpretações errôneas, 150; Peretz e New Republic Books publicam, 145-6; publicação, 146; recepção, 148, 150-1; rejeições de editores, 144-6; sobre Hirschman, 241; sobre o genocídio armênio, 249, 251; *upstanders*, 143-4, 147-8; uso de telegramas não mais secretos, 143-4
Gibbs, Robert, 170
Gibson, Patricia e Derry (tios de SP), 212, 217, 372
Gingrich, Newt, 279
Gitter, Manya-Jean, 503
Goldberg, Jeffrey, 522
Goolsbee, Austan, 192, 196, 199-201, 205
Gourevitch, Philip, 136-7
Graham, Lindsey, 343
Gray, Danielle, 186
Grenell, Richard, 379
"Grupo da Quarta-feira", 267-9, 307, 476
GSD (*Get Shit Done*), 282, 409
Guerra da Bósnia: ataques aéreos e fim da,

Libéria, 448-50, 452-3, 463-4, 468

Líbia: avanço das forças de Kadafi sobre Benghazi, 309-10, 311-6; debate no governo sobre, 311-6, 321-2; derrubada de Kadafi, 323; deterioração pós-Kadafi, 323-4, 381; intervenção da Otan na, 311-9, 321, 323-4; Obama sobre a Resolução das Potências sobre a Guerra e, 387-8; repressão na, 303-4; revolução na, 303-6, 308-9, 321-2

Liga Antidifamação, 513

Liga Árabe, 305-6, 315, 317, 320

Limbaugh, Rush, 319

Lippert, Mark, 164, 167, 170-1, 218, 221, 228-9, 235, 250, 281

lista de Schindler, A (filme), 134

Liu Jieyi, 530

Lodge, Henry Cabot, Jr., 422

Loher (igreja), 212

Lugar, Richard, 168

Makachi, Fanta, 493

Malaysian Airlines, voo MH17, 430, 431*n*

Maltz, Gideon, 489-90, 495

manifestações na praça da Paz Celestial, 56-7, 61

Martinez, Pedro, 140

Maynes, Charles William, 80-1

McCain, John, 199, 343, 394, 515-6

McConnell, Mitch, 544

McCourt, Frank, 89

McCurry, Michael, 134

McDonough, Denis: como assessor para política externa de Obama, 237-8, 252, 270, 277, 281, 287; como chefe de gabinete de Obama, 393, 506; sobre a entrevista de SP para o *Scotsman*, 197-8, 200-1

Médicos Sem Fronteiras (MSF), 453, 460, 465, 467

Medviédev, Dmítri, 318, 417

memorando presidencial sobre iniciativas internacionais para promover os direitos humanos de pessoas lésbicas, gays, bissexuais e transgêneros, 294

Memphis, greve dos trabalhadores do saneamento (1968), 57

Mendelson, Sarah, 365*n*

Merkel, Angela, 508

Metternich, Klemens von, 397

Mianmar, 326-32, 329*n*

militantes sérvios da Bósnia: ataque a Žepa por, 116; ex-Iugoslávia e, 69*n*, 70; reação americana ao bombardeio de Sarajevo, 92-3, 121, 123; sítio de Sarajevo por, 70, 72, 78, 92, 103-6, 111, 121

Milosevic, Slobodan, 69-70, 69n, 128, 382, 441

Minah, Vandi, 452

Minow, Martha, 185

Missão dos Estados Unidos nas Nações Unidas, 73, 221, 359, 363, 365*n*, 369, 405, 436, 480, 530-1, 540, 544-5, 550

Mitchell, Andrea, 434

Mizrahi, Alberto, 259

MKULTRA (programa da CIA), 350

Mladić, Ratko, 115, 125-7, 284-6, 289

Mohammed, Amina Abaker, 153-5

Mohammed, Khalid Sheikh, 111

Moore, Jonathan, 72-3, 118, 130, 140, 145, 217, 364, 524, 526

Morgenthau, Henry, Sr., 144, 250

Morse, Arthur, 135

Mount Anville, 23, 41, 197

Mubarak, Gamal, 302

Mubarak, Hosni, 302-3, 305, 321

mudança climática, 558; Acordo de Paris, 413, 539, 540n, 546, 550, 560; perspectivas dos países ameaçados pela, 413-4

Mugabe, Robert, 293, 294*n*, 474

Mulligan, Ma, 208

Murad, Nadia, 532

Museu Memorial do Holocausto dos Estados Unidos, 156-7, 407

Mustafa, Nujeen e Nisreen, 504-5

Nações Unidas (ONU): benefícios para funcionários LGBT, 435-9; Carta das Nações Unidas, 303, 360, 362-3, 380, 408, 538*n*; conferência fundadora, 339; Conselho dos Direitos Humanos, 237, 291, 444-6; contribuições gerais e missão, 360-2; Cuny sobre a eficácia das, 72; Estados-membros, 360-2; Gabinete de Imprensa, credenciais de imprensa para SP na Bósnia, 79-80; indicação por Obama de SP para embaixadora na, 336-9; mulher como secretária-geral, 478; visita guiada de SP, 58; visitas de cortesia de SP a embaixadores, 407-15 ; *ver também* Missão dos Estados Unidos nas Nações Unidas

Nações Unidas (ONU), Assembleia Geral: aprova resolução sobre a ilegalidade do referendo da Crimeia, 428-9; condenação da violações de direitos humanos pelo Irã e, 539; expulsão da Líbia do Conselho de Direitos Humanos pela, 305; negociações dos Estados Unidos na, 369; Obama preside histórica reunião de cúpula sobre refugiados durante a, 508-9; Obama torna-se primeiro líder a invocar direitos dos gays na, 293; russos coordenam voto para tirar benefícios de funcionários LGBT da ONU na, 435-9; secretário-geral preside evento humanitário de alto nível para os afetados pelo Boko Haram durante, 497; SP fala sobre o uso de armas químicas pela Síria, 392; última visita de Obama, 535

Nações Unidas (ONU), Conselho de Segurança: acordo nuclear com o Irã consagrado no direito internacional no, 538-9; ataque ao voo MH17 da Malaysian Airlines e, 430; autorização de uso de força na Líbia e, 312, 315-8, 321; composição, funções e história do, 360n, 367-9, 478-80; declaração de SP sobre o cerco a Aleppo por Síria e Rússia no, 548-9; embaixadoras mulheres no, 478-80; embargo de armas para a Bósnia e, 93-4; epidemia do ebola e, 451-6; imposição de embargo de armas e sanções econômicas à Líbia, 305; negociação e aprovação de resolução para eliminar o programa de armas químicas da Síria, 400-1; poder de veto no, 317, 361, 367-8, 378, 380, 382, 417, 422, 443;

poderes e procedimentos do, 93, 317n, 367-9, 380n, 416, 533, 538, 560; primeira condenação de ataque baseado na orientação sexual, 534; resolução sobre genocídio em Srebrenica e, 441-4; sobre o tratamento brutal de seu povo pela Coreia do Norte, 538; Ucrânia e, 421-7, 430, 433-4, 439

Nahas, Subhi, 533-4

naturalização, cerimônias de, 89, 500-2

Netanyahu, Benjamin, 389

New Republic, The, 100, 145, 337, 347, 352

New York Review of Books, 120

New York Times, 58, 67, 74, 106, 108, 125, 139, 149, 151, 156, 184, 204, 208, 227, 279, 287, 319, 510

New York, revista, 203

New Yorker, The, 136, 149, 156, 521

Newman, Ronnie, 508

Niamah, Jackson, 453-4, 465, 532

Niebuhr, Reinhold, 136, 276-7, 561

Nigéria, 482-5, 496, 498

Nixon, Richard e governo, 72, 558

Noite, A (Wiesel), 135

Nova York, maratona de, 131

Nudge (Sunstein), 187, 246

"nunca mais", 126, 136-8, 143, 147

Nunn, Sam, 168

"O fim da história?" (Fukuyama), 59-60

O'Toole, Fintan, 557

Obama, Barack: *A origem dos meus sonhos*, 161-2; CANDIDATO A PRESIDENTE: campanha presidencial 2007-2008, 182-3, 187-92, 195-6, 199, 201, 205, 208-10, 213; *caucus* de Iowa e, 190-2, 195-6; decisão de disputar e, 182-3; negociação diplomática com adversários e, 188-9; renúncia de SP da campanha de, 205-6; resultados da eleição presidencial de, 215-6; PRESIDENTE DOS ESTADOS UNIDOS: acordo nuclear com o Irã, 313, 439, 469, 538-9, 546, 560; administração e decisões presidenciais, 231-2, 237-8, 244, 252, 281-3, 294, 296, 298, 333, 417, 441; Darfur, Sudão e,

549-50; viagens a países africanos afetados pelo ebola, 463-5, 467; visitas de cortesia a embaixadores, 407-15; votação para novos membros do Conselho de Direitos Humanos, 444-6; Waldorf como residência oficial, 356-9; como mãe, 262-3, 265-6, 325-6, 331, 334, 338, 400, 424, 427, 470-6, 490-5 *ver também* Power, Declan; Power, Rían; depois do término do mandato na ONU, 551-63; escrevendo *Genocídio*, 138-40, 143-6; estagiária no Arquivo de Segurança Nacional, 63; estágio no Carnegie Endowment, 66-76, 85-6, 166, 477, 526; estudante de direito, 123-7, 131, 134-8; GOVERNO OBAMA: burocracia e permissões, 221-2; identificando um papel no, 217-21; mudança para Washington, 217, 223; gravidez, 214, 220, 228, 231, 239, 306-7, 325; INDICAÇÃO PARA SER EMBAIXADORA NA ONU: após audiência de confirmação no Senado, 352, 354; cerimônia no Jardim das Rosas, 338-9; comentário político sobre, 342; convite de Obama, 336-7; preocupação de SP com a confirmação, 336-8; preparação para audiências de confirmação, 344-7, 350-1; INÍCIO DA CARREIRA: credenciais de imprensa para viagem aos Bálcãs, 79-80; guerra na Bósnia e, 70-6, 78, 556; interesse pela política externa americana, 63-4; Kirkpatrick e, 67-8; primeira matéria na *U.S. News*, 80-2, 85-6; viagem aos Bálcãs (1993), 80-5; morte do pai, 38-46, 142, 177, 183, 208-9, 499; oposição à Guerra do Iraque, 149-50; pais e infância, 17-46; viagem à Europa com John "Schu" Schumann (1990), 59-62, 69

Power, Stephen, 17, 21-4, 26, 28, 30-31, 38-39, 41, 45-46, 51-53, 67, 112, 174, 194, 212, 452, 501, 554

Prendergast, John, 151-4, 156-8, 173, 175-9, 194, 202, 217, 243, 267, 352, 471-2

Pressman, David, 281-2, 285-6, 290, 292, 294, 345, 365n, 436, 439, 534

Price, Preston, 51

Primavera Árabe *ver* Egito; Líbia; Síria; Tunísia

prisioneiros políticos, 304, 326, 330, 365, 413, 445, 525, 528, 529n, 530-2, 547, 560

Programa de Recompensas por Crimes de Guerra, 284, 289

Programa Internacional de Assistência a Refugiados (Irap), 555

Proxmire, William, 144, 148

Psaki, Jen, 379

Public Theater, Nova York, 420, 477

Pulse, atentado (Orlando, Flórida), 534

Pútin, Vladímir: antagonismo aos Estados Unidos, 417, 547; conflito na Ucrânia e, 424; demonização de "inimigos", 434-5; motivos para desmantelamento de armas químicas da Síria e, 401; Obama sobre programa de armas químicas da Síria e, 395; oposição ao uso de forças militares americanas contra a Síria, 390; oposição aos direitos LGBT e, 435, 443; postura de Tchúrkin em relação a, 419; resolução do Conselho de Segurança sobre ação militar na Líbia e, 318; sobre as armas químicas do regime de Assad, 391, 395; taxas de aprovação de, 559; *ver também* Lavrov, Serguei; Medviédev, Dmítri; Rússia; Tchúrkin, Vitáli

Qureshi, Rabia, 453

Rádio Pública Nacional (NPR), 88, 91-2, 121, 491

Rakić, Miki, 286

Random House, 139, 144-5

Rapp, Stephen, 285

Rauhut, Mike, 502

Razzouk, Kelly, 436, 438, 502, 530

Reagan, Ronald e governo, 67-8, 73, 364, 477, 557

refugiados: como bodes expiatórios para demagogos, 523; como consequência da mudança climática, 414-5; estatísticas mundiais sobre, 504; família Al-Teibawi, 509-10; impacto nos Estados Unidos, 365-6; interrupção de Trump na admissão e Irap, 555; iraquianos, 272, 275; Kurdi, Alan, 503-4; sírios, 505, 507, 523; SP sobre

eleição para o Conselho de Direitos Humanos, 444-6, 445*n*; política sobre direitos LGBT, 435-7, 438*n*, 443, 534; reação aos ataques com armas químicas na Síria, 12, 374, 382, 390, 395-7, 399-401; resolução do Conselho de Segurança sobre genocídio em Srebrenica e, 441-4; semelhanças com as táticas soviéticas, 416-7, 422-3, 425, 428, 431, 549; *ver também* Lavrov, Serguei; Medviédev, Dmítri; Pútin, Vladímir; Tchúrkin, Vitáli

Sacirbey, Muhamed, 116-7
Saddam Hussein, 66, 137, 144, 149-50, 375, 422
Safire, William, 106
Salão Oval, 179, 239-40, 242, 268, 277, 298, 338, 465
Saleh, Raed, 512-3
"Salvem Darfur", 157-9, 178-80, 558
Sandberg, Sheryl, 471
Sarajevo, 70-1, 75, 78, 82, 84, 92, 96, 101-12, 115, 116*n*, 119, 121, 123-4, 126, 132, 283, 374, 418, 515; *ver também* Bósnia; Guerra da Bósnia
Sarno, John, 193
Sayoc, Cesar, 556
Schrenell, Hillary, 348-9, 352, 357, 364, 436, 462, 471
Schroeder, Pat, 147
Schumann, John "Schu", 59-63, 67, 69, 74, 132, 135, 153
Schwartz, Eric, 275
secretário-geral das Nações Unidas: eleição (2016), 478; funções, 363, 480; *ver também* Ban Ki-moon
Seif, Sanaa, 531
Sequoia, Tree, 534
Serra Leoa, 448-9, 452, 456, 460, 463, 468
Serviço Digital (Casa Branca), 508
Serviço Federal de Segurança, Rússia, 284
Serviço Mundial Judaico Americano, 157
Shah, Raj, 459, 461
Shalgham, Abdurrahman Mohamed, 305, 320
Sharpton, Al, 179

Sherwood-Randall, Liz, 267
Shipman, Claire, 477
Shoah (documentário de Lanzmann), 135
Shocked, Michelle, 112
Sibley (hospital), 260, 306
Síria: apelos para SP renunciar por causa da política dos Estados Unidos para a, 514-6, 524-6; Capacetes Brancos na, 512-3; cerco de Aleppo por russos e pelo governo, 547-8; comparação com a Líbia, 321, 381, 388, 391, 517; Conselho de Segurança da ONU bloqueado pela, 380; considerações de Obama quanto ao uso de força, 378-81, 383, 387-90, 516-24; considerações de SP sobre o uso de força, 382-3, 393-4, 402, 516-24; missão de inspeção da ONU, 380, 385-6; refugiados da, 504-6, 523; Resolução do Conselho de Segurança da ONU sobre destruição de armas químicas, 400-1; Saleh sobre ataques aéreos russos e governamentais, 513; sanções e restrições econômicas, 382-3; uso de armas químicas, 12, 372-3, 375*n*, 378, 383, 385, 391, 401, 403, 519; *ver também* al-Assad, Bashar
Sison, Michele, 365*n*, 436
Smith, Gayle, 266-7, 287, 299-301, 338, 449
Smith, Sean, 324
Somália, 65, 93, 136, 152, 290*n*, 501*n*
Soros, George: ataques contra, 445*n*; fundação de, 70-1, 119-20
Sorte no amor (Bull Durham, filme), 366
Spencer, Craig, 460
Spielberg, Steven, 134, 177
Sports Spotlight (programa de rádio), 55
squash, 21, 58, 62, 174, 185, 212
Srebrenica: ataque de Mladic a uma área de segurança da ONU, 115-7, 125-6, 288; impacto do massacre na política dos Estados Unidos, 121, 130; oposição de Pútin à comemoração do genocídio em, 441; perseguição e prisão de fugitivos implicados em, 284-6; processo de absorção de SP, 125-7, 130-1; Resolução do Conselho de Segurança sobre genocídio em, 441-4; Rohde

mostra provas das execuções em, 117, 125, 129; senador Obama pergunta sobre massacre em, 162; SP e aniversários do massacre em, 283-4; SP tenta conscientizar a respeito de, 115, 126, 131

Stálin, Ióssif, 363

Stamkoski, George, 78, 80-1, 83

Stargell, Willie "Pops", 36

Steinberg, Jim, 243*n*

Steinberg, Nik, 425-7, 459, 513

Steinem, Gloria, 542-3

Stevens, Chris, 322-4

Stevenson, Adlai, 422, 472

Stone Mountain, Geórgia, 51

Stonewall Inn, 534-6

Sudão: alegações de estupros em massa por soldados do governo em Tabit, Darfur, 479; do Sul, e prevenção de atrocidades, 287; genocídio em Darfur cometido pelo governo do, 151, 153-6, 158-9, 236, 240-1; investigação de SP e Prendergast no, 153-6; *ver também* Sudão do Sul

Sudão do Sul: busca de independência, 287; guerra civil e atrocidades em massa (2013), 296; *ver também* Sudão

Sullivan, Jake, 308

Sullivan, Stacy, 96, 110

Sunstein, Cass: adaptação a SP como embaixadora, 357-9; audiências de confirmação de SP e, 347, 350-2; casamento, 212; *caucus* de Iowa e, 190, 192-3, 195-6; controvérsia do "monstro" e, 202, 204-7, 209; envio errado de e-mail, 185-6; gestações de SP e, 220, 306-7, 325-6; governo Obama e, 216, 219, 223, 230, 244-8, 269-70, 332; hospitalizado, 551-3; juramento de SP como embaixadora dos Estados Unidos na ONU e, 355-6; namoro com SP, 193-5, 211; Obama sobre bagunça de, 194-5, 335; professor da Faculdade de Direito de Harvard, 332, 357, 471, 554; proposta de casamento, 211; resultados da eleição (2016) e, 543; simulação das audiências de confirmação de SP e, 345-7; sobre o "efeito holofote", 209; sobre SP viajar para países africanos afetados pelo ebola, 459, 461; sobre viagem de SP ao Iraque, 272-4; sobre viés de confirmação, 517; SP no Dia da Rememoração Armênia e, 259; tarefas domésticas e, 348-9; último dia de SP na ONU e, 550; viagem de SP a Camarões, Chade e Nigéria e, 486, 492; vitória de Obama e, 215-6, 219

Sunstein, Dick, 339

Sunstein, Ellyn Kail, 193, 213

Suu Kyi, Aung San, 326, 332

Switch: How to Change Things When Change Is Hard (Heath e Heath), 527

Ta Phong Tan, 531

Tadić, Boris, 284, 286

Talbott, Strobe, 102, 127, 219

Tangara, Mamadou, 412-3

Taylor, Nathan, 51

Tchecoslováquia, 61, 416

Tchúrkin, Irina, 420

Tchúrkin, Vitáli: benefícios aos funcionários LGBT da ONU e, 435; como representante da Rússia na ONU, 396-7, 418; intervenções no Conselho de Segurança da ONU, 419-20, 423, 425, 443, 479, 548; negociações com SP sobre armas químicas sírias, 396, 398-9; relação de SP com, 396-7, 417-21, 439, 525, 549; resolução do Conselho de Segurança sobre o genocídio de Srebrenica e, 441-4; sobre execução pelo EI de iraquianos e sírios suspeitos de serem gays, 532; SP sobre o sítio de Aleppo por Síria e Rússia e, 549; SP sobre resolução da Assembleia Geral sobre a Crimeia e, 429; Ucrânia e, 423-5, 430, 439-41

tênis, 19, 22, 30, 34, 85, 342

teoria da guerra justa, 136, 276

terapia, 141-3, 177, 183, 194, 247

Terbil, Fathi, 303

teste X, 89, 153, 165, 213

Tewes, Paul, 191

Thomas, Stanton, 358

Thomas-Jensen, Colin, 482, 484, 489, 492, 495

Thomson, Elliot, 193, 471

ESTA OBRA FOI COMPOSTA PELA SPRESS EM MINION E IMPRESSA EM OFSETE PELA
GRÁFICA SANTA MARTA SOBRE PAPEL PÓLEN SOFT DA SUZANO S.A.
PARA A EDITORA SCHWARCZ EM FEVEREIRO DE 2021